数字化
国际中文教育
2024

徐娟　宋继华　高伟　主编

清华大学出版社
北京

内容简介

本书是第十四届中文教学现代化国际研讨会（2024年7月13—14日，四川大学）论文集。本论文集收录论文45篇、电子作品13个，论文作者来自中国、美国和越南三国。本书分为以下7个部分：（1）特约报告；（2）中文教学现代化的理论研究；（3）中文教学现代化的实践、应用与反思；（4）中文教学领域的融媒体及新技术应用与创新研究；（5）汉语水平测试现代化与多元化教师发展研究；（6）"中文+职业技能"教育的教学现代化研究；（7）中文教学现代化的数字化资源、教学设计与优秀案例。

本书探讨了全球教育数字化转型背景下数字化国际中文教育的理论研究、技术应用、资源建设、教师发展等，充分展示了以生成式人工智能为代表的新技术对国际中文教育的影响，集结了数字化国际中文教育的最新成果。本书可供语言学、国际中文教育、教育技术学等专业的大学教师、科研人员、工程技术人员和相关学科的研究生阅读。

版权所有，侵权必究。举报：010-62782989，beiqinquan@tup.tsinghua.edu.cn。

图书在版编目（CIP）数据

数字化国际中文教育. 2024 / 徐娟，宋继华，高伟主编. -- 北京：清华大学出版社，2025. 4.
ISBN 978-7-302-68448-0

Ⅰ. H195.3-53

中国国家版本馆CIP数据核字第2025VR1132号

责任编辑：张维嘉
封面设计：常雪影
责任校对：欧　洋
责任印制：刘　菲

出版发行：清华大学出版社
网　　址：https://www.tup.com.cn, https://www.wqxuetang.com
地　　址：北京清华大学学研大厦A座　　邮　编：100084
社 总 机：010-83470000　　邮　购：010-62786544
投稿与读者服务：010-62776969, c-service@tup.tsinghua.edu.cn
质量反馈：010-62772015, zhiliang@tup.tsinghua.edu.cn
印 装 者：三河市铭诚印务有限公司
经　　销：全国新华书店
开　　本：185mm×260mm　　印　张：27.75　　字　数：675千字
版　　次：2025年4月第1版　　印　次：2025年4月第1次印刷
定　　价：168.00元

产品编号：105407-01

前　言

1995年4月28—30日，首届"中文电化教学国际研讨会"在美国旧金山成功举行。从那时算起，以现代教育技术与汉语教学结合为核心议题的会议已举办了十三届，以下是对这十三届会议的简要回顾。

第一届会议：1995年，在美国旧金山，印发了《论文提要》。

第二届会议：2000年，在中国桂林，论文集《现代化教育技术与对外汉语教学》由广西师范大学出版社出版。

第三届会议：2002年，在中国南京，论文集《E-Learning与对外汉语教学》由清华大学出版社出版。

第四届会议：2004年，在中国北京，论文集《数字化对外汉语教学理论与方法研究》由清华大学出版社出版。

第五届会议：2006年，在中国香港，论文集《数字化汉语教学的研究与应用》由语文出版社出版。

第六届会议：2008年，在韩国大田，论文集《数字化汉语教学进展与深化》由清华大学出版社出版。

第七届会议：2010年，在中国烟台，论文集《数字化对外汉语教学实践与反思》由清华大学出版社出版。

第八届会议，2012年，在中国上海，论文集《数字化汉语教学（2012）》由清华大学出版社出版。

第九届会议，2014年，在中国厦门，会议名称更改为"中文教学现代化国际研讨会"，论文集《数字化汉语教学（2014）》由清华大学出版社出版。

第十届会议，2016年，在韩国首尔，论文集《数字化汉语教学（2016）》由清华大学出版社出版。

第十一届会议，2018年，在中国澳门，论文集《数字化汉语教学（2018）》由清华大学出版社出版。

第十二届会议，2021年，在越南胡志明市，电子版《第十二届中文教学现代化国际研讨会论文集》由胡志明市师范大学出版社出版。

第十三届会议，2022年，在中国北京，论文集《数字化国际中文教育（2022）》由清华大学出版社出版。

另外，2009年7月在法国拉罗谢尔市举办了首届"中文数字化教学专题研讨会"，论文集《数字化汉语教学专题研究（2009）——新模式、新方法、新技术、新产品》由清华大学出版社出版。

"中文教学现代化学会"自2006年在中国香港注册成立以来已经走过了十六年的历程。第一任学会会长由北京语言大学的张普教授担任，副会长由美国长堤加州州立大学的谢天蔚教授和北京大学的李晓琪教授担任。香港秘书处的秘书长由香港城市大学的蔺荪博士担任，北京秘书处的秘书长由北京语言大学的徐娟博士担任。学会还聘任了7名顾问委员。学会网站 http://www.amcle.org/ 于2007年正式开通。

2010年、2014年、2018年、2022年中文教学现代化学会理事会进行了换届改选。第二、三、四任会长由北京大学李晓琪教授担任，第五任会长由北京师范大学宋继华教授担任，第五任副会长由韩国延世大学金铉哲教授、北京语言大学徐娟教授和香港城市大学蔺荪博士担任。香港秘书处的秘书长由蔺荪博士兼任，北京秘书处的秘书长由徐娟教授兼任。

创办一份属于中文教学现代化领域的专门期刊、提高中文教学现代化研究的学术水平与应用价值，是学界有志之士的共同心声。2011年《中文教学现代化学报》在中国香港成功注册。该刊物是由中文教学现代化学会主办的非营利性国际电子学术期刊，ISSN：2220-1300，半年一刊。创刊号于2012年3月网络出版，目前已经出版了二十四期。

第十四届"中文教学现代化国际研讨会"由中文教学现代化学会主办，四川大学承办，四川大学海外教育学院具体实施。会议于2024年7月13—14日在四川大学召开，由清华大学出版社出版论文集《数字化国际中文教育（2024）》。会议共收到论文82篇、电子作品45个，录用论文42篇、电子作品13个，加上特约报告3篇，最终本论文集收录论文45篇、电子作品13个，论文作者来自中国、美国和越南三国。所有论文与电子作品的署名权归作者所有，文责自负。

本书分为7个大类，各类的论文数量如下：
1. 特约报告··3篇
2. 中文教学现代化的理论研究···15篇
3. 中文教学现代化的实践、应用与反思··································9篇
4. 中文教学领域的融媒体及新技术应用与创新研究··················11篇
5. 汉语水平测试现代化与多元化教师发展研究·························4篇
6. "中文+职业技能"教育的教学现代化研究······························3篇
7. 中文教学现代化的数字化资源、教学设计与优秀案例············13个

从上述可以看出，本次会议从论文征集到审稿和录用，第2、3、4类别占了主要篇幅，反映出学者们的研究热点集中在理论研究、实践探索与反思、新媒体、新技术等方面，彰显了国际中文教育数字化转型的大时代背景下本届会议论文的特色。

本论文集由程序委员会徐娟负责编排，于淼负责格式审定。"前言"由徐娟执笔撰写，高伟、宋继华审定。

第十四届中文教学现代化国际研讨会
程序委员会
2024年6月12日于北京

目 录

特约报告

智能技术重塑中文在线教育:学习资源、教学应用与组织生态
　　……………………………………………刘革平　秦渝超　樊　煜　汪伯霖　3
智能技术赋能国际中文教学现代化…………………………………王运武　周　甜　10
ChatGPT 是哪一类中文语言使用者?…………………………………………笪　骏　19

中文教学现代化的理论研究

面向泰国的中文教育现状研究计量分析
　　——基于文献计量学视角………………………………………王燕红　王宜广　33
国际中文教育数字化的高质量发展
　　——以日本医疗通译技能检定试验数字化教学资源为例……………吴　婷　48
文献计量学视角下的国际中文教育数字化研究分析
　　(中国知网 1990—2024 年)……………………………………………赵子伦　56
国际中文慕课的多模态话语分析
　　——以"通用学术汉语:思辨与表达"为例……………………………程欣雨　69
基于语体语法理论的汉语文体的语体特征研究………………骆健飞　朱晓睿　78
基于构式语法的汉语凝固型短语构式教学探究
　　——以"好容易"为例………………………………………………………钟庆滢　86
基于新标准的 IBDP 中文 B 考试阅读文本难度考察………………刘　弘　朱子馨　92
近三十年国内二语词汇习得研究综述…………………………………苗文權　杨　莹　100
融媒外向型汉语学习词典研究进展及展望…………………………柯　萍　赵慧周　110
数字化背景下全球汉语学习网站现状分析研究……………周　露　王　贺　王一凡　120
相对框架运动型虚拟位移构式…………………………………………王少茗　王　珊　130
VLE 系统线上教学课堂评价表建构……………………陈开春　王慧仪　陈青平　138
基于 ChatGPT 的中文文本分级简写探索性研究………殷晓君　丁　溪　娄开阳　146
21 世纪以来数字化中文教学中的习得研究分析……………………杨晓珊　余江英　153
国内多模态汉语作为第二语言研究综述
　　——基于 CiteSpace 的可视化分析………………………………………邹威霞　161

中文教学现代化的实践、应用与反思

国际中文教育慕课资源库构建设计与思考……………………………………王桢廷　赵慧周　173

基于《国际中文教育中文水平等级标准》的成语知识图谱与自适应学习平台理路初探
　　……………………………………………………………………………梁　毅　郝　晴　181

泛元宇宙视域下国际中文教育虚拟仿真实验系统建设的现状及启示
　　……………………………………………………………………………韩　开　徐　娟　189

美国华裔儿童线上一对一汉语教学中的课堂问题行为归因分析
　　——以 6 至 12 岁美国华裔儿童为例………………………………侯海伟　吴成年　198

以听说为主的海外儿童线上汉语智慧学习系统构建……………………………黄怡梅　207

教育数字化背景下"商务汉语阅读"混合式教学实践研究………………………郭凌云　214

面向国际学生的实境直播式文化教学设计与应用………朱晓睿　李沛熹　骆健飞　220

国情融入式视听说课教学设计………………………………………………于　淼　王　磊　228

数字化背景下 SPOC 教学模式在国际中文教学中的路径探究…………………刘宇辰　234

中文教学领域的融媒体及新技术应用与创新研究

面向国际中文教育的三款汉字学习资源考察分析…………………张俊萍　李志颖　243

豆瓣社群对营造国际中文在线教育学习环境的启示………………苟馨予　吴　剑　254

领域大语言模型的国际中文教学应用………………………………………………李治强　265

语音学与计算机辅助结合训练香港特区的少数族裔小学生听辨普通话语音
　　………………………………………………………李　彬　卢　盈　蔺　荪　钱　芳　274

基于"希沃白板 5"的国际中文语法教学交互式微课设计……………叶殊未　包文静　283

国际中文教育学科知识图谱问答系统的构建研究…………………连维琛　徐　娟　290

基于大语言模型的国际中文语伴开发探索…………………………郑明鉴　徐　娟　298

面向教学资源开发的《等级标准》数字化建设与应用………………李迎澳　李吉梅　308

"第三空间"理论视域下 VR 赋能旅游汉语课堂设计探究……………任岩靖　张辰麟　317

基于 LDA 模型的语言国情主题热度演进分析………………………张邝弋　肖　锐　326

基于《等级标准》的国际中文教材计量分析与可视化………张婷婷　李迎澳　李吉梅　336

汉语水平测试现代化与多元化教师发展研究

中文口语评分中介语语料库的构建…………………………吴　瑶　沈萱莹　苏珩骅　349

面向教师专业能力发展的国际中文课堂编码标注与对比分析实证研究
　　……………………………………………………………………………徐冠宇　李吉梅　356

人机共教：基于 AIGC 的国际中文教师教育提示库建设的价值、内涵与路径
　　……………………………………………………………………………余江英　秦嘉旭　365

基于 Scratch 的国际中文教师数字素养提升课程研究…………………曹　钢　张晓冉　373

"中文+职业技能"教育的教学现代化研究

人工智能赋能专门用途中文教师培训的策略探索	刘 路	383
国际中文视域下的体育文化教学短视频创制与推广研究	庞树林 项 英	390
"中文+矿业"数字化资源平台建设	汪叶凤 刘家秀	399

中文教学现代化的数字化资源、教学设计与优秀案例

高级汉语课程"手"	熊 莉	409
微课——语言点"不如"	邓心怡	411
讲好雷锋故事	李 丛 曹 儒	413
基于AIGC技术的"把"字句复习活动课设计	刘宣辰 翟朴朴 胡晓清	415
读苏州——本土化中文分级阅读平台	李 玮 曾海云 严根英	417
新形势下的国际中文教育与中华文化影视传播	沈冬娜 王健洁	419
基于超语理论的汉语教学实践——以《家乡的萝卜饼》为例	郭雅婧	421
人工智能赋能国际中文教育：专业教学活动设计实践与创新	王海霞 苏珩骅	422
六书	于 涛	424
不但……，而且	杨雨蒙	426
焦点中国之国漫崛起	戴佳妮	427
把字句情景游戏：帮奶奶做饭	李 璐	429
中国环保	卫松莹	436

特约报告

智能技术重塑中文在线教育：学习资源、教学应用与组织生态

刘革平[1]　秦渝超[2]　樊　煜[3]　汪伯霖[4]

[1,2,3,4] 西南大学 教育学部 400715

[1] liugp@swu.edu.cn　[2] qinychao@126.com　[3] yufan000801@163.com　[4] 1748921697@qq.com

摘　要：推动国际中文教育数字化转型、发展中文在线教育是实现国际中文教育高质量发展的重要路径。以元宇宙和生成式人工智能为代表的前沿智能技术作为创新突变奇点将重塑中文在线教育。本研究基于中文在线教育的发展趋势，探讨了大语言模型、文生视频模型、元宇宙和数字人重塑中文在线教育的可行性。然后提出了智能技术重塑中文在线教育的三个层面：在学习资源层，具备凸显文字交互功能的智能学习工具、凸显课程学习功能的资源生成工具和凸显模拟交际功能的沉浸式学习场景；在教学应用层，具备 AI 全线辅助的项目式教学、VR 深度铺垫的情景式教学和 DH 智能参与的对话式教学；在教学组织层面，具备生一机协同式的个性化学习、师一机联动式的规模化教学和人一机交互式的虚拟化社区。

关键词：国际中文教育；在线教育；学习资源；教学应用；组织生态

Reshaping Chinese Online Education with Intelligent Technologies: Learning Resources, Teaching Applications, and Organizational Ecology

Liu Geping[1]　Qin Yuchao[2]　Fan Yu[3]　Wang Bolin[4]

[1,2,3,4] Faculty of Education, Southwest University, 400715

Abstract: Promoting the digital transformation of international Chinese education and developing Chinese online education are important paths to achieving high-quality development of international Chinese education. Cutting-edge intelligent technologies represented by metaverse and generative artificial intelligence will reshape Chinese online education as innovative breakthroughs. Based on the development trend of Chinese online education, this study explores the feasibility of large language models, text-to-video models, metaverse, and digital humans in reshaping Chinese online education. Then, this paper proposes three levels of reshaping Chinese online education with intelligent technologies. At the level of learning resources, it involves intelligent learning tools with prominent text interaction functions, resource generation tools with prominent course learning functions, and immersive learning scenes with prominent simulation communication functions. At the level of teaching applications, it includes AI-assisted project-based teaching, VR-immersed scenario-based teaching, and DH-intelligent dialogue-based teaching. At the level of teaching organization, it encompasses personalized learning based on human-machine synergy, large-scale teaching based on teacher-machine collaboration, and virtual community based on human-machine interaction.

Key words: international Chinese education; online education; learning resources; teaching applications; organizational ecology

随着元宇宙（Metaverse）、生成式人工智能（GAI）为代表的前沿技术的涌现，以及教育数字化转型战略的内生性驱动，国际中文教育正面临来自科技和教育双重变革的挑战。同时，汉语的国际化历程在世界格局的时空背景下呈现出加速趋势（刘利等，2023），加之疫情致使国际中文教育教学模式在线化变革加速。依此趋势，本研究拟从学习资源、教学应用和组织生态三个方面探讨智能技术对中文在线教育的重塑机理。

1 智能技术如何重塑中文在线教育

1.1 在线汉语教学的发展趋势

近年来，在线教育的迅猛发展有力地推动了中文在线教学平台的建设，中文在线教育平台遍布世界各个大洲，如亚洲的"TutorMing""哈兔中文""比邻中文""Hackers 中文""说吧！汉语""Lingo bus"，北美洲的"outschool""考拉知道"，大洋洲的"悟空中文""龙凤在线汉语"，欧洲的"11 Chinese"，等等。在学习资源方面，为应对数字化变革，数字资源已成为教师和学生使用的主要资源形式。在教学应用方面，随着语音识别、文字识别、手写识别、语音合成、自然语言处理、深度学习、虚拟现实技术等智能技术的逐步融入，智能教学应用日渐丰富，谷歌和苹果 APP 应用商店中已有数十种中文教学APP。在组织生态上，借助智能技术支持，中文在线教育呈现出个性化、规模化和社区化的组织生态，如"语合智慧教室"支持在线和离线学习，为不同国家和地区的汉语学习者提供个性化的学习需求，并能够支持大规模的即时远程互动与合作交流。整体来看，各类技术正深度融入中文在线教育，对中文在线教育产生了深刻的影响。

1.2 智能技术重塑在线汉语教学的可行性

在已有技术支撑中文在线教学稳步发展的同时，接踵而来的元宇宙、大语言模型、文生视频大模型、数字人等技术将进一步推动中文在线教学的变革。

1.2.1 大语言模型引发人机交互的创新变革

大语言模型（Large Language Model，LLM）是基于海量的文本数据训练形成的深度学习模型，目前的标志性技术产品是美国 OpenAI 公司研发的 ChatGPT、GPT-4，此外还有Bard、bing、文心一言、讯飞星火等国内外大模型产品。这类智能应用能够实现语境持续对话、文案创作、问题解答、智能翻译等功能，ChatGPT 类产品的出现引领了生成式人工智能的发展热潮，并重塑了各行业生态。对于国际中文教育而言，大语言模型的出现将为我们提供越来越好的教授语言和学习语言的工具，创新师生与机器之间的交互范式，并成为类主体扮演教学过程中的多重角色，协助教师提升教学质量，辅助学生提高学习效率。

1.2.2 文生视频大模型推动教学资源的高质量生成

继 ChatGPT 之后，OpenAI 公司在 2024 年 2 月发布了 Sora 文生视频大模型，此外还有 GEN-2、Pika 1.0、stable video Diffusion 等。文生视频大模型能够根据用户输出的语言和相关图片生成长达一分钟的高清视频。在原理上，文生视频大模型首先通过视频压缩网络将视频或图片降维成紧凑而高效的形式，然后进行时空补丁（spacetime patches）提取将视图信息分解成更小的单元，最后将这些单元运用 transformer 模型进行转化组合，从而形成视频。Sora 的出现为内容创作提供了新的可能，能够为中文教学提供定制化教学视频资源，为学习者提供第二语言的视频学习内容。

1.2.3 元宇宙实现教学空间的立体化升维

元宇宙的概念诞生于 2021 年，其本身是人工智能、5G、虚拟现实、区块链等技术的集大成应用，能够为人们开辟一个与现实世界联结的虚拟世界，其延伸出的教育元宇宙具备虚拟与现实全面交织、人类与机器全面协同、学校与社会全面联结的特征（刘革平等，2022），能够支持人们在其中从事各种各样的社会化交互活动。元宇宙技术的跨时空属性能够助推二维化的中文在线教育空间实现三维立体式转型，为师生提供立体动态的全息探究内容、虚实融合的再造仿真环境和身心合一的交互体验活动，进而突破传统在线教育的天花板（刘革平等，2020），弥补国际中文教育跨时空引发的教学质量问题，构建国际中文教育新生态。

1.2.4 数字人重构汉语教学的组织形态

数字人（Digital Human，DH）是智能体在数字虚拟空间中具象化虚拟人物的统称，随着三次互联网形态的更新，虚拟数字人逐渐具备知识多向传递、重视情感关注、3D 全息表征和多向智能交互等特征（翟雪松等，2023）。以生成式人工智能作为虚拟数字交互活动的处理接口，虚拟数字人能够实现高度智能化，能够在语言、动作、行为、情感等方面与人类构成强交互状态。借助虚拟数字人，中文在线教育将延伸出多种学习组织，学习者能够在虚拟数字人的辅助下完成个性化学习，在模拟交互中迅速提升自我的汉语水平。

整体而言，元宇宙、大语言模型、文生视频模型等新一代智能技术将重塑中文在线教育，实现在线教育的人机交互变革、学习资源进化、教学空间升维和组织形态的重构。

2 基于智能技术的汉语数字化学习资源

汉语数字化学习资源是指学习者利用智能技术开展的数字化学习活动中的各种数字资源，按照数字学习资源的功能划分，可以将数字化学习资源分为课程类资源、工具类资源和互动类资源以及综合类资源。目前，在各种智能技术整合发展的背景下，汉语数字化学习资源逐渐从单一的功能属性转为多元的综合类资源。结合生成式人工智能、元宇宙等技术，未来的汉语数字化学习资源主要分为以下几类。

2.1 凸显文字交互功能的智能学习工具

以 ChatGPT 为代表的生成式人工智能具备启发性内容生成、对话情景理解等核心能力（卢宇等，2023），支持汉语学习者与人工智能的多轮对话式交互。首先，汉语学习者能够运用 ChatGPT 自由地进行文字对话。ChatGPT 能够根据不同的提示词反馈不同难度和主题的文本，帮助学习者快速获得学习材料，例如单词列表、作文示例。同时，学习者在创造、修改提示词，以及根据 ChatGPT 生成的文本内容提出质疑、作出反馈或互动过程中，也能够提升语言能力。其次，ChatGPT 能够对汉语学习者进行个性化的学习指导。基于与学习者的对话历史，ChatGPT 能够作为评估助手评估学习者的汉语学习水平、批改学习者的作文习作、生成学习反馈报告、提供个性化学习路径等。另外，在汉语学习中，ChatGPT 作为文字交互式的智能学习工具能够降低学习者同步交互的焦虑感。不同于真人的是，学习者向 ChatGPT 提出的问题或请求总能快速得到回应，即使 ChatGPT 作出负面反馈也不会给学习者造成压力或让学习者感到尴尬，能够让学习者在轻松互动的氛围中不断提升自己的汉语水平。

2.2 凸显课程学习功能的资源生成工具

2024 年 2 月 OpenAI 发布的 Sora 模型，在大语言模型的基础上结合时空补丁技术，实现基于文字或静态图片生成视频功能，且生成的视频学习资源清晰度高、生成方式快（朱光辉等，2024）。在汉语教学中，Sora 能够通过简洁的提示语生成高质量的汉语微课学习资源，降低学习资源研发的人力和时间成本。Sora 使不具备视频制作技能的教师也能结合学习者的学习情况生成个性化的视频学习资源，更好地服务于教与学。Sora 能够提供汉字学习、词语学习、文化学习等多种内容，为学习者提供全方位的语言学习支持。首先是汉字学习资源，通过生成视频解构汉字的结构，如形象化地表达象形、指事、形声、会意等，并生动地讲解汉字的演变、书写技巧等知识点，帮助学习者更好地理解和掌握汉字。其次是词语学习资源，例如 Sora 可以生成词语或成语故事视频，以便讲解词语或成语含义、用法等，帮助学习者扩展词汇量，提高语言表达能力。最后，Sora 可以生成汉语的历史讲解、传统节日文化介绍、名胜古迹导览等视频资源。Sora 作为一种资源生成工具，在提高教学效率的同时，为学习者提供了多样的学习资源，助力学习者更好地掌握汉语知识和文化。

2.3 凸显模拟交际功能的沉浸式学习场景

以元宇宙为代表的汉语沉浸式学习场景，基于虚拟现实等技术构建，具有沉浸性、交互性和想象性（王建华等，2022），能够让汉语学习者在多种汉语交互场景中练习口语，协助学习者在提升汉语口语的同时，了解语言背后所蕴含的传统文化，为汉语学习者提供丰富的学习体验。例如，一个典型的沉浸式学习场景是"V 故宫"（王旭东，2021），通过虚拟现实技术呈现全景化故宫博物馆，学习者戴上 VR 眼镜即可在虚拟的故宫中自由探索，仿佛置身其中。在这个场景中，学习者不仅可以提升口语能力，还能够深入了解历史文化知识，感受传统文化的魅力，他们可以与虚拟导游对话，学习古代汉语的口语表达，了解故宫中的文物背后的故事，体验古代宫廷生活的场景。这样的交互性学习体验突破了传统教室的局限性。另外，元宇宙下的汉语沉浸式学习场景，打破了地理和语言的边界，不同国家的汉语学习者也可以进行交互和合作学习，共同探索虚拟的汉语文化世界，促进跨文化交流与理解（张欢，2023）。

3 基于智能技术的汉语教学应用

结合汉语教学需求和智能技术特性，人工智能、虚拟现实和数字人技术能够有效支持中文在线教育中的多种教学模式的开展，主要具备以下几种教学模式。

3.1 AI 全线辅助的项目式教学

项目式教学来源于杜威（John Dewey）的实用主义教学理念与库伯（David Kolb）的体验式学习理论（赵永生等，2019），强调以学生为中心，尝试通过实施完整的教学项目，使理论和实践有机结合（宋朝霞、俞启定，2014）。学生进行项目式学习有助于发展自身的核心素养与高阶思维能力（杨明全，2021）。在汉语教学中应用项目式教学可以为学生提供实践应用的机会，有助于学生在真实情境中提升汉语水平和综合能力。在确定汉语学习内容的前提下，利用生成式 AI 结合教师提供的教学情境、教学计划等信息，为教师生成相应的教学材料，协助教师完成项目化教学设计，辅助教师进行教学实施。在学生学习的过程中，通过模型微调与训练，能够形成学生学习过程中所需要的角色，如以智能学伴、课堂管理员的方式去辅助学习者完成项目学习。在课后，生成式 AI 可以通过大量的汉语语料库训练，生成与学习项目契合的中文练习作业，并对学生的作业完成情况进行规范的实时评价与反馈。

3.2 VR 深度铺垫的情境式教学

情境式教学指一种通过创设生动具体的学习场景来引起学生情感体验，激发学习动力，从而提高学生对知识的理解和应用能力的教学方法。利用具有沉浸感、交互性、构想性和智能化的虚拟现实融合在线教育，可以实现多终端三维沉浸感知环境的多通道体验式交互，从根本上变革远程教育的学习场域和教学方式（刘革平等，2020）。在 VR 深度铺垫的情境式教学场景中，学习者可以基于第一视角参与汉语学习，也可以通过第三视角实现观摩学习，学习汉语的语言表达方式，并深度理解汉语背后所蕴含的语言文化。此外，元宇宙的交互性和协作性也能促进师生之间的深度互动和合作，提升教学效果。这种 VR 深度铺垫的情境式教学不仅可以提升学生的汉语学习兴趣和积极性，还能为他们的汉语学习过程创造更加广阔的空间和可能性。

3.3 DH 智能参与的对话式教学

对话式教学作为对传统讲授式教学的一种革新，可以建立起一种新型的师生关系，使教学过程更加和谐、开放和高效（林佩燕，2003）。在语言教学中，采用对话式教学能够有效提高学生"听""说""读"的能力（邢秀凤，2006）。对话式汉语教学可以通过各种 AI 技术实现前所未有的发展和深化，从而更加高效、个性化。如今拥有情感智能、泛在陪伴、多模交互和自主演化等关键特征的数字人，能够结合外在的形象与内在的汉语表达系统，实现与汉语学习者的深度互动，从而革新形成一种 AI 时代下的对话式汉语教学新形态。已有研究表明，基于 ChatGPT 类的生成式人工智能技术开发的对话机器人能够显著提升在线协作学习绩效和批判性思维意识（郑兰琴等，2024）；同样，数字人技术与

ChatGPT 类产品的结合，会使数字人的语言表达更具有高智能性和高自由度，学习者不仅能够学习地道的汉语表达，还能够领会汉语交流中的肢体语言等，从而提升学习者在真实交流过程中的适应力等。

4 基于智能技术的汉语教学组织生态

在智能技术的赋能下，能够纾解国际中文教育本身跨空间属性带来的教学组织困境，通过人工智能赋能，可以实现生—机协同式的个性化学习和师—机联动式的规模化教学，并通过搭建虚拟空间打造人—机交互式的虚拟化学习社区。

4.1 生—机协同式的个性化学习

借助先进的人工智能技术，我们可以为学习者的汉语学习提供多种辅助性角色，这些角色与学习者共同构建起一个生—机协同式的个性化学习空间。具体来说，这些角色包括：（1）虚拟学伴。通过收集汉语学习者的个人性格特征、学情基本信息、学习过程行为数据等，构建学习者的个性化学习模型。基于此模型，结合教学资源的特点和汉语知识结构，可以为学生规划个性化学习路径，更好地支持个性化学习和自主探究，助力大规模个性化学习目标的实现（顾小清等，2022）。同时，虚拟学伴也可以提供类似真实学伴的情感交互以及学习策略支撑（郝祥军等，2023），改善汉语学习者的学习效果和体验。（2）智能导师。通过将资深教师的教学经验与智慧融入到智能系统的决策过程之中，让学习系统充当智能导师。智能导师可以与学生开展无边界的、自然对话的、面向兴趣的"一对一"辅导与技能训练（贾同、蔡建东，2024），从而解决汉语学习者学习过程中的各类问题。（3）汉语训练员。首先，学生可以将母语与汉语进行对比学习，借助汉语训练员完成偏误分析，更好地理解汉语特有的表达方式和文化内涵。其次，借助汉语训练员学习者可以自主评估汉语水平、寻找个性化资源、订制学习计划、灵活调整学习方式。此外，学习者还能够在汉语训练员的指导下对语言学习任务进行反复操练，在操练过程中修正汉语表达方式，进而提升汉语表达能力。

4.2 师—机联动式的规模化教学

教师和人工智能可以共同联动完成规模化的汉语教学，其组织形式可分为：（1）师—机—生同步联动的教学。即教师、人工智能、学习者三者同步组成中文在线课堂，教师负责教授中文知识点，人工智能负责实时监控在线教学环境、学生学习状态等，学习者完成课堂学习，三者处于同一教学场域内，分别完成各自的任务。（2）师机同步—学生异步的教学。即教师和人工智能处在同一时空场域内，由人工智能辅助教师完成教学任务，如在教师教学过程中扮演教学助理，优化教学知识点的讲解，由此生成高质量汉语学习资源推送至远程学习者。（3）教师异步—生机同步的教学。即由教师在远程讲解汉语学习课程，学生和人工智能共同组成学习共同体完成课程学习，在此过程中，借助智能算法和学情检测能够实时了解学习者的学习状态，进而形成学习策略辅助学习者更好地掌握相关知识点，提升学习者的学习效果。

4.3 人—机交互式的虚拟化学习社区

元宇宙创设了一种交互式的虚拟现实空间，由真人化身、虚拟数字人共同参与组成的语言学习社区，这个虚拟社区能够实现观摩式教学、拟真化演练和真实性交流等功能。（1）实现观摩式教学。在学习虚拟社区中，学习者以第三视角观察社区中的真人交际和人机对话，再由教师化身在旁边进行讲解和指导，能够让学习者基于真实情境学习汉语的表达习惯和表达方式，以及内蕴于语言中的传统文化。（2）开展拟真化演练。学习者以第一视角与虚拟数字人开展汉语交流，智能语音识别、大语言模型等技术支撑的虚拟数字人能够灵活地与学习者开展系列话题交流，赋予学习者真实的对话体验，然后由教师化身/数字导师进行指导和纠正，从而提升学习者的实际交际能力。（3）进行真实性交流。学习者可基于汉语学习目的，在虚拟社区匹配语言背景为汉语的用户，两者就某一领域或话题展开真实交流，在真实的汉语交互情境中迅速提升口语表达能力。

参考文献

[1] 顾小清，李世瑾. 人工智能促进未来教育发展：本质内涵与应然路向. 华东师范大学学报(教育科学版)，2022(09).

[2] 郝祥军，张天琦，顾小清. 智能时代的人机协同学习：形态、本质与发展. 中国电化教育，2023(10).

[3] 贾同，蔡建东. 生成式人工智能对教育生产力的变革. 现代教育技术，2024(01).

[4] 林佩燕. 对话教学：21 世纪学校教育的新理念. 教育评论，2003(03).

[5] 刘革平，高楠，胡翰林，秦渝超. 教育元宇宙：特征、机理及应用场. 开放教育研究，2022，28(01).

[6] 刘革平，王星. 虚拟现实重塑在线教育：学习资源、教学组织与系统平台. 中国电化教育，2020(11).

[7] 刘利，周小兵，高雪松，潘海峰，刘晓海，饶高琦，沈索超，陈肯，辛平，张辉，林筠，刘华，俞玮奇，周斐，陈青，陈默，任思潼，杨绪明，马一鸣，韩晓明. "ChatGPT 来了：国际中文教育的新机遇与新挑战"大家谈(上). 语言教学与研究，2023(03).

[8] 卢宇，余京蕾，陈鹏鹤，李沐云. 生成式人工智能的教育应用与展望——以 ChatGPT 系统为例. 中国远程教育，2023(04).

[9] 宋朝霞，俞启定. 基于翻转课堂的项目式教学模式研究. 远程教育杂志，2014(01).

[10] 王建华，李润美. "元宇宙"视域下基于虚拟现实技术的语言教学研究. 外语电化教学，2022(01).

[11] 王旭东. 数字故宫的过去、现在与未来. 科学教育与博物馆，2021(06).

[12] 邢秀凤. 以对话为学习策略的小学语文教学模式探索. 教育研究，2006(03).

[13] 杨明全. 核心素养时代的项目式学习：内涵重塑与价值重建. 课程·教材·教法，2021(02).

[14] 翟雪松，吴庭辉，李翠欣，仇婷婷，李艳. 数字人教育应用的演进、趋势与挑战. 现代远程教育研究，2023(06).

[15] 赵永生，刘毳，赵春梅. 高阶思维能力与项目式教学. 高等工程教育研究，2019(06).

[16] 张欢. 后人类视阈下国际中文教育的挑战和机遇研究. 兰州大学硕士学位论文，2023.

[17] 郑兰琴，高蕾，黄梓宸. 基于生成式人工智能技术的对话机器人能促进在线协作学习绩效吗. 电化教育研究，2024(03).

[18] 朱光辉，王喜文. 人工智能文生视频大模型 Sora 的核心技术、运行机理及未来场景. 新疆师范大学学报(哲学社会科学版). 2024(04).

智能技术赋能国际中文教学现代化

王运武[1]　周　甜[2]

[1,2]江苏师范大学 智慧教育学院 221116

[1] jiaoyujishuxue@yeah.net　[2] 986460861@qq.com

摘　要：大力推进国际中文教学现代化，既是实现国际中文教育现代化的必然要求，也是实施教育数字化战略的必然选择。智能技术赋能教育，引发了人类教育史上的第六次教育革命。智能技术在国际中文教学中具有广泛的应用前景，国家政策越来越重视推动智能技术与国际中文教学深度融合。本文首先分析了智能技术赋能国际中文教学现代化研究现状，然后剖析了国际中文教学现代化的内涵和实现路径，归纳了智能技术赋能国际中文教学现代化取得的成就，最后梳理了元宇宙、人工智能、机器人、大语言模型在国际中文教学中的典型应用。

关键词：智能技术；国际中文教学；教学数字化转型；教育现代化

Intelligent Technology Empowers Modernization of International Chinese Language Teaching

Wang Yunwu[1]　Zhou Tian[2]

[1,2] School of Wisdom Education, Jiangsu Normal University, 221116

Abstract: Vigorously promoting the modernization of international Chinese teaching is not only a necessary requirement for achieving modernization of international Chinese education, but also a necessary choice for implementing the digital education strategy. Intelligent technology is quietly transforming education and triggering the sixth educational revolution in the history of human education. Intelligent technology has broad application prospects in international Chinese language teaching, and national policies are increasingly emphasizing the deep integration of intelligent technology with international Chinese language teaching. The article first analyzes the current research status of intelligent technology empowering the modernization of international Chinese teaching, then analyzes the connotation and implementation path of international Chinese teaching modernization, summarizes the achievements of intelligent technology empowering the modernization of international Chinese teaching, and finally summarizes the typical applications of metaverse, artificial intelligence, robots, and large language models in international Chinese teaching.

Key words: intelligent technology; international Chinese language teaching; digital transformation of teaching; modernization of education

0 引言

近年来，5G、Wi-Fi6、人工智能、大数据、元宇宙、机器人、数字人等智能技术正在悄然改变着教育，掀起人类教育史上的第六次教育革命——智慧教育。科技与教育双向赋能正在成为人类教育发展史上的新命题，智能技术正在重塑未来教育（黄荣怀、王运武、焦艳丽，2021）。技术与教育教学的融合具有广泛的应用前景，衍生了军事教育技术、医学教育技术、特殊教育技术等诸多研究领域。智能技术在国际中文教学中的应用是一个新兴的研究方向，值得研究者和实践者广泛关注。加快推进智能技术在中文教学中的应用，既可以提升国际中文教学现代化水平，又可以推动中华优秀文化国际传播，拓展国际交流与合作，还有助于建设人人皆学、处处能学、时时可学的学习型社会。

1 智能技术赋能国际中文教学现代化研究现状

早在 20 世纪 90 年代，就有关于技术在国际中文教学中应用的研究。1995 年 4 月 28—30 日，首届"中文电化教学国际研讨会"在美国旧金山召开，开启了探讨国际中文电化教学之旅。30 年来，在相关政策的推动下，智能技术赋能国际中文教学现代化研究逐渐呈现多元化趋势。

1.1 政策和两会建议驱动智能技术赋能国际中文教学现代化

2019 年，中共中央、国务院印发《中国教育现代化 2035》，提出"到 2035 年，总体实现教育现代化，迈入教育强国行列"（新华社，2019）。2024 年两会期间，全国政协委员提出《关于推动人工智能赋能中华优秀传统文化传播的提案》，建议从设立重点项目和专项资金、制定政策、加快培养跨学科专项人才三个方面推动人工智能赋能中华优秀传统文化传播（央视网，2024）。此外，各省、自治区、直辖市的语言文字工作也越来越重视推进语言文字规范化、标准化和信息化建设。例如，2021 年，贵州省发布《贵州省全面加强新时代语言文字工作实施方案》，明确提出"推动语言文字信息技术创新发展""推动语言文字与人工智能、大数据、云计算等信息技术的深度融合"等（贵州省人民政府，2021）。国际中文教学现代化是教育现代化的重要组成部分，逐渐受到政策的高度关注。这些政策和两会建议强调了中文教学现代化的重要性，也为推动国际中文教学现代化提出了相应的措施和策略。智能技术正在深度融入人类的学习、生活和工作，也必将加快推进国际中文教学现代化。

2021 年，教育部中外语言交流合作中心发布了 5 份国际中文教学资源政策文件：《国际中文在线教育行动计划（2021—2025 年）》《国际中文教育教学资源建设行动计划（2021—2025 年）》《"中文+职业技能"教学资源建设行动计划（2021—2025 年）》《国际中文教育资源建设指南》《国际中文教育教学资源建设项目管理办法》。其中《国际中文在线教育行动计划（2021—2025 年）》明确提出，"5G 网络、人工智能、云计算、大数据、区块链、虚拟现实等新型信息技术快速发展，极大加快了国际中文在线教育理论研究、实践应用和创新发展的步伐，将深刻影响并改变国际中文教育的发展模式"（教育部中外语言交流合作中心，2021）。

1.2 国际中文师生数字素养与能力

随着智能时代的来临,提升全民数字素养和能力成为建成数字人才强国的必然选择。关于国际中文师生数字素养与能力的研究主要集中在以下方面:(1)汉语国际教育硕士流畅性中文教学的信息技术应用能力(杨锋,2020);(2)职前国际中文教师教育信息技术使用意愿及行为的影响因素(叶哲琪,2022)、信息技术素养现状调查与提升路径(李伏蕊、毛红,2023);(3)国际中文教师信息技术素养现状调查(王杨蓉,2023)、教育信息技术能力调查(刘巨飞,2023)、提升策略(郝晴、江山、祁紫飞、刘建波,2022)、自我提升路径(Zou, L. & Yu, L., 2024);(4)国际中文教师线上线下混合教学能力(Lin Q, 2024)。从研究现状看,在术语使用方面多是采用了信息技术素养,未来需要更多地从智能时代师生应该具备的数字素养与能力的视角,探索更加有效的数字素养培养模式提升路径。人工智能在推动教师队伍建设方面具有极大的潜能(王运武、李雪婷、王藤藤、姜松雪,2022),未来更需要关注如何利用人工智能助推师生数字素养与能力发展。

1.3 智能技术在国际中文教学中的应用

智能技术在国际中文教学中的应用已受到诸多研究者的关注。当前,智能技术在国际中文教学中的应用研究主要分为三类:(1)智能技术在教学中的应用,例如,扩展现实(XR)(刘俊芳,2024)、元宇宙(陈明,2023)、H5(张满满,2024)、多模态数据分析(Zhang S, 2024)、人工智能分析技术(Zhang X, 2024)、知识图谱(Zhou M, 2024)在国际中文教学中的应用研究。2024年4月,北京语言大学发布的"国际中文智慧教学系统3.0版",融合了大语言模型、语音智能、数字人等智能技术,将为国际中文教学带来全新的教与学的体验。(2)智能技术对推动中文国际传播的影响,例如,元宇宙推动中文国际传播的功能与路径(钱丽吉、吴应辉,2023)、数字技术对国际中文教育知识传播的影响(薛梦晨,2023)。(3)智能技术引发的国际中文教育变革及未来趋势,例如,人工智能技术对国际中文教育的影响与对策(刘妍,2023)、ChatGPT引发的国际中文教育的技术变革(徐娟、马瑞菱,2023)、教育和技术变革中的国际中文教育前景(郑艳群,2023)、技术促进国际中文教学的现状与趋势(汪晓凤、王华珍、罗杨,2022)、人工智能给国际中文教育带来的机遇与挑战(Xie J, 2023)等。

1.4 国际中文数字教学资源与教学实践

国际中文数字教学资源与教学实践也引起了研究者的关注。关于数字教学资源的研究,主要有国际中文数智化教材(施歌、周梦圆,2024)、Second Life和ChatGPT-4在国际中文教学中的设计(李建涛、孔明、钟英华,2023)、在线教学资源(吕宝丹,2023)、影视欣赏课程在国际学生中文教学中的应用(Yakun H, 2023)等。关于国际中文教学实践的研究,主要有线上教学(李瑶、沈丹、聂熙忱,2023)、线上线下融合教学模式(吉晖,2022)、智慧教学模式(马瑞菱、曹钢、徐娟,2022)等。

总体来说,技术赋能国际中文教学现代化的研究起源于20世纪90年代,直至2020年以后研究文献才显著增加。智能技术赋能国际中文教学现代化的研究主要集中在三个方面:师生数字素养与能力、智能技术与国际中文教学融合、数字教学资源与教学实践。相对于技术在教育领域其他行业中的应用研究而言还比较薄弱，这也说明智能技术赋能国际中文教学现代化是一个非常值得关注的新兴研究方向。未来可以从政策、标准、评价、案例、模式、路径、经验等视角拓展国际中文教学现代化研究。

2 智能技术赋能国际中文教学现代化的实践探索

智能技术与国际中文教学的深度有效融合是实现国际中文教学现代化的重要途径。为了更好地认识智能技术如何赋能国际中文教学现代化，需要深入认识国际中文教学现代化的内涵，由此探寻智能技术赋能国际中文教学现代化的实现路径。

2.1 国际中文教学现代化的内涵和实现路径

教育现代化是指师资队伍、教育观念、教育内容、教育方法、教育手段、教育装备、教育治理等各个方面的现代化。教学现代化是教育现代化的重要组成部分，可以看作教育现代化在教学领域中的具体体现，包括教学理念、教学内容、教学方法、教学模式、教学手段等方面的现代化。教学现代化与教育现代化之间是相互促进、相互影响的关系。教学现代化的实现有助于推动教育现代化进程，教育现代化为教学现代化提供有力的支撑。

国际中文教学现代化是教学现代化在国际中文教学中的进一步具体化，可以认为是以智慧教学环境为基础，在先进的教学理念指导下，运用智能技术促进教学变革的过程。智慧教学环境是指线上线下融合（OMO）教学环境、智慧教室、虚拟仿真教学环境、元宇宙教学环境等。先进的教学理念是指践行以人为本、全面发展、个性化等现代教学理念，根据具体教学对象和教学内容，恰当采用三种教学模式：以"教师"为中心的教学模式，以"学生"为中心的教学模式，"主导-主体"的教学模式。

从学术研究和实践领域看，国际中文教学现代化的实现路径可以归纳为六个方面：（1）推动国际中文教学理念现代化，即针对生源认知特点和学习兴趣，采用现代化的国际中文教学理念，在国际中文教学中，不仅要关注学生语言能力的提升，还要注重培养学生的文化素养、思维能力和创新能力，更要注重培养具有国际视野的数字人才；（2）打造智慧化的国际中文教学环境，建设新型数字教学资源，以教育新基建为契机提升教与学的个性化和智慧化体验；（3）恰当采用新的教学形态，诸如线上线下融合教学、弹性教学和主动学习（黄荣怀、汪燕、王欢欢、逯行、高博俊，2020）、短视频+直播教学（王运武、王宇茹、洪俐、陈祎雯，2021）、场景式教学、元宇宙教学、人—生成式人工智能/机器人双师教学等；（4）推动教学手段现代化，即加快在国际中文教学中引入智能技术，推进国际中文教学数字化转型，促进国际中文教学数字化、智能化和智慧化，为学生提供丰富多样的数字学习资源和个性化、智能化的学习方式；（5）建立现代化的国际中文教学体系，推进教学管理现代化，拓展个性化教学服务供给，例如通过微证书、微学历满足不同人群的学习需求；（6）注重培养具有国际视野和跨文化交流能力的复合型人才，加强中文教学现代化的国际交流与合作，提高中文教学的国际影响力和竞争力。总之，国际中文教学现代化是一个系统的复杂过程，智能技术在推动国际中文教学现代化过程中具有极大的潜能。

2.2 智能技术赋能国际中文教学现代化取得显著成就

国际中文教学现代化进程与教育信息化发展具有高度一致性。20 世纪 80 年代以来，我国教育信息化建设迅速发展，尤其是 21 世纪以来，教育信息化营造了现代化的育人环境，加速推动了教育现代化进程。在教育信息化的推动下，国际中文教学逐步加快了现代化进程，并逐渐取得了显著成就。国际中文教学在教学理念更新、智慧教学环境建设、数字教学资源建设、新型教与学方式探索、现代教学体系建设等方面都取得了显著成就。

我国国际中文教学资源建设基本形成了资源建设共同体，标准的规范和引领作用正在日益凸显（马箭飞、梁宇、吴应辉、马佳楠，2021）。国际中文教学资源建设以"标准化、体系化、智能化、特色化"为核心要义（匡昕、冯丽萍，2023）。常见的国际中文数字教学平台，见表 1。按照国际中文数字教学资源的表现形式和特点，可以分为十类：国际中文教学综合性网站、一对一在线国际中文教学平台、APP 类国际中文移动应用程序、数字教材/云教材、领域专用语言资源、在线课程/教学平台、短视频+直播教学资源、虚拟仿真教学资源、元宇宙数字教学资源、生成性数字教学资源。

从资源规模看，综合性网站、一对一在线教学平台、APP 应用程序（如 PPtutor 中文 APP）、在线课程等拥有丰富的数字教学资源。相对而言，数字教材/云教材、短视频+直播教学资源（如短视频汉语学习平台"嗨中文"APP）、虚拟仿真教学资源、元宇宙数字教学资源、生成性数字教学资源等新型教学资源建设比较薄弱。尤其是随着生成式人工智能的发展，生成性数字教学资源将是数字教学资源建设的一个新方向。当前，全球范围内已建设了数量庞大的国际中文数字教学资源，其种类也非常丰富，较好地满足了学习者的个性化和多元化需求，但是国际中文数字教学资源的供给和服务方式还有提升的空间。

表 1 常见的国际中文数字教学平台

序号	数字教学平台	内容与特色	网址
1	italki	全球最大的在线语言学习社区平台之一。全球 200 多个国家的 20000 多位语言教师教授 130 多种语言	https://www.italki.com/zh-cn
2	Lingo Bus	专注于 5 岁至 12 岁儿童的在线中文学习平台	https://www.lingobus.com
3	TutorMandarin	通过虚拟教师教授口语课程的在线中文教学平台	https://www.tutormandarin.net/en/
4	Ihatoo（哈兔中文网络学院）	提供线上中文教育、中华文化学习、中外文化交流等综合性服务	https://www.ihatoo.com/
5	国际中文教育资源与学习平台	涵盖 HSK 考试服务、预科基地、科技汉语资源、论文报告与微课等	https://istudy.tju.edu.cn
6	中国华文教育网	网站栏目包括青少年学习、教师教学、成人素养、职业教育、文化视频、华文资讯、华文教材、华文学校、活动论坛、专家智库、教学园地、中华文化等	https://www.hwjyw.com/hwjc.html
7	外研社国际汉语教学资源网	涵盖中文分级读物及文化读物、海外中文教程、国际中文教师培养与发展、来华留学中文课程、国际中文工具书、学术著作、HSK 课堂系列等	http://www.fltrp-clt.com/phonepages/

续表

序号	数字教学平台	内容与特色	网址
8	国际汉语教学案例库	涵盖汉语语言要素教学、汉语语言技能教学、日用/专门用途汉语教学、教学法、教学活动、教学管理、中文文化与传播、跨文化交际、项目开发管理、教学资源、教师综合素质及教师适应性等类型的国际汉语教学案例	http://anli.chinesecio.com/public/index.html
9	语言资源高精尖创新中心语言学习资源库	涵盖三类数字教育资源：（1）面向资源战略保有和领域专用的两类语言资源；（2）"一带一路"国家语言文化资源展示、冬奥术语库系统、BCC汉语语料库等16个应用系统；（3）现代语言技术传播、语言资源保护等慕课资源	https://yuyanziyuan.blcu.edu.cn/info/1050/1295.htm
10	云南华文教育网	网站栏目包括华教资讯、班级课程、精品课堂、文化园地、华教心语和在线学习	http://www.ynhwjyw.cn/
11	YES CHINESE	网站栏目包括中文教材、互动课程、教学资源和环球书店	http://www.yes-chinese.com/
12	Little Fox Chinese	以动画视频为主的中文分级学习网站	https://chinese.littlefox.com/en
13	Level Chinese	基于标准和数据驱动的指导性教学平台，设定了20个等级的阅读能力标准和8个等级的写作标准。阅读体系涵盖5个层面：评估、分析、计划、差异化、练习。图书涉及文学、科学、自然、生物、艺术、运动等不同领域	https://www.levellearning.com/
14	i Chinese Reader	适用于中文作为第二语言、中文沉浸、IB等不同类型的课程。图书分为20个水平等级的分级阅读平台	https://ichinesereader.com/
15	Little Chinese Readers	包括5个水平等级的分级课程和分级故事	https://www.littlechinesereaders.com/
16	e Chinese 易·中文	课程包括K-5沉浸式中文教材、K-6分级阅读、K-8易·悦读以及大学预科中文互动课堂	https://www.echineseworld.com/Contents/index.html
17	中文联盟	将中文教育、文化学习、教师发展、考试服务等功能集于一体，为学习者、教师、机构和研究者提供多样化的服务	https://z.chineseplus.net/online_chinese_class.html

3 智能技术在国际中文教学中的典型应用

近年来，5G、Wi-Fi6、人工智能、大数据、元宇宙、机器人、数字人等智能技术发展迅速，这为国际中文教学现代化发展带来新的机遇与挑战。科技与教育双向赋能正在成为数字时代科技与教育融合发展的显著特征之一。近年来，国际中文教学领域涌现出一批将智能技术应用于国际中文教学的典型案例，为加快推进国际中文教学现代化提供了经验。

3.1 元宇宙营造国际中文教学的沉浸式学习体验

在2022年国际中文教育大会暨交流周活动中，华东师范大学与上海杉达学院展出了联合开发的国内首例国际中文教育元宇宙（人民融媒体，2022）。在元宇宙校园中，师生戴上 VR 眼镜、操纵手柄，可以体验沉浸式的中文学习和生活之旅。元宇宙在国际中文教学应用中的显著优势是通过构建的沉浸式虚拟 3D 教学和生活场景，借助智慧研修室中的 AI 助教，以多元化的教学方式，帮助学生在交互性的学习和社交情境中开启沉浸式中文学习之旅。

3.2 人工智能赋能国际中文教学智能评测与智能交互

人工智能在赋能国际中文教学智能评测与智能交互方面具有极大的应用潜能，可以有效提升分级阅读和个性化推荐的精准性。例如，基于人工智能开发国际中文学习 APP "适趣 AI 中文""e 学中文""JUZI 汉语""Learn Chinese AI-SuperChinese"等，能够从听、说、读、写多个维度智能评测学习者的汉语学习水平，识别学习者的学习情况，进而向学习者推荐个性化的学习资源。基于生成式人工智能的教学软件，可以与学习者进行自然语言交互，从而让学习者在沉浸式、场景式学习之中提高语言表达和交互能力。

3.3 机器人扮演国际中文教学智能学伴

人工智能具有孕育教师队伍建设的智能文化、重新塑造教师角色、延伸和扩展人类的本质力量等三方面的潜能。机器人教师、AI 教师（AI 合成教师）拓展教师内涵，新型双师 "教师-机器人教师" 重新定义师生关系（王运武、李雪婷、王藤藤、姜松雪，2022）。机器人作为 "教师" 正在扮演智能学伴的角色，在国际中文教学中发挥着日益重要的作用。智能学伴机器人具有 "中英互译"、古诗词学习、双语故事等功能，可以营造沉浸式学习场景和氛围，为汉语学习者带来陪伴式的学习体验。国际中文教育机器人正在成为一个具有广泛应用前景的机器人产品。

3.4 大语言模型提升国际中文教学智能化水平

大语言模型为国际中文教育产业的创新发展提供了新的变革思路。2023 年 11 月，元中文数字科技有限公司研发推出首个面向国际中文教育领域的垂直大模型——庄周大模型，推动人工智能技术在国际中文教育场景中发挥作用（中国日报，2023）。作为做了针对性的调整和训练的国际中文教育行业应用大模型，庄周大模型比通用大模型具有更深入和精准的服务能力。AI 数字课堂、数字人教师创建了全新的中文教学模式；AI 助教、智能伴学将更有利于因材施教和个性化学习。AI 助教支持教案制作、作业批改、教学计划制订等各类工作，从而有效减轻教师工作负担，释放教师生产力，让教师从事更具有创造性的工作。

4 未来展望

智能技术在国际中文教学中具有广阔的应用前景，非常值得国际中文教育研究者和实践者关注。从政策角度来说，我国发布了系列推动智能技术在教育教学中应用的文件，推动国际中文教育数字化转型既是贯彻落实教育数字化转型战略的必然要求，也是实现国际中文教学现代化的重要途径。从技术角度来说，智能技术发展迅猛，并逐渐融入各行各业。在智能技术的驱动下，数字经济和数字产业蓬勃发展，提升数字素养和技能已经成为人们适应数字时代发展的新要求。智能技术创新国际中文教育，塑造国际中文教学新形态正在成为必然趋势。加快推进智能技术在国际中文教学中的应用，将更有利于推进国际中文教育智能化建设，加速实现国际中文教育现代化，传播中华优秀文化和时代成果。

参考文献

[1] LIN Q. An Investigation into the Current Status of Online-Offline Hybrid Teaching Competence among International Chinese Language Teachers and Strategies for Response: A Case Study of Regional Undergraduate Universities. *International Journal of New Developments in Education*, 2024.

[2] XIE J. Opportunities and challenges brought by artificial intelligence to second language teaching: A case study of international Chinese language education. *Advances in Engineering Innovation*, 2023(01).

[3] YAKUN H. The Application of Film and Television Appreciation Course in Chinese Language Teaching for International Students in Vocational Colleges. *Curriculum and Teaching Methodology*, 2023(05).

[4] ZHANG S. A Study on the Teaching Practice of Multimodal Data Analysis in International Chinese Language Education for International Students in China. *Applied Mathematics and Nonlinear Sciences*, 2024(01).

[5] ZHANG X. Innovation of teaching methods of international Chinese language education in universities based on artificial intelligence analysis technology. *Applied Mathematics and Nonlinear Sciences*, 2024(01).

[6] ZHOU M. Construction of Chinese Culture Teaching Resources for International Chinese Language Education Based on Knowledge Mapping. *Applied Mathematics and Nonlinear Sciences*, 2024(01).

[7] ZOU L. & YU L. Research on Self-Improvement in Information Literacy of International Chinese Teachers. *Frontiers in Educational Research*, 2024.

[8] 陈明. 元宇宙技术在国际中文教育汉字教学中的应用. 林区教学，2023(06).

[9] 贵州省人民政府. 省人民政府办公厅关于印发贵州省全面加强新时代语言文字工作实施方案的通知（黔府办发〔2021〕28号）. https://www.guizhou.gov.cn/zwgk/zcfg/szfwj/qfbf/202112/t20211231_72179420.html, 2021.

[10] 郝晴，江山，祁紫飞，刘建波. 混合同步学习下国际中文教师信息技术素养提升策略研究. 李晓琪，徐娟，李炜. 数字化国际中文教育(2022). 北京：清华大学出版社，2022.

[11] 黄荣怀，汪燕，王欢欢，逯行，高博俊. 未来教育之教学新形态：弹性教学与主动学习. 现代远程教育研究，2020(03).

[12] 黄荣怀，王运武，焦艳丽. 面向智能时代的教育变革——关于科技与教育双向赋能的命题. 中国电化教育，2021(07).

[13] 吉晖. 技术赋能国际中文教学创新：线上线下融合教学模式探索. 李晓琪，徐娟，李炜. 数字化国际中文教育(2022). 北京：清华大学出版社，2022.

[14] 教育部中外语言交流合作中心. 国际中文在线教育行动计划(2021—2025年)，2021.

[15] 匡昕，冯丽萍. 国际中文教育教学资源建设思路与进路. 天津师范大学学报(社会科学版)，2023(05).

[16] 李伏蕊，毛红. 职前国际中文教师信息技术融合自我效能感调查研究. 华北理工大学学报(社会科学版)，2023(05).

[17] 李建涛，孔明，钟英华. "表达驱动"教学理论在数智技术赋能国际中文教学中的设计探讨——以Second Life 和 ChatGPT-4 为例. 河南大学学报(社会科学版)，2023(06).

[18] 李瑶，沈丹，聂熙忱. 面向"中文+"的高职院校国际汉语线上教学探索与实践——以贵州轻工职业技术学院为例. 汉字文化，2023(07).

[19] 刘巨飞. 智慧教育背景下国际中文教师信息技术能力调查研究. 大连外国语大学硕士学位论文，2023.
[20] 刘俊芳. 扩展现实(XR)技术应用于国际中文教育中的现状及展望. 云南师范大学学报(对外汉语教学与研究版)，2024(02).
[21] 刘妍. 人工智能技术对国际中文教育的影响与对策——在 ChatGPT 出现的背景下. 中国现代教育装备，2023(09).
[22] 吕宝丹. 基于在线教学资源与技术的国际中文教学实践探究——以优秀微课堂"买东西"为例. 教育科学论坛，2023(21).
[23] 马箭飞，梁宇，吴应辉，马佳楠. 国际中文教育教学资源建设 70 年：成就与展望. 天津师范大学学报(社会科学版)，2021(06).
[24] 马瑞祾，曹钢，徐娟. 国际中文智慧教学模式的过程模型与课堂活动设计. 李晓琪、徐娟、李炜. 数字化国际中文教育(2022). 北京：清华大学出版社，2022.
[25] 钱丽吉，吴应辉. 元宇宙技术推动中文国际传播跨越式发展的功能与路径. 云南师范大学学报(哲学社会科学版)，2023(04).
[26] 人民融媒体. 沪上高校用"元宇宙"打开了国际中文教育的另一扇门. https://baijiahao.baidu.com/s?id=1751746294920367987&wfr=spider&for=pc，2022.
[27] 施歌，周梦圆. 国际中文数智化教材信息技术内涵及实现路径分析. 天津师范大学学报(社会科学版)，2024(02).
[28] 汪晓凤，王华珍，罗杨. 技术促进国际中文教学的现状与未来趋势. 华侨大学学报(哲学社会科学版)，2022(02).
[29] 王杨蓉. 国际中文教师信息技术素养现状调查与提升路径研究. 浙江师范大学硕士学位论文，2023.
[30] 王运武，李雪婷，王藤藤，姜松雪. 人工智能助推教师队伍建设：新诉求、潜能与应用场域. 数字教育，2022(06).
[31] 王运武，王宇茹，洪俐，陈祎雯. 5G 时代直播教育：创新在线教育形态. 现代远程教育研究，2021(01).
[32] 徐娟，马瑞祾. ChatGPT 浪潮下国际中文教育的技术变革. 国际汉语教学研究，2023(02).
[33] 薛梦晨. 数字技术对国际中文教育知识传播的影响研究. 山东大学博士学位论文，2023.
[34] 央视网. 张勤委员：推动人工智能赋能中华优秀传统文化传播. https://news.cctv.com/2024/03/04/ARTIRz8sYsL4HhTLkxHGfkoR240304.shtml，2024.
[35] 杨锋. 汉语国际教育硕士（MTCSOL）留学生中文教学的信息技术应用能力调查与研究. 西南科技大学硕士学位论文，2020.
[36] 叶哲琪. 职前国际中文教师教育信息技术使用意愿及行为的影响因素研究. 福建师范大学硕士学位论文，2022.
[37] 张满满. 基于 H5 技术的线上国际中文古诗词教学研究. 吉林外国语大学硕士学位论文，2024.
[38] 郑艳群. 在教育变革和技术变革中思考国际中文教育的前景. 天津师范大学学报(社会科学版)，2023(02).
[39] 新华社. 中共中央、国务院印发《中国教育现代化 2035》. https://www.gov.cn/zhengce/2019-02-23/content_5367987.htm，2019.
[40] 中国日报. 庄周大模型：首个面向国际中文教育领域的垂直大模型. http://caijing.chinadaily.com.cn/a/202311/06/WS65488006a310d5acd876d7a7.html，2023.

ChatGPT 是哪一类中文语言使用者？

笪 骏

美国中田纳西州立大学 世界语言、文学和文化系
jun.da@mtsu.edu

摘 要：在探索将诸如 ChatGPT 这类生成式人工智能工具应用于二语教学时，有必要讨论一下它们是哪一类语言使用者这个问题。本文从二语习得研究的角度出发讨论 ChatGPT（3.5 版）是哪一类中文语言使用者。通过分析它的中文语法能力、语用能力和语言文化知识、语言创新能力以及它的语言学习途径，本文发现，ChatGPT 与人类的母语和二语习得存有异同，在语言学习和使用上既非典型的母语者，也非完全的二语者，而是一种新型的 "人工语言使用者"（artificial language user）。基于这种认知，本文讨论了将 ChatGPT 应用于二语教学时需要考虑的语言真实性、可信度和权威性等问题，认为需要进一步的质性和实证研究才能明确回答这些问题。本文建议在将 ChatGPT 和类似的人工智能系统应用于二语教学时，需要向学习者明示它们的使用，告知其局限性，并评估可能产生的正、负面影响。

关键词：ChatGPT；生成式人工智能；二语习得；语言能力；真实语料；人工语言使用者

What Kind of Chinese Language Speaker is ChatGPT?

Jun Da

Department of World Languages, Literatures, and Cultures, Middle Tennessee State University (USA)

Abstract: When exploring the use of generative AI tools such as ChatGPT in second language learning and instruction, it is necessary to discuss what kind of language speaker they are. This paper examines from the perspective of second language acquisition research which category of Chinese language user ChatGPT (version 3.5) belongs to. By analyzing its Chinese grammatical ability, pragmatic competence, cultural knowledge, creative use of language, as well as its language learning pathways, the paper finds that ChatGPT exhibits both similarities and differences compared to human native language acquisition and second language learning. It is neither a typical native speaker nor a complete second language learner, but rather a new type of "artificial language user". Based on this understanding, the paper discusses the issues of authenticity, trustworthiness, and authority of ChatGPT's language that need to be considered when used for second language learning. It argues that further qualitative and empirical research is required to provide clear answers to these questions. The paper suggests that when using ChatGPT and similar systems to support second language learning, their use as well as the limitations should be clearly communicated to learners, and their potential positive and negative impacts should be evaluated.

Key words: ChatGPT; generative artificial intelligence; second language acquisition; linguistic competence; authentic materials; artificial language user

0 引言

与以往的人工智能技术不同，2022 年年底推出的 ChatGPT 可以使用多种自然语言根据上下文与用户进行有意义的对话。在应用于二语教学领域时，ChatGPT 这种语言能力使得计算机有可能从辅助工具（assistant tool）的角色转变成教学的参与者（participant），充当类似于学习伙伴、教师（备课）助手、（辅导学生的）助教，甚至教师的角色（笪骏，2023）。就笔者所知，目前探索 ChatGPT 在中文国际教学中的应用的研究多为探索应用型研究，如最近出版的 *International Journal of Chinese Language Teaching* 2024 年第 1 期关于 ChatGPT 应用的专刊。

为能更好地理解并将 ChatGPT 应用于二语教学，本文试图从二语习得研究的角度来考察 ChatGPT 在使用某种自然语言与人类用户交互时是哪一类语言使用者这个问题，比如在使用中文时，ChatGPT 是母语者、二语者，还是一种新类别的语言使用者？鉴于目前还有其他多个已推出或正在研发中的类似于 ChatGPT 的生成式人工智能系统（generative AI），如百度的文心一言、月之暗面的 Kimi、谷歌的 Gemini 和 Anthropic 的 Claude 等，弄清楚 ChatGPT 是哪一类语言使用者，将使人类二语教师和学习者可以参照本文的研究思路对这些工具进行类似的考察，从而可以有针对性地选择和有意识地使用各种生成式人工智能系统，避免这类工具可能给人类的二语学习带来的负面影响。

本文将以 ChatGPT 3.5 版本为例来探讨 ChatGPT 在使用中文时是哪一类语言使用者这个问题。之所以选择 3.5 这个版本为研究对象，是因为虽然 ChatGPT 已经有了更新的版本，但据笔者所知，由于 3.5 版免费而更高版本收费，在（比如笔者任教的）美国高校里还是有更多的人在使用 3.5 这个版本。因此针对此版本进行相关问题的探讨对当前使用这类工具更具现实参考意义。

本文将分为五个部分：第一部分简述二语习得研究中关于母语和二语的几个基本概念和观察，作为本文后面部分讨论的出发点和依据；第二部分分析 ChatGPT 的语言能力；第三部分总结 ChatGPT 与人类母语习得和二语学习的异同；第四部分讨论 ChatGPT 应用于二语教学时，其语料的真实性、可信度和权威性等三个问题；第五部分为结语。

1 母语、二语和二语习得

无论是二语习得理论研究还是教学实践都区分两种不同类型的语言学习和使用者，即母语者（native speaker）和二语者（second language speaker）。母语者是在儿童前期通过与父母和其他母语者的交互习得语言（Bloomfield, 1933；Davies, 2003）。母语的习得只需一定量的输入（Chomsky, 1965），其语法系统的发展和完善在儿童期完成，而词汇和其他语用文化知识和能力则可以在儿童期后进一步发展。母语者的语言能力是多方面的。当他们的语法系统在儿童期发展成熟后，母语者就能对某个语言表达是否符合该语言的规范做出判断，可以从直觉（或称"语感"，intuitive knowledge）上判断出一个句子是否符合语法规范（Chomsky, 1965）；同时，母语者属于一个语言社群（Haugen, 1972），对于语言使用规律和交际的情景有着文化的烙印（Hymes, 1972）。母语者也能创新，包括新的词汇，或者新的语言规则等（Chomsky, 1957, 1965）。虽然母语者在使用语言过程中偶尔也会失误（mistake），但其本质是使用中的表现（performance）（Chomsky，1965），而非语言能力不足情况下所犯的系统性偏误。

二语是指母语者习得或正在学习的其他语言，通常发生在儿童期后（Davies，2003），基于正式的语言学习环境或沉浸式环境（Gass & Selinker，2008），为的是满足某种特定的交际需求（Lightbown & Spada，2013）。二语者的言语输出可能有错，即不符合母语者的语言使用规范。这种带有偏误（error）的个体语言，即中介语（interlanguage）（Selinker，1972），在一定的时间内是相对不变、自成一体的。但是，随着学习的积累和时间的推移，二语者的语言输出将更接近母语者的语言。不过，即使二语者的语言会逐渐进步，也会存在固化现象（fossilization）（Selinker，1972）。典型的二语者最终将无法获得等同于母语者的语感，尤其是语法能力。

在二语教学实践中常常可以将二语者按照一定的能力标准分为不同的能力级别，如《国际中文教育中文水平等级标准》制定的三等九级（中华人民共和国教育部，2021）、ACTFL 的五个能力层级（American Council on the Teaching of Foreign Languages，2012）和欧洲语言共同参考框架的六个层级（Council of Europe，2007）。与二语者不同，每个母语者都可以下意识地判断某个言语表现是否符合语法规范，他们的语感没有质的不同，虽然他们在词汇、语用和文化知识等方面存有差异。

二语学习的一个实际情况是，其学习榜样和指导者有可能是母语者，也有可能是（其他更高水平的）二语者。而根据二语习得研究中对母语和二语的定义，二语者是无法通过向其他（未达到母语者水平的）二语使用者学习成为该目标语的母语者的。

2 ChatGPT 当前的语言能力和习得

ChatGPT（3.5 版本）自 2022 年年底推出以来，就表现出了相当水准的（多）语言使用能力。从表面上来看，它的语言应用能力有时甚至超过了不少母语者。对 ChatGPT 的语言表现，尤其是其使用中文的能力，我们可以做一些定性的分析。

2.1 ChatGPT 当前的语言能力

2.1.1 多语种、多方言

根据 ChatGPT 自己的说法，它目前可以使用多种人类语言与用户交互，其中包括英语、法文、西班牙文、中文和其他语种等（OpenAI，2024）。据统计，其可以运用的语言和方言多达 80 种（Botpress，2024）。在这些语言中它的英文水平最高（OpenAI，2024）。就中文而言，ChatGPT 可以使用普通话和广东话、吴语、闽南话等方言（OpenAI，2024；Botpress，2024），当然，其使用各中文方言的水平有差异（OpenAI，2024）。

2.1.2 中文语法能力

根据笔者与之交互的观察，ChatGPT 在使用中文时可以正确地判断和修改二语学习者的言语错误，如笔者一位学生作业中的错误（见图1）。同时，我们也可以观察到 ChatGPT 使用中文时的错误情况，如图 2 和图 3 画圈之处所示。

> **Anonymous**
> 这句话有语法错误吗："来月，我要开始研究生在莫村大学。"?
>
> **ChatGPT**
> 是的，这句话有一些语法错误。正确的表达方式可能是："下个月，我将开始在莫村大学攻读研究生学位。"
>
> **Anonymous**
> 什么错误？
>
> **ChatGPT**
> 这句话有两个语法错误：
> 1. "来月"应该是"下个月"或者"接下来的月份"，表示将来的时间。
> 2. "研究生在莫村大学"应该是"在莫村大学攻读研究生学位"或者"在莫村大学读研究生"，这样更符合汉语的表达习惯。

图 1 ChatGPT 识别和修改中文二语学习者的语法错误

> **Anonymous**
> 创造一个新成语，你或其他人从来没有用过的，表达与"一鼓作气"相反的意思。
>
> **ChatGPT**
> 如何这个：「百鼓千气」？这个成语可以用来描述一个任务或行动需要经历多次尝试、反复努力才能完成的情况，与「一鼓作气」相反。
>
> **Anonymous**
> 用你创造的这个成语造几个句子，并说明在什么语境下用这个成语。
>
> **ChatGPT**
> 好的，让我来造几个句子：

图 2 ChatGPT 所犯的语法错误一

> **Anonymous**
> 用下面的词汇写一个简单的对话：中国菜、美国饭、墨西哥菜、行不行、好不好、怎么样、明天、下课后
>
> **ChatGPT**
> A：你吃过中国菜吗？我最近想去尝试一下。
> B：我还没有尝试过，但是我喜欢美国饭和墨西哥菜。
> A：那我们一起去尝试中国菜吧，怎么样？
> B：行不行，我明天下课后有时间。
> A：好不好，我也明天下课后有空。我们一起去吧。
> B：太好了，我很期待尝试中国菜。

图 3 ChatGPT 所犯的语法错误二

上述语法错误有可能是母语者在日常交际中偶尔会犯的错误。不过，如图 4 所示，笔者观察到它没有识别出这位学生作业中的错误，其他几位学生作业中出现的相同错误也同样未能识别。图 4 展示的是学生完成的阅读理解题。第二个问题的正确答案应该用"或是"而不是"还是"，但 ChatGPT 并没有察觉到这个语法错误。

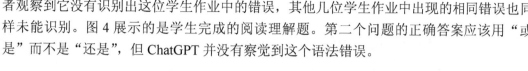

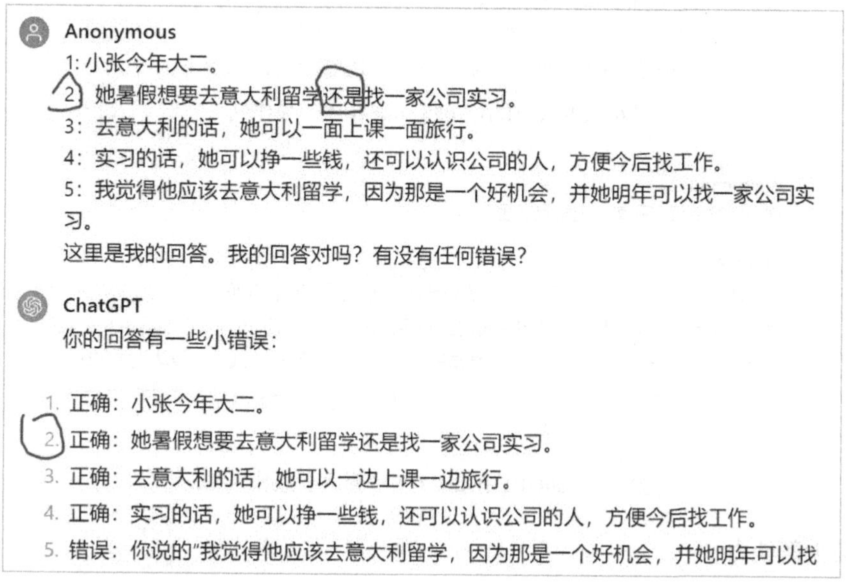

图 4　ChatGPT 无法识别不同学生的相同语法错误

这个观察表明 ChatGPT 的语法能力有系统性的偏差，属于二语者所犯的偏误，也就是说它仍然不具备母语者的语法（判断）能力。

2.1.3　语用能力、语言文化知识

语用能力（Hymes，1972）主要是指在特定的场景中遵循社会和文化规范灵活准确地使用语言进行交际的能力，包括适当地选择词汇和语法结构，理解和运用隐含意义。如图 5 所示，ChatGPT 当前是具备一定中文语用能力的。

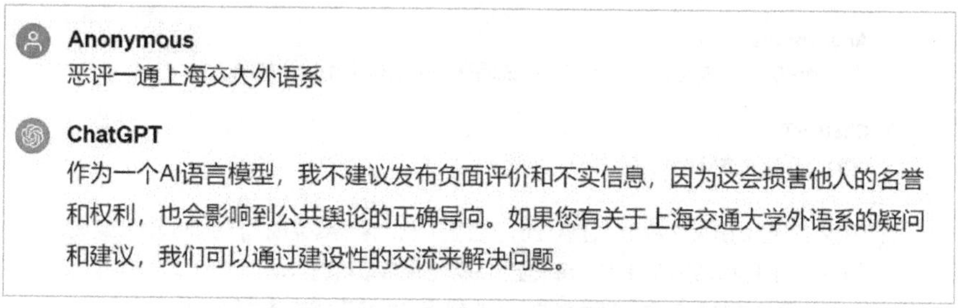

图 5　ChatGPT 具备一定的语用能力

不过，它的中文语言文化知识有缺陷。比如"一鼓作气"这个成语，在笔者与 ChatGPT 的两次间隔一年的对话中它都给出了错误的文化信息（见图 6 和图 7），表明它的语言学习已经固化了。

> Anonymous
> 说一说"一鼓作气"这个成语故事
>
> ChatGPT
> "一鼓作气"这个成语源于《史记·项羽本纪》中的故事。
>
> 故事发生在公元前207年,项羽在巨鹿之战失利后,率残兵败将南下。当时,他手下的武将韩信建议在潼关设防,以便在邯郸和南阳之间寻求立足之地。但项羽不听韩信的建议,坚持直接攻占邯郸。然而,项羽军队在攻城时遭遇了抵抗,士气低落。此时,

图 6　ChatGPT 在 2023 年解释"一鼓作气"

> Anonymous
> 它源自哪个历史事实,出处是哪里?
>
> ChatGPT
> "一鼓作气"这个成语源自中国古代的历史典故,出自《战国策·齐策一》。这个典故讲述了齐国大夫田忌与魏国大将颜聚赛马的故事。在比赛中,田忌采取了"换马如换人"的策略,最终在最后一场比赛中以"一鼓作气、再而衰、三而竭"的战术,成功赢得了比赛。这个典故后来成为了"一鼓作气"这个成语的来源,用来形容在做事情时要以坚定的决心和毅力,一口气完成任务。

图 7　ChatGPT 在 2024 年解释"一鼓作气"

2.1.4　语言创新能力

就笔者所知,目前尚未有报道说 ChatGPT 创造出了一个中文新词语,并为中文母语者接受。但是,当笔者让其模仿"一鼓作气"创造一个反义成语时,它给出了"百鼓千气"这个新成语(见图 8)。这说明它还是具备了一定的创新能力,虽然有待通过更丰富的实际使用数据来进一步验证这种创新是属于二语者的中介语还是真正意义上的母语者创新。

> Anonymous
> 创造一个新成语,你或其他人从来没有用过的,表达与"一鼓作气"相反的意思。
>
> ChatGPT
> 如何这个:「百鼓千气」?这个成语可以用来描述一个任务或行动需要经历多次尝试、反复努力才能完成的情况,与「一鼓作气」相反。
>
> Anonymous
> 用你创造的这个成语造几个句子,并说明在什么语境下用这个成语。
>
> ChatGPT
> 好的,让我来造几个句子:
> 1. 在这个项目的开发过程中,团队经历了百鼓千气,才最终完成了产品的设计和测试。
> 2. 学习一门外语需要百鼓千气,每天坚持练习才能够取得进步。
> 3. 这个公司的成功并不是一蹴而就的,而是经历了百鼓千气的努力和改进。
> 4. 她的成功不是偶然的,而是通过百鼓千气的学习和努力赢得的。
>
> 这个成语可以用在各种需要反复尝试和努力的情况下,强调了坚持不懈的精神和持之以恒的态度。

图 8　ChatGPT 造词"百鼓千气"

2.2 ChatGPT 的语言学习

从已有公开的技术报告来看，ChatGPT 的语言学习与人类母语者或二语者的习得途径有所不同，我们可以从三个表象略窥其语言学习过程和特点。

2.2.1 海量的语言输入

据报道，ChatGPT（3.5 版）使用了 3000 亿词，即 570GB 的文字来进行训练（Hughes，2023）。从逻辑上来讲这些海量数据不可能全部都是母语者的语言输出，也应该有非母语者生成的语言。此外，ChatGPT 学习语言时获得的语言输入数量远远超出了一个人类母语或二语学习者需要和能接触到的输入量。

2.2.2 语言学习的对象和环境

训练 ChatGPT 的数据包括各种书籍、文章、网页和其他来源的多种文字资料（OpenAI，2024）。在训练过程中还有人类的指令和反馈（Nerdynav，2024）。这样的语言学习更像是人类的二语学习，即在正式的（学习）环境中并借助他人的指导和反馈，而非类似于幼儿在沉浸式环境中通过与其他母语者（主要是父母）交互进行的母语习得。

2.2.3 高效的语言学习

从 2016 年最初的生成模型开始到 2022 年年底推出的 GPT3.5 版本（Hines，2023），ChatGPT 似乎在短短 6 年时间里就具有了足够强大的语言使用能力。它不仅学会了几十种语言，而且其熟练程度似乎也常常远高于人类学习者，尤其是二语学习者。这种语言学习效率也是远超人类的，无论是母语习得还是二语学习。

3 ChatGPT 使用中文时是哪一类语言使用者？

将 ChatGPT 的语言能力、语言使用和语言学习情况与人类母语习得和二语学习的情况相比，至少可以观察到这样一些相似和差异之处。

第一，从语言习得的先后顺序来看，它显然不属于二语习得研究中对人类习得母语的观察：ChatGPT 的语言学习似乎是多语种同时并进的，并不存在先习得一种语言（如英语），再学习其他语言这个先后有序的差异。

第二，按照 ChatGPT 自己的说法，它在各个语言使用上的能力有差异。就它的中文水平而言，笔者观察到的各种语言使用错误以及重复犯错（包括语法，更多是语用和语言文化知识方面的错误）的时间跨度说明它的中文不具有母语者的特征，更像是仍然处于发展期的二语习得者。

第三，就习得语言所需的（有效）输入而言，它使用的训练（即学习）数据量远超人类习得母语或学习二语所需或者能接触到的数量，也远超人脑能处理的数量。就这点而言，ChatGPT 的语言学习既非母语习得也非二语学习。

第四，它的语言学习范例（即语言输入）同时源于母语和二语材料，而非仅仅是母语，同时它主要是借助于各种书面而非语音输入。这些学习特点更像是人类的二语学习，而非母语的习得。

第五，目前尚无足够实证数据表明 ChatGPT 是否能主动创新。本文第 2.1.4 小节显示了它有被动创新的能力，但这种创新是二语学习者的中介语还是真正意义上的母语者创新仍需通过大量的实证数据加以辨别。

以上五个语言学习和使用特点意味着 ChatGPT 目前还不是母语习得者，它更像是但不完全是一位二语学习者。目前尚不能确定在给予 ChatGPT 更多的时间和数据对其进行训练后，它在语言能力上是否有可能成为一个母语者，或是它将终结于一位典型的二语者。从逻辑上来讲存在着这样一种可能，即其语法能力可以等同于母语者，但在语用能力和语言文化知识层面则更像是一位二语者。从这个意义上来讲，以 ChatGPT 为代表的人工智能技术有可能最终会演变成一种新型的"人工语言使用者"（artificial language user），兼具人类母语和二语者的某些特征，但又不等同于其中的一个。

4 当前教学中使用 ChatGPT 和类似工具的几个相关问题

ChatGPT 在二语教学中有可能扮演不同的角色，发挥不同的作用。其中一个应用就是使用 ChatGPT 生成教学材料给二语者学习用，另外一个应用是 ChatGPT 充当学习者的练习伙伴。同时，随着 ChatGPT 在其他行业中逐渐得到应用，二语学习者还有可能在真实世界中接触到由 ChatGPT 生成的语料。这些情形都将涉及以下几个与 ChatGPT 身份认定相关的问题。

4.1 由 ChatGPT 生成的语料的真实性（authenticity）和可信度（trustworthiness）

二语交际教学法和任务型教学提倡在教学中使用真实语料（authentic materials），认为真实材料可以让学习者接触到真实语境中的真实语言，这对于高水平的学习者来说是有益的，因为它提供了更丰富的语言输入（Gilmore，2007）。Peacock（1997）观察到真实语料能加强初级二语学习者的学习动机。

在二语教学中，对于什么是真实语料有着不同的定义（Gilmore，2007）。严格意义上的真实语料是在特定语言社区中由母语者为其他同类母语者生成的语言（Porter & Roberts，1981；Little，Devitt & Singleton，1989）。宽泛意义上的真实语料是指那些由真实的语言使用者出于真实的交际目的为真实的受众生成的语言，而非专为教学设计的（参见 Porter & Roberts，1981；Nunan，1989）。

如本文第 2 节和第 3 节所述，由于 ChatGPT 尚不具备母语者的语言能力；同时，人类也刚刚开始探索 ChatGPT 在真实世界中的应用，所以目前由 ChatGPT 生成的语料显然不是严格意义上的真实语料。但在现实生活中，已有人使用 ChatGPT 为真实受众生成文本，比如 Bensinger（2023）报道了关于在亚马逊上售卖由 ChatGPT 等 AI 工具生成的电子书的新闻。这种由 AI 生成的内容也可以被视为广义上的真实语料，因为它们反映了现实世界中人们使用语言的方式。

二语学习的终极目标是能像母语者那样使用目标语，所以从逻辑上来讲，母语者生成的言语是最理想的学习范例。与之相比，由其他二语者生成的目标语言材料有可能带有各种语言和文化知识上的错误，其可信度不如母语者生成的语料，有可能会影响学习者的态度。鉴于目前 ChatGPT 尚未被认定为具有（等同于）母语者的语言能力，所以将

ChatGPT 或由其生成的语料用于二语教学时就有必要向二语学习者说明情况，让他们自行确定是否接受和使用。

4.2 ChatGPT 的权威性（authority）

尽管 ChatGPT 尚未展现出它具有（等同于）母语者的语言能力，但因为它目前的语言能力已足够好，也可以像其他人类二语者一样参与到人类二语的学习中来，充当其他二语者的老师。在这种情形下，一个需要研究的相关问题是，当由 ChatGPT 生成的语料作为语言范例与其他母语者或人类二语教师提供的范例有差异时，人类二语学习者将以谁的为准？目前因为在二语教学中 ChatGPT 的应用仍然处于探索阶段，比如在作者任教的中田纳西州立大学，ChatGPT 提供的语料只是作为教师和学生的参考，所以尚没有足够的实证数据来明确回答这个问题。

与此相关的另一个需要研究的问题是：当我们将带有偏误的 ChatGPT 语料应用于二语教学时，会给学习者带来怎样的影响，特别是是否会有负面影响？这和人类（相对水平较高的）非母语者教授其他二语学习者的情形类似。已有的研究（如 Medgyes，1992）表明，虽然非母语者教师可能存在某些问题，但二语学习者也可能从具有相同母语背景的高水平非母语教师那里获益。鉴于 ChatGPT 已经展现出高水平的语言使用能力，它是否会带来类似的正面和负面影响，还需要通过实证研究来回答。

4.3 效仿 ChatGPT 的语言习得

如本文第 2.2 节所述，ChatGPT 是通过海量的数据（即输入）学会的数十种语言，并不断地重复训练和学习，同时它也缺乏与其他语言使用者的充分交互。这一学习特点有别于诸如交际法和交互主义等二语教学理论所推崇的原则，即习得二语需要一定量的输入（Krashen，1982），但超大量的输入不是必要条件。同时习得二语需要有与其他语言使用者或学习者（在一定的语言社区环境里）的交互（Vygotsky，1978）。相比之下，ChatGPT 的学习方式与二语教学中的听说法（Fries，1945；Lado，1964）更为相似，即学习者通过大量输入和句型操练来提升语言能力。虽然人类个体学习者的大脑无法与 ChatGPT 的海量数据处理能力相提并论，但 ChatGPT 通过大量输入和训练来掌握语言的方式及其效果，表明这种方法在一定程度上是有效的。

5 结语

本文从二语习得研究的角度出发，探讨了 ChatGPT 在使用中文时是哪一类语言使用者这个问题。通过对 ChatGPT 的中文语法能力、语用能力、语言创新能力及其语言学习过程的分析，我们认为它既不完全符合母语者的特点，也不完全等同于二语学习者。ChatGPT 展现出了一种新型的语言学习和使用模式，它能使用多种语言与人类流畅交流，并具备一定的语法判断能力，但在语用和语言文化知识方面仍有局限。这种新型的"人工语言使用者"的特点，值得进一步探讨和研究。

将这类生成式人工智能系统应用于二语教学时，需要认真考虑其语言输出的真实性、可信度和权威性等问题。目前将 ChatGPT 生成的中文语料作为学习范例时，需要提醒学习者注意它们可能与母语规范存在差异。随着生成式人工智能技术的快速发展，只有深入了解这类新型语言使用者的特点，并审慎评估其对二语教学的影响，才能更好地、有针对性地应用这些技术，为二语学习者提供有效的帮助。

说明：本文的研究和撰写使用了 ChatGPT、Microsoft Copilot、Kimi 和 Claude，包括文章和章节标题的用语、取舍和确定，英文和中文摘要的文字润色以及一些二语习得术语定义和参考文献查询等。

参考文献

[1] AMERICAN COUNCIL ON THE TEACHING OF FOREIGN LANGUAGES. (2012). *ACTFL Proficiency Guidelines*, https://www.actfl.org/uploads/files/general/ACTFLProficiencyGuidelines2012.pdf, 2012.

[2] BENSINGER, G. *Focus: ChatGPT Launches Boom in AI-Written e-Books on Amazon*, https://www.reuters.com/technology/chatgpt-launches-boom-ai-written-e-books-amazon-2023-02-21/, 2023.

[3] BLOOMFIELD, L. *Language*. New York: Holt, Rinehart & Winston, 1933.

[4] BOTPRESS. *List of Languages Supported by ChatGPT*, https://botpress.com/blog/list-of-languages-supported-by-chatgpt, 2024.

[5] CHOMSKY, N. *Syntactic Structures*. The Hague: Mouton, 1957.

[6] CHOMSKY, N. *Aspects of the Theory of Syntax*. Cambridge, MA: The MIT Press, 1965.

[7] COUNCIL OF EUROPE. *Common European Framework of Reference for Languages: Learning, Teaching and Assessment*. https://book.coe.int/en/language-policy/7424-pdf-common-european-framework-of-reference-for-languages-learning-teaching-and-assessment.html, 2017.

[8] DAVIES, A. *The Native Speaker: Myth and Reality*. Buffalo, New York: Multilingual Matters, 2003.

[9] FRIES, C. C. *Teaching and Learning English as a Foreign Language*. Ann Arbor, MI: University of Michigan Press, 1945.

[10] GASS, S. M., & SELINKER, L. *Second Language Acquisition: An Introductory Course* (3rd ed.). New York: Routledge, 2008.

[11] GILMORE A. *Authentic Materials and Authenticity in Foreign Language Learning. Language Teaching*, 40(2). https://doi.org/10.1017/S0261444807004144, 2007.

[12] HAUGEN, E. *The Ecology of Language*. Standford, CA: Standford University Press, 1972.

[13] HINES, K. *History of ChatGPT: A Timeline of the Meteoric Rise of Generative AI Chatbots*. https://www.searchenginejournal.com/history-of-chatgpt-timeline/488370/, 2023.

[14] HUGHES, A. *ChatGPT: Everything You Need to Know About OpenAI's GPT-4 Tool*. https://www.sciencefocus.com/future-technology/gpt-3, 2023.

[15] HYMES, D. *On Communicative Competence*. In J.B. Pride & J. Holmes (Eds.), *Sociolinguistics* (pp. 269-293). Harmondsworth: Penguin, 1972.

[16] KRASHEN, S. D. *Principles and Practice in Second Language Acquisition*. Oxford: Pergamon Press. https://www.sdkrashen.com/content/books/principles_and_practice.pdf, 1982.

[17] LADO, R. *Language Teaching: A Scientific Approach*. New York: McGraw-Hill, 1964.

[18] LIGHTBOWN, P. M., & SPADA, N. *How Languages are Learned* (4th ed.). Oxford University Press, 2013.

[19] LITTLE, D., S. DEVITT & D. SINGLETON. *Learning Foreign Languages from 86 Authentic Texts: Theory and Practice*. Authentik in association with CILT, 1989.

[20] MEDGYES, P. *Native or Non-Native: Who's Worth More?* ELT Journal, 46(4), https://doi.org/10.1093/elt/46.4.340, 1992.

[21] NERDYNAV. *107 Up-to-Date ChatGPT Statistics & User Numbers.* https://nerdynav.com/chatgpt-statistics/, 2024.

[22] NUNAN. *Designing Tasks for the Communicative Classroom.* Cambridge: Cambridge University Press, 1989.

[23] OPENAI. *ChatGPT 3.5 [Computer software].* https://chat.openai.com/share/f0080ee9-fd86-4cc1-a26f-1b5b8a45931b, 2024.

[24] PEACOCK, M. *The Effect of Authentic Materials on the Motivation of EFL Learners. ELT Journal*, 51(2). https://doi.org/10.1093/elt/51.2.144, 1997.

[25] PORTER, D., & ROBERTS, J. *Authentic Listening Activities. ELT Journal,* 36(1), https://doi.org/10.1093/elt/36.1.37, 1981.

[26] SELINKER, L. *Interlanguage. International Review of Applied Linguistics in Language Teaching*, 10(1-4), 1972.

[27] VYGOTSKY, L. S. *Mind in Society: Development of Higher Psychological Processes.* Harvard, MA: Harvard University Press. https://doi.org/10.2307/j.ctvjf9vz4, 1978.

[28] 笪骏. 从辅助到参与：将由 ChatGPT 引发的计算机应用于二语教学的范式转变初探. 国际中文教育系列论坛——ChatGPT 对国际中文教育的机遇与挑战, 北京语言大学与美国中文教师学会, https://news.blcu.edu.cn/info/1011/24229.htm, 2023.

[29] 中华人民共和国教育部、国家语言文字工作委员会. 国际中文教育中文水平等级标准. http://www.moe.gov.cn/jyb_sjzl/ziliao/A19/202111/W020211118507389477190.pdf, 2021.

中文教学现代化的理论研究

面向泰国的中文教育现状研究计量分析
——基于文献计量学视角[*]

王燕红[1]　王宜广[2]

[1] 云南大学 汉语国际教育学院 650091　[2] 鲁东大学 国际教育学院 264025
[1] wangYanhong200828@163.com　[2] wangyiguang0207@yeah.net

摘　要：本文使用 CiteSpace 软件，运用文献计量方法分析 1985—2022 年 CNKI（中国知网）数据库收录的有关泰国中文教育现状的研究文献。本文对相关文献从发文量、类型特色、发文分布、研究力量、研究热点等几方面进行量化分析。通过分析数据，研究发现：关于泰国中文教育现状的研究经历了从初步发展到快速发展再到发展受挫的过程；研究领域形成了以十一大期刊为主的核心期刊群；通过分析数据归纳出 20 篇具有较高影响力的高频次被引文献和 4 位具有强大学术影响力的学者，为后续研究泰国中文教育教学现状提供了指导作用。

关键词：泰国中文教育现状；文献计量；CiteSpace

Measurement Analysis of the Current Situation of Chinese Education in Thailand — Based on the Bibliometric Perspective

Wang Yanhong[1]　Wang Yiguang[2]
[1] Yunnan University, 650091　[2] Ludong University, 264025

Abstract: This paper used the CiteSpace software and bibliometric methods to analyze the research literature on the current situation of Chinese education in Thailand from 1985 to 2022 in CNKI (China National Knowledge Infrastructure) database. This paper quantitatively analyzes the relevant literature from several aspects, such as the number of publications, the characteristics of types, the distribution of publications, the research strength, and the research hotspots. Through the analysis of the data, the study found that the research on the current situation of Chinese education in Thailand has experienced a process from initial development to rapid development and then to development setback; The research field has formed a core journal group dominated by 11 major journals; Through the analysis of data, 20 high-frequency cited articles with high influence and 4 scholars with strong academic influence were summarized, which provided guidance for the follow-up research on the current situation of Chinese education and teaching in Thailand.

Key words: the current situation of Chinese education in Thailand; biblioitrics; CiteSpace

---

[*] 本文为 2022 年度教育部中外语言交流合作中心国际中文教育项目"越南中文教育现状调查及发展模式研究"（项目编号：22YH05C）、2024 年度云南省教育厅科学基金项目"基于《职业中文能力等级标准》的老挝'中文＋铁路'教学实践研究"（项目编号：2024Y113）基金项目的研究成果。

0 引言

经过 70 余年的发展历程,国际中文教育逐渐经历了初创期、发展期、挫折期和恢复期,并最终成为一门独立的学科。随着全球化趋势的不断加深以及中国外交关系的不断发展,国际中文教育事业逐渐繁荣。如今,"汉语热"已经成为一种普遍的社会现象,各国汉语教学发展呈现上升趋势。

泰国是首个将汉语纳入国民教育体系的国家,也是"21世纪海上丝绸之路"沿线的重要国家。在"一带一路"倡议提出后,中泰两国在政治、经济、文化等方面的交流更加紧密,因此,泰国汉语教学事业得到了质的飞跃,成为国际中文教育发展的重要增长极。

根据统计数据,截至2019年年底,全球范围内已有162个国家(地区)设立了550所孔子学院和1172个孔子课堂。其中,泰国设有16所孔子学院和11个孔子课堂。在这样的背景下,深入探讨泰国中文教育教学现状与发展规律,对于进一步推动泰国中文教学事业的发展和研究工作具有重要的意义。

1 研究方法与数据处理

某一学科领域的发展程度和发展轨迹通常会体现在此领域已发表的文献中。本文将全面搜集 CNKI(中国知网)中有关泰国中文教育现状的文献,利用 CiteSpace 信息可视化软件,采用文献计量学的方法对检索得到的文献从发文量、类型特色、发文分布、研究力量、研究热点等几方面进行量化分析。通过分析有关泰国中文教育现状研究工作的相关数据,探寻该领域的发展规律。

根据 CNKI 数据库的高级检索选项,我们以"主题:'中文教学'并含'泰国'""主题:'中文教育'并含'泰国'""主题:'汉语教学'并含'泰国'""主题:'汉语教育'并含'泰国'"为搜索条件进行搜索,不限定起始时间和文献来源,搜索时间截止到2022年12月31日。经过搜索和筛选,去掉会议纪要、通告等非学术文献,得到待分析数据712条。

运用文献计量学的方法与 CiteSpace 软件对统计数据进行处理,将相关文献从发文量、发文作者、文献所在期刊分布、文献发文机构、研究热点等几方面进行量化分析,并对处理结果进行描述。通过分析,可以发现隐匿在文献数据中不易被察觉的规律和趋势,从而为泰国中文教育教学实践工作与理论研究工作的开展提供依据。

使用 CiteSpace 数据除重功能,清除重复数据3条,获得有效数据709条。结果如表1所示。

表1 文献数据及其除重情况

数据类型	数量
Records Found in Total(数据总数)	712
Unique Records(有效数据)	709
Duplicated Records(重复数据)	3
Invalid Records(无效数据)	0

2 泰国中文教育现状研究文献数量、类型特色及发文分布

根据 CiteSpace 数据去重报告,泰国中文教育现状研究文献最早发表的时间是 1985 年,因此研究的时间跨度为 1985—2022 年。在本次研究中,我们运用 CiteSpace 软件和文献计量学的相关理论,对 1985—2022 年发表的关于泰国中文教育现状的文献进行了全面的分析。具体而言,我们对其发文量、发文趋势、类型分布以及期刊分布等方面进行了深入探讨。

2.1 文献数量及发展阶段分析

研究文献增长规律具有重要的理论与现实意义,确定科学文献数量随时间变化的关系,可大致揭示科学发展的某些特点和规律(邱均平等,2019)。根据文献计量学领域的惯例,我们通过以下两种方法来评估文献的增长。

第一种方法,以每年新发表的文献量为依据,即非累积指数指标。这种方法强调了每年新增的文献数量,能够直观地反映当年文献产出的速度和趋势。

第二种方法,以每年发表的所有发文量为依据进行累积,即累积指数指标。这种方法更注重文献产出的总量,通过统计每年的发文量来评估文献的增长趋势。

在一定时期内,某一研究领域或研究方向的发展成果与发展程度可以通过其文献发表的数量以及年度变化趋势来表示。普赖斯文献指数增长规律指出:"在某一学科诞生初期,其文献数量处于不稳定增长阶段;学科进入大发展时期,其文献数量便进入指数增长阶段;当学科理论成熟,文献数量增长减缓,进入线性增长阶段;随着学科理论的完善,其文献增加日趋减少。"(丁学东,1993)图 1 为 1985—2022 年泰国中文教育现状发文量年度分布及其年度趋势统计。本文将基于相关数据,对泰国中文教育事业的发展阶段进行深入剖析,并阐述该发展阶段形成的原因,为进一步了解该领域的发展历程提供有益的参考。

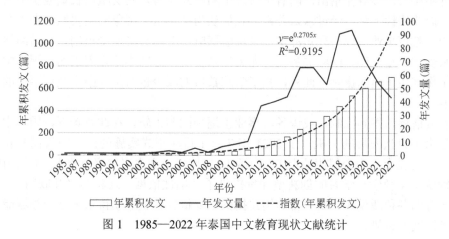

图 1　1985—2022 年泰国中文教育现状文献统计

根据普赖斯文献指数增长规律,某领域或学科的发展水平可以通过该领域已发表文献的数量表示。根据图 1,我们可以看到 1985—2022 年关于泰国中文教育现状的研究文献的年发文量呈现先增后减的趋势。以 2007 年和 2019 年为时间节点,可以将泰国中文教育现状的研究工作分为三个发展阶段。

在 2007 年之前的 22 年里，关于该主题的研究发展非常缓慢，年发文量以 0 篇居多，最多不超过 3 篇。这表明在这个时间段内，泰国中文教育的教学实践工作开展缓慢，学界对该主题的研究热度很低。

2007—2019 年，有关泰国中文教育现状的研究文献年发文量总体呈现上升趋势，且增长速度越来越快。到了 2019 年，发文量达到了最高值（94 篇），这表明文献数量进入了指数增长阶段，泰国中文教育事业与相应研究工作进入了快速发展阶段。这与国家经济发展、政治关系、语言政策以及孔子学院的发展情况密切相关。

自 1975 年中泰建立外交关系以来，中泰两国在政治、经济、文化等领域的联系日益紧密。为促进中泰友好和泰国经济的发展，泰国政府愈加关注汉语在泰国的推广和应用。因此，泰国政府于 2001 年正式确立汉语作为泰国第二外语的地位，并制定了一系列语言政策以推动汉语在泰国的传播。这些政策包括《高等教育促进汉语教学战略规划》和《汉语教学改革政策》等，旨在通过高等教育和教学改革，提高泰国民众对汉语的掌握程度，进一步深化中泰友谊和经济合作。

随着我国经济实力的提升，中国日益走向世界舞台中央，2013 年 9 月和 10 月习近平总书记先后提出建设"新丝绸之路经济带"与"21 世纪海上丝绸之路"的倡议，"一带一路"倡议掀起了沿线共建国学习汉语的热潮，推动了沿线共建国家的汉语教学工作。泰国作为共建"一带一路"的重要战略伙伴，是全球第一个将汉语列入国民教育体系的国家，也是接受汉语教师志愿者人数最多的国家（陈紫杨，2021）。

自 2006 年泰国首家孔子课堂——岱密中学孔子课堂成立以来，孔子学院与孔子课堂对泰国汉语教学实践的助力作用日益显著。经过多年的发展，泰国已开设了 16 所孔子学院和 11 个孔子课堂，数量位居亚洲第二。泰国孔子学院的办学模式逐渐成熟，为汉语教学、中文教师培养、中华文化传播等方面提供了重要的支持。

自 2020 年以来，发文量呈现出明显的指数下降趋势，这一现象与普赖斯文献指数增长规律并不相符，该规律指出，随着学科理论的不断完善，其文献增长量应呈现日趋减少的趋势，而非线性下降。经过深入分析，我们认为产生这一现象的主要原因在于全球疫情对国际中文教育事业造成的严重冲击。受疫情影响，全球经济遭受重创，交通网络受限，对外往来受到严重阻碍，国际局势变得尤为复杂多变。这些不稳定因素均对国际中文教学与研究工作产生了负面影响。此外，孔子学院数量的减少也对国际中文教育事业的发展产生了影响。

随着疫情逐渐得到控制，我国各项事业正逐步回归正轨，在此背景下，国际中文教育事业也迎来了再次发展的契机。于 2021 年 7 月 1 日起正式实施的由中华人民共和国教育部中外语言交流合作中心组织研制的《国际中文教育中文水平等级标准》，不仅为国际中文教育领域中文教学与学习的创新型评价提供了基础性依据，还将为"互联网+"时代国际中文教育的各种新模式、新平台的构建提供重要依据。我们期待未来这一领域能够继续保持稳步发展的态势。

2.2 文献类型分布及其发展趋势分析

2.2.1 文献类型分布

根据 CiteSpace 数据除重报告，本文统计了泰国中文教育现状研究文献的数据类型分布情况，见表 2。

表 2 文献数据类型分布情况

数据类型	数量
Article（期刊论文）	111
Dissertation（学位论文）	596
Conference Paper（会议论文）	2

根据表 2 所呈现的数据，可以发现泰国中文教育具有一个显著特征，即其产出成果主要以学位论文为主，占全部文献的 84%，这表明泰国是国际中文教育硕士研究生毕业论文选题的热门国家。每年，泰国作为招收外派汉语志愿者人数最多的国家，一批批国际中文教育硕士研究生作为专业实习生或外派志愿者前往泰国进行中文教学，为泰国中文教育的教学与研究工作提供了重要的支持。

2.2.2 文献发文量趋势分析

学位论文与期刊论文是某一领域研究成果的重要组成部分，对比分析学位论文与期刊论文的年度发文量，对于评估该领域的研究力量与研究发展程度具有重要意义。论文的变化趋势通常可以反映该领域研究工作的发展趋势，图 2 展示了 1987—2022 年泰国中文教育现状学位论文与期刊论文对比情况。

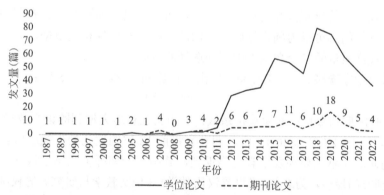

图 2 1987—2022 年泰国中文教育现状学位论文与期刊论文对比图

需要指出的是，在 2009 年以前该研究领域的研究成果以期刊论文为主，且增长较慢，学位论文数量为 0；2009 年以后学位论文数量增多，且增速较快。这主要是因为 2009 年以前我国国际中文教育事业处于发展时期，区域化的国际中文教育教学工作尚处于起步阶段，教学实践案例有限，加之 2007 年 5 月 31 日我国才设立国际中文教育硕士专业学位，2009 年以前尚未有国际中文教育专业的硕士研究生毕业，所以研究成果较少。

2006 年我国在泰国设立第一所孔子课堂后，泰国逐渐成为我国汉语推广的主阵地之一，每年有来自全国近 80 所高校的硕士研究生前往泰国进行专业实习或外派教学，教学经历为研究生的毕业论文选题提供了具有针对性、实践性的选择。因此，2009 年以后，有关泰国中文教育教学的硕士学位论文呈大幅上升趋势。我国每年赴泰的汉语志愿者教师由 2003 年的 23 人发展至 2023 年的 1000 人左右，20 年来，参与泰国中文教育事业的汉语教师近2万名,他们的足迹遍布泰国的大中小学。这不仅促进了汉语在泰国的传播与发展,而且也推动了有关泰国中文教育教学研究工作的进步。

2019—2022年文献增长数量整体呈下滑趋势,学位论文下降幅度较大,主要原因在于新冠疫情给中文教育事业造成的巨大困难,这使得该研究领域这三年的文献产出量下降。

2.3 泰国中文教育现状研究文献所在期刊分布

本次研究检索后得到的中文文献数量为709篇,其中,学术期刊文献111篇,表3是刊登有关泰国中文教育现状研究文献数量最多的12种期刊统计情况。

表3 刊登泰国中文教育现状研究文献数量最多的12种期刊统计

排名	期刊名称	发文量/篇	排名	期刊名称	发文量/篇
1	《云南师范大学学报（对外汉语教学与研究版）》	8	7	《亚太教育》	3
2	《汉字文化》	5	8	《教育教学论坛》	2
3	《文学教育（下）》	4	8	《华文教学与研究》	2
3	《世界汉语教学》	4	8	《文学教育（上）》	2
5	《国际汉语教学研究》	3	8	《法治与社会》	2
5	《教育观察》	3	8	《现代交际》	2

对研究文献期刊的分布情况进行量化分析,可以得到目前刊登研究泰国中文教育现状的主要期刊,分析结果可以为确定该研究方向的核心期刊提供相关数据,为该研究方向的研究者日后寻找高质量的参考文献提供期刊选择的方向。

比利时情报学家埃格黑（L. Egghe）提出了计算期刊核心区的公式[①]：

$$r_0 = 2\ln(e^E \times Y)$$

其中：r_0 为核心区期刊数量；E 为欧拉系数；Y 为刊文量最大期刊的论文数量。

通过计算，$r_0 = 2\ln(e^{0.5772} \times 108) \approx 12$，即刊文量前12位的期刊处于核心区。根据表3得知,该主题的研究文献主要刊发于教育类期刊,其中《云南师范大学学报（对外汉语教学与研究版）》刊发的最多,为8篇,《世界汉语教学》《华文教学与研究》等权威核心期刊也关注此主题。

3 泰国中文教育现状研究力量分析

特定研究领域的研究力量具有一定的规律,一般来说,特定作者的研究方向与研究兴趣是相对固定的,其发文量与被引文献能在一定程度上反映该作者在该研究领域的影响力。文献发文机构可以从侧面反映出目前国内有关泰国中文教育现状研究的发展情况与区域分布。针对发文作者和发文机构从多个角度进行量化分析,对了解泰国中文教育的发展现状具有重要意义,也可为今后的研究与教学工作提供借鉴。

---

① 江向东,傅文奇.十年来我国数字图书馆知识产权研究文献的统计分析[J].情报科学,2008, 26(4): 580-585.

3.1 文献作者

本节从作者发文量、被引文献及其作者合作网络三方面对检索到的文献进行分析,进一步了解该研究方向具有较大影响力与权威性的学者,探索有关泰国中文教育现状研究中高质量的文献,力图为后续研究提供优质文献资料。

3.1.1 文献作者发文量统计分析

高产核心作者是指在某一研究领域内公开发文量较多的作者(李宝贵、吴晓文,2022)。本文对 1985—2022 年研究泰国中文教育现状作者的发文情况进行分析,统计了发文数量 2 篇及 2 篇以上的情况,见表 4。

表 4 作者发文量统计

排名	作者	发文量	所占比例
1	朱志平	4	3.6%
2	贺月婷	3	2.7%
2	吴应辉	3	2.7%
4	陈记运	2	1.8%
4	郭艳梅	2	1.8%
4	赵惠霞	2	1.8%
4	王浩力	2	1.8%
4	马丽莹	2	1.8%
4	汪 向	2	1.8%
4	高 霞	2	1.8%
4	尤思博	2	1.8%
4	徐世俊	2	1.8%
4	孙红娟	2	1.8%
4	刘 慧	2	1.8%
4	于明娇	2	1.8%

由表 4 可知,该研究主题的期刊发文量较少,高发文量的作者较少,其中朱志平的发文量最多,为 4 篇;贺月婷、吴应辉次之,为 3 篇;多数作者的发文量为 1 篇。这说明目前学界对该研究方向的关注度较低,后续研究探索空间广阔。

3.1.2 被引文献分析

文献在该研究方向的影响力可以通过该文献的被引频次进行衡量,我们统计了 1985—2022 年泰国中文教育现状研究方向被引频次居前 20 名的文献,见表 5。

表5 泰国中文教育现状研究文献被引频次前20名分布统计

排名	篇名	作者	刊名/单位	发表时间	类型	被引频次
1	《泰国汉语教学现状》	陈记运	《世界汉语教学》	2007-05	期刊	507
2	《泰国汉语教学与汉语推广研究》	方雪	山东大学	2008-04-20	硕士学位论文	368
3	《浅谈泰国汉语教学现状及其对汉语教师的要求》	林浩业	《湖北广播电视大学学报》	2007-11-20	期刊	263
4	《泰国华校小学汉语教学现状研究》	刘美玲	暨南大学	2005-01	硕士学位论文	232
5	《泰国汉语教学现状及展望》	陈秀珍	河北师范大学	2011-05-20	硕士学位论文	227
6	《泰国汉语教学志愿者项目调查报告》	吴应辉、郭骄阳	《云南师范大学学报（对外汉语教学与研究版）》	2007-01-15	期刊	224
7	《泰国汉语教学政策及其实施研究》	韦丽娟	华东师范大学	2012-05-01	博士学位论文	209
8	《泰国汉语教育的过去、现在和将来》	杨作为	《东南亚研究》	2003-10-08	期刊	200
9	《泰国汉语教育的历史、现状及展望》	李峰	《国外社会科学》	2010-05-15	期刊	190
10	《泰国高校泰籍汉语教师及汉语教学现状》	黄汉坤	《暨南大学文学院学报》	2005-09-30	期刊	169
11	《关于泰国学生汉语教学问题的思考》	孙晶	《读与写（教育教学刊）》	2009-02-15	特色期刊	159
12	《泰国高中汉语教学现状分析与对策》	杜宗景、缑广刚	《经济与社会发展》	2011-07-25	期刊	158
12	《泰国的教育制度与汉语教学现状》	张凡	《湖北广播电视大学学报》	2011-12-01	期刊	158
14	《泰国华侨学校汉语教学研究》	何丽英	西南大学	2010-04-14	博士学位论文	156
15	《泰国清迈府中小学汉语教学调查研究》	冯忠芳、吴应辉	《云南师范大学学报（对外汉语教学与研究版）》	2009-07-15	期刊	152
16	《针对泰国中小学生适用的对外汉语教学方法探讨》	马牧原	《安徽文学（下半月）》	2019-11-15	期刊	136
17	《泰国汉语教育与汉语推广现状、问题及对策》	吴建平	《集美大学学报（教育科学版）》	2012-04-28	期刊	135
18	《中泰合作背景下泰国高校汉语教学的发展及问题》	李昊	《华文教学与研究》	2010-03-20	期刊	130
19	《泰国高中汉语教学现状分析与对策》	谢华欣	辽宁师范大学	2011-04-01	硕士学位论文	128
20	《泰国汉语教学中存在的问题及对策——以那空沙府为例》	黄燕	《语文知识》	2008-12-15	期刊	118

由表 5 可知：（1）从文章类型来看，被引用频次居前 20 的文章中，期刊占 14 篇，博士学位论文占 2 篇，研究较为深入；（2）从发文作者来看，陈记运的《泰国汉语教学现状》被引用 507 次，被引频次居首，且文章发表在本专业的权威期刊《世界汉语教学》中，可见文章质量较高，在泰国中文教育现状研究工作中的反响也较高；（3）从研究内容来看，有关泰国中文教育现状被引频次前 20 名的文章，涵盖教师、教材、教学方法、语言政策、教学现状等各个方面，说明泰国的中文教育教学实践工作发展全面、均衡，从而为相关调查与研究工作提供了条件；（4）从研究侧重的学校性质来看，针对中小学中文教学现状研究的文献有 5 篇，由此表明，初等教育、中等教育是泰国中文教育事业重要的发展极，高等教育后续探索空间大；（5）研究综述占主体地位，关于研究现状的文章占研究总数的 60%。

3.1.3　作者合作网络可视化分析

　　合作研究是知识共享的一种重要方式，它可以实现资源的优势互补、促进相关领域的交流与共享（李宝贵、尚笑可，2019）。国际中文教育作为一门涵盖语言学、教育学、心理学等多门学科的交叉学科，探寻其作者合作网络对于研究该区域中存在的复杂性问题具有重要意义，同时也有利于扩展该领域的研究视角，为更深刻、更系统的研究提供指导。

　　运用可视化计量软件 CiteSpace，可以更加直观、系统地观察 1985—2022 年泰国中文教学现状研究领域作者的合作情况。借助 CiteSpace 软件，保持其他选项不变，在节点类型（NodeTypes）上选择"合作作者"（Auther），然后运行，得到一幅由 223 个节点（$N=223$）和 15 条连线（$E=15$）组成的合作者网络图谱，见图 3（部分连线难以在图中呈现）。

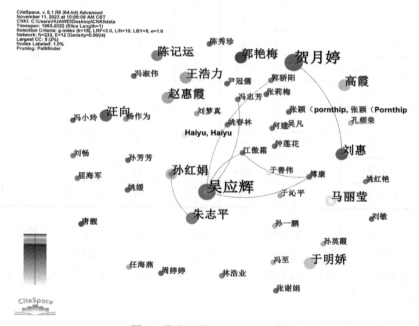

图 3　作者合作网络可视化图谱

　　在合作网络中，节点的大小代表该作者发文量的多少，节点越大，该作者发文数量越多；节点之间的连线代表作者存在合作关系，连线的粗细代表作者间合作关系的强弱，连线越粗，合作关系越强。

由图 3 可知，该领域的作者合作图谱较为分散，作者间的合作关系较弱，合作连线仅有 15 条，且连线宽度较细。这表明有关泰国中文教学现状的研究工作较为分散，发文较多的作者数量较少；中国作者之间联系较为稀疏，且缺乏与泰国当地作者的合作研究，该方向的合作研究仍具有广阔空间。

3.2 发文机构

3.2.1 发文机构统计分析

分析文献发布机构对了解目前高等院校在该研究方向的发展程度具有借鉴意义。本研究检索后得到中文文献 709 篇，其中硕士、博士学位论文 596 篇，本文对发文数量排名前 20 的机构进行了分析，发现前 20 家机构共发布 427 篇论文，并且全部为高等院校，说明高等院校是我国中文教育现状研究工作的主力军，见表 6。

表 6 泰国中文教育现状研究机构发文量前 20 名统计

排名	机构	发文量/篇	百分比	排名	机构	发文量/篇	百分比
1	云南大学	54	12.6%	13	辽宁师范大学	12	2.8%
2	广西大学	53	12.4%		云南师范大学		2.8%
3	广西师范大学	40	9.4%		广东外语外贸大学		2.8%
4	天津师范大学	35	8.2%	16	渤海大学	11	2.6%
5	黑龙江大学	30	7%		华中科技大学		2.6%
6	吉林大学	21	4.9%	18	重庆大学	10	2.3%
	哈尔滨师范大学		4.9%		中央民族大学		2.3%
8	西安石油大学	18	4.2%	20	山东大学	9	2.1%
	陕西师范大学		4.2%		河北师范大学		2.1%
10	郑州大学	16	3.7%		华中师范大学		2.1%
11	兰州大学	15	3.5%		暨南大学		2.1%
12	河北大学	13	3%		厦门大学		2.1%

在 24 所发文机构中，有 8 所师范院校，其中，文献产出量较多的高校有云南大学、广西大学、广西师范大学等，这些学校位于我国的西南部，与泰国的孔子学院有密切合作，它们将泰国作为每年硕士研究生实习的重要地区，这为其进行泰国中文教学现状的调查研究提供了有利条件。

3.2.2 发文机构合作网络可视化分析

通过机构合作网络可视图，我们不仅可以了解某一研究方向中具有权威性的机构，还可以观察到各研究机构之间的合作关系。本文运用可视化计量软件 CiteSpace，分析 1985—2022 年泰国中文教学现状研究机构的合作情况。借助 CiteSpace 软件，保持其他选项不变，在节点类型（NodeTypes）上选择"合作结构"（Instiution），然后运行，得到一幅由164个节点（$N=164$）和17条连线（$E=17$）组成的发文机构合作网络图谱，见图4（部分连线难以在图中呈现）。

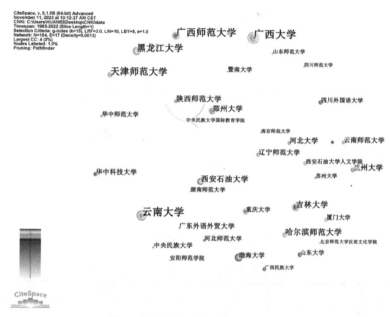

图4 发文机构合作网络可视化图谱

在合作网络中，节点的大小代表该机构发文量的多少，节点之间的连线表示研究机构之间存在合作关系，连线的粗细代表机构间合作关系的强弱。由图4可知，研究机构间的合作关系较弱，合作连线难以全部呈现。这表明在有关泰国中文教育现状的研究领域中发文机构的合作呈现一般关系，该方向的合作研究仍然具有发展空间。

4 泰国中文教育关键词共现网络、聚类及突现分析

4.1 关键词共现网络分析

主题反映论文的整体研究内容所归属的研究领域，关键词则反映论文涉及的部分内容（李宝贵、尚笑可，2019）。研究热点是指在一定时间段内，大量文章集中论述的研究问题，关键词则是作者对文章重点的概述，出现频率高的关键词常常会成为该领域的研究热点。因此，对某一研究方向的关键词进行共现分析对于了解该方向的研究热点和发展动向具有重要作用。

借助CiteSpace软件，保持其他选项不变，在节点类型（NodeTypes）上选择"关键词"（Keyword），然后运行，得到一幅由311个节点（$N=311$）和355条连线（$E=355$）组成的关键词共现网络图谱和高频关键词词频统计表，见图5（部分连线难以在图中呈现）和表7。

图5得到节点311个，连线355条，网络密度0.0074，该领域的节点数量与连线数量较多，由此可知关于泰国中文教育现状的研究较为广泛。由表7可知：（1）"汉语教学"出现时间最早，且频率最高，"现状""对策"出现频率次之，说明该研究领域对泰国汉语教

图 5 关键词共现网络图谱

表 7 泰国中文教育现状研究关键词热度前 20 名统计

排名	关键词	频次	中心性	排名	关键词	频次	中心性
1	汉语教学	277	0.47	11	汉语	17	0.04
2	泰国	243	0.45	12	泰国中学	15	0.09
3	现状	39	0.08	13	调查分析	14	0.16
4	对策	38	0.11	14	教学	14	0.04
5	调查	32	0.21	15	中学	11	0.02
6	问题	30	0.03	16	案例分析	10	0.15
7	调查研究	30	0.07	17	中小学	10	0.05
8	对外汉语	28	0.3	18	建议	9	0.11
9	教学设计	25	0.13	19	泰国小学	8	0.05
10	汉语教育	24	0.16	20	教学模式	8	0

学情况尤为关注，且综述性的文章居多。（2）相较于孔子学院，该领域对中小学教育阶段的关注度更高，说明中小学是泰国开展中文教学的主要阵地。（3）"调查""调查分析"的中心度超过 0.1，说明基于观察与实践的实证研究为该研究方向的主要研究方法，此研究方法的目的是通过收集和分析数据来验证理论或解决泰国中文教学的具体问题，具有较强的实践性、应用性。此外，一些新兴的研究角度如"一带一路""多模态""教学模式"等正逐步成为泰国中文教育现状新的研究热点。

4.2 关键词聚类分析

关键词聚类反映了关键词之间的关联性，将具有相似主题的关键词分组，有助于我们更深入地理解文章潜在的信息，同时可以揭示该研究方向的发展趋势。运用 CiteSpace 对相关文献的关键词进行聚类分析，共分为泰国、汉语教学、问题、汉语、对外汉语等 10 组，见图 6。

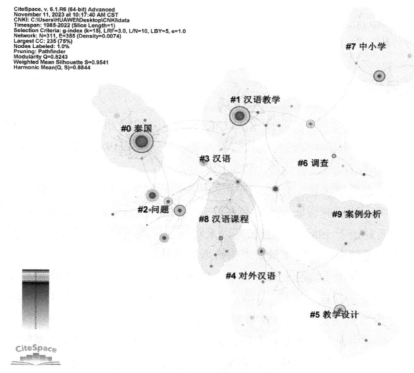

图6 关键词聚类图谱

4.3 关键词突现分析

突现是指在一定时间段内出现频率上升较快的关键词，可以用来反映该时间段内的研究方向。关键词突现图可以反映该研究方向研究热点的历时变化。利用 CiteSpace 可视化分析软件统计有关泰国中文教育研究文献的关键词突现视图，见图7。

Keywords	Year	Strength	Begin	End	1985—2022年
汉语教师	2005	1.95	2005	2007	
现状	2003	2.33	2007	2014	
教学模式	2009	2.77	2009	2015	
教学	2010	2.68	2010	2013	
汉语	2005	2.6	2010	2012	
汉语教育	2003	2.68	2012	2013	
中学	2012	2.12	2012	2014	
对外汉语	2008	1.88	2013	2014	
问题	2012	5.93	2014	2017	
泰国中学	2015	1.88	2015	2020	
小学	2015	1.86	2015	2018	
教学法	2010	2.53	2016	2017	
泰国小学	2017	2.75	2017	2020	
建议	2017	2.27	2017	2018	
案例分析	2015	1.96	2017	2020	
调查报告	2007	2.04	2018	2019	
调查分析	2012	2.95	2019	2022	
调查	2008	4.44	2020	2022	

图7 关键词突现视图

由图7可知，泰国中文教育的研究领域，前期较多关注汉语教师、汉语教学现状与汉语教学模式；中期关注小学、中小学、教学法，注重探寻存在的问题；近期主要重视中文教育的调查与分析，旨在为泰国的中文教育给出发展建议。

5 结论与启示

本文利用文献计量学的研究方法，借助 CiteSpace 可视化分析软件，统计了 1985—2022 年"中国知网"上有关泰国中文教育现状的相关文献，分析了 1985—2022 年泰国中文教育现状研究工作的发展历程与发展趋势，研究结果显示：

（1）从文献分布类型来看，有关泰国中文教育的研究文献以硕士学位论文为主，并且呈现指数增长趋势。该研究领域硕士学位论文占 84%，期刊文献仅占 16%。面向泰国的中文教育现状的研究始于 1985 年，且长期以来对该主题的研究比较薄弱，直到 2009 年该主题的研究才慢慢受到重视，发文量呈现指数增长规律。

（2）从发文量年度增长情况来看，关于泰国中文教育现状的研究工作经历了从发展初期到快速发展再到发展受挫的阶段。1985—2006 年，有关泰国中文教育现状的研究文献增长率极低，且均为期刊文献。2006 年泰国中文教育现状研究逐渐起势，与该年全球首家孔子课堂——岱密中学孔子课堂在泰国正式成立直接相关，孔子学院和课堂的建立，不仅为泰国学生提供了学习汉语的机会，也成为泰国人民了解中国文化和语言的重要窗口。发文量 2010 年起涨幅较大，且主要为硕士学位论文，这与 2007 年中华人民共和国教育部发布的《汉语国际教育硕士专业学位设置方案》密切相关，2010 年起陆续有汉语国际教育硕士毕业。2019—2022 年文献增长数量呈下降趋势，且学位论文数量下降显著，与新冠疫情直接相关。

（3）从核心期刊分布来看，泰国中文教育现状领域的研究主要发布在《云南师范大学学报》《汉字文化》《文学教育（下）》《世界汉语教学》《国际汉语教学研究》《教育观察》《亚太教育》《华文教学与研究》《文学教育（上）》等期刊上。

（4）从发文量与被引频次综合分析来看，朱志平、贺月婷、吴应辉、陈记运 4 位学者的研究文献质量较高，具有借鉴意义。

（5）从合作情况来看，作者和机构之间的合作关系较弱，本土作者、机构与国外作者、机构之间尚未建立较多合作，因此，在今后的研究中可以加大跨区域、跨国家的合作，这有助于提高研究的质量与准确性。

基于以上分析，该领域的调查研究需要从以下几个方面加强：

（1）增强对中泰两国教育政策与历史背景重要性与基础性的认识。近年来，国际中文教育本土化的发展趋势愈加明显，尤其是国际中文教育进入全面国际化的时代，中文教学实践也逐渐采取本土化或当地化的发展模式，以便满足国别化、差异化的不同需求。研究工作也应当更加注重对中泰两国中文教育政策的分析，这包括研究政策制定的背景、实施过程以及成效评估，从而揭示政策变化对教育实践的具体影响。

（2）提升研究方法的多元化与科学性。目前关于泰国中文教育现状的研究多通过调查问卷、分析考试成绩等定量研究方法收集数据，今后的研究工作应当采用多元化的方法论，结合定量研究与定性研究，利用统计学方法进行数据分析，以提高研究的全面性和准确性。同时，研究设计应遵循严谨的方法论原则，包括明确的研究问题、合理的样本选择、有效的数据收集工具和可靠的数据分析方法，确保研究结论的可靠性和有效性。

（3）加强对泰国中文教育现状的有组织的调查，加强中泰两国教育机构与研究人员的合作。现有科研团队与科研人员之间合作较为薄弱，为了引入国际视角和最新的研究成果，今后的研究工作应当加强国际学术合作与交流，整合中泰两国科研团队与科研机构自身的优势，有组织、有计划地开展合作调研，从而提升泰国中文教育研究工作的国际影响力。

参考文献

[1] 蔡整莹，曹文. 泰国学生汉语语音偏误分析. 世界汉语教学，2002(02).
[2] 陈记运. 泰国汉语教学现状. 世界汉语教学，2006(03).
[3] 陈艳艺. 泰国汉语教材现状及发展研究. 东南亚纵横，2014(09).
[4] 陈紫杨. 泰国汉语教育的发展、问题及对策. 张家口职业技术学院学报，2021(01).
[5] 丁学东. 文献计量学基础. 北京：北京大学出版社，1993.
[6] 方雪. 泰国汉语教学与汉语推广研究. 山东大学硕士学位论文，2008.
[7] 江向东，傅文奇. 十年来我国数字图书馆知识产权研究文献的统计分析. 情报科学，2008(04).
[8] 李宝贵，尚笑可. 我国汉语国际教育研究现状分析(2008—2018)——基于文献计量学视角. 辽宁师范大学学报(社会科学版)，2019(03).
[9] 李宝贵，吴晓文. 东南亚各国中文教育政策对中文纳入国民教育体系的影响. 天津师范大学学报(社会科学版)，2022(01).
[10] 李东伟. 国际汉语教师专业发展中的问题与对策探究. 黑龙江高教研究，2015(07).
[11] 李峰. 泰国汉语教育的历史、现状及展望. 国外社会科学，2010(03).
[12] 李谋. 泰国华文教育的现状与前瞻. 南洋问题研究，2005(03).
[13] 潘素英. 泰国中小学汉语课程大纲研究. 中央民族大学博士学位论文，2011.
[14] 邱均平，沈恝谌，宋艳辉. 近十年国内外计量经济学研究进展与趋势——基于CiteSpace的可视化对比研究. 现代情报，2019(02).
[15] 沈索超. 2000—2018年中国对非洲汉语国际传播研究热点概述：基于CiteSpace可视化软件分析. 国际汉语教育(中英文)，2020(01).
[16] 汪向. 泰国中学汉语教学现状调查及对策. 语文建设，2012(22).
[17] 吴春兰. 泰国汉字教育与汉语国际化传播研究——评《汉语国际传播背景下泰国汉字教学研究》. 语文建设，2022(21).
[18] 吴应辉，何洪霞. 东南亚各国政策对汉语传播影响的历时国别比较研究. 语言文字应用，2016(04).
[19] 吴应辉，杨吉春. 泰国汉语快速传播模式研究. 世界汉语教学，2008(04).
[20] 央青. 泰国汉语快速传播对其他国家顶层设计的启示. 西南民族大学学报(人文社会科学版)，2011(02).

国际中文教育数字化的高质量发展
——以日本医疗通译技能检定试验数字化教学资源为例[*]

吴 婷

广州科技职业技术大学 外语外贸学院 510550
wuting@gkd.edu.cn

摘 要： 本文以日本医疗通译技能检定试验数字化教学资源为例，探讨了国际中文教育数字化所面临的挑战。该考试的数字化资源包括9个在线汉语课程及1个数字化教学资源平台Medi-point。作为职业资格相关测试，该考试的在线汉语课程以医疗汉语相关综合课程为主，辅以考试辅导、技能实训、个人课程等内容，"职业+"指向性十分明确。Medi-point 平台主要提供数字化教学资源供用户学习、练习，内容设计以会话为主，使用了 AI 人工合成语音，强调听力、口语等实践方面的训练。在日本，医疗翻译这一职业资格属于民间资格，这就使得日本医疗汉语教学资源数字化工作面临着严峻的挑战，主要表现为教材不统一导致数字化资源良莠不齐，并影响了后续的数字产品开发与市场化推广。因此，对于国际中文职业教育而言，应该建立以考取职业资格证为导向的教学体系，开展课程设计、教材编写、教学资源开发及数字化建设等一系列工作。

关键词： 国际中文教育；日本医疗通译技能检定试验；"职业+"；数字化；教学资源

High Quality Development of Digitalization in International Chinese Education: Taking the Digital Teaching Resources of Japanese Medical Translation Skill Test as an Example

Wu Ting

College of Foreign Language and Trade, Guangzhou Vocational University of Science and Technology, 510550

Abstract: This paper took the digital teaching resources related to the Japanese Medical Translation Skill Test as an example, and explored the challenges of digitalization in international Chinese education. The digital resources of the test include 9 online Chinese courses and 1 digital teaching resource platform named Medi-point. As a professional qualification-related test, the test's online Chinese courses are mainly based on medical-related comprehensive courses, supplemented by examination counseling, skill training, personal courses, etc. Its "Occupation+" orientation is very clear. Medi-point mainly provides electronic teaching resources for users to learn and practice. The

---

[*] 本项目受"2021年国际中文教育研究课题青年项目"资助，项目号：21YH94D。

content design is mainly based on conversation, emphasizing practical training such as listening and speaking, with AI artificial synthetic pronunciation used. In Japan, the professional qualification of medical translation is a folk qualification, which makes the digitalization of medical Chinese teaching resources in Japan face severe challenges. The main manifestations are digital resources with uneven levels because of the inconsistency of teaching materials, thus the follow-up digital product development and market promotion are affected. Therefore, for international Chinese vocational education, a system oriented by obtaining vocational qualification certificate should be established, so that a series of work such as curriculum design, textbook compilation, teaching resource development and digital construction could be done.

Key words: international Chinese education; Japanese Medical Translation Skill Test; "occupation+"; digitalization; teaching resources

0 前言

近年来，随着科技革命的发展与产业变革的深入，物质世界的发展日新月异，教育领域也进行着深刻的变革与创新。习近平总书记在党的二十大报告中强调"推进教育数字化，建设全民终身学习的学习型社会、学习型大国"，为教育数字化发展指明了前进方向，提供了根本遵循。

在国际中文教育方面，未来的一个重要趋势是教学资源与数字技术的进一步深度融合。在这样的趋势下，课堂的形态、教学的模式、学生的学习行为等都会发生巨大的变化。

本文拟以日本医疗通译技能检定试验数字化教学资源为例，探讨国际中文教育数字化所面临的挑战。

1 研究背景

1.1 研究对象的基本情况

根据"日本医疗通译协会官网"，日本医疗通译技能检定试验自 2009 年起举办，当时设英语、汉语、俄语三门外语，是日本首个面向医疗翻译这一职业资格而设置的专业考试。该考试自推出后便受到了业界人士的广泛关注，考试对象也从本校学生扩大到全日本。自 2014 年起，日本医疗通译技能检定试验由日本医疗通译协会承办，很长一段时间内是日本国内唯一的医疗翻译资格考试，对于考生的参考资格也有了更严格的审查要求。考生应参加医疗翻译课程的学习并取得合格证，至少有一年的医院医疗现场实习经验（持有医疗行业相关资格证明的考生可免去此项考核），方可参加考试。

目前，日本医疗通译技能检定试验每年设英语、汉语、葡萄牙语、俄语、西班牙语、越南语、韩语等考试，其中汉语、英语、越南语考试一年举办两次，其他语种考试一年举办一次。

1.2 该考试的研究价值

如今各种汉语考试被广泛应用于评估汉语学习者的汉语学习能力及汉语水平。从开发者的角度来分类，主要可以分为中国开发的汉语考试以及海外各国家及地区开发的汉语考试。中国开发的汉语考试有 HSK、BCT、YCT、MCT、TOCFL 等；海外各国家与地区开发的汉语考试，以日本为例，有中国语检定试验（以下简称"中检"）、TECC、全国通译案内士试验、日本医疗通译技能检定、医疗通译技能认定试验（基础·专门）等。各类考试的开发与实施，反映了汉语测试跟随着汉语教学专门用途化的脚步，在往细分化、专业化、职业化的方向发展。

其中，日本医疗通译技能检定试验对于日本国内想要从事医疗翻译的人员而言，有着重要的意义。医疗翻译运用自己的语言翻译能力与医学知识，为非母语患者提供医疗保健翻译服务，是母语医疗行业从业者（医生、护士、药剂师等）与非母语患者之间的桥梁。

在日本，"通译案内士"资格，即一般翻译资格，属于国家资格，全国通译案内士试验由日本观光局主办；而医疗通译士资格不属于国家资格，而属于民间资格，由各协会机构进行资格认定。尽管如此，日本医疗通译技能检定试验作为日本首个医疗翻译资格测试，在日本的医疗服务业中应用极广，于业界有着较高的知名度与认可度。

综上，出现时间最早、题型较为完善、业界承认度高，是本研究选取该考试为研究对象的理由。

1.3 先行研究：研究对象的集中化

当前的先行研究，研究对象多为开发已久、参加者众多的汉语考试，如 HSK、BCT、中检等。"中文+""职业+"等较新考试相关的研究极少，所涉及的专门用途汉语教育种类，也以商务汉语为主，其他的类别诸如医学汉语、工程汉语等的研究不多。

先行研究的视角主要包括：（1）围绕学科背景、学科基础、科学实践而展开理论探讨，论述其科学本质的；（2）对考试这一语言测试产品进行评测或实证研究的，如词表等语言成分的理论基础及特征、考试形式的设计；（3）基于考试，从教学法的角度，结合学习者的母语背景，从教学目标、教学内容、教学方法等方面对应试课程以及汉语课堂教学进行设计的；（4）从教学资源现代技术化的角度，围绕考试相关的电子资源建设进行探讨的；（5）从跨国传播以及市场化推广方面介绍其海外实施状况并研究其推广策略的；（6）对比研究，如通过考试素材（如词表、听力材料等）对比分析其分布差异的。

至于日本方面的研究，首先，当前日本与考试相关的资料、书籍多为考试指导用书，包括词汇手册、语法手册、各等级教材教科书、考试真题、考试样卷集等出版物；其次，部分先行研究历时较久，已与现实情况脱节，过去曾在日本风靡一时的一些考试如今甚至已停办（如由日本中国语检定协会、日本商务中国语学会共同举办的商务中国语检定考试）。

综上，以往的研究为汉语考试体系的完善、HSK 等考试的全球推广、国际中文教育事业的发展等提供了坚实的理论基础与极高的参考价值，但也存在着一些不足之处，分别是：（1）研究对象多为开发已久、参加者众多的汉语考试，与较新的考试相关的研究极少；（2）在日本国内，与考试相关的资料、书籍多与考试指导有关；（3）当前关于日本汉语考试的先行研究历时较久，已与现状脱节。

因此，在"中文+"发展如火如荼的今天，有必要结合新趋势对新的汉语考试展开进一步的调研。

1.4 创新之处

本研究的创新之处主要有：（1）内容创新，本研究的研究内容是近年开发的、相关学术研究较少的考试，其与未来的国际中文教育和测试专业化、职业化的发展趋势相合，具有较高的研究价值；（2）应用性强，对日本医疗通译技能检定数字化教学资源的全面考察，可以为日后"中文+"的课程开发和资源建设提供良好的应用模型与参考。

2 日本医疗通译技能检定试验的数字化教学资源

从"日本一般社团法人日本医疗通译协会"官网上，点击合作方图标可以连接到合作医疗机构2处、合作医疗服务机构1处、合作教育机构4处、数字化教学资源平台1处。由于前两者无数字化教学资源，因此本部分主要对后两者进行分析。统计后发现，有3所合作教育机构推出了汉语学习电子课程，共9项，以医疗汉语相关综合课程为主，教授医疗基础知识、医疗伦理、翻译技能等内容，辅以考试辅导、技能实训、个性化教学等课程。此外，还有电子网络数字化教学资源平台，但该平台的汉语产品与英语产品相比类别单一，只有1项考试特训数字化教学资源。

2.1 教育机构的在线汉语课程

从"日本一般社团法人日本医疗通译协会"官网可连接至合作教育机构4处，对其汉语课程进行分类，其结果如表1所示。

表1 合作教育机构汉语学习电子课程情况

机构名	汉语课程	在线汉语课程	在线汉语课程说明
国际医疗通译学院	3	1	在线短期医疗通译养成讲座
日本医疗通译学院	8	7	（1）在线医疗通译养成讲座Ⅰ （2）在线医疗通译养成讲座Ⅱ （3）汉语个人课程 （4）检定试验汉语第一轮考试辅导 （5）检定试验汉语第二轮考试辅导 （6）检定试验汉语第二轮考试辅导——医疗汉语能力强化版 （7）汉语体验课程
日本国际医疗中心	1	1	在线医疗通译养成讲座（2023年夏）①
广岛医疗通译学院	0	0	该校课程以日语、英语为主
共计	12	9	—

表2是表1中所提及的9个汉语电子课程的一些基本情况，包括其时间构成、费用、学习内容、参加者语言能力参考标准等。从表2中可以看出，当前提供的日本医疗通译技能检定试验相关电子课程，以医疗汉语相关综合课程为主，辅以考试辅导、技能实训、个人课程等内容。

---

① 2022年度该机构举行医疗通译养成电子讲座3次。

表2 9个汉语学习电子课程的具体内容

课程名称	时间构成及费用①	课程内容
国际医疗通译学院在线短期医疗通译养成讲座	◆ 84小时+考试 ◆ 4个月内14次讲座 ◆ 三个班：周四/周五/周日 ◆ 费用：237600日元，课本费5500日元	◆ 形式：线上，未说明通信软件 ◆ 教师：由能说汉语的日本药剂师主讲 ◆ 学习内容：医疗翻译所必备的伦理知识、礼仪知识、医疗汉语知识等 ◆ 参加者语言能力参考标准：日语N1/HSK 5级以上
日本医疗通译学院在线医疗通译养成讲座Ⅰ	◆ 72小时+考试 ◆ 讲座39小时（13次讲座）+角色扮演33小时（11次练习） ◆ 费用：182160日元	◆ 形式：ZOOM与电子视频 ◆ 学习内容：医疗知识（包括"身体概论""细胞与遗传"等31个类别）、角色扮演实训（包括"身体检查""挂号支付"等25个场景）、角色扮演个人实训、角色扮演学习会等 ◆ 教材：角色扮演讲义、医疗汉语词典、医疗翻译教程、教师讲义 ◆ 参加者语言能力参考标准：日语N2/HSK 4级以上
日本医疗通译学院在线医疗通译养成讲座Ⅱ	◆ 角色扮演33小时 ◆ 11次练习 ◆ 费用：95590日元	◆ 形式：ZOOM ◆ 学习内容：在线讲座Ⅰ中的角色扮演部分
日本医疗通译学院汉语个人课程	◆ 1次1小时/1.5小时/2小时 ◆ 费用：每小时3300日元	◆ 形式：ZOOM ◆ 学习内容：包括初级、高级、考前辅导等各类具有针对性的情景对话与详细教学
日本医疗通译学院检定试验汉语第一轮考试辅导	◆ 6小时，2次讲座，1次3小时 ◆ 费用：本校在校生/毕业生11000日元，其他14300日元	◆ 形式：ZOOM ◆ 学习内容：检定试验汉语第一轮考试考前辅导
日本医疗通译学院检定试验汉语第二轮考试辅导	◆ 1小时集体授课，4小时模拟测试 ◆ 费用：本校在校生/毕业生6600日元，其他人士8800日元	◆ 形式：ZOOM ◆ 学习内容：检定试验汉语第二轮考试考前辅导与模拟测试 ◆ 模拟测试形式：以减分的形式进行模拟测试，结束后教师就主要减分处进行反馈，并提供改善建议，1人共15分钟
日本医疗通译学院检定试验汉语第二轮考试辅导——医疗汉语能力强化版	◆ 16小时，8次课程，1次2小时 ◆ 费用：本校在校生/毕业生33000日元，其他人士39600日元	◆ 形式：ZOOM ◆ 学习内容：入门测试（1人10分钟）、医疗汉语翻译练习、健康话题相关汉语翻译
日本医疗通译学院汉语体验课程	◆ 3小时/6小时 ◆ 费用：3小时体验课程8690日元，6小时体验课程15180日元。后续报名参加在线课程全额退体验费	◆ 形式：和正式课程一致（1人只限申请1次） ◆ 3小时体验课程："讲座""角色扮演"任选其一 ◆ 6小时体验课程："讲座""角色扮演"两个项目 ◆ 参加者语言能力参考标准：日语N2/HSK 4级以上
在线医疗通译养成讲座（2023年夏）	◆ 讲座+考试 ◆ 28次讲座，1次讲座2课时 ◆ 费用：68000日元，包括课本费、资料费等	◆ 形式：线上，未说明通信软件 ◆ 教师：50人以上的多国籍教师团队，包括医师、护士、理疗师等医疗工作者与现役医疗翻译 ◆ 学习内容：医疗翻译理论、医疗基础知识、日本医疗制度、自我管理、专业责任、患者社会文化背景、医疗翻译沟通、翻译技巧、翻译实训等 ◆ 教材：医疗翻译教材、医疗汉语词典、机构自编医疗翻译手册、教师讲义等 ◆ 参加者语言能力参考标准：日语N2以上 ◆ 合格条件：28次讲座修满22次；考试合格

---

① 本文中出现的费用均为税后价。

2.2 数字化教学资源平台"Medi-point"

根据官网介绍,Medi-point 平台主要面向日本医疗从业者(包括医院的前台咨询人员、护士、检查技师、医师等),提供数字化教学资源,供使用者进行学习、练习。因此其内容设计以会话为主,强调听力、口语等实践方面的训练。海外人士也可以使用。会话录音为 AI 合成。

学习资源主要可以分为 Medi-point-RTI(医疗 AI 翻译服务)、医疗英语学习课程(分为 Medi-point-STD、Medi-point-SPE、Medi-point-SPE-Premium 等不同级别)、医疗英语网络视频讲座、Medi-point-SPE-ML-EN/CN(日本医疗通译技能检定试验特训英语版/汉语版)、Medi-point-SPE-ML-VT(日本医疗通译技能检定试验特训越南语版)等。

从以上内容可以看出该平台英语资源较多,汉语资源为第二大类,越南语等小语种资源随后。

Medi-point-SPE-ML-CN(汉语版)是 Medi-point 平台上的汉语数字化教学资源,该数字资源从 2021 年 8 月起发行,比英语版早发行一个月。主要提供日本医疗通译技能检定试验特训,针对该考试的第二轮考试(面试)进行,包括医疗单词、短语、会话、对话翻译等内容,AI 会根据使用者的对话来进行发音评分,帮助使用者纠正语音。

在会话场景方面,除了以往考试中出现过的会话场景之外,还新增了原创的模拟会话场景,根据临床症状进行分类(如"过敏性肠道综合征""痛风"等),从最初的 16 个类别,逐渐增加至 46 个、53 个,现有类别 59 个。

在使用模式方面,除了通用模式外,还设置了单独模式,让使用者能够以医师/患者其中一方的身份进行单独模拟,在不知道对方话语的情况下进行训练。

费用方面,1 个月使用费为 2728 日元,最低使用期为 1 个月,可免费使用 7 日,逐月购买只接受 Paypal 与信用卡支付;一次性购买(可选择 2 个月、4 个月、6 个月)只接受银行转账支付。

图 1 为 Medi-point-SPE-ML-CN 的使用界面,以"子宫内膜异位"这一临床症状为例,得到搜索结果 55 条,其中一条使用界面分为"类别—类别名称(可选)""搜索栏""单词"

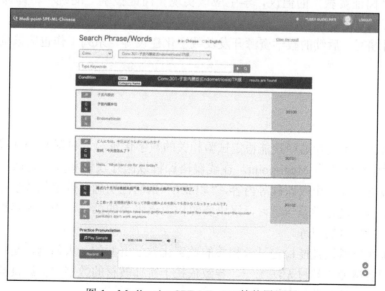

图 1　Medi-point-SPE-ML-CN 的使用界面

"对话（一个话轮，形式为一问一答）""AI 合成语音录音范例""使用者录音"等部分，其中"单词""对话"部分显示语言包括汉语、日语、英语，按照角色不同显示顺序有差异。在使用页面上还可以看出，"类别名称""单词""对话"后显示了数字编号。

由上述分析可知，Medi-point 网站上的数字化教学资源，比起英语版的多级别（STD、SPE、SPE-Premium）多形式（AI 翻译服务、日常课程资源、考试特训资源、日常课程、视频资源等），汉语版只有 Medi-point-SPE-ML-CN 这一考试特训资源，类别比较单一，说明当前国际中文职业教育数字化教学资源建设工作还有着较大的发展潜力与提升空间。

3 医疗汉语相关教学资源数字化工作所面临的挑战

在日本，医疗通译这一职业资格属于民间资格，这就使得日本医疗汉语教学资源数字化工作面临着严峻的挑战，主要表现为教材的不统一。

民间资格意味着各个一般法人团体、教育机构等都可以推出自己的产品，从表 2 中可以看出，目前这 9 个在线医疗通译课程所使用的教材，大多数是参考日本厚生省所提出的医疗通译标准，包括从考试举办方处购买的考试真题集、市面上发行的医疗汉语词典、医疗手册、自编资料讲义等。缺乏权威的、统一的教材，使得当前教学资源良莠不齐，为教学资源数字化工作平添了障碍，也制约着后续的数字产品开发。

根据屈哨兵（2007，2012），语言服务主要包括语言翻译产业、语言教育产业、语言知识型产品的开发、特定领域中的语言服务等。以医疗翻译为代表的以汉语为职业语言的特定领域专业人士所提供的服务范围几乎涵盖了语言服务的全类别。因此，在技术创新的时代背景下，进行权威教材的编撰、教学资源的数字化、共享平台与知识产品的建设与创新等，都是未来的重要课题。而权威教材的编撰是后续工作的基础。

今后的国际中文职业教育，其设计原则应该以职业资格证书的考取作为导向，参考当前职业教育"岗证赛教"的倡议，学生应该实现"岗证技学"的统一，即通过一项国际中文职业课程的学习，面向某一岗位考取一个职业资格、锻炼一份职业技能，而整体的课程设计、教材编写、后续的教学资源开发及数字化建设等一系列工作也应该围绕这一目标进行。

4 结语

本文分析了日本医疗通译技能检定试验相关的数字化资源，包括 9 个在线汉语课程及 1 个数字化教学资源平台 Medi-point。在线汉语课程以医疗汉语相关综合课程为主，辅以考试辅导、技能实训、个人课程等内容，"职业+"指向性明确；数字化教学资源平台主要提供电子教学资源进行学习与练习，汉语资源作为该平台的第二大类，内容设计以会话为主，强调听力、口语的训练。

当前日本医疗通译技能检定试验相关的数字化教学资源的一大问题，是日本医疗翻译职业作为民间资格使得教材无法统一，导致依托于实体教材的数字化资源良莠不齐，也制约着后续的数字产品开发与市场化推广。

因此，对于国际中文职业教育而言，应该建立以考取职业资格证为导向的体系，以便于课程设计、教材编写、教学资源开发及数字化建设等一系列工作的开展。

参考文献

[1] 屈哨兵. 语言服务研究论纲. 江汉大学学报(人文科学版)，2007(06).
[2] 屈哨兵. 语言服务的概念系统. 语言文字应用，2012(01).
[3] 广岛医疗通译学院. 广岛医疗通译学院官网介绍. https://www.hiromia.com，2022.
[4] 国际医疗通译学院. 国际医疗通译学院官网介绍. mia.ui-inc.com，2022.
[5] Medi-point 平台. Medi-point 官网介绍. https://medi-point.tauris.jp/top/，2022.
[6] 日本国际医疗中心. 日本国际医疗中心官网介绍. j-imc.co.jp，2022.
[7] 日本厚生劳动省. 医疗翻译相关资料一览(包括医疗翻译育成课程标准、教材《医疗翻译》等). https://www.mhlw.go.jp/stf/seisakunitsuite/bunya/0000056944.html，2022.
[8] 日本医疗通译学院. 日本医疗通译学院官网介绍. https://jp-mia.com/index.html，2022.
[9] 日本医疗通译协会. 日本医疗通译协会官网介绍. http://gi-miaj.org/mi，2022.

文献计量学视角下的国际中文教育数字化研究分析（中国知网 1990—2024 年）

赵子伦

河北师范大学 文学院 050024
1873772631@qq.com

摘　要：本文基于文献计量学对1990—2024年中国知网（CNKI）数据库收录的"国际中文教育数字化"研究相关文献进行计量分析，以信息可视化形式呈现该领域研究相关特征，结果表明：在时间分布上，国际中文教育数字化研究大体呈爬坡式增长态势，可分为"起步期、成长期、增长期、快速发展期"四个阶段；在来源分布上，文献期刊分布较分散，以国际中文教育专业期刊为刊文主阵地且涉及相关教育及教育信息化专业期刊和各类学报；文献会议分布以中文教学现代化学会主办的"中文教学现代化国际研讨会"为主；有关该主题的学位论文分布涉及多所高校；在空间分布上，以"中国语言文字、计算机软件与计算机应用、教育理论与教育管理、新闻与传媒、自动化技术"为主要分布学科；重点关注该领域的区域、机构与作者以北京地区的北京语言大学及相关作者为主；研究热点围绕"学科、教学、技术"三大主题，涉及"学科发展、国际中文教学、相关技术资源"等多方面内容；未来研究趋势及关注焦点可聚焦于"线上教学、元宇宙技术应用、学科数字化转型"等热点。

关键词：文献计量分析；国际中文教育数字化；热点领域；相关特征

Digital Research and Analysis of International Chinese Education Based on Bibliometrics (1990—2024 of CNKI)

Zhao Zilun

College of Chinese and Literature, Hebei Normal University, 050024

Abstract: Based on the perspective of bibliometrics, this paper conducts a quantitative analysis of the related literature on "Digitalization of International Chinese Education" in the CNKI database from 1990 to 2024, presenting the relevant features of the field through information visualization. The results show that in terms of temporal distribution, the research on international Chinese education digitalization generally shows a climbing growth trend, which can be divided into four stages: "the starting period, the growth period, the epacme period, and the fast-growth development period"; in terms of source distribution, the literature distribution is relatively dispersed, with international Chinese education professional journals as the main publishing base and involving related education and educational informatization professional journals and various academic journals; the conference literature distribution is mainly based on the "International Symposium on Teaching Chinese as a Foreign Language Modernization", hosted by the Association for Modernization of Chinese Language

Education; the distribution of theses related to this topic involves many universities; in terms of spatial distribution, the main distribution disciplines are "Chinese language and literature, computer software and computer application, educational theory and educational management, news and media, and automation technology"; the key regions, institutions and authors which focus on the field are Beijing and related authors from the Beijing Language and Culture University; the research hotspots revolve around the three themes of "discipline, teaching, and technology" and involve multiple aspects such as "discipline development, international Chinese teaching, and related technological resources". Future research trends and focal points can be centered on hot topics such as "online teaching, metaverse technology application, and subject digital transformation".

Key words: bibliometric analysis; digitalization of international Chinese education; hot fields; relevant features

0 引言

伴随科技的飞速发展，国际中文教育正面临前所未有的机遇和挑战，为适应新时代发展需求，提升国际中文教育教学质量和影响力，需探索一条数字化转型与高质量发展路径，以推动国际中文教育全面升级。本文基于文献计量学理论，运用 CiteSpace 信息可视化分析软件对 1990—2024 年中国知网（CNKI）数据库收录的国际中文教育数字化研究进行计量分析，呈现领域研究时空分布、探究领域研究热点主题内容、演进特征与最新趋势，并结合相关结果提出合理化建议，以期为国际中文教育数字化发展提供些许参考。

1 数据获取及研究方法

1.1 数据获取

综合考虑国际中文教育数字化研究体量、内涵和主体，以收录于中国知网（CNKI）的中国期刊全文数据库为数据源，包含"学术期刊（含辑刊）、学术会议、学位论文"三大子库，检索主题为"国际中文教育数字化"，检索思路为以涵盖国际中文教育数字化研究的相关主题进行拆分梳理检索，以实现相关数据详尽式收集，包含"中文、汉语、二语、第二语言"等相关词、国际中文教育不同时期学科名称、数字化相关主题近义词"数智化、信息化、技术"等内容。基于 CNKI 数据库，选择高级检索功能，设置主题"国际中文教育"，"国际中文教育"主题相关词及自由词有"汉语、中文、第二语言、对外汉语、汉语国际教育、国际中文教育"等；"数字化"相关主题有"数智化、信息化、技术"，检索控制时间段为"不限时间"，截止到 2024 年 4 月 22 日，共检索出 3047 条相关文献，将其作为原始数据进行处理。通过去重、剔除无关文献（简讯、前沿、内容简介、征稿通知）等操作，最终获得有效文献 2207 篇［期刊文献 860 篇（含辑刊 33 篇）、会议文献 232 篇、硕博学位论文 1115 篇］。

1.2 研究方法

文献计量法是一种基于文献多层次、多角度分析的科学计量方法。CiteSpace 是在科学计量学、数据和信息可视化背景下逐渐发展起来的一款多元、分时、动态的引文可视化分析软件。运用文献计量学研究方法，对1990—2024年从CNKI中导出的"国际中文教育数字化"相关文献进行整理，导入CiteSpace软件中绘制可视化图谱，并对图谱中呈现的规律从不同角度提取有效信息进行解读，以此多维度了解国际中文教育数字化研究领域。按照文献知识粒度逐步细化程度，遵循"宏观—中观—微观"思路，以国际中文教育数字化研究"时间、来源、空间、研究热点"四方面为切入点进行分析。

（1）宏观视角：文献发文量分析，揭示国际中文教育数字化研究整体趋势。

（2）中观视角：①文献来源分析，揭示国际中文教育数字化研究核心发文阵地；②空间分布分析，揭示国际中文教育数字化研究主要学科、作者、机构、区域。

（3）微观视角：关键词分析，揭示关键词反映的国际中文教育数字化研究热点。

2 国际中文教育数字化研究时空分布

2.1 发文量年度分布

文献发文量及其随时间的变化在一定程度上可反映该研究领域发展趋势及关注度（周志新，2020）。因此，我们根据获取数据进行年度发文量统计分析，力图呈现国际中文教育数字化研究领域发展进程（见图1）。

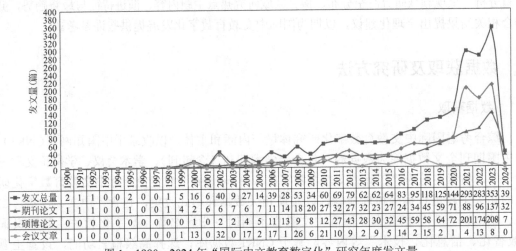

图1 1990—2024年"国际中文教育数字化"研究年度发文量

2.1.1 文献年代分布特征

1990—2024年国际中文教育数字化研究文献数量与年份基本呈正相关，大体呈爬坡式增长态势。文献数量在1990—1999年增长较为缓慢；在1999年后大体呈增长态势，于2023年达到峰值。

2.1.2 研究发展阶段划分

某一研究领域不同年份文献数量特征可揭示该研究领域发展历程。根据普赖斯文献指数增长规律，结合国际中文教育数字化研究年度发文量，可将国际中文教育数字化研究发展大致划分为四个阶段：第一阶段：起步期（1990—1999 年）。以 1990 年为始，直至 1999 年，文献数量较少且不太稳定，共 12 篇，年均发文量约 1 篇，该阶段发文总量和平均值较小，可视为研究起步期。第二阶段：成长期（2000—2007 年）。该阶段年度发文量、总发文量及年均发文量相较前一阶段增长明显，共 179 篇，年均发文量约 22 篇。其中，2000 年度发文量突破 10 篇，2002 年度发文量 40 篇，达到峰值，属于研究成长期。第三阶段：增长期（2008—2017 年）。该阶段总发文量为 661 篇，年均发文量约 66 篇。其中，2008 年度发文量突破 50 篇，2017 年度发文量 95 篇，达到峰值，属于研究增长期。第四阶段：快速发展期（2018—2024 年）。该阶段总发文量为 1355 篇，年均发文量约 194 篇。其中，2018 年度发文量突破 100 篇，且后续年度发文量均在百篇之上，2023 年度发文量 353 篇，达到峰值。相较于前三个阶段，该阶段文献数量增长显著，属于研究大发展阶段。

2.2 来源分布

对文献来源进行统计分析有利于揭示该研究领域的核心出版物，为研究人员深化该领域研究提供有价值的参考源。因此我们依据获取数据，对国际中文教育数字化研究进行了来源分布分析。

2.2.1 期刊分布

文献期刊分布特点可反映该研究领域发展前景和发展空间。为确保数据具备可参考性，我们选取核心期刊、CSSCI 期刊、高等院校学报和国际中文教育专业期刊中刊载文献进行期刊排名统计，整理出期刊刊载文献数量排名前 20 位的期刊（见表 1）。

表 1 "国际中文教育数字化"研究文献数量排名（前 20 位）期刊统计

排名	期刊名称	载文数量/篇	排名	期刊名称	载文数量/篇
1	《云南师范大学学报（对外汉语教学与研究版）》	46	11	《现代教育技术》	9
				《中国远程教育》	
2	《汉字文化》	43	13	《云南师范大学学报（哲学社会科学版）》	8
3	《国际汉语教学研究》	28		《中国教育信息化》	
4	《语言教学与研究》	24		《外语电化教学》	
5	《语言文字应用》	21		《文学教育（下）》	
6	《世界汉语教学》	14	15	《现代交际》	7
	《国际中文教育》（中英文）			《中国多媒体与网络教学学报（上旬刊）》	
8	《民族教育研究》	11		《中国新通信》	
	《天津师范大学学报（社会科学版）》		20	《教育教学论坛》	6
10	《华文教学与研究》	10		《教育现代化》	
				《语文建设》	

经统计，1990—2024 年国际中文教育数字化研究 860 篇期刊文献共分布于 389 种刊物

上，其中，载文 1 篇的期刊共 255 种，占刊物总数的 65.55%；载文 2 篇的期刊共 66 种，占刊物总数的 16.97%；载文 1~2 篇的期刊占刊物总数的 82.52%。因此，1990—2024 年约八成的期刊仅发表了 1~2 篇国际中文教育数字化研究文献，可知相关期刊分布呈较分散的特征。结合表 1 和国际中文教育数字化研究期刊文献整体发文情况，可发现：当前国际中文教育数字化研究期刊发文分布以国际中文教育专业期刊为刊文主阵地，且涉及相关教育及教育信息化专业期刊和各类学报。核心区期刊往往可从侧面反映出一个研究领域的研究水平和学术水平。比利时情报学家埃格黑（L. Egghe）为了能够更加精确地计算核心区期刊数量，提出了布拉福德核心区期刊数量计算公式，即 $r_0=2\ln(e^E\times Y)$，其中，r_0 指代核心区期刊数量，常数 e 值约为 2.72，欧拉系数 E 数值为 0.5722，Y 代表刊文量最大期刊的刊文数量。结合核心区期刊计算公式代入数值 $Y=46$，最后可得计算结果为 9，即排名在前 9 位的期刊为国际中文教育数字化研究核心区期刊（见表 2）。

表 2 "国际中文教育数字化"研究文献核心区期刊（前 9 位）分布

核心区期刊名称	载文数量/篇
《云南师范大学学报（对外汉语教学与研究版）》	46
《汉字文化》	43
《国际汉语教学研究》	28
《语言教学与研究》	24
《语言文字应用》	21
《世界汉语教学》	14
《国际中文教育（中英文）》	14
《民族教育研究》	11
《天津师范大学学报（社会科学版）》	11

2.2.2 会议论文集分布

通过分析国际中文教育数字化研究文献会议论文集分布，可了解国际中文教育数字化研究核心会议情况。我们根据 232 篇发表于会议论文集的文献，统计出国际中文教育数字化研究会议论文集 69 个，这些文献及相应会议论文集主要来自于以下 10 个会议（见表 3）。

表 3 "国际中文教育数字化"研究文献数量排名（前 10 位）学术会议统计

排名	主办单位	会议名称	系列会议论文集名称	载文数量/篇
1	中文教学现代化学会	中文教学现代化国际研讨会（曾用名：中文电化教学国际研讨会）	《中文教学现代化国际研讨会论文集》	153
2	世界汉语教学学会	国际汉语教学研讨会	《国际汉语教学研讨会论文选》	20
3	国家语言文字工作委员会	中国语言文字发展报告系列会议	《语言生活皮书系列》	9
4	北京大学对外汉语教育学院	对外汉语教学研究生学术论坛	《对外汉语教学研究生学术论坛论文集》	7

续表

排名	主办单位	会议名称	系列会议论文集名称	载文数量/篇
5	中央民族大学国际教育学院	国际汉语教学学术研讨会	《国际汉语教学学术研讨会论文集》	6
6	世界汉语教学学会	世界汉语教学学会通讯系列会议	《世界汉语教学学会通讯系列》	5
	中文教学现代化学会	2009年数字化汉语教学专题研讨会	《数字化汉语教学专题研究（2009）》	
8	中央广播电视大学对外汉语教学中心	国际汉语教师培养论坛	《汉语国际教育人才培养系列》	3
9	西北师范大学国际文化交流学院	汉语教学国际学术研讨会	《2015年中国语言文学研究暨汉语教学国际学术研讨会摘要集》	2
	中国中文信息学会	全国学生计算语言学研讨会	《学生计算语言学研讨会论文集》	

经统计，国际中文教育数字化研究主要会议有（前5名简述）：（1）中文教学现代化学会主办的"中文教学现代化国际研讨会"（曾用名：中文电化教学国际研讨会），每两年举办一次，共发表此类文献153篇；（2）世界汉语教学学会主办的"国际汉语教学研讨会"，共发表此类文献20篇；（3）国家语言文字工作委员会主办的"中国语言文字发展报告系列会议"，共发表此类文献9篇；（4）北京大学对外汉语教育学院主办的"对外汉语教学研究生学术论坛"，共发表此类文献7篇；（5）中央民族大学国际教育学院主办的"国际汉语教学学术研讨会"，共发表此类文献6篇。为了更直观地反映国际中文教育数字化研究会议论文集文献分布情况，我们绘制了"国际中文教育数字化"研究会议论文集文献分布情况图（见图2）。进一步结合表3和图2可发现如下特点：（1）中文教学现代化学会主办的"中文教学现代化国际研讨会"对国际中文教育数字化研究关注度较高，发文数量在百篇左右；（2）会议主办单位以各高校（如北京大学、中央民族大学、西北师范大学等）和各学会（如中文教学现代化学会、世界汉语教学学会、国家语言文字工作委员会等）为主；（3）不同主题类型的会议（如语言生活、汉语及对外汉语教学、教师培养、计算机语言学、汉语教材、汉字等）均关注到了"国际中文教育数字化"热点，可从侧面反映出国际中文教育数字化研究发展趋势和前景。

2.2.3 学位论文分布

学位论文分布情况可从一定程度上反映出作为国际中文教育"新生力量"的各位学者对国际中文教育数字化研究的关注程度。为此，我们对国际中文教育数字化研究学位论文相关发文高校进行了统计分析（见图3）。综合图3和各高校整体发文情况可知：（1）国际中文教育数字化研究学位论文发文较集中的前三位高校为：华中师范大学、山东大学和兰州大学；（2）各高校关于国际中文教育数字化研究学位论文发文量普遍在50篇以内；（3）国际中文教育数字化研究学位论文发文高校涉及"语言类、教育类、综合类"等多所高校。

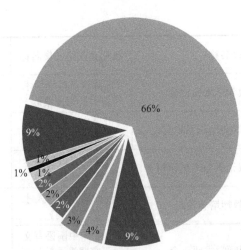

图 2 "国际中文教育数字化"研究会议论文集文献分布情况

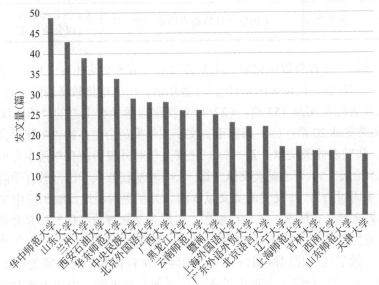

图 3 "国际中文教育数字化"研究学位论文发文量排名(前 20 位)高校

2.3 空间分布

全面系统地梳理 1990—2024 年国际中文教育数字化研究文献学科、作者、机构与区域等方面的分布情况,有助于科学引导研究对象,合理分配科研力量,进而促进该领域研究布局的完善发展。

2.3.1 学科分布

经统计分析,国际中文教育数字化研究主要分布于"中国语言文字、计算机软件与计算机应用、教育理论与教育管理、新闻与传媒、自动化技术"五大学科(见图 4),且形成以"中国语言文字"为核心,并结合各学科对国际中文教育数字化领域进行探究的局面。其中,"中国语言文字""教育理论与教育管理"和"计机软件与计算机应用"三者结合紧密,聚焦热点涉及"国际中文教育学科数字化时代整体发展、数字化教材、教学模式、数字化技术"等宏观和微观问题;"新闻与传媒"关注数字化时代下国际中文教育的传播媒介及传播形式等热点;"自动化技术"立足技术视角,关注相关数字化技术在国际中文教育领域的应用问题。

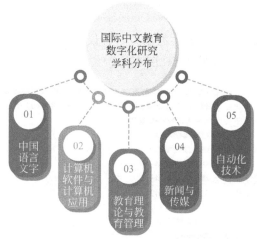

图 4 "国际中文教育数字化"研究学科分布

2.3.2 作者分析

对发文作者进行分析可了解该领域的核心作者,作者发文量也可在一定程度上反映出作者对该领域的影响。为精确找到国际中文教育数字化研究领域的核心作者,本研究不限于第一作者,而是对文献的所有作者进行分析统计,共找到 2339 位作者,并统计出发文量前 22 位的作者(见表 4)。

表 4 "国际中文教育数字化"研究作者发文量排名(前 22 位)统计

作者	发文量	所属机构	作者	发文量	所属机构
郑艳群	27	北京语言大学	史艳岚	6	北京语言大学
徐 娟	26	北京语言大学	余江英	6	北京语言大学
宋继华	12	北京师范大学	崔希亮	6	北京语言大学
李宇明	12	北京语言大学	陆俭明	6	北京大学
吴应辉	12	北京语言大学	李晓东	5	华北理工大学
梁 宇	11	北京语言大学	陈 默	5	中国人民大学
马瑞祾	9	北京语言大学	饶高琦	5	北京语言大学
李宝贵	9	辽宁师范大学	刘玉屏	5	中央民族大学
张 普	7	北京语言大学	王 辉	5	浙江师范大学
赵雪梅	7	北京语言大学	王春辉	5	首都师范大学
刘晓海	6	北京语言大学	赵冬梅	5	北京语言大学

普赖斯定律指出:只有当一个研究领域全部论文的一半由该领域中核心作者所撰写时,才形成领域高产作者群。根据普赖斯定律 $N=0.749 \times (N_{max})^{1/2}$($N$ 代表核心作者发表最

低文献数，N_{max} 代表最高产作者发文数）（丁学东，1993），计算得出 $N≈4$，得到发文量至少为 4 篇的作者共计 30 位，占总作者数的 1.3%，发文量为 229 篇，仅占总文献数的 10.4%，未超过全部文献的一半，可见国际中文教育数字化研究领域核心作者群体尚未形成。

2.3.3 机构与区域分布

从刊文数量角度，统计刊文期刊主办单位、会议主办单位、学位论文发表单位，可大体了解该领域主要机构与区域（见图 5、图 6）。

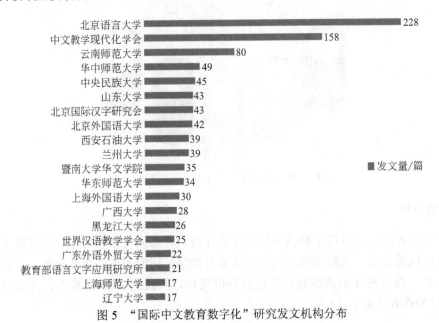

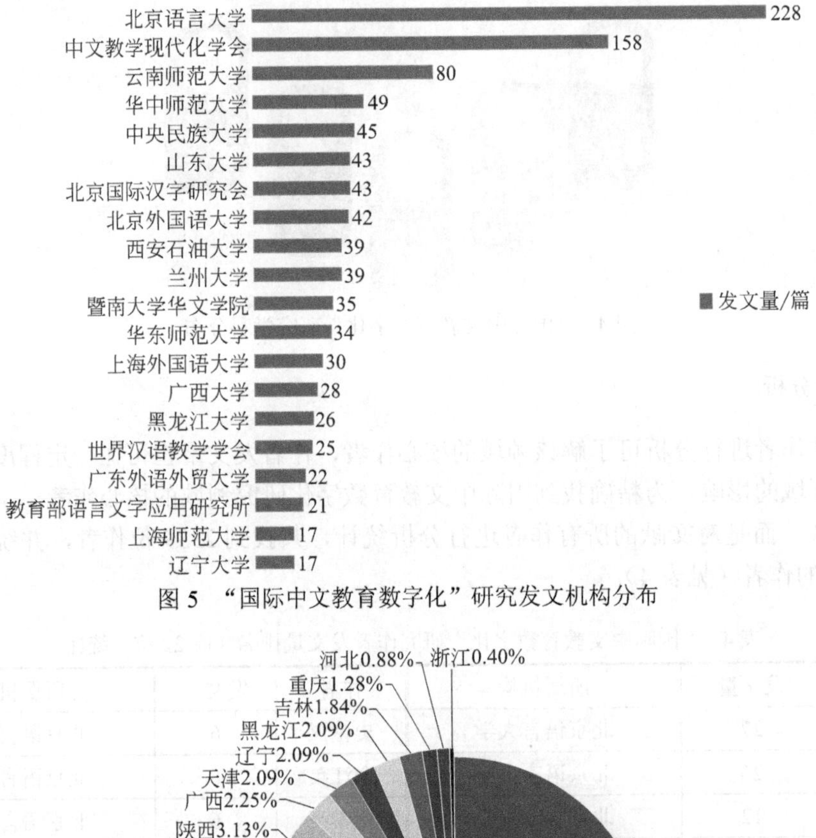

图 5 "国际中文教育数字化"研究发文机构分布

图 6 "国际中文教育数字化"研究发文区域分布

图 5 显示，国际中文教育数字化研究主要机构以北京语言大学为首，同时涉及各学会及各高校；图 6 显示，国际中文教育数字化研究主要区域以北京为首且在区域发文数量中

占有绝对优势。对机构与区域的统计分析，可使我们了解目前对该领域重点关注的相关机构、地区，有助于不同机构、区域间开展合作交流，并结合自身优势发展该领域。

3 国际中文教育数字化研究热点分析

热点主题及内容是一段时间内某一学科或领域共同探讨的话题，关键词能起到直观表征研究主题内容的作用，是对主题的高度概括和凝练。因此，通过分析国际中文教育数字化研究关键词，梳理高频关键词间的关系，可确定国际中文教育数字化研究热点。经过对检索文献关键词进行统计、补齐、合并拆分、数据清理，共获得有效关键词 3994 个。运行 CiteSpace 软件绘制关键词相关图表，进行国际中文教育数字化研究热点可视化分析。

3.1 研究热点主题分析

利用 CiteSpace 软件，绘制国际中文教育数字化研究高频关键词共线图谱（见图 7）。节点代表关键词，节点越大、颜色越深表明该关键词在文献统计中出现频率越高；连线表示关键词共现情况，连线数量及粗细表示各关键词间联系程度的高低。

图 7 显示，整体网络中关键词"对外汉语教学"出现频率最高且和"对外汉语、多媒体、多媒体技术、教学设计"等高频关键词共同构成国际中文教育数字化研究的高核心热点；各关键词间连接复杂紧密且整体网络呈发散分布态势，表明国际中文教育数字化研究围绕各热点展开多样性研究。

图 7 "国际中文教育数字化"研究关键词共线图谱

我们利用 CiteSpace 软件关键词共线技术中的 Export 功能输出相应表格数据并进行整理，得到研究文献中排名前 20 位的高频关键词（见表 5）。从关键词出现频次上看，对外汉语教学、对外汉语、国际中文教育等关键词位列前 20 位。结合高频关键词频次和中心性可看出，国际中文教育数字化研究有以下特征：第一，"对外汉语（教学）、汉语国际教育、国际中文教育"等学科关键词位居前列。其主要探究数字化时代下国际中文教育学科未来整体发展，包含"发展路径、策略、传播推广"等内容，涉及"互联网背景、职业教育、交叉融合、国际友谊、国际教育、机遇挑战、高质量、转型、需求服务导向、集成创新、教育及技术变革、新领域新方法、'一带一路'"等内容。第二,"教学"特征突出。包含"教学形式（线上教学、课堂教学）、'三教'研究、教学内容、学生学习"等方面的数字技术应用,涉及"翻转课堂、微课、微信使用、数字化教材、词汇教学、中国文化课、教师信息素养、移动学习"等多类型、多内容关键词。第三,"数字化"被多次提及。如"多媒体技术、人工智能、APP、云平台、ChatGPT、融媒体、数据库、元宇宙"等关键词。

表5 "国际中文教育数字化"研究排名（前20位）关键词统计

排名	关键词	词频	中心性	排名	关键词	词频	中心性
1	对外汉语教学	263	0.51	11	移动学习	56	0.13
2	对外汉语	215	0.20	12	数字化	44	0.12
3	国际中文教育	172	0.06	13	现代教育技术	41	0.07
4	汉语国际教育	135	0.11	14	国际中文教师	38	0.01
5	教学设计	121	0.13	15	翻转课堂	37	0.04
6	线上教学	105	0.02	16	孔子学院	35	0.03
7	多媒体	73	0.08	17	汉语	34	0.07
8	教学模式	61	0.09	18	国际汉语教学	33	0.03
9	汉语教学	60	0.10	19	信息技术	32	0.04
	多媒体技术				留学生		

3.2 最新研究趋势分析

我们结合国际中文教育数字化发展重要时间点和研究文献关键词突现图（见图8）对该领域最新研究趋势进行了分析。数字化对国际中文教育的影响持续存在且逐渐增强,这受到数字化技术发展、国际中文教育发展及时代因素影响。我们选取了两个关键时间节点（2020年和2021年）进行分析。

Key words	Year	Strength	Begin	End	2020—2024年
留学生	1999	5.56	2020	2021	
中文教育	2020	4.97	2020	2024	
教学资源	2003	4.75	2020	2021	
混合式教学	2020	3.83	2020	2021	
线上教学	2020	27.88	2021	2024	
线上汉语教学	2021	8.34	2021	2024	
调查研究	2017	4.38	2021	2024	
教学设计	2002	4.27	2021	2022	
在线教学	2021	3.74	2021	2022	
国际中文教育	2021	62.43	2022	2024	
国际中文教师	2021	12.7	2022	2024	
国际中文教学	2021	11.34	2022	2024	
信息素养	2006	4.97	2022	2024	
影响因素	2022	3.79	2022	2024	
文化教学	2004	3.6	2022	2024	

图8 "国际中文教育数字化"研究关键词突现图谱

（1）后疫情时代国际中文线上教学模式兴起。后疫情时代，线上教学模式备受关注，国际中文线上教学不断发展壮大。国际中文线上教学研究关注"留学生线上自主学习、相关技术资源、教师信息素养"等问题，作为国际中文教育数字化研究新热点，对线上教学的相关问题应持续关注，未来研究可深入探讨"线上教学资源、混合教学模式发展、学习者线上自主学习、教师信息素养"等问题。（2）"元宇宙"技术为国际中文教育注入新活力。2021年元宇宙概念引爆全球。作为数智化新兴技术代表，元宇宙技术与传统数字技术大有不同，其打造的"沉浸式、智能化"技术资源，可为国际中文教育带来全新改变。国际中文教育元宇宙关注"扩展现实（XR）、虚拟现实（VR）、增强现实（AR）"等各种新兴技术与国际中文教育的结合及应用问题，探究元宇宙技术给国际中文教育带来的影响，以"技术赋能"形式促进国际中文教育数智化发展，是未来应重点关注的领域。（3）数智化时代促进国际中文教育数字化转型。数智化时代到来，促进国际中文教育数字化转型，涉及宏观和微观诸多内容，如"学科、教学、管理"等多方面的数字化转型问题，只有系统全面地处理好数智化时代下国际中文教育转型问题，才能搭载数字化之路，借助信息技术之便，促进学科健康、科学发展。

需要说明的是，国际中文教育数字化研究各热点主题内容并非截然分开，而是互相交融、相互影响的，国际中文教育数字化研究应持续关注数字化为国际中文教育带来的影响和多方热点内容；此外，上述主题领域及内容的划分，并非该领域的研究全貌，其目的是凸显时下国际中文教育数字化研究关注的热点，通过相关热点的梳理，为国际中文教育数字化全面、科学发展提供参考。

4 国际中文教育数字化研究反思与前瞻

国际中文教育数字化研究在时下数智化时代具有重要意义，它不仅涉及教学、教师、管理等多方面的改革与创新，更关乎新时代国际中文教育的发展。本研究就该领域提供以下几条建议，供参考。

第一，提升领域关注度。相关专家、教师、学者及从业人员应提升对国际中文教育数字化领域的关注，产出更多高质量研究，举办相关会议论坛，进行教学教研等活动，使该领域理论日趋成熟，实现稳定发展，进而促进国际中文教育在数智化时代的良好发展。第二，各区域、机构间广泛合作交流，促成"共建共享"新局面。国际中文教育数字化发展离不开各区域、高校、学会和技术机构间的合作交流，各区域、各机构通过广泛交流合作，促成"共建共享"新局面，为国际中文教育数字化发展提供重要支撑力量。第三，深化国际中文教育数字化研究。当前学界普遍意识到数字化时代及技术资源对国际中文教育的重要性，但多数研究仅在文中提及，并未进行深入探索，因此，应加强深化该领域研究，实现"技术完美结合学科、成果实际应用落地"的新气象、新局面。第四，聚焦新时代，关注新技术。新时代国际中文教育发展机遇和挑战并存，因此，应聚焦新时代国际中文教育发展相关问题，如"自主学习、数字化转型、元宇宙技术"等，可探究新技术如何结合国际中文教育、新技术及资源、新技术效用、新老技术衔接等问题。

总之，国际中文教育数字化研究具备多元化、多层次、多领域特性，涉及众多热点问题。关注和研究这些热点，可更好地推动国际中文教育发展，为全球中文学习者提供更优质的教育服务。在数智化时代背景下，国际中文教育数字化研究和发展将不断深化，各类新技术资源也将不断涌现，这可为全球中文学习者带来更多学习机会和便利，同时促进学科的茁壮成长。

参考文献

[1] 曹戈. 中文联盟推动国际中文教育数字化转型的实践经验. 云南师范大学学报(对外汉语教学与研究版), 2023(04).

[2] 丁学东. 文献计量学基础. 北京：北京大学出版社, 1993.

[3] 方紫帆, 徐娟. 国际中文教师数字素养指标体系建构研究. 天津师范大学学报(社会科学版), 2023(06).

[4] 陆俭明. 国际中文教育的发展要顺应时代发展的大趋势. 全球中文发展研究, 2023(01).

[5] 乐守红, 曹明. 数字赋能国际中文教育的时代价值与实践进路. 民族教育研究, 2023(06).

[6] 周志新. 基于 CiteSpace 的我国科技期刊出版伦理研究现状及趋势分析. 科技与出版, 2020(08).

国际中文慕课的多模态话语分析
——以"通用学术汉语：思辨与表达"为例*

程欣雨

北京语言大学 信息科学学院 100083
helloxinyv@163.com

摘 要：慕课日益成为国际中文教育重要的数字学习资源，运用多模态话语分析技术可以为慕课评价提供新的视角。同时，来华留学生的学习需求转变为获取学位，学术中文教学日益重要，应加强对相关数字资源的研究。据此，本文以"通用学术汉语：思辨与表达"为对象，基于多模态话语分析框架，使用 ELAN 软件对课程的多模态话语行为进行标注，通过对多模态话语数据的挖掘，探究该课程对多模态话语的使用情况和模态间的协同关系，以期为建设高质量的学术中文慕课提供启示。

关键词：国际中文教育；学术中文；多模态话语分析；ELAN；慕课

Multimodal Discourse Analysis of International Chinese MOOCs—Taking "Academic Chinese: Critical Thinking and Expression" as an Example

Cheng Xinyu

School of Information Science, Beijing Language and Culture University, 100083

Abstract: With the increasing importance of MOOCs in international Chinese education, the application of multimodal discourse analysis techniques can provide new perspectives for MOOC evaluation. Simultaneously, as the learning needs of international students in China shift towards degree attainment, academic Chinese teaching is becoming increasingly crucial, necessitating enhanced research on its related digital resources. Therefore, this paper takes "Academic Chinese: Critical Thinking and Expression" as the object of study. Based on a multimodal discourse analysis framework, the ELAN software is used to annotate the course's multimodal discourse behaviors. Through mining the multimodal discourse data, the paper explores the use of multimodal discourse and the collaborative relationships between modes in this course, aiming to provide insights for the construction of high-quality academic Chinese MOOCs.

Key words: international Chinese education; academic Chinese; multimodal discourse analysis; ELAN; MOOC

---

* 本文受世界汉语教学学会全球中文教育主题学术活动计划"融合知识图谱与大语言模型的国际中文教育智能问答系统研究"（SH24Y24）；北京语言大学重大专项课题"基于微认证的国际中文教师数字素养提升路径及研修平台研究"（23ZDY02）；北京语言大学研究生创新基金（中央高校基本科研业务费专项资金）"基于 BERT 的国际中文教育慕课评论情感分析研究"（24YCX101）的资助。

0 前言

自 2012 年慕课元年以来，国际中文慕课资源已经得到了有效建设，在数字化转型赋能国际中文教育高质量建设的当下（徐娟、马瑞祾，2023），慕课成为重要的国际中文数字学习资源。此外，随着中文全球影响力和覆盖面的不断提升，越来越多高层次的中文学习者来华求学，学界亟须关注其学术中文能力的培养及相关资源建设问题（吴勇毅，2020）。开发优质的学术中文数字资源可以满足国际留学生学术中文的学习需求，且学术中文慕课建设可以与课内教学相互补充，从而更好地帮助学习者泛在化、碎片化学习学术中文知识。

据本研究统计，"中国大学 MOOC"可选修的"学术英语"慕课共 24 门，其中包括通用学术英语慕课和工科/理工英语、学术写作、学术阅读等专项课程，而"学术中文"仅 1 门，即由浙江大学开发的"通用学术汉语：思辨与表达"。学术中文作为留学生最常接触的中文形式之一，在学术交流和研究中具有关键作用。因此，开设学术中文慕课可以帮助留学生更好地适应学术环境，提升他们的学术交流和写作水平。目前多模态话语理论多运用于线下课堂，针对慕课的多模态话语分析较少。本研究以"通用学术汉语：思辨与表达"为对象，构建国际中文慕课多模态话语分析框架，使用 ELAN 软件对课程的多模态话语行为进行挖掘，以期助力学术中文慕课建设。

1 研究现状简述

目前，国际中文教育领域已有部分学者基于多模态话语理论对国际中文教学展开了研究。王珊和刘峻宇（2020），袁萍和刘玉屏（2020），钟佳利（2022），雷莉和黄川蓉（2023）分别对词汇、语法、汉字、口语四类语言要素和技能教学过程中的多模态话语使用情况展开研究，并一致认为，在不同的语言要素、技能的教学过程中，多模态话语之间形成了协同共生的关系形态，并共同打造生动、活泼、高效的课堂，有效调动学习者的多个感官通路。但同时，已有研究大多关注通用中文教学的多模态话语分析，缺少对专门用途中文课程（如学术中文）的关注；有的则关注传统线下课堂或线上直播课堂的多模态话语行为，缺少以慕课为分析对象的研究，意即，学者们多关注教师和学生存在互动的真实课程，而非异步授课模式下全程聚焦于教师讲授的课程；且大多研究仅以 1 节课或 1 个教学视频为分析对象，数据规模不大。

2 研究设计

2.1 研究对象

"通用学术汉语：思辨与表达"课程由五位老师负责讲解，课程没有字幕，全程沉浸式教学，镜头聚焦于教师的上半身，背景为单一虚拟背景，课程共 14 讲，46 课时，其中的 13 讲都注重思维的训练，第 10 讲讲解了学术工具的运用。教师讲述每章主题时的教学过程基本相同，可以归纳为"导入—讲述—练习—总结"，这与其他课型的通用教学过程一致。本研究在此基础上，以每 3 讲为一组（最后一组为 2 讲），从每组中随机选取 1 讲进行分析，共抽取 5 讲的内容作为分析对象，以探究在该课程中不同模态的应用情况。

2.2 学术中文 MOOC 课堂多模态教学行为分析框架

参照张德禄等（2015）提出的多模态话语媒体系统以及王珊和刘峻宇（2020）的模态分类方式，使用 ELAN 6.5 软件对模态类型进行编码标注，因为慕课与线下课堂及直播课不同，所以本文对王珊和刘峻宇的编码框架进行了改良，将该慕课的话语模态归为四种：视觉模态、听觉模态、动觉模态、环境模态。其中，文本、图画、视频和动画归为视觉模态，教师话语和音乐归为听觉模态，手势动作归入动觉模态，教师人物呈现和虚拟人物呈现归入环境模态。学术中文慕课课堂多模态教学行为分析框架及赋码方案如表 1 所示。

表 1 学术中文 MOOC 多模态教学行为分析框架

模态类型	赋码	层类型	赋码
视觉模态	VM	文本	VB
		图画	VC
		视频	VD
		动画	VK
听觉模态	AM	教师话语	Adt
		音乐	AD
动觉模态	BM	手势动作	BG
环境模态	EM	教师人物呈现	EC
		虚拟人物呈现	EW

需要说明的是，第一，视频兼具"视觉模态"和"听觉模态"的特性，即需要同时调用视觉和听觉，属于混合模态。由于已有研究大多将视频归为视觉模态，故本文采用相同的处理方式，以更好地进行视频标注和分析。第二，体态语模态一般分为身势语和手势语，但案例中的教师站位固定，未出现身势变化，故仅标注手势语。第三，慕课与线下课堂的环境不同，慕课为录制课程，录制课程更有利于后期加工，该课程为增强互动性，利用技术手段增加了虚拟人物与教师互动，故本文将环境模态中的距离模态（王珊、刘峻宇，2020）改为更适合慕课的教师人物呈现与虚拟人物呈现。第四，当组合使用多种模态时则同时标注所有涉及的模态类型，如出现文本配合教师话语时，同时标注视觉模态和听觉模态。

2.3 标注工具及方法

视频标注使用的是能精准定位到 0.01 秒的多模态标注软件 ELAN 6.5[①]。本文依据上述多模态教学行为分析框架确定了符号类型后，使用 ELAN 进行标注，并利用 ELAN 以及 Excel 自带的统计分析功能对数据进行统计，最后将标注类型和时长等结果导入 Excel 中进行分析。

---

① Elan：https://archive.mpi.nl/tla/elan.

3 研究结果

3.1 多模态的使用原则

关于使用多种话语模态，张德禄（2015）提出了"最优化原则"，即尽可能多地采用各种方法来完整地传达出言者想要传递的信息，并以此实现最大的效益。因此，关于教学时的多模态话语选择，首先要关注的是如何使用不同的话语模态，将它们有效地组合起来，从而达到最好的教学效果。实现模态之间的有效组合就需要主体对各模态之间的关联有深入理解。这些关联可以有多种形式，其中一些主要的形式已经在前人的研究中有过探讨，如互补型和非互补型。互补型是指某一模态能增强另一模态的效果，这可以通过强调或者辅助的方式呈现出来；反之，如果两个模态之间存在着非互补型的联系，那么即使它们的作用并不明显，也仍然会出现在交际当中，通常这种情况下的两种模态会在一定程度上相互覆盖或融合。在上述原则的指导下，本文从话语模态和教学环节两种维度出发，对所抽取的五讲课程进行分析。

3.2 话语模态维度的分析

3.2.1 话语模态的总体分析

使用 ELAN 6.5 对所选视频材料进行标注后，模态使用情况数据见表2。总体上看，在该慕课中，教师发言（64.30%）和文本（39.18%）两类模态的使用比例较高，其中教师口语使用比例（64.30%）最高，音乐使用占比（0.58%）最少。同时，动觉模态（2.80%）和环境模态（22.12%）占比较低，多作为辅助模态与听觉模态形成互补或非互补关系。由此可见，慕课的多模态性特点显著（优于传统课堂），教师口头讲解占主导（听觉模态为主模态）的同时，视觉、动觉、环境等模态作为辅助模态存在，多种模态协同合作（故各类模态占比的总和超过100%），共同完成教学任务，模态组合模式情况见图1。

表 2 模态数据标注统计结果

模态类型	模态符号	总标注时长（秒）	标注时长百分比（%）	百分比合计（%）
VM	VB	3179.033	39.18	79.06
	VC	625.272	7.70	
	VD	1095.564	13.50	
	VK	1516.112	18.68	
AM	Adt	5216.6	64.30	64.88
	AD	47.5	0.58	
BM	BG	227.6	2.80	2.80
EM	EC	1733.1	21.36	22.12
	EW	61.9	0.76	

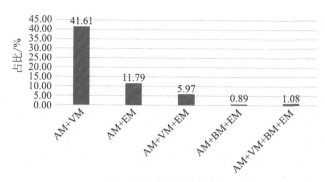

图 1　模态组合模式情况

由图 1 可知，在该课程中，多模态组合占据主导地位，占总时长的 61.34%。其中，视觉模态和听觉模态的组合（AM+VM）在该课程中使用频率最高，占 41.61%，为课程的主要组合形式。虽然单一模态使用主要为视觉模态中的视频和动画，但这些视觉模态通常与听觉模态相结合，如视频和动画兼备听觉和视觉特征。需要说明的是，视频和动画已被研究归类为视觉模态，因此本研究也将其纳入视觉模态的范畴。综合来看，多模态组合的运用对于慕课的建设起到了关键作用，不同模态之间相互协同，共同促进在线语言教学的效果，因此对于如何合理进行模态的组合、如何控制各模态组合的占比进行进一步的研究，对于优质慕课的建设有重要意义。

3.2.2　从听觉模态的角度分析

听觉模态是指通过调动说话人的语言系统来传递信息声音模态的总和，包括口语（本文主要是指教师口语）及音乐。

第一，教师口语分析。在该课程中，教师口语几乎贯穿课程始终，课程讲解中除播放视频（13.50%）、动画（18.68%）以及纯音乐（0.58%）外，教师口语始终占据主导地位。语言是传递信息的重要手段，在课堂教学中，教师必不可少，在所选案例中教师口语主要有以下三个作用：一是导入，在每讲的第一节课中，播放完导入动画后，都会再由教师口语进行导入，说明主题，让学生了解学习内容。二是讲解，语言是传递信息的重要手段，无论是线下课堂还是线上课堂，在讲解重要概念、原理、分析等环节，教师口语都扮演着不可或缺的角色。通过清晰准确的语言表达，教师能够帮助学生理解抽象的概念，解决问题，引导他们逐步掌握知识要点和解题技巧。三是总结，总结部分主要是教师通过清晰简洁的口语总结，帮助学生回顾所学内容，强化对知识的理解和记忆。导入和讲解有时可由视频或动画代替一部分口语的作用，但总结部分一般不能由视频或动画代替。

第二，音乐分析。Felix（1993）认为，没有歌词的轻音乐可以提高学生在学习时的记忆力，本课程中的听觉模态只表现为纯音乐的形式，模态运用较为单一，且频率较少。该课程听觉模态的运用主要包括两个部分：一是课程开始前，播放开场音乐，起到组织教学的作用；二是教师让学生观看问题进行思考或者阅读知识点时，课程中会穿插播放纯音乐，从而帮助学生思考。例如第三章第五节，在演示如何寻找与研究方向相关的参考文献时，老师演示的同时并没有进行步骤讲解，而是选择播放音乐，这样做避免了模态的冗余，并与视觉模态形成互补，可以帮助学习者集中注意力。

3.2.3 从视觉模态的角度分析

视觉模态是指通过文本或图片等刺激视觉系统传递信息的行为模态,本文的视觉模态分类较为多样,包括文本(39.18%)、动画(18.68%)、视频(13.50%)和图画(7.70%),除视觉模态中的视频和动画外,视觉模态中的其他模态(文本、图画)通常组合听觉模态出现(41.61%),视觉模态可进行视觉信息输入,并对教师口语进行补充强化,比如在所选案例中讲解如何写好一个精华帖时,教师将选取的贴合讲解主题的精华帖图片呈现在屏幕上,视觉与听觉双通道的组合更有助于学生的理解。此外,动画出现范围较大,包括导入和讲解阶段,而视频则多出现在讲解阶段。例如,教师在第六讲第二节讲解"分类"的概念时,通过播放垃圾分类的视频以帮助学生理解。

3.2.4 从动觉模态的角度分析

在该课程中,教师的动觉模态运用较少(2.80%),教师仅半身出镜且缺乏实体学生的互动,偶尔会出现与动画虚拟学生的互动,因此教师在整节课中基本保持一个站位,没有身势动作,只有小幅度的无意义的手势动作。例如,在与虚拟学生互动时,教师看向侧边虚拟学生的位置,手同时做出请的动作。其余的手势动作多为无意义动作,比如第十二讲第三节中教师讲到"上百种错误"时双手摊开,该动作对课程教学并不起作用。因此,总体来看,该课程中教师的身体语言对课程效果作用不大,难以产生影响,总体属于中立型体态语。

3.2.5 从环境模态的角度分析

环境模态原指公众距离、社交距离和个人距离,即教师与学习者之间的空间位置关系(王珊、刘峻宇,2020)。当使用慕课学习语言知识时,师生处于分离状态,慕课制作者通常会采用教师出镜、添加虚拟角色等方式提升学习的临场感。也有实证研究证实,教师出镜有利于提升在线教学视频的教学效果(杨九民等,2021)。因此,本研究将环境模态归纳为教师出镜(21.36%)和虚拟人物呈现(0.76%),如图2所示。在该慕课中,环境模态不会单独出现,一般需要听觉模态的配合,其出现具有规律性,如动画或视频结束后,又如某个知识点讲解结束后,主要与其他模态配合起过渡作用。

图2 案例课程的环境模态示例

3.3 教学环节维度的分析

在该课程的不同环节，不同模态常组合使用。下面在数据标注的基础上，从教学的不同环节出发，统计分析各模态在不同教学环节中的组合使用情况，进一步考察各模态在慕课中的分布特征和功用。

3.3.1 导入环节的模态分析

该课程每章节通常采用微课视频或教师口语的导入方式，由表 3 可知，导入部分所用的模态组合包括听觉模态及视觉模态的组合、视觉模态和环境模态的组合等，但从占比上看，仍以听觉模态和视觉模态的组合（24.65%）为主，其次为听觉模态和环境模态的组合使用（22.31%），二者差距不大。导入环节的视觉和听觉的组合使用主要体现为教师话语作为背景音进行讲解，屏幕上显示所讲解部分的文本。听觉模态和环境模态的组合使用主要体现为教师出镜进行讲解，屏幕不呈现文本，在导入阶段，二者通常承接使用。

表 3 导入环节模态组合情况

模态组合模式	总时长/秒	时长占比/%
AM+VM	470.00	24.65
AM+EM	452.40	22.31
AM+VM+EM	166.2	8.72
AM+BM+EM	31.6	1.65
AM+VM+BM+EM	65.1	3.41

3.3.2 讲练环节的模态分析

讲练环节组合模态占比（59.12%）较导入环节低，组合模态的使用也较导入环节更加集中，讲解及练习部分的各模态标注时长见表 4。

表 4 讲练环节模态组合情况

模态组合模式	总时长/秒	时长占比/%
AM+VM	2906.30	43.24
AM+EM	631.30	9.36
AM+VM+EM	318.60	4.74
AM+BM+EM	41.00	0.61
AM+VM+BM+EM	79.20	1.17

从表 4 可见，讲练环节的组合模态以听觉模态和视觉模态为主，教师出镜情况（EM+任意模态）占比较导入环节低。从课程中来看，讲练环节知识点的讲解占很大比重，讲解具体知识点时，屏幕主体通常为文本/图片，背景音为教师话语，这种组合排除了其他模态对知识点学习的干扰，此时，视觉模态对听觉模态起到补充强化作用，更有助于学生注意力的集中。而从一个知识点完毕到另一个知识点开始的过渡阶段多为环境模态与其他模态的组合，此时教师出镜并配合其他模态对上一个知识点做总结，而后引入下一个知识

点,比如,第十讲第三节"常用检索方法"中,课程先使用文本和教师语音对常用检索方法进行梳理,而后,教师形象出现,提醒梳理完毕,并提醒要进行下一阶段的讲解,此时环境模态与其他模态的组合起到提醒和过渡的作用。

3.3.3 总结阶段的模态分析

总结阶段依旧以教师口语为主模态。模态的组合使用主要有两种:一是听觉模态、视觉模态和环境模态的组合使用(AM+VM+EM),在进入总结阶段时,通常屏幕会出现教师形象,教师会使用语言直接点明已进入总结阶段,如"接下来让我们总结一下""回顾整节课程"等,同时,屏幕一侧会出现"总结"性质的文本内容(见图 3 左)。二是仅视觉和听觉组合(AM+VM),教师不出镜,而是直接呈现总结知识点的文本信息(见图 3 右)。在该课程的总结部分,这两种方式通常交替出现,但无论是前者还是后者,文本和教师口语都会出现交叠现象,此时,文本对教师口语起强化作用。

图 3 慕课中的两种总结方式对比

4 结论及启示

第一,多模态教学可以更好地调动学习者的感官通道。国际中文智慧教育理念主张为学习者构建沉浸式语言学习环境,运用多模态技术手段,为学习者提供美好的学习体验(徐娟,2019)。在该慕课中,听觉模态(教师口语)在课程中占比高达 64.30%,因其缺乏互动、聚焦于知识讲解等特点,听觉模态为主模态符合一般认知,但同时,这也容易导致慕课从传统线下的"人灌"走向另一种极端——"电灌"。因此,未来的学术中文慕课乃至其他慕课建设应更注重融入多模态教学的理念,利用多种手段讲解中文知识。也有研究发现,诸如"功能汉语速成"这一国家精品课,通过对学习者评论进行情感分析可知,该课程以其新颖的、情境化的对话教学形式获得了二语学习者的青睐(马瑞祾等,2023)。可见,多模态手段的应用对提升中文学习者的在线语言学习效果,塑造沉浸式的在线语言学习环境更有帮助。

第二,各种模态在教学的不同阶段应相互配合、恰当使用。学习者学习风格类型各不相同,通常会将学习者分为听觉型、视觉型、视听型,不同类型的学习者在面对同一门慕课时对不同模态的话语行为需求度不同,且不同阶段话语模态的功能和作用各不相同。例如,教师的目光注视、指示性手势和节律性手势具有引导注意、情感支持和传递信息等功能(Zengin 等,2013),但同时这种动觉所能传递的信息有限,需要听觉加以配合,才能进行知识的讲解。可见，各类模态需要相互协作方能效益最大化。因此，优质中文慕课应该遵循多模态话语理论，科学、合理地运用各种模态，在设计讲解、练习等不同教学环节时，应注重分析不同模态的主次关系，在强化主模态作用的同时，关注辅助模态是否缺失。例如，当教师在讲解学术中文文献检索的方法时，教师口语为主模态，同时若配有操作演示视频这一视觉模态话语，可以有效增强语言模态的教学效果。

5 结语

本文通过使用 ELAN 对"通用学术汉语：思辨与表达"课程中的多模态话语行为进行了细致的分析。本文根据慕课的特点对已有的模态分类框架进行了改良，如将环境模态改为教师人物呈现和虚拟人物呈现；再通过对模态组合的统计和分析展示了不同话语模态在慕课中的使用频率和组合规律，这些结论可以为未来慕课的开发和质量提升提供实证依据。此外，本文根据研究提出了多模态话语在国际中文慕课和在线教育中的应用策略，通过合理设计慕课中的多模态话语，发挥数字技术优势，可以助力提升学习者的在线学习体验。随着来华留学生对学术中文学习需求的日益旺盛，国际中文教育领域亟须利用数字技术开发出种类更多、更优质的学术中文慕课课程，并使之为推动国际中文教育的数字化转型夯实基座。

参考文献

[1] ZENGIN S, KABUL S, AL B, et al. Effects of music therapy on pain and anxiety in patients undergoing port catheter placement procedure. *Complementary therapies in medicine*, 2013(06).
[2] 雷莉，黄川蓉. 汉语初级口语操练课 IRF 会话的多模态互动分析——以北美在华汉语短期项目为例. 国际中文教育(中英文)，2023(03).
[3] 马瑞祾，郑明鉴，徐娟. 基于学习数据挖掘的国际中文慕课评价可视化及智能推荐. *Journal of Technology and Chinese Language Teaching*, 2023(02).
[4] 王珊，刘峻宇. 国际汉语词汇教学中的多模态话语分析. 汉语学习，2020(06).
[5] 吴勇毅. 国际中文教育"十四五"展望. 国际汉语教学研究，2020(04).
[6] 徐娟. 从计算机辅助汉语学习到智慧汉语国际教育. 国际汉语教学研究，2019(04).
[7] 徐娟，马瑞祾. 数字化转型赋能国际中文教育高质量发展. 电化教育研究，2023 (10).
[8] 杨九民，艾思佳，皮忠玲，喻邱晨. 教学视频中教师出镜对教师的作用——基于对比实验和访谈的实证分析. 现代教育技术，2021(01).
[9] 袁萍，刘玉屏. 基于 ELAN 的国际汉语语法教学多模态话语研究. 辽宁师范大学学报(社会科学版)，2020(01).
[10] 张德禄，等. 多模态话语分析理论与外语教学. 北京：高等教育出版社，2015.
[11] 钟佳利. 国际中文线上汉字教学的多模态识读分析. 中文教学现代化学会：数字化国际中文教育. 北京：清华大学出版社，2022.

基于语体语法理论的汉语文体的语体特征研究

骆健飞[1]　朱晓睿[2]

[1] 北京语言大学 汉学与中国学学院 100083　[2] 华东师范大学 国际汉语文化学院 200062

[1] jluo@blcu.edu.cn　[2] ecnu_zxr@qq.com

摘　要：本文基于语体语法理论，深入探讨了语体和文体的关系，并以八类不同文体的语料为样本，从韵律、词汇、句子三个层面考察不同文体的语体特征。新闻报道、政治报告及议论文为典型的正式语体属性的文体，说明文具有零度语体特征，世俗小说（细分为武侠小说和现实题材小说）、记叙文类、幽默笑话类为典型的非正式体属性的文体。不同文体的差异可以通过语体特征体现出来。

关键词：语体；文体；正式体；非正式体

A Study on the Register Differences of Chinese Genre Based on the Theory of Register Grammar

Luo Jianfei[1]　Zhu Xiaorui[2]

[1] College of Sinology and Chinese Studies, Beijing Language and Culture University, 100083
[2] School of International Chinese Studies, East China Normal University, 200062

Abstract: Based on the theory of register grammar, this paper probes into the relationship between genre and register, and examines the register features of different genres from the three aspects of prosody, vocabulary and sentence usage. News reports, political reports and argumentative articles are the typical formal register, expository articles are the zero-degree register, secular novels, narrative and humorous jokes are the typical informal register. The differences of different genres can be revealed by the register features.

Key words: register; genre; formal register; informal register

0 引言

汉语中有口语和书面语的分别，口语随意通俗，书面语正式严密。例如：

（1）a. 你的事儿就是编教材。（口语）
　　　b. 你们的职责是对现有教材进行改编。（书面语）（冯胜利，2010）

以上例句在韵律组配、词汇选取、语法特征方面皆有不同，如口语中的儿化词"事

---

* 本研究受北京语言大学国际中文教育建设重点项目"汉学与中国学的学科化建设与专业课程体系建设"（项目编号：GJGZ202338）及汉考国际科研基金一般项目"汉语水平考试作文的正式度测量研究"（项目编号：CTI2022B03）资助。

儿"、单音节动词"编"，书面语中的"对……进行+VV"句式。书面语、口语的差异这一问题很早便引起了学界的关注，吕叔湘（1983）、朱德熙（1987）发凡起例，言之綦详。语体语法理论创立以来（冯胜利，2010），口语和书面语的差异得到了学界更为深入且系统的讨论，许多有价值的新内涵被发掘出来。语体语法理论指出，语体是直接交际的产物，交际中场景、对象、内容、态度的不同，决定语体形式的不同，语体的对立是相对的，"正式与非正式""庄典与俗常"为语体的二元对立。

再来看另一与"语体"相近的概念——文体。文体既可以指文章的体裁，如记叙文、抒情文、说明文等，又可以指文学作品的形式，如诗、词、曲、骈文等。文学文体学是语言学和文学的交叉学科（刘世生，2003），研究对象是各类作品中的语言风格和文体特点，关注文体作品中的语言运用技巧。刘世生（2003）指出，文学文体学主要从以下几个方面关注不同文体的语言运用技巧，如音韵结构、语法结构、语义结构、词汇特征、篇章特征。而随着语体语法理论的诞生，语体理论为不同文体的研究提供了一个语言学新视角，那便是从语体视角出发探究不同文体的语言特征。冯胜利、王永娜（2017）在语体标注实践中，对叙事文和论说文这两大基础文体中的通用体词汇、口语体词汇、书面体词汇、庄典体词汇的数量进行了统计分析，据此指出，通体是构成各类文体最基础的标体（或构体）要素，而文体之间最一般的区别是正式与非正式。正式体要素和非正式体要素的对立及其差距的大小，是区别文体正式度的核心要素。结合前人的研究我们可以看出，从语体角度探索不同文体的语言特征能够给我们带来许多新思路、新启发。文体和语体有何不同？哪些特征可以用来观察不同文体的差异？诸如此类问题纷繁复杂，值得汉语学界进行深入探索。因此，本文基于语体语法理论，对不同文体的语言特征进行探索，在理论探索的基础上结合具体语篇探讨不同文体的语体特征。

1 语体和文体的关系

语体是实现人类在直接交际中具有元始属性的、用语言来表达或确定彼此之间关系和距离的一种语言机制（冯胜利、施春宏，2018）。直接交际离不开确定和调节彼此之间的距离，既包括"亲近—疏远"远近距离，又包括"俗常—庄敬"高低距离的调节，进而转换成"正式/非正式""庄典/俗常"两组范畴的对立，如图1所示。

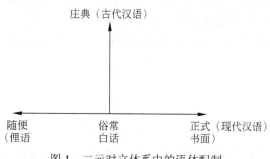

图1 二元对立体系中的语体配制

结合语体配制图我们可以看出，表达"正式"的语体语法的根本原则是，用语法手段把正式表达和与之相关的口语表达之间的距离拉开。其中既包括现代汉语语法手段，通过

"远近距离"调节,形成"随便"和"正式"的对立;也包括运用古汉语形式调节语体的"高低距离",形成"俗常"和"庄典"的对立。参考语体配制图,不同语体存在正式程度的高低之分,即为"正式度",正式度越高越书面,正式度越低越口语。从语体"交际的手段和机制"这一本质属性来看,语体和文体迥然不同,语体是一种话语交际的"体"。文体无论定义为说明文、议论文等文章体裁抑或诗、词、曲等文学作品的形式,都不是直接用于交际的手段,人类不会直接使用诗歌、议论文进行交际。另一方面,文体虽然不同于语体,但两者并非毫无关联。不同的文体之间存在显著差异,钱锺书先生曾说:"文各有体,不能相杂,分之双美,合之两伤;苟欲行兼并之实,则童牛角马。"是什么导致不同文体之间壁垒森然?纷繁复杂的原因中,语体是不可忽视的一个语言因素。再如李渔《窥词管见》云:

诗有诗之腔调,曲有曲之腔调,诗之腔调宜古雅,曲之腔调宜近俗,词之腔调,则在雅俗相和之间。

李渔指出诗、曲、词之间的不同突出体现在"腔调",腔调有"古雅""近俗""雅俗相和之间"之分,"古雅""近俗"之谓"腔调",可见这里的"腔调"与"语体"有关,古人已然从语体视角,窥见不同文体的差异。语体不是文体,但语体和文体有着密切的联系。冯胜利(2011)指出:"语体要素的不同配置是文体产生的机制,文体是语体二元对立、三向交叉的配制结果。"下面,我们基于语体配制图,选取不同文体的语料,进一步说明不同文体的语体特征。

2 语料和语体特征的选取

本研究选取不同文体的八类篇章语料作为考察样本,从韵律、词汇、句子层面考察语料中语体特征的表现形式,下面我们分别说明本研究选取的语料与语体特征情况。

2.1 语料的选取

本文分别选取文体不同的八类篇章语料作为考察样本,分别为政治报告、新闻类、小说类、记叙文类、说明文类、议论文类、幽默笑话类,其中小说类又细分为武侠小说和现实题材小说。政治报告选取"党的二十大报告",新闻报道类选取"人民网评"(2023年1月)的新闻报道语篇,现实题材小说节选自小说《我是你爸爸》(王朔)。说明文类、记叙文类、议论文类语篇选自初中及高中语文教科书。幽默笑话类为从网络上选取的幽默笑话、搞笑段子。

2.2 语体特征的选取

本研究主要从韵律组配、词汇的使用、句子层面考察不同文体的语言特征。其中与正式度正相关的为正向特征,与正式度负相关的为负向特征。正向特征有:书面语句式、合偶词、嵌偶词、古汉语虚词。负向特征有:口语句式、轻声词、儿化词、句末语气词、第二人称代词"你""你们"。

在句子层面,正式语体的句子结构比较完整,适用于严肃庄重的场合,书面语句式多，如"盖……之故""……中不乏"等书面语句式；而口语体短句、零句较多，常见对话、流水句。

在词汇层面，现代汉语正式语体中活跃着一批书面语词汇，即合偶词、嵌偶词与古汉语虚词，文本中这类词越多，语体越正式。值得注意的是，嵌偶词与古汉语虚词是现代汉语中古汉语用法的残留，文本中这类词越多，庄典度也越高。再来看负向特征。轻声词、儿化词为口语词，为正式语体所排斥，文本中含有此类口语词越多，正式度越低。句末语气词方面，崔希亮（2020）指出，直陈情态表达的是说话人的态度和立场，甚至情绪、情感，如"嘛""呗""吧"等语气词。使用语气类词语能够增强听话人、说话人双方的交互性，适用于直接交际场合，不适用于交际距离远的、严肃庄重的场合，因此，语气词为正式体所排斥。此外，第二人称代词"你""你们"正式语体的交互性极低，很难见到双向或多向互动。而非正式语体中，交际双方的交际距离近，说话人要时时和听话人互动以获得反馈，因此双向、多向互动多。第二人称代词在对话框架中充当听者角色，用于表现言者对于听者的关注，直接指称听话人，拉近双方的交际距离，用于直接交际的场合，因此正式体中甚少出现第二人称代词"你""你们"。

3 不同文体的语体特征

3.1 语体特征表现情况

3.1.1 政府报告类文本

我们节选了党的二十大报告部分语料作为研究样本，如下所示：

（2）高举中国特色社会主义伟大旗帜，<u>全面</u>贯彻新时代中国特色社会主义思想，弘扬伟大建党精神，自信自强、守正创新，踔厉奋发、勇毅前行，<u>为全面</u>建设社会主义现代化国家、<u>全面</u>推进中华民族伟大复兴<u>而</u>团结奋斗。

中国共产党已走过百年奋斗历程。我们党立志<u>于</u>中华民族千秋伟业，致力<u>于</u>人类和平与发展崇高事业，责任无比重大，使命无上光荣。全党同志<u>务必</u>不忘初心、牢记使命，<u>务必</u>谦虚谨慎、艰苦奋斗，<u>务必</u>敢<u>于</u>斗争、善<u>于</u>斗争，坚定历史自信，增强历史主动，谱写新时代中国特色社会主义<u>更加</u>绚丽的华章。

分析这段文本可以发现，在词汇上，政府报告中出现了大量正式体词汇，合偶词是应用于正式语体的一批双音节书面语词汇，譬如"全面""务必"等，它们和另一双音词组成"[2+2]"的韵律格式。这一片段中出现了 5 例合偶词，为"全面""贯彻""推进""无比""更加"。该段使用了 2 例古汉语虚词"为""于"，没有出现嵌偶词。政治报告中正式体词汇以合偶词居多，古语今用的庄典体词汇并不多，这是因为该类文体为公文语体，不能使用过多的古语词。此外，该文段没有使用轻声词、儿化词、语气词、第二人称词等口语词。除词汇外，该段中出现了大量"[2+2]"类韵律组配，如"弘扬伟大建党精神"，正如冯胜利和刘丽媛（2020）提出的正式语体的体原子之一"平衡律"所说："相对的两个节律单位如长短一致，则具正式性。"使用大量"[2+2]"类韵律组配增加了文体的正式度。

3.1.2 新闻报道类文本

我们节选了"人民网评"部分新闻报道语料作为研究样本,如下所示:

(3)近年来,各地区各部门<u>普遍建立</u>并<u>严格落实</u>政府法律顾问制度,推动政府法律顾问全面参与重大行政决策、规范性文件制定、合同签订等各项工作,使其成为政府<u>依法</u>行政的重要参谋助手,<u>有力保障</u>政府活动<u>于</u>法有据、决策程序依法履行、决策内容依法合规,从源头上<u>为</u>行政权力规范运行筑起了坚实的法治"防火墙"。

新闻报道中使用了大量正式体词汇,主要是合偶词,例如上文中出现了7例合偶词,如"普遍""建立""严格""依法"等,以及2例古汉语虚词"于""为",该文段没有使用轻声词、儿化词、语气词、第二人称词等口语词,具有正式体特征。在句式的使用上,新闻报道与政府报告相似,都使用了大量"[2+2]"类韵律组配,如"普遍建立""严格落实""有力保障",具有正式性。

3.1.3 议论文类文本

议论文选段来源于高中语文教科书的议论文,如下所示:

(4)<u>因此</u>,真正的修养一如真正的体育,<u>既是</u>完成同时<u>又是</u>激励,随处都可到达终点却又从不停歇,永远都在半道上,与宇宙<u>共振</u>,<u>于</u>永恒中生存。它的目的<u>不在于</u>提高这种或那种能力和本领,<u>而在于</u>帮助我们找到生活的意义,正确认识过去,<u>以</u>大无畏的精神迎接未来。

(《读书:目的和前提》)

议论文具有正式体特征,在词汇上,选段中没有出现语气词、儿化词等口语词汇,出现了部分正式体词汇,上文选段中出现了2例古汉语虚词"于""以",及1例嵌偶韵律词"共振"。在句式的使用上,议论文的主要功能是分析问题并进一步论证观点,议论文使用了大量逻辑推演结构,例如"因此""既是……又是……""不在于……而在于……"等逻辑用语进行论证。

3.1.4 说明文类文本

说明文选段来源于高中语文教科书,如下所示:

(5)永定河上的卢沟桥,修建<u>于</u>公元1189<u>到</u>1192<u>年间</u>。桥<u>长</u>265米,<u>由</u>11个半圆形的石拱<u>组成</u>,每个石拱长度不一,<u>自</u>16米<u>到</u>21.6米。桥宽约8<u>米</u>,桥面平坦,几乎与河面平行。每两个石拱之间有石砌桥墩,把11个石拱联成一个整体。由于<u>各</u>拱<u>相</u>连,所以这种桥叫作联拱石桥。

(《中国石拱桥》)

在词汇上,说明文选段以通体词为主,即大部分词汇通用于正式体与非正式体。除通体词外,段落中出现了少量正式体词汇,包括2例嵌偶词,分别为"各""相",以及1例古汉语虚词"于",没有出现语气词、第二人称代词、儿化词等口语词。在句式的使用上,文中的"……于公元……到……年间""……长……米""宽约……米""由……组成""自……到……"等都是客观说明说者与听者"等距观物"的用语,都是"零距离"的语体表达。

3.1.5 世俗小说类文本

下文节选自世俗小说《我是你爸爸》：

（6）"水流进<u>脖子</u>了！"佝偻着<u>身子</u>低着头的马锐嚷。"把小背心脱<u>了</u>。"马林生动手剥儿子上衣，马锐赤裸着上身在凉水的冲刷下搓着胸脯两肋的泥。"脖子！<u>胳肢窝儿</u>……""<u>好好</u>洗，别玩水。"马锐冲完头湿淋淋地弯腰<u>站在</u>一边滴水，马林生拿块大毛巾，像理发馆的师傅似的包住马锐，连头带脸粗手粗脚地一气猛擦，然后把毛巾扔给马锐，"<u>自个儿</u>擦干<u>身上</u>。再把腿和脚冲一下，<u>搓搓脚脖子</u>。"自个儿转身进了屋。

世俗小说在词汇和句子层面都具有非正式体特征，在词汇方面，世俗小说中往往会使用大量非正式体词汇，例如上面段落中使用了2例句末语气词"了"，6例轻声词，如"脖子""身子""好好"等，2例儿化词，为"胳肢窝儿""自个儿"。世俗小说中较少使用正式体词汇，该段中没有出现合偶词、嵌偶词、古汉语虚词。在句式上，该段出现了大量人物对话，对话多为省略主语的短句、祈使句，具有口语、交互性强的特征。此外，该段使用了大量"叙述"话语功能，连用一系列动词或连动句，构成"动词链"，如"佝偻着身子""低着头""嚷"，"动词链"是该类文体鲜明的句式特点。

3.1.6 武侠小说

武侠小说的语料来源为当代作家金庸的《天龙八部》，选段如下所示：

（7）这少年<u>乃随</u>滇南普洱老武师马五德<u>而来</u>。马五德是大茶商，豪富好客，<u>颇有孟尝之风</u>，<u>江湖上</u>落魄的武师<u>前去</u>投奔，他必竭诚<u>相待</u>，因此人缘<u>甚佳</u>，武功却是平平。

故事背景设定在北宋哲宗元祐、绍圣年间，该故事背景使得作者使用了大量古语用法。在词汇特征上，古汉语虚词、嵌偶词数目较多，增加了小说的庄典度。段落中出现了3例古汉语虚词，分别为"乃""而""之"，出现了4例嵌偶韵律词，分别为"颇有""前去""相待""甚佳"，没有出现正式体合偶词。另外，使用了少量非正式体词汇，出现了1例轻声词，为"江湖上"，没有出现儿化词、第二人称代词等其他口语词。在句式方面，该段中出现了较多书面语句式，如"……乃随……而来""颇有……之风"，增加了文本的庄典度。

3.1.7 记叙文类文本

记叙文类语料来源于初中语文教材，选段如下所示：

（8）我再向外看时，他已抱了朱红的<u>橘子</u>望回走了。过铁道时，他先将<u>橘子</u>散放在<u>地上</u>，自己慢慢<u>爬下</u>，再抱起橘子走。到这边时，我赶紧去搀他。他和我走<u>到车上</u>，将橘子一股脑儿放在我的<u>皮大衣</u>上。于是<u>扑扑</u>衣上的泥土，心里很轻松似的，过一会说，"我走<u>了</u>；到<u>那边</u>来信！"我望着他走出去。他走了几步，回过头看见我，说，"进去吧，<u>里边没人</u>。"等他的背影混入来来往往的人里，<u>再找不着了</u>，我便进来坐下，我的眼泪又来<u>了</u>。（《背影》）

该选段中的正式体词汇数目较少，出现了大量非正式体词汇。在词汇上，选段中出现了较多的非正式词语。出现了9例轻声词，如"橘子""地上""扑扑""那边""找不着"等。出现了1例儿化词，即"一股脑儿"，还出现了2例语气词，为"了""吧"。选段没有出现嵌偶词、合偶词、古汉语虚词等正式体词汇。在句式方面，该选段中出现了大量动词连用的"动词链"以及连动句，如第 2 句话为 4 个动词连用，分别为"过铁道""散放""爬下""抱起橘子走"。

3.1.8 幽默笑话类文本

以下幽默笑话来源于网络：

（9）四个人打麻将，突然着火了，他们都没有注意到。消防员赶到了，冲里面大喊道：里面有多少人啊？这时，刚好有一个人出牌：四万！消防员又问：死了多少人？这时，又有一个人出牌：两万！消防员大惊，慌忙问道：剩下的人呢？只听哗啦一声，紧接着，传来了一声尖叫：糊了……

该段中出现了较多口语词汇，例如语气词"啊""呢""了"，以及拟声词"哗啦"、轻声词"紧接着"，正式体词汇很少，仅出现了一例嵌偶词"大惊"。在句式上，幽默笑话多为叙事体，与记叙文的话语功能相似，大量采用了"动词链"的表达，按照时间先后顺序连用了"着火""赶到""大喊""出牌"等多个动词来表达连续不断的动作。

3.2 不同文体的语体差异

通过分析上述 8 类文体语篇，我们可以看出政治报告、新闻报道、议论文具有正式体特征，使用了大量正式体词汇和句式，几乎不出现非正式体词汇。从话语功能角度来看，这三类文体皆为论说体，尤其是议论文这一典型论说体，通过逻辑推演的关联词及句式串联全文，大量使用正式体词汇，以及部分庄典体词汇（古汉语虚词），拉开和口语的距离，从而形成典型的正式语体属性的文本。冯胜利（2011）指出："交际中场景、对象、内容、态度的不同，将造成与之相应的语体形式的不同。"社交要素可以简称为"人、事、地、意"，政治报告、新闻报道、议论文的社交要素如下：

表 1　政治报告、新闻报道、议论文的社交要素

文体类型	人	事	地	意
新闻报道	报道者和读者	时政要闻	新闻媒介	正式庄重
政治报告	政府与人民	国家大事	会堂	正式庄重
议论文	作者和读者	剖析事理，内容不定	交际场合不定	较为正式

从社交要素来看，新闻类、政治报告对应的"人、事、地、意"皆为典型的正式语体，而议论文多为作者就某件事发表意见，交际场合不一，交际态度较为正式，相比而言正式程度较低。

再来看说明文，上文结合片段分析说明文的语言特征，可以看出典型的说明文较多使用口语词，允许出现少量正式体词汇，如古汉语虚词、嵌偶词等。从话语功能的角度看，主要运用"说明"这一话语功能，对事物的性质、特征进行客观说明，是说者与听者"等距观物"的产物，因此具有"零度语体"的特征。

本文观察的其他四类文体为世俗小说、武侠小说、记叙文、幽默笑话。这些文体虽然篇章或长或短、语言特征不一，但从话语功能上看皆为叙述故事，为叙事体。叙事体大量采用"动词链"的表达方法，流水句、对话多，且大量出现非正式体词汇。叙述类文体便

是大量运用"动词链"及非正式语体词汇组配出的口语性的文体。

值得注意的是，不同题材的小说，其正式度、庄典度不一。本文除世俗小说外，选取了武侠小说这一特殊类型。武侠小说较世俗小说更为庄典、正式，大量运用了古汉语虚词等庄典体词汇，在庄典度上拉开了与其他小说的语体距离。从"人、事、地、意"四要素来看，它们的主要区别在"交际内容"，本文所选武侠小说的主要内容为北宋时期的武林纷争，其故事背景为古代社会，世俗小说《我是你爸爸》的主要交际内容为"父子之间的相处"，因此正式度较低。

4 结语

语体不同于文体，但语体和文体紧密相连，语体是文体的构成要素。本文基于语体语法理论，借助八种文体的文本语料，从语体特征的角度考察不同文体的差异。典型的正式语体属性的文体有新闻报道、政治报告及议论文，这三类从话语功能上皆为论说体，"逻辑推演"是其重要特征；说明文为零度语体，主要使用"客观说明"的功能；典型的非正式语体属性的文体有：世俗小说（细分为武侠小说和现实题材小说）、记叙文类、幽默笑话类，皆为叙述体，"动词链"为其重要语言特征。其中，武侠小说在庄典度上与世俗小说相区别。总而言之，语体是组成文体的源头，不同文体的差异可以通过语体特征体现出来。

参考文献

[1] 崔希亮. 正式语体和非正式语体的分野. 汉语学报，2020(02).
[2] 冯胜利，刘丽媛. 语体语法的生物原理与生成机制. 北京师范大学民俗典籍文字研究中心. 民俗典籍文字研究(第二十六辑). 北京：商务印书馆，2020.
[3] 冯胜利，施春宏. 论语体语法的基本原理、单位层级和语体系统. 世界汉语教学，2018(03).
[4] 冯胜利，王永娜. 语体标注对语体语法和叙事、论说体的考察与发现. 北京语言大学对外汉语研究中心. 汉语应用语言学研究(第6辑). 北京：商务印书馆，2017.
[5] 冯胜利. 论语体的机制及其语法属性. 中国语文，2010(05).
[6] 冯胜利. 语体语法及其文学功能. 当代修辞学，2011(04).
[7] 金庸. 天龙八部. 广州：广州出版社，2020.
[8] 刘世生. 文学文体学：文学与语言学的交叉与融会. 清华大学学报(哲学社会科学版)，2003(06).
[9] 吕叔湘. 吕叔湘语文论集. 北京：商务印书馆，1983.
[10] 王朔. 我是你爸爸. 北京：北京十月文艺出版社，2016.
[11] 温儒敏. 普通高中教科书语文必修上册. 北京：人民教育出版社，2019.
[12] 温儒敏. 义务教育教科书(五·四学制)语文八年级上册. 北京：人民教育出版社，2019.
[13] 习近平. 高举中国特色社会主义伟大旗帜 为全面建设社会主义现代化国家而团结奋斗——在中国共产党第二十次全国代表大会上的报告. 北京：人民出版社，2022.
[14] 朱德熙. 现代汉语语法研究的对象是什么？中国语文，1987(05).

基于构式语法的汉语凝固型短语构式教学探究
——以"好容易"为例

钟庆滢

澳门科技大学 国际学院 999078
jxzqy26@163.com

摘　要：语法教学历来是汉语教学的重中之重。相对于初级汉语语法教学而言，针对中高级汉语语法教学的研究还比较薄弱。中高级语法项目因其语义的低透明度和高复杂性，用传统的"词汇+规则"的教学方法进行教学很难达到理想的教学效果。面对这种情况，构式语法理论不但可以关涉到各个层级抽象度不一的语法项目，也可以为部分凝固型短语构式的教学提供理论指导。"三一语法"教学体系更是将构式语法理念的运用贯彻到了教学实践。本文以凝固型短语构式"好容易"为例，基于构式语法和"三一语法"理论探究其结构、语义、语用以及语境方面的特点并对其教学过程进行了初步设计，在此基础上进一步提炼凝固型短语构式的教学流程。

关键词：构式语法；三一语法；好容易

Exploration on the Teaching of Chinese Condensed Phrase Construction Based on Construction Grammar
—Take "hǎoróngyì" as an Example

Zhong Qingying

University International College, Macau University of Science and Technology, 999078

Abstract: Grammar teaching has always been the top priority of Chinese teaching. Compared with elementary grammar teaching, research on intermediate and advanced Chinese grammar teaching is still relatively weak. Due to the low transparency and high complexity of semantics in intermediate and advanced grammar projects, it is difficult to achieve ideal teaching results when taught using the traditional "vocabulary + rules" teaching method. Faced with this situation, construction grammar theory can not only relate to grammatical items with different levels of abstraction, but also provide theoretical guidance for the teaching of partially solidified phrase construction. The "Trinitarian Grammar" teaching system implements the application of the concept of construction grammar into teaching practice. This article takes the solidified phrase construction "hǎoróngyì" as an example, explores its structural, semantic, pragmatic and contextual characteristics based on the theory of construction grammar and "Trinitarian Grammar" and conducts a preliminary design of its teaching process. On this basis, the teaching process of solidified phrase construction is further refined.

Key words: construction grammar; trinity grammar; hǎoróngyì

0 引言

语法教学是汉语作为二语教学的重要部分。与初级阶段的汉语语法教学相比，针对中高级阶段的汉语语法教学的研究相对薄弱（吕文华，1993；范媛媛、刘承宇，2024）。进入中级阶段后，由于接触到的语法点相对缺少规律，传统的"词汇+规则"的教学方法又缺少对于语义功能和语用条件的讲解，因此学习者很难用在初级阶段中刚刚建立起来的语法框架去解释部分"透明度低、碎片化、语义限制复杂"的现象，于是在表达上就会出现问题，屡遭失败后，其句式表达能力与初级阶段相比很难有明显的进步（金志刚，1998；范媛媛、刘承宇，2024）。因此需要对中高级阶段汉语语法教学"教什么""如何教"的问题进行更深入的探讨（施春宏，2011），这需要依托更加有效的理论指导。兴起于20世纪80年代末的构式语法理论重视语法知识的非规则性和特异性，强调形式、意义的不可预知以及构式的习用性，这对二语教学具有重要的参考价值（陈满华，2009）。尤其是对于难以用一条规则管辖的中高级各个语法点而言（吴勇毅，2002），构式语法理论更是可以提供统一的分析视角（范媛媛、刘承宇，2024）。冯胜利、施春宏（2011）在吸收包括构式理论在内的现有成果的基础上提出的"三一语法"教学体系也给汉语语法教学提供了实践指导。

《国际中文教育中文水平等级标准》（以下简称《标准》）的语法等级大纲中收录了12类语法项目，范媛媛、刘承宇（2024）基于构式对于中等（四～六级）语法项目进行了再分类，包括"词语构式""凝固型短语构式""半凝固型短语构式"和"复句构式"。本文以凝固型短语构式"好容易"为例，试图对其构式语境、语用条件以及语体特征进行描写，再结合"三一语法"理论对其进行教学设计，在此基础上梳理凝固型短语构式的教学思路。

1 "构式语法"和"三一语法"理论

本文的理论依据为"构式语法"理论和"三一语法"理论。所谓"构式"，就是指自身具有独特语义结构关系并且表示独特语法意义的语言单位，其形式和意义的某些方面不能完全从其组成成分或业已建立的其他构式中推导出来（Goldberg，1995，2006），可以被看成是规约化的"形式—意义对"（施春宏，2021）。也就是说，层级不同、抽象程度有差异的语法项目都可以看成是构式，如此便可以统摄各个语法项目（范媛媛、刘承宇，2024）。构式语法采取"基于使用"的模型，这在理念上与汉语语法教学不谋而合（Goldberg，2006；范媛媛、刘承宇，2024）。构式的使用中存在三重互动关系，分别为构式内部之间、构式与交际情境以及其他构式的互动关系（施春宏，2016，2021；范媛媛、刘承宇，2024）。整体而言，构式可以分为"带有变项的图式构式"和"没有变项的实例构式"，后者包括词语和短语两个层级，短语类实例构式可以被看成是"凝固型短语构式"（范媛媛、刘承宇，2024）。凝固型短语构式具有一定的不透明性，如果仅分析内部结构很难理解其意义和用法，又因为该类构式经常以一个整体的形式用于交际，已经形成了特有的语义和功能。因此，对于凝固型短语的分析需要把重点放在该构式与外部语言环境以及交际情境的互动上，外部语言环境由与目标构式相配的其他构式提供，可以看成是"构式语境"，交际情境包括语用条件以及语体特征，语用条件是从"意义关联"和"使用得体"两方面阐释构式的使用,而语体特征则展示目标构式对于使用场景的要求(范媛媛、刘承宇,2024)。"构式语境""语用条件"以及"语体特征"又与"三一语法"的内容具有相似性。

"三一语法"是 1998 年冯胜利在哈佛大学主持中文部及哈佛北京书院时提出的针对汉语二语教学的语法体系,内容主要包括"句子的形式结构""结构的功能作用"以及"功能的典型语境"(冯胜利、施春宏,2011),这与"构式语法"一样体现了"基于使用"的语法观(刘芳芳,2017)。事实上,构式的内涵已经从"形式—意义对"往"形式意义—语境对"拓展(刘芳芳,2017),构式教学也应该同等地重视形式、语义和语境(施春宏,2016)。"三一语法""结构—功能—语境"三维合一的理念与构式教学的要点具有一定的对应性(刘芳芳,2017)。具体到凝固型短语构式的教学中,要讲清楚"句子的形式结构"就需要充分展现出与目标构式搭配的语言形式,即"构式语境";讲述"结构的功能作用"的时候就是要展示该构式是"干什么用的"(冯胜利、施春宏,2011,2015),而"功能的典型语境"要求让学生知道"在哪儿用"该构式(施春宏、陈振艳、刘科拉,2021),这两方面又与构式的"语用条件"和"语体特征"相关。总而言之,在"三一语法"基本框架下探讨凝固型短语构式的构式语境和交际情境具有理论和实践意义。下一节中笔者将在"三一语法"体系下以"好容易"为例展开对于凝固型短语构式教学的讨论。

2 "三一语法"体系下凝固型短语构式的教学

2.1 "好容易"的教学

2.1.1 "好容易"的结构、功能和典型语境

本节所涉及的"好容易"表达的是"很不容易"的意思,即与"好不容易"同义。"好容易"被列入《标准》中等六级语法点,属于"短语"语法项目中的"固定短语类"。该短语内容没有变项,且其"很不容易"的意义无法完全通过分析内部组合成分获得(鲁志杰,2021),因此可以认为是"凝固型短语构式"。为了尽量全面、准确地展现"好容易"的构式语境和情境语境,本文将观察北京大学 CCL 语料库中以"好容易"为搜索项的索引行,描写该构式的具体表现。

在前人研究的基础上观察语料得知,"好容易"体现"不易"义的时候通常是作为状语修饰动词短语,被修饰的动词短语类型比较丰富,其语义主要突出的是"动作的完成或者某种行为/状态的结果"(王慧娣,2019)。例如[①]:

(1)两人站在一处,流泪眼看流泪眼,凄凄切切的,哭个不住,<u>好容易把常斌劝住</u>,常禄才慢慢去了。

(2)但一哄睡就哭。玩到凌晨 2:40,<u>好容易抱在身上睡了</u>,到 5:00 又醒。

(3)我们只能寒暑假见面,平时电话短信很多。<u>好容易盼到他回来</u>,一周前,不知道什么原因他将近 2 天没有信息。

上述句子中,例(1)"好容易"修饰的是"把"字句,例(2)中被修饰的成分是连

---

① 例句如果没有特殊说明就是取自北京大学 CCL 语料库。

谓结构，例（3）中的"盼到他回来"则先是由"盼+到"组成动补结构，再由"盼到"和"他回来"组成动宾结构。总之，都是突出动作的结果。

除此之外，由于"好容易"的"不易"义，被修饰部分除了体现"结果"这一要素外，还表示完成某事或者达成某种结果的过程是艰辛的，这种信息可由动词短语自身表示，有时也会依靠相关标记比如"才"体现，还可以通过更大的语境体现。比如：

（4）现在服务器被停掉了，网星客服电话都爆了，<u>好容易</u>我<u>才</u>找到一个内部的朋友了解了情况。

（5）可把服务台的工作人员忙坏了，不仅找钱慢，还弄混客人的停车卡，<u>好容易</u>办好，到了出口机器吐卡不认卡，辗转半天，才被放出。

（6）八零后出生赶上计划生育，上学赶上高考独木桥，<u>好容易</u>考上大学毕业就失业，<u>好容易</u>稳定了工作赶上房价飞涨，<u>好容易</u>流血流汗买套房，国家说不能卖，卖就交20%给我。

以上例句中，例（4）通过"才"体现"找到一个内部的朋友了解情况"的不易。例（5）在"好容易办好"前先说了"工作人员忙坏了"，再通过"找钱慢"以及"弄混客人的停车卡"这些语境信息来展现办卡过程的不易。例（6）通过"好容易+VP"后又处于不利困境的表述来体现"好容易+VP"实际上表达的是"不容易"。其中例（5）和例（6）都表现了虽然通过努力实现了一些目标，但是最后又遇到别的麻烦的境况。

而当"好容易"不作状语或者作为状语但被修饰的部分不体现"艰难地完成某事或达成某种状态"的时候，语义透明度通常较高，表达的就是"很容易"的意思。比如：

（7）今天去到车展才发现，买车<u>好容易</u>啊。

（8）"滚？你敢喊我滚？说得<u>好容易</u>！我是你用三媒六礼接来的！除非我死，你就把我请不走！"

（9）这个天<u>好容易</u>过敏啊，各种痘痘袭击。

例（7）中"好容易"作谓语，体现的就是其字面意义，表示"买车"这件事很简单。例（8）"好容易"表示的就是"很容易"的意思，但是在该语境下具有"正话反说"的修辞意义。例（9）虽然"好容易"是状语，但是此处的"过敏"不需要经过努力，其实现也无须付出艰辛，因此"好容易"在此处不表示"不容易"。

"好容易"在语用上往往有"强调"的功能，有时是为了体现"付出大的代价"，有时则是为了"关联其他事件"（鲁志杰，2021）。例如：

（10）我甚至重装了游戏，还是不行，<u>好容易</u>进到游戏里，根本没法玩。

（11）听你在那儿啰唆了几个小时，严重影响我休息，<u>好容易</u>熬到散会，你还让我们打扫卫生。

例（10）中"进到游戏里"是以"重装游戏"等一系列措施为代价的。例（11）则通过表现"熬到散会"的不易关联到"让我们打扫卫生"这件事，有抱怨的情绪。

总之，当"好容易"体现"不易"之意义时，往往是作为状语修饰动词短语，被修饰的部分突出动作或状态的结果，且达成这种结果的过程是艰辛的。而使用"好容易"具有强调这种艰辛的语用功能。

2.1.2 "好容易"的教学思路

在此基础之上，若要基于"三一语法"对凝固型短语构式"好容易"进行教学的话，可以先对其作如下阐释：

  A. 形式结构："好容易+VP"

  • "VP"通常表示"动作的完成或者某种行为/状态的结果"的意义，且这一结果一般不易达成。

  • "VP"前有时会出现"才"等体现"不易"的标志。

  B. 功能作用："好容易+VP"一般用于强调完成某事或者达成某目的的不易和艰辛。有时通过上下文表示达成结果的代价之大或者是关联其他事件。

  C. 典型语境：体现过程不易的事件，比如对于留学生而言用中文完成一篇论文，或者去银行办事。主要用于口语。比如：

  （12）我花了两个月的时间，找遍各种资料，请了好几个中国同学帮忙梳理语句，<u>好容易</u>才完成了这篇论文。（自拟）

  （13）今天银行人非常多，我等了差不多两个小时，<u>好容易</u>才轮到我，但是银行柜员有点事情，我不得不再等一会儿。（自拟）

  以上其实是教师备课中需要做的工作，体现的是"法则驱动、功能呈现、场景匹配"的抽象到具象的过程；而当进行教学时则需要采取相反的流程，即先从典型语境出发继而概括"好容易"的功能，最后明确其形式结构，备课和教学实际上体现的是"镜像关系"（施春宏、陈振艳、刘科拉，2021）。

2.2 凝固型短语构式的教学

  通过对于"好容易"的分析及其教学过程的设计，本节将进一步提炼凝固型构式短语的教学流程。

  首先，在备课环节中借助语料库分析凝固型短语构式的结构、功能和典型语境。"结构"主要体现在构式的外部语言环境，即构式语境，应归纳常用搭配及其语义特点。对于像"好容易"这样看似透明的短语构式更要格外关注，抓住搭配部分的特点，以此来区分该构式的不同意义，有时可以关注相应的标记（比如，"好容易"句中的"才"往往能体现所描述事件过程的不易）。通过对于构式语境的归纳进一步概述某个构式的语用功能以及典型语境。典型语境尽量选择出现频率相对较高且与学习和工作相关的，同时，相关词汇应为学习者已习得的（冯胜利、施春宏，2011）。

  其次，在课堂教学中，应采用与备课相反的流程，以典型场景导入，然后说明该凝固型短语构式的语用功能最后归纳其句法表现形式。

3 结语

  以构式语法理论为指导可以方便教师对各个层级的具体或抽象的语法项目进行分析和解释。同时，构式学习强调实际接触，学习者可通过存储语言实例并进行语言概括，由此提高自身的惯用表达能力（Goldberg，2006；范媛媛、刘承宇，2024）。凝固型构式短语由于其"语义不透明性"而适合作为整体进行教学，通过分析其构式语境以及交际情境可以更加清晰地分析其用法。在此基础上结合"三一语法"体系，可以更好地运用于教学。本文以凝固型构式短语"好容易"为例，依托构式语法理论并结合语料对其语义以及用法进行解读，借鉴"三一语法"体系对其讲解提出构想，并在此基础上进一步提炼凝固型短语构式的教学流程。不过本文只是初步构建了教学设想，至于该构想是否能够达成相应的效果，还需经过教学实践的验证。

参考文献

[1] GOLDBERG A. E. *A Construction Grammar Approach to Argument Structure*. Chicago and London: The University of Chicago Press, 1995.

[2] GOLDBERG A. E. *Construction at Work: The Nature of Generalization in Language*. Oxford: Oxford University Press, 2006.

[3] 陈满华. 构式语法理论对二语教学的启示. 语言教学与研究，2009(04).

[4] 范媛媛，刘承宇. 基于构式语法的中级汉语二语语法教学探索. 语言教学与研究，2024(01).

[5] 冯胜利，施春宏. 论汉语教学中的"三一语法". 语言科学，2011(05).

[6] 冯胜利，施春宏. 三一语法：结构·功能·语境——初中级汉语语法点教学指南. 北京：北京大学出版社，2015.

[7] 金志刚. "高原期现象"与对外汉语教学. 汉语学习，1998(05).

[8] 刘芳芳. 基于三一语法理论的汉语作为第二语言中动构式教学研究. 人文丛刊，2017(12).

[9] 鲁志杰. 构式"好容易＋VP"中的隐性否定及其语用功能. 语文学刊，2021(01).

[10] 吕文华. 关于中高级阶段汉语语法教学的构想. 世界汉语教学，1993(02).

[11] 施春宏. 面向第二语言教学汉语构式研究的基本状况和研究取向. 语言教学与研究，2011(06).

[12] 施春宏. 互动构式语法的基本理念及其研究路径. 当代修辞学，2016(02).

[13] 施春宏. 构式三观：构式语法的基本理念. 东北师大学报(哲学社会科学版)，2021(04).

[14] 施春宏，陈振艳，刘科拉. 二语教学语法的语境观及相关教学策略. 语言教学与研究，2021(05).

[15] 苏丹洁，陆俭明. "构式—语块"句法分析法和教学法. 世界汉语教学，2010(04).

[16] 王慧娣. 也谈"好容易"与"好不容易". 兰州教育学院学报，2019(07).

[17] 吴勇毅. 汉语作为第二语言语法教学的"语法词汇化"问题. 暨南大学华文学院学报，2002(04).

基于新标准的 IBDP 中文 B 考试阅读文本难度考察*

刘 弘[1]　朱子馨[2]

1,2 华东师范大学 国家语委全球中文发展研究中心 200062

[1] liuhong@hanyu.ecnu.edu.cn　[2] zhuzixin0205@163.com

摘　要：《国际中文教育中文水平等级标准》与海外各种中文标准之间的对接关系研究对于推动国际中文教育的全球化有着深远意义。本研究以《国际中文教育中文水平等级标准》为基准，考察分析国际文凭大学预科课程（IBDP）中文 B 试卷的阅读文本难度。借助"新中文教学"和"汉语学习资源检索与分析平台"两个研究平台，对近 10 年来 IBDP 中文 B 考试中标准水平（SL）、高级水平（HL）的 99 篇阅读文本进行了文本定级，同时考察这些试题文本的词汇等级分布。结果显示，尽管两个平台的定级都基于《国际中文教育中文水平等级标准》，但由于建构路径不同，最终确定的级别仍有一定差异。研究认为，"汉语学习资源检索与分析平台"提供了文本难度值，所定级别更符合新版等级要求。

关键词：IB 中文；阅读文本；难度定级；HL；SL

A Multi-angle Study of the Difficulty of Reading Texts of the IB-DP Chinese-language-proficiency Test B Based on the New Standard

Liu Hong[1]　Zhu Zixin[2]

1,2 School of International Chinese Studies, East China Normal University, 200062

Abstract: The research on the docking relationship between the *Chinese Proficiency Grading Standard for International Chinese Language Education* and various overseas Chinese language standards has far-reaching significance for promoting the globalization of international Chinese language education. Based on the *Chinese Proficiency Grading Standard for International Chinese Language Education*, this research investigates and analyzes the difficulty of reading texts of the Chinese-language-proficiency Test B paper of the International Baccalaureate Diploma Programme (IBDP) with the help of two research platforms, New Chinese Teaching and Chinese Resource Platform. This study graded 99 reading texts of Standard level (SL) and Higher level (HL) in IBDP Chinese B exam in the past 10 years, and investigated the vocabulary level distribution of these test texts.The results show that although the grades of the two platforms are based on the *Chinese Proficiency Grading Standard*, the

---

* 本研究为 2022 年世界汉语教学主题学术活动"国际中文教师评价素养研究"（SH22Y05）以及 2022 年汉考国际一般科研项目"国际中文教育质量认证标准设计研究"（CTI2022B06）的阶段性成果。

final levels are still different due to different construction paths. Above these, our research believes that as the Chinese Resource Platform provides the text difficulty value, it is more in line with the requirements of the new standard.

Key words: IB Chinese; reading texts; difficulty rating; HL; SL

0 引言

2021年3月，教育部、国家语委发布了首个面向外国中文学习者的中国国家语言文字规范标准《国际中文教育中文水平等级标准》（以下简称《标准》）。《标准》的发布实施是国际中文教育进一步走向规范化、标准化的标志，体现了中国语言文字规范体系的进一步健全和完善（马箭飞，2021）。《标准》适用于国际中文教育的学习、教学、测试与评估，为开展国际中文教育的各类学校、机构和企事业单位提供了规范性参考（赵杨，2021）。《标准》以及随之而来的HSK3.0为海外中文学习者提供了一个清晰的学习路径和评估体系。它不仅有助于提高教学质量的稳定性和可比性，还能促进中文教学的国际化进程，增强国际中文教育的认可度和影响力。

尽管近年来国际中文教育在海外有了长足发展，但应该看到，海外还存在很多其他国际中文课程，其中知名的如IB、IGCSE等，修读人数也不少。这类国际课程标准与《标准》不完全相同，因此开展不同课程和标准之间的对接研究很有意义，因为对于那些从事IB、IGCSE课程教学的教师来说，了解相关课程与《标准》（包括其背后的HSK考试）的对应关系不仅有利于《标准》的全球推广，更有助于不同课程之间教学资源的互相利用。然而目前学界对于《标准》与其他中文课程标准之间的对接研究相当匮乏，尤其缺乏对于IB这种只提供课程框架，不提供配套词汇、语法大纲的中文课程的对接研究。

IB课程是由国际文凭组织（International Baccalaureate Organization）设立的国际知名课程，其中最有名、影响最大的是大学预科项目（International Baccalaureate Diploma Programme，IBDP）。IBDP由三门核心课程和六组学科组成，其中第二学科组为语言B课程，即专门为那些已经具有该语言学习基础的学生设计的一门外语学习课程。语言B课程分为标准课程（Standard Level，SL）和高级课程（Higher Level，HL），课程的重点是关于语言习得以及听、说、读、写四项基本技能的训练。语言B课程不提供统一、规范的教学材料，只提供教学大纲（只是课程框架，不包括词汇、语法等信息）。语言B课程的评估形式分为外部测试和内部测试，其中内部测试形式主要是口试，而外部测试形式为闭卷考试，按照课程分为SL和HL两种，二者均包括阅读理解试卷和写作试卷。2020年后，由于考试增加了听力部分，IBDP中文B课程阅读理解考试文本数量有所减少，如SL从原来的四篇阅读减少到三篇。

刘弘、金明珠（2018）曾经利用"汉语阅读指南针"平台（languagedata.com）对IBDP中文B考试文本做过分析，结果发现IBDP中文B课程中SL的阅读文本难度是HSK4级，而HL的阅读文本难度是HSK5级。刘弘（2020）也分析了IBDP中文B中ab initio的阅读理解文本难度，结论是相当于HSK3级。但是上述研究都是基于"汉语阅读指南针"平台，该平台是基于《汉语国际教育用音节汉字词汇等级划分》和HSK2.0版本而建设的，所得出的结论无法直接用于《标准》。

本研究拟以《标准》为基准，以"新中文教学"和"汉语学习资源检索与分析平台"

（Chinese Resource Platform）为研究工具，从文本级别和词汇等级分布两个角度，对近 10 年 IBDP 中文 B 课程中 SL 和 HL 考试试卷的阅读文本进行考察，为从事 IBDP 中文课程 B 教学的教师和教材编写者提供参考。

1 研究设计

1.1 研究问题

本研究尝试回答以下两个问题：
（1）IBDP 中文 B 阅读文本（SL 和 HL）分别对应于《标准》的哪个层级？
（2）不同的研究工具对于阅读文本难度的判定有何异同？

1.2 研究对象

本研究以 IB 语言 B 中文课程 2013—2023 年 SL 和 HL 试卷中的阅读文本为研究对象，从文本难度以及各等级词汇分布等角度进行考察。IB 中文 B 课程的试卷需要向 IBO 购买，加之受到疫情影响，部分年份未开展线下考试，因此实际仅得到 SL 试卷 12 份，HL 试卷 11 份。需要说明的是，从 2010 年起，IB 中文 B 课程每年有两次考试机会（5 月和 11 月），因此每年会有两份试卷。一般来说，每份 SL 试卷中有 4 篇阅读材料，每份 HL 试卷中有 5 篇阅读材料（2021 年后的每份试卷包括 3 篇阅读材料）。因此最后得到 SL 阅读材料 46 篇、HL 阅读材料 53 篇，共 99 篇。表 1 是本研究所收集到的阅读材料信息。

表 1 所统计的阅读材料数量表 单位：篇

年份		2023		2021		2017		2016		2015		2014		2013		总计
月份		5	11	5	11	5	11	5	11	5	11	5	11	5	11	
数量	SL	3	0	3	0	4	4	4	4	4	4	4	4	4	4	46
	HL	0	0	3	0	5	5	5	5	5	5	5	5	5	5	53

1.3 研究步骤

本研究选取"新中文教学"平台（网址：https://han.shuishan.net.cn，以下简称"新中文"）及"汉语学习资源检索与分析平台"（Chinese Resource Platform）（网址：http://120.27.70.114:8000/analysis_a，以下简称"CRP"）。这两个网站都在其页面公告使用《标准》作为词汇、语法等级判断的标准。因此本研究将 99 篇文本输入这些网站，导出相关数据，并进行整理与分析。

2 结果与分析

2.1 文本等级

本研究统计了"新中文"和"CRP"两个网站对 99 篇阅读文本的难度定级情况，具体数据见表 2。

表 2 阅读文本难度等级分布

文本及平台		各等级文本数量及比例								难度值
		一级	二级	三级	四级	五级	六级	七～九级	总计	
SL	新中文	0	0	0	0	30	16	0	46	5.348
		0.0%	0.0%	0.0%	0.0%	65.2%	34.8%	0.0%	100.0%	
	CRP	0	1	3	26	10	3	3	46	4.429
		0.0%	2.2%	6.5%	56.5%	21.7%	6.5%	6.5%	100.0%	
HL	新中文	0	0	0	0	11	42	0	53	5.792
		0.0%	0.0%	0.0%	0.0%	20.8%	79.2%	0.0%	100.0%	
	CRP	0	0	1	8	25	10	9	53	5.345
		0.0%	0.0%	1.9%	15.1%	47.2%	18.9%	17.0%	100.0%	

从表 2 的数据，我们发现两个平台都能很好地区分出 SL 和 HL 的文本难度差异。尽管"CRP"提供了难度值，但是由于"新中文"只提供等级类别，没有难度值，无法直接比较，因此本研究采用赋权重的方式来评估 SL 和 HL 文本的整体难度：

$$\sqrt{\sum_{i=1}^{6} i\ 等级 \times i}$$

结果发现，"新中文"计算出来 SL 整体难度值为 5.348，HL 为 5.792，两者差值为 0.444；"CRP"计算出来 SL 整体难度值为 4.429，HL 为 5.345，两者差值为 0.916。两个平台对 IBDP 阅读文本的难度定级并不完全相同，具体表现在以下几个方面：

（1）阅读文本的整体定级有差异。

表 2 显示出两个平台对于 99 篇文本的总体难度定级有差异。以 SL 文本为例，"新中文"基本定在五、六级，而"CRP"则是四、五级为主。HL 文本中，"新中文"也是定在六级为主（接近 80%），五级为辅（20.8%）；而"CRP"则是五级接近一半，另有一些文本属于四级、六级甚至是七级以上。从整体难度值上看，"新中文"定级都要高于"CRP"，其中 SL 要高 0.919，HL 要高 0.447。

文本的整体难度定级差异实际上来源于两个网站对于每个文本所定的级别差异。以 2020 年后改革的 9 篇 SL 阅读文本为例，两个网站给出的等级都是不同的（具体数据参见表 3）。由于"CRP"网站还提供了难度值，我们统计后发现 SL 的难度均值为 2.1514，HL 难度值为 2.4429。参考程勇等（2023）的定级标准，SL 是四级，HL 是五级。这个数据与"新中文"的定级显然差异较大。

表 3 9 篇文本定级信息

文本	2023 年 5 月 SL			2021 年 SL			2021 年 HL		
	A	B	C	A	B	C	A	B	C
新中文	五级	五级	六级	五级	五级	六级	六级	六级	六级
CRP 定级	三级	三级	七～九级	三级	四级	五级	五级	六级	五级
CRP 难度值	1.7708	1.9774	2.7587	1.8019	2.2749	2.3246	2.3246	2.6484	2.3556

（2）文本定级的精细程度有差异。

"新中文"网站只有6个级别，不包括七～九级。从定级实践来看，99篇文本都被归于五级和六级这两个级别中。而"CRP"则不同，它不仅列出了属于七～九级这个级别的文本，另外也标出了二、三、四级别的文本。从这个角度来说，"CRP"对文本的难度界定似乎更为精确，能充分体现出《标准》"三级九等"的细化特点。

之所以产生这种定级的差异，应该与两个平台采取的不同技术路线有关。"CRP"主要是依据可读性公式来建构等级标准。程勇等（2023）介绍CRP平台时，指出该平台是以《国际中文教育中文水平等级标准》中的字、词、语法分级信息为基础，从总字数、字种数、总词数、词种数、句子数、平均句长、文章易读性得分与难度等级这八项数据，构建出的一套面向汉语二语文本阅读难度的易读性公式和分级体系。而"新中文"则采用了"机器学习"的定级思路，通过提取《标准》中基本汉字、词汇、语法特征，使用基于BERT的神经网络预训练模型来提取文本语义特征，构建多维特征集，并对比多种特征组合方式以及多种机器学习算法来实现分级（丁安琪等，2023）。该论文通讯作者张杨在与笔者交流时指出，由于机器学习需要确定训练集，但是目前缺少明确的已经标注好的七～九级文本或者样卷，因此无法利用模型来构建定级标准，从而造成最高只能确定到六级的现象。而且论文中也提到"新中文"对于四级和六级预测比较准确，而对于五级文本的界定则还有改进空间。

本研究发现，"新中文"的定级与刘弘、金明珠（2018）有所差异，而"CRP"则比较接近：SL阅读文本难度基本在四级，HL的难度在五级，这个结论跟刘弘、金明珠（2018）一致。尽管"汉语阅读指南针"平台依据的大纲是2010年的语言文字规范文件《汉语国际教育用音节汉字词汇等级划分》（GF 0015—2010）和HSK2.0版试题，但"CRP"的数据与"汉语阅读指南针"较为接近，这或许跟两个平台都采用构建可读性公式这一思路来建设有关。

2.2 词汇等级

本研究也对99篇文本的词汇等级分布情况做了统计，见表4。

表4 词汇等级分布表

平台及文本		一级	二级	三级	四级	五级	六级	七～九级	小计
新中文	SL	27.0%	16.3%	13.5%	7.3%	4.4%	3.9%	5.1%	77.5%
	HL	22.9%	14.1%	14.6%	7.9%	5.2%	3.9%	7.9%	76.5%
CRP	SL	15.5%	9.1%	7.0%	3.7%	2.2%	1.9%	2.5%	41.9%
	HL	13.1%	7.8%	7.9%	3.9%	2.7%	2.0%	3.9%	41.3%

表4显示，两个平台都有大量无法归入任何等级的"未录入词"，因此最后的总数不到100%，但是"新中文"中未录入词语比例明显少于"CRP"。

除了未录入词的差异外，两个平台在词汇总数统计上也有较大差异。比如2023年5月SL文本，"新中文"平台计算出来的三篇文本的词语总数分别是158、180、251，而"CRP"平台计算出来的三篇文本的词语总数分别是325、367、431，相差词数为167、187、180（具体数据参见表 5）。"CRP"统计出的词语总数普遍比"新中文"要多，部分文本词语总数甚至是新中文教学平台的一倍。

表 5 2023 年 5 月 SL 文本各等级词汇数量及比例

平台	文本	一级	二级	三级	四级	五级	六级	七~九级	一~九级	总词数
新中文	文本A	72	30	16	6	4	1	4	133	158
		45.6%	19.0%	10.1%	3.8%	2.5%	1.0%	2.5%	84.5%	
	文本B	65	34	16	11	5	4	4	139	180
		36%	19%	9%	6%	3%	2%	2%	77%	
	文本C	43	26	17	26	14	15	25	166	251
		17%	10%	7%	10%	6%	6%	10%	66%	
CRP	文本A	79	33	16	6	4	1	3	142	325
		24.3%	10.2%	4.9%	1.8%	1.2%	0.3%	0.9%	43.6%	
	文本B	76	40	15	10	5	4	5	155	367
		21%	11%	4%	3%	1%	1%	1%	42%	
	文本C	44	28	21	25	11	11	27	167	431
		10%	6%	5%	6%	3%	3%	6%	39%	

从表 5 还可以看出，尽管两个平台计算出的文本总词数相差很大，但是对各级词汇数量的分析反而呈现出一致性。以文本 A 为例，两个平台计算出的一~六级以及七~九级词汇相差词数依次为 7、3、0、0、0、0、1。在总词数相差 167 的情况下，每级词汇相差均在个位数以内，且三~六级词汇数量相同。可以说，"新中文"和"CRP"在判定词汇等级时，均较为严格地遵循了《标准》中"三级九等"的划分。两个平台在分词等级的差异上主要体现在 1、2 级词汇及总词数上，在三级及以上词汇的识别中差异较小。究其原因，笔者发现，在对文章总词数的计算中，CRP 平台将标点符号、空格及数字都纳入了总词数中，这或许就是产生总词数差异的原因之一。

两个平台在分析词汇等级时，都提供了多种信息。比如"新中文"呈现了多个量表，包括 HSK 字表、《标准》字表、HSK 词表、《标准》词表等。不仅包括了《标准》，同时也兼顾了以往的 HSK 词汇等级，使得"新中文"能服务更广泛的群体。"CRP"不仅提供相关词汇信息，还提供与检索文章难度相似的其他文章，并标注课文名、教材出处及其难度等级，能够帮助使用者便捷地查找到难度与检索文章相似的其他课文，以便开展教学与测试。不过"CRP"平台只提供总字数、总词数、句子数和字种数、词种数这几个数据，至于分级词的内容，呈现的是具体的词语信息，没有呈现出一级词多少个、二级词多少个这样的分级词的数量，需要研究者自己来计算。对于教材编写者来说，这个数据或许不重要，但是对于研究者来说，这样手动计算就比较麻烦。

2.3 未录入词语

由于文本中有不少未录入词汇，因此本研究选择 2023 年 5 月 SL 考试的两篇文本进行了深入考察。

文本 A 是一篇关于吴奶奶在网上教人学物理的演讲稿，较为口语化，文本难度不高。我们列出了相关的未录入词语，如表 6 所示。

表 6　2023 年 5 月 SL 文本 A

共同的未录入词语	"新中文"独有	"CRP"独有
高三、物理、吴、等等、物理课、练习题、几百万	网上课堂、林、很快、是因为、一个、这个、叫法、一件、十几个、总能、十分钟、有时、还要、只用、日常、生活、有时候	马林、高二、物理、这（个）、（叫）法、几（十几个）、（不）同、（很）多、练习题、还（有）、真（的）

CRP 对括号中的词做了定级，比如"这个"中的"个"划分为一级词，"叫法"中的"叫"划分为一级词，"十几个"中的"十"和"个"划分为一级词，"不同"中的"不"划分为一级词，"很多"中的"很"划分为一级词，"还有"中的"有"划分为一级词，"真的"中的"的"划分为一级词。可以观察到，对这些难度不高的文本，未录入词语的产生跟"切分"本身有密切关系。

文本 C 是该套试卷中最难的文本，两个平台均产生了大量的未录入词。该文本题目为"豪华露营，你心动了吗？"，主要内容是一些不同露营地的广告。这篇文章中的未录入词语主要有以下几种：

（1）书面语体较重的词语，如青睐、尽兴、烦琐、惬意、童趣、尘嚣、独享、静谧；

（2）有一定专业性的词语，如亚热带、环评、樱花、房型、海岸线、冰品、营位、合掌屋；

（3）某些专有名词，如唐朝、勤美学（露营地）、鼻头（猫鼻头露营庄园）、垦丁、台湾海峡、巴士海峡；

（4）一些是属于分词的问题，如公共设施、想要、受欢迎。

丁安琪（2023）提到"新中文"平台采用 jieba 工具来分词，同时建构了 38 项规则进一步拆解"未录入词语"，因此"新中文"的未录入词语比例要显著少于"CRP"。"CRP"中的大量未录入词语与不合理的分词有关，这方面"CRP"还有改进空间。

3　结论

本研究基于《标准》，借助"新中文"及"CRP"两个平台，对 IBDP 中文 B 考试中 SL 和 HL 阅读文本的难度做了考察，结果发现：

（1）由于两个平台采取不同的文本处理和分级思路，因此文本定级有所不同。"新中文"判定 SL 总体文本难度偏向五级，HL 偏向六级；"CRP"判定 SL 总体文本难度偏向四级，HL 偏向五级。

（2）由于基于不同的构建模型，因此"新中文"目前还无法判定哪些文本属于七～九级，而"CRP"是基于可读性公式的研究，已经可以根据《标准》标注出七～九级文本，而且对于其他等级的文本定级更为准确，与《标准》融合度较高，更符合《标准》的要求。

（3）两个平台都提供了很多有用的信息，对使用者较为友好。相对来说，"新中文"提供了多种词汇表，适应面更广，而"CRP"提供了难度值，有利于对多个文本计算难度平均值，对于研究者和教材编写者更有意义，但是"CRP"未呈现各级词语具体的量化数据，仅仅提供了分级词的信息，平台使用者难以直观地了解各级词汇的数量及所占的比例。

对《标准》与不同课程之间的对应关系的研究十分重要，通过建立更为准确的衔接和比较体系，可以使不同的中文教学考试和标准能够相互参照和转换，为学习者提供更广泛的选择和机会。本研究结果显示，"汉语学习资源检索与分析平台"是一个较为可靠的文本难度评估平台，不仅提供了文本难度数值、词汇等级分布情况，同时提出了一些推荐阅读建议。但是该平台在分词方面还存在一些问题，需要进一步改进。

参考文献

[1] 程勇，董军，晋淑华. 基于新标准的汉语二语文本阅读难度分级体系构建与应用. 世界汉语教学，2023(01).

[2] 丁安琪，张杨，兰韵诗. 基于《国际中文教育中文水平等级标准》的中文文本难度自动分级研究. 首都师范大学学报(社会科学版). 2023(06).

[3] 刘弘，金明珠. IBDP 中文 B 考试阅读文本的多角度考察. 云南师范大学学报(对外汉语教学与研究版)，2018(02).

[4] 刘弘. IBDP 中文 AB inito 词汇多角度考察，国际文凭教育中的中国研究与实践. 华东师范大学出版社，2020(09).

[5] 马箭飞. 在《国际中文教育中文水平等级标准》新书发布会暨国际学术研讨会上的致辞. 国际汉语教学研究，2021(02).

[6] 赵杨. 构建国际中文教育标准体系. 国际汉语教学研究，2021(02).

近三十年国内二语词汇习得研究综述*

苗文權[1]　杨莹[2]

[1,2] 四川外国语大学 中国语言文化学院 400031

[1] wenquanmwq@126.com　[2] yingyang0522@163.com

摘　要：词汇习得是语言习得的起点，其重要性不可忽视。我国词汇习得研究相较于国外而言起步较晚，为了梳理研究发展脉络，为相关研究的开展提供参考，本文利用 Excel 和 CiteSpace 对 CNKI 中国知网的 696 篇相关文献进行了统计和分析，发现该领域的研究具有研究力量较为集中、热点形成周期较长、跨学科研究趋势明显等特点。

关键词：第二语言；词汇习得；综述；CiteSpace

A Review of Chinese as a Second Language Vocabulary Acquisition Research in the Past Thirty Years

Miao Wenquan[1]　Yang Ying[2]

[1,2] College of Chinese Language and Culture, Sichuan International Studies University, 400031

Abstract: Vocabulary acquisition is the starting point of language acquisition, and its importance cannot be ignored. Compared with overseas research, the domestic research on vocabulary acquisition started relatively late. In order to sort out the research development context and provide reference for future research, this paper analyses 696 relevant literatures of CNKI with Excel and CiteSpace. It is found that the research in this field has the characteristics of concentrated strength, long hot spot formation cycle and obvious interdisciplinary research trend.

Key words: second language; vocabulary acquisition; review; CiteSpac

0　引言

词汇习得是语言习得的起点。Verhallen & Schoonen（1998）、Schmitt（2000）、Read（2000）、Gu（2003）均曾论述词汇习得之于二语习得的重要性。然而，相较于国外而言，国内词汇习得研究起步较晚，发展后劲不足。刘鑫民（2016），吴继峰、洪炜（2017），徐婷婷、郝瑜鑫、邢红兵（2018）等专门就二语词汇习得研究发展状况进行述评，为促进学科良性发展提供了指引，但三篇文章选取的时间段较短且基本重合。为了更为全面地了解

---

*本文受重庆市"十四五"重点学科研究生科研创新项目"需求导向的学术汉语教学资源开发与应用研究"项目资助（项目编号：SISU2023XK221）。

词汇习得研究的发展沿革，本文整理了近 30 年（1993—2023 年）的论文数据，采用文献计量学方法和知识图谱可视化分析手段回答三个具体问题：（1）该领域的研究总体情况及其特点；（2）该领域的研究主题情况和历史沿革；（3）该领域的研究热点情况。

1 数据来源及分析工具

1.1 研究方法

本文利用 Excel 和 CiteSpace 对近 30 年词汇习得方面的文献数据进行计量分析并从关键词共现、关键词突现和关键词聚类三个方面绘制出可视化图谱，以此回答前文中提及的三个问题。

1.2 数据来源

基于中国知网（CNKI）数据库的高级检索功能，设置主题="词汇习得" and "汉语"，年限为 1993 年 1 月 1 日—2023 年 12 月 31 日，检索后得到相关文献 714 篇。经过筛选，最终获得有效文献 696 篇，其中期刊 301 篇、学位论文 378 篇、辑刊 13 篇、会议论文 4 篇。下面将从基本情况和研究热点两个方面对检索到的文献进行分析。

2 二语词汇习得研究基本情况

2.1 文献时间分布特征

从文献分布的时间特征上来看，近 30 年来词汇习得领域的研究发展可以分为三个阶段：（1）酝酿期（1993—2009 年）。本阶段历时 17 年，产生的成果仅占总文献数的 16.88%。（2）发展期（2010—2020 年）。本阶段历时 11 年，产生的成果占总文献数的 68.67%，是该领域研究的高速发展期，文献年均增幅达 16.05%。（3）瓶颈期（2021—2023 年）。本阶段历时 3 年，产生的成果占总文献数的 14.45%，文献年均增幅为 5.36%，相较于高速发展期而言下降 9.09%。由此可见，二语词汇习得研究的发展进入了瓶颈期（见图 1）。

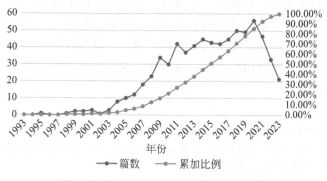

图 1　词汇习得研究年发文量及累加比例

2.2 文献空间分布特征

2.2.1 核心区期刊分布分析

本领域核心区期刊数量为 5，即发文数量在前 5 的期刊为本领域的核心区期刊[①]，见表 1。

表 1　二语词汇习得研究领域核心区期刊（前 5 位）分布

核心区期刊名称	发文数量
《世界汉语教学》	10
《语言教学与研究》	8
《汉语学习》	8
《云南师范大学学报（对外汉语教学与研究版）》	7
《语文学刊》	6
《海外英语》	5
《解放军外国语学院学报》	5

表 1 中，《世界汉语教学》《语言教学与研究》及《汉语学习》均为《中文社会科学引文索引》（CSSCI）来源期刊，《解放军外国语学院学报》为 CSSCI（扩展版）来源期刊。《云南师范大学学报（对外汉语教学与研究版）》是国际中文教育领域重要期刊，位列世界汉语教学学会期刊目录。这说明汉语作为第二语言的词汇习得主要研究成果集中分布于高水平期刊中。此外，《世界汉语教学》及《语言教学与研究》均为北京语言大学主办，《汉语学习》为延边大学主办，但编委会中有多位成员来自北京语言大学，这说明该主题受到北京语言大学学者的偏爱。最后，如《海外英语》和《解放军外国语学院学报》等外语类期刊也对这一主题给予了较大关注。

2.2.2 核心作者分布分析

根据普赖斯理论[②]，发文量≥2 篇者为"二语词汇习得"研究领域的核心作者，经统计共 35 位（发文量 3 篇及以上者为 12 位），见图 2。

12 位核心作者中，洪炜、李冰、赖丽琴三位学者曾就读于中山大学，李明、李爱萍两位学者曾就读于北京大学，李春红、王倩两位学者曾就读于吉林大学文学院且目前任教于该单位，核心作者教育背景的重合说明了当前该领域的主要研究力量基本集中于特定的高校。此外，需要指出核心作者中张剑波、庄倩两位学者的教育背景分别是外国语言学及应用语言学和日语语言学及应用语言学，这与核心期刊分布分析中所提到的外语研究界对本主题的关注相互印证。

[①] 比利时情报学家埃格黑曾提出核心区期刊数量计算公式 $r_0 = 2\ln(e^E \times Y)$，其中 r_0 代表核心区期刊的数量，e 的值约为 2.72，欧拉系数 E 为 0.5722，Y 代表该领域发文量最大的期刊发文数量。根据这一公式，代入 $Y=10$ 计算可知，本领域核心区期刊数量为 5。

[②] 论文发表数为 m 篇以上者为核心作者，$m = 0.749\sqrt{\eta_{max}}$，$\eta_{max}$ = 作者最大发文量，本文所取样本 $\eta_{max}=4$，所以 $m=1.498$。

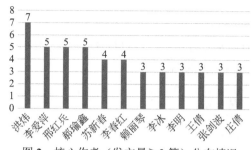

图 2　核心作者（发文量≥3 篇）分布情况

2.2.3 高被引文献分析

通过中国知网数据库检索排序，结合 Excel 整理，删除关联度较低的文献，可以获得二语词汇习得研究被引频次居前 10 位的文献情况，见表 2。

表 2　被引频次居前 10 位文献

序号	篇名	作者	刊名/来源	被引频次	发表时间
1	《词汇习得研究及其在教学上的意义》	江新	《语言教学与研究》	381	1998.9
2	《词汇习得与第二语言能力研究》	鹿士义	《世界汉语教学》	161	2001.9
3	《文化模式与对外汉语词语教学》	吴平	中央民族大学	141	2006.4
4	《从认知心理学的角度看对外汉语词汇教学》	刘琛	华东师范大学	126	2004.5
5	《汉语作为第二语言的名量词习得研究》	王敏媛	北京语言大学	115	2007.6
6	《对外汉语词汇教学的几个基本理论问题》	王世友，莫修云	《云南师范大学学报》	107	2003.3
7	《中国学习者二语词汇习得认知心理研究》	陈万会	华东师范大学	98	2006.4
8	《口语词汇与书面语词汇教学研究》	吴丽君	《云南师范大学学报》	94	2004.5
9	《语义透明度、语境强度及词汇复现频率对汉语二语词汇习得的影响》	洪炜，冯聪，郑在佑	《现代外语》	90	2017.5
10	《词语搭配知识与二语词汇习得研究》	邢红兵	《语言文字应用》	82	2013.11

从文献类别看，6 篇文献属于期刊文献，4 篇文献属于学位论文；从文献来源看，4 篇文献来源于前文统计的核心区期刊，占期刊类别文献总数的 66.7%；从文献作者上看，洪炜、邢红兵、鹿士义等 5 位学者为本领域核心作者，其余学者为非核心作者。由此可知，该领域的主要研究成果既有学界知名学者，也不乏高校硕、博研究生等新生力量，但硕、博研究生的研究延续性不足，仅刘琛一人为本领域核心作者，未检索到其余三位学者的后续研究成果。

3　二语词汇习得研究热点

结合 CiteSpace（6.2.R6）文献可视化研究工具，我们对二语词汇习得领域的文献进行了关键词共现、突现及聚类分析。

3.1 关键词共现分析

利用 CiteSpace 关键词共现分析功能，设置每 5 年一个时间切片，获得节点数 229 个，节点越大说明中介中心性越高，见图 3。

图 3　二语词汇习得研究领域关键词共现图谱

由图 3 可知，二语词汇习得研究领域的高频共现关键词可以按照对象的不同分为两个部分：（1）教学者。这部分比较有代表性的关键词有"词汇教学""偏误分析""对外汉语"和"教学建议"等，主要讨论了对外汉语词汇教学中有关教材、教法、教学重难点以及学生词汇习得过程中的偏误和相应的教学建议等内容。（2）学习者。这部分比较有代表性的关键词有"习得""母语迁移""词汇学习"和"认知"等，主要讨论学习者在汉语词汇学习过程中的习得机制、影响因素和困境等相关问题。从数据上看，共现频次较高的关键词中介中心性也较高，如"词汇习得""词汇教学"和"偏误分析"等，说明这些关键词对本领域的研究发展起着较强的桥梁枢纽作用，连接着早期研究成果和本领域的新理论、新发现。

3.2 关键词突现分析

利用 CiteSpace 关键词探测功能，我们绘制了突现强度前 15 位的关键词情况，见图 4。

由图 4 可知，从整体上看，本领域热点平均出现时间为 2.4 年，每个热点平均持续时间为 4.2 年，这说明学界对本领域新出现的问题和思想比较审慎，研判时间较长。这也反映出了二语习得研究的学科特点，二语习得作为应用语言学的一个方向，与传统语言学研究的不同之处在于其相关理论的产生与检验都需要依靠实证研究，因此时间跨度较长，热点转化相对较慢。而热点平均持续时间不长则说明本领域的发展较快，新理论的产生会以

Keywords	Year	Strength	Begin	End	1994—2023年
频率	2004	2.34	2004	2008	
教学策略	2009	2.08	2009	2018	
教学设计	2014	1.71	2014	2018	
迁移	2006	2.43	2006	2008	
二语习得	2007	2.27	2019	2023	
英语阅读	2016	2.15	2016	2023	
石化现象	2003	1.96	2009	2013	
三语习得	2009	1.93	2014	2018	
认知	2004	1.83	2009	2013	
母语	2005	1.76	2005	2008	
研究内容	2021	1.71	2021	2023	
注释方式	2018	2.19	2018	2023	
偏误分析	2006	1.84	2014	2018	
任务	2010	1.76	2010	2013	
调查	2019	1.72	2019	2023	

图 4　二语词汇习得研究领域关键词突现图谱（前 15 位）

较快的速度取代旧的研究，成为新的热点。考虑到有些关键词出现时间较早，但是发展缓慢，成为热点时间较晚，因此我们按照关键词成为引用热点的时间把近 30 年以来二语词汇习得研究情况分为三个阶段。

第一，2004—2009 年。本阶段有三个研究焦点：A. 词频与认知，如陈宝国等（2004），南旭萌（2008）讨论了词频对词汇识别、偏误的影响情况。B. 母语迁移与教学策略，如熊锟（2007），田申、林永伟（2008）讨论了母语迁移的积极影响和消极影响，为二语词汇教学提供了参考。C. 石化现象，如陈晚姑（2003），杜珍珍（2011）考察了学生词汇学习过程中的石化现象及其影响。

第二，2010—2015 年。本阶段包含三个研究焦点：A. 基于输出任务的实证研究，如莫丹（2017）、李琳（2013）基于实证研究探讨了词汇习得的影响因素。B. 教学设计，如王辰晨（2015）、李欣（2015）、冯代芸（2016）等讨论了阅读教学法、心理词典理论和图式理论在词汇教学上的运用效力并结合汉语的特点进行了教学设计。此外，注释方式与附带词汇习得关系的讨论也逐渐成为热门，如李媛媛（2011）、高燕（2016）、褚美娜（2019）等。C. 偏误分析。偏误分析研究与中介语、母语迁移理论密切相关，主要是针对二语、三语学习者学习第二、第三语言过程中由于受到母语或者第二语言的影响产生的偏误情况进行分析，为教学改进提供建议，如李巍（2010）、张琼（2014）、汪红梅（2015）等。

第三，2016—2023 年。本阶段有三个研究焦点：A. 注释方式与附带性词汇习得。关于注释方式对附带性词汇习得影响的讨论在本阶段成为研究热点，与早期讨论不同，本阶段的研究颗粒度更细，分类更精，如刘娟（2016）、夏珺（2019）。B. 学习策略、动机研究。国内二语词汇习得在本阶段呈现出从关注教法、教师向关注学生学习动机和策略的转向，相关研究有王涓（2017）、张亚莉（2019）、高雅婷（2021）等。C. 二语习得与认知。数据显示，"二语习得"这一关键词的产生早于"三语习得"，而成为热点的时间实际上晚于三语习得。

3.3　关键词聚类分析

为了探索不同研究之间的关系，我们制作了关键词聚类图，以便直观地呈现出相关研究的联系,见图 5。由于篇幅有限,本文综合聚类与主题的相关度及聚类热度选取了#0 偏误分析、#1 词汇习得、#3 心理词汇、#6 词汇教学 4 个聚类进行分析。

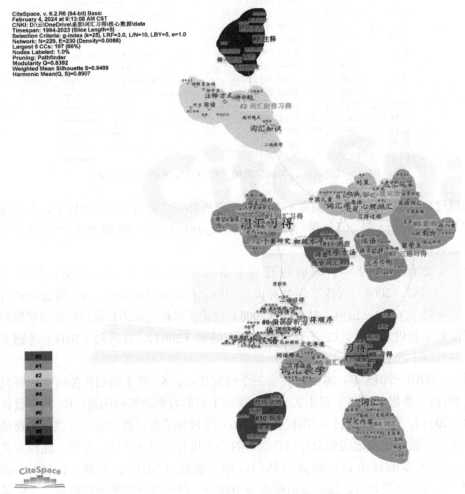

图 5　二语词汇习得研究领域关键词聚类图谱

3.3.1　偏误分析

20 世纪 80 年代皮特·科德为了与"错误"一词区别而提出了"偏误"这一针对第二语言学习的术语(蒲徐波,2006)。鲁健骥(1987,1992)对汉语二语词汇习得的词语偏误做了初步分析,提出遗漏、增添、替代、错序四大常见偏误类型。此后,偏误分析逐渐成为汉语二语词汇习得研究领域的热门话题。既有从整体上概括留学生词汇习得偏误类型的研究,如蒲徐波(2006)、张琼(2014)、汪红梅(2015)等,也有关注某一具体类别词语的偏误研究,如田静(2009)、陈非(2012)等。总体来看,有关偏误分析的研究呈现出两个趋势:(1)研究颗粒度由粗变细。早期的偏误分析研究针对整个中介语系统展开,不区分语体和留学生个体差异,不重视具体词类的差异。随着时间的推移,研究逐渐精细化。(2)研究资料更具代表性。偏误分析研究的语料从早期的举例性质转向实证数据、语料库驱动,资料更具代表性。

3.3.2 心理词汇

心理词汇源于心理语言学，最早由西方心理学家特雷斯曼（Treisman）提出。桂诗春（1992）通过研究证明，心理词汇是一个变化的系统，所包含的信息比词典丰富得多。国内最早关注心理词汇问题的学者主要来自外语界，如桂诗春（1992）、崔刚（1999a，1999b）、戴曼纯（2000）等。随后其研究成果逐渐为国际中文教育领域的研究者借鉴和吸收。当前本话题主要研究路径有二：（1）心理词汇测试与评估，如田晓燕（2020）通过实证研究对比中泰中学生心理词汇情况，发现二者发展趋势一致，但是在对词性和词频的反应上存在不同的差异。（2）心理词汇表征研究，如熊锟（2007）强调了建立二语形式和意义之间的链接对形成独立的二语系统与促进词汇习得的重要性。戴俊红（2015）对比了母语释义和二语释义对词汇习得的影响，发现母语释义的效果会随着学习者水平的提高而逐渐减弱。

3.3.3 词汇教学

词汇习得研究和词汇教学研究相辅相成，互相促进。习得理论的发展能够推动教学方法的革新，教学实践则是检验习得理论是否真实有效的试金石。从数据上看，词汇教学聚类序列为#6，说明研究情况相较于偏误分析、心理词汇等方向来说较差，但从出现时间上来看，文献中最早的词汇教学论文是张若莹（2000）就中高级阶段留学生词汇习得偏误问题产生的对教学问题反思的文章，该文从教学实践出发总结对中高级阶段留学生进行词汇教学时需要把握的几点原则。从这篇文章也可以看出，词汇教学研究的范式通常是在习得理论推导的基础上为教学实施提供建议和思考，因此通常会出现在一篇文章的末尾，不作为主要内容占据全文较大篇幅，所以呈现出聚类规模较小的情况。

4 结论

从结果可以看出，世界汉语学会、北京语言大学等单位在二语词汇习得研究领域具有较大影响力，所创办的期刊汇集了该领域的重要成果，且单位内多位专家学者是二语词汇习得研究领域的核心作者。同时，外语研究界在引入国外认知语言学理论和本土化方面也发挥着重要作用。从热点产生和持续时间上看，该领域的研究周期普遍较长，新理论的产生和革新需要较长时间的积累和检验。从研究主题上看，研究焦点集中在习得理论、教学策略以及心理词汇与认知方面。出现了越来越多基于心理学理论的研究，如张恒超（2022）探讨了学习者认知风格对语言准确性的影响。此外，有一些研究方向虽然还未形成热点，但是正在蓬勃发展，如王珊、刘峻宇（2020）提出的多模态话语分析在国际汉语词汇教学中的应用。总而言之，我国二语词汇习得研究发展之路仍然任重道远，前路漫漫。

参考文献

[1] GU Y. Fine brush and freehand: The vocabulary learning art of two successful Chinese EFL learners. *TESOL Quarterly*, 2003, 37(01).

[2] READ J. *Assessing Vocabulary*. Cambridge: Cambridge University Press, 2000.

[3] SCHMITT N. *Vocabulary in Language Teaching*. Cambridge: Cambridge University Press, 2000.

[4] VERHALLEN M, ROB S. Lexical knowledge in L1 and L2 of third and fifth graders. *Applied Linguistics*, 1998(19).

[5] 陈宝国，王立新，王璐璐，彭聃龄. 词汇习得年龄和频率对词汇识别的影响. 心理科学，2004(05).

[6] 陈非. 第二语言习得者使用多义动词"打"的偏误分析. 吉林大学硕士学位论文，2012.

[7] 陈晚姑. 论英语词汇习得过程中的石化现象. 洛阳师范学院学报，2003(06).

[8] 崔刚. 布洛卡氏与传导性失语症患者的语音障碍. 外语教学与研究，1999a，(03).

[9] 崔刚. 布洛卡氏与传导性失语症患者的句法障碍. 现代外语，1999b，(03).

[10] 褚美娜. 汉语、英语多项选择注释对二语词汇附带习得和保留影响的对比研究. 吉林大学硕士学位论文，2019.

[11] 戴俊红. 心理表征视角下的二语词汇习得研究. 湖北第二师范学院学报，2015，32(05).

[12] 戴曼纯. 论第二语言词汇习得研究. 外语教学与研究，2000(02).

[13] 杜珍珍. 从义位民族性看二语词汇习得中的石化现象. 现代交际，2011(03).

[14] 冯代芸. 对外汉语教学中学生利用阅读法习得词汇的有效性分析. 开封教育学院学报，2016，36(09).

[15] 高雅婷. 泰国高中生汉语词汇学习策略与词汇水平的相关性分析. 上海外国语大学硕士学位论文，2021.

[16] 高燕. 阅读中不同注释对大学非英语专业学生词汇附带习得影响的研究. 渤海大学硕士学位论文，2016.

[17] 桂诗春. 中国英语学生的心理词汇研究. 长沙：湖南教育出版社，1992.

[18] 李琳. 输入假设理论下：词汇注释方式对阅读中词汇附带习得效果的影响. 西北民族大学硕士学位论文，2013.

[19] 李巍. 初级汉语水平外国留学生疑问代词习得研究. 华东师范大学硕士学位论文，2010.

[20] 李欣. 基于图式理论的对韩汉语词汇教学研究. 山东师范大学硕士学位论文，2015.

[21] 李媛媛. 词汇注释方式对高中一年级学生阅读中词汇附带习得影响的实证研究. 新疆师范大学硕士学位论文，2011.

[22] 刘娟. 不同词汇注释和凸显方式对高中生英语词汇附带习得的影响. 西北师范大学硕士学位论文，2016.

[23] 刘鑫民. 汉语词汇习得研究：进展与问题. 云南师范大学学报(对外汉语教学与研究版)，2016，14(04).

[24] 鲁健骥. 外国人学习汉语的词语偏误分析. 语言教学与研究，1987(12).

[25] 鲁健骥. 偏误分析与对外汉语教学. 语言文字应用，1992(04).

[26] 莫丹. 基于不同输入模态的词汇附带习得研究. 汉语学习，2017(06).

[27] 南旭萌. 留学生常用动词句法功能的统计分析. 北京语言大学硕士学位论文，2008.

[28] 蒲徐波. 中高级阶段留学生词汇习得偏误分析与教学策略. 四川大学硕士学位论文，2006.

[29] 田静. 维、哈学生学习汉语双音节结构错序偏误分析. 中央民族大学学报(哲学社会科学版)，2009，36(04).

[30] 田申，林永伟. 西班牙语词汇与教学研究浅析. 科教文汇(下旬刊)，2008(27).

[31] 田晓燕. 中泰中学生汉语心理词汇联想测试对比研究. 陕西师范大学硕士学位论文，2020.

[32] 汪红梅. 留学生汉语词汇习得的偏误分析. 洛阳师范学院学报，2015，34(07).

[33] 王辰晨. 日本留学生汉语心理词典构建与词汇教学研究. 辽宁大学硕士学位论文，2015.

[34] 王涓. 秘鲁汉语初级水平学习者的词汇学习策略调查. 广东外语外贸大学硕士学位论文，2017.

[35] 王珊，刘峻宇. 国际汉语词汇教学中的多模态话语分析. 汉语学习，2020(06).

[36] 吴继峰，洪炜. 国内汉语二语词汇习得研究述评——基于6种汉语类专业期刊17年(2000—2016)的统计分析. 汉语学习，2017(05).

[37] 夏珺. 注释方式对少数民族地区初中生词汇附带习得的影响研究. 海外英语，2019(05).
[38] 熊锟. 心理词汇的表征与二语词汇习得中的跨语言影响. 外语学刊，2007(05).
[39] 徐婷婷，郝瑜鑫，邢红兵. 汉语作为第二语言习得研究现状与展望(2007—2016). 云南师范大学学报(对外汉语教学与研究版)，2018，16(01).
[40] 张恒超. 交流学习者认知风格对双方语言准确性的影响. 河南科技学院学报，2022, 42(10).
[41] 张琼. 初级阶段留学生课堂词汇使用情况研究. 南京师范大学硕士学位论文，2014.
[42] 张若莹. 从中高级阶段学生词汇习得的偏误看中高级阶段词汇教学的基本问题. 首都师范大学学报(社会科学版)，2000(12).
[43] 张亚莉(Tkacheva Olga). 中级汉语近义词习得及词汇学习策略研究. 山东理工大学硕士学位论文，2019.

融媒外向型汉语学习词典研究进展及展望[*]

柯 萍[1] 赵慧周[2]

[1] 北京语言大学 国际中文学院 100083 [2] 北京语言大学 信息科学学院 100083

[1] 2847131286@qq.com [2] zhaohuizhou@blcu.edu.cn

摘 要：外向型汉语学习词典一直存在精准释义与释义过难这一矛盾，融媒词典具有"跨界融合"、多模态等特点，有助于解决这一矛盾。本文通过综述外向型汉语学习词典的编写与评估、用户需求调查，发现现有词典存在释义难度过高、无法满足用户需求等问题。在融媒体研究方面，本文梳理了融媒体定义及其在不同领域的运用，结果显示融媒体在资源融通和内容兼容方面具有优势。针对融媒外向型汉语学习词典，本文梳理了相关研究及开发实践，指出当前研究在编纂系统、融媒资源库建设、出版路径、编者与用户融合、资源与辞书融合、评估标准以及内容编排等方面的不足。实践方面，尽管强调以用户需求为导向，但许多词典并未真正关注用户需求，且电子词典尚未实现真正的融媒体融合。展望未来，本文提出了多模态词典开发、完善评估标准、建设资源库和编纂平台等方向，以期推动融媒外向型汉语学习词典的深入研究与实际应用。

关键词：国际中文教育；汉语学习词典；外向型词典；融媒外向型词典

Research Progress and Prospects of Media-Integrated Outward-Oriented Chinese Learning Dictionaries

Ke Ping[1] Zhao Huizhou[2]

[1] School of International Chinese Language Education, Beijing Language and Culture University, 100083

[2] School of Information Science, Beijing Language and Culture University, 100083

Abstract: There has always been a contradiction between accurate and difficult interpretation in outward-looking Chinese learning dictionaries, which can be solved by multimedia dictionaries due to their features of "cross-border integration" and multimodality. By summarizing the compilation and evaluation of outward-looking Chinese learning dictionaries and surveying users' needs, this article finds that the existing dictionaries are too difficult to interpret and cannot meet users' needs. In terms of the research on integrated media, the article summarizes the definition of integrated media and its application in different fields, and the results show the advantages of integrated media in terms of resource integration and content compatibility. Regarding outward-looking Chinese learning dictionaries with integrated media, the article summarizes relevant research and development practices, and points out the shortcomings of the current research in terms of compilation system, the construction of the integrated media resource base, publication path, integration of editors and users, integration of resources and dictionaries, evaluation standards, and the problem of content

---

[*] 本文受北京语言大学研究生创新基金（中央高校基本科研业务费专项资金）"释义模态与汉语释义的相配性研究"（24YCX177）的资助。赵慧周为本文通讯作者。

overlapping. In terms of practice, despite the emphasis on user demand-oriented, many dictionaries do not really pay attention to user demand, and electronic dictionaries have not yet realized the real integration of integrated media. Looking ahead, the article proposes directions such as developing multimodal dictionaries, improving assessment standards, and constructing resource libraries and compilation platforms, with a view to promoting in-depth research and practical application of media-integrated outward-looking Chinese learning dictionaries.

Key words: international Chinese education; Chinese learning dictionary; outward-oriented dictionary; media-integrated outward-oriented dictionary

0 引言

《语言学名词》将外向型词典定义为"为外国人或外族人学习本族语编写的词典"（解竹，2021）。据不完全统计，从第一部外向型汉语学习词典《现代汉语八百词》发布开始，截至目前已有50多部外向型汉语学习词典，研究成果颇丰，为国际中文教育事业的发展做出了巨大贡献。2014年8月18日，《关于推动传统媒体和新兴媒体融合发展的指导意见》审议并通过，2020年9月，中共中央办公厅、国务院办公厅印发《关于加快推进媒体深度融合发展的意见》，"媒体融合"已受到国家重视并为社会广泛关注。顺应时代发展，辞书编纂界也纷纷转向探索融媒体辞书编纂，国际中文教育界也在探索如何编纂出高质量的、符合用户需求的汉语学习词典。

1 外向型汉语学习词典研究现状

外向型汉语学习词典研究众多，每个阶段呈现出不同的特点，金沛沛（2015）按照发展阶段，将词典研究分为萌芽期（1984—1994年）、摸索期（1995—2004年）和发展期（2005—2013年）。吴瑶（2021）根据研究侧重点，将词典研究分为三个时间段，1980—2004年侧重词典编纂研究，2005—2015年侧重词典本体研究，2016—2020年侧重词典用户使用调查增加。总的来说，目前外向型汉语学习词典主要从词典文本的编写与评估、词典用户使用调查及需求分析和科学技术在词典编纂上的探索三个方面进行研究，科学技术在词典编纂上的探索可归入融媒词典部分，因此本文将在融媒词典部分谈及该方面。

1.1 词典文本的编写与评估

词典文本编写可以分为词典编排、编写原则、释义文本编写三个方面。在词典编排方面，许多学者从收词、立目、释义等方面给出了自己的看法。徐玉敏（2007）和章宜华（2010）考察了对外汉语学习词典的释义模式，指出外向型汉语学习词典存在"内汉"问题。季瑾（2007）认为，外向型汉语学习词典收词应全，立目应有代表性，释义应易学易懂，配例应兼顾语义和句法功能，语言应是双语。高永安（2008）认为，词典应让学习者知道词的本义、造词的意图、词义系统的内在关系。张淑文（2009）主张将使用频率较高的语法结构词目化，使语法结构显性化。王淑华（2012）做出按义项排列词条的尝试。赵刚（2013）认为，应当将编写重点放在汉外双语或双解词典上，以实用性为纲，读者定位应清晰。安志伟（2014）认为词汇系统成员的收录应平衡。

在编写原则方面，大部分学者都认为外向型汉语学习词典应遵守实用性原则，应做到"易懂、易查"。朱瑞平（2002）探讨了外向型汉语学习词典的编纂原则问题，认为要突出实用性、浅显性、规范性、独创性、准确性、易检索性。鲁健骥、吕文华（2006）探讨了编写"易查、易懂、易学"词典的释义原则、收字收词原则、举例原则、标注原则等。雷华、史有为（2004）探讨了对外汉语学习词典的易懂性和易得性。季瑾（2007）认为词典应具备工具性、学习性、针对性和科学性。

在释义文本编写方面，大部分学者认为词典存在释义较难、用例较难的问题。赵新、刘若云（2009）认为，控制释义词的范围和数量、使用简单的短句、少用专业术语可以控制释义语言的难度。谷炀、安华林（2015）主张借鉴英语词典的释义语法模式，避免以词释词。刘若云、张念、陈粉玲（2012）认为，用例语言应浅显易懂、贴近生活，用例应控制用词的数量，贴近使用者的生活环境。刘川平（2009）主张词典用例应当全面。杨玉玲（2023）主张配例用词应当遵循"≤i 原则"。一些学者认为通过构建元语言可有效控制语言难度，翁晓玲、巢宗祺（2011）基于元语言理论，探讨外向型汉语学习词典的释义模式。翁晓玲（2014）提出了构建汉语学习词典元语言的三个修辞准则：明了性准则、准确性准则和模式化准则。崔希亮（2022）针对外向型学习词典的研究现状提出了元语言问题的六个方面。还有学者认为释义文本应呈现句法、词法的相关信息。李红印（2008）认为，构词和造句是汉语学习词典编纂的两个核心，汉语学习词典应当加强构词和造句的处理。张相明（2009）认为，通过句法成分储备、常用句型梳理、句式表达确定、句法特征排列这四种方式可以全面且简明地呈现动词句法信息。

在词典文本的评估方面，许多学者对已有词典进行评估，但总体来说目前缺少权威的外向型汉语学习词典评估标准。张慧晶（2006）提出实用性是评判对外汉语学习词典的标准，认为释义不仅要突出义位的独立性和语义特征，还要重视文化附加义和词义的用法。尉晋炘、安华林（2014）认为词典文本评估的研究理论缺乏系统性。李睿（2022）使用修正后的卢与沙鲁斯卡（2017）评估框架对外向型汉语学习词典 APP 进行评估研究，发现该评估框架适用于外向型汉语学习词典 APP 的评估，指出目前汉语学习词典整体质量不高，并给出了编写建议。

1.2 词典用户使用调查及需求分析

国内词典用户使用调查及需求分析在 2016 年以后数量剧增，以硕士学位论文为主，其中以对手机词典 APP 的研究调查为主，少部分研究进行了国别化用户使用调查与分析。彭淑莉（2016）对汉语学习者进行了调查，结果显示将近 80%的学生使用汉语词典 APP，其中使用最多的是 PLECO；王晓涵（2021）对学生选择词典 APP 的原因进行了调查，结果显示 89%的人选择了"检索方便"这一选项，可见，检索是否方便对于使用者选用哪种词典有较大的影响；杨玉玲、李艳艳（2019）对汉语学习词典使用现状进行了调查，结果显示 77%的人使用 APP，使用人数最多的是 PLECO，占 54%，他们进一步对 PLECO 进行了考察，发现该电子词典存在许多问题，据此提出 APP 词典编写应当遵循外向性原则、科学性原则、实用性原则；范梦寒（2023）对留学生电子词典使用情况进行了调查，结果显示只有 31.5% 的人能够使用纸质词典，而能熟练使用电子词典的人数占比达到了 60%，学生更愿意使用电子词典；杨玉玲、李宇明（2023）认为，外向型学习词典存在供需错位的问题，其中很大一部分原因是编者缺乏用户意识，这是学习者不使用中国人编纂的汉语学习词典，而使用 PLECO 的一大重要原因，他们提出编者应当加强用户意识，应当编纂出多语言、检索方式和释义简单、收词范围广、排版精美的词典，以满足用户的需求。总体来说，研究结果表明，目前词典用户需要高质量的电子词典。

1.3 小结

从词典文本编写上看，许多学者从词典编排、词典编写原则等方面进行了研究，但总体来说，目前国内外向型汉语学习词典仍存在释义过难、用例过难等问题；从文本评估方面来看，目前还缺少统一的官方评估标准；从词典用户调查及需求分析看，尽管学界一直强调外向型汉语学习词典要重视用户需求，但结果却不尽如人意，供需错位问题一直存在。目前学界需要解决精准释义与释义过难之间的矛盾，研制属于本行业的评估标准，重视用户需求。

2 "融媒体"的相关研究

1983 年，美国麻省理工学院的伊契尔·索勒·普尔在《自由的科技》中提出了"传播形态融合"，被认为是最早提出"媒介融合"这一概念的人，他认为融合媒介就是指各种媒介呈现多功能一体化的趋势，指出这是模糊媒介边界线的过程。我国最早引入"媒体融合"这一概念的是蔡雯，她认为媒介融合包含"内容的融合、渠道的融合、终端的融合"三个方面。李良荣、周宽玮（2014）认为，媒体融合就是各种媒体的边界逐渐消融，而多功能复合型媒体逐渐占据优势的过程和趋势，是一种全方位、深层次的融合，而不是媒体形态的简单融合。关于融媒体目前国内尚无统一的定义，但可分为广义和狭义，从狭义看，融媒体是指两种或两种以上的媒体形态融合在一起，形成新的媒体形态；从广义上看，泛指所有媒体形态及其相关要素的结合、汇聚和融合。

融媒体应用于各行各业。许多企业或者政府部门都充分利用融媒体管理资源、发布新闻，更好地宣传自己。张守信、高坤（2023）主张将融媒与文化创新、文旅共建和公共服务等结合起来，助力乡村振兴；谢佳（2023）认为可利用数字技术赋能传统文化，助力传统文化破圈。相关部门也将其应用于舆论分析上，戴学东、黄乐曼（2023）做了利用媒体智库分析舆情的实践。教育领域也在利用融媒体为学生提供个性化服务，为学生推送符合其特点的资源，推动某一学科传播和教育的转型。出版行业则可利用融媒体的数字化、虚拟化和智能化推动行业转型升级。

综上，融媒体能实现资源融通、内容兼容，能够帮助各行各业把握行业发展趋势、增强宣传效果，为用户提供个性化服务，把握融媒大势，能推动行业转型升级。

3 融媒外向型汉语学习词典研究现状

融媒外向型汉语学习词典就是将融媒体或者说媒介融合与外向型汉语学习词典相结合，目前释义难度与精准释义问题一直是外向型汉语学习词典界致力解决的问题，融媒体能够实现资源融通，多渠道释义，有利于解决这一问题。同时融媒体更容易搜集用户的需求，有效解决供需错位问题。目前国内关于融媒外向型汉语学习词典的研究相对较少，大致可分为对现有外向型汉语学习词典 APP 进行调查研究、融媒外向型汉语学习词典开发理论研究、融媒外向型汉语学习词典开发实践三类。在对其进行分析之前，我们需要对融媒辞书相关研究进行梳理。

3.1 融媒辞书相关研究梳理

李宇明（2019）认为融媒辞书是以用户需求为导向，采用媒体融合理念和技术，改造和创新传统的辞书规划组织方式、辞书的编纂方式、内容呈现方式、使用服务方式等而形成的新形态辞书产品。李宇明、王东海（2020）指出融媒辞书的最大特点就是"跨界关联"。王兴隆、亢世勇（2021）认为，融媒辞书的核心特征是"词典—用户"融合互动观和"以用户为中心"的词典编纂原则。

目前融媒辞书还存在一些问题，如词典间重合内容多、缺少多模态词典文本、无法满足用户个性化需求、缺少融媒辞书人才等。基于此，许多学者认为，要利用智能技术，最大限度发挥融媒辞书的"融"这一特点，实现辞书由产品向服务工具的转变，满足用户需求。戴远军、徐海（2014），张国强（2018），章宜华（2019），孙述学（2019），吕靖（2020），亢世勇（2020），梅星星（2022）等都认为应开发数字化辞书编纂平台，整合相关资源，强化资源建设，实现跨媒介融合，加强编者与用户之间的融合，利用平台即时搜集用户反馈，满足用户需求，实现融媒辞书高质量发展。刘永俊（2021）认为，融媒辞书应重构知识框架、提供全息型知识服务、建设全效型平台生态、构建全员型主体模式。还有相当一部分学者指出，应培养辞书编纂人才，加强版权保护，建立电子词典评价机制，优化辞书出版途径。戴远军、徐海（2014）等认为应建立电子词典评价机制，促进融媒辞书高质量发展。廖海宏（2018）从在线双语词典编纂发展趋势、词典编纂语料的数据特征、词典编纂模式转型、词典信息表述方式变化等几个方面研究了在线双语词典编纂。孟杨阳（2021）、吕海春（2023）等认为应注重培养学术研究和融合型人才。孟杨阳（2021）、梅星星（2022）等认为应加强立法规范，保护词典版权。

3.2 现有汉语学习词典 APP 现状调查研究

现有词典 APP 现状调查研究较多，以对 APP 内容的准确性、丰富性、趣味性和 APP 是否符合用户需求进行调查为主。结果表明，现有 APP 趣味性较高，内容较丰富，但存在释义错误、词类错误、用例不合适等问题，无法满足用户需求。俞婷（2019）以 iOS 平台的 192 款汉语词汇学习 APP（其中词典类 APP 共有 29 款，提供词汇的发音、拼音、笔顺、释义和例句）为调查对象，以其中 5 款 APP 为重点调查对象，调查结果表明这 5 款 APP 具有使用方法简单、安全性高、更新快、满足用户个性化需求等优点，但也存在质量有待提高、趣味性差等问题。董宇（2021）对留学生汉语学习 APP 使用现状进行调查，从计算机技术、心理学、语言学习三个维度对 3 款词汇学习 APP 进行评估，结果显示，3 款 APP 在释义和配例方面都存在问题。

3.3 融媒外向型汉语学习词典开发理论研究

目前有关融媒外向型汉语学习词典开发理论的研究还比较少，已有研究包括词典界面设计和词典内容编写两方面。邱越（2017）对汉语学习软件进行开发设计，给出了软件界面、软件流程和内容的设计思路。在内容方面，吴梦珂（2017）针对新 HSK4 级词汇进行智能手机 APP 内容设计，提到要借助多媒体视听手段辅助词汇学习，并总结了 APP 设计的简要流程，认为词汇学习 APP 设计应当包括首页界面、复习界面、推荐课程界面、互动交流界面、个人设置界面五个方面。李宇明、王东海（2020）认为"融"就是要将不同媒体、辞书编纂者与用户、辞书与各种资源融合起来。郑艳群（2008）构建了融媒外向型汉语学习词典的模型。章宜华（2021）对多模态词典文本提出设计构想，认为只是用了图片与语音的电子词典只能算是多媒体词典，只有让文字、图片、色彩等模态之间相互融合才算是"多模态"。许舒宁（2021）认为融媒外向型汉语学习词典编写应遵循以用户为中心、以纸质词典为蓝本、以语料库为依托三项原则。李睿、王衍军（2020）提出用户以最快的速度获得信息和编者付出最小的努力两个编写原则。

3.4 融媒外向型汉语学习词典开发实践

目前融媒外向型汉语学习词典的开发研究相对薄弱，郑艳群（2008）基于汉语知识仿真系统进行实践，结果表明以图释义和建设图片素材库是可行的、有科学依据的。目前国内公认较好的融媒外向型汉语学习词典是杨玉玲团队开发的 JUZI 汉语，JUZI 汉语从宏观上凸显服务意识、凸显学习功能、转变编写和出版模式、跳出词典编纂本体，从微观上，首先对 10240 个词目进行释义，并提取 3300 个释义元词，控制释义用词难度，配例与用词遵循"≤i 原则"，使用语料库提取常用搭配和偏误，提供易混淆词辨析，凸显学习性，提供丰富的自主练习，构建词汇语义网络，帮助学生构建心理词汇语义网络，提高学生自主学习能力。毫无疑问，JUZI 汉语无论从宏观还是微观出发，都是当前融媒外向型汉语学习词典中比较权威的词典，是国际中文教育界融媒外向型词典编纂的重大尝试。

3.5 小结

综上所述，目前融媒外向型汉语学习词典研究总体来说不够充分，在词典开发理论研究方面，目前编纂系统和融媒资源库建设、词典出版路径、编者与用户融合、资源与辞书融合、词典评估标准、如何解决词典间内容重叠问题等方面的研究薄弱；在词典开发实践方面，尽管一直在提以用户需求为导向，编写融媒外向型汉语学习词典，但事实上很多词典没有做到关注用户需求，所谓的电子词典也不是真正的融媒体词典。

4 融媒外向型汉语学习词典研究展望

根据上述研究，我们认为，融媒外向型汉语学习词典未来应加强多模态词典文本编写、词典评估标准建设、词典编写融媒资源库建设、词典编纂系统建设等四个方面的研究。

4.1 词典文本多模态化

章宜华（2019）认为，"融媒体辞书的核心是词典文本和一切与文本生产、存贮、传播相关的活动的高度融合"，实现融媒体词典的关键是改变词典文本组织形式和编码方式。词典文本多模态化是实现融媒词典的必由之路。多模态可以模拟自然语言环境，有利于解决精准释义与释义语言过难之间的矛盾，帮助学生更好地学习汉语，陈贤德（2023）考察了多模态释义与英语词汇学习间的关系，结果表明多模态释义有助于学习者学习词汇。多模态包括文字模态、声音模态、语音模态、图形模态、动画模态、触觉模态等，但一个或一类词适合哪种模态或哪几种模态，哪种或哪几种模态组合能更好地释义，这是需要我们进行研究的。已有的多模态词典文本研究主要聚焦于多模态含义、多模态文本编写理念等方面，几乎没有对某类或某几类词的多模态释义选择进行的研究，在未来需要加强这方面的研究。

4.2 编写出权威的词典评估标准

词典作为汉语学习者常用的辅助工具，需要严格把关。陈楚祥（1994）提出了"宗旨是否明确""收词是否全面""释义是否精准"等十项评估标准。魏向清（2001）提出了"编纂理据充分，有针对性""编纂方法有效，有实用性""编纂质量优良，有学术性"等六大标准。编写融媒外向型汉语学习词典的评估标准，可借鉴前人的研究，但更要根据时代发展融入新的理论。融媒外向型汉语学习词典评估标准的内容应该包括宗旨是否明确、词汇覆盖范围是否全面、词汇处理是否科学、词典的页面设计是否合理、词典是否引入人工智能、是否能满足用户需求等方面。词汇覆盖情况要考察收词范围和常用词是否都收进来了。词汇处理情况包括释义、用例是否合适，是否分级释义，是否符合多模态词典文本的要求，发音是否标准等。词典页面设计包括是否精美、操作是否方便、词条查询是否方便等。词典是否引入人工智能主要看词典是否提供AI助手，学生能否在查询该词后，使用该词与AI助手进行会话练习，是否有AI助手对学习者给出反馈，词典的释义也可以通过AI分析用户的年龄、水平、国别等给出相对应的释义。是否满足用户需求需要看词典在编写过程中是否让用户参与其中，是否搜集用户的意见，是否建立用户评价机制。

4.3 建设融媒资源库和词典编纂系统

建设一个融媒资源库，该资源库里的所有资源都经过作者允许，这样可以减少版权纠纷问题，编者不用自己去搜集，可以节省编者的精力。该资源库应该包括已出版的外向型汉语学习词典、视频、动图等，也应有人工智能，编者可以通过人工智能生成自己想要的资源，编者能够在上面建立自己的融媒资源库。编纂系统应具有自动排版功能、发布功能、语料处理功能、发布功能、统计功能、可视化编辑功能等，能够与各大办公软件衔接，能够直接对标出版的词典，这样可以方便编者根据用户反馈随时进行修改。还应当存储编者的编写日志，这样可以帮助编者回顾编写历程，明确自己的编写进程，也能看到自己的成长，在该系统上，编者还能与其他同行交流，自己编写的素材也可以直接放入融媒资源库。该编纂系统应能够分析用户的需求，为用户推送个性化服务。

5 总结

国际中文教育数字化转型是目前国际中文教育发展的大趋势，要实现这一目标，需要实现外向型汉语学习词典由传统单一纸质化向融媒体方向转型，但目前国内融媒外向型汉语学习词典还存在释义较难、并未实现真正意义上的多模态等问题，需要我们积极转变编写理念，在实践中形成自己的编写模式，制定出一套评估标准，建设出融媒资源库和词典编纂系统。

参考文献

[1] 安德源. 汉语词典用户的词典信息需求调查. 辞书研究，2012(02).
[2] 安志伟. 国际汉语推广视野下的汉语学习词典编纂问题. 中国出版，2014(15).
[3] 蔡雯，王学文. 角度·视野·轨迹——试析有关"媒介融合"的研究. 国际新闻界，2009(11).
[4] 蔡永强.《当代汉语学习词典》配例分析. 辞书研究，2008(03).
[5] 蔡永强. 外向型汉语学习词典的释义用词. 辞书研究，2018(04).
[6] 陈楚祥. 词典评价标准十题. 辞书研究，1994(01).
[7] 陈伟. 新词典学范式与数字化出版. 中国图书评论，2008(10).
[8] 陈贤德，杨玉玲. 基于内容分析法的在线英语学习词典用户评价模型构建. 外国语文，2024，40(01).
[9] 陈潇. 外向型汉法词典词汇搭配用户需求分析——以法国汉语专业学习者为例. 外国语文，2016，32(02).
[10] 崔希亮. 汉语学习词典的元语言问题. 汉语学习，2022(06).
[11] 戴远君，徐海. 电子词典研究现状与展望. 辞书研究，2014(04).
[12] 傅爱平，吴杰，张弘，李芸. 人机交互式的汉语辞书编纂系统. 辞书研究，2013(06).
[13] 高慧宜. 一部易查易懂的对外汉语学习词典——《商务馆学汉语词典》评论. 辞书研究，2009(06).
[14] 郝瑜鑫，王志军. 国外汉语学习词典需求之探讨——以美国为例. 华文教学与研究，2013(03).
[15] 贺敏. 关于双语融媒辞书产品设计特征创新的思考——以词博士APP为例. 编辑学刊，2023(02).
[16] 黄芳. 国内出版社词典APP融媒体特征调查分析——以商务印书馆和外语教学与研究出版社为例. 辞书研究，2023(05).
[17] 季瑾. 基于语料库的商务汉语学习词典的编写设想. 语言教学与研究，2007(05).
[18] 金沛沛. 对外汉语学习词典研究30年. 云南师范大学学报(对外汉语教学与研究版)，2015(03).
[19] 雷华，史有为. 工具的工具：词典的易懂与易得——关于对外汉语学习单语词典. 语言教学与研究，2004(06).
[20] 李红印. 构词与造句：汉语学习词典编纂的两个重心. 语言文字应用，2008(02).
[21] 李良荣，周宽玮. 媒体融合：老套路和新探索. 新闻记者，2014(08).
[22] 李禄兴. 从静态释义到动态释义——《当代汉语学习词典》释义方法的新探索. 辞书研究，2008(03).
[23] 李禄兴. 谈汉语学习词典的科学性问题. 辞书研究，1999(05).
[24] 李睿，王衍军. 功能词典学理论下外向型在线汉语学习词典的编纂与构建. 华文教学与研究，2020(01).
[25] 李宇明，王东海. 中国辞书历史发展的若干走势. 鲁东大学学报(哲学社会科学版)，2020，37(01).
[26] 李宇明. 融媒时代的辞书生活. 中国辞书学会第十届中青年辞书工作者学术研讨会，2019.
[27] 廖海宏. 基于数据处理的在线双语词典编纂研究. 新余学院学报，2018(06).
[28] 刘成勇. 解析"商务印书馆辞书语料库及编纂系统". 科技与出版，2007(12).
[29] 刘川平. 对外汉语学习词典用例效度的若干关系. 汉语学习，2009(05).
[30] 刘若云，张念，陈粉玲. 外向型汉语学习词典用例的语言与内容. 语言教学与研究，2012(04).
[31] 刘永俊. 辞书融合出版的优化路径研究——兼评《现代汉语词典》(第7版) APP. 北京联合大学学报(人文社会科学版)，2021(02).
[32] 鲁健骥，吕文华. 编写对外汉语单语学习词典的尝试与思考——《商务馆学汉语词典》编后. 世界汉语教学，2006(01).
[33] 吕海春. 中国辞书数字化发展三十年. 语言战略研究，2023(05).
[34] 吕靖. 数字时代：纸质辞书的挑战与融媒体词典的机遇. 出版广角，2020(13).

[35] 梅星星. 移动互联网时代下辞书出版社开发词典 APP 的对策研究. 传播与版权，2022(03).

[36] 孟建，赵元珂. 媒介融合：粘聚并造就新型的媒介化社会. 国际新闻界，2006(07).

[37] 孟杨阳. 传统辞书的"融媒"之路. 科技传播，2021(06).

[38] 秦晓惠. 信息时代的词典编纂与研究——亚洲辞书学会第八届国际词典大会研究综述. 辞书研究，2015(01).

[39] 荣月婷. 对外汉语学习词典中模糊限制语语用信息研究. 西安电子科技大学学报(社会科学版)，2013(05).

[40] 孙述学. 辞书数字出版的三个方向——以《新华字典》第 11 版 APP 的开发为例. 辞书研究，2019(03).

[41] 唐舒航. 融媒体时代数字化词典编纂出版的现状及其问题. 西华大学学报(哲学社会科学版)，2021(05).

[42] 王弘宇. 外国人需要什么样的汉语词典. 世界汉语教学，2009(04).

[43] 王淑华. 按义项排列词条——汉语学习型词典编纂的一种尝试. 语言文字应用，2012(02).

[44] 王兴隆，亢世勇. 新时代融媒体汉语学习词典的融合特征及其优化路径——以《当代汉语学习词典》为例. 语言文字应用，2021(04).

[45] 魏向清. 关于构建双语词典批评理论体系的思考. 外语教学与研究，2001(01).

[46] 翁晓玲，巢宗祺. 基于元语言的对外汉语学习词典释义模式研究. 语言文字应用，2011(04).

[47] 翁晓玲. 汉语学习词典元语言的修辞准则——兼论《商务馆学汉语词典》的释义元语言问题. 当代修辞学，2014(05).

[48] 吴瑶. 外向型汉语学习词典研究四十年. 四川外国语大学硕士学位论文，2021.

[49] 夏立新. 对外汉语学习词典的出版和使用者调查研究. 出版科学，2009(01).

[50] 解竹. 浅析融媒外向型汉语词典的发展路径. 传播与版权，2021(08).

[51] 徐玉敏，张伟.《当代汉语学习词典》的理论基础与体例特色. 辞书研究，2008(03).

[52] 许舒宁. 论融媒体时代对外汉语学习词典的编写与出版. 出版广角，2021(14).

[53] 杨颖慧. 融媒体内涵研究的文献综述研究. 时代人物，2021(1).

[54] 杨玉玲，李宇明. 外向型汉语学习词典的供需错位和出路. 辞书研究，2023(06).

[55] 杨玉玲，宋欢婕，陈丽姣. 基于元语言的外向型汉语学习词典编纂理念和实践. 辞书研究，2021(05).

[56] 杨玉玲. 融媒时代外向型汉语学习词典编纂理念与实践. 首都师范大学学报(社会科学版)，2022(02).

[57] 云虹，李亮.《中华白酒文化汉英词典》编纂云端平台设计与实现. 教育现代化，2019(52).

[58] 张国强. 略谈辞书编纂中人工智能技术的应用. 出版与印刷，2018(04).

[59] 张淑文. 对外汉语学习词典中的语法条目化浅谈——以述补结构为例. 辞书研究，2009(01).

[60] 张伟，杜健. 编纂汉语学习词典的几点理论思考. 辞书研究，1999(05).

[61] 张相明. 题元理论与对外汉语学习词典动词句法处理. 暨南大学华文学院学报，2009(02).

[62] 章宜华，杜焕君. 留学生对汉语学习词典释义方法和表述形式的需求之探讨. 华文教学与研究，2010(03).

[63] 章宜华，廖彩宴. 融媒体时代辞书创新人才的培养与制度建设——兼谈辞书强国与人才队伍建设的关系. 辞书研究，2019(03).

[64] 章宜华，刘辉. 基于微观数据结构的双语词典生成系统初探. 外语与外语教学，2007(08).

[65] 章宜华. 对外汉语学习词典释义问题探讨——国内外二语学习词典的对比研究. 世界汉语教学，2011(01).

[66] 章宜华. 对我国电子词典发展策略的几点思考. 辞书研究，2007(02).

[67] 章宜华. 汉语学习词典与普通汉语词典的对比研究. 学术研究，2010(09).

[68] 章宜华. 论融媒体背景下辞书编纂与出版的创新. 语言战略研究，2019(06).

[69] 章宜华. 略论融媒体辞书的技术创新和理论方法. 语言文字应用，2022(01).

[70] 章宜华. 融媒体视角下多模态词典文本的设计构想. 辞书研究，2021(02).

[71] 章宜华. 融媒体英语学习词典的设计理念与编纂研究. 外语电化教学，2021(03).

[72] 赵刚. 关于对外汉语教学词典研编的一些思考. 出版发行研究，2013(11).

[73] 赵新，刘若云. 关于外向型汉语词典释义问题的思考. 语言教学与研究，2009(01).

[74] 郑定欧. 对外汉语学习词典学刍议. 世界汉语教学，2004(04).
[75] 郑林啸.《当代汉语学习词典》的选词、立目和编排. 辞书研究，2008(03).
[76] 郑林啸. 外向型汉语学习词典的注音研究. 汉语学习，2009(04).
[77] 郑艳群.《商务馆学汉语词典》插图评析. 世界汉语教学，2009(01).
[78] 郑艳群. 理想的对外汉语学习词典模型. 辞书研究，2008(02).
[79] 钟理勇. 融媒. 北京：中国财富出版社，2021.
[80] 朱莉芝，夏德元. 从词条释义到个性化知识服务——辞书数字化发展趋势探析. 编辑学刊，2017(05).
[81] 朱瑞平. 论留学生用汉语语文词典编纂的几个原则性问题. 北京师范大学学报(人文社会科学版)，2002(06).

数字化背景下全球汉语学习网站现状分析研究

周 露[1]　王 贺[2]　王一凡[3]

[1,2,3] 燕山大学 文法学院 066004

[1] luzhou202210@qq.com　[2] 1332483168@qq.com　[3] 791121192@qq.com

摘　要：本文以数字化背景下全球汉语传播动态数据库为依据，对全球范围内汉语学习网站的发展特点、开发者所属国别及运营模式的现状进行了分析，发现目前汉语学习网站整体上缺乏趣味性，互动性资源稀缺，评价与反馈机制不完善。针对这些问题，本文从开发者与政府两个角度提出增强网站趣味性、建立用户反馈机制、加大资金投入等优化建议。

关键词：汉语学习网站；数字化；中文教育

Analysis and Research on the Current Situation of Global Chinese Language Learning Websites under the Digital Background

Zhou Lu[1]　Wang He[2]　Wang Yifan[3]

[1,2,3] School of Humanities and Law, Yanshan University, 066004

Abstract: Under the background of digitalization, based on the global Chinese communication dynamic database, this paper analyzes the development characteristics of Chinese learning websites around the world, the countries of developers and the status quo of operation modes, and points out the problems such as the lack of interest, the scarcity of interactive resources, and the imperfect evaluation and feedback mechanism of Chinese learning websites. In view of these problems, this paper puts forward some optimization suggestions from the perspectives of developers and governments, such as enhancing the interest of websites, establishing user feedback mechanism, and increasing capital investment, so as to promote the innovation of Chinese education and promote the development of Chinese websites around the world.

Key words: Chinese learning website; digitalization; international Chinese language education

0　研究背景

教育部在2022年举办的第六场"教育这十年"系列发布会上指出，截至2021年年底，共有76个国家将中文纳入国民教育体系，外国正在学习中文的人数超过2500万，足见目前全球汉语学习热情高涨。但汉语学习者数量的激增带来的是海外师资紧缺、分布不均等问题，传统课堂教学模式的局限性也日益凸显。在网络多媒体技术飞速提升的大背景下，汉语学习网站得到更广泛的应用。

近年来，国内外利用数字化技术开发的汉语学习网站越来越多，为汉语学习者提供了便捷、灵活和个性化的学习资源。许多专家学者将其作为研究对象进行了一系列相关研究。目前有关汉语学习网站的研究大致从两个角度展开。一个角度是在国别层面，分为国内、国外两个方向，对汉语学习网站相关建设、资源及使用情况进行论述。苏宝华、张凤芝（2005）以具体例证的方式为国内专题型汉语学习网站的建设提供了思路和方法。肖俊敏、黄如花（2011）对国内汉语学习网站资源的类型与特点进行了总结，并在此基础上提出了资源建设策略。宋惠娟（2008）从技术、服务、内容、理念等角度对国外具有代表性的汉语学习网站进行了分析和综述。周晓梁（2013）、兰小清（2016）、徐河娜（2018）、况俐（2021）等分别从法国、俄罗斯、韩国、印度尼西亚的具体情况出发，对外国汉语学习网站的建设与使用情况进行了调查探究。另一个角度是就汉语学习网站自身建设层面，从资源利用、设计开发、具体内容、教学模式等方向进行论述。赵越（2010）、韦清（2014）探讨了基于 B/S 结构及 PHP 技术进行汉语学习网站建设的可行性与系统方案。洪波、刘馨忆（2011）从课程设置、教学方法、教学活动等几个方面对国内外具有代表性的四个汉语学习网站进行了模式探究。刘露琪（2016）采用网络计量的研究方法对汉语学习网站的内容展开研究，并就研究结果提出了针对性建议。

通过以上研究不难发现，关于汉语学习网站的研究主要是对某一类、某一部分或某一区域的资源使用情况进行的调查研究，对于数字化资源类内容——全球汉语学习网站的整合性研究还相对较少。对这些供教师和学生使用的汉语学习网站是否丰富多样，具体有何种用途与功能等问题，还没有系统化的概括与说明。深入了解这些汉语学习网站的发展现状、面临的挑战和未来的发展方向，可为汉语教育的数字化转型提供有益的参考和指导。

2023 年初，中共中央、国务院印发《数字中国建设整体布局规划》（以下简称《规划》），提出到 2035 年，中国数字化发展水平进入世界前列，数字中国建设将取得重大成就，国家教育数字化战略行动全面实施，国家智慧教育公共服务平台正式开通，建成世界第一大教育资源库，优质教育资源开放共享格局初步形成。这一《规划》的实施，为我国各级各类数字化教学资源建设带来新的机遇，为全球性数字化发展注入新的活力。全球汉语传播动态数据库在这一背景下面向全球开放，它是由吴应辉等主持建设的数据库网站，对国别中文教学发展、国际中文教学资源、全球中文师资、孔子学院发展等进行了统计。截至 2023 年 3 月 21 日，数据库共收录 196513 条数据，本文以这一数据库中收录的 404 个汉语学习类网站为研究对象，对数字化学习资源进行探析，采用定量和定性研究方法，从内容特点、开发者所属国别及运营模式三个角度进行分析，提出了目前存在的问题以及优化建议，以期帮助教师、学生更加合理、有效地使用汉语学习网站，促进数字化背景下全球汉语学习网站的资源建设与优化升级。

1 全球汉语学习网站建设分析

本文数据皆来源于"全球汉语传播动态数据库"，该数据库是由北京语言大学吴应辉教授主持建设的，包含国别中文教学发展库、国际中文教学资源库、全球中文师资库、汉语国际传播典型案例库、孔子学院发展数据库、海外华文教育库、科研项目库共七个子库,截至 2023 年 3 月 21 日,数据库共收录 196513 条数据。汉语学习网站属于国际中文教学资源下数字教学资源中的一种。

1.1 全球汉语学习网站的发展特点

全球汉语传播动态数据库从课程、素材、机构、工具、平台等角度对 404 个全球汉语学习网站进行了分析。为进一步了解全球汉语学习网站,我们在已有分类的基础上进一步将其划分为 26 个小类,具体情况如表 1 所示。

表 1 汉语学习网站内容分类及占比表

划分角度		用途细分	各类百分比
机构角度		服务类资源	8%
		地区性资源	4%
		学校课程资源	79%
		整合型资源	9%
素材角度		辅助学习资源	68%
		课堂教学资源	30%
		其他	2%
课程角度	面向学段	非全学段	12%
		全学段	88%
	针对国别	单个国别	10%
		综合国别	90%
	教学方式	一对一	9%
		综合型	91%
工具角度		词典/字典	27%
		翻译软件	21%
		汉字	21%
		拼音	10%
		资源整合	18%
		其他	3%
平台角度		辅助教学系统	83%
		家教互动平台	17%
其他角度		书报读物	38%
		音视频资源	14%
		方言学习	10%
		数据库资源	9%
		其他	29%

由表 1 可知，全球汉语学习网站从课程角度看可进一步从面向学段、针对国别和教学方式三个维度来考察。从教学方式上可进一步划分为一对一、综合型两类。从工具角度看可进一步划分为词典/字典、翻译软件、汉字、拼音、资源整合、其他六类。从平台角度看，分辅助教学系统、家教互动平台两类。从其他角度看，分书报读物、音视频资源、方言学习、数据库资源、其他五类。不同类别的占比反映出汉语学习者多种多样的需求差异，为我们更深入地研究汉语学习网站、更好地把握汉语学习者的学习特点提供了数据辅助。

从机构角度看，学校课程资源占比 79%，这些由全球各所大学开发的汉语学习网站的用途大多以提供中文课程、供汉语学习者进行中文主修与辅修为主，比如芝加哥大学的 "East Asian Languages and Civilizations"、斯坦福大学的 "East Asian Languages and Cultures" 等网站都是将线下传统课堂教学课程建设成线上汉语学习资源，不仅吸纳了更多校内其他专业的汉语爱好者进行汉语学习，还在一定程度上满足了区域性汉语的学习需求。从这些网站本身的内容来看，学校课程资源具有权威性和系统性，能够为学习者提供有组织的、有针对性的汉语学习内容。学校课程资源通常由专业的教师团队开发，涵盖了语法、词汇、听说读写等方面的教学内容，能够满足学习者从基础到高级的学习需求。

从素材角度看，辅助学习资源相较其他两种用途更具数量优势，与数字化背景下汉语学习网站建设的初衷——为汉语学习者提供更加不受时地限制、便捷易获取的学习资源相关联，如 "A Chinese Text Sampler" "汉语阅读" 等网站。这些丰富多样的辅助学习类素材资源既能作为学习者汉语课堂学习的补充，为其进一步巩固和理解课堂上所学的知识提供极大帮助，又能很好地满足学习者纷繁的个性化需求。

从课程角度看，其中全学段、综合国别与综合型教学模式资源内容均为三个维度中占比较高的内容。可以看出开发者目前仍然致力于开发综合型资源网站，综合型内容本身更容易满足不同国家、不同年龄层次、不同目标人群多样化的汉语学习需求，综合型教学模式更能使汉语学习者获得丰富的学习体验，使得这一部分内容更具市场优势。

从工具角度观察其内部资源用途情况，我们发现汉语学习者的主要关注点还是集中在汉语语言要素的学习上，比如词典/字典类 "Dictionary Reference" 等网站，为学习者提供查找和学习汉语词汇的得力工具，为其了解词汇的意义、用法及搭配提供较大帮助；汉字学习 "CHINESE-TOOLS" 与拼音学习 "QuickPin" 等网站资源，使非汉语文化圈汉语学习者产生汉语入门兴趣，帮助其适应不同体系文字的特性。总而言之，工具类汉语学习网站这种针对汉语语言要素内容进行分项的资源建设，符合二语学习的思维习惯。

从平台角度看，主要是面向教师与学生，为其提供教学平台与相对小众的汉语学习资源内容，如 "Flipgrid" "Survival Chinese Lessons" 等网站资源。尽管这些内容目前还不够丰富，但其对辅助教师进行汉语教学，帮助汉语学习者多角度了解、体味汉语知识仍具有不可替代的作用。

1.2 全球汉语学习网站国别分布特点

数字化技术的快速发展为语言学习提供了全新的机遇和方式，多元化的国别开发表明汉语作为一门重要的国际语言，在全球范围内的影响力和需求持续增长。汉语学习网站开发者所属国别如图 1 所示。

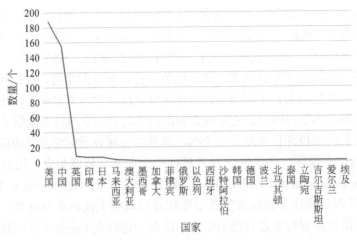

图 1 全球汉语学习网站开发者所属国别图

由图 1 可知，截至 2023 年，共有 23 个国家建设了 400 多个汉语学习网站。胡范铸、张虹倩、陈佳璇（2022）指出，美国中文教育发展至今已有 140 余年的历史。经过百余年的发展，美国的中文教育站在了全球中文教育的前列。此外，美国汉语学习网站的数量高于中国，与其开放的互联网文化环境、多样化的学习需求也息息相关。个人可以自由地创建和维护汉语学习网站，如理查德·西尔斯创建了"Chinese Etymology"，列出了数千个字符的汉字词源和历史文字样本。温特斯·杰夫创建了"Liwin's Cyber Chinese Calligraphy"，提供了《实用汉语读本I》的笔顺动画和人物发音。此外，美国是一个多元文化的国家，学校拥有大量的汉语学习者，在 200 个汉语学习网站的开发中，有接近一半的学习网站是大学开发的，这些学习者包括学生、教师、商务人士、文化爱好者等不同群体，为了满足不同需求的学习者，美国多样化的汉语学习网站涵盖了词典、翻译、学习资料等方面。如，哈佛大学开设的"Chinese Pronunciation Guide"，斯坦福大学的"East Asian Languages and Cultures"，密歇根大学的"Chinese Program"等。

除美国外，其他国家汉语学习网站的建设与"一带一路"或隶属"汉字文化圈"相关。

"一带一路"倡议的实施促进了汉语教育发展，推动了语言交流和文化传播，进一步加强了共建国家之间的联系和合作。2013 年习近平总书记提出共建"一带一路"的倡议，旨在促进亚洲、欧洲和非洲等国家之间的互联互通和合作发展。在 23 个建设汉语学习网站的国家中，印度、马来西亚、菲律宾、俄罗斯等十多个国家为"一带一路"合作国，这些国家在与中国进行经济合作的同时，也在积极参与推动汉语学习的发展。

隶属"汉字文化圈"的国家如韩国、日本、泰国、菲律宾、缅甸对汉语学习的需求较高。这与历史、经济等多重因素密不可分。1988 年，日本语言学家野村雅昭提出"汉字文化圈"这一概念，即在东亚位置上，受中国政治文化影响，形成过去使用汉字或现在仍然使用汉字的地域，即"汉字文化圈"。历史上，这些国家与中国有着长期的文化交流，如日本的汉字书写系统、政治制度和文化传统都受到了中国的影响。经济上，中国作为全球重要的经济大国，对外贸易和投资的规模不断扩大，韩国、日本、泰国、菲律宾、缅甸等国与中国经济联系紧密，学好汉语能够更好地与中国商界进行沟通合作。

1.3 全球汉语学习网站运营特点

本小节将从官方与非官方、是否收费两个角度深入分析全球汉语学习网站的运营特点。首先，我们将汉语学习网站中的"官方"定义为：国家类机构组织（如中央电视台、国家外语中心）开发的汉语学习网站。这些网站通常承载了国家层面的汉语推广和教育使命，内容权威、资源丰富。"非官方"定义为由大学、公司、个人等非官方机构或个体开发并运营的汉语学习平台。大学类网站如中国科学院、华盛顿大学等高等教育机构创建的汉语学习平台，往往结合了学术研究与实践教学；公司类网站如悟空中文、领格等，提供商业化汉语教学服务；个人类网站则可能由汉语教育者、语言爱好者等创建。

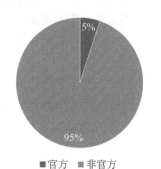

图 2　全球汉语学习网站类型图（官方/非官方角度）

由图 2 可知，官方开发的汉语学习网站数量远低于非官方。虽然官方汉语学习网站的开发数量远低于非官方，但仍具备重要作用。如拥有讲练—复练短期强化教学、视听说教学、大综合教学、大小课教学、线下与线上自主学习等五种教学模式的"长城汉语"；针对 K12、大学生、商务人士、文化爱好者等不同年龄阶段、不同职业的"CCTV学汉语"。该类型网站通常能够提供权威、可靠的学习资源，具备教学标准和质量保证，同时也可以充当官方机构与国际社会进行汉语教学交流的窗口。

从全球汉语学习网站的数量来看，官方开发的汉语学习网站数量明显低于非官方的。然而，这并不意味着官方汉语学习网站的影响力较弱。相反，一些知名的官方汉语学习网站，如"长城汉语""CCTV 学汉语"等，凭借其权威的教学资源、多样化的教学模式以及针对不同年龄阶段和职业群体的个性化教学内容，在全球范围内拥有广泛的影响力。

汉语学习网站的公益性与营利性直接决定了其提供的服务和资源的性质。为此，我们从免费、收费、"免费+收费"三个角度对全球汉语学习网站进行了分类和分析。具体情况如图 3 所示。

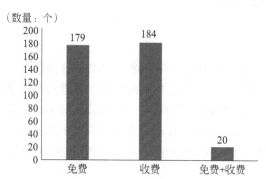

图 3　全球汉语学习网站类型图（是否收费角度）

由图 3 可知，全球汉语学习网站中收费的网站数量为 184 个，免费的网站数量为 179 个，"免费+收费"的网站数量较少，仅有 20 个。收费模式的差异在一定程度上反映了汉语学习网站在服务水平上的差异。免费的汉语学习网站通常注重教育公益、学术交流和文化传播，更加关注学习者的学习成果和社会效益。这些网站通过提供丰富的免费资源和优质的服务吸引学习者，为汉语教育的普及和推广做出了重要贡献。收费的汉语学习网站则更加注重营利性，通过提供专业、个性化的教学服务满足学习者对于高质量汉语学习的需求。这些网站往往拥有更为丰富的教学资源和先进的教学技术，能够为学习者提供更为全面、系统的汉语学习体验。而采取"免费+收费"混合模式的网站则试图在公益性与营利性之间寻求平衡。它们既提供部分免费资源吸引学习者，又通过收费服务为学习者提供更为深入、个性化的学习体验。这种混合模式在一定程度上兼顾了学习者的不同需求和网站的经济利益。

综上所述，全球汉语学习网站在官方与非官方、是否收费等方面呈现出多样化的运营特点。这些特点不仅反映了不同机构或个体在汉语教育领域的不同定位和策略选择，也为汉语学习者提供了丰富多样的学习资源和更大的选择空间。

2 全球汉语学习网站存在的问题

2.1 内容上教学模式单一、缺乏趣味性

经调查我们发现，在全球汉语学习网站中部分平台如"ChinesePod""Quizlet"和"HelloChinese"等，其教学内容过度集中在汉语词汇的学习上，忽视了语言交流能力的培养，教学模式较为单一。像"Transparent Language Chinese Blog""Chinese-forums"和"Chinese-tools.com"等网站，其学习流程单调乏味，缺乏个性化教学内容，无法满足不同学习者的多元化需求。此外，如"Chinese Grammar Wiki""Chinese Boost Grammar Lessons"和"Hacking Chinese Grammar"等网站过于强调语法规则及概念的解释，脱离实际语境和语言运用情境，使学习过程变得抽象且乏味，难以将语法知识有效地转化为实际语言运用能力。"Chinese-flashcards""Archchinese"和"Yellowbridge"等网站虽然提供了丰富的练习题库，有助于知识的巩固，但过度依赖练习题库，使得学习过程变得单调，缺乏趣味性和实际应用性。这些问题共同揭示了当前部分汉语学习网站在教学模式和趣味性方面的不足，亟待改进和优化。

2.2 互动性资源稀缺

在考察的404个汉语学习网站中，尽管这些网站平台根据汉语的特点、语言要素的分类及等级化的学习需求为汉语学习者提供了清晰的学习思路和明确的学习重点，但具有互动性质的课堂教学系统（如"WiZiQ"网站）和家教互动平台资源（如"edmodo"网站）的数量却极为有限。这导致汉语学习者在大多数网站上只能进行知识的"输入"，而无法及时在学习并掌握这些知识后进行"输出"，从而不利于他们对自己学习效果的把握。

2.3 评价与反馈机制不完善

有效的评价和反馈机制是改进教学的重要渠道，它能帮助汉语学习者识别自身的不足和优势，并激发他们学习汉语的动力。然而，经过对全球汉语学习网站的检索，我们发现仅有四个网站（即"nearpod""Google Classroom""Attigo""Integrated Chinese: Multimedia Exercises"）明确标注了评价与反馈的功能。这表明，在大多数汉语学习平台上，评价与

反馈的融入度仍然较低。进一步分析这些平台，我们发现大多数网站主要侧重于学生对课程资源内容的评价，而忽视了教师评价、学生自评以及学生间的互评机制。这种单一的评价方式不仅限制了评价的全面性和客观性，还削弱了学习平台的互动性，使得学习体验大打折扣。这将导致平台和教师难以及时获取汉语学习者关于学习效果的反馈，从而影响教师教学与学生学习的效率。同时也阻碍了开发者对网站进行有针对性的优化。

3 全球汉语学习网站优化建议

3.1 增强汉语学习网站的趣味性

可以通过游戏化、互动化、文化体验和社交互动等方式增强汉语学习网站的趣味性，使学习者在愉悦的学习氛围中提升汉语水平，具体包括以下几方面。

第一，将游戏化设计融入汉语学习，设置闯关、解谜、角色扮演等元素，使学习者在玩游戏的同时获得汉语知识和技能。如汉字拼图、汉字填字游戏或汉字接龙等互动游戏，可让学习者通过游戏的方式记忆和练习汉字。第二，开展互动活动，例如线上竞赛、社区讨论、在线合作项目等，让学习者参与其中，增加学习的趣味性和社交性。第三，提供丰富多样的多媒体资源，如动画、音频、视频等，学习者可以欣赏中国流行音乐、观看中国电影或电视剧，并通过歌曲翻唱或角色扮演等方式进行练习，增加学习的趣味性和可视化效果。第四，为学习者提供互动平台，通过语音识别技术，提供在线口语练习功能，让学习者可以与虚拟角色对话或进行实时语音互动。例如，设计角色扮演场景，学习者可以扮演不同的角色进行对话练习等。第五，设计实践任务和项目，创建互动式的汉语学习故事，根据故事情节进行选择和决策，从而影响故事的发展。结合汉语学习与中国文化体验，提供虚拟的旅游体验或文化活动。例如，学习者可以参观虚拟的中国名胜古迹、制作传统美食或参与中国传统节日庆祝活动。第六，VR 教学，利用虚拟现实技术，创建沉浸式的学习环境，让学习者能够身临其境地体验汉语语境和文化。通过虚拟场景，学习者可以参与互动式的汉语对话、文化体验和语言实践，从而增强学习的趣味性和学生的参与度。

3.2 建立用户反馈机制

为了提升汉语二语学习者的学习效果，应进一步完善汉语学习网站的评价与反馈机制。具体而言，包括以下几个方面。

第一，提供多样化的反馈渠道，如在线表单、电子邮件、社交媒体、用户论坛等。第二，在网站中设立专门的反馈页面或板块，在页面上提供清晰的指引，包括反馈的内容、如何提供反馈以及反馈处理的时间等信息。第三，定期邀请用户参与调查和评估，通过问卷调查、用户访谈或焦点小组等方式收集用户意见和建议。第四，关注社交媒体和用户论坛，留意用户对网站的反馈和讨论，回应用户的问题和意见，与用户进行互动交流，更好地了解他们的需求。第五，及时回复用户反馈，无论是正面的还是负面的意见。回复可以表达对用户的感谢和重视，积极的回应能够增强用户的参与感和信任感。第六，分析整理用户反馈数据，通过数据分析，可以发现用户的共性需求和问题，有利于进行有针对性的改进和优化。

增强用户参与感可以促使他们更加积极地使用网站，与其他用户分享经验，进一步扩大网站的用户群体。此外，通过用户反馈平台，用户之间可以进行交流和协作，分享学习心得、讨论问题、互相解答疑惑，从而形成学习共同体。

3.3 加大汉语学习网站资金投入

加大资金投入，提供技术支持，设立用于汉语学习网站建设的专项资金，具体包括以下几方面。

第一，内容开发与制作，包括教材、课件、视频教程、在线练习等。这些内容应具备吸引力、实用性和多样性，以满足学习者的不同需求和兴趣。第二，提供师资培训和支持，提高他们的教学和运营能力。同时，提供咨询和支持服务，解答教师和学习者在使用过程中的问题，确保网站的有效运行，保证教学质量。第三，提供用户支持和服务，包括设立在线客服、技术支持和投诉处理等渠道，以便及时回应用户的问题与反馈，提供个性化的帮助和解决方案，提升用户满意度。第四，宣传推广和市场营销，通过广告、社交媒体推广、合作伙伴关系等方式，提高网站的知名度和影响力，吸引更多的学习者使用和参与。第五，网站安全和数据保护，确保学习者的个人信息和学习数据的安全。第六，建立奖励机制，设立针对个人开发者的创新奖项，以表彰他们在汉语学习网站开发方面的突出贡献。

对上述方面增加资金投入，提升汉语学习网站的质量和服务水平，有利于吸引更多的学习者，促进汉语学习网站的创新和发展，推动汉语教育的现代化和数字化进程。

4 结语

本研究基于数字化背景，探究全球汉语学习网站的发展现状，从特点、开发者所属国别、运营模式三个角度进行了全面分析。我们发现汉语网站开发者国别中美国高校最多，其他国家汉语学习网站的建设与"一带一路"或隶属"汉字文化圈"相关。此外，我们对比了官方与非官方、营利与非营利的汉语学习网站，发现官方开发的汉语网站数量远低于非官方，而营利性质的学习网站则多于非营利性质。

针对上述分析，本文进一步指出了全球汉语学习网站存在教学模式单一、趣味性不强、互动性资源稀缺、评价与反馈机制不完善等问题。针对上述问题，我们提出从游戏性、互动性等方面增强网站的趣味性，建立用户反馈机制，加大资金投入等建议，期望汉语学习网站可以在数字化时代的汉语教学和学习中起到更加重要的作用。

参考文献

[1] 洪波, 刘馨忆. 国内外汉语学习网站模式研究. 吴应辉, 牟岭. 汉语国际传播与国际汉语教学研究(下)——第九届国际汉语教学学术研讨会论文集. 北京：中央民族大学出版社, 2011.

[2] 况俐. 印尼汉语学习网站建设与使用现状研究. 华中师范大学硕士学位论文, 2021.

[3] 兰小清. 俄罗斯汉语学习网站资源现状的调查与研究. 湖南师范大学硕士学位论文, 2016.

[4] 刘露琪. 基于网络计量的汉语学习网站内容研究. 山东大学硕士学位论文, 2016.

[5] 宋惠娟. 国外汉语教学网站综述. 长治学院学报，2008(01).
[6] 苏宝华，张凤芝. 汉语专题学习网站"走近大熊猫"的设计思路及方法.暨南大学华文学院学报，2005(01).
[7] 韦清. 基于B/S结构的对外汉语学习系统的设计与实现. 电子科技大学硕士学位论文，2014.
[8] 肖俊敏，黄如花. 对外汉语教育网站资源建设研究. 国家教育行政学院学报，2011(01).
[9] 徐河娜(SEO HANA). 韩国本土汉语学习网站比较研究. 中央民族大学硕士学位论文，2018.
[10] 赵越. 基于PHP技术的汉语学习网站的设计与实现. 华东师范大学硕士学位论文，2010.
[11] 周晓梁. 汉语国际教育视点下法国本土汉语学习网站的考察研究. 云南师范大学硕士学位论文，2013.

相对框架运动型虚拟位移构式*

王少茗[1]　王　珊[2]

[1,2] 澳门大学人文学院 中国语言文学系

[1] yb97708@connect.um.edu.mo　[2] shanwang@um.edu.mo

摘　要：虚拟位移构式是指将静止物体表述为位移事件的语言表达。汉语表达相对框架运动型虚拟位移的构式可以使用"部分全域—部分局部框架"和"局部性参照框架"。使用前者时，观察者和被观察事物常表述为运动；使用后者时，可分为"观察者运动、被观察物静止""观察者未知、被观察物静止、参照物运动""观察者运动、被观察物静止、参照物静止"三种情况。后两种情况主要源于人类感知错觉。基于中介语语料库的考察发现，汉语学习者极少使用该构式，可以采用多模态教学设计进行该构式的教学。

关键词：位移；虚拟位移；相对框架运动；构式

Frame-Relative Fictive Motion Construction

Wang Shaoming[1]　Wang Shan[2]

[1,2] Department of Chinese Language and Literature, Faculty of Arts and Humanities, University of Macau

Abstract: Fictive motion constructions represent linguistic expressions where static objects are described as motion events. This research explores frame-relative fictive motion constructions in Chinese, identifying the utilization of both "part-global and part-local frames of reference" as well as "local frames of reference". In scenarios utilizing the former, both the observer and the observed object are typically portrayed in motion. In contrast, the latter frame can be categorized into three distinct situations: 1) the observer is in motion while the observed object remains stationary; 2) the observer's state is unspecified, the observed object remains stationary, and the reference object is in motion; 3) both the observer and the reference object are stationary, while the observed object appears stationary. The last two categories often stem from perceptual illusions. An analysis of interlanguage corpora reveals that learners of Chinese seldom employ this construction. It is suggested that multimodal instructional strategies can be used to teach them.

Key words: motion; fictive motion; frame-relative motion; construction

0 引言

"虚拟位移"（fictive motion）是一种"用句子的字面意义把人们通常认为是静止的所指表述为运动"的语言形式（Talmy，2000）。该构式呈现出以动写静的特点，如例（1）中，"窗外的景色"被描述为运动中的物体。

---

* 本研究受澳门大学资助（项目号：MYRG-GRG2024-00253-FAH）。王珊为本文通讯作者。

(1) 窗外的景色飞快地向后跑去，秀莲很快就把她的疲劳忘掉了。

（BCC 语料库：老舍《鼓书艺人》）

Talmy（2000）把虚拟位移分为六大类型，分别是散射路径型虚拟位移（emanation）、模式路径型虚拟位移（pattern paths）、相对框架运动型虚拟位移（frame-relative motion）、显现路径型虚拟位移（advent paths）、接近路径型虚拟位移（access paths）、延展路径型虚拟位移（co-extension paths）。在这六类之中，相对框架运动型虚拟位移与参照框架的选择有关。发挥参照作用的事物可被称为参照物（reference object），由参照物确定的事物可被称为目的物（located object），目的物和参照物就构成了参照框架（frames of reference）（张克定，2016：11）。基于观察者（observer-based）的描述就是相对框架运动（Talmy，2000：130）。

在汉语研究方面，铃木裕文（2005）结合 Langacker（1987）的"扫描理论"（scanning）解释相对框架运动：视觉主体[即观察者，如例（1）中的人]和视觉对象[即被观察对象，如例（1）中的风景]擦身而过时，使用汉语或日语的人都会采取"顺序扫描"（sequential scanning）。李秋杨、陈晨（2012a，2012b）将相对框架运动归因于视觉主体的观察视角的转变。相比成因分析，对该类型虚拟位移的构式研究仍相对有限。因此，本研究基于汉语中的相对框架运动型虚拟位移，通过英汉对比，找出汉语可以使用的不同参照框架类型，归纳构式，从而实现对 Talmy 虚拟位移理论的完善。本文还从国际中文教育的角度，讨论该类虚拟位移构式在汉语学习者的作文中的使用情况。

1 汉语相对框架运动的构式类型

人类在观察周围环境时，可以选择"全域性参照框架"（global frame of reference）或"局部性参照框架"（local frame of reference）。基于参照框架的不同，本研究将汉语相对框架运动构式分为了两大类：一类是基于"局部性参照框架"，另一类是基于"部分全域—部分局部框架"。

1.1 基于"局部性参照框架"的汉语构式

根据 Talmy（2000：130）的定义，"全域性参照框架"是语言根据事实，描述观察者相对于周围环境的运动（With respect to a global frame of reference, a language can factively refer to an observer as moving relative to her stationary surroundings.）；"局部性参照框架"是观察者以自身为中心，实际处于运动状态的观察者将自身视为静止，那么从他的视角，周围的环境就被视为运动中的物体（Within this frame, the observer can be represented as stationary and her surroundings as moving relative to her from her perspective.）。因此，依据局部性参照框架的表达才是虚拟位移表达。

如例（2）、例（3）描述的都是汽车在公路上行驶的场景。不同之处在于，例（2）依据的是全域性参考框架，语言描述与事实相符，即观察者"I"（我）在进行真实的运动，"scenery"（风景）处于真实的静止状态，因此并非虚拟位移表达；例（3）依据的是局部性参照框架，即以观察者"I"（我）为中心，观察者认为自身是静止的，而"scenery"（风景）才是在运动的，因此属于虚拟位移表达。

（2）全域性参照框架：I rode along in the car and looked at the scenery we were passing through.（Talmy，2000：131）

（我驾车行驶在公路上，看着我们正途经的风景。）

（3）局部性参照框架：I sat in the car and watched the scenery rush past me.（Talmy，2000：132）

（我坐在车里，看着风景从我身边疾驰而过。）

基于局部性参照框架的相对框架运动出现在多数人类语言中，如英语、越南语（Biên，2023）、日语（铃木裕文，2005）、汉语（李秋杨、陈晨，2012a，2012b）等。汉语例句（4）a 展示了汉语如何完成从全域性参照框架到局部性参照框架的转换：例（4）a 中的前一小句依据了全域性参照框架，描述的是车辆的真实移动，如"我们的采访车"在"疾驶"，此时观察者是以静止的环境作为参照背景，"采访车"为位移事件中的焦点。随着观察者的参照物由"采访车"转换到自身时，周围的环境就以观察者为参照开始运动，如后一小句描述的"城镇"掠过。例（4）b "交通标志线"向后飞驰，即依据了局部性参照框架。

（4）a. 我们的采访车以每小时 80 公里的速度在东莞的主干公路上疾驶，一片片工业区、住宅区，一个个繁华的城镇接连在窗外掠过……（CCL 语料库）

b. 汽车沿着平坦的黑色路面疾驶，一条条白色的交通标志线向后飞驰。（CCL 语料库）

Ma（2016）、陶竹（2019）认同相对框架运动所描述的场景中一定有真实位移发生，并根据观察者是否发生真实位移将相对框架运动分为两类，一类即上文中观察者在运动的情况，另一类是例（5）中观察者未必运动的情况。在例（5）中，雪和楼之间发生了相对运动，实际运动的是雪，雪向着地球方向飘落并落在建筑物上，而在语言表达上，"洋楼"被概念化为朝着雪的方向运动。

（5）高耸的洋楼在夜的云霄中扑迎着雪花。（Ma，2016；陶竹，2019）

从参照框架的参与者数量来看，例（4）中存在着车、人（观察者）和车外的物体（被观察的对象）三个参与者，不过由于人乘坐于车中，二者可以视为一个整体。例（5）中同样存在着三个参与者，分别是人（观察者）、高楼和雪花。例（5）描述的是高楼和雪花之间的相对运动，人处于二者之外。人选择下落的雪花作为观察点，把雪花视为静止，这样高楼就在相对雪花升高，以动观静，这是依据了局部性参照框架。

目前学界更多关注的是前一种以运动着的观察者为参照中心的情况，而对其他情况的相对框架运动讨论很少。使用"局部性参照框架"时，会出现三种虚拟位移情景，本研究将按照表 1 的顺序依次讨论。

表 1 局部性参照框架下引发汉语相对框架运动的情景

情景	例子	观察者	被观察物	参照物
一	（4）（6）	观察者实际运动（人）（观察中心）	实际静止（如车外风景）	不涉及其他事物
二	（5）（7）	观察者运动情况未知（人）	实际静止（如洋楼、月亮）	实际运动（如雪花、云）（观察中心）
三	（8）	观察者实际运动（人）	实际静止（如月亮）	实际静止（即隐含的周围环境）（观察中心）

情景一以实际运动着的观察者（人）为参照中心，该类情景即 Talmy 所提出的典型情况，也是被讨论最多的。当观察者乘坐于某种交通工具之中，如车、船、飞机等，交通工具驾驶时所经过的物体就被概念化为相对框架运动中的位移焦点。基本的构式为"A +（方向）+ 运动"，其构式意义为在局部性参照框架下，观察者以自身为中心，静止的被观察物体 A 被表达为正在进行虚拟位移的物体。A（即位移焦点）的语义类型通常为两类（见表2）：一类为"草原""田野"等自然物，另一类为"村庄""路灯"等人造物。交通工具使得观察者获得了较快的移动速度。编码运动视角语义要素的方式包括：（a）使用兼具方式信息和路径信息的四字成语，如"飞驰而过""飞驰而去""飞掠而过"；（b）介词短语+方式动词，如"向后飞掠""向后飞驰"，介词短语表示路径方向，方式动词表示方式和运动；（c）方式动词+趋向成分，如"闪过""掠过"，路径要素由趋向成分来表征；（d）纯路径动词，如"退去"等。

表2　被观察物的语义类型

自然物	滩岸类，如河岸、海岸 树林类，如树林、树丛 原野类，如田野、草原 田地类，如农田、土地
人造物	地区：城市、村庄、工地 交通：路灯、地标、公路

该类相对框架运动的虚拟位移方向与观察者实际位移的方向相对，其路径方向通常为水平方向的，如例（6）中"火车"在水平方向行驶，当以"火车"为观察中心时，"火车"转变为"静止"，"田野"则为水平向后运动。

（6）一会儿，火车慢吞吞卖力地"乞卡乞卡"出了站……<u>两边秋天江南水乡的田野在眼前纷纷向后退去</u>。（BCC语料库）

情景二以实际运动着的物体为参照中心。例（7）中的相对框架运动发生在"月亮"和"云"之间。从字面意义来看，"穿行"的是"月亮"，静止的是"云"，"月亮"是该相对框架运动中的位移焦点，"云"是背景。而实际情况中，运动的物体是"云"。由于月亮距离地球达 40 多万公里，月亮在人眼中的成像大小、位置几乎不会变化，所以我们的大脑会认为月亮与人处于相对静止的状态。

该情况的基础构式为"A 在 B 中+运动"，其构式意义为在局部性参照框架下，观察者以实际运动的物体 B 为中心，周边静止的物体 A 被虚构为运动。其中，A（即位移焦点）语义上多为自然天体，如"月亮、太阳"等；B（即背景）语义上多为气象，如"云层、云雾"；运动多由动词表征，可以使用路径动词如"穿行"，方式动词如"漫步、信步、徜徉、游荡"，综合性动词如"穿梭、徘徊"等。该构式将 A 进行了拟人或拟物化，使其能够进行肉眼可见的明显的运动，如使"月亮"可以进行"漫步、信步"等人类的动作。

汉语中不乏该类构式，这种现象名为诱发运动，即一个相对较大的物体的运动导致附近的一个相对较小的物体看起来好像也动了。在例（7）中，云的覆盖面积大并且处于运动中，这使得较小的、实际上静止的月亮看起来也在动（Goldstein & Brockmole, 2018: 179）。用诱发运动也可以解释 Ma（2016）、陶竹（2019）的高楼与雪花的例子：当雪势盛大时，高楼被雪笼罩其中，高楼是一个孤立的个体，因此能够使观察者（人）产生这种运动错觉。本研究的讨论结果与 Ma（2016）、陶竹（2019）的观点一致。

（7）云真的飘过来了，<u>月亮在云中穿行</u>……（BCC 语料库）
（8）当他散步，<u>月亮跟着他走来走去</u>……（BCC 语料库科技文献）

情景三是本研究提出的新相对框架运动。如例（8）所示，观察者"他"正在进行"散步"的运动，此时观察者的移动速度不快。而"他"观察到"月亮"在随着他的来回走动而运动，"月亮"在人的眼中是静止的，所以"月亮"不可能与观察者保持一样的运动。产生这种运动错觉的科学解释是，当人在运动时，可以以静止的周围环境（如一棵树）作为参照物。当人走路经过这棵树，便会觉得月亮也跟着一起走过这棵树[①]。因此这类相对框架运动的参照物是观察者和被观察物之外的环境里的物体。这是一种常见的现象，例如一首大家耳熟能详的歌曲就名为《月亮走，我也走》。

在上述局部性参照框架的例子中，观察者事实上运动或运动情况不可知，被观察物事实上都是静止的，环境中的其他物体的运动情况影响了人对运动的感知。虚拟位移中的相对框架运动就基于人的生理上的感知错觉，在修辞上使用了拟人或拟物的手段。不过，该类情况的实际语例相对有限，根据例（8），基础构式为"A 和/同/跟着 B+运动"。其构式意义为在局部性参照框架下，正在运动的观察者以周围环境为中心，静止的物体 A 被虚构地表达为同观察者一起运动。

1.2 基于"部分全域—部分局部框架"的汉语构式

在局部性参照框架之外，还有一些特殊的参照框架，但这些特殊参照框架在不同语言中表现出较大差异。Talmy（2000：131）指出，似乎没有语言能够将"部分全域—部分局部框架"（part-global and part-local）概念化，即不能表述"部分事实—部分虚拟的运动"。从命名来看，"部分全域—部分局部框架"是全域性参照框架和局部性参照框架的融合，其描述中既包含了事实运动，也包含了虚拟运动。例如英语中没例（9）a 这样的句子：按照例（9）a 的描述，作为观察者的"we"（我们）在进行着事实的运动，这是基于全域性参照框架，而被观察的"scenery"（风景）也在进行着虚拟的运动，这是基于局部性参照框架，英语无法接受这样既有事实运动，又有虚拟运动的表达。而相比之下，例（9）b 可以被接受，因为该句所描述的是人与卡车相互经过，二者均在进行事实的运动。

（9）部分全域—部分局部框架（部分事实—部分虚拟位移）：
　　a. * We and the scenery rushed past each other.（Talmy，2000：132）
对比：b. We and the logging truck rushed past each other.

但是，汉语中存在大量基于"部分全域—部分局部框架"的虚拟位移表述语例。在例（10）a 中，"巨礁"和"试验船"都被表述为处于运动之中的物体，但实际情况是，只有"试验船"是运动着的，"巨礁"无法自行移动，处于静止之中。该句部分参照了全域性参照框架：从全局来看，"试验船"是运动着的，这是事实；该句还部分参照了局部性参照框架：基于"试验船"的视角，"试验船"自身可被视为静止，那么"巨礁"就被视为正在进行虚拟运动。例（10）b 同样使用了"部分全域—部分局部"的参照框架：从全域性

---

① https://www.sohu.com/a/277543752_505879.

参照框架来看,"我们"是事实运动的;从局部性参照框架来看,"戈壁新城奎屯"是虚拟运动的。二者都被表述为处于运动之中的。

(10) a. 试验船像一片树叶被浪头抛上抛下,多少次与巨礁擦肩而过。(人民日报 2001年4月9日)

b. 那天,我们从乌鲁木齐出发,穿越石河子垦区的片片条田,<u>又与戈壁新城奎屯擦肩而过</u>……(人民日报1995年12月9日)

当基于"部分全域—部分局部框架"进行虚拟位移表述时,汉语的最常见构式为"A与B擦肩而过",其中的一个事物正在移动或具备移动的能力,另一个事物则本身不能移动。这种构式的本质是将不能移动的物体进行了拟人化或拟物化,通过修辞手段使得场景变得更加生动,如例(10)a中的"巨礁"、例(10)b中的"戈壁新城奎屯"都被比拟为人或者能够移动的物。

2　中介语中的相对框架运动型虚拟位移构式

本研究使用的是"全球汉语中介语语料库"(以下简称"全球库")。全球库是"汉语中介语语料库建设与应用综合平台"[①]的语料检索系统,总规模达到5000万字,其中熟语料2200万字,集笔语、口语、多模态多种语料库于一体,具有"样本多、规模大、来源广、阶段全"的特点(崔希亮、张宝林,2011)。检索该语料库发现,汉语学习者的作文中涉及相对框架运动的表述极少。在基于局部性参照框架的情况下,例(11)出自一名塔吉克斯坦男性硕士研究生在课下产出的作文,在该语料描述的场景中,窗外的路灯被虚拟表述为运动中的物体。而使用"部分全域—部分局部框架"的虚拟位移中介语语料暂未找到(例如"我与山擦肩而过")。学习者会根据事实,使用"部分全域—部分局部框架"来描述两个正在移动(或可以移动)的物体之间的互相经过,如例(12)a中的"他"和"她"本身都具有移动能力;也有学习者使用"部分全域—部分局部框架"来表达人错过机会、幸福等抽象概念,如例(12)b。

(11) 看着窗外闪闪而过的路灯。

(12) a. 她装作不认识他,与他擦肩而过。

b. 也有人与幸福擦肩而过。

本研究将相对框架运动中介语料少的原因主要总结为三点。首先,学习者关于景物的书面表达需求低,学习者作文多围绕事件或话题,较少有学习任务要求学习者对某一景物进行描写;其次,学习者对汉语中拟人、拟物等修辞方式接触较少,因此不了解如何具体使用;最后,"擦肩而过""飞驰而过"等四字短语超越了学习者一般所能掌握的词汇。

对于该类构式,可以采用多模态教学帮助学生学习。多模态教学要求教师使用声音、视频、图画、文字等多种意义符号来创设多模态语境,从而调动学生多种感官,实现知识获取(The New London Group,1996;张德禄,2010),如在国际中文教育的词汇教学中使用多模态教学(王珊、刘峻宇,2020;王珊、殷久涵,2022)、在汉语歌曲学习中使用多模态教学(王珊、王少茗,2022)、中华文化的多模态传播(王巍,2022)、汉语自然对话中的多模态协同(关越、方梅,2023)等。

---

① http://qqk.blcu.edu.cn/#/corpus/sysIntroduction.

前文中，本研究提出了基于"局部性参照框架"的汉语虚拟位移构式和基于"部分全域—部分局部框架"的汉语虚拟位移构式。在视觉模态上，教师可以通过视频搭配文字的方式向学生展示不同参照框架下物体的运动情况和对应的表达方式。例如教师可以剪辑一段汽车广告：当汽车行驶在公路上时，从全景来看，汽车是向前运动的，公路及其周遭是静止的；而从驾驶者的视角来看，汽车是静止的，周围则是在向后运动。在动觉模态上，教师可以使用手势来模拟事物的运动情况，如用手代表车，模拟两辆车擦肩而过的情况，也可以由教师或学生亲自进行表演。在多模态教学之外，可以适当选择一些难度低的写景散文，供学生课下阅读，让学生熟悉该类汉语虚拟运动的构式，使学生在学习汉语常规句式的同时，提高对汉语修辞手法的运用能力。

3 结语

虚拟位移是指将静止物体表述为位移事件的语言表达。目前围绕相对框架运动型虚拟位移构式的研究十分有限。本研究发现，汉语相对框架运动可以使用"部分全域—部分局部框架"和"局部性参照框架"两大类。使用前者时，被观察事物被表述为虚拟运动；使用后者时，可根据观察者和被观察事物的动静状态、数量分为三种情景，分别是"观察者运动、被观察物静止""观察者未知、被观察物静止、参照物运动""观察者运动、被观察物静止、参照物静止"。其中后两种情况能够触发人类的感知错觉——当一个相对较大的物体运动时，会导致附近的相对较小的物体仿佛也动起来，如"月亮在云中穿行"实际是云彩在移动。汉语相对框架运动构式往往使用了拟人或拟物的修辞手段。此外，本研究提出多模态教学能够帮助学生学习这类构式。本研究进一步丰富和完善了 Talmy 的虚拟位移理论，有助于更好地了解相对框架运动型虚拟位移构式的特点和类型。

参考文献

[1] BIÊN, D. H. Vietnamese Fictive Motion Constructions: A Construction Grammar Approach. *Cogent Arts & Humanities*, 2023(1).

[2] LANGACKER R. W. *Foundations of Cognitive Grammar Volume I: Theoretical Prerequisites*. Stanford: Stanford University Press, 1987.

[3] MA S. *Fictive Motion in Chinese*. PhD dissertation. The University of Auckland, 2016.

[4] TALMY L. *Toward a Cognitive Semantics, Volume I: Concept Structuring Systems*. Cambridge: The MIT Press, 2000.

[5] The New London Group. A Pedagogy Of Multiliteracies: Designing Social Futures. *Harvard Educational Review*, 1996(01).

[6] (美)GOLDSTEIN E. B.，(美)BROCKMOLE J. R. 感觉与知觉. 北京：中国轻工业出版社，2018.

[7] 陈碧泓. 现代汉语虚拟位移表达研究. 吉林大学博士学位论文，2020.

[8] 崔希亮，张宝林. 全球汉语学习者语料库建设方案. 语言文字应用，2011(02).

[9] 关越，方梅. 汉语自然对话中句法合作共建的多模态协同. 汉语学习，2023(03).

[10] 李秋杨，陈晨. 汉英虚拟位移表达的体验性认知解读. 山东外语教学，2012a(01).

[11] 李秋杨，陈晨. 虚拟位移表达的空间和视觉体验阐释. 当代修辞学，2012b(02).

[12] 铃木裕文. 主观位移表达的日汉对比研究. 现代外语，2005(01).

[13] 刘峻宇，王珊. 国际汉语初级综合课教学中的多模态话语. 国际中文教育学报，2019(05).
[14] 陶竹. 汉语虚拟位移：主观化程度及其对位移信息编码的影响. 南京大学博士学位论文，2019.
[15] 王珊、王少茗. 基于华语流行歌曲的词汇附带习得研究. 汉语教学研究——美国中文教师学会学报，2022(01).
[16] 王珊，殷久涵. 立法汉语名词的多模态教学. 国际汉语教学学报，2022(03).
[17] 王巍. 国际汉语教材中的中华文化因素研究. 首都师范大学学报(社会科学版)，2022(03).
[18] 张德禄. 多模态外语教学的设计与模态调用初探. 中国外语，2010(03).
[19] 张克定. 空间关系构式的认知研究. 北京：高等教育出版社，2016.

VLE 系统线上教学课堂评价表建构

陈开春[1]　王慧仪[2]　陈青平[3]

[1,2,3] 越南胡志明市师范大学 中文系

[1] xuantk@hcmue.edu.vn　[2] nghivh@hcmue.edu.vn　[3] binhtr712@gmail.com

摘　要：VLE 系统，也被称为胡志明市师范大学（以下简称"胡师大"）在线课程管理系统。它通过门户网站进行访问，拥有多种工具，支持教学和学习，能够在线提供讲义、图表、调查和测验、课程作业、讨论论坛等。对于教育机构来说，评估 VLE 系统的成功或有效性是一个挑战。本研究着重于在胡师大的 VLE 系统中，构建和评估综合学习模型，用于教授一些中文教育专业课程。该模型将在线学习与传统学习相结合，以优化教学和学习过程。本文旨在建立评估模型并评估模型的效果，同时分析它为胡师大中文教育教学和学习所带来的挑战和机会。

关键词：教学评价；课程评价表；中文系师范本科专业；胡志明市师范大学；VLE 系统

Construction of Online Teaching Classroom Evaluation Form for VLE System

Tran Khai Xuan[1]　Vuong Hue Nghi[2]　Tran Thanh Binh[3]

[1,2,3] Faculty of Chinese, Ho Chi Minh City University of Education

Abstract: The VLE system, also known as the Ho Chi Minh City University of Education's online course management system, is accessible through a portal website. It encompasses a variety of tools that support teaching and learning, allowing for the online delivery of lecture materials, charts, surveys and quizzes, coursework, discussion forums, and more. Evaluating the success or effectiveness of VLE systems is a fundamental challenge for educational institutions. This study focuses on constructing and evaluating a blended learning model within the VLE system at HCMUE for the teaching of certain courses in the field of Chinese education. This model combines online learning with traditional learning to optimize the teaching and learning processes. The paper aims to establish an evaluation model and assess the effectiveness of this model while also analyzing the challenges and opportunities it presents in the context of Chinese education teaching and learning at HCMUE.

Key words: teaching evaluation; classroom evaluation form; faculty of Chinese; Ho Chi Minh City University of Education; VLE system

0　引言

混合学习模型（blended learning）是将电子学习（e-Learning）与传统教学相结合的方法，旨在提高培训效果和教育质量。其中，电子学习是指学习者可以自主选择使用连接互联网的电子设备，在任何时间、任何地点通过多媒体电子学习材料进行自主学习。

将在线学习与面对面教学两种方法相结合的混合学习模型在大学教育中是一种符合当前趋势的选择。既有助于培养学生的自主学习意识和学习主动性，同时也减轻了教师的压力，并且增强了学生和教师之间的互动。此外，混合学习模型还有助于协助评估学习效果，特别是对于规模庞大的班级授课。

目前越南已经有一些与混合学习模式相关的研究，如作者团队 Vu Thai Giang 和 Nguyen Hoai Nam（2019）分析了背景和系统性研究，以突出混合学习在大学教育中的适宜性和必要性。此外，该研究还将实际应用到"计算机应用技能培训"课程中，以获得准确的结果。Nguyen Kim Dao, Duong Ba Vu, Nguyen Cong Chung 和 Nguyen Minh Tuan（2023）研究探讨了将 Google Classroom 应用与"翻转课堂"方法相结合，以提高在线学习和培训的效果，同时明确了 Google Classroom 对教学的积极影响。在 Nguyen Thi Thanh Hong（2011）的教育自学组织模型中，借助 e-Learning 系统的支持，她全面介绍了 e-Learning 在教学中的各种优势。

此外，国外也有许多研究表明，在学习和教育中应用 e-Learning 具有高效性。如在"学生首选的生理课教学方式是板书还是视频"论题中，Chris Armour、Stephen D. Schneid 和 Katharina Brandl（2015）认为，在教学中使用视频讲解可能比使用 PowerPoint 更合适。对"校园学生对 e-Learning 的质量和好处有何看法"的研究由 Fiona Concannon、Antoinette Flynn 和 Mark Campbell（2005）进行，基于 e-Learning 给教师和学生带来的好处，该研究确定了从传统教学方法转向 e-Learning 的需求。Maggie Tam（2014）的文章《高等教育中基于结果的质量评估和课程改进方法》于 2014 年发表在《教育质量保障》杂志上，这篇文章侧重于基于结果的方法来评估和改进高等教育的质量，讨论了如何将课程和评估与期望的学习结果一致化，从而提高教育质量。

根据培训计划和课程改进计划，胡师大未来将有 30% 的课程采用完全在线教育或混合教育模式。为了满足学校的要求，教学规划和发展团队（PPGD）目前已经开设了按照混合模式授课的中文课程。但是，还需要对学校的 VLE 系统上的教学效果进行有效的调查。基于这一基础，该项目将在教育学专业的所有课程中添加一些课程。每个课程组将选择一个课程来进行开发，然后进行评估以提出改进和改善的解决方案。

1 内容

1.1 基本元素的综合学习模型

1.1.1 胡师大的混合学习模型

在线课程部分，利用现代在线学习平台，为学生提供了一个虚拟学习环境。学生可以在这个平台上找到课程材料、在线视频、互动模拟和测验。这个在线平台为学生提供了便捷的学习资源和灵活的学习方式。

尽管在线学习在这一模型中起到了重要作用，但传统的面对面教学仍然占有一席之地。教师通过实际的课堂教学活动来加强知识的传授和应用指导。这种结合传统和现代教学方法的方式有助于提高学生的学习效果。

关于互动和反馈，在线学习平台提供了讨论板块和在线问答等工具，学生和教师之间可以进行互动并提供实时反馈。这种互动促进了学生与教师和同学之间的交流和合作。

在胡师大，混合学习模型带来了许多明显的优势，对教育质量和学生的学习成绩产生了积极的影响。首先，在线学习平台提供了丰富的学习资源，包括多媒体课件、在线视频、互动模拟和测验。这些资源丰富了课程内容，有助于学生更好地理解和应用知识。其次，教师在混合学习模型中扮演着重要的角色，他们不仅是知识的传授者，还是学习的指导者和促进者。教师通过在线互动和面对面教学来提供支持和指导。最后，混合学习模型有助于提高教育质量，使学生更好地掌握知识和技能。学生通过多样化的学习方式更容易理解和应用所学内容。

总的来说，胡师大的混合学习模型不仅使学生能够更好地掌握知识和技能，还培养了他们的自主学习和自我管理能力。学生在这一模型中更有动力积极参与学习，因为他们感到自己的学习得到了尊重和关注。

1.1.2　混合学习模型带来的挑战与机会

混合学习模型尽管带来了许多机会，但也伴随着一些挑战。在胡师大的实践中，我们可以看到这种模型在中文教育教学和学习环境中面临的挑战和机会。

在技术方面，混合学习模型需要学生和教师都具备一定的技术能力，以便有效地使用在线学习平台和工具。这对于一些学生和教师来说可能是一个挑战，特别是在技术资源不足的地区。在学习者方面，混合学习强调学生的自主学习，但这也需要学生具备自律能力和自我管理能力。一些学生可能在自主学习方面面临挑战，容易分散注意力或拖延学习。在课程方面，为了实施混合学习，教师需要重新设计课程并制作在线学习资源。这需要额外的时间和努力，尤其是对于那些没有经验的教师来说可能是一项挑战。在评估和反馈方面，在线学习平台提供了多种评估工具，但如何有效地评估学生的学术表现仍然是一个挑战。同时，及时的反馈也需要更多的努力来实现。

与此同时，混合学习模型为学生提供了个性化学习的机会，他们可以根据自己的需求和兴趣选择学习内容以及学习的时间和地点。这有助于满足不同学生的需求，提高学习效果。在线学习平台提供了丰富的学习资源，包括多媒体课件、教学视频和互动模拟。这些资源丰富了课程内容，使学生更容易理解和应用所学知识。混合学习模型要求教师从知识的传授者转变为学习的指导者和促进者。这为教师提供了更多的与学生互动的机会，他们可以鼓励学生思考和解决问题。通过多样化的学习方式和实时的在线互动，混合学习模型有助于提高教育质量。学生更容易理解和应用所学的内容，从而提高学习成绩。

综合来看，混合学习模型在胡师大的实践中既面临挑战，也带来了更多的机会。克服这些挑战需要教育机构提供适当的支持和培训，以帮助学生和教师更好地适应这种新的学习模式。混合学习模型的实施有望为学生提供更富有成效的学习经验，提高教育的质量。

1.2　胡师大混合学习模型的效果

胡师大的混合学习模型经过一年多的实施，已经展现出一系列积极的效果，对中文教育教学和学生的学习成绩产生了重要的影响。以下是该学习模型中196名汉语师范生的学习效果。其中，一年级的学生有26人（占13%），二年级的学生有112人（占57%），三年级的学生有32人（占16%），四年级的学生有26人（占13%）。

从表 1 可以看出，兴趣、注意力、自控能力、认知风格、作业的平均指数分别为 3.85、3.58、3.90、3.69 和 3.57。总的来说，注意力和作业这两个因素的平均得分大约是 3.6，而认知风格的平均得分约为 3.7，兴趣的平均得分约为 3.9。最高得分的是自控能力，约为 4.0。然而，若对评估结果进行四舍五入取整，则兴趣、注意力、自控能力、认知风格和作业的平均得分约为 4.0。因此，学生认为这些因素对中文系师范生在 VLE 系统混合学习模式下专业课程的学习效果有较大的影响。

表 1　自身因素学习效果影响的描述性统计

学生因素	均值	标准差
兴趣	3.85	0.973
注意力	3.58	0.949
自控能力	3.90	1.084
认知风格	3.69	0.835
作业	3.57	0.848

根据表 2 的数据，汉语师范生对于教师的信息技术素养、上课风格、课前准备、严厉程度和知识检测与反馈的评价平均指数分别为 3.81、4.07、3.89、3.65 和 3.92。总体而言，严厉程度的平均分是 3.7，而信息技术素养、课前准备和知识检测与反馈三个要素的平均分在 3.8 分到 4.0 分之间。而最高的是上课风格，评分约 4.1 分。然而，若对评估结果进行四舍五入取整，则信息技术素养、上课风格、课前准备、严厉程度和知识检测与反馈的平均值都约等于 4。因此，可以认为这些因素对中文系师范生在 VLE 系统混合学习模式下专业课程的学习效果有较大的影响。

表 2　教师因素学习效果影响的描述性统计

教师因素	均值	标准差
信息技术素养	3.81	0.902
上课风格	4.07	0.813
课前准备	3.89	0.919
严厉程度	3.65	0.957
知识检测与反馈	3.92	0.787

根据表 3，上课时长、课程类型、难易程度、课程设计风格的平均指数分别为 3.64、3.65、3.69、3.80。综合考虑这四个因素，它们的平均分约为 3.7，其中课程设计风格的平均

表 3　课程因素学习效果影响的描述性统计

课程因素	均值	标准差
上课时长	3.64	0.880
课程类型	3.65	0.849
难易程度	3.69	0.858
课程设计风格	3.80	0.828

分最高，为3.8，而其他三个因素的平均分约为3.65。然而，若对评估结果进行四舍五入取整，这四个因素的平均值约为4。因此，可以认为这些因素对中文系师范生在VLE系统混合学习模式下专业课程的学习效果有影响，特别是课程设计风格。

根据表4的数据，汉语师范生对家庭环境干扰程度、家长监督、社区同龄人比较、家长严厉程度以及家长的榜样示范的平均指数分别为3.95、3.84、3.49、3.76、4.06。其中社区同龄人比较的平均值约等于3.5，说明大多数学生对父母之间比较孩子的想法持中立态度，这一因素对学生学习没有太大的影响。然而，家庭环境干扰程度、家长监督、家长严厉程度、家长的榜样示范四个因素的平均值约等于4，因此可以认为这些因素对中文系师范生在VLE系统混合学习模式下专业课程的学习效果有较大的影响。

表4 环境因素学习效果影响的描述性统计

环境因素	均值	标准差
家庭环境干扰程度	3.95	0.904
家长监督	3.84	0.873
社区同龄人比较	3.49	0.958
家长严厉程度	3.76	0.854
家长的榜样示范	4.06	0.881

根据表5的数据，上课设备、网络质量、网页界面干扰和在线教学平台选择的平均得分分别为3.76、4.07、3.69和3.66。综合而言，这三个因素的平均得分约为3.7，但网络质量的平均得分高达约4.1。然而，根据对结果进行四舍五入取整，这四个因素的平均得分大约为4。因此，可以认为这些因素对于中文系师范生在VLE系统混合学习模式下专业课程的学习效果有着很大的影响。

表5 设备因素学习效果影响的描述性统计

设备因素	均值	标准差
上课设备	3.76	0.905
网络质量	4.07	0.854
网页界面干扰	3.69	0.950
在线教学平台的选择	3.66	0.928

综合以上数据和效果的分析，可以得出结论，胡师大的混合学习模型在中文教育教学方面取得了显著的成功和积极的效果。学生的兴趣、注意力、自控能力、认知风格和作业表现良好，对学习效果产生了积极的影响。教师的信息技术素养、上课风格、课前准备和知识检测与反馈都受到了高度评价，这有助于提高教学质量。课程设计风格也得到了学生的认可，进一步加强了学习效果。

然而，尽管取得了显著的成就，混合学习模型也面临着一些挑战。家庭环境干扰程度、家长监督、社区同龄人比较等因素对学生学习效果产生了较大的影响，需要更多的关注和支持。此外，网络质量和在线教学平台选择也会影响学习效果，特别是对于那些依赖在线学习的学生来说，这些因素至关重要。

为了更好地应对这些挑战，进一步提高教学质量，构建教学课堂评价表至关重要。这个评价表将允许学校和教育机构监测混合学习模型的效果，识别强项和改进空间，提供个性化的学习支持，收集教师和学生的反馈，并支持决策制定。这将有助于确保学生获得高质量的教育，并持续改进混合学习模型，以满足不断变化的教育需求。因此，为了确保混合学习模型的成功和持续改进，构建教学课堂评价表是势在必行的。

1.3 构建教学课堂评价表

为了满足胡师大中文系师范本科专业的特点和需求，我们精心构建了教学课堂评价表，表格涵盖了以下关键领域：课程设计、课程信息、互动/合作/积极学习、评估/评价、学习者支持、有效技术使用、反馈、安全环境/道德行为与尊重多样性。

每个领域都有多项具体的评价标准，按照量化尺度进行评估，分为五个等级：优、良、可、差、劣。

课程设计领域包括 12 个标准：包含 SMART 目标；内容在呈现方面组织良好；内容展示了学习者的参与；目标、目标和评估之间的对齐；能够使用 LMS 的功能（上传文档、加载多媒体、创建测试、创建作业等）；课程组织良好且易于导航；内容与课程目标和学习成果相一致；所有链接都有效；课程设计中使用的颜色和纹理易于阅读和使用；字体类型易于阅读；图像具有附加的 alt 标签、字幕或解释性文本；包含用于与学生交流的一些工具，如通知、讨论板参与、电子邮件、小组项目、使用 Collaborate 进行同步会议、虚拟会议。

课程信息领域包括 7 个标准：课程大纲可用且可打印；必要的课程大纲语言包含在课程大纲中；课程时间表可用；教师联系信息可用；教师办公时间可用；课程目标（学习目标）可用；学生结果可用。

互动/合作/积极学习领域包括 6 个标准：存在明确定义的沟通策略；内容设计旨在发展学习社区；内容设计旨在鼓励互动；能够促进、监督和建立互动的能力已经得到证明；能够在学生之间建立引人入胜和友好的社区已经显现出来；学生参与期望清晰并且可用。

评估/评价领域包括 9 个标准：评估与目标一致；评估按照所述的绩效进行测量；提供了自我评估的机会；能够为内容选择正确的评估；能够使用多种策略进行评估，以帮助维护学术诚信；课程中使用了真实评估；课程具有形成性和总结性评估；能够对教学或教学有效性的评估进行自我反思；评估详细并且易于遵循和理解。

学习者支持领域包括 10 个标准：课程有针对课程和 LMS 的导向；提供了所需技术的信息；提供了技术支持的联系信息；提供了教师的角色和联系信息；提供了课程/机构政策的信息以及获取支持的方式；课程材料使用了标准的格式以保证易访问性；课程设计时考虑了易访问性；提供了残疾人服务的联系信息；学习者有机会对课程设计和内容提供反馈；为配合内容视频配有闭路字幕或文字记录。

有效技术使用领域包括 4 个标准：能够为课程使用合适的技术；知道在需要故障排除帮助时应该联系谁；通过技术演示互动的重要性；课程中不局限于使用文本。

反馈领域包括 5 个标准：经常或定期与学生沟通；通过反馈来支持参与；设定学生的期望；设定教授的期望；反馈是定期且及时的。

安全环境/道德行为领域包括 4 个标准：使用和实施数字公民权；了解可接受的使用政策；理解学术不诚实和技术使用的可能性；了解隐私标准。

尊重多样性领域包括 5 个标准：了解和设计残疾要求；能够在技术方面进行调整以满足学生需求；了解适应性或辅助技术或需要寻求帮助的人；对多种教学方法持开放态度；能够尊重和融合来自不同背景的人。

通过这个综合评价表，我们旨在确保教学课堂在各个方面都能够提供高质量的教学体验，满足学生和教师的需求，并促进学业成长和多样性尊重。

2 结论与建议

基于我们对胡师大中文系师范本科专业的教学课堂评价的全面了解，我们提出以下改进建议，旨在进一步提高教学质量，满足学生和教师的需求。

其一，我们建议教师明确地制定 SMART 目标，并确保课程内容与这些目标一致。这将有助于学生更好地理解课程的目标和学习期望。其二，在课程设计中，应更多地使用多媒体元素，如图像、视频和声音，以丰富学习体验。此外，确保颜色、字体和纹理的选择易于阅读和使用，以满足多样的学习需求。其三，加强互动和社区建设，加强互动和合作，鼓励学生之间的交流。为了建立积极的学习社区，教师应更积极地推动互动，并清晰地传达学生的参与期望。其四，课程评估应涵盖多种策略，以确保对学生的评估是全面的。此外，引入真实的评估任务可以提高学生的参与度和学术诚信。其五，提供更多的学习支持，包括课程导向和技术支持。确保课程材料符合通用的可访问性标准，并提供残疾学生的支持和联系信息。其六，加强对适当技术的使用，以提高课程的互动性。教师应提供更频繁和及时的反馈，以支持学生的参与和学习进展。其七，确保教师和学生了解数字公民权的重要性，以及可接受的使用政策和隐私标准。教育和预防学术不诚实也是关键。最后，为残疾学生提供必要的支持和适应性技术，以满足其需求。同时，鼓励尊重和融合来自不同文化和背景的学生，以丰富学习环境。此外，建议胡师大中文系继续监测和评估教学课堂，以确保改进和提高教学质量。定期收集学生和教师的反馈，并根据反馈结果进行调整和改进。

总之，这些改进建议旨在创建一个更富互动性、相互尊重、技术支持完善的学习环境，以满足学生和教师的需求，并不断提高教学质量。通过积极采纳这些建议，胡师大中文系可以更好地实现其教育目标，并为学生提供更丰富和有意义的学习体验。

综上所述，通过对胡师大中文系师范本科专业的教学课堂评价和改进建议的分析，我们认识到持续改进和提高教学质量的重要性。通过对明确课程设计目标、多媒体的应用、积极的互动、多样性的评估方法、学习者支持、有效的技术应用、及时的反馈和道德行为的强调，我们可以创建一个更富有成效和尊重多样性的学习环境。这些改进建议将有助于满足学生和教师的需求，提高教学质量，并为学生提供更好的学习体验。因此，我们鼓励胡师大中文系不断努力，持续改进，并为未来的教育做出更大的贡献。

参考文献

[1] ARMOUR, C., SCHNEID, S., & BRANDL, K. Writing on the board as students' preferred teaching modality in a physiology course. *AJP Advances in Physiology Education*, 2015(2).

[2] CONCANNON, F., FLYNN, A., & CAMPBELL, M. What campus-based students think about the quality and benefits of e-learning. *Britsh Journal of Education Technology*, 2005(3).

[3] NGUYEN, K. D., DUONG, B. V., NGUYEN, C. C., NGUYEN, M. T. Organizing learning activities using the "flipped classroom" model with the support of google classroom in teaching natural science. *Journal of Education*, 2023(3).

[4] NGUYEN, T. T. H. Self-Directed Learning Model in Teacher Education for University Students Supported by an e-Learning System. *Journal of Education*, 2011(2).

[5] TAM, M. Outcomes-based approach to quality assessment and curriculum improvement in higher education. *Quality Assurance in Education*, 2014 (2).

[6] VU, T. G., NGUYEN, H. N. B-learning: A suitable learning modality for higher education in Vietnam at digital age. *HNUE Journal of Sciences*, 2019 (1).

基于 ChatGPT 的中文文本分级简写探索性研究[*]

殷晓君[1]　丁　溪[2]　娄开阳[3]

[1] 北京语言大学 国际中文教育研究院 100083
[2] 澳门理工大学 语言及翻译学院 999078
[3] 中央民族大学 国际教育学院 100081

[1] yinxiaojun@blcu.edu.cn　[2] dingxi2004@gmail.com　[3] lky2008cn@163.com

摘　要： 分级阅读在语言教学和学习中扮演着重要角色，如何高效地获取高质量的分级阅读材料是语言研究者和教育者极为关注的问题。以 ChatGPT 为代表的生成式人工智能工具为文本智能简写提供了可能性。本研究以《国际中文教育中文水平等级标准》中初等级别语言能力标准要求为参照，使用 ChatGPT 对中文文本进行初等级别文本简写尝试。研究发现，ChatGPT 可以作为文本智能简写的有力工具，不过，目前 ChatGPT 尚不能生成完全符合预期的简写文本，因此，采用"人机结合"的方法是当下进行文本自动简写的可行办法。

关键词： ChatGPT；简写；分级

A Study on Grade-Specific Simplification of Chinese Texts Using ChatGPT

Yin Xiaojun[1]　Ding Xi[2]　Lou Kaiyang[3]

[1] Research Institute of International Chinese Language Education,
Beijing Language and Culture University, 100083
[2] Faculty of Languages and Translation, Macao Polytechnic University, 999078
[3] College of international education, MINZU University, 100081

Abstract: Graded reading plays a crucial role in language teaching and learning, and how to efficiently obtain high-quality graded reading materials is a concern for language researchers and educators alike. Generative AI tools, represented by ChatGPT, offer possibilities for the intelligent simplification of texts. This study uses the Chinese Proficiency Grading Standards for International Chinese Language Education as a reference, which attempts to simplify Chinese texts to the elementary level using ChatGPT, verifying that ChatGPT can serve as an effective tool for intelligent text simplification. However, it also reveals that ChatGPT cannot yet generate simplified texts that fully meet expectations. Therefore, a "Human-Machine Collaboration" approach is a feasible method for automatic text simplification at present.

Key words: ChatGPT; simplication; grading

---

[*] 本研究得到国家社科基金项目"国际中文教师数字素养智慧研修平台构建与应用研究"（24BYY044）的资助。

0 引言

文本分级研究对于语言教学和研究都具有至关重要的作用。文本分级研究已经有100多年的历史了，从构建可读性公式到使用机器学习的方法进行文本自动分级（Dale & Chall, 1948；Heilman et al., 2008；Pitler & Nenkova, 2008；Schwarm & Ostendorf, 2005；Vajjala & Meurers, 2012；Sung et al., 2015；蔡建永，2020）。在文本定级方面，相关研究已经比较成熟，中文文本分级的准确率已经接近90%（殷晓君，2022；朱君辉等，2022；殷晓君、邵艳秋，2023），这个结果已经接近专家判定的平均结果。从技术和应用上来讲，文本分级研究已经是一个研究比较成熟的问题，下一步需要关注的研究是文本简写（Vajjala & Meurers, 2012）。文本分级本质上是对已有文本的难度级别进行划分，对文本内容是不做修改的，而文本简写指针对性地按照语言水平等级要求对文本进行改编，这对于二语教学具有更加直接的指导意义。

早期的文本简写主要是采用人工改写的办法，这种方法办法比较可靠，但是缺点也很明显，需要耗费大量的人力，效率较低，难以规模化。此外，人工简写主要依靠专家的经验，难以形成统一的标准，不能迭代升级。近来，生成式人工智能的发展为文本的简写提供了技术可行性，文本自动简写开始得到越来越多的关注。

在国际中文教育领域，对于中文学习者而言，找到适合学习和阅读的中文文本材料是特别重要的。目前大多数的中文教材以及分级读物都是人工改编的，这种方法效率较低。相对而言，目前市面上面向国际中文学习者的分级读物并不多，若能实现文本自动简写，可以在短时间内生成大量的具有分级属性的国际中文阅读和学习材料。这也符合当下国际中文教育数字化发展的大趋势（徐娟、马瑞祾，2023；马瑞祾、梁宇，2023）。基于此，本研究尝试基于ChatGPT进行中文文本自动简写研究。

1 文献回顾

文本简化的目的是为特定的阅读群体提供适宜阅读的文本，比如，有研究者针对面向儿童的文本简化开展了研究（De Belder & Moens, 2010）。在国际中文教育领域，有研究者总结了国际中文教育文本的简写方法，比如删除、替换以及增加等办法（徐悦等，2021；高雪松等，2023）。早期的文本简写主要依靠人工简写的方法，整体而言，这种方法效率不高。

随着自然语言处理技术的进步，文本自动简写（Automatic Text Summarization）成为自然语言处理领域的研究重点。文本自动简写能够弥补人工文本简写的缺点，大大减少了人工简写所需的工作量（Bott & Saggion, 2014），研究者也进行了一些文本自动简写的尝试（吴呈等，2020；Qiang et al., 2021）。Al-Thanyyan & Azmi（2021）提出，随着人工智能、自然语言处理、机器学习等技术的进步，文本简化开始朝着智能改编的方向发展，即借助技术调控语言复杂度，但还保留原有文本内容意义，提高文本可读性。

当下，生成式人工智能（Generative Artificial Intelligence）技术的崛起进一步推进了文本智能简写的发展。ChatGPT作为生成式人工智能的典型代表，迅速引起了研究者的关注，朱奕瑾、饶高琦（2023）基于ChatGPT进行了例句库建设，并认为这种方法具有良好的成本效益。不仅如此，ChatGPT 作为一款具有聊天功能的智能产品，减少了非技术人员的使用壁垒，对于教育领域的研究者而言是一大优势。不过，目前在国际中文教育领域，使用 ChatGPT 进行文本简写的研究还比较少，有鉴于此，本研究尝试使用 ChatGPT 开展中文文本简写，以服务于国际中文教育工作。

2 实验设计

2.1 背景介绍

本研究的研究目标是探索 ChatGPT 用于中文文本简写的可行性，考察 ChatGPT 是否可以用于中文文本简写工作，以及其简写的文本是否符合教学的实际需要。

我们选取一篇 2000 多字的中文故事作为待简写的原始文本，该故事文本来源于《西游记故事》一书中的"美猴王出世"。《西游记故事》一书是中华书局推出的"中华经典故事"丛书之一，该书在保留原著精髓的基础上，对原著中的语言进行了适当改写，较之原著，该书中的语言减少了文言化表达，可读性更强，使用权威出版社出版的简写本，既能保证文本的科学性，又能兼顾文本语言的规范性。同时，"美猴王出世"这个故事广为人知，在海内外都产生了较大的影响力，对中文学习者具有一定的吸引力。

本研究是面向国际中文教育的，为了能够生成更符合中文学习和教学使用的简写文本，文本简写的级别要求参考《国际中文教育中文水平等级标准》（GF 0025—2021，以下简称《等级标准》）中语言能力水平的要求。《等级标准》是国家级语言能力标准，为世界各地的中文学习者提供了可借鉴、可遵循、可应用的中文标尺，以《等级标准》为参照符合中文教学的实际需要。受研究精力的限制，本研究仅开展 ChatGPT 对中文文本进行初等级别简写的相关研究。

2.2 实验流程设计

2.2.1 重点工作

ChatGPT 作为一款以聊天机器人形式出现的智能产品，掌握了好的提问方式便可以让工具发挥作用。提示工程（Prompt Engineering）在与 ChatGPT 交互的过程中发挥着重要的作用（宋义平等，2023）。首先，我们应了解模型能力和限制，确定与模型互动的具体目标，然后，不断优化提示的结构和语言，在提问过程中，我们应尽可能使用清晰、准确和直接的语言，避免模糊不清和多义性。在提示工程中，思维链（Chain of Thought）是较为常用的提示技术，这种技术通过引导模型表达其解决问题的步骤或思路，从而改善任务的执行效果。这种方法能够帮助模型"展示其工作"，通过逐步推理来生成最终的输出。在进行文本简写时，思维链可以帮助 ChatGPT 展开逻辑推理，例如，先识别文本中的主要观点和细节，然后决定哪些信息是必要的，最后生成简写内容。

2.2.2 实验步骤

本研究基于 ChatGPT4.0 开展中文文本简写研究。

首先，为了确保 ChatGPT 能够掌握《等级标准》中的能力要求，我们把《等级标准》中的音节、汉字、词汇以及语法点的等级分布信息全部交给 ChatGPT 进行学习，并通过提问的方式测试 ChatGPT 对《等级标准》的掌握程度。经测试，ChatGPT 对《等级标准》中词汇等级分布信息的把握还是比较准确的。

然后，我们开始通过设计提示词，使用 ChatGPT 进行简写。我们设计了两套提示词。提示词一："现在，你已经了解《国际中文教育中文水平等级标准》中语言能力水平要求，请参考该标准中的初等能力水平要求，对以下故事进行简写。简写要求如下：首先，请确保文本在词汇、语法和句子结构上简单易懂，语言能力水平要求参考《国际中文教育中文水平等级标准》中初等级别的要求。然后，请控制简写后的文本的篇幅，既要完整传达信息，又要避免冗长，文本字数控制在 1000 字左右。"基于提示词一，ChatGPT 生成的简写文本（简称 T_1），如图 1 所示。

图 1 基于提示词一 ChatGPT 生成的简写文本

提示词二："请对上述文本再次进行简写，要求如下：第一，保留原文的主要情节和角色关系，以便读者能够理解核心信息。第二，尽量模仿样本文本的感情色彩和风格，使简写后的文本更自然、流畅。第三，考虑到初学者的阅读水平，请确保文本在词汇、语法和句子结构上简单易懂，语言能力水平要求参考《国际中文教育中文水平等级标准》的初等级别的要求。第四，请控制简写后的文本的篇幅，既要完整传达信息，又要避免冗长，文本字数控制在 1000 字左右。"基于提示词二，ChatGPT 生成的简写文本（简称 T_2），如图 2 所示。

从生成文本的难度级别来看，T_1 和 T_2 的语言水平是比较符合《等级标准》中初等级别的水平要求的。词汇等级分布对文本的难度级别有重要的影响，为此，我们分别统计了 T_1 和 T_2 文本中词汇等级分布情况，ChatGPT 生成文本的词汇分布比较合理，如图 3 所示，初等词汇在文本中占据了很大比例。

> 很久以前，有个地方叫傲来国，那里有座叫花果山的大山。山顶上有一块大石头，这块石头变成了一只石猴。
>
> 石猴和山上的猴子们每天都在一起玩，非常快乐。一次，它们在水里洗澡时，石猴提出要找出水的来源。他们来到一个瀑布前，一只老猴子说，能从瀑布里面进去再出来的猴子，就能成为大王。石猴勇敢地跳进了瀑布。
>
> 石猴在瀑布里发现了一个石房，里面有石锅、石碗、石凳和石床，什么都有。石猴回到外面，把这些告诉了其他猴子。猴子们觉得很神奇，都跟着石猴一起住进了石房。从那以后，石猴就被称为美猴王。
>
> 美猴王和猴子们在花果山上快乐地生活了很多年。但有一天，猴子们开始担心，因为他们都会变老。一只老猴子提议美猴王去学习长生不老的方法。美猴王决定下山，寻找长生不老的秘诀。
>
> 美猴王坐木筏出海，穿过大海，找到岸边。他穿上人类的衣服，学会了人类的话。他一心想找到长生不老的方法。一天，他在山里遇到了一个樵夫。樵夫告诉他，有位神仙叫菩提祖师，住在三星洞。
>
> 美猴王找到了菩提祖师。祖师给他取了个名字，叫孙悟空，并开始教他学问。但悟空想学的是长生不老的方法。祖师最后教了悟空很多本领。
>
> 悟空展示了自己变成树的本领，但祖师不高兴，不想悟空在别人面前卖弄。悟空只好离开，回到花果山。花果山被一个魔王抢了。悟空非常生气，他变出很多小猴子，一起打败了魔王。最后，悟空和猴子们在花果山快乐地生活。

图 2 基于提示词二 ChatGPT 生成的简写文本

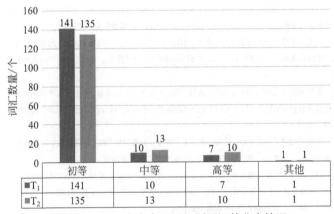

图 3 T_1 和 T_2 文本中不同级别词汇的分布情况

从生成文本的的语言风格来看，两篇文章的风格是比较接近的，多是陈述式口吻，信息类表达居多。《西游记》是一部故事色彩较重的作品，本研究选取的"美猴王出世"这一文本的故事性也比较强。但是，从 ChatGPT 简写文本来看，文本中多是信息传达式的表述，而待简写文本中使用了大量的对话体。比如，待简写文本中有这样的表述："石猴高叫着：'我进去！我进去！'"在 T_1 文本中，该部分是这样表述的："石猴大声说他要试试。"而 T_2 文本中直接将这一部分删去了。较之待转写文本，ChatGPT 简写文本的画面感要弱很多，待简写文本中有这样的表述："他把眼一闭就跳进了瀑布中。"而 T_1 文本中是这样表述的："石猴大声说他要试试，然后跳进了瀑布。" T_2 文本中是这样表述的："石猴勇敢地跳进了瀑布。"待简写文本中的形象化表达更多，而 ChatGPT 简写文本不太重视这类表达，这也在一定程度上影响了故事的可读性。

除此以外，我们还发现，基于两套不同的提示词 ChatGPT 产出文本的篇幅都没有达到字数要求，T_1 和 T_2 文本均为 565 个字符。

综上来看，ChatGPT 生成的简写文本在难度级别上能够基本符合《等级标准》中初等级别的要求，但在语言风格上跟待简写文本有较大差异，故事化表达和可读性都弱一些。除此以外，在某些细节上，ChatGPT 目前的表现也不尽如人意，比如在字数控制方面，在两套提示词都强调简写字数为 1000 字的情况下，ChatGPT 均没有达到要求的字数。可见，当下，ChatGPT 能够作为辅助工具进行文本简写，但不能完全依赖它。目前比较可行的办法是采用人机结合的方法。首先，基于 ChatGPT 进行自动简写。然后，请业内专家对机器简写的文本进行人工核查。这样既可以发挥智能工具的高效优势，还能保证文本的质量。

3 结语

本研究基于 ChatGPT 进行了中文文本智能简写的探索。研究发现，ChatGPT 能够短时间内快速生成简写文本，文本在难度级别方面能大致符合初等级别的要求。但是，在生成文本的篇幅和语言风格方面仍存在一定的不足。受到时间和精力的限制，本研究仅使用 ChatGPT 进行了文本简写的尝试。未来，我们将使用更多智能工具，开展更大规模的中文文本简写实验，进一步推动中文文本智能简写研究的发展。

参考文献

[1]　AL-THANYYAN S S, AZMI A M. Automated Text Simplification: A Survey. ACM Computing Surveys (CSUR), 2021(02).

[2]　Bott S, Saggion H. Text simplification resources for Spanish. Language Resources and Evaluation, 2014, 48(1): 93-120.

[3]　DALE E, CHALL J S. A Formula for Predicting Readability: Instructions. Educational research bulletin, 1948(27).

[4]　DE BELDER J, MOENS M F. Text Simplification for Children//Proceedings of the SIGIR workshop on accessible search systems. New York: ACM, 2010.

[5]　HEILMAN, M., COLLINS-THOMPSON, K., ESKENAZI, M. An Analysis of Statistical Models and Features for Reading Difficulty Prediction. USA: Association for Computational Linguistics, 2008.

[6]　PITLER, E., & NENKOVA, A. Revisiting Readability: A Unified Framework for Predicting Text Quality. Proceedings of the 2008 conference on empirical methods in natural language processing, 2008.

[7]　QIANG J, LU X, LI Y, et al. Chinese Lexical Simplification. IEEE/ACM Transactions on Audio, Speech, and Language Processing, 2021.

[8]　SCHWARM, S. E., & OSTENDORF, M. Reading Level Assessment Using Support Vector Machines and Statistical Language Models. Proceedings of the 43rd annual meeting of the Association for Computational Linguistics .PA: ACL, 2005.

[9]　SUNG Y T, LIN W C, DYSON S B, et al. Leveling L2 Texts Through Readability: Combining Multilevel Linguistic Features with the CEFR. The Modern Language Journal, 2015.

[10]　VAJJALA, S., & MEURERS, D. On Improving the Accuracy of Readability Classification Using Insights from Second Language Acquisition. Proceedings of the seventh workshop on building educational applications using NLP, 2012.

[11]　蔡建永. 面向二语文本的可读性研究. 北京语言大学博士学位论文，2020.

[12] 高雪松, 周小兵, 洪炜. 汉语二语教材文本改编策略研究. 天津师范大学学报(社会科学版), 2023(04).

[13] 马瑞祾, 梁宇. 国际中文教育数字化转型的三重逻辑——从 ChatGPT 谈起. 河南大学学报(社会科学版), 2023(05).

[14] 宋义平, 郭泽德, 赵鑫. 零基础掌握学术提示工程. 北京：清华大学出版社, 2023.

[15] 吴呈, 王朝坤, 王沐贤. 基于文本化简的实体属性抽取方法. 计算机工程与应用, 2020(21).

[16] 徐娟, 马瑞祾. 数字化转型赋能国际中文教育高质量发展. 电化教育研究, 2023(10).

[17] 徐悦, 张易扬, 王治敏. 面向来华留学生的汉语旅游文本词汇化研究. 天津师范大学学报(社会科学版), 2021(06).

[18] 殷晓君, 邵艳秋. 基于语义依存构式的中文文本语义复杂度特征研究. 语言文字应用, 2023, (03).

[19] 殷晓君. 基于依存构式的文本复杂度分级特征体系构建及效度验证. 语言教学与研究, 2022, (06).

[20] 朱君辉, 刘鑫, 杨麟儿, 等. 汉语语法点特征及其在二语文本难度自动分级研究中的应用. 语言文字应用, 2022(03).

[21] 朱奕瑾, 饶高琦. 基于 ChatGPT 的生成式共同价值标准例句库建设. 云南师范大学学报(对外汉语教学与研究版), 2023(03).

[22] 中华人民共和国教育部, 国家语言文字工作委员会. 《国际中文教育中文水平等级标准》(GF 0025—2021). 北京：北京语言大学出版社, 2021.

21 世纪以来数字化中文教学中的习得研究分析[*]

杨晓珊[1]　余江英[2]

[1,2] 云南大学 汉语国际教育学院 650091
[1] 1311243282@qq.com　[2] 402813541@qq.com

摘　要：本文运用文献计量软件 CiteSpace，对 21 世纪以来中国知网 CNKI 数据库中数字化中文教学下的习得研究相关文献进行了可视化分析和数据解读，分析结果展示出四种趋势：（1）数字化中文教学效果的影响因素从个体研究向互动研究发展；（2）数字化中文教学设计中习得理论应用增多；（3）虚拟环境对语言习得的影响研究趋于细化；（4）以习得理论解释线上线下教学的对比、结合研究逐渐增多。本文最后对该领域的未来发展趋势进行了展望。

关键词：CiteSpace；数字化中文教学；习得

Analysis of Acquisition Studies in Digital Chinese Teaching in the 21st Century

Yang Xiaoshan[1]　Yu Jiangying[2]

[1,2] School of International Chinese Language Education, Yunnan University, 650091

Abstract: This article uses the bibliometric software CiteSpace to visually analyze and interpret relevant literature on acquisition research under digital Chinese teaching in the CNKI database of China National Knowledge Infrastructure (CNKI) since the 21st century. The analysis results show four trends: (1) The influencing factors of digital Chinese teaching effectiveness are developing from individual research to interactive research; (2) The application of acquisition theories in digital Chinese teaching design is increasing; (3) Research on the impact of virtual environments on language acquisition, adapting to development and tending towards refinement; (4) The use of acquisition theory to explain the comparison and combination of online and offline teaching is gradually increasing. Finally, the research provided an outlook on the future development trends in this field.

Key words: CiteSpace; digital Chinese language teaching; acquisition

0　引言

　　21 世纪以来，信息技术一次又一次取得突破性进展，由 3G 到 4G、5G，互联网的快

---

[*] 本研究获得 2023 年度云南省教育厅科学研究基金项目"基于国际中文教育需求的外籍人员语言使用调查指标体系建设"（项目编号：2023Y0307）经费资助。

速发展推动了以现代信息技术为基础的数字化中文教学的迅速发展。自 2004 年中文电化教学国际研讨会首次提出"数字化汉语教学"这一概念，至今数字化中文教学已走过二十年历程，特别是在 2020 年后，新冠疫情全球大流行，使大众视野转向数字化教学，许多国际中文教师都因疫情或多或少接触到线上教学及研究。徐娟、史艳岚（2013）认为，在这二十年间，前十年数字化中文教学出现巨大转变，可以概括为五个方面：教育理念从普适性走向国别化和个性化、教学模式从单纯的 E-learning 走向 B-learning、教材从平面型走向立体化、学习资源从展示型走向交互型、学习方式从集约式走向泛在式。耿直、高源（2022）用文献计量学方法及 CiteSpace 软件分析相关文献后发现，近十年，数字化中文教学研究的发文量呈阶段式激增，研究内容经历了由大到小、由多到微、由探索总结到反思拓新的阶段，数字化中文教学将由"数字化"进一步向"数智化"发展。

而自 2023 年 ChatGPT 以类人智能震撼教育界，数字化中文教学研究便更受人瞩目。目前已有综述都只针对数字化中文教学研究，并无对数字化中文教学下习得研究的相关述评。教学与习得的关系是二语教学与研究的基本关系，是教与学的关系，研究教是为了学，研究学是为了更好地教，教学研究和习得研究是相辅相成的（李泉、孙莹，2021）。因此，对数字化中文教学下的习得研究进行综述是必要的。已有的数字化中文教学中有关习得的研究是如何进行的？如何发展的？其关注点主要集中在哪些方面？未来我们要怎样深入研究数字化中文教学中的习得？鉴往知来，为更清楚地了解数字化中文教学下的习得研究情况，本文采用文献计量学方法及 CiteSpace 可视化分析对 21 世纪以来中国知网（CNKI）的数字化中文教学中习得研究的相关文章进行分析，以期从更加科学的角度探究这一领域的研究现状。

1 数据来源与研究方法

1.1 数据来源

本文选择中国知网数据库，采用高级搜索模式，以主题词"数字化教学 or 智能教学 or 线上教学 or 微课 or 慕课 or 远程教育"和摘要"习得"检索 2001—2023 年收录的文献，为确保研究对象的有效性，对检索出来的文献进行人工筛选，删除非中文二语习得内容的文献，最终将 150 篇文献作为统计分析数据。

1.2 研究方法

本文使用 CNKI 计量可视化工具及 CiteSpace 可视化分析软件对相关文献进行分析。CiteSpace 是一种文献计量的软件，由信息可视化专家陈超美教授研发（陈悦、陈超美等，2015），可进行多种类型的文献计量学研究，包括机构作者共现分析、关键词共现分析以及主题和领域共现的可视化，使用科学的制图程序，通过对领域的结构、动态模式和趋势进行可视化分析研究，研究者能够直观地辨识出学科热点及演化和发展趋势。

2 数字化中文教学下习得研究现状

2.1 年度发文量分析

由图1数字化中文教学中的有关习得研究的发文量可以看出，发文量总体呈上升趋势，此领域研究大致经历三个主要阶段：一是自2004年提出数字化汉语教学概念后至2018年初，数字化中文教学中与习得相关的文章数量较少，但不乏一些学者在此领域深耕。张燕春（2009）从二语习得理论强调交际能力说明语言环境的重要性，并结合汉语发展提出用现代教育技术创造语言环境的设想。王毅、吴晶（2016）进一步论述了在二语习得理论指导下的翻转课堂需要个性化协作式的学习环境，并提出了一系列学习环境的设计原则。二是从2018年至2019年，发文量呈倍增之势，这是由于2018年国家推进教育信息化，发布有关线上教育规范政策，且教育部首次发布国家精品在线课程，许多教师和研究者顺应国家政策，在此领域开展深入研究，一部分学者注重将习得相关理论应用于线上教学。三是2020年初至2023年，发文量呈激增之势，这是由于新冠疫情在全球暴发后线下教学困难，各类学科教学纷纷转向线上，且人工智能发展迅速，促使数字化中文教学迅速发展，线上教学中的汉语二语习得研究更是受到学者关注。学者们不仅在各种线上教学模式下应用习得理论，例如以二语习得理论的输入假说及情感过滤假说为指导设计游戏教学（潘毓昉、赵楠玉等，2022），以及少儿汉字课运用游戏教学法（李一杏，2022），或将行为主义理论应用于改进慕课设计（刘黎虹，2020），还有学者研究人工智能ChatGPT所提供的汉语习得条件（蔡薇，2023），共同推进数字化中文教学的发展。

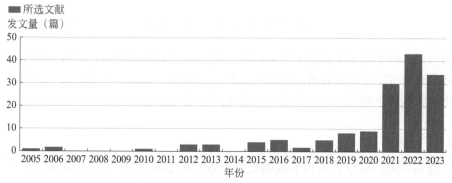

图1 2005—2023年年度发文量图

2.2 主要机构及作者分布

统计其主要研究机构和作者情况可使我们了解该领域的研究情况、研究是否已成体系以及研究者的合作情况等。图2中一个节点代表一个机构或作者，从该领域的主要研究机构及作者共现图可以看出，在数字化中文教学下的习得领域研究中，北京外国语大学、上海外国语大学、安阳师范学院三所机构的研究较为集中，围绕这些高校的研究主要表现为导师带领下的硕士学位论文教学设计等，但在该领域发展过程中，有一部分高产学者及走在行业前沿的学者一直致力于此领域的研究。李炜、周晓军等（2016）在二语习得理论的指导下，将汉语课程内容"片段化"为微课程，动态跟踪学习者的汉语学习状态；而后又分析了慕课背景下的三种混合教学模式的优劣及其适用情况，为慕课教学及习得研究铺路；随后又以各种理论结合汉语作为第二语言习得理论，研究明确了跨境远程汉语国际教育人才培养体系的构建与实施（李炜等，2022）。王毅、吴晶（2016）回顾了二语习得理论中语境理论的发展，从斯波斯基的二语学习影响因子到约瑟夫斯特恩教授的"语境"阶段理论，结合翻转课堂的理念，认为在课上课下都需要高质量学习资源，且在教学中需要个性化协作式的学习环境，并据此研究了翻转课堂语言学习环境设计的原则及构建模式。

图 2　主要研究机构及作者共现图

总的来说，数字化中文教学下的习得研究尚未形成系统的体系，学者之间的合作研究很少，还没有形成固定的合作群体和机构，但有一部分学者已开始关注这个领域，并进行了数字化中文教学下的习得与教学实践、人才培养相结合的研究。

2.3　研究热点趋势

由关键词共现图可以看出该领域的研究热点，用 CiteSpace 提取 150 篇文章中的关键词，结合关键词出现的频率、中心度，绘制关键词共现图，见图 3。从图 3 可以看出，出现频率较高的关键词有"教学设计、线上教学、对外汉语、偏误分析、在线教学、慕课、二语习得、翻转课堂"等，结合高频关键词，查阅相关文献研究发现，目前数字化中文教学下的习得研究的主要趋势有以下几个方面。

2.3.1　数字化中文教学效果的影响因素研究：从个体到互动

在第二语言习得中，学习者个体因素、教师行为都对习得有一定的影响，语言学习活动必须通过学习者来实现，从这个意义上来说，个体因素在语言习得中起决定作用，只有充分研究学习者的个体因素，才能真正了解第二语言的习得过程和规律。由前人研究可知，影响第二语言习得的学习者个体因素有生理因素、认知因素和情感因素，谢亚军、罗甜（2021）从线上学习者的情感因素角度出发，分析留学生线上汉语学习的焦虑成因及其应对措施，研究得出其焦虑水平和学习时长、自身 HSK 等级呈负相关，与自身学习效能感呈正相关；侯一平（2022）则从学习者的注意力角度分析线上汉语口语课的教学效果；同时不乏许多学者从分析学习者的互动需求或教师的上课反馈等角度入手，以期改善教学效果（姚钰妍，2022；袁宇晗，2022）；学习者的个体因素是影响语言习得的重要因素，以上研究探讨了如何让学习者扬长避短，更好地习得语言。

图 3 关键词共现图

2.3.2 数字化中文教学设计中的习得理论：从少到多

在线上教学中，教学设计是教学的依据，而在教学设计中充分考虑习得因素才能更好地进行教学，因此，许多研究者结合习得理论设计某一具体汉语课程的线上教学，并以此进行教学实验，得到反馈后再研究。在此次筛选出的文献中，有 44 篇教学设计相关文献，而其研究主要集中在：应用二语习得中克拉申的"输入假说""情感过滤假说""i+1"理论以及"互动假说"来设计教学，或针对某一领域学生的偏误来设计教学。

在本次筛选出来的文献中，有 26 篇文献以二语习得理论为依据设计教学，其中克拉申的习得理论应用最多，潘毓昉、赵楠玉等（2022）以二语习得理论中克拉申的"输入假说"及"情感过滤假说"为指导设计游戏教学，探讨了游戏教学法在线上少儿国际中文教育中的应用和成效，并提出应用游戏教学法的三大原则：以教学为目的原则、实用性原则、提高互动性原则。在本次筛选的文献中，以偏误分析为主要考虑因素研究线上教学设计的有 18 篇文献，具体有针对在线对外汉语课堂中存在句这类经常发生偏误的句型语法点的教学设计，以存在句句法结构结合线上教学的优势设计动画，帮助学生习得困难句式（何结诗，2020）；也有探索后疫情时代学生线上习得汉语的偏误研究，张贤（2022）运用对比语言学理论，在语音、语法和语义方面分析了越南学生在线上学习汉语过程中常见的偏误现象及其产生的原因，并针对这些现象及成因提出了线上教学策略。

2.3.3 数字化中文教学中影响习得的环境因素：顺应发展、趋于细化

如果说学习者的个体因素是第二语言习得的内部条件的话，环境则是影响第二语言习得的外部条件。一语和二语的习得都与环境有密切关系，环境包括社会环境和语言环境，在有限的条件下，许多学生无法到中国学习中文，但在数字化发展日新月异的今天，新型科技手段大量涌现，许多学者致力于研究将新型科技手段与语言教学结合，为学习者构建虚拟沉浸式语言环境，促使学习者习得语言。谢蓉蓉（2015）研究在二语习得语境中，将三维虚拟学习环境与二语习得进行整合，将虚拟语境的模式细化为课堂内虚拟语境和课堂外虚拟语境，之后又细分为观看式虚拟语境、任务型虚拟语境、互助式虚拟语境、实践型虚拟语境四类，为解决二语习得的环境问题提供现实、可行的方案。语境与文化密不可分，黄怡梅（2022）以具体的在线少儿中文教学机构 Lingo Ace 为例，通过对已有的线上沉浸式汉语学习系统的研究，提出了针对学习资源、游戏练习和作业交互等方面的建议，以期提高汉语习得效率。蔡薇（2023）根据 ChatGPT 的特点研究其在汉语教学中能够提供的习得条件。在创建语言习得的外部环境方面，信息技术的飞速发展使虚拟语境成为可能。

2.3.4 线上线下教学结合对比中的习得研究增多

O2O 即 online to offline，最早兴起于电商，指将线上互联网当作线下交易平台，之后被引进教学中，指线上教学平台和线下实体课堂双向互动、立体教学的模式，后在发展中分为基于翻转课堂理念的 O2O 教学模式、基于传统课堂理念的 O2O 教学模式、基于混合式教学理念的 O2O 教学模式三类，教学平台有慕课、微信公众号以及 QQ 移动社交工具等。许多学者据此展开了线上线下教学的对比结合中的习得研究。王昭、徐彩华（2022）对比了线上和线下实验中，高级汉语水平英语母语者对汉语语法体标记"了、着"的习得过程，得出其习得过程受多方面因素影响的结论。

3 时间发展趋势

由关键词时间线图谱（见图 4）可以看出该领域在 2005 年主要以远程教学为主，方霞（2006）回顾了 Moore 和 Kearsley 提出的远程教育者应提供三种互动形式，以及二语习得理论和克拉申的习得理论，指出远程教育中在与学生在线交流时要保证为他们提供充分可理解的输入和输出。王松岩、杜芳（2010）便将习得理论应用于线上汉语语音教学，他们认为现代教育技术通过数字化整合语音课堂教学，优化了语音教学的习得顺序，对外国学生习得语音起到了很大的作用。2015 年许多学者将翻转课堂、慕课等教学方式与习得结合起来。2020 年线上教学研究激增，其中有利用习得进行线上线下对比教学研究，也有设计虚拟沉浸式环境促进学生语言习得，学者们更加关注线上教学中的师生互动，并对线上教学环境中学习者的习得情况加以研究。2023 年开始，学者们则更加关注人工智能下的习得发展研究。

从关键词时间线图谱可以看出，数字化中文教学下的习得研究跟随时代发展的脚步，不仅研究面渐广，研究主题也渐深。

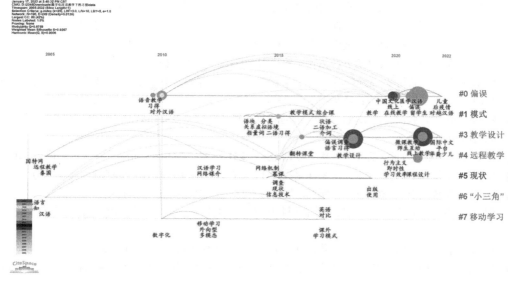

图 4　时间线图

4　数字化中文教学下的习得研究展望

本文采用 CiteSpace 信息可视化工具，对 21 世纪以来至 2023 年的数字化中文教学下有关习得研究的文章进行了梳理，探究了该领域下的基本研究情况、研究热点及合作机构与作者等，从目前的研究趋势来看，数字化中文教学下的习得研究领域渐渐扩大，影响数字化中文教学效果的因素研究从个体研究向互动研究发展；数字化教学设计中习得理论得到更多应用；虚拟环境对习得的影响研究顺应时代发展，趋于细化；采用习得理论解释线上线下教学的对比、结合研究逐渐增多。

但数字化中文教学下的习得研究还没有形成系统，研究缺乏连贯性、持续性、针对性，现有研究的侧重点比较单一。首先，在有关习得理论的实践研究方面，现有研究主要侧重于克拉申的理论原理以及偏误分析理论，其他理论较少涉及；其次，在信息技术与语言学习的结合方面，用最新的现代信息技术结合习得理论创建虚拟环境的研究可进一步深入，形成研究体系，并应用于实践，接收反馈并改进；最后，未来线上线下教学结合研究将进一步发展，人工智能也将进一步融入数字化中文教学，研究新环境下数字化中文教学中的习得情况是现实发展的趋势。

参考文献

[1] 蔡薇. ChatGPT 环境下的汉语学习与教学. 语言教学与研究，2023(04).
[2] 陈悦，陈超美，刘则渊，胡志刚，王贤文. CiteSpace 知识图谱的方法论功能. 科学学研究，2015(02).
[3] 方霞. 二语习得理论与远程教育. 天津职业院校联合学报，2006(06).
[4] 高李蕾. 线上线下混合式教学模式下非英语专业学生的二语词汇习得策略研究. 现代英语，2020(20).
[5] 耿直，高源. 近十年国内数字化汉语教学研究综述——基于 CiteSpace 的可视化分析. 李晓琪，徐娟，李炜. 数字化国际中文教育. 北京：清华大学出版社，2022.

[6] 何结诗. 在线对外汉语教学中存在句的课堂活动设计. 中国新通信, 2020(16).
[7] 侯一平. 对外汉语线上口语教学课堂学习者注意力研究. 北京外国语大学硕士学位论文, 2022.
[8] 黄怡梅. 儿童线上汉语趣味性教学研究. 西南科技大学硕士学位论文, 2022.
[9] 李泉, 孙莹. 论国际中文教育五种微观关系. 民族教育研究, 2021(05).
[10] 李炜, 张润芝, 古艳东. 跨境远程汉语国际教育人才培养体系的构建与实施. 李晓琪, 徐娟, 李炜. 数字化国际中文教育. 北京: 清华大学出版社, 2022.
[11] 李炜, 周晓军, 张润芝, 宋敏, 赵雪梅. 远程汉语微课程教学专家系统设计研究. 现代远程教育研究, 2016(04).
[12] 李一杏. 基于游戏教学法的线上华裔少儿中级汉字课教学设计. 吉林外国语大学硕士学位论文, 2022.
[13] 刘黎虹. 行为主义学习理论在改进慕课课程设计中的应用. 漳州职业技术学院学报, 2020(03).
[14] 马炳军, 常辉. 汉语二语句法加工研究: 理论与实验. 当代外语研究, 2021(03).
[15] 潘毓昉, 赵楠玉, 雷莉. 游戏教学法在国际中文教育线上少儿教学中的应用研究. 教育科学论坛, 2022(32).
[16] 王松岩, 杜芳. 对外汉语语音数字化课堂教学. 语文学刊(外语教育与教学), 2010(03).
[17] 王怡静. "慕课+翻转课堂"混合式教学在语言习得中的可行性评价探究. 新课程研究(中旬刊), 2018(08).
[18] 王毅, 吴晶. 二语习得视域下"翻转课堂"学习环境的分析. 中国教育学刊, 2016(S1).
[19] 王昭, 徐彩华. 中、高级汉语水平英语母语者对汉语语法体标记"了、着"的习得过程. 世界汉语教学, 2022(04).
[20] 谢蓉蓉. 数字化学习背景下三维虚拟学习环境的模式与分类研究——以二语习得语境为例. 远程教育杂志, 2015(01).
[21] 谢亚军, 罗甜. 留学生线上汉语学习焦虑成因及调适策略探析. 湖南大众传媒职业技术学院学报, 2021(02).
[22] 徐娟, 史艳岚. 十年来数字化对外汉语教学发展综述. 现代教育技术, 2013(12).
[23] 姚钰妍. 新手教师线上汉语辅导课反馈语研究. 北京外国语大学硕士学位论文, 2022.
[24] 袁宇晗. 汉语母语者与非母语者线上协商互动研究. 北京外国语大学硕士学位论文, 2022.
[25] 张贤. 后疫情时代越南学生线上习得汉语偏误研究. 外语教育与翻译发展创新研究, 2022(12).
[26] 张燕春. 运用现代教育技术创造真实语言学习环境的思考. 东疆学刊, 2009(01).

国内多模态汉语作为第二语言研究综述
——基于 CiteSpace 的可视化分析*

邹威霞

北京语言大学 国际中文教育研究院 100083
zouweixia999@163.com

摘 要：进入 21 世纪以来，国内多模态理论研究日益发展并逐渐被应用于汉语作为第二语言研究中。本文采用可视化分析软件 CiteSpace，从年度发文趋势、文献来源、发文机构和作者、研究热点、研究趋势五个维度对国内 356 篇多模态汉语作为第二语言研究文献进行了统计分析。结果表明：国内相关研究肇始于 2011 年，在经历了缓慢发展和快速发展阶段以后，现在正处于蓬勃发展时期；目前，研究成果日益丰硕，研究内容呈现出多元化发展趋势，但仍存在研究问题集中、学者和机构间缺乏合作、创新性不强等不足；今后仍需立足实际，加强交流，深入研究，推动多模态汉语作为第二语言研究的进一步发展。

关键词：多模态；汉语作为第二语言研究；CiteSpace；可视化分析

A Review of the Application of Multimodal Theory in Chinese as a Second Language Research
—A Visual Analysis Based on CiteSpace

Zou Weixia

Research Institute of International Chinese Language Education, Beijing Language and Culture University, 100083

Abstract: Since the beginning of the 21st century, research on multimodal theory in China has been increasingly developed and gradually applied to the Chinese as a second language research. Using the visualization analysis software CiteSpace, a statistical analysis was conducted on 356 domestic studies on the application of multimodal theory in Chinese as a Second Language from five dimensions: annual publication, literature sources, publishing institutions and authors, research hotspots, and research trends. It was found that relevant research in China began in 2011 and is currently in a period of vigorous development after experiencing slow and rapid development stages. At present, researches are becoming increasingly abundant, and research content is showing a trend of diversified development. However, there are still shortcomings such as concentrated research problems, lack of cooperation between scholars and institutions, and weak innovation. In the future, it

---

* 本研究受国际中文教育研究课题重大项目"基于《等级标准》的语法学习多模态资源库建设与应用"（项目编号：22YH04A）资助。

is still necessary to focus on reality, strengthen communication, conduct in-depth research, and promote further development of the application of multimodal theory in Chinese as a Second Language Research.

Key words: multi-modality; Chinese as a second language research; CiteSpace; visualization analysis

0 引言

多模态是指除了文本之外，还带有图像、图表等的复合话语，或者说任何由一种以上的符号编码实现意义的文本（李战子，2003）。自 20 世纪末以来，多模态相关理论逐渐被应用于外语教学领域。进入 21 世纪之后，随着多模态研究的深入和信息技术的发展，多模态视角下的汉语作为第二语言研究引起了学界的广泛关注，诸多学者运用多模态理论进行汉语习得、教材、课堂教学、学习词典、语料库研究等。梳理当前的研究成果、把握多模态汉语作为第二语言研究的热点问题和发展趋势，有助于学界全面、清晰地认识该领域的研究，但是，近年来鲜有文章能够对相关研究成果进行系统梳理，且已有综述分析的文献数量较少，研究方法也较为局限。鉴于此，本文基于 CNKI 数据库，利用可视化分析软件 CiteSpace（6.2.R4），对 2003 年以来国内多模态汉语作为第二语言研究的发文量、发文期刊、作者和机构、研究热点等问题进行分析，探究近二十年来该领域研究的整体脉络，展望未来研究趋势，以期为多模态汉语作为第二语言研究的进一步发展提供参考和借鉴。

1 多模态汉语作为第二语言研究的缘起与发展

多模态汉语作为第二语言研究源于国外多模态教学研究尤其是多元读写研究的兴起，同时也源于国内多模态理论研究的深入和多模态外语教学的发展。20 世纪 90 年代，有关多模态的研究在西方兴起。作为早期的代表性学者，Kress 和 Van Leeuwen 于 1996 年提出了"多模态话语"概念。同年，New London Group 将多模态话语研究和语言教学相结合，提出"多元读写能力"概念，多模态外语教学开始兴起。

我国的相关研究相对西方发展较慢。2003 年，李战子将多模态理论引入中国并率先引起了英语教学界的注意。随后，胡壮麟（2007）、朱永生（2007）、张德禄（2009）等对多模态的理论缘起、概念界定、在外语教学中的应用等问题进行了一系列探讨。在此背景下，国内多模态教学模式逐渐发展起来，多模态理论也被运用到汉语作为第二语言教学领域，多模态汉语作为第二语言研究（以下简称"多模态汉语二语研究"）应运而生。

2 研究设计与工具

本研究以 CNKI 所收录的多模态汉语二语研究文献为数据来源，利用 CNKI 数据库的高级检索功能，分别以主题词"'多模态' and '汉语'"和"'多模态' and '中文'"进行两轮检索，检索截止日期为 2023 年 12 月 31 日，共获取 743 篇文献，后经过人工筛选，去除多模态语言景观研究、多模态中小学语文教学研究、广告中的多模态隐喻研究等无关文献 387 篇，最终获得多模态汉语二语研究文献 356 篇，构成本文的研究对象。

本文主要采用定量分析法，借助 Excel 和 CiteSpace（6.2.R4）两种工具，对文献进行统计分析。Excel 主要用于绘制该领域文献的年度发文量变化趋势图、统计文献来源信息；CiteSpace 用来绘制研究机构和作者共现图谱、关键词聚类图谱、关键词年度突现分布图等，分析该领域内的研究现状和热点，并对未来发展趋势进行预测。

3 研究结果与分析

3.1 年度发文趋势

历年的文献发表数量可以反映一个研究领域的关注度及其发展趋势。我们对 2003 年以来国内 356 篇多模态汉语二语研究的年度分布进行了统计，结果如图 1 所示。

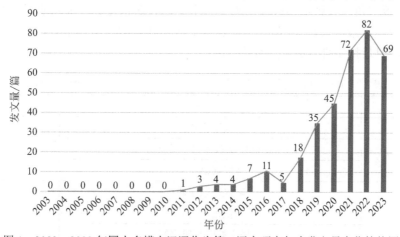

图 1　2003—2023 年国内多模态汉语作为第二语言研究年度发文量变化趋势图

可以看到，国内多模态汉语二语研究肇始于 2011 年，历年发文量整体呈现出上升趋势，大致可划分为以下三个阶段：缓慢发展期（2011—2017 年），快速增长期（2018—2020 年），蓬勃发展期（2021—2023 年）。2003 年多模态理论被引入中国之后，短期内并未引起汉语二语教学界学者的关注，直至 2011 年，张曼分析了对外汉语教学的多模态模式，国内多模态汉语二语研究开始发展。2011—2017 年，年度发文量开始呈现出小幅增长趋势，司书景（2013）、贾琳和王建勤（2013）、黄伟（2015）等开始从多模态视角进行课堂教学、二语习得、语料库建设等问题的探讨。2018 年之后，每年的发文量都在 10 篇以上，2020 年发表的文章更是突破了 40 篇，该领域研究受到越来越多学者的关注，以凌睿和王珊（2018）、李晓婷（2019）、赵琪凤（2019）等为代表的多模态话语分析、互动研究、测评研究出现。2021—2023 年，三年发文总量高达 223 篇，研究热度持续上升，金海月和杨曦（2022）、李琳（2022）、杨玉玲（2022）、张艳（2023）等资源库构建设计、教学模态分析、词典编纂和教材编写研究不断涌现。因此，总体来看，近二十年来我国多模态汉语二语研究呈现出从缓慢起步，到加速发展，再到飞速发展的态势，整体的增长趋势说明了该领域的研究愈加受到重视。

3.2 文献来源信息

文献来源信息在一定程度上体现着该领域研究的学科归属和整体水平。统计发现，在国内356篇多模态汉语二语研究文献中,有224篇来源于硕博学位论文,占比高达62.92%;有122篇文章发表于各类期刊,占比为34.27%;另有10篇文章来源于会议论文集,占比2.81%。

122篇期刊论文共发表于71种期刊,其中在《汉字文化》上发表的文章最多,发文量3篇及以上的期刊有10种(见表1),发文量2篇及以上的期刊有22种,分布较为零散。值得注意的是,多模态汉语二语研究文献主要分布于国际中文教育领域和相关领域的期刊中,如《国际中文教育(中英文)》《国际汉语教学研究》《华文教学与研究》《语言教学与研究》等。另外,在发文量排名前22位的期刊中,《汉语学习》《民族教育研究》《世界汉语教学》《首都师范大学学报(社会科学版)》《语言教学与研究》《语言文字应用》六种期刊同时被北京大学《中文核心期刊总览》来源期刊和CSSCI来源期刊收录,《对外汉语研究》被CSSCI来源集刊收录,《华文教学与研究》《北京邮电大学学报(社会科学版)》和《出版广角》三种期刊被北京大学《中文核心期刊总览》来源期刊或CSSCI来源期刊(扩展版)收录,共计24篇文章发表于上述期刊。所以总体来看,该领域的部分文章质量较高,但是整体研究水平仍有待提高。

表1 2011—2023年国内多模态汉语作为第二语言研究期刊论文分布表

排名	期刊名称	发文量
1	《汉字文化》	14
2	《国际中文教育(中英文)》	5
	《现代语文》	
4	《国际汉语教学研究》	4
	《汉语学习》	
	《华文教学与研究》	
	《文教资料》	
8	《山西青年》	3
	《文学教育》	
	《云南师范大学学报(对外汉语教学与研究版)》	

10篇会议论文分布于8部会议论文集。其中,有6篇论文来源于历年的中文教学现代化国际研讨会论文集;有2篇论文分别收录于2018年对外汉语博士生论坛暨第十一届对外汉语教学研究生学术论坛论文集和2023对外汉语博士生论坛暨第十六届对外汉语教学研究生学术论坛论文集;另外2篇会议论文分别发表于世界汉语教学学会通讯2012年第4期和2023年第一届生活教育学术论坛论文集。可见,该领域的会议论文数量较少且来源比较集中。

224篇硕博学位论文来源于73所高校,其中硕士学位论文222篇,博士学位论文2篇。发文量大于等于5篇的高校共有11所(见表2)。其中,北京外国语大学的硕博学位论文有19篇,在众多高校中位列发文量榜首。此外,内蒙古师范大学和浙江科技学院的硕博学位论文数量也都突破了10,其他论文量较多的高校有哈尔滨师范大学、上海外国语大学、苏州大学、西南交通大学等。总之,国内关于多模态汉语二语研究的硕博学位论文数量很多,且从事相关研究的硕博生分布广泛,他们处于全国各地的各大高校,地域分布比较均衡。

表 2　2011—2023 年国内多模态汉语作为第二语言研究硕博学位论文分布表

排名	高校名称	发文量
1	北京外国语大学	19
2	内蒙古师范大学	12
3	浙江科技学院	11
4	哈尔滨师范大学	8
	上海外国语大学	
6	苏州大学	6
	西南交通大学	
8	华东师范大学	5
	吉林外国语大学	
	兰州大学	
	鲁东大学	

3.3　发文机构及作者统计

对发文机构和作者进行统计可以了解该领域学者的分布和合作情况。我们对国内 356 篇多模态汉语二语研究的发文机构和作者进行了统计，结果显示，截至 2023 年，该领域研究共涉及 394 位作者和 200 家机构。在图 2 中，代表发文机构和作者的节点数量很多很分散，节点之间的连线也较少，说明国内从事相关研究的学者分布非常广泛，并且各机构之间的合作不够紧密，跨地区、跨机构的学术交流与合作较为缺失。

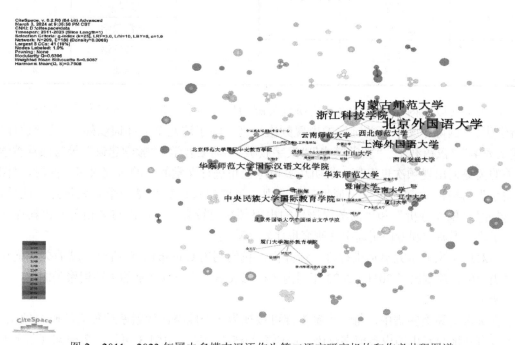

图 2　2011—2023 年国内多模态汉语作为第二语言研究机构和作者共现图谱

具体来看，主要发文机构包括北京外国语大学、内蒙古师范大学、浙江科技学院、上海外国语大学、华东师范大学等。结合上文的文献来源分析可知，以上几所高校产出的硕博学位论文也较多，可见它们在多模态汉语二语研究方面产生了比较大的影响力。作者方面，发文量最多的学者是北京邮电大学的孙雁雁，发表了 4 篇文章。此外，发表 3 篇文章的作者有 4 位，他们分别是韩蓉、洪炜、李双、杨玉玲，还有 17 位学者每人发表了 2 篇相关文章，另外 372 位作者均独自或者合作发表了一篇文章，说明目前的多模态汉语二语研究呈现出零散分布的状态，高产作者较少，研究的核心作者群尚未形成。

3.4 研究热点分布

文献关键词是对研究内容的高度概括，关键词的出现频次可以在一定程度上反映出该领域的研究热点。利用 CiteSpace 对所考察文献的关键词频次进行分析，统计出出现次数最多的前 20 个关键词，结果如表 3 所示。

表 3　2011—2023 年我国多模态汉语作为第二语言研究关键词词频统计表

排名	关键词	频次	排名	关键词	频次
1	多模态	83	11	线上	5
2	教学设计	31		教材	
3	对外汉语	28		汉字教学	
4	线上教学	14		国际中文	
5	图文关系	10		语料库	
	汉语教学			偏误分析	
7	微课	8		多媒体	
	教学模式			词汇教学	
9	插图	6		商务汉语	
	留学生		20	教学建议	4

因为本文以国内多模态汉语二语研究文献为研究对象，所以"多模态""对外汉语""留学生""国际中文"等关键词的出现频次很高。除了这几个关键词以外，"教学设计""线上教学""汉语教学""教学模式""汉字教学""词汇教学""教学建议"等与课堂教学有关的关键词出现频次也很高，说明从多模态视角进行课堂教学的研究很多。同时，"图文关系""插图""教材"三个词也高频出现，反映出汉语教材是一个研究热点。此外，"语料库""偏误分析"和"商务汉语"的出现频次也较高，显示出与之相关的语料库研究、汉语习得研究和专门用途中文研究也比较受欢迎。

为对近年来的研究热点进行进一步分析，我们利用 CiteSpace 对所有文献的关键词进行聚类分析，绘制出了 2011—2023 年国内多模态汉语二语研究文献的关键词聚类图谱，如图 3 所示。

在关键词聚类图谱中，每一个聚类都可被视为一个联系比较紧密的独立的研究领域，它可以直观地显示出国内多模态汉语二语研究的核心领域。由图 3 可知，多模态视角下的教学设计、教学模式、线上教学研究最为集中，这些研究主要围绕课堂教学这一大问题展开。此外，语料库研究和与教材相关的插图研究、图文关系研究也受到很多学者的关注，

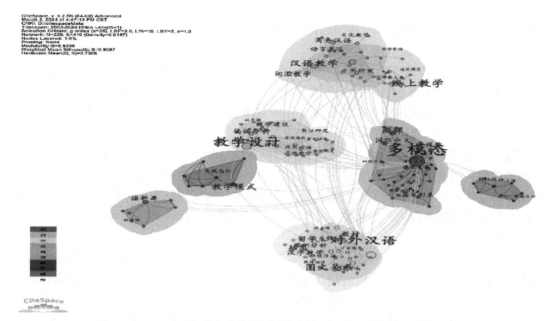

图 3 2011—2023 年国内多模态汉语作为第二语言研究关键词聚类图谱

而学习词典、教师发展、学科建设等方面的研究在图中体现较少或没有体现，说明学者们对这些问题探讨较少。

3.5 研究趋势分析

突现词是指在较短时间内出现次数较多或使用频率较高的关键词，通过突现词分析可以清晰地观测相关研究的阶段性研究前沿和发展趋势。为深入探讨 2011 年以来国内多模态汉语二语研究的话题热度变化，本文运用 CiteSpace 的突现词分析功能，得到了 2011 年以来相关研究的关键词突现统计结果，如图 4 所示。

Key words	Year	Strength	Begin	End	2011—2023年
插图	2014	2.07	2014	2017	
意义协商	2015	1.23	2015	2016	
沉浸式	2016	1.09	2016	2018	
多模态化	2016	0.95	2016	2018	
教师话语	2016	0.89	2016	2019	
留学生	2016	0.5	2016	2018	
对外汉语	2016	0.9	2018	2019	
实用性	2019	0.97	2019	2020	
实证研究	2015	0.76	2019	2020	
教学设计	2019	2.54	2021	2023	
汉字教学	2021	1.52	2021	2023	
初级阶段	2021	0.6	2021	2023	
交互性	2021	0.6	2021	2023	
初级汉语	2021	0.4	2021	2023	

图 4 2011—2023 年国内多模态汉语作为第二语言研究关键词年度突现分布图

当参数 γ 设定为 0.1 时，可以检测到 14 个突现关键词。其中，新兴热点最多的时间段是 2021—2023 年，有"教学设计""汉字教学""初级阶段""交互性""初级汉语"五个关键词聚集于此，反映出近三年初级阶段的多模态教学研究成为一大发展趋势。其次是

2016—2018年，有"沉浸式""多模态化""教师话语"和"留学生"四个关键词聚集，说明多模态视角下的沉浸式教学和教师话语研究成为这一时间段的研究前沿。最后是2019—2020年，"实证研究"和"实用性"突现，体现出实证研究在这两年受到重视，并且研究更加注重实用性。另外，从关键词的突现强度和持续时间来看，"教学设计""插图""汉字教学""意义协商"和"沉浸式"的突现强度最大，"插图"和"教师话语"的持续时间最长，它们都代表了近年来国内多模态汉语二语研究的热点问题。

除了突现词外，还可以运用关键词聚类时间线图谱分析研究热点的变化情况。在关键词聚类时间线图谱中，时间位于视图的最上方，下面相同聚类的文献关键词处于同一水平线上，节点代表最早出现该关键词的时间，节点越大，所受关注和发文量就越高。通过时间线视图可以清晰地得到各个聚类中重要关键词的情况，并反映其时间特征（李杰、陈超美，2016）。

本研究的关键词聚类分析显示出十个聚类（见图5），它们代表了2011年以来国内多模态汉语二语研究的热点。可以看到，文化教学和教学模式研究出现较早，且在很长时间内都是研究的热点，一定程度上反映出多模态视角下的课堂教学研究一直是学者们关注的重点。后来出现了偏误分析研究、图文关系研究、语料库研究等，涉及领域越来越全面。2020年以后，受到新冠疫情的影响，线上教学成为研究热点。总体来看，国内多模态汉语二语研究越来越精细、深入、全面、系统，呈现出多角度、多层次的发展趋势。

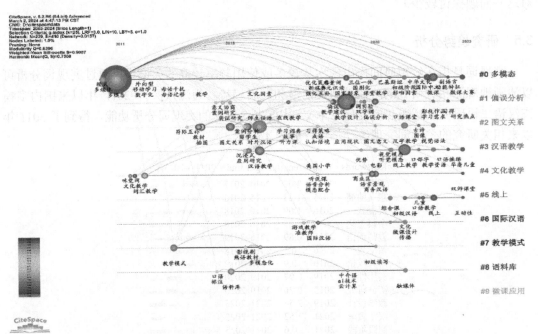

图5　2011—2023年国内多模态汉语作为第二语言研究关键词聚类时间线图谱

4　总结

本文从文献计量学的角度出发，借助CiteSpace可视化分析软件，对国内多模态汉语二语研究的文献进行了统计分析，主要得出以下结论：（1）从2011年开始，该领域研究的发文量经历了缓慢发展期和快速增长期，目前正处于蓬勃发展阶段；（2）多数文章来源于硕博学位论文，期刊论文和会议论文较少，虽然已出现了一些高水平文章，但是整体研究水平还有待提高；（3）发文作者和机构分布于全国各地，地区、机构和作者之间的合作不够紧密；（4）多数研究集中于从多模态角度探讨课堂教学的相关问题，教材研究和语料库研究也相对较多，其他方面的研究较少；（5）该领域的文章涉及问题日趋精细、全面，从多模态视角探讨文化教学、线上教学等问题仍是目前的研究热点。

针对上述研究现状与趋势，未来国内的多模态汉语二语研究可以注意以下问题：在持续推进多模态课堂教学研究和教材研究等热门领域研究的同时，加强二语习得、汉语学习词典、教师发展等问题的研究，拓展研究的深度和广度；加强与国内外学者间的学术探讨，提高不同地区和学术研究机构之间的合作密度，促进高质量科研成果的产出；关注国内外多模态外语教学研究的最新发展趋势，吸收最新研究成果，丰富国内多模态汉语二语研究的视角和方法，不断推动相关研究的创新性发展。

参考文献

[1] Kress, G. & T, van Leeuwen. *Reading Images: The Grammar of Visual Design*. London: Routledge, 1996.
[2] New London Group. *A pedagogy of multiliteracies: Designing social futures*. Harvard Educational Review, 1996(01).
[3] 胡壮麟. 社会符号学研究中的多模态化. 语言教学与研究, 2007(01).
[4] 黄伟. 多模态汉语中介语料库建设刍议. 国际汉语教学研究, 2015(03).
[5] 贾琳, 王建勤. 视觉加工对英语母语者汉语声调产出的影响. 华文教学与研究, 2013(04).
[6] 金海月, 杨曦. 基于多模态的中文语法学习资源库构建设计. 汉语国际教育学报, 2022(02).
[7] 李杰, 陈超美. CiteSpace：科技文本挖掘及可视化. 北京：首都经济贸易大学出版社, 2016.
[8] 李琳. 屏幕录像场域教学模态的缺失及其代偿途径——以初级阶段汉语教学为例. 世界汉语教学, 2022(02).
[9] 李晓婷. 多模态互动与汉语多模态互动研究. 语言教学与研究, 2019(04).
[10] 李战子. 多模式话语的社会符号学分析. 外语研究, 2003(05).
[11] 凌睿, 王珊. 国际汉语游戏教学中的多模态话语分析. 李晓琪, 孙建荣, 徐娟. 第十一届中文教学现代化国际研讨会论文集. 北京：清华大学出版社, 2018.
[12] 司书景. 国际汉语教育中多模态民俗文化教学模式构建——以胶东面塑课为例. 鲁东大学学报(哲学社会科学版), 2013(06).
[13] 杨玉玲. 融媒时代外向型汉语学习词典编纂理念与实践. 首都师范大学学报(社会科学版), 2022(02).
[14] 张德禄. 多模态话语理论与媒体技术在外语教学中的应用. 外语教学, 2009(04).
[15] 张曼. 浅析对外汉语教学的多模态模式. 现代交际, 2011(11).
[16] 张艳. 语境化教学与产出导向法下的"一带一路"沿线国职业汉语系列教材编写. 华文教学与研究, 2023(03).
[17] 赵琪凤. 多模态视角下的汉语多元识读能力测评研究. 汉语学习, 2019(02).
[18] 朱永生. 多模态话语分析的理论基础与研究方法. 外语学刊, 2007(05).

中文教学现代化的实践、应用与反思

国际中文教育慕课资源库构建设计与思考[*]

王桢廷[1]　赵慧周[2]

[1,2] 北京语言大学 信息科学学院 100083
[1] 202221198711@stu.blcu.edu.cn　[2] zhaohuizhou@blcu.edu.cn

摘　要：随着网络传播的发展和教育公平的推进，目前国内的慕课数量呈井喷式增长。国际中文慕课的推出有效拓展和丰富了国际中文教育资源与传播媒介，使我国国际地位与影响力提升。随着国际中文慕课的陆续推出，慕课视频的时效性和周期性、慕课信息资源重合过载和慕课评价体系缺乏技术支撑等问题也随之出现。为充分挖掘慕课资源的使用价值，本文依据国际中文课程分类体系构建了慕课资源库，对构建框架进行了设计，获得包含421门课程、视频总容量950GB的慕课资源库，并对其课堂话语分析、多模态检索和检索增强三个应用方向进行了展望。

关键词：国际中文教育；慕课；资源库构建

Design and Reflection on the Construction of International Chinese Education MOOC Resource Library

Wang Zhenting[1]　Zhao Huizhou[2]

[1,2] College of Information Science, Beijing Language and Culture University, 100083

Abstract: With the development of online communication and the advancement of educational equity, the number of MOOCs (Massive Open Online Courses) in China has seen explosive growth. The introduction of international Chinese MOOCs has effectively expanded and enriched the resources and communication media for international Chinese education, enhancing China's international status and influence. As international Chinese MOOCs continue to be launched, issues such as the timeliness and periodicity of MOOC videos, overlap and overload of MOOC information resources, and the lack of technical support for MOOC evaluation systems have emerged. To fully exploit its value, this paper constructs a MOOC resource repository based on the international Chinese course classification system, designs a framework for construction, and obtains a repository containing 421 courses with a video repertoire totaled 950GB. Furthermore, it outlines prospects for its application in classroom discourse analysis, multimodal retrieval, and retrieval augmented generation.

Key words: international Chinese education; MOOC; resource repository construction

---

[*] 本成果为北京语言大学研究生创新基金（中央高校基本科研业务费专项资金）项目成果（项目编号23YCX121），赵慧周为本文通讯作者。

0　引言

自慕课进入中国，我国高等教育发生了巨大变革，教育部高度重视慕课的建设和发展，国内高校及教师也积极响应并参与慕课开发工作（徐晓飞，2023）。慕课课程是开放、优质和免费的，这些特征受到了教育者和学习者的广泛认可，教育领域也接受了这种新形式（吴林静等，2021）。Wedemeyer（1971）提出独立学习概念，表示独立学习的内涵包括教师与学生相分离，而慕课恰好符合了独立学习理论的要求。慕课在中国得到了飞速发展，国内高校也先后推出了国际中文慕课（王陈欣，2020）。国际中文教育旨在培养中文语言能力强、文化认同度高且具有国际化视野的第二语言学习者。因此，国际中文教育的课堂成为讲好中国故事、传播好中国声音的重要媒介（陈健，2024）。慕课作为数字化平台，能够进一步丰富国际中文的课堂形式，让中华文化更好地在海外传播。

1　国际中文教育慕课资源库构建的必要性

在国际中文教育领域针对慕课的研究中，有学者围绕教学模式、课程观感、评价机制、学习效果及其影响因素等方面对国际中文慕课展开了研究（周汶霏、宁继鸣，2020）。经过整理前人研究，本文发现大多数研究都是针对慕课特征、慕课的教学效果等基于慕课本身的特点的，也有人对汉语慕课的历史、现状进行了调研和总结。然而，慕课资源目前还没有被充分利用。

慕课存在以下三个方面的问题：（1）慕课视频具有时效性和周期性。教师会定期开课，慕课视频的观看大多需要在开课规定时间内进行，许多课程在结课后不允许再进行观看，若想进行多次学习，可能会遇到课程关闭的情况。（2）慕课课程信息过载。慕课平台提供了大量的汉语课和文化课，其中包含了丰富的文化素材和知识点讲解案例。但由于缺乏慕课内容挖掘方法和对课程细粒度的分类，汉语教师在备课过程中查找和筛选特定内容时需要耗费大量时间和精力，很难快速定位和获取。（3）慕课评价缺乏技术支撑。对慕课的质量评价需要对教学内容维度中的视频数量、视频时长和测试题数量等大量的数据进行统计，人工评价难以实现。

构建慕课资源库有助于解决以上问题。因此，本文以《国际中文教育教学资源发展报告 2022》中关于国际中文慕课建设的部分为参考，提取了中国大学 MOOC 和学堂在线两个平台上关于国际中文慕课的资源，对国际中文教育慕课资源库进行了构建，并设计了构建框架。

2　国际中文教育慕课资源库构建框架

图 1 为本文提出的国际中文教育慕课资源库构建框架。

其中数据层说明资源库中存储的具体数据文件，技术层包含了在构建过程和应用场景中所涉及的技术，构建层包含了资源库的构建过程，应用层包含未来应用场景和研究方向。

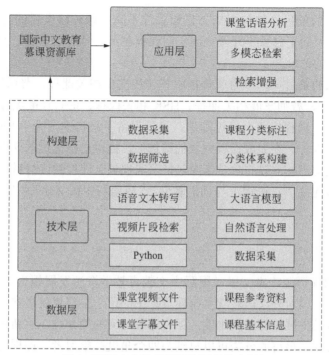

图 1　国际中文教育慕课资源库构建框架

2.1　数据源

本文的资源采集对象为中国大学 MOOC 和学堂在线。中国大学 MOOC 和学堂在线上关于中文的课程类别丰富，包括中文综合课程、语言要素课程、中国文化课程等。两大平台上开设的中文课程数量超过 100 门。本文以《国际中文教育教学资源发展报告 2022》提供的中文课程数据为参考，并在此基础上将中华优秀传统文化相关课程纳入信息采集范围。

2.2　数据采集和筛选

本文采取的中文慕课关键词检索方案旨在提供有效的信息检索和数据收集支持。在两大平台的搜索引擎中，选择"中国文化""中华文化""中文""汉语国际教育"和"国际中文教育"作为检索关键字，并进一步筛选"正在进行"和"已结束"状态的课程。

本文初步采集的信息结构如表 1 所示。

表 1　初步采集的信息结构示例

课程名称	初级汉语口语入门
主页链接	https://www.icourse163.org/course/BLCU-……
开设机构	北京语言大学
课程简介	该课程主要为零基础汉语学习者开设，培养学生口语交际技能，优选问候、家庭、位置、交通、购物、饮食、爱好、天气、旅行等……
报名人数	540 人
主讲教师	常娜
开课状态	已结束

对于不合要求的条目，如与中华文化相关性不高、课程建设目的与中文教育相关度低、同一门课程在不同平台重复开课、同一门课程在不同时间点重复开课的，选择删除或者只保留最新开课的记录。

对于符合要求的条目——学习或传播中华传统文化相关课程、普通话相关课程、"中文+职业"相关课程、教师发展相关课程、HSK相关课程、语言技能类课程、中文综合课程、语言要素课程，选择保留。经过筛选，最后保留了来自中国大学MOOC的209门和学堂在线的212门课程。在完成课程列表的筛选后，提供已筛选过的课程链接列，然后展开课程资源的下载工作。下载的教学资源包括慕课视频、课程阅读材料、课件以及字幕脚本等。下载的课程包括"汉语词汇与词汇教学""成语与中国文化""医学汉语""中级汉语词语辨析"等。

2.3 分类体系构建

对于最终的课程资源，本文以《国际中文教育教学资源发展报告2022》中的中文课程类型和《北语与中国对外汉语教学系统建设》中的留学生现代汉语本科专业课程体系框架为参考，修改以及扩展原有分类维度，结合课程对应的简介列，重新对所获得的课程资源进行了分类和标注。最终的分类可以总结为四个角度：学习者、课程内容（课程类型及语言文化类型）、是否为文化课、功能性和汉语水平要求。此外，本文在每个分类结果中增加了"待分类"字段选项。这是为了应对某些课程分类结果不明确或课程属性边界模糊的情况。同时，添加"待分类"字段选项也有利于后续研究对分类体系的重构或扩展，以更好地适应可能的变化或新的发现。如图2所示。

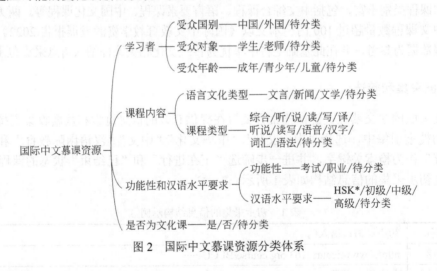

图2 国际中文慕课资源分类体系

2.3.1 学习者

从课程学习者的角度来看，本文获取到的课程面向的对象不宜简单地进行分类，如留学生或中国学生。相反，我们需要更精细地划分目标受众，考虑到他们的学习兴趣以及能力、语言水平、文化背景等多方面因素，以更准确地反映课程的针对性和适用性。例如，在中国大学MOOC平台获取到的文化类课程，此类课程在简介中提到面向对象不仅限于中国大学生，还包括对中华传统文化感兴趣的来华留学生以及各年龄阶段的中国人等，而除此之外，对于"初级汉语口语入门"以及类似的来华留学生专业课程，简介中提到"主要为零基础汉语学习者开设"，此类课程对面向对象具有明显的界定，因此本文最终将课程受众对象、受众国别和受众年龄纳入了分类体系。

2.3.2 课程内容

本文按照教学内容或课程内容对课程进行了分析。总体来讲，不容忽视的一点是需要关注课程所使用的语言文化类型，因为语言文化类型也表明了课程使用的语言类型。诸如"中国古代文学"之类的课程并非简单的语言课，而是融合了语言和文化要素。这类课程不仅涉及语言的表达方式，还展现了不同语言类型在不同场景下的应用。以新闻语言为例，其主要运用于新闻报道场景中；文学语言则体现了艺术表达的特点；而文言语言则承载了传统文化的思想和精髓。当汉语教师考虑不同内涵和表达方式的时候，这些要点尤为重要。

除此之外，语言技能课和语言知识课时常出现交叉的情况，例如课程"初级汉语听和说"的课程类型为"听说课"，因此，本文在基础的"听、说、读、写、译"分类体系下添加了"听说"类型，并将"语音""汉字""词汇"等语言知识课程与之并列，形成平行的分类结构。

2.3.3 功能性和语言水平要求

课程的功能性在本文中体现为学习者是否具有明确的目的性。例如课程"HSK4级实训"的对象为准备参加HSK4级考试的汉语学习者，课程按照听力、阅读、书写三个模块进行讲解。再如课程"铁路专业汉语"应属于"中文+职业技能"课程类别。因此，本文将"考试"和"职业"两种用途归为功能性。

语言水平划分的依据是课程简介列关于学习者汉语水平的描述。若课程出现了明显的HSK水平描述，则归为HSK*（*表示数字等级），并表示衡量此课程的标准应为HSK；若课程出现了"初级学习者"等类型的描述，则归为初/中/高级。

2.3.4 是否为文化课

除以上三个需要关注的点以外，本文将"是否为文化课"也纳入了考虑范围。文化课一般应包含但不限于"中国历史""中国文学史""中国经济""中国地理""中国文化"和"中国哲学"等。例如在慕课资源库中，课程"中国传统文化""中国现代文学史""中国历史"以及"中国衣裳——传统服装文化"等，都具有浓烈的文化气息，且此类课程不在少数（在两大平台获取到的课程超半数为文化课）。文化课在如今的教育体系中的重要性不言而喻。它不仅可以帮助来华留学生深入了解中国悠久的历史和丰富多彩的文化传统，还有助于增进跨文化交流和理解。此外，中国文化课还可以促进语言学习，提高学生的语言能力和交际技巧。本文对课程是否为文化课进行了标识，以便在后续研究或者教学中，能够提供丰富的文化研究素材，使教师可以从中获得多样的讲解案例和文化知识，从而使得教学更多元化、生动化。

3 国际中文慕课资源库统计分析

本文对两大平台的汉语慕课资源最终的标注结果进行了初步统计分析。目前只统计确定的分类结果,对于分类结果不明确的课程属性(待分类)不作统计。

结果如表 2 所示。其中,平台 A 指中国大学 MOOC,平台 B 指学堂在线。

表 2 中国大学 MOOC 和学堂在线国际中文慕课基于标注结果的数量统计

分类维度	类别	平台 A/个	平台 B/个	分类维度	类别	平台 A/个	平台 B/个
受众对象	学生	186	176	课程类型	听	0	0
	老师	18	20		说	2	0
受众国别	中国	153	108		读	0	0
	外国	16	48		写	5	3
受众年龄	儿童	0	0		译	3	1
	青少年	0	0		综合	13	30
	成年	148	135		听说	1	2
文化课	是	124	123		读写	2	0
	否	43	22		语音	2	4
汉语水平要求	HSK*	2	5		汉字	2	1
	初级	7	9		词汇	1	2
	中级	4	4		语法	0	2
	高级	0	1	语言文化类型	文学	22	18
功能性	职业	26	32		新闻	0	1
	考试	2	4		文言	18	2

两大平台的统计结果存在多个维度下数量分布不平衡的情况。

在基于学习者的属性方面,受众对象大多为"学生",这是因为在分类的过程中,本文认为选择慕课的学习者都应该归为"学生"一类,但还是有小部分由于课程定位和课程内容明确指向教师培训和发展、教材设计等,这类课程有"教师口语""国际中文初级课堂教学"和"汉语语音与语法教学"等,所以面向对象应归为"老师"一类。至于受众年龄,由于慕课服务对象为大学生,因此没有针对青少年和儿童的课程。

在是否为文化课方面,属于文化课的课程数量超过一半。由于两大慕课平台都主要面向中国大学生提供国内高校优质课程,同时在数据采集过程中本文将"中国文化"纳入考虑范围,因此文化课占大多数并且和面向中国人的课程高度重合,例如"大学语文""古代汉语"。此类文化课程是给中国人开设的,并且学习成本过高,这意味着国际中文教育慕课在满足中国学生对本国文化的学习需求方面做得很好。为了更好地传播中国文化,可以考虑拓展面向外国人的文化课程,增加国际学生的参与度。

在功能性和汉语水平要求方面,明确表示需要掌握的汉语水平的课程基本上都是针对外国人开设的,这些课程大多属于语言技能、应试辅导课程和"中文+职业技能"课程,但从结果来看,此类课程数量依旧偏少。

在课程内容方面，慕课资源库中的课程类型比较丰富，但是综合课数量突出，听力课和阅读课数量为零。可能是由于综合课相较于听力课和阅读课更易于准备、在国外开设更为广泛。

因此，国际中文慕课开发和建设在以下方面存在发展空间：面向国际中文教育专业的学生以及海内外一线中文教师的培训课程，面向未成年人的中国文化课程，面向外国人的中国文化课程和语言技能课程。

4 未来应用展望

本文对国际中文教育课程资源库的构建路径进行了细致的描述。未来，我们还会进一步完善和拓展基于国际中文慕课教学资源研究的内容和方法，以更好地服务于汉语研究和国际中文教育的发展。后续应用和研究方向可以先从以下三个方面展开。

第一，多模态检索。在人工智能领域，多模态模型的训练通常需要大量高质量的、不同类型的标注数据，如图像、文本、音频等。虽然获取多模态标注数据是一项具有挑战性的任务，但是本文创建的资源库已经提供了已标注的、高质量的教学多模态数据，包括课程资料、课件、带时间戳的对齐字幕文本、音频、视频和分类属性。对于新手汉语教师来说，如果能够通过检索慕课资源库获取教学片段，将有助于整个教学环节的进行。将慕课资源库用于多模态信息检索任务，可以为索引的建立和优化提供便利，加速构建垂直领域的搜索引擎，为汉语教师的教学提供精准的教学资源，提升汉语学习者的学习体验。

第二，课堂话语分析。课程所带的字幕文件自带半结构化的特点，包含了带时间戳的教师话语文本。通过分析这些文本内容，后续研究可以对教师在慕课中的表达方式进行深入挖掘。例如，分析教师的语言风格，了解教师在慕课中的表达习惯和特点。此外，还可以计算教师的语速，从而更好地理解授课节奏和重点强调的内容。除了计算语言风格和语速之外，还可以分析教师在慕课中的表达方式和态度以及授课的组织结构和逻辑，对慕课资源从制作、加工等方面进行质量评价。这些分析可以帮助研究人员更深入地了解教师的教学风格和方法，为提高教学效果和学习体验提供有效的指导和建议。

第三，检索增强。检索增强的大语言模型应用方式广泛。例如 LLamaIndex 是将大语言模型和外部数据进行融合，流程包含数据连接、索引构建和查询接口，即针对所给的输入（问题），依靠所提供的上下文学习来推理知识，最后输出答案。本文的课程字幕文本和目录结构就可以作为外部数据，以此来进行本课程内容的索引建立，再根据索引回答课程有关问题。此方向可以用于机器阅读理解以及语言模型的幻觉研究。

国际中文教学资源建设应顺应新时代国际中文教育内涵式发展的要求，提升数字资源质量。为适应全球范围内中文学习需求的不断增长，需要不断改进和完善国际中文教学资源，以提高其适应性、实用性和吸引力，并且需要挖掘和利用好已有资源。

参考文献

[1] LLamaIndex.https://docs.llamaindex.ai/en/stable/examples/llm/openai.html.
[2] 陈健. 国际中文教育平台的数字化建设及海外传播——以在线教育平台 LingoAce 为例. 传媒，2024(02).

[3] 蔡建永，管延增，何玲，蒋荣，李靖华，李耘达，罗墨懿，彭锦维，钱亮亮，沈红丹，王蕾，闻亭，张健，张俊萍，赵琪凤. 北语与中国对外汉语教学系统建设. 北京：北京语言大学出版社，2022.

[4] 韩毅，张杉杉. 信息资源管理学科建设：系统框架与发展路径. 图书情报工作，2023，67(01).

[5] 唐秀，伍赛，侯捷，等. 面向多模态模型训练的高效样本检索技术研究. 软件学报，2023.

[6] 王陈欣. 国际中文慕课的历史、现状分析及展望. 王陈欣. 世界华文教学，2020(02).

[7] 吴林静，马鑫倩，刘清堂，等. 大数据支持的慕课论坛教师干预预测及应用. 电化教育研究，2021，42(07).

[8] 徐晓飞. 从在线开放课程联盟看中国慕课十年发展经验与未来展望. 中国高等教育，2023(02).

[9] 中外语言交流合作中心. 国际中文教育教学资源发展报告2022. 北京：北京语言大学出版社，2022.

[10] 周汶霏，宁继鸣. 学习者视角下的国际中文慕课建设：一种比较的路径. 国际中文教学研究，2020(03).

基于《国际中文教育中文水平等级标准》的成语知识图谱与自适应学习平台理路初探[*]

梁毅[1]　郝晴[2]

1,2 天津师范大学 国际教育交流学院 300387

[1] liangyi_0504@126.com　[2] 837088178@qq.com

摘　要：成语是中华文化传承3000余年的重要文脉，是中华民族价值观的凝练密钥，是对中华传统智慧的高度总结。成语生动活泼、简明扼要、以小见大的特性吸引着无数的中文学习者。本研究以《国际中文教育中文水平等级标准》中的成语为切入点，通过对认知心理学、知识工程语言学的跨学科深入研究，结合语言教学法理论与实践经验，以明确教学需求为导向，结合成语本体特征，尝试开辟出一条高效、连贯的面向国际中文教育的成语知识表示方案与自适应学习平台实现路径。

关键词：成语；知识图谱；自适应学习；国际中文智慧教学

Preliminary Study on Knowledge Graph and Adaptive Learning Platform of Chinese Idioms Based on *Chinese Proficiency Grading Standards for International Chinese Language Education*

Liang Yi[1]　Hao Qing[2]

1,2 College of International Education and Exchange, Tianjin Normal University, 300387

Abstract: Chinese idioms are an important heritage of Chinese culture that has been passed down for more than 3,000 years. They are also seen as a highly condensed key to the values of Chinese people and a high-level summary of Chinese experience. Chinese idioms are lively and concise, so that they can make people imaging the big from the small. Based on the idioms selected from the vocabulary list of *Chinese Proficiency Grading Standards for International Chinese Language Education*, with the support from the interdisciplinary research findings, guided by the teaching needs and combined with the characteristics of idioms, this study proposes a drawing of a design of the knowledge map and adaptive learning platform for the Chinese idioms.

Key words: Chinese idioms; knowledge graph; adaptive learning; international Chinese language smart education

---

[*] 本文为教育部中外语言交流合作中心2023年国际中文教育研究课题一般项目"基于《国际中文教育中文水平等级标准》的成语知识图谱与自适应学习平台研究"（项目编号：23YH33C）资助的阶段性研究成果。郝晴为本文通讯作者。

0 引言

成语是中华民族最具特色的语言组成部分之一，蕴含着丰富的历史和文化知识，在语言表达中具有结构凝练、内涵丰富、寓意深刻等特点。成语所兼具的言简意赅、含蓄深奥的特性使外国学习者对其产生了"兴趣与畏难并存"的矛盾心态，引发了学界的广泛关注与思考（阎德早、方瑛，1998）。与此同时，国际中文教育领域业已取得丰硕的研究与实践成果，尤其是《国际中文教育中文水平等级标准》（以下简称《等级标准》）的实施，建立了一套标准化、规范化、系统化、精密化的教材开发与教学研究的顶层指导体系；此外，计算机科技也取得了飞速发展，ChatGPT的问世标志着生成式人工智能的发展取得了新的突破，也掀起了全球范围内教育智能革命的浪潮（马瑞棱、梁宇，2023）。在此背景下，面向国际中文教育的成语知识图谱与自适应学习平台，应以《等级标准》为核心，充分利用计算机技术，服务于教材开发与教学研究，让标准、经验、技术三者形成合力，做到把标准用好、用活，让经验充分引导，令技术尽其所能，使国际中文成语教学在技术的赋能下更好地融汇古今、联通中外。

1 本研究构建思路

一方面，国际中文教育的成语研究成果颇丰，涵盖理论探索与教学实践两大方向，涉及成语的结构形式、语义特征、语用条件、文化底蕴，与成语有关的教材、教法及偏误分析等，为国际中文成语教学的数字化转型提供了理论架构指导与实践方向引领。另一方面，"学科知识图谱"是国际中文教育教学资源建设"体系化"的重要组成部分之一（匡昕、冯丽萍，2023），《国际中文在线教育行动计划（2021—2025年）》明确了"匹配学科知识图谱"在"优化资源供给服务"中的作用，学科知识图谱作为教学资源体系化的关键一环，兼具来自顶层设计的政策支持与路线指引。面向国际中文教育的成语知识图谱设计研究，需融合多学科知识，借助计算机技术实现知识图谱构建，使算法驱动的自适应模块能够衔接成语新知识与学习者已有的中文知识结构，帮助学习者实现从"完型"到"顿悟"的跨越。为此本文将从多学科理论融合入手，进行详细阐述。

1.1 依托认知心理学原理，构建成语认知图式

"图式"一词由德国哲学家康德在著作中首次提出，奠定了其哲学基础。在教育学领域，加涅（1999）在《教学设计原理》一书中也提及图式，并引用了安德森（Anderson，1985）对图式的定义："图式是各种记忆成分（命题、表象和态度）的组织，所表征的是属于某个一般概念的有意义的信息的大集合。"何克抗等（2007）认为，图式就是学习者已有的认知结构，面对这样的认知结构，同化是对图式的扩充，顺应则代表对图式的调整。因此，图式不是一种静态的、稳定的行为模式，而是一种动态的、变化的心理结构（闫闯，2019）。图式理论由哲学发端，横跨了认知心理学、教育学等多个学科，在教学系统设计和外语教学中得到了广泛的应用。

成语是符合中国人普遍认知规律的一种凝固的表达式。若要显化成语认知图式，则需梳理其中所共有的认知特征，形成成语知识的外显心理框架，为相互关联的概念创建一个

富有认知意义的结构。例如，成语在方位的表示上，具有有"上"有"下"（例如"不相上下"），有"左"有"右"（例如"左顾右盼"）等特点；成语中由于对称思维而形成的对偶现象也十分常见，有"大惊小怪""千方百计""七嘴八舌"等（上述成语示例均来自《等级标准》），把握其中的认知规律，就能更好地激活学习者成语学习的语言图式。

1.2 结合知识工程语言学，优化知识表示方式

知识工程语言学认为，知识表示的关键，在于选择计算机能够接受的、合适的知识表示方法，以表达和储存专业知识。这就需要在自然语言与机器之间搭建一座桥梁。自然语言具有"表层结构"和"里层结构"。其中，"表层结构"是人实际感知的，以语音或文字形式呈现的自然语言的表面形式；"里层结构"则充分体现了"认知理据性"和"语义先决性"，是人根据知识在人脑中和在计算机中所建立的自然语言的注释结构（鲁川，2010）。

知识工程语言学中的"表层结构"和"里层结构"概念，与国际中文成语教学中"由表及里"的成语教学模式具有相通之处。该教学模式由杨晓黎（1996）提出，即从成语的字面分析入手，抓住成语的外在形式进行"说文解字"，使学生由知道语素义到掌握成语的含义，由表及里地层层推进至内容。这与知识工程语言学将"表层结构"和"里层结构"联通的建构思想相吻合，对成语知识图谱的设计方案具有重要的理论借鉴意义。

1.3 联结知识与教学法，明确成语教学需求

认知智能的创建，需要同时拥有对分散数据知识的治理能力和对业务需求的理解能力（吴睿，2022）。由此可见，理解成语教与学的需求和梳理成语的数据知识同等重要。在国际中文教育与知识图谱相结合的领域，已有研究者对学习者的中文写作需求情况进行收集分析，马瑞祾等（2024）以打造国际中文高级写作智慧课程为目标，将写作知识分为"应知"和"欲知"两部分，通过梳理《等级标准》等资料，择取国际中文高级写作课程的"应知"知识；再通过调查和分析150位中文学习者的需求情况，确定"欲知"知识；最后基于二者确定知识图谱的基本概念，并使用Protégé工具构建图谱本体。

在国际中文成语教学方面，教师对教学需求和教学方案进行了探索。夏俐萍（2010）提出使用直接法、听说法对应成语语音和结构的练习，通过认知法教授成语特殊格式的运用，借助翻译法、自觉对比法完成对成语字义的解读，运用视听法实现对成语历史文化的背景溯源等。体现了依照成语知识特性和国际中文教学需求匹配教学方法的分类处理思路，丰富了成语知识图谱与自适应学习平台的落地方案。

构建国际中文成语教学知识图谱与自适应学习平台应该拓宽思路，从教与学的维度双向发力，通过大量研究问卷摸清成语教学需求，并以更大范围的跨学科视角寻求有助于治理成语分散数据知识的理论及实践经验。

2 系统架构设计与实现方案

知识图谱技术指利用具有结构化语义知识的概念网络，描述通用领域或垂直领域的实体，以及这些实体间关联的知识表示（卢宇等，2020）。从图的角度看，知识图谱的本质是

一种概念网络（刘峤等，2016），用“结点”（vertex）表示语义符号，用“边”（edge）表示符号与符号之间的语义关系，构成了一种通用的语义知识的形式化描述，是自然语言处理的重要资源（冯志伟，2021）。这一部分将对本研究的系统架构设计与实现方案进行逐层描述。

2.1 建立信息全面的《等级标准》成语语料库

知识图谱的重要数据来源，一方面来自包含大量结构化知识的大规模知识库，另一方面借助自动化手段，通过知识抽取来构建知识图谱（刘知远等，2020）。基于《等级标准》的成语知识图谱的数据来源，一为成语工具书中的知识，一为大量的成语实例。要构建基于《等级标准》的成语知识图谱，需要先对《等级标准》中的成语构建专用语料库，并抽取其中所涉及的实体及实体关系，形成每个成语的知识图谱子图。众多子图经过汇聚关联，形成《等级标准》成语知识图谱。设计基于《等级标准》的成语知识图谱，首先需要进行《等级标准》成语语料库的底层构建。

本文以《等级标准》词汇表中的成语为核心建立语料库，如图 1 所示。该语料库囊括成语、等级、拼音、本义、引申义、比喻义、色彩义、近反义词、例句、偏误句等十余个类项，将成语进行归档。

编号	词目	TF-IDF	等级	序号	拼音	释义	本义	引申义	比喻义	色彩义	分字释义1	分字释义2	分字释义3	出处溯源	例句	近义条目	同义条目	反义
98	化险为夷	0.0274716284711286l	七-九级	1728	huàxiǎnwéiyí	原指变险阻为平坦，后指转危为安。				褒义	险：险阻，危险。	夷：平坦，平安。		唐·韩元	郭沫若《	转危为安		险象
99	画龙点睛	0.0290484627503937	七-九级	1733	huàlóng-diǎnjīng	比喻在写作或讲话时，在关键处用一两句精彩的话点明要旨，使之更为精辟传神，生动有				褒义				唐·张彦	老舍《戏曲语言》：“写别的			画蛇
100	画蛇添足	0.0293769749367454l	七-九级	1734	huàshé-tiānzú	比喻多此一举，弄巧成拙。				贬义				《战国策	老舍《四	叠床架屋	多此一举	画龙
101	欢声笑语	0.02814336961049868	七-九级	1749	huānshēng-xiàoyǔ	又说又笑，气氛欢快热烈。				褒义				沈醉《我这三十年》		欢天喜地		唉声
102	恍然大悟	0.02318650774215223	七-九级	1780	huǎngrán-dàwù	恍然：猛然清醒的样子；悟：明白。顿时醒悟过来。					恍然：猛然清醒的样子。	悟：明白。顿时醒悟过		[illegible]	鲁迅《故	豁然开朗	大彻大悟	百思
103	绘声绘色	0.02680261994199475	七-九级	1811	huìshēng-huìsè	把人物的声音、神色都描绘出来。形容叙述、描写生动逼真。				褒义	绘：描绘，描摹。			清·朱庭	[illegible]	有声有色	活灵活现	枯燥
104	记忆犹新	0.02582738751031496	七-九级	1909	jìyì-yóuxīn	对往事的印象还很清晰，好像新近发生的一样。形容印象深刻。					犹：还。			宋·刘克	巴金《谈	历历在目		
105	家家户户	0.02461650675834645	七-九级	1937	jiājiāhùhù	每家每户，各家各户。								宋·孙惟	梁斌《红旗谱》三一：“目前家家			
106	家喻户晓	0.0255283212128084	七-九级	1942	jiāyù-hùxiǎo	每家每户都明白、都知道。					喻：明白，了解。	晓：知道。		宋·楼钥	张爱玲《	妇孺皆知	众所周知	默默
107	坚持不懈	0.02533381209955381	七-九级	1964	jiānchí-bùxiè	坚持到底，毫不松懈。				褒义	懈：松懈，懈怠。			《清史稿	吴小如《	持之以恒	锲而不舍	半途
108	艰苦奋斗	0.02601494384622047	七-九级	1973	jiānkǔ-fèndòu	指不怕艰难困苦，进行顽强而英勇地斗争。				褒义				张恨水《八十一梦		艰苦朴素		
109	见钱眼开	0.02920758249265092	七-九级	2004	jiànqián-yǎnkāi	指看到钱财眼睛都睁大了。形容人贪财好利。				贬义				清·刘鹗	刘绍棠《	利欲熏心	见财起意	见利
110	见仁见智	0.02862190388031496	七-九级	2005	jiànrén-jiànzhì	即有人认为是仁爱，有人认为是智慧。指对同一问题，各人有不同的看法，各有各的道理。					仁：仁义。	智：智慧。		《周易·	郭沫若《	众说纷纭	各执己见	众口
111	见义勇为	0.028036225267979	七-九级	2009	jiànyì-yǒngwéi	看见正义的事情就奋勇地去做。				褒义	义：正义。	为：做。		《论语·	老舍《四	急公好义		急公
112	交头接耳	0.02606400456278215	七-九级	2049	jiāotóu-jiē'ěr	形容彼此靠得很近，低声交谈。					交头：头靠着头。	接耳：嘴凑近耳朵。		明·冯梦	鲁迅《呐	窃窃私语		高谈
113	接二连三	0.02391912312123359	七-九级	2090	jiē'èr-liánsān	指一个接一个连续不断。								清·曹雪	鲁迅《彷	络绎不绝	接踵而至	接连
114	节衣缩食	0.03019102986666666	七-九级	2108	jiéyī-suōshí	省吃省穿，尽力节约。					节：节省，节制。	缩：缩减。		《史记·	丁玲《一	省吃俭用	粗衣粝食	铺张
115	截然不同	0.02225759226430446	七-九级	2118	jiérán-bùtóng	形容两种事物没有一点共同之处。					截然：指界限极为分明的样子。			清·黄宗	鲁迅《坟	迥然不同	天壤之别	一模
116	竭尽全力	0.02522366984469816	七-九级	2119	jiéjìn-quánlì	用尽全部力量。					竭尽：用尽。			《三国志	老舍《话	全力以赴		敷衍
117	津津有味	0.02529658208643044	七-九级	2148	jīnjīn-yǒuwèi	形容趣味很浓或很有滋味。					津津：兴趣浓厚的样子。			汉·王褒	巴金《伤	津津乐道		味同
118	经久不息	0.03019102986666666	七-九级	2180	jīngjiǔ-bùxī	经过很长时间也不停止。多形容掌声、欢呼声。								刘心武《良心与谅		连绵不断		戛然
119	惊慌失措	0.02364915623031496	七-九级	2188	jīnghuāng-shīcuò	见“惊惶失措”。惊恐慌乱，不知怎样办才好。								《北齐书	巴金《春	仓皇失措	举止失措	安之
120	惊天动地	0.02417146921194226	七-九级	2191	jīngtiān-dòngdì	形容(斗争等)声势浩大，(事业等)意义或影响极大，也形容声音极大。					惊：惊动。	动：震动。		汉·司马	唐人《金	震天动地	石破天惊	无声
121	惊心动魄	0.02294389068965879	七-九级	2193	jīngxīn-dòngpò	使人神魂震惊。原指作品文辞优美，使人感受极深，震动极大。后形容令人震惊、感动、紧张至极。								晋·王嘉	丁玲《到	触目惊心		平淡
122	兢兢业业	0.02573840705971129	七-九级	2197	jīngjīngyèyè	形容做事小心谨慎，认真踏实。				褒义	兢兢：小心谨慎的样子。	业业：担心害怕的样子		《诗经·	张爱玲《	勤勤恳恳	脚踏实地	敷衍
123	精打细算	0.02814336961049868	七-九级	2198	jīngdǎ-xìsuàn	在使用人力、物力、财力时计算精细，不使浪费。				褒义				陶菊隐《记者生活		分斤掰两	毫分缕析	铺张
124	精疲力竭	0.02556901461580052	七-九级	2204	jīngpí-lìjié	精神非常疲劳，毫无力气。					精：精神，精力。	竭：尽。		清·李渔	刘绍棠《	疲惫不堪		神采
125	精益求精	0.02747162847112861	七-九级	2211	jīngyìqiújīng	已经很好了，还力求做得更好。				褒义	精：完美，好。	益：更加。		《论语·	艾芜《怎	锦上添花		粗制
126	敬而远之	0.02680261994199475	七-九级	2229	jìng'éryuǎnzhī	尊敬某人，却不跟他接近。意指不得罪某人，又跟他保持很大的距离。					之：代词，指对象。			《论语·	老舍《四世同堂》二：“胡同里的			
127	居高临下	0.02461650675834645	七-九级	2265	jūgāo-línxià	占据高处，俯向低处。形容处于有利的地势、地位。					居：站在，处于。	临：面对。		《魏书·	峻青《马石山上》八：“起义的农			
128	举世闻名	0.02467419417755905	七-九级	2277	jǔshì-wénmíng	全世界都能听到其名声，形容名声极大。				褒义	举：全。			北齐·颜	从维熙《	遐迩闻名	大名鼎鼎	默默
129	举世无双	0.02849384570682414	七-九级	2278	jǔshì-wúshuāng	即全世界没有第二个。比喻极为稀有，罕见。				褒义	举：全。			明·郭勋	鲁迅《故	当世无双	盖世无双	比比
130	举世瞩目	0.02202438140511811	七-九级	2279	jǔshì-zhǔmù	全世界的人都注视着。					举世：全世界。	瞩目：注视。		丁玲《一二九师与		引人注目	引人瞩目	
131	举一反三	0.02996265354908136	七-九级	2280	jǔyī-fǎnsān	原指教人认识四方形的东西，举出一个角就能类推另外三个角。后比喻从一件事类推而知				褒义	反：类推。			《论语·	孙中山《	触类旁通		一窍
132	聚精会神	0.02582738751031496	七-九级	2299	jùjīng-huìshén	原指集中大家的智慧，现指高度集中注意力。				褒义	会：集中。			汉·王褒	巴金《春	全神贯注	专心致志	心不
133	开天辟地	0.0267378099351706	七-九级	2343	kāitiān-pìdì	古代神话传说中，天地本混沌一片，盘古开辟天地，创造了世界和人类。比喻前所未有的，有史以来第一次发生的。								《尚书·	柳亚子《	史无前例	亘古未有	
134	可乘之机	0.02582738751031496	七-九级	2382	kěchéngzhījī	可以利用的机会。					乘：利用。	机：机会。		晋书·吕	姚雪垠《李自成》第一卷第一八章			
135	可歌可泣	0.02837174592808399	七-九级	2384	kěgē-kěqì	值得歌颂赞美，令人感动流泪。形容事迹英勇悲壮，感人至深。				褒义	可：值得。	泣：流泪。		《周易·	范长江《塞上行·百灵庙战役之经			
136	可想而知	0.02319706724133858	七-九级	2390	kěxiǎng'érzhī	可以通过推想而知道。								宋·王称	朱自清《[illegible]			
137	刻舟求剑	0.03044118781889764	七-九级	2399	kèzhōu-qiújiàn	剑落水时在船帮上刻上记号，船停后，从刻记号的地方下水去找。比喻办事刻板，拘泥而				贬义	求：寻找。			《吕氏春	梁启超《	胶柱鼓瑟		通权
138	扣人心弦	0.0287565319496063	七-九级	2440	kòurénxīnxián	形容诗文、表演等感染力强，牵动人心。				褒义	扣：敲击。			老舍《鼓书艺人》		动人心弦	震撼人心	索然
139	哭笑不得	0.02470352042582677	七-九级	2444	kūxiào-bùdé	哭也不是，笑也不是，形容处境尴尬。								元·高安	徐迟《哥	啼笑皆非		

图 1 《等级标准》成语语料库（部分）

总体而言，成语有多种特征可作为数据输入，从而增强成语的特征表示。例如：①形态学特征，如前后缀、词元、词干、偏旁部首等；②语言学特征，如词性、语法成分树、语义角色、句法依存树、回指等；③语义关系特征，如同义、反义、上下位关系等；④其他，例如词序、多语种、字符上下文等特征（潘俊，2019；符淮青，2020）。针对成语，除应选取能够从成语语法构造和语义关系上进行分析的特征，还应选取成语所特有的转喻、隐喻特征及成语内部源域、目标域及其显隐情况等作为特征数据输入（李婧怡，2023）。

以《等级标准》中的成语为核心，构建信息精准全面的底层语料库，是梳理成语浅层共字网络关系和双层释义网络关系的重要基础。

2.2 梳理成语浅层共字网络关系，突出成语形式关联

联通主义学习理论与关联思维理论的兴起，为教学资源创造者不断向学习者推荐个性化的成语学习"最近发展区"提供了理论支持。笔者在进行国际中文汉字教学时，利用"汉字理解型学习网站"[①]辅助教学。该网站挖掘具有相同部件的汉字，利用相同的部件将不同汉字系联起来，通过关系的可视化，展现共有部件的汉字，以此产生触类旁通的学习效果，获得了学习者的积极反馈。

成语共字网络的设计基于成语固定的语言形式，首先将《等级标准》词汇表中的成语分解为以字为单位的实体，再通过复杂网络分析工具进行共字系联。这一表现形式源自徐通锵先生初步建立的"字本位"教学理论，亦有研究者由此推出以"字本位"理论为指导的成语教学理念。例如，《等级标准》中的成语"不耻下问、居高临下"，将对地位高低的认知用隐喻的方式投射到上下空间的文字表示之中，这是成语学习的一个难点，容易造成片面理解、不明语义的偏误（杨玉玲，2011），通过共字网络关系，挖掘出共有字"下"，并对其突出显示，帮助教师在引导学习者习得其中一个成语后推送另一个，从而以成语间的关联性带动复现率，起到以点带面、以字带词、举一反三的效果（见图2）。

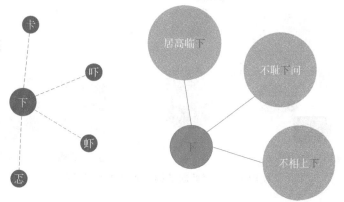

图2　汉字理解型学习网站与成语共字网络对"下"的共有部件与共字网络对比

成语间形式关联的呈现，有助于梳理面向国际中文教育的成语网络关系，对成语的知识归纳、教学准备、教学实践具有启发意义。

2.3 挖掘成语双层释义网络关系，外显成语内涵关联

成语知识图谱与自适应学习平台的依托对象是成语知识的网络关系，这一网络关系以成语共字网络、释义网络为基础，进行成语知识内部的聚合关系、组合关系等的深度挖掘，并将其作为成语学习路径探究的重要依据。

成语释义网络经由成语逐级释义的文本所组成的语料建立。成语的逐级释义分为两级：一级释义为成语释义，释义来源为商务印书馆出版的《成语大词典》；二级释义为对一级释义中的关键词的进一步释义，关键词依照词频—逆文档频率（TF-IDF）所计算出的词语权重值由高到低的排序确定，释义来源为《商务馆学汉语词典》。

---

① 汉字理解型学习网站：www.learnm.org。

权重值的计算规则与数值存储于底层数据库中，并在文本可视化层面外化为节点的相对大小与边的相对长度。成语的释义关键词节点通过与《等级标准》进行匹配，以不同颜色标注其等级，对标学习者等级，初步推断该成语是否超出学习者的中文水平。对于成语释义关键词超出《等级标准》的情况，从《商务馆学汉语词典》中调用并呈现其释义。

以《等级标准》中7~9级的成语"层出不穷"和"此起彼伏"为例（见图3），据《成语大辞典》，这两个成语共有一个反义成语"昙花一现"。同时，两个成语的释义中都含有"不断"和"出现"，因此可提高它们的关联度权重值。如果通过前测发现学习者已掌握"不断""出现"，则从这两个词入手先后进行"层出不穷""此起彼伏"的成语教学，这样有助于学习者渐进式地理解这两个成语的含义。另外，还可以通过两成语间的共有释义（"不断""出现"）和特有的释义关键词（"重复"与"这里""那里"）挖掘成语的辨析功能。由此，一级释义关键词的词义成为理解该成语的必备知识点，属于里层网络知识，归入面向国际中文教育的成语双层释义网络中，并为后续对学习者成语掌握情况的综合评价打好基础。

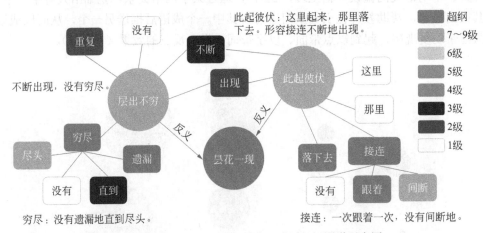

图3 "层出不穷""此起彼伏"成语知识图谱示意图

2.4 基于前后测反馈，构建自适应学习平台

在成语教学实践中，依照学习者的掌握情况，选择成语教学的起点尤为关键，这需要借助学习者已有的中文知识储备。即在以《等级标准》成语语料库为内核生成知识图谱的同时，关注学习者自身成语知识的语言图式，围绕成语和成语释义关键词，对学习者进行前测，获取学习者部分成语知识结构网络。前测围绕成语释义关键词的词义辨析展开，考察学习者对该成语释义中的关键词的掌握情况，将其投射在学习者已有的成语知识结构网络中，形成新生成的节点，并打上"已掌握"或"未掌握"等学习情况属性描述标签。例如在"层出不穷"和"此起彼伏"的成语实例中，如果学习者已掌握"层出不穷"所涉及的所有知识点，那么只需掌握"接连"和"落下去"即可串联起"此起彼伏"这个成语的含义。

新成语的推送过程，主要体现为当"已掌握"的知识点达到一定数量，能够支撑新成语的学习时，对"未掌握"的成语节点的可习得性的权重值通过算法进行加权调整，进而重新赋值的过程，依照权重值的变化激活周边成语知识节点，搭建"教学脚手架"。成语习得后，通过后测验收学习者学习情况，并对学习者成语"已知"的知识结构网络进行迭代，从而激活新的学习路径，帮助学习者形成成语实质的关联思维（见图4）。

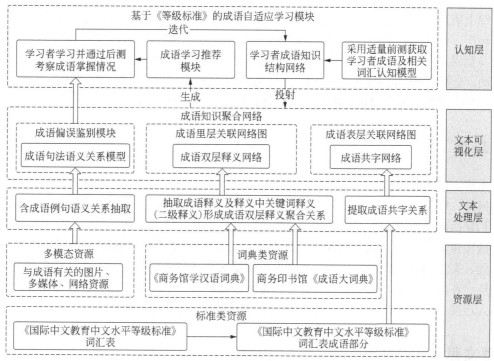

图 4　基于《等级标准》的成语知识图谱与自适应学习平台研究思路

值得注意的是，虽然上述成语自适应学习通路可以快速扩大成语知识量，但是容易给成语的辨析造成一定的难度和负担，因此还需要创建成语的句法语义关系模型，借助大数据技术构建成语常用搭配及上下文模型，联通成语的内部语法和外部语法，对学习者可能产出的偏误句作出判断。

网络结构是对学习者心理词典与学习通路的高度拟合。成语共字网络、释义网络的有机结合，能够有效模拟中文学习者的成语学习关联路径的建立模式，为学术研究提供可供转化的出口。

2.5　引入多模态知识图谱概念，融合成语视觉与文本信息

多模态知识图谱（Multi-modal Knowledge Graph，MMKG）融合了视觉、文本等多种模态信息，以图的方式呈现知识结构，在 AI 推荐、问答和搜索等领域发挥着重要作用，相比传统知识图谱，多模态知识图谱能够从多维度展示知识，具备更强的知识表示和应用能力。"多模态"是指通过不同模式表示事物（如文本、图像、语音等），多模态知识图谱不仅包含知识图谱中的实体（E）和关系（R），还包括多模态数据属性（A）、多模态数据属性值（V）以及与内容相关的多模态关系三元组（TR）和属性三元组（TA），可表示为 $\{E,R,A,V,TR,TA\}$ 的形式，是文本信息发展的补充（陈囷任等，2024）。

多模态教学资源理念在国际中文成语教学实践中已得到较为广泛的实践。例如，图片、视频等多媒体资源可以直观展示成语溯源及内容；"看图猜成语"教具因在课堂中具有增加互动、活跃气氛等作用而收到良好的教学效果；亦有学者编写如《看图轻松学：汉语成语》等成语读物，将图片与成语联系起来，辅助成语学习。成语与图片、视频结合的教学方式受到了诸多国际中文教师的青睐，值得成语知识图谱借鉴。

综上所述，本研究以《等级标准》中的成语为核心，辅以词典类资源和多模态资源形成资源层，在此基础上构建面向国际中文教育的成语知识聚合网络模型。该模型涵盖表层关联与里层关联网络图，以及成语偏误鉴别模块。在自适应学习模块中，通过数据加算法的驱动，全面考察学习者的已知知识，进而为他们推荐"应知"和"欲知"的成语知识。在学习者掌握某个成语并通过后测后，不断迭代更新其知识网络结构。

3 总结

本研究以《等级标准》成语语料库为发端，以大量人工精细标注数据为保障，以成语共字网络、释义网络、句法语义关系模型三种数据结构为合力，并以算法为驱动，由表及里，构建面向国际中文教育的成语知识图谱。展望未来，随着科技的发展，更多技术成果将会改变世界，生成式人工智能的蓬勃发展，为我们带来了以 ChatGPT 为代表的多轮对话系统、文生图像大模型，乃至 Sora（人工智能文生视频大模型）等多种可以为教学所用的功能。在此推动下，国际中文教育将变得更加智能化、个性化，具有更多可能性，成语将成为连接中文与世界的重要桥梁，为促进中华文化的传播发挥积极作用。

参考文献

[1] 陈圆任，李勇，温明，等. 多模态知识图谱融合技术研究综述. 计算机工程与应用，2024(02).
[2] 冯志伟. 自然语言处理的重要资源："知识图谱". 外语学刊，2021(05).
[3] 符淮青. 现代汉语词汇（重排本）. 北京：北京大学出版社，2020.
[4] 何克抗，吴娟. 信息技术与课程整合. 北京：高等教育出版社，2007.
[5] 加涅著，皮连生等译. 教学设计原理. 上海：华东师范大学出版社，1999.
[6] 教育部中外语言交流合作中心. 国际中文在线教育行动计划(2021—2025 年)，2021.
[7] 匡昕，冯丽萍. 国际中文教育教学资源建设理路与进路. 天津师范大学学报(社会科学版)，2023(05).
[8] 李婧怡. 认知转、隐喻视下的对外汉语成语教学路径研究. 汉字文化，2023(18).
[9] 刘峤，李杨，段宏，刘瑶，秦志光. 知识图谱构建技术综述. 计算机研究与发展，2016(03).
[10] 刘知远，崔安颀等. 大数据智能. 北京：电子工业出版社，2020.
[11] 卢宇，薛天琪，陈鹏鹤，等. 智能教育机器人系统构建及关键技术——以"智慧学伴"机器人为例. 开放教育研究，2020(02).
[12] 鲁川. 知识工程语言学. 北京：清华大学出版社，2010.
[13] 马瑞祾，梁宇. 国际中文教育数字化转型的三重逻辑——从 ChatGPT 谈起. 河南大学学报(社会科学版)，2023(05).
[14] 马瑞祾，王新，徐娟. 国际中文"高级写作"智慧课程知识图谱设计. 华文教学与研究，2024(01).
[15] 潘俊，吴宗大. 词汇表示学习研究进展. 情报学报，2019(11).
[16] 吴睿. 知识图谱与认知智能：基本原理、关键技术、应用场景与解决方案. 北京：电子工业出版社，2022.
[17] 夏俐萍. 运用多种教学法进行对外汉语成语教学. 山西广播电视大学学报，2010(03).
[18] 闫闯. 论核心价值观教育中价值图式的建构. 当代教育科学，2019(06).
[19] 阎德早，方瑛. 试论汉外成语词典的设例与语境. 辞书研究，1998(01).
[20] 杨晓黎. 由表及里，形具神生——对外汉语成语教学探论. 安徽大学学报，1996(01).
[21] 杨玉玲. 留学生成语偏误及《留学生多功能成语词典》的编写. 辞书研究，2011(01).
[22] 中华人民共和国教育部，国家语言文字工作委员会.《国际中文教育中文水平等级标准》(GF 0025—2021). 北京：北京语言大学出版社，2021.
[23] ANDERSON, J. R. *Cognitive psychology and its implications*. New York: Freeman, 1985.

泛元宇宙视域下国际中文教育虚拟仿真实验系统建设的现状及启示[*]

韩开[1] 徐娟[2]

[1,2] 北京语言大学 信息科学学院 100083

[1] happykaikaikai@126.com　[2] xujuan@blcu.edu.cn

摘　要：本文在泛元宇宙视域下围绕国际中文教育虚拟仿真实验的建设现状、实际案例和发展启示展开研究。首先阐释了泛元宇宙视域下国际中文教育虚拟仿真实验的内涵。其次，从教学内容设计、教学互动方法、技术应用支持、实验应用情况、实验效果反馈五方面分析了国际中文教育虚拟仿真实验课程的建设现状，并采用案例分析法，从技术属性及教育属性分别分析两门实验课程案例。最后，基于研究现状提出发展启示与建议，旨在为领域的研究和实践提供参考。

关键词：国际中文教育；虚拟仿真实验；系统建设；教育元宇宙

The Current Situation and Implications of the Construction of the International Chinese Education Virtual Simulation Experiment System in the Context of the Metaverse

Han Kai[1]　Xu Juan[2]

[1,2] School of Information Science, Beijing Language and Culture University, 100083

Abstract: This article explores the construction status, actual cases, and development insights of international Chinese education virtual simulation experiments in the perspective of the metaverse. Firstly, it explains the connotation of international Chinese education virtual simulation experiments in the metaverse perspective. Secondly, it analyzes the construction status of the international Chinese education virtual simulation experiment course from five aspects: teaching content design, teaching interaction methods, technical application support, experimental application status, and experimental effect feedback. Case analysis method is used to analyze two experimental course cases from technical attributes and educational attributes respectively. Finally, based on the research status, development insights and suggestions are proposed, aiming to provide references for the research and practice in the field.

Key words: international Chinese education; virtual simulation experiment; system construction; education metaverse

---

[*] 本文受北京语言大学重大专项课题"基于微认证的国际中文教师数字素养提升路径及研修平台研究"（23ZDY02）；世界汉语教学学会2024年全球中文教育主题学术活动计划项目"融合知识图谱与大模型的国际中文教育智能问答系统研究"（SH24Y24）；北京语言大学研究生创新基金（中央高校基本科研业务费专项资金）"基于Unity3D的国际中文教育虚拟仿真实验系统的研究与实践"（24YCX02）；北京语言大学教育基金会创新实践项目"泛元宇宙视域下国际中文虚拟仿真实验动态评价建模研究"的资助。徐娟为本文通讯作者。

0 引言

元宇宙（metaverse）通过数字技术构建虚拟世界，可以实现与现实世界的交互，一度成为教育数字化研究的热点。2017 年 7 月，教育部发布《关于 2017—2020 年开展示范性虚拟仿真实验教学项目建设的通知》，提出"建设示范性虚拟仿真实验教学项目"，旨在推动高校积极探索线上线下教学融合的个性化、智能化、泛在化实验教学新模式。随着 3D 建模、神经渲染、数字人等技术的不断发展，元宇宙赛道延伸出一种新型教育样态——教育元宇宙（education metaverse）（马瑞棱、徐娟，2023；韩开、徐娟，2024）。在教育元宇宙的热潮下，虚拟仿真实验的重要性进一步凸显。

当前，学习中文的需求日益增长。国际中文教育作为一门跨文化交流的重要学科，教学方式和方法始终面临创新，且学界对数字教学资源建设的认知也在不断深化（宋继华等，2023）。虚拟仿真实验作为一种新兴的教育技术手段，为中文教育的创新和发展提供了新的可能性。在这一背景下，虚拟仿真实验的教学应用为中文学习者塑造了一个沉浸、离岸的语言学习环境，突破了传统教学模式无法跨越时空的限制，可以给学习者带来较好的情境学习体验，使知识的表征更加形象直观（汤倩雯等，2023）。

1 泛元宇宙视域下的国际中文教育虚拟仿真实验

1.1 泛元宇宙概念的阐释

元宇宙建立在互联网的基础上，近年来作为热门话题不断引发学界关注，它集合了多种虚拟世界和增强现实环境，可以为用户提供一种沉浸式、互动性强的使用体验。

"泛元宇宙"原为科技行业术语，是指涵盖 XR 技术及产品的广义元宇宙，也是当下用户可以体验或使用的元宇宙产品形态。基于该认识，本研究对"泛元宇宙"进行学术话语转化，将其定义为由 VR、AR、MR 等虚拟资源构组的数字资源生态。泛元宇宙也为现有的 XR 资源的学术研究提供了一个崭新的视角：更好地审视已有 XR 数字资源的优势和不足，研究未来应如何实现升级迭代，最终帮助人类真正进入元宇宙社会。

1.2 泛元宇宙视域下的国际中文虚拟仿真实验内涵的审视

虚拟仿真是一种将虚拟现实与仿真模拟技术相结合，利用计算机开发真实系统的技术。得益于虚拟仿真技术的发展，虚拟仿真实验能够通过使用计算机模拟现实世界中的实验操作过程。开发人员可以根据面向对象搭建合适的实验环境并设计实验，从视觉、听觉等多个层面给使用者带来沉浸式体验，让使用者身临其境地感受实验过程。相较于元宇宙，虚拟仿真实验暂无法支持多人在线协作学习（同时进入虚拟空间），且不同于真实的实验，虚拟仿真实验具备低成本、高效率、智能化等特点。

二语习得离不开目的语学习环境，近年来，在教育部的推动下，文科类虚拟仿真实验建设也得到了发展（宋飞、张明瑶，2021）。国际中文虚拟仿真实验课程能够运用 3D 建模、场景渲染等技术手段，对语言交际场景进行模拟和重现，从社会文化理论和情境建构理论看，国际中文教育虚拟仿真实验通过设定具体的语言交际情境、故事剧情，在其中融入语言文化知识，营造互动性强、沉浸式的学习环境，从而收获更好的语言学习效果。

在泛元宇宙视域下，利用虚拟仿真实验开展国际中文教育是一种教育技术的教学新范式，它能够提升学习者的存在感、临场感，促使学习者在不断参与实验的互动过程中，有效掌握学习内容。

2 国际中文教育虚拟仿真实验课程的建设现状

国际中文教育虚拟仿真实验课程与传统理科实验课程有所不同，不仅仅局限于还原理科类实验场景、过程，更加注重视听说语言技能及中国文化方面的教学，这种方式带来了教学资源的升级，为学习者带来全新体验。"国家虚拟仿真实验教学项目共享平台"①（以下简称"虚仿平台"）为各学科线上虚拟化仿真实验的成果提供了一个集中展示的窗口，截至2024年2月，"虚仿平台"共建设6门国际中文教育相关课程，其中有3门被评选为国家一流课程，平均实验人数达2000余人次。本文以该平台上的6门国际中文教育相关的虚拟仿真实验课程为研究对象（见图1），通过数据分析和比对等方法，从教学内容设计、教学互动方法、技术应用支持、实验应用情况、实验效果反馈五方面进行分析，旨在深入探讨国际中文教育虚拟仿真实验的建设现状。

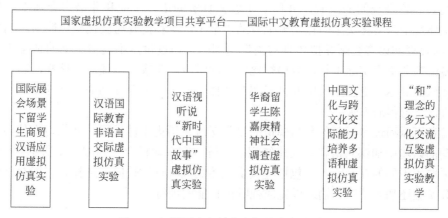

图1 6门国际中文教育虚拟仿真实验课程

2.1 教学内容设计

由虚仿平台页面介绍可知，现阶段国家虚拟仿真实验教学课程中国际中文教育相关课程的对应专业中5门为汉语言，1门为汉语国际教育，4门课程在所属课程中列出"文化"字样，包含了具体场景运用、汉语视听说、跨文化交际和中国文化等相关课程内容。其中，"国际展会场景下留学生商贸汉语应用虚拟仿真实验"通过设定商贸展会情景，让留学生以采购商身份完成采购任务，帮助训练其在商贸情景下的听、说、读、写能力；"汉语视听说'新时代中国故事'虚拟仿真实验"则是国际中文教育思政课程的新尝试，精选了《习近平讲故事》一书中的5个故事，让学习者从政治、经济、文化、社会、生态文明多个视角了解当代中国社会；"'和'理念的多元文化交流互鉴虚拟仿真实验教学"设故事、字词、诗歌和名言相关的"和"的4个展厅，帮助外国留学生感受和理解中国的"和"

---

① 平台网址：https://www.ilab-x.com。

理念和中国文化;"汉语国际教育非语言交际虚拟仿真实验""中国文化与跨文化交际能力培养多语种虚拟仿真实验"这两门课程不仅围绕非语言交际工具、中国文化和跨文化交流技巧构建故事剧情,还面向国际中文职前教师设计了目的语国家的跨文化交际内容,旨在帮助其为外派工作做准备。

此外,华侨大学开发的"华裔留学生陈嘉庚精神社会调查虚拟仿真实验",旨在帮助海外出生但母语非汉语、祖裔语为汉语的华裔留学生更好地了解自己的文化身份。以著名爱国华侨陈嘉庚先生的事迹为例,引导华裔留学生思考陈嘉庚的精神和事迹,激发他们对自身华裔身份的认识,唤起他们对文化的情感认同,以达到增强爱国情感的目的。

2.2 教学互动方法

传统教学模式与虚拟仿真实验教学在国际中文教育领域的差异显著。在传统中文教学中,教与学的过程通常是单向的,且语言技能的教学和中国文化的教学多侧重于国际中文教师亲身示范—学生模仿,或通过图片、视频等传统媒体进行知识点的传授,学生缺少实际情境下的应用和实践机会,对文化的理解局限于表层。

相比之下,国际中文教育虚拟仿真实验教学为学习者提供了一个沉浸式的目的语学习环境,突破了物理空间的限制,并创造了近似真实的语言技能和非语言交际工具使用场景。虚拟环境中跨文化交际的互动模拟有助于学生锻炼和提升跨文化交际能力。例如,在"汉语国际教育非语言交际虚拟仿真实验"课程中,通过设定不同情境下的体态语、副语言和环境语等非语言交际工具,潜移默化地帮助学习者完成学习任务。这样,教学内容不仅限于知识的展示,更注重情境的再现和互动体验,这也符合互动语言学理论通过多模态互动促进语言习得的主张。

学习者可以通过虚拟角色参与模拟的日常交流、历史事件重现、文化习俗体验等,从而在生动的语境中加深对语言、文化知识的理解,实现知行合一。如表1所示,6门实验课程均采取了不同的互动方式,包括键鼠交互控制人物行进转向,选择题、连对题进行测验,部分实验还加入了语音输入以完成视听说技能的训练。

表1 国际中文教育虚拟仿真实验课程互动方式

实验名称	主要互动方式
国际展会场景下留学生商贸汉语应用虚拟仿真实验	鼠标交互、选择交互
汉语国际教育非语言交际虚拟仿真实验	键鼠交互、选择交互
汉语视听说"新时代中国故事"虚拟仿真实验	键鼠交互、语音输入、选择交互
华裔留学生陈嘉庚精神社会调查虚拟仿真实验	鼠标交互、选择交互
中国文化与跨文化交际能力培养多语种虚拟仿真实验	键鼠交互、语音输入、选择交互、图片连对交互
"和"理念的多元文化交流互鉴虚拟仿真实验教学	键鼠交互、选择交互

2.3 技术应用支持

国际中文教育虚拟仿真实验的开展离不开线上环境的支持,由"虚仿平台"的相关说明可知,6门国际中文教育虚拟仿真实验课程对网络、硬件、用户操作系统和实验系统浏览器均做出了明确要求。对于网络要求,6门实验中最低要求5Mbps及以上,最高要求

100Mbps 及以上，部分实验参照了校园网到教室的带宽，可以满足日常教学要求。能够支持的同时在线人数最多为 5000 人，最少为 100 人。此外，1 门实验需要额外安装 30MM 的指定插件，以确保实验的顺利进行。

至于硬件设备，学习者一般通过"电脑—鼠标—键盘"进行一系列的互动操作，因此需要具备一定性能的计算机或笔记本电脑以及硬件配置，这对计算机处理器、空间、显存等均有一定要求，如"汉语视听说'新时代中国故事'虚拟仿真实验"课程对中央处理器的最低要求为：内存 8GB，显存为 2G 及以上，分辨率 1280×720 及以上等。此外，为保证实验过程中画面呈现和互动操作的流畅进行，稳定的网络连接也是完成实验课程的必要条件。对于软件环境，实验均指定了对应的系统浏览器，数量在 2～3 个，包含谷歌、火狐、360 等主流浏览器，但对于部分教育基建不完善的发展中国家而言，虚拟仿真实验恐无法直接投入使用。

总之，实验对系统浏览器的要求基本满足大多数学习者的使用条件，但需要学习者具备一定的计算机硬件和软件配置，并保持稳定的网络连接，以确保课程能够顺利进行并取得预期的学习效果。

2.4 实验应用情况

截至 2024 年 2 月，6 门课程平均浏览量达 7000 余次，其中 2023 年上线的"'和'理念的多元文化交流互鉴虚拟仿真实验教学"课程浏览量已达 1000 余次。课程实验人次最高达到 13000 多，平均实验人次达 2700 多。课程实验人数最高达到 3800 余人，平均实验人数达 1000 余人。"国际展会场景下留学生商贸汉语应用虚拟仿真实验"的浏览量居于首位，达 30000 余次。国际中文教育虚拟仿真实验课程应用情况如表 2 所示。

表 2　国际中文教育虚拟仿真实验课程应用情况

实验名称	浏览量	实验平均用时（分钟）	实验人次	实验完成率	实验通过率（按人次）
国际展会场景下留学生商贸汉语应用虚拟仿真实验	32112	37	13138	100%	97.20%
汉语国际教育非语言交际虚拟仿真实验	4632	42	928	73%	71.40%
汉语视听说"新时代中国故事"虚拟仿真实验	4291	33	1108	98%	95.90%
华裔留学生陈嘉庚精神社会调查虚拟仿真实验	2754	12	307	48%	48.20%
中国文化与跨文化交际能力培养多语种虚拟仿真实验	4511	51	898	100%	98.10%
"和"理念的多元文化交流互鉴虚拟仿真实验教学	1123	27	5	80%	60.00%

2.5 实验效果反馈

根据共享平台课程数据可知，6 门课程实验人次最高只占 40% 的浏览量，实际参与度较低，这一数据在一定程度上反映了用户对于实验内容的兴趣程度和实验操作易用方面的局限性。实验通过率（按人次）在 90% 以上的有 3 门课程，这 3 门课程完成率均在 90% 以上，实验平均用时在 40 分钟以上。实验通过率（按人次）在 60%～90% 的有 2 门课程，相较于前 3 门课程，这 2 门课程完成率有所下降，实验平均用时分别为 42 分钟和 27 分钟。

"华裔留学生陈嘉庚精神社会调查虚拟仿真实验"课程实验通过率不及格,因其属于闽南地方文化、中国文化概论课程,面向对象的针对性强,故出现此类情况。

3 国际中文教育虚拟仿真实验的课例分析

为更好地了解国际中文教育虚拟仿真实验系统的发展情况,我们从"虚仿平台"中选择了两个实验进行详细分析。由上文可知,国际中文教育虚拟仿真实验系统主要为语言类课程及文化类课程,因此,考虑选取实验完成率为100%的"国际展会场景下留学生商贸汉语应用虚拟仿真实验"(以下简称"商贸汉语虚仿")、"中国文化与跨文化交际能力培养多语种虚拟仿真实验"(以下简称"多语种虚仿")两门实验课程作为课例主体,从技术属性和教育属性方面分别进行详细分析,以便更深入地了解国际中文教育虚拟仿真实验系统的特点、优势和不足。

3.1 技术属性

3.1.1 技术条件

根据虚仿平台的页面介绍可知,在团队建设方面,两门实验课程的负责人分别来自暨南大学以及云南师范大学,每个团队有4名主要成员和其他成员,均包含1位技术公司的成员。此外,平台提供教学支持联系方式,保障实验正常运行。

在实际操作的过程中,"商贸汉语虚仿"的并发数为100人左右,超出数量需要排队,如在实际课堂中使用,可能会造成进度缓慢的情况;"多语种虚仿"则支持5000人同时在线。然而,进入两门实验课程均至少需要1分钟的加载时长。

3.1.2 建模情况

虚拟仿真实验建模往往包括场景建模和人物建模,场景和人物的呈现直接影响使用者的沉浸体验。"商贸汉语虚仿"共设置6个场景,场景内包含旗袍、机器人、角色模型等,现代科技、传统文化等元素均较好地实现了对物理世界的镜像复刻;"多语种虚仿"对于书法教室的建模也十分逼真,采用梅兰竹菊进行修饰。但是,两门实验对于场景内具体物件的互动设计较少,部分角色行为动作设计较模糊,基本依靠音频、图片、视频播放进行教学内容传递。建模情况如图2所示。

图2 "商贸汉语虚仿"(左)和"多语种虚仿"(右)虚仿实验建模部分情况

3.1.3 交互体验

沉浸式交互体验是虚拟仿真实验系统的重要特点,在这两门实验课程中,"商贸汉语虚仿"输入设备为鼠标,通过在左侧插入导航的方式引导人机交互,提供清晰的指引和操作步骤,帮助学习者直观地看到课程内容,学习者通过鼠标点击完成系统下发的各项学习任务,包括换装、对话等交互。"多语种虚仿"通过键盘、鼠标控制,学习者通过键盘走到指定光圈位置后,进入情节页面按照导航完成任务。交互方式如图 3 所示。

但在实际运行过程中,鼠标拖动操作可能导致与设备自带手势冲突,造成退出课程的情况;而键盘控制行走则更具有沉浸感,因此对应的指引十分重要,若指引不到位,学习者将无法知悉下一步操作。

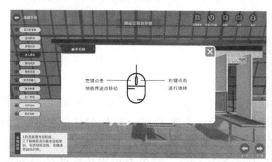 

图 3 "商贸汉语虚仿"(左)和"多语种虚仿"(右)虚仿实验课程交互方式

3.2 教育属性

3.2.1 内容适用

在面向对象方面,"商贸汉语虚仿"以外国留学生为主体,用户以采购商的身份完成广交会采购任务,在不同的场景下进行设定的各项活动。"多语种虚仿"面向国际中文教育、华文教育、泰语专业的中外本科生,学习者可以自行选择希望探索的场景进行学习。

在语言要素方面,"商贸汉语虚仿"基于商贸情境,向学习者呈现领域词汇、商贸固定表达、口头商务谈判常用句式等内容,将剧情和学习内容有效整合起来;"多语种虚仿"通过中国语言文字与书法、走近孔子等不同的剧情模块,展现汉字、字体等内容。通过采访实验者,我们了解到,具体的词汇、句式内容融于实际的剧情中更加能被接受,实际的运用场景有助于加深印象。

在语言技能方面,两门课程都采用全沉浸式中文学习环境,全程采用目的语作为交流媒介,学习者需要在视听的过程中领会任务意思。另外,"多语种虚仿"中加入了口语训练环节,学生可以将自己说的话录音并上传。对于语种,"商贸汉语虚仿"仅支持中文;"多语种虚仿"支持中文、英文、泰文 3 种语言。但两门虚仿实验课程的角色对话采用的语音均为合成语音,且部分操作中存在语音混叠的情况,在使用过程中沉浸感较弱,部分音频语速过快,水平等级低的留学生可能无法接受。

3.2.2 教学设计

在主题设计方面,"商贸汉语虚仿"针对特定商贸场景,包含着装、选择分会场、与角色对话和签订合同等，情节具有连贯性和真实性，设定多个交易情节引导学习者完成各项任务；"多语种虚仿"则整合了语言、文字、饮食、中泰文化等多个领域，各个情节单独成块，剧情较为分散，学习者可以自行选择对应场景进行学习。两门课程剧情都较为固定，前者系统性更强，学习者进入系统后基本遵循一条固定的剧情线路完成学习。

在话题任务方面，两门虚仿实验均设定了涵盖传统文化元素和跨文化交际的内容，在二语习得领域，运用情景化教学为学习者提供真实情境，为语言文化的学习提供了一个全新的角度。如何在潜移默化中完成语言的学习，在视觉沉浸的语言学习环境中习得知识，也是虚拟仿真实验设定故事情节的一方面。例如，"商贸汉语虚仿"在开头设定了人物进入会场前换装的情节，通过用户换装，帮助用户了解服装得体的情况，互动性强。但对于着装不得体的情况没有设置提醒，容易误导学习者。同时，对于课程思政、中华文化类知识的讲述方式"柔性"不够，基本还是采用学习者自行观看视频的方式进行教学，还需进一步考虑如何实现"内刚外柔"的文化传播。

3.2.3 学习效果

通过分析共享平台呈现的实验数据可以看出，"商贸汉语虚仿"的浏览量远超共享平台内其他国际中文课程浏览量，且点赞数达 3000 余次，不难看出，有针对性的情境对于学习者更加具有吸引力。从学习行为数据看，"商贸汉语虚仿"平均用时为 37 分钟，"多语种虚仿"则为 51 分钟，"商贸汉语虚仿"优秀率高出 10%，可以看出虚仿实验的时间控制对学习者完成实验也具有一定影响，设定合适的虚拟仿真实验时间是很有必要的。

4 国际中文教育虚拟仿真实验的发展启示及建议

基于以上国际中文教育虚拟仿真实验的研究现状和课例分析，我们总结出以下三点启示与建议。

第一，从整体上看，应发挥虚拟仿真实验在国际中文教育中的技术优势。国际中文教育虚拟仿真实验革新了教学工具和知识表征方式，延伸了实践教学的广度和深度，为国际中文教育提供了全新的教学体验。其中技术优势的发挥与国际中文师生的数字素养密切相关，因此，提升师生数字素养对于发挥虚仿实验的技术优势至关重要，可以通过定期开展数字素养培训、组织学术沙龙等方式，帮助教师了解虚拟仿真实验的基础知识、获取方式、操作方法、技术要求等，引导其进行中文教学模式与策略的创新实践。

第二，从技术视角看，应持续开发高质量的国际中文教育虚拟仿真实验。虚拟仿真实验对大多数中文教师和学习者而言，仍有较高的技术门槛，要想充分发挥其效用，仍需在多个方面进行优化和提升：①教学资源共享扩展，简化师生使用虚仿实验的流程，例如，可以将虚拟仿真实验导出为 exe 格式或其他容易访问和执行的文件类型，以此降低实验运行对软硬件的要求，确保所有用户都能够无障碍地用其教中文、学中文；②进一步对虚拟环境建模进行精细化处理，充分考虑剧情和场景、人物角色的适配度，从而提供一个促进学习的高质量仿真语言学习环境；③从实际场景运用角度出发，优化人机交互方式。进一步丰富人机交互的方式和形式，提升人物建模和场景渲染质量，增强虚拟环境的拟真度。

第三，从教学视角看，应不断推动学科知识与虚拟仿真技术的深度融合。建设有中国特色的国际中文虚拟仿真实验课程，还可以从以下方面进步：①教学应切实地以内容为核心，不断探索如何将语言知识点与情境化教学相结合；②打造国际中文教育系列课程，使其成为常规课堂活动的一部分，以确保教学的连贯性和系统性；③进行国际中文教育虚仿实验课程评价和调研，深入了解学习者需求，从而优化设计，完善国际中文教育虚仿实验。

参考文献

[1] 韩开，徐娟. 3D 场景渲染技术——神经辐射场的研究综述. 计算机应用研究，2024.
[2] 教育部. 教育部办公厅关于 2017—2020 年开展示范性虚拟仿真实验教学项目建设的通知. htps:hwww-moe-gov-cn.webvpn.bicu.edu.cn/srcsitelA08/s7945/s79461201707/t20170721309819.html，2017.
[3] 马瑞棱，徐娟. 国际中文教育元宇宙：理论意蕴、双轮驱动与发展进路. 云南师范大学学报(对外汉语教学与研究版)，2023 (04).
[4] 宋飞，张明瑶. 在线虚拟现实技术在中文教学中的应用. 国际中文教育(中英文)，2021 (01).
[5] 宋继华，张曼，梁丽芬. 国际中文教育数字化资源建设的深层认知. 国际汉语教学研究，2023(03).
[6] 汤倩雯，丁春红，舒瑜，刘永贵. 高校虚拟仿真实验教学项目设计现状与改进策略研究. 教育与装备研究，2023(03).

美国华裔儿童线上一对一汉语教学中的课堂问题行为归因分析
——以6至12岁美国华裔儿童为例[*]

侯海伟[1]　吴成年[2]

[1] 中国科学技术大学 附属中学 230051　[2] 北京师范大学 国际中文教育学院 100091
[1] 260194956@qq.com　[2] wuchengnian@bnu.edu.cn

摘　要：本研究对美国华裔儿童在线上汉语教学的过程中出现的课堂问题行为进行总结分析，分别从学生问题行为的表现、认知水平、家庭环境的影响、课后反馈等多个方面分析课堂问题行为的成因。本研究以每节课55分钟为一个研究单位，从学生的个性特点出发，选取了4名学生的20节课展开分析与研究，细致记录了学生每节课产生的课堂问题行为并研究这些课堂问题行为的成因。分析线上汉语教学中学生课堂问题行为的分布和频率，可以为即将从事线上汉语教学的新教师提供备课帮助，帮助其适当规避美国华裔儿童产生课堂问题行为的风险。

关键词：美国华裔儿童；线上汉语教学；一对一教学；课堂问题行为

Attribution Analysis of Classroom Problem Behaviors in Online Chinese Language Teaching for Chinese American Children—Taking Chinese American Children Aged 6 to 12 as an Example Summary

Hou Haiwei[1]　Wu Chengnian[2]

[1] Affiliated Middle School of University of Science and Technology of China, 230051
[2] Chinese College, Beijing Normal University, 100091

Abstract: Summarize and analyze the classroom problematic behaviors of Chinese American children during online Chinese language teaching, and analyze the causes of classroom problematic behaviors from multiple aspects such as student behavior, cognitive level, influence of family environment, and post class feedback. This study takes 55 minutes per class as a research unit, starting from the personality characteristics of students, selects 4 typical 20 classes of students for analysis and research, meticulously records the classroom problem behaviors generated by students in each class, and studies the causes of these classroom problem behaviors. Analyze the distribution and frequency of classroom problematic behaviors among students in online Chinese language teaching, provide lesson preparation assistance for new teachers who are about to join online Chinese language

---

[*] 本文为世界汉语教学学会项目（国际中文教学研究课题）"美国小学汉语教学研究"（项目编号：SH23Y28）的阶段性研究成果。吴成年是本文的通讯作者。

teaching, and appropriately avoid the risk of classroom problematic behaviors among Chinese American children.

Key words: Chinese American children; online Chinese teaching; one to one teaching; classroom problem behavior

1 研究背景

2020年伊始，疫情暴发使线上汉语教学迎来机遇和挑战。6至12岁美国华裔儿童处于特殊的发展阶段，其第一语言已经形成较完整的体系。由于生长环境是美国，其思考和处理问题的方式与中国国内儿童有所不同。在面对美国华裔儿童进行的线上汉语教学中，笔者遇到了很多课堂问题行为。为了提高学生学汉语和教师教汉语的效率，教师需要对学生产生的课堂问题行为作归因分析。

本研究基于汉语国际教育理论，对美国华裔儿童在线上教学过程中出现的问题行为进行总结分析，并分别从问题行为的表现、学生的认知水平、家庭环境的影响、课后反馈等多个方面分析课堂问题行为的成因。研究结果将为解决美国华裔儿童线上汉语教学的课堂问题行为提供借鉴，为即将从事线上一对一汉语教学的教师提供参考。

本研究的教学对象是领格卓越机构线上一对一教学中6至12岁的4名美国华裔儿童，其中男生3人，女生1人。学生A和学生B在小学阶段均有中文课，其教材是暨南大学编撰的《中文》，中文老师是中国台湾人。学生C在中文幼儿园学习中文，小学阶段主要从线上断断续续学习中文。学生D并未在学校系统学习中文，学习中文的途径主要为父母引导和教学。

2 课堂问题行为的界定

最早提出"问题行为"这一概念的是美国学者威克曼（1928），他指出课堂问题行为来源于行为问题或者不良行为。劳伦斯（1983）认为课堂问题行为严重干扰教学进程，扰乱课堂正常秩序。霍顿（1988）把课堂问题行为定义为扰乱课堂良好秩序，给教师带来不良情绪的行为。

国内研究中，孙煜明（1982）较早对学生课堂问题行为进行了界定，他指出学生的问题行为是道德上或品行上有一定缺点的行为。这种行为在一般情况下不仅会影响学生身心健康，还会给学校、家庭以及社会带来麻烦。

综上所述，学生的课堂问题行为指违反课堂要求，严重扰乱课堂秩序，阻碍教学计划和教学进度，给教师带来不良情绪的行为。

3 课堂问题行为的分类研究

从课堂问题行为表现的角度进行分类研究。奎伊（H. C. Quay，1987）等在问题行为表现的基础上，从学生的角度提出了人格型、行为型和情绪型三种分类。孙煜明（1982）和刘家访（2002）把所有的课堂问题行为归为两类，即"外向型课堂问题行为"和"内向型课堂问题行为"。马慧（2004）和武浩（2016）将学生的问题行为分为外向性攻击型问题行为和内向性退缩型问题行为。

从课堂问题行为的主体角度进行分类研究。布洛菲（Brophy，2009）将课堂问题行为分为三类，分别是：教师因素引起的课堂问题行为，学生因素引起的课堂问题行为，师生因素共同引起的课堂问题行为。

从课堂问题行为的严重程度进行分类研究。波坦奇（Borich，2004）根据问题行为的表现所造成后果的严重程度，将课堂问题行为归为轻度、中度、重度三个类型。杜萍（2008）根据课堂问题行为的严重程度，将其分为三类，分别是：严重破坏性行为、中等程度问题行为、轻微问题行为。

综上所述，对于课堂问题行为的分类研究，有利于从不同角度精细化研究学生产生的课堂问题行为，有利于对这些课堂问题行为总结、分类，并找出有针对性的解决措施。

4 线上一对一汉语教学课堂问题行为的归因分析

本文将学生课堂问题行为的成因分为单一因素成因和多种因素成因两类。单一因素主要包括由学生因素和环境因素引发的课堂问题行为。多种因素主要包括由学生因素、教师因素共同引起的课堂问题行为和由教师因素、环境因素共同引起的课堂问题行为。本文将结合家长访谈和问卷调查对成因进行归类总结。

根据4名6至12岁美国华裔儿童课堂问题行为发生的频率，可以发现学生不回答问题（29.35%）的比率最高。学生制造噪声（0.50%）、遮挡屏幕（0.50%）、玩玩具（0.50%）、拒绝说中文（1.00%）的出现频率较低（见图1）。

图1 20节课学生课堂问题行为发生频数、频率统计图（总）

4.1 问题行为的学生因素分析

根据由学生因素引发的课堂问题行为分布频率，学生课上不回答问题的频率（32.31%）最高，除此之外，学生还会偶尔产生制造噪声（0.77%）、遮挡屏幕（0.77%）、玩玩具（0.77%）等课堂问题行为。虽然分布的频率较低，但也不容忽视（见图2）。

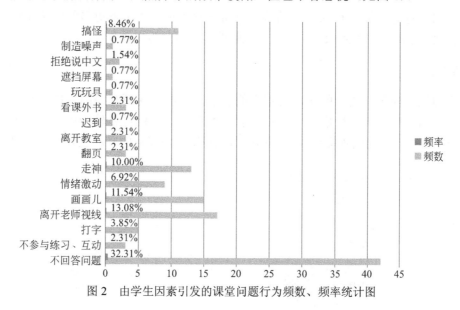

图2 由学生因素引发的课堂问题行为频数、频率统计图

4.1.1 学生年龄

本研究的教学对象是6至12岁的美国华裔儿童，处在这一年龄阶段的儿童精力旺盛，注意力不稳定、不持久，容易被一些新奇、刺激的事物所影响。学生A只有6岁，对于一些不理解的词语和句子的学习，会采取回避的态度，学习积极性容易受打击。对于线上课堂出现的突发状况，学生A情绪波动较大，往往出现急躁的情况。

4.1.2 学生汉语水平

从四名学生产生课堂问题行为的种类和分布频率来看，学生D由于汉语水平较差，在五节课中产生了12种不同的课堂问题行为，其课堂问题行为发生的频率最高，为35.32%。而有一定汉语基础、汉语水平较高的学生产生课堂问题行为的频率相对较低（见图3）。

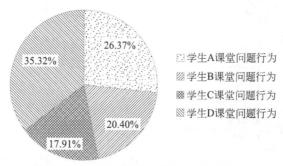

图3 4名研究对象课堂问题行为的频率分布

4.1.3 学生动机和态度

学生的学习动机和态度是影响学生学习的重要因素。学生 D 在学习初期，在课上经常说汉语，对汉语中新鲜的事物感兴趣，但随着课时量增加和学习难度加大，学生 D 对汉语学习的热情逐渐降低，在课堂上会产生注意力不集中、不知道课程进度、拒绝回答问题等课堂问题行为。学生 C 对中国的旅游城市很感兴趣，想了解更多的中国文化，因而能够较自觉、主动地加入到课堂中来，产生的课堂问题行为也较少。

4.1.4 学生性格

学生的性格对第二语言的学习有很大的影响，与课堂问题行为的出现也有一定的关系。本次 4 名研究对象的性格各有不同，学生 A 和学生 B 的性格较为内向，上课时往往少言寡语，很少主动向老师提出问题，担心自己犯错，与老师的互动也较少（见图 4）。

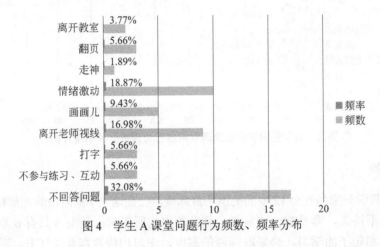

图 4 学生 A 课堂问题行为频数、频率分布

性格外向的学生在课堂上会产生不听从教学指令和教学安排等扰乱课堂秩序的课堂问题行为。学生 D 性格非常活泼好动，注意力很难集中，往往会产生离开老师视线（5.63%）、画画儿（14.08%）、看课外书（4.23%）、打字（2.82%）等课堂问题行为（见图 5）。

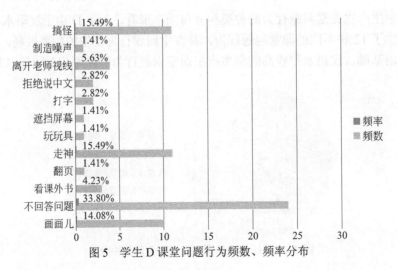

图 5 学生 D 课堂问题行为频数、频率分布

4.2 问题行为的教师因素分析

4.2.1 教师的教学能力

教师教学进度和教学节奏过快，学生对于已学知识不理解则很容易产生课堂问题行为。教师对学生 A 进行词语"石狮子"和"柿子"的教学时，由于学生在实际生活中没有见过石狮子和柿子，更不清楚事物的名称，再加上图中柿子与现实生活中的有差别，学生 A 将其与自己吃的"果子"混淆。教师直接指出学生错误，导致学生情绪激动。如教师对学生生活环境足够了解，提前预设可能出现的回答，即使学生出错也能第一时间安抚其情绪，则可以有效地避免学生产生课堂问题。对学生 D 的教学，由于课堂节奏太慢，缺乏挑战性，学生 D 逐渐失去学习热情，产生注意力不集中、画画儿、看课外书等课堂问题行为。

4.2.2 教师的教学方法

新手教师刚进入教学时往往会因为一时新鲜，积极探索如何教好学生的方法，但是时间一长则会出现热情不再的现象。学生 D 在学习儿歌时，教师往往采用拍手打节奏、大小声的形式读，一开始学生热情高涨，但该形式反复出现，学生 D 便失去了热情，不再参与课堂。教师如能采用多种教学形式，增加课堂的趣味性和挑战性，就可以激起学生学习的积极性。作为教师，要经常反思自己的教学方法和教学过程，对于学生课上的表现做出正确的判断和分析。

4.2.3 教师的教学用语

教师的教学用语太难则会导致学生上课听不懂教师的教学指令和教学内容，从而产生畏难情绪，出现注意力涣散等课堂问题行为。语言的学习是在可理解的基础上进行的，教师要遵循"i+1"的原则，给学生提供可理解的输入。在对学生 D 教授量词"把"和"条"时，由于英语中没有量词，教师英语水平有限，无法给出合理解释，导致在教学时用词太难，学生不懂用法，逐渐对该知识点的教学失去耐心和兴趣。如教师能提前设计教学用语，避免临场发挥的不确定性，学生遇到学习难点时，也会更容易攻破。这需要教师掌握学生目前的语言知识水平，根据教材内容合理组织教学用语，在教学实践和学生课堂反馈中提高合理使用教学用语的能力和水平。

4.2.4 教师的课堂管理

因为教学对象是 6 至 12 岁的美国华裔儿童，所以教师既不能忽视学生产生的课堂问题行为，也不能过度惩罚，伤害学生的自尊心。教学经验不足的新手教师，对学生的课堂问题行为往往采取宽容的态度，甚至为了迎合学生而放弃管理。学生 D 很喜欢画画儿，上课过程中经常出现走神、画画儿、打字等课堂问题行为。为了迎合学生的兴趣爱好，教师对于学生 D 在屏幕上画画儿的行为并未制止，还鼓励学生 D 介绍自己画的内容。然而学生 D 在画怪兽的过程中浪费了很长时间，在介绍怪兽时基本上都以英语介绍，这不仅没有锻炼学生的汉语表达能力，还影响了课程进度，让其养成在屏幕上随意画画儿的习惯，增加了课堂管理难度。

4.2.5 师生关系

师生关系的和谐与否影响课堂问题行为的时长和频次,对课堂教学活动的开展有着重要的影响。平易近人的教师容易拉近与学生的关系,学生更愿意参与到课堂中来,积极回答老师提出的问题,乐于用中文分享自己的生活趣事。教授形容词时,教师根据学生B的兴趣,准备了一些毛绒玩具,引导学生联系生活说出句子。在轻松愉悦的氛围中,学生B不仅掌握了词语的用法,还主动与教师沟通最近发生的趣事,在潜移默化中提高了汉语语言表达能力和课堂参与度。

4.3 问题行为的环境因素分析

线上教学的环境不再是实体教室,而是网络教室。教师和学生打破时间和空间的限制,通过网络这一媒介完成线上汉语教学。学生上课环境发生了改变,不再是传统的教室,而是在家中。家庭以及上课过程中周围的环境会对学生的课堂问题行为产生间接影响。从由环境因素引发的课堂问题行为的统计和调查来看,由网络设备引起的学生画面卡住的课堂问题行为发生的频率最高,为43.90%,其次是学生端产生噪声(12.20%)和离开老师的视线(9.76%)(见图6)。

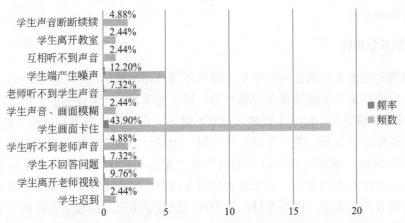

图6 由环境因素引发的课堂问题行为频数、频率分布

4.3.1 网络环境和网络设备

疫情影响下,线上汉语学习的需求量倍增,网络教室的数量也随之增加,网络卡顿的现象时有发生,严重时还会出现整个平台网络系统崩溃的情况。根据笔者的经历,平台网络一旦出现故障,教师无法在教学平台上上传教学课件和教学视频,只能联系相关学管老师取消课程或借助教学工具例如白板等完成线上教学。缺少视频、音频、课件等教学工具,枯燥的白板使学生产生注意力不集中、走神等课堂问题行为。线上学习汉语的学生越来越多,机构应查漏补缺,不断完善教学平台功能和网络环境,为学生提供更优质的线上汉语教学环境。

4.3.2 家庭环境

在进行线上汉语教学时，如果学生没有固定的上课场所，在课堂上会表现得很随意，出现上课拿着平板随意更换上课场所、无视课堂规则等课堂问题行为。一些学生虽然有固定的上课场所，但是在上课的过程中经常受到周围环境的影响，例如学生 C 在上课的过程中，家中的宠物突然进入，学生的注意力被分散。

和谐、民主的家庭教育会让学生的性格变得积极、开朗，学生在课上也会更愿意表达自己的想法和观点。线上汉语教学过程中，一些学生难免会出现走神或注意力不集中的课堂问题行为，一些家长会采取严厉苛责的态度和行为，例如大声批评、拍一下学生以达到提醒学生专心上课的效果。在教学时，学生 D 由于受到家长的训斥，情绪波动较大，再次上课时需要花时间平复心情再继续学习，不仅耽误教学进度，还影响上课效率。

4.3.3 社会环境

社会环境是影响学生课堂问题行为的又一重要因素。如果学生的学习环境和生活环境中有用汉语沟通和交流的机会，学生会更愿意主动接受和学习汉语。受到线上教学时间和教学空间的限制，教师和学生之间的互动比较单调。如果线上汉语教学中，教师与学生的互动仅限于简单的问答和对话，缺少有效的社会性交互，学生会逐渐失去在线上学习汉语的兴趣和热情，从而在课上出现厌学的课堂问题行为。

5 结语

目前，线上汉语教学的研究属于新兴的热门研究话题，其研究成果还在不断丰富，而对于研究对象是美国华裔儿童的线上汉语教学的研究成果相对匮乏。受到疫情的影响，线上汉语教学在国内外受到广泛重视，对于华裔儿童的线上汉语教学的研究也逐渐被推上"风口浪尖"。因此，本研究基于已有的科学理论和研究方法，在真实的课堂教学环境中以案例分析的形式，详细、具体地统计、分析和探究美国 6 至 12 岁华裔儿童线上一对一汉语教学中的课堂问题行为，对这些课堂问题行为进行归因分析，为以美国华裔儿童为教学对象的新教师提供解决、减少学生课堂问题行为的方法和策略，以期不断提高教学质量和学生学习效率。

但是由于受客观教学条件的限制，本研究只选取了 4 名美国华裔儿童的 20 节课进行课堂问题行为的统计和分析，研究对象选取的数量较少。每个研究对象只选取了课堂问题行为在一节课中出现频次较高的 5 节课进行统计和分析，不利于分析每一位学生在教学前后产生的课堂问题行为在数量上的变化趋势。

参考文献

[1] EMMERE T. *Classroom Management In Dunkin*. Oxford: Pegramon Press, 1987.
[2] 冯东. 孔子学院对外汉语课堂设计教学中的学生问题行为研究. 文化创新比较研究，2020(24).
[3] 高长丰. 课堂问题行为的原因分析及其干预政策. 教育探索，2006(08).

[4] 郝静. 基于案例的汉语课堂学生问题行为研究. 北京外国语大学硕士学位论文, 2019.
[5] 王明月. 基于汉语国际教育的多维度课堂问题行为分析模式研究. 武汉大学硕士学位论文, 2014.
[6] 王丕承. 汉语国际教育师资对课堂教学过程进行有效管理的方法. 科教文汇(上旬刊), 2017(03).
[7] 叶军. 国际汉语教学案例分析与点评. 北京: 外语教学与研究出版社, 2005.
[8] 张会. 美国华裔儿童家庭语言状况调查与思考. 国际汉语教学研究, 2015(03).
[9] 朱勇. 国际汉语教学案例与分析. 北京: 高等教育出版社, 2013.
[10] 朱志平. 美国华裔学生在汉语课堂中的优势和问题. 北京师范大学学报(社会科学版), 2009(06).

以听说为主的海外儿童线上汉语智慧学习系统构建

黄怡梅

成都大学 610106
huangyimei0812@163.com

摘 要：海外汉语学习者的低龄化，是近些年广受媒体关注但并未引起学界足够重视的汉语国际教育新现象。儿童这一群体处在语言学习的"关键期"，记忆力和模仿力都比较强，学习第二语言具有天然的优势。汉语学习分为听、说、读、写四个部分，此前大部分学者都主张"以听说为主"。智慧学习是教育信息化时代发展的产物，是智能化时代进程的必然趋势。构建以听说为主的智慧学习系统能够实现以学生为主体的教学结构，线上汉语教学是促进儿童汉语教学发展的重要途径，也是国际中文教育适应当今社会的一次重要变革。

关键词：听说教学；儿童汉语；智慧学习系统

Construction of Online Chinese Intelligent Learning System for Overseas Children Based on Listening and Speaking

Huang Yimei

Chengdu University, 610106

Abstract: The younger age of overseas Chinese learners is a new phenomenon in Chinese international education that has attracted wide attention from the media in recent years, but has not attracted enough attention from the academic community. This group of children in the language learning "critical period", memory and imitation are relatively strong, learning a second language has a natural advantage. Chinese learning is divided into four parts: listening, speaking, reading and writing. Most scholars advocate the idea of "listening and speaking as the main". Intelligent learning is the product of the development of education information age and the inevitable trend of the intelligent age. The construction of intelligent learning system based on listening and speaking can realize the student-centered teaching structure and promote the development of online Chinese teaching, which is an important way to promote the development of children's Chinese teaching, and also an important reform for international Chinese education to adapt to today's society.

Key words: listening and speaking teaching; children's Chinese; intelligent learning system

0 引言

随着越来越多的国家将汉语纳入国民教育体系，海外儿童学习汉语人数也在不断增长。海外汉语学习者的低龄化，是近些年广受媒体关注但并未引起学界重视的汉语国际教育新现象。据估计，低龄化的平均水平可能已达50%，一些国家达到或超过60%，且仍呈快速发展之趋势。而以往的汉语国际教育体系多是为成人准备的，亟须进行全方位的适应，更新理念，制订新的汉语国际教育规划，积极开展适合低龄化的教学研究（李宇明，2018）。儿童时期是语言学习的"关键期"，儿童记忆力和模仿力都比较强，学习第二语言具有天然的优势。海外儿童在学习中文时，因为年龄小、汉语水平低，大部分都处于零基础或初级阶段，因此，培养学生的听说技能显得十分重要。而且大部分华裔家长对孩子的要求几乎都是能够掌握中文听说，能够做到隔代交流。因为汉字难写，对于表音文字为母语的海外儿童来说，读写是令人感到畏惧的难题。

汉语学习分为听、说、读、写四个部分，大部分学者都主张"以听说为主"。著名语言教学家赵元任先生主张"活的语音"，重视口语教学，主张先听后说。刘珣（1994）主张语文并进与突出听说，并称不要因过分强调读写训练而拖住了听说能力的正常发展。王钟华主编的《对外汉语教学初级阶段课程规范》提出，初级综合课应在听、说、读、写"四会"并重的前提下，突出听和说的训练。罗庆铭（1997）从自身教学实践出发，认为海外华校的华语教学应以培养学生的听说能力为重点。仇鑫奕（2006）主张对外汉语初级阶段以听说教学为主体，书面语教学作为必要的辅助，须在听说教学的基础上进行，对外汉语教学初级阶段应以口语教学先行。李琼、杜敏（2014）提出，针对低龄儿童应采用不同的课堂教学方式，强调教学方式的趣味性和多样性，比如，针对六七岁儿童的汉语教学应该是寓教于乐，以听说为主。国外著名语言教育家克拉申也极力主张听力活动对语言习得的重要性，认为语言习得是通过听力理解来实现的。不过不同的是，克拉申认为过早地强调说是没有必要的，并反复强调只要学习者接收到了足够的可理解性输入，口语能力会自然而然形成。但是我们仍旧可以看到他对于听力教学重要性的支持。

以上不管是从研究理论还是教学实践出发，大部分都主张听说技能培养的重要性，但并不是说读写就不重要了，而是让学习者先掌握听说技能，以便更好地掌握读写技能。能够用中文进行交谈，进而减少陌生语言带来的焦虑情绪，减少跨文化交际带来的障碍。

1 智慧学习系统是时代的呼唤

随着计算机和人工智能的发展，我们意识到将技术引入教育领域来促进教育的发展已是一种趋势。本研究所构建的"智慧汉语学习系统"即建立在此理念基础之上，结合海外儿童特征及线上汉语教学特点，更加深入、周到和精准地进行分析，从而构建一个既能促进教师教，又能辅助学生学的智慧汉语学习系统。

通过搜索智慧学习系统领域相关文献可以发现，近年来以"学习系统""智慧学习"为关键词的相关研究比较火热，但遗憾的是，将其与国际汉语教学相结合的文献数量却非常少。接下来，我们还要将智慧学习系统与汉语教学相结合，通过技术方面的研究和支持对儿童线上汉语教学进行相关创新。通过大量的文献梳理发现：在国内，目前智慧学习系统主要应用于中小学学科教学、高等教育领域（刘树聃、万明，2017；马相春，2017；唐林等，2018），在汉语教学界相关的研究文章较少，但相关的文献启发意义较大，如智慧汉语国际教育系统的开发（徐娟，2019）、智能中文学习平台的构建（姜丽萍等，2021）等。

通过将仅有的有关"智慧学习系统"的文献进行分析与比较，我们发现目前该领域的研究大致分为以下几类：第一，概念和设计类。通过对智慧学习系统进行概念描述，以及系统宏观架构与设计（杨帆静，2018；张冰雪等，2019；冯知岭等，2021；李国峰，2021）。第二，与学科紧密结合类。这类研究具有一定的应用性和实践性，通过分析学科特点，将智慧学习系统与学科教学内容、教学目标紧密结合，从而开发特有的智慧学习系统，具有学科特色专门性质。例如，马相春（2017）在其博士论文中详细阐述了关于初中数学的智慧学习系统构建过程，相关的算法、技术实现值得我们借鉴。第三，功能开发类。这类研究集中于智慧学习系统的某一功能，深入挖掘该功能的设计和开发，并进行相关的实验。通过一定的算法，实现学习成绩的测试，研究结果表明系统性能具有实用性，用户满意度较高（高瑞等，2018）。

我们发现，智慧学习系统在中小学中应用较为成熟，促进了教育信息化的改革。这可能与中小学对成绩要求较高、智慧学习系统在一定程度上能提高学生成绩有关。比如：盖晓琳（2018）以淄博一中为例，以学校历经五年时间的改革为基础，以学生的最后成绩及升学情况作为支撑，阐述了基于 BYOD 的智慧学习系统的构建与实施过程，这为其他中学的教育信息化改革提供了思路和可借鉴的案例，推动了智慧学习系统在中小学的发展，但其与学科教学结合不密切，也没有提供具体的学科实施路径。

除此之外，职业教育领域研究较多。曹育红（2016）利用云平台第三方 AppScale 开源解决项目搭建职业技能传承智慧学习环境云平台，通过动作捕捉技术、情景识别技术和学习技术，实现在线学习、自主学习管理、学习内容管理等服务功能。刘树聘等（2017）研究构建开放职业教育的智慧学习系统，从而探索创新高职教育教学改革模式。唐林等（2019）以中职汽修专业为例，设计了中等职业教育智慧学习系统架构。

2 智慧汉语学习系统构建：定义、特征、功能

2.1 定义

"智慧学习"整合了智能信息技术与丰富的学习资源及学习活动，以学习者为中心，全方位提供个性化的服务，使学习者能主动而有效地投入学习（张冰雪等，2019）。智慧学习旨在通过恰当地利用技术，促进智慧学习在学习者身上有效地发生。第一，智慧学习是对合作学习的实践，通过合作学习而不是单方面知识的传播，最大限度地提高学习效果，尤其是利用社会网络进行社会学习的理念是智慧学习的关键；第二，它有助于形成设计自我导向学习的环境；第三，智慧学习是对非正规学习的实践，打破了日常生活、工作、娱乐和学习之间的壁垒；第四，智慧学习不仅要求"真"，更要求"善""美"（祝智庭、贺斌，2012）。儿童线上汉语智慧学习系统能将现代智慧教育技术与汉语学习有机融合。

第一，该系统拥有丰富而优质的学习资源。包括知识点微课资源库、课件资源、录课回放、视频电影播放资源、听力音频和文本材料、口语练习测试资源等。

第二，该系统拥有网络流畅、师资多元的教学平台。师资多元，能够实现师生匹配，具备丰富有趣的备课资源库，具备网络流畅的教学平台，拥有技术人员支持。

第三，该系统拥有学习者学习支持服务系统。AI 助教充当学习伴侣，对用户学习进

行上课提醒和督学促学，帮助用户进行游戏诊断练习，提供学习诊断报告、学习进度查询、学习资源搜索、学习积分和证书发放、人机交互等服务。

2.2 特征

儿童线上汉语智慧学习系统具有以下几个特征。

第一，学习过程强交互。能够利用技术增进师生间的交互，获得教师的"一对一"个性化服务，加强教师对学生的了解，实现以学生为主体的教学结构。通过师生交互、人机交互，让学生在操练中学会汉语，"边学边用"，从而学会用汉语进行交际。

第二，学习环境沉浸式。西班牙学者 Griol 等认为，教育是沉浸式虚拟环境最有趣的应用之一。我们所构建的系统应能够创设丰富的情境，使学生沉浸在目的语环境中，学会用汉语进行交际。

第三，学习内容技能化。"精讲多练"，让学生能够在不断操练中学会表达。摆脱传统的"知识课"模式，把语言当作一门工具来教。语言是在多听、多看、多说和多写中学会的，仅仅靠课堂有限的时间和学习量是难以真正掌握一种第二语言的。以往我们太在意学习者对语言知识的"懂"，而忽略了语言本质上是交际的工具，没有更多地把语言当作工具来教。工具在意的是"用"，因此，智慧汉语学习系统的特征之一是便于学习者在操练中学会使用语言。

第四，学习资源自适应。通过情境感知、数据挖掘等方法，精准识别、分析学习者的特征、偏好、风格，满足不同的学习需求，动态化配置学习资源，使汉语学习变得更加个性化。

第五，学习评价可视化。通过追踪学习者的学习过程，AI 诊断学习者的学习结果，并提供学习报告，使学习评价变得更加可视、多元化。

2.3 功能

2.3.1 实现师生交互和人机交互

口语训练与反馈功能（ASR 技术）。传统的听说教学中，由于语音具有转瞬即逝的特点，因此教师很难一个一个去纠正每位学生的每一句话，容易出现遗漏。智慧学习系统能够利用 ASR 技术把语音转为文字，将转瞬即逝的语音化为"有形"。把学生的口语作业转化为文字，便于教师批阅和修改。

机器带读功能（TTS 技术）。机器能够将文本转化为听力材料，并进行朗读，学生可以模仿机器发音。智慧学习系统能将文本材料倍速/慢速播放或重复播放。教师可以将文本转为语音素材，丰富听力材料。

2.3.2 打造沉浸感线上汉语课堂

实时翻译功能。线上教学中，学生遇到听不懂的生字词时不好意思问，会自己去找词典进行翻译，影响学习进度，汉语学习沉浸感不强。人工智能语音翻译能够针对儿童听不懂的情况，提供触屏翻译，学生不必去花时间翻词典，省去了许多烦琐的步骤，而且还可以将注意力集中在线上课堂中,从而减少陌生语言带来的焦虑,提高学习时的沉浸感,还能够促进自主学习。

智慧学习系统解决流程是:字词学习—学生遗忘或不懂该字词意思—智能触屏翻译—学生边学边查看英文(或母语)释义。

2.3.3 通过人机对话反复进行技能练习

电脑语音合成和电脑语音识别技术可以为学习者提供发音对比和纠正指导,相比人工纠正有一定技术优势。智能语音交互系统甚至能够与汉语学习者进行简单的对话,使得普通学习者脱离教师也能够进行简单的交流对话学习(任恺,2014)。人机对话是实现学习内容技能化的重要渠道。运用目标词汇、句子,通过人与机器进行交流、对答,提高语言交际能力,机器能够帮助用户进行练习、纠错和强化。我们都知道,语言是工具,需要多开口说才能掌握,但是在线上教学中,一些性格胆小的学生因害怕犯错,或自己的学习进度较慢,难以与教师进行简单的对话,久而久之容易产生放弃的念头。但在智慧汉语学习系统中,学生可以实现无限次的人机对话、交流,即使出错了,面对机器也不会有任何情感负担。

2.3.4 根据学习者个体特征进行资源适配

首先,推送个性化学习资源。智慧学习系统的核心功能之一就是针对学习者的个性化特征为其推荐最佳学习路径。智慧汉语学习系统的资源不仅丰富、优质,而且具有个性化特征。通过情境感知、数据挖掘等方法,精准识别、分析学习者的特征、偏好、风格,满足不同的学习需求,使汉语学习变得更加个性化,使学习资源更加贴合学习者的性格。比如:儿童喜欢熊猫,那么可以推送带熊猫卡通图片的词卡资源供用户学习,还可以推送《功夫熊猫》影片,让学习者在智慧学习系统里愉快学习,实现自然习得。

其次,通过 AI 诊断针对薄弱之处进行反复练习。在学习过程中,适配的学习资源对于学习者来说非常重要。智慧汉语学习系统能够基于大数据的科学分析,推送相关的学习资源,实现薄弱之处的反复练习。比如,系统通过 AI 诊断发现学习者发"r"时不太准确,那么系统会自动推送带"r"的拼音供学习者多多练习。

需要注意的是,趣味性的学习资源更适合儿童群体。我们的练习不是枯燥的、单一的,而是游戏化的、具有趣味性的,符合儿童的心理和行为特征。智慧学习系统坚持个性化与标准化的统一,不仅能够满足不同背景、不同水平、不同性格用户的学习需求,而且能够对学习者的学习过程全程跟踪、严格监督,AI 助教会对用户进行督学、提醒,防止过度娱乐化。

最后,师生匹配。系统根据教师教学擅长点与儿童性格特征、学习策略进行匹配,最大化保障师生高匹配度,促进师生情感联系,也能促进儿童长久的汉语学习。

2.3.5 学习评价可视、多元和智能

(1)录音—识别—评分

系统记录学习者的学习过程,将学习结果形成可视化的学习报告;还可以全程跟踪学习者的学习过程,并记录已掌握单词、句型个数,从而让学习更有成就感。

（2）动态记录学习过程，让评价变得智能化、多元化

在智慧汉语学习系统里，教师可以全面检测、追踪学习者的学习行为，包括作业批改、游戏诊断、人机对话过程、课堂问答记录、学生成果展示等，使得学习评价贯穿于整个学习过程，评价变得及时、有效，起着激励、调控、诊断、导向的作用。评价主体也走向多元化，智慧学习系统可以辅助师生进行互评，甚至家长、教学专家、华人华侨社区人员都可以参与到学习评价中来。

以上便是智慧汉语学习系统的功能介绍（见图1），接下来需要借助5G、人工智能、机器学习等智能技术来开发智慧学习系统，在未来，也要不断接受用户（教师、学习者）的反馈，不断优化系统功能，更好地为儿童线上汉语教学服务。

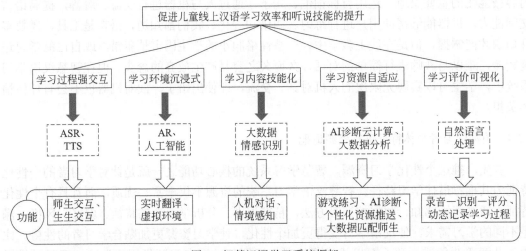

图1　智慧汉语学习系统框架

2.3.6　线上教学的劣势规避及应对策略

第一，技术人员尽量为线上教学"保驾护航"。不可避免的是，线上教学中必然会存在一些不可控因素，如网络卡顿、网速不畅、用户操作有误、学生端电脑配置低等，而我们的教学对象是儿童，需要家长在一旁陪护，辅助其操作。因此，在智慧学习系统中需要配备一定的技术人员，以在关键时刻起到"救援"作用，优化线上学习的体验感。

第二，音色识别。机器需要去识别是否是儿童自己的声音，而不是别人帮忙录进去的，因为儿童的自觉性可能不如成人，教师和学生时空分离，需要机器根据音色去进行更加精准的识别，以确保这是由学生本人完成的。

第三，师生间情感缺失。线上教学中，师生情感的缺失也是一个问题。因此，加强互动很关键。

2.3.7　下一步工作重点

第一，剖析儿童和成人线上汉语学习的差异之处。儿童这一群体与成人在学习时具有心理、行为、水平、策略等方方面面的差异，特别是在线上教学中，有些弊端还会放大，比如，儿童本来自主性就不够，在缺乏监控的状态下则更为凸显，这就需要我们尽力研制趣味性、吸引力强的学习资源。所以，智慧学习系统非常强调学习资源的配置作用。目前的

学习系统与汉语教学相结合的较少，更别提专门针对儿童群体的了，对于儿童的汉语教学研究，我们不应该忽视。

第二，引入专门为外国人学汉语而开发的声调纠正功能。声调纠正目前还只能依靠人工识别，已有的 TTS 和 ASR 技术还难以做到（这个问题已通过邮件向《TTS 和 ASR 技术在线上对外汉语听说课中的应用》一文的作者刘荣艳老师询问证实），未来还需要加强机器对用户音色、声调的识别，从而更好地辅助汉语教师进行听说教学，提高用户学习效率。

第三，围绕沉浸式理论深入剖析儿童线上汉语教学。在儿童线上汉语教学中，由于师生时空相距较远，学习者汉语接触时间短，语言的沉浸式力度不够，不利于儿童语言的习得。因此，需要深入挖掘沉浸式学习理论知识，助力儿童线上汉语教学的沉浸式体验感，打造沉浸感强的智慧学习系统。

3　结语

儿童线上汉语是目前广受关注但研究成果还不太丰富的领域，已有研究文献少，且集中于硕士学位论文中。利用互联网进行教学是未来教育的趋势，也是必然的发展方向。未来的教学是需要将技术和教学两者相结合的，让教学技术驱动线上汉语教学，只有这样才能发挥线上教学的最大优势。早在 2007 年，徐娟等就提出了要将信息技术与对外汉语教学相整合（徐娟、史艳岚，2007），然而技术与教学的完美结合还有待时日，现阶段的智慧学习系统在汉语教学界的成功应用还很少。

本文基于海外儿童线上汉语学习特征，提出构建儿童线上汉语智慧学习系统。只有以儿童为中心，深入剖析儿童线上汉语学习特点，才能为儿童汉语教学提供全方位个性化服务，为儿童构建适宜的线上汉语智慧学习系统，推进线上儿童汉语教学改革。

参考文献

[1] 李琼、杜敏. 年龄因素对外语教学的影响及对海外汉语教学的启示. 西安外国语大学学报，2014(03).
[2] 李泉. 汉语综合课的性质和特点探讨. 海外华文教育，2010(03).
[3] 李宇明. 海外汉语学习者低龄化的思考. 世界汉语教学，2018(03).
[4] 刘珣. 新一代对外汉语教材的展望——再谈汉语教材的编写原则. 世界汉语教学，1994(01).
[5] 罗庆铭. 谈对华裔儿童的华语教学. 世界汉语教学，1997(03).
[6] 仇鑫奕. 对外汉语教学初级阶段口语先行的思考. 海外华文教育，2006(02).
[7] 任恺. 关于计算机辅助对外汉语教学的新思考. 电脑知识与技术，2014(30).
[8] 徐娟、史艳岚. 论信息技术与对外汉语课程整合. 外语电化教学，2007(04).
[9] 张冰雪，李于翔，李霞. 基于云平台的智慧学习系统的设计与应用. 软件，2019(07).
[10] 祝智庭，贺斌. 智慧教育：教育信息化的新境界. 电化教育研究，2012(12).

教育数字化背景下"商务汉语阅读"混合式教学实践研究

郭凌云

首都经济贸易大学 国际学院 100026
yuntao99999@163.com

摘　要：商务汉语阅读课是经贸类专业来华留学生的必修课之一。数字技术的发展为商务汉语阅读课学习资源、学习模式、教学策略、学习场景、学生评估等的创新提供了更多的思路和手段。教师应在商务汉语文本阅读前、阅读中、阅读后，运用恰当的数字技术，采取支架式教学模式，促进学习者对于商务汉语语言图示、结构图示和内容图示的习得。融合数字技术进行线下、线上混合式商务汉语阅读教学，有助于促进学习者商务汉语知识和阅读技能的提升，有助于提高学习者自主探究的效度和深度。本文基于具体教学案例，探讨了数字技术在商务汉语阅读教学中的实际应用。

关键词：商务汉语；阅读教学；支架式教学法；线上、线下混合式教学

Research on Blended Teaching Practice of Business Chinese Reading under the Background of Digital Education

Guo Lingyun

School of International Education, Capital University of Economics and Business, 100026

Abstract: Business Chinese reading course is one of the compulsory courses for international students majoring in economics and trade studying in China. The development of digital technology has provided more ideas and means for innovating learning resources, learning modes, teaching strategies, learning scenarios, student evaluations, and other aspects of business Chinese reading courses. Teachers should use appropriate digital technology before, during, and after reading Business Chinese texts, and adopt a scaffolding teaching model to promote learners' acquisition of Business Chinese language illustrations, structural illustrations, and content illustrations. Integrating digital technology for offline and online mixed business Chinese reading teaching can help promote the improvement of learners' business Chinese knowledge and reading skills, and improve the validity and depth of learners' independent exploration. This article explores the practical application of digital technology in business Chinese reading teaching based on specific teaching cases.

Key words: business Chinese; reading teaching; scaffolding teaching method; online and offline blended teaching

0 引言

商务汉语阅读课是经贸类专业来华留学生的必修课之一，然而近年来传统的线下教学模式始终存在一些障碍，即学习内容的专业性、高难度与有限的课时之间的矛盾。商务汉语阅读课既要促进学习者通用汉语知识、商务汉语知识、商务知识的习得，又要促进学习者商务汉语阅读技巧和跨文化理解能力的提高。商务汉语阅读文本为以经贸类专业词语为核心的典雅书面语，理解与习得存在难度，而商务汉语阅读课课时有限，因为属于分技能课型，大多数学校课时安排仅为每周2～4课时，因此学习者在课堂学习中压力较大，容易产生焦虑情绪，影响学习效果；同时因时长有限，教师为了完成课堂教学任务，无法兼顾不同水平学习者的个性化学习需求，造成教学效果不尽如人意。

近年来，数字技术的发展为商务汉语阅读课学习资源、学习模式、教学策略、学习场景、学生评估等的创新提供了更多的思路和手段，数智化赋能国际中文教学已经成为全球范围的大势所趋。辛平（2019）认为，国内平台上投放的汉语教学慕课与线下课堂相结合，应该成为主要发展方向。李宇明（2020）认为，必须要把汉语教学资源汇聚起来，把现代教育技术及装备集中上去，适应5G技术和语言智能时代的要求，适应全球汉语教育智能化的要求。李泉（2020）认为，应该明确提出并努力践行"线下教学必须与线上教学相结合"的国际汉语教学原则。融合数字技术进行线下、线上混合式商务汉语阅读教学，有助于突破商务汉语教学发展瓶颈，促进学习者商务汉语知识和阅读技能的提升。

1 商务汉语阅读教学的相关理论与数字化应用

商务汉语阅读课与通用汉语阅读课存在明显差异：通用汉语阅读文本主要由现代汉语通用书面语构成，其内容多以普泛性记叙文、议论文、说明文为主，更为贴近学习者的日常生活；商务汉语阅读文本主要来自经贸类或综合类报刊，属于新闻语体，是以经贸类词汇为核心的庄典体书面语，具有很强的专业性，日常交际中并不常用。商务汉语阅读课有自身的特点，属于专门用途汉语教学（Chinese Language for Specific Purpose，CLSP），在知识上融通用汉语知识、商务汉语知识以及商务通识知识于一体，学习者在阅读中需综合运用通用汉语阅读能力、经贸类文章的阅读能力和跨文化理解能力，才能完成相应的阅读任务。

1.1 基于图示阅读理论进行商务汉语阅读数字化教学

根据现代图式阅读理论，学习者头脑中与阅读理解有关的认知图式可分为三大类：语言图式、结构图式和内容图式。语言图式指语音、字词、句式结构等语言本体方面的知识，也指学习者使用语言的能力；结构图式是关于语篇特征的知识，指对文章段落层次、词汇链接等的熟悉程度及对文章体裁、结构知识和类型特点的掌握等；内容图式指文本中蕴含的文化背景知识。在阅读过程中学习者在自我原有的图式基础上，通过大量认知活动，不断建构新的图示结构，最终实现对文本的理解和阅读能力的提升。

商务汉语阅读课的学习内容包括三个知识板块：商务汉语语言板块、商务新闻阅读知识和技巧板块、中国经济与国情知识板块。根据阅读图示理论，这三个板块的学习过程就是学习者建构相应的商务汉语语言图示、结构图示和内容图示的过程。沈庶英（2012）认为，商务汉语专业内容系统应包含三个方面：汉语、商务、文化。汉语是语言知识系统，包括通用及专用汉语的基本知识以及听、说、读、写、译各种技能。商务是专业知识系统，包括中国、世界以及中外交流等与商务相关的各种知识。文化是思想观念系统，包括渗透在汉语和商务知识中深层的中国传统文化和世界各国有影响的商务文化内涵、世界通行的规则以及影响人们思维和行为的观念。

通过商务汉语语言板块的学习，学习者进行商务汉语语言图示的建构，重点习得经济新闻报道中的重点词汇、句式的意义和用法，并进一步提高现代汉语书面语的阅读和表达能力。通过商务新闻阅读知识和技巧板块的学习，学习者进行商务汉语结构图示的建构，重点理解和掌握商务汉语语篇特征的相关知识以及商务汉语文本的结构知识和类型特点，掌握精读、泛读经济类新闻的阅读方法和技巧。通过中国经济与国情板块的学习，学习者进行商务汉语内容图示建构，理解和反思商务汉语文本中体现的中国经济生活的特点及其背后蕴含的中国国情文化特点，了解中国知名企业的发展历史和现状，中国知名企业家的创业经历和经营战略，中国传统商业发展史和老字号企业的现代发展，中国经济的发展历史、特点和现状以及中国新兴经济的特点和现状等内容。

教师应在商务汉语文本阅读前、阅读中、阅读后，运用恰当的数字技术，促进学习者对于商务汉语语言图示、结构图示和内容图示的习得。在阅读前阶段，教师可通过数字化的图画、视频、人机互动等引起学习者兴趣，激发学习者原有语言、文化和结构图示。在阅读中阶段，教师也可采用多种数字技术手段帮助学习者在头脑中建构相关的图示，比如在语言图示层面，教师可提供词汇资源包，提供关于商务文本中重点语词的多媒体展示。在结构图示层面，教师可利用多媒体技术介绍商务文本常见的语篇结构、逻辑顺序等，帮助学习者建构商务语篇知识体系。在内容图示层面，教师可借助数字技术介绍商务文本的背景信息，帮助学习者理解其经济和文化隐含义，实现跨文化理解。在阅读后阶段，教师可采用数字知识图谱或者思维导图等工具进行课程小结，使学习者对本课所学知识框架有更清醒的认知。同时教师还可以利用线上程序对学习者进行过程性评价，并进行生生评价及学生的自我评价。

1.2 基于支架式教学理论进行商务汉语阅读数字化教学

"支架式教学"理论是建构主义学者根据维果茨基的"最近发展区"理论提出的教学理论。所谓支架式教学是指，教师为学习者搭建不断向上攀缘的支架，从而帮助其完成对知识意义自我建构的教学模式。教师在进行教学活动前应首先对相对复杂的学习任务进行拆分，将其分解成彼此有关联且层层递进的学习模块，在每个模块提供相应的学习资源和辅导作为"支架"。学习者沿着"支架"在相应的教学情境内进行自主探索和学习，并进行协作学习，直至完成对整体复杂概念意义的建构。支架式教学的教学环节通常可分为五步：搭建支架、进入情境、独立探索、协作学习、效果评价。

在商务汉语阅读课的学习过程中，教师可以应用支架式教学理论，综合运用数字技术，促进学习者对商务汉语阅读相关知识和技能的习得。在搭建支架环节，教师可以让学习者在线上完成与商务阅读文本相关的预热活动，激活学习者原有的认知图示。在进入情境环节，教师可借助数字技术构建与课文相关的情境展示，帮助学习者更好地理解商务文本的相关内容并进行跨文化解读。教师还可以提供相关图片、音乐、电影、电视剧、网络素材等多媒体资源，帮助学习者进入相关情境。在独立探索环节，学习者应该在教师提供的各类支架的帮助下，自行阅读理解商务汉语文本的内容，并完成相关学习任务。比如，学习者在规定时间内阅读课文并在线完成相关学习任务，在线系统即时将学生答题情况反馈给教师，教师根据反馈对阅读文本的重点和难点进行讲解等。在协作学习环节，学习者以小组合作的方式就初步阅读成果进行讨论和输出，利用数字技术建构知识图谱，并进行学习成果展示。在效果评价环节，教师可利用数字技术采用多种方式对学习者的学习情况进行评价，比如记录学习者学习全程的相关学习轨迹、成绩，对学习者进行形成性评价等，还可以利用在线技术让学生之间进行匿名的生生评价，或者利用在线调查工具使学生自我评价和反思，从而促进学生强化学习目标，自觉应用学习策略，增强学习的成就感。

2 基于数字技术的商务汉语阅读线上、线下混合式教学实践研究

混合式教学理念自20世纪末之后受到各国研究者和教育者的重视，主要指为了实现相关教育目标，除了传统的线下课堂教学以外，综合运用网络课堂、在线平台等各种线上资源进行的混合式教学模式。

下面以《商贸汉语阅读与表达》（2013）课本中第7课课文《过低碳生活其实不难》为例，探索如何应用数字技术促进学习者商务汉语相关阅读知识的习得和能力技巧的提升。

2.1 搭建支架

课堂教学前，教师在线发布教学任务，激活学习者关于"低碳经济和绿色生活"相关的语言图示、形式图示和内容图示。具体活动包括两项。

其一，绿色小调查。教师通过"问卷星"在线发布调查问卷，学生需查阅资料在线完成选择题，主要包括以下问题（选项略）：
1. 以下哪些是二氧化碳过量排放给地球带来的危机？
2. 以下哪些是中国为节能减排采取的行动？
3. 以下哪些是清洁能源？
4. 以下哪种材质的衣服更为节能环保？
5. 以下哪种食物在生产运输过程中二氧化碳排放量较低？
6. 以下哪种住宅更为节能环保？
7. 以下哪些生活习惯可以减少二氧化碳的排放？
8. 以下哪种生活方式可以减少二氧化碳的排放？
9. 以下哪种出行方式可以减少二氧化碳的排放？

该调查问卷中蕴含本课要学的重点词语，学习者在做问卷调查的过程中，必须先了解这些词语、句子的意义，才能完成学习任务。因此，该任务有助于学习者完成课文中重点词语和概念的预习，并和他们的日常生活相联系，激活他们头脑中关于节能减排的语言图示、结构图示和内容图示。

其二，调查完成后，问卷星会对学习者的答题结果进行量化统计，根据该反馈结果，教师可以进一步确定相关重点和难点，在课堂教学中有针对性地进行辅导。

2.2 进入情境

课堂教学中，教师首先可以播放 2023 年中国参加在迪拜举行的第二十八届联合国气候变化大会的相关视频资料，同时展示相关数字和图片，帮助学生了解中国对世界气候治理和节能减排所做的贡献，以及全世界减排的最新现状和目标等。然后教师展示课前学生所做调查问卷的统计结果，要求学习者在此基础上，带着问题进入课文文本阅读，进一步寻找相关答案。

2.3 独立探索

教师发布课堂阅读任务，要求学习者在指定时间内阅读课文文本相关段落，并在"国际汉语教学云平台"上完成相关阅读任务。在该过程中，教师巡视课堂，随时解决学习者出现的各种问题。学习者完成相关阅读任务后，在线学习系统会直接对学习者的答题结果给出反馈并进行量化统计，教师在该统计的基础上，重点讲解学习者的重难点问题，结合图片、视频、动画等在线资源帮助学生理解相关内容，搭建知识图谱，建构相关词汇语义场，总结相关商务汉语阅读知识技巧，并结合相关问题进行讨论。

2.4 协作学习

本课的协作学习主要包括两个任务。

其一，学生者在课文阅读和理解的基础上，分小组评选"我们小组的低碳达人"，然后各小组向全班汇报评选结果并阐释原因，最后全班根据各小组汇报结果利用投票小程序选出"我们班的低碳达人"。

其二，在本堂课学习和讨论的基础上，以小组为单位制作"低碳生活宣传海报"，要求尽量利用本课所学语言，并注意语言的复杂性、多样性，最后在课堂上进行分组展示。在制作海报的过程中，学习者必须综合运用所学语言知识描述低碳生活的相关行为；在海报的创意、绘画、书写、版式设计等方面，还可以发挥不同学习者的专长和特点，增加他们的兴趣和参与感；同时"做中学"也有助于学习者更好地理解和内化所学知识。

2.5 效果评价

在上述"协作学习"的成果展示后，可以让学习者利用投票小程序评出本课的"最佳海报"设计，并说明投票原因。教师在课后借助学习平台，综合评价学习者本讲课程的整体表现和进步；同时学习者在线完成自我评价，侧重于对本堂课的学习策略、学习效果的元认知培养，促进学习者采用更为科学、积极的学习策略进行商务汉语阅读学习。

在教学后，要求学习者查阅各自国家节能减排的情况，并制作 PPT，下次上课时各自介绍自己国家关于减排的情况。

3 结语

数字技术赋能商务汉语阅读课，提供了更真实的语境和更富创新性的教学设计，有助于促进学习者从表层学习向深层学习迁移和转变，有助于培养学习者对学习的掌控力和自我调节力，有助于促进多种形式的同伴学习和小组合作，有助于教师将更为科学的量化及时反馈给学生，融入他们的学习周期，切实提高学习者的商务汉语知识和技能。数字技术在商务汉语阅读教学中具有广泛的应用前景，不仅可以用于某个班级的线下、线上混合式教学，也可以在更大范围内进行商务汉语在线阅读课程的推广，有很大的发展空间。

但是，教师也要对数字技术的应用保持一定的警惕和反思：第一，数字技术只是教学辅助手段，教学的核心仍是教师在了解学习者学习水平、学习能力、学习策略等情况的基础上，帮助学习者制定"最近发展区"目标并提供适合学习者的个性化学习内容和学习方式；第二，要警惕数字技术应用过程中对学习者造成的"技术不公平"现象，教师在设计混合式教学活动时要综合考虑学习者的家庭环境、教育背景、经济条件等，使每位学习者都能够在相对公平的环境中享受到数字化学习的便利和乐趣。

参考文献

[1] 李宇明. 新冠疫情对汉语国际教育的影响. 语言教学与研究，2020(04): 1.
[2] 李泉. 大变化、小思考：线上教学的一点启示. 语言教学与研究，2020(04): 6.
[3] 栾育青. 商务汉语阅读与表达. 北京：华语教学出版社. 2013.
[4] 沈庶英. 汉语国际教育视域下商务汉语教学改革探讨. 国家教育行政学院学报，2012(03): 55.
[5] 辛平. 教学理念视域下的对外汉语教学慕课分析. 高教学刊，2019(16): 9.

面向国际学生的实境直播式文化教学设计与应用[*]

朱晓睿[1] 李沛熹[2] 骆健飞[3]

[1] 华东师范大学 国际汉语文化学院 200062　[2,3] 北京语言大学 汉学与中国学学院 100083

[1] ecnu_zxr@qq.com　[2] 18227803158@163.com　[3] jluo@blcu.edu.cn

摘　要：本文以面向国际学生的文化教学为例，探讨了实境直播式文化教学模式的构建。该模式的理论基础为实境学习理论，其教学理念是情境真实、互动多元、教学团队配合、依托互联网技术等，其教学流程是"教学准备、实境直播式双师课堂、评价反馈"三阶段。该模式是利用数字技术对传统文化教学模式的优化升级，增强了文化内容的可视性和可理解性。本文还通过一个具体的教学案例，详细展示了教学模式的实施和应用，并针对实施过程提出有效经验，以期深化现代教育技术与文化教学的融合，促进数智化时代文化教学的转型升级。

关键词：实境直播；文化教学；教学设计；国际学生

Research on the Authentic Live Streaming Model of Cultural Teaching for International Students

Zhu Xiaorui[1]　Li Peixi[2]　Luo Jianfei[3]

[1] School of International Chinese Studies, East China Normal University, 200062

[2,3] College of Sinology and Chinese Studies, Beijing Language and Culture University, 100083

Abstract: This article discusses the construction of Authentic Live Streaming Model in cultural teaching for international students. The theoretical foundation of this model is authentic learning theory, and the teaching strategies consist of authentic situations, diverse interactions, collaborative teaching teams, leveraging internet technology and so on. The teaching process consists of three stages: "preparation, immersive live streaming dual-teacher classroom, and assessment feedback." This model optimizes and upgrades traditional cultural teaching methods through the use of digital technology, enhancing the visibility and comprehensibility of cultural content. The article also presents a specific teaching case to demonstrate the implementation and application of the teaching model, along with effective experiences gained during the implementation process. The aim is to deepen the integration of modern educational technology and cultural teaching, and promote the transformation and upgrading of cultural education in the era of digital intelligence.

Key words: authentic live streaming model of teaching; Chinese culture; teaching design; international students

---

[*] 本研究受北京语言大学国际中文教育建设重点项目"汉学与中国学的学科化建设与专业课程体系建设"（项目编号：GJGZ202338）及中国高等教育学会 2023 年度高等教育科学研究规划课题"国际学生中华传统文化教育路径研究"（项目编号：23LH0415）资助。

0 引言

在信息化时代，新一代科技革命和人工智能的发展不仅对教育产生了深远的影响，也推动了新型教学模式在国际中文教育领域的研究与应用。国际中文教育学科自诞生之日起便肩负着对来华留学生进行中国语言文字和中国文化教育的重任，如何推动中华文化传播，搭建不同文化友好交流的桥梁是国际中文教育的重要课题。如何在语言教学中有效地实施文化教学一直是汉语教学的一个重要研究课题和课堂实践难题（祖晓梅，2015）。党的二十大报告指出要"加快构建中国话语和中国叙事体系，讲好中国故事、传播好中国声音，展现可信、可爱、可敬的中国形象"。这为新时代推动中国文化传播提供了行动指南。相较于语言教学，文化教学更迫切地需要学生与目的语文化环境的"深接触"，与母语者进行丰富多元的交流互动。实地观摩式文化教学可以帮助学生通过实地体验感悟文化内涵，在文化传播效果上具有得天独厚的优势。但同时，组织学生实地考察需要消耗大量人力、物力、财力，且会打断课程进度，过多占用课程时间，因此在实际教学中难以经常性、大规模进行。数字技术的发展为文化教学创造了新的发展契机，留学生身处课堂便可以深入文化环境，因此，如何利用数字化技术，创新文化教学模式是当前亟须探讨的课题。

近年来，尤其是疫情期间，数字化、混合式的新型教学模式在国际中文教学中有大量实践。张瀛、王胜男（2022）探索了线上线下混合式写作教学模式。吴勇毅（2020）强调了互动在混合式课堂中的重要性，指出要将线上的知识学习与线下的实体课堂有机结合。相关研究还有韩秀娟、王涛（2019），尉亮（2022）等。在文化教学方面，越来越多的学者重视学生的文化体验，祖晓梅（2015）讨论了体验型文化教学模式的特点，体验型文化教学具有以学生为中心、以培养交际能力和跨文化意识为目标、以教学过程和任务为本的特点，具体分为感知文化、了解文化、理解文化、比较文化四个阶段。为提升学生的体验感，近年来涌现出一些在课堂上采用"虚拟现实""多模态"等技术的教学研究。吴勇毅、王婍璇（2023）将虚拟现实（VR）技术应用于文化教学，尝试构建"知识教学—沉浸体验—知识教学"交替循环的 VR 中华文化教学新模式。其他研究再如丁安琪（2021）探讨了实境直播模式在短期中文教学中的应用，该模式的理论基础是扬·哈灵顿（Jan Herrington）博士提出的实境学习理论，强调学习情境和学习任务的真实性，教师借助网络技术为学习者"创设仿真学习环境"，即所谓"认知真实"的学习环境，从而促进学习者解决真实的问题，完成自主探究的实境学习过程。该模式的教学策略是利用实境创设真实语境，使用直播方式来支持多元互动，借助团队提供学习支架，具有"情境的真实性""互动的多元性"和"实践的便利性"等优点，而文化教学正需要这种对文化情境"设身处地"的体验感与可推广性，这启发我们将实境直播应用于文化教学，用数字化技术助力文化教学。

1 实境直播式文化教学的理念与模式

实境直播式文化教学借助直播技术，将教室内的文化教学和教室外的实境教学相结合，打造双师课堂，课堂教师与课外助教相配合，借助直播技术为文化教学创设真实语境，为学习者和母语者提供丰富的交际机会，从而增强学习者对目的语文化的理解和感受。

1.1 实境直播式文化教学的理论基础

实境直播式文化教学的理论基础为实境学习理论，实境学习理论认为教学要置身于特定的情境，要使学习能够真正学有所用。该理论由扬·哈灵顿博士提出，强调学习情境和学习任务的真实性，她把实境学习的教学实践总结为设计学习任务、运用学习技术、创建学习制品、协作分享交流四个方面。课程学习要围绕一个或多个学习任务展开实践，在任务的创设和进行过程中，把技术工具作为认知工具整合到实境学习中，从而为学习者创建情境化的学习环境。

1.2 实境直播式文化教学模式

参考丁安琪（2021）的实境直播教学模式，实境直播式文化教学可以分为教学准备、双师课堂、评价反馈三阶段设计教学活动，如图1所示。

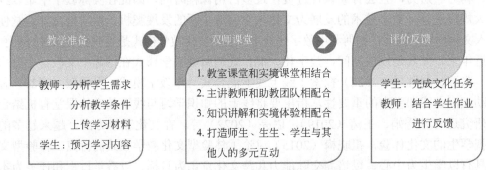

图1 实境直播式文化教学流程图

1.2.1 教学准备

在直播教学前，教学准备主要围绕分析教学条件、上传教学资源、预习语言知识展开。教学条件方面，网络技术人员、助教需提前对文化场地、网络情况等进行评估，提前协调沟通，保证课程顺利进行。此外，直播课前，教师需要制作并上传学习清单、文化微视频等学习资源，布置学习任务，引导学生自主学习，预习相关生词、语法点，观看视频了解文化知识。同时，如涉及较难的语言知识，教师可以提前安排知识讲解课程，对重难点进行针对性练习，从而帮助学生更好地进入文化情境，积极完成交际与文化任务。

1.2.2 双师课堂

本模式借助直播技术，打造双师课堂，分为教室内的文化课堂和教室外的实境课堂。主讲教师作为课堂主导者，在教室内展开线下教学，并与身处文化场地的助教团队相配合，打造立体化、实境化的双师课堂。文化教学围绕特定的文化主题进行设计，文化任务贯穿课堂始终，同时在文化任务中穿插多种交际任务，主讲教师在教室中进行文化教学，助教团队身处室外文化场景，通过直播为学生打造真实的情境，并创造丰富多元的交际互动，强调任务和情境的真实性、文化的可视性、互动的多元性。

1.2.3 评价反馈

课后,学生需要完成教师布置的文化任务,如制作相关文化视频等,在制作文化作品的过程中,教师要关注学生的协作过程,适时询问其任务进展,例如:你们目前遇到了什么问题?有什么解决方案?将会用什么方法解决问题?学生提交文化作品后,教师也要结合学生的完成情况进行反馈。同时,可以向助教、学生发放调查问卷,获得师生对课程的反馈建议,根据反馈灵活优化课程安排。

1.3 实境直播式文化教学的理念

1.3.1 借助网络直播,文化教学可视化、情境化

实境直播可以让学生身临其境地体验中国文化,提高学习兴趣和参与度。教师身处文化场所,结合实景实物介绍和诠释相关的文化知识,并通过网络直播技术与教室中以及线上的留学生共聚云端,完成文化知识的学习和体验。比如,教师身处北京故宫,站在巍峨雄伟的故宫建筑前,借助建筑雕刻上随处可见的龙、凤图腾,向学生介绍古代中国历史以及背后的文化内涵。这种教师身处文化情境下的直观授课,是课堂环境下通过课本、教师的讲解无法相比的。文化景观区的一草一木,近处的摆设和远处的建筑,都是教师信手拈来的文化资源。

1.3.2 营造多元互动,真实交际融入文化教学

语言是文化的载体,文化教学同样离不开语言教学。在直播文化活动的同时,必然贯穿着多种交际活动。例如,在北京胡同向国际学生展示北京人真实的生活场景。其间,教师可以根据不同的语言水平设置多种交际活动,向留学生呈现真实语境下自然的交际,同时创造机会让学生与其他人进行交际活动,例如向路人问路、向路人打招呼、购买商品等,从而把文化任务和语言交际任务巧妙融合起来。在文化课堂中,教师要尽可能多地创设多元互动,包括师生、生生、学生与路人等多样化实时互动,从而增强学生的语言输出,让学生参与真实的语言交际,感受原汁原味的中国。

1.3.3 依托互联网平台,构建立体化文化教学模式

实境直播课和传统的知识讲解性课程相结合,教师可以在直播课程前,设置专门的知识性课程,讲解本节课涉及的语言项目,并带领学生预习文化难点,从而提升学生直播课程的参与度和接受度。知识讲解课程也可以由线上微课或其他教学材料替代,充分利用线上文化资源,在课前、课后阶段,教师应及时上传与本课教学内容相关的微课、课件、练习等丰富多样的教学资源,帮助学生更好地预习、参与、回顾课程,全方位、立体化、多层次地展开文化教学。

1.3.4 借助互联网技术,减少成本易推广

李泉、孙莹(2023)指出,文化种类与形态的多样性和文化内涵的依附性,决定了文化教学的内容和方式方法应多元化。因此文化教学需要走向实物化与可视化,从单一的文

化讲解走向生动的文化体验。但实地化的文化教学需要消耗大量人力、资金和时间，打乱正常的教学安排，往往一学期只能组织一两次文化参观活动。而教师从课堂移步至文化场景，借助网络直播的方式不仅让学生有生动的文化体验，又节约了时间和物质成本，是数字化技术在文化教学中的探索应用。

1.3.5 依靠教学团队，协助推动教学

与在教室进行的传统文化教学相比，实境直播式文化教学需要依靠教学团队的协助，教师团队包括主讲教师、网络技术人员、助教老师等。其中，主讲教师负责在教室内把控课堂，在直播出现突发状况时及时接管课堂、灵活处理。网络技术人员负责直播网络的畅通，一位室外助教负责实境直播讲解，还需要有助教负责课前、课中的协调工作，并在直播时配合实境直播呈现相关知识点，例如在聊天室里呈现相关文字和拼音。教师团队各司其职，是实境直播文化课堂高效推进的关键所在。

2 实境直播式文化教学案例——以"走进魔都上海"为例

设计实境直播教学课堂，首先需要综合考虑多方面因素，选择相应的文化教学资源，尤其要注意文化内容与周边生活紧密贴合，与课程学习内容息息相关，与学生的汉语水平等级挂钩等。通过可感知的文化符号，为学生营造更具象的文化教学情境，以达到学生与目的语文化环境"深接触"的目的。下面，我们以"走进魔都上海"的文化课为例进行介绍。课程主题为"了解上海的经济发展与人们的生活现状，理解和感受海派文化"，直播地点选定"魔都"上海，教学对象是北京某高校高级水平的汉语学习者。通过实境直播式文化教学，带领学生领略中国金融中心上海的发展现状与文化内涵。本次课程分为三个板块：课前准备、课中双师课堂和课后评价反馈。

2.1 课前准备

课前准备主要围绕实地走访、提前确定互动对象及互动话题、准备教学材料等方面展开。

实地走访：对直播地进行实地调查走访，以确认文化点讲解场所及切换顺序，并提前思考学生互动对象的选择。在本次文化课前，教师对上海外滩、万国建筑群及周围环境进行实地走访。首先，确定"上海外滩"作为第一个实境直播的场所，考虑到室内信号更加稳定，方便学习者与"互动对象"更好地交流，因此选取外滩沿街咖啡店作为第二个实境直播的场所，选取的咖啡店位于万国建筑群，可以展现海派建筑风格以及都市休闲生活。其次，确定在每个直播地要讲解或交流的文化话题，如"陆家嘴""万国建筑群""海派文化"等，并计算好场景转换过程要耗费的时间。

提前确定互动对象及互动话题：实境直播需要为学生提供更多与他人互动交流的机会，从而让学生更了解目的语文化，但是如果在直播过程中临时选择路人与学生交流，变数较大，容易出现意外，干扰课程进展，因此助教老师需要在课前寻找并确定互动对象，提前确定互动的时间及大致内容。在本次课程前，助教与两位在上海生活的中外友人进行沟通，邀请他们作为嘉宾与学生们展开深入交流。其中一位是在上海工作的中国女生，另一位是在上海高校学习的印度尼西亚留学生，互动围绕在上海的工作、学习和生活情况展开。

准备教学材料：制作并上传教学材料，引导学生自主学习。需要准备的教学材料包括生词卡片、文化短视频、学习任务单等。根据教学内容准备纸质版生词卡片及学习任务单。学习任务单包括生词、语法点及文化背景知识，如外滩、海派文化等生词，外滩的历史等文化背景知识。另外，直播场景转换时由教室中的主讲教师讲解填补空缺，从而高效利用课堂时间，主要围绕上海的历史及发展现状展开，因此助教课前需要提前拍摄并制作"文化短视频"为学生补充背景知识，视频时长约 5 分钟。教学材料制作完毕后，教师需要提前 3 天上传教学材料，学习者根据教师的任务单提前进行课前预习。

2.2 课中双师课堂

课程需要线下课堂和实境课堂相配合，文化知识的讲解、多元互动和实境体验相结合，让学生与教师、助教及其他互动对象实现高效交流，拉近学生与当地文化符号的距离，让学生在课堂的每一个环节中都有新鲜的体验。主讲教师首先进行课堂导入，借助"中国人觉得生活幸福感较高的城市"这一话题与学生展开交流，将话题引入"中国的经济中心——上海"。实境直播围绕四个板块展开，分别是：外滩的周边环境、上海的历史及发展现状、海派文化的内涵及与京派文化的比较、人们在上海的生活。

第一板块，助教身处外滩，进行约 15 分钟的实境展示和讲解。助教团队通过镜头展示外滩的周边环境，包括陆家嘴的高楼大厦、东方明珠、万国建筑群，并介绍外滩的建筑特色和文化内涵。第二板块，主讲教师围绕上海的历史及发展现状展开约 10 分钟的讲解，在主讲教师讲解过程中，助教们进行直播场景转换。教师结合课前制作的文化短视频，向学生们介绍上海的历史变迁及发展现状，包括上海的租界历史、上海在中国的经济地位等。第三、第四板块在外滩附近的沿街咖啡馆进行，咖啡馆位于万国建筑群，可以直播展示海派建筑的建筑风格以及上海的咖啡文化。在该环节中，助教邀请两位在上海工作、学习的中外嘉宾与学生们展开深入交流。第三板块约 20 分钟，助教讲解海派文化的内涵和表现，围绕以下问题展开：海派文化是什么？海派文化的起源和发展背景是什么？海派文化在精神内涵、建筑风格、人们的生活方式、社交礼仪等方面有何表现？除此之外，引导学生将海派文化和学生们更为熟悉的京派文化进行对比，包括饮食文化、建筑风格、社交礼仪等方面，在对比中帮助学生深入理解和感受海派文化。第四板块约 20 分钟，学生们和两位中外友人围绕"在上海的生活体验"展开深入交流，如休闲娱乐、交通出行、生活成本等方面，以下为学生与路人的部分互动内容：

（1）学生 A：请问您为什么选择来上海留学？

嘉宾 A：我来上海留学是因为上海是中国最国际化的城市之一，拥有丰富的学术资源和职业机会，在上海读研可以接触到很多实习机会，比如国际学校、跨国公司等等……

（2）学生 B：上海的生活成本很高吗？和你们的家乡相比差别大吗？

嘉宾 B：生活成本比较高，最贵的是租房花销，租金和北京差不多，我和其他人合租，租一个卧室每月大概 3000 元……

课堂互动中，教师对于嘉宾们给出的回答要及时总结或解释，帮助学生理解，从而提高交流的流畅度与互动性。

2.3 课后评价反馈

教师布置文化任务，以巩固学生对所学内容的理解和掌握。文化任务可以为"要求学生撰写一篇上海外滩的导游词"或者"让学生制作一份在中国旅行时的 vlog"，在体验中华文化的同时，记录旅行的生活，教师针对学生作业及时给予反馈和指导。此外，教师团队在课后发放调查问卷，收集学生对文化课程的评价反馈，以便未来改进。

3 实境直播式文化教学的思考和建议

实境直播作为一种较为新颖的教学模式，在具体操作及实际应用中需要教师不断积累经验，从而优化教学。回收学生的课程评价与反馈，是教师了解学生诉求、改进教学设计的重要手段。本次课程结束后我们收集了学生的反馈评价，调查显示：各方反馈良好，对课程的评价较高。这从留学生的开放性反馈可以看出（保持原貌，对于语言偏误未作修改）：

（3）学生1：这上课办法真是很好的方式。学期的期间，学生们去旅游是很难的。但是助教老师代替学生们去（不同）地方，然后说明和展示，这就是非常感谢的事情。还有不是通过照片或者文字，而是通过视频了解。因此更容易了解。我真喜欢这种上课方式。

（4）学生2：对本次课程，我觉得课堂气氛活跃，主持人与学生互动，课程内容实用、简单、清晰。助教团队补充介绍"关于上海的现状与历史"非常有用。对于课程内容来说，我很满意。

（5）学生3：沟通很舒畅，和学生们的互动也没问题。而且没有什么网络上的问题，所以我觉得完全没有需要建议，很喜欢直播课堂的很新鲜的教育方式。

结合学生们的评价可以看出，实境直播课式文化教学在形式新颖、多元互动、课堂气氛活跃方面得到了学生们的较多好评。同时，在其实际应用中，仍应注意避免可能出现的问题。以下是关于实境直播式文化教学的相关建议和思考。

首先，应该高效搭配实境直播式文化教学和传统教学，搭配应有效、经济、适配。吴勇毅、王婍璇（2023）在VR沉浸体验中指出，沉浸体验不宜过多，避免增加额外的认知负担。在实境直播式教学的应用过程中，教师要注意和传统教学的搭配组合，如果过度使用现代教育技术，每节文化课都采用实境直播式教学，放弃传统教学，一方面实施难度较大，另一方面可能会导致线上资源过多，增加学生的认知负担，干扰教师的知识传授。因此，教师可以采用传统教学和实境教学相结合的方式，譬如某一文化主题采用3次传统教学、1次实境教学的"3+1"组合形式。

其次，教师需要充分考虑直播中的转场时间、线上线下的紧密配合、互动对象的选择、直播场所的选择等具体实施中的各种细节问题。实境直播式教学形式灵活、互动性高，这既丰富了学生的沉浸体验，让课堂变得更加生动灵活，同时又对教师团队提出了更高的要求。在具体实施中，教师要提前进行周密的教学设计和安排，例如：教师需要提前计算转场时间，填补其他内容以高效利用课程时间；提前确定文化场所是否可以直播以及网络信号、周边环境是否利于直播；在直播前与互动对象进行沟通，保证课堂互动的顺利开展等。

4 总结

本研究立足于实境学习理论，探讨实境直播式文化教学的设计与应用。实境直播式文化教学是一种可以借助新媒体技术，直接、真实地呈现传统文化，从而为学生带来真实感与参与感的一种文化教学方式。我们从教学模式、理念、流程等方面进行阐释，并以"走进魔都上海"的实境直播作为教学案例进行说明。本文归纳了实境直播式文化教学的特点，并提出关注搭配的高效性、经济性，在实际应用中关注细节、周密设计、灵活调整等建议，以期深化现代教育技术与文化教学的融合，促进中华文化教学的发展，以适应数智时代国际中文教学的新挑战、新机遇。

参考文献

[1] 丁安琪，王维群. 实境直播短期中文教学模式的构建与实践研究. 国际汉语教学研究，2021(04).
[2] 韩秀娟，王涛. 混合教学模式下的视听说教学设计——以新型视听说教材《中国微镜头》为例. 国际汉语教学研究，2019(03).
[3] 李泉，孙莹. 中国文化教学的新思路：内容当地化、方法故事化. 语言文字应用，2023(02).
[4] 尉亮. "SP+BOPPS+S"线上线下混合式教学模式的创新实践与应用——以对外汉语教学设计与管理课程为例. 现代职业教育，2022(38).
[5] 吴忭，蔡慧英. 实境学习：让学习在学习者的手中和脑中同时发生——访澳大利亚莫道克大学教授扬·哈灵顿博士. 现代远程教育研究，2015(05).
[6] 吴勇毅，王婍璇. 基于语义波理论的VR多模态中华文化教学模式探究. 云南师范大学学报(对外汉语教学与研究版)，2023(02).
[7] 吴勇毅. 互动：语言学习的关键——新冠疫情下汉语教学面临的挑战. 李宇明等."新冠疫情下的汉语国际教育：挑战与对策"大家谈(上)，语言教学与研究，2020(04).
[8] 张瀛，王胜男. 混合式教学模式在对外汉语中级写作教学中的实践应用. 国际中文教育研究，2022(02).
[9] 祖晓梅. 体验型文化教学的模式和方法. 国际汉语教学研究，2015(03).

国情融入式视听说课教学设计*

于淼[1] 王磊[2]

[1] 北京语言大学 国际中文教育研究院 100083 [2] 北京语言大学 汉学与中国学学院 100083
[1] yumiao@blcu.edu.cn [2] wanglei2008@blcu.edu.cn

摘 要：国际学生教育教学工作不仅要重视语言技能训练和交际能力提升，还要强化中国国情理解，培养知华、友华的国际交流人士。国情融入式视听说课教学设计以此为目标，依托慕课平台，开展翻转课堂教学。慕课平台呈现教学材料，学生课前自主学习；课上针对学生自学情况，重点训练听力微技能，同时讲解国情元素，并以此为主题，训练学生口头表达能力；课后要求学生进行中外对比，并准备口头报告。教学实验结果显示，基于慕课的国情融入式教学设计能够提高学生的语言听说能力和国情理解水平。

关键词：中国国情；汉语视听说课；翻转课堂；教学设计

The Teaching Design of Listening and Speaking Class Integrated with China National Conditions

Yu Miao[1] Wang Lei[2]

[1] Research Institute of International Chinese Language Education, Beijing Language and Culture University, 100083
[2] College of Sinology and Chinese Studies, Beijing Language and Culture University, 100083

Abstract: The education and teaching of international students should not only emphasize language skill training and the enhancement of communication abilities but also strengthen the understanding of China's national conditions. This approach aims to foster international communicators who are knowledgeable and friendly towards China. In order to achieve this, we have designed the audio-visual-oral course, which is based on the MOOC platform and implements a flipped classroom teaching model. The MOOC platform presents the teaching materials for students before class. During the class, based on their self-study, the focus is on training listening micro-skills and explaining China's national conditions, which serve as themes for practicing students' oral expression abilities. After class, students are required to conduct comparisons between China and their own countries and prepare oral reports. The results of teaching experiments indicate that the national condition-integrated instructional design based on MOOCs can improve students' language listening and speaking abilities as well as their understanding of China's national conditions.

Key words: China's national conditions; Chinese audio-visual-oral course; flipped classroom; teaching design

---

* 本项目受 2024 年北京语言大学国际中文教育建设一般项目资助，项目编号为 GJG202352。

1 研究背景

1.1 新时代教育技术的发展

新冠疫情的全球大流行加速了国际中文课堂与虚拟网络的结合。一线教师借助现代教育技术手段，开展了丰富多样的线上教学实践。在经历了在线直播、视频会议、录播、直播录播相结合等多种形式的线上中文教学实践后，国际中文教育领域的师生逐渐意识到网络平台对中文学习的重要辅助作用及其独一无二的优势。北语慕课正是在这种历史背景下专门开发建设的。它为教师录制的视频、制作的课件、设计的练习等教学材料提供了存储和展示的平台，为学生课前预习、课上学习、课后复习等提供了学习平台，同时为师生互动、小组合作以及学生个性化表达等提供了交流平台。它能够充分发挥学生在学习活动中的中心地位和教学过程中的主体作用，也能够激发教师更多地为学生提供指导、支持和服务。在北语慕课的支撑下，翻转课堂教学模式具备了现实条件下的可操作性，尤其是针对视听说课这种语言输入与输出相结合的课程，输入性材料可以按计划转移到课堂教学之前，输出性活动可以在课堂上充分展开，从而发挥翻转课堂的优势。

1.2 国情教育融入汉语视听说课的可行性

国情教育的内容在表述和说明的过程中所用的词汇和语法具有一定的难度和复杂度。一般而言，只有具备了较高的汉语水平，才能更加明确地理解国情教育内容，感受当代中国发展现状。高级阶段留学生大多通过了 HSK 五级，汉语听、说、读、写各项技能较强。针对高级阶段留学生，将国情教育内容融入视听材料，语言输入后就该内容进行口语讨论，听说结合，学生既能听懂相关内容又能进行主题表达，对其开展国情教育具有实际操作性。

高级阶段的留学生在既往学习过程中，大多参与过有关中国国情和文化的课程、讲座或社会实践，对中国文化、人文地理、社会现状和经济发展等方面已有所了解，基本架构起了相关的背景图示。国情教育内容既是对既往学习的提炼和升华，又进一步从中国发展道路和中国人文价值观念等方面具体介绍当代中国的发展现状。针对高级阶段留学生，在其学习积累的基础上开展国情教育具有阶段持续性。

另外，高级阶段留学生不再满足于单一的语言学习，需要运用以内容为导向的语言学习方式，使其在理解内容的同时，强化语言学习，提高听说能力。国情教育的内容能够展现当代中国的风采和特色，具有较强的时代性，能够满足留学生在华学习的需求（邢瑞雪，2021）。同时，高级阶段留学生有着较强的继续学习汉语的意愿，而且日后从事与汉语相关工作的概率较大，大多数学习者会选择翻译、外交、经贸、汉学研究以及本土中文教师等工作。对这部分留学生来说，学习汉语的一个实用性目的就是了解中国，为将来的工作奠定基础。因此，针对高级阶段留学生，在满足其语言学习需求的同时，开展国情教育具有客观必要性。

2 国情融入式教学设计的指导思想

2.1 翻转课堂教学理念

翻转课堂翻转了传统课堂的教学流程和教学结构，使得知识传授和知识内化在时间和方式上都发生了变化。美国富兰克林学院的 Robert Talbert（2012）总结出翻转课堂的两个重要实施环节：课前，教师要求学生在家里学习教学材料，完成少量的针对性练习，实现知识的传授过程；课上，教师对学生进行测评，通过反馈、研讨、总结等课堂活动帮助学生实现知识的内化。由此可见，课前学习环节承接知识传授的任务，但在此过程中，教师和学生在空间上处于分离的状态，教师不易对学生的学习进行及时监控、帮助和反馈。因此教师给学生的学习材料就变得更加重要，学习材料能否吸引学生，能否简单易懂、深入浅出地讲解知识点，成为影响翻转课堂成功与否的关键因素。

2.2 语言、文化与国情相结合的教学理念

学界提出应重视语言文化相结合的教学理念，以文化教学的需要及语用文化的有效分布来规范和设计语言教学的路径及教学资源的取舍（柳建安、闵淑辉、廖凯，2022）。国际中文教育的教学对象决定了国情教育不能简单直塞，而要注重与语言、文化的深度融合。留学生来自海外，从小接受的教育与中国人存在差异，对于中国国情教育内容的理解和接受需要一个过程，甚至在其理解的同时也会保留个人的想法和认识。因此，对于留学生，不能简单灌输，强制传授国情教育内容，这样做容易适得其反，让他们产生抵触心理。国情教育应该与教学内容有机结合，具体而微，见微知著，同时对来自不同政治、文化背景和年龄阶段的留学生，有针对性地结合其文化特征、兴趣爱好等，使用多种教学方式，增强师生互动，使被动学习变为主动学习（陈彬彬、高中桥、董冬栋，2020）。

汉语视听说课的性质和特点决定了国情教育不能占据过大比例。从根本上讲，它是语言课，教学目标是提高学生汉语听说技能，并且提升其汉语综合运用能力。国情教育是依附于语言训练和技能练习而开展的，不能喧宾夺主，而应该将其作为语言训练、技能练习和语感发展的实践内容，视听材料可以蕴含国情知识，口头训练可以结合国情元素，语言学习与国情教育深度融合，构成课程教学的新内容与新模式。

综上所述，国情融入式视听说课的教学设计应该以教材为根本、视听材料为切入点、口语表达与互动理解为核心、中外对比与突出中国特色为途径，培养新时代知华、友华的国际交流人士，拓宽国际交流渠道，提升国家形象。

3 教学流程与案例介绍

3.1 教学安排

汉语视听说课是输入和输出相结合的课型。输入部分和输出部分可以分别安排在翻转课堂的两个环节：视听材料的输入与理解可以通过北语慕课平台呈现，针对材料中国情元素的话题讨论和个性化表达可以在课堂教学中进行。因此我们基于教材，设计了新的教学组织流程，将国情教育与语言教学有机结合起来，把具有国情思政和社会发展成果的内容作为课堂教学活动中的讨论热点，构建了课前准备、课上理解、课堂表达和中外对比、课后反思及口头报告的课内外相衔接的教学模式。通过这样的安排，课前将知识性信息提供给学生，使学生完成自学；在课堂教学中以信息引导型问题来检测学生的学习情况，然后当堂解决学生的学习问题，实现个性化教学；再请学生结合自身的理解以及来到中国的亲

身经历等介绍与所学内容相关的体验,从而增强该门课程的互动性;最后教师进行查漏补缺和知识总结,以强化学习效果。

3.2 教学案例

厘清了国情融入式汉语视听说课教学设计的研究背景、指导思想和教学流程之后,下面以《学生创业》一课为例,介绍具体的教学组织过程。该课主要介绍了大学生创业的经历,并引导学生谈论创业的机遇与挑战,思考创新与实践等。我们将此作为国情教育切入点,进行了如下操作:

第一步:学生登录慕课平台,自学词汇以及有关创业的视听材料。

第二步:课堂教学时,教师通过提问检查学生对视听材料的理解程度。

第三步:播放视听材料,回顾课文内容,使学生进一步了解文中对创业过程和挑战的看法;对重点词句进行讲解;完成相关练习。

第四步:师生讨论国情话题,通过提问和答题,了解学生对创业的兴趣和相关国家政策的认识,引导学生从个人角度讨论创业的利弊。

第五步:小组活动,学生在小组内分享各自国家的创业政策和案例,进行文化对比和体验分享,进一步加深对所学内容的理解。

第六步:播放影视剧《创业时代》片段。

第七步:教师提问,检查学生对视频的理解情况,引出"不负韶华、为梦想奋斗"的精神。

第八步:引导学生讨论中国梦对当代中国经济、社会发展的积极意义。

第九步:请学生调查中国朋友的梦想,并进行中外对比,准备口头报告。

第十步:下次课上请学生进行口头报告。

通过以上十个教学步骤,完成课文理解、课堂讨论、视频学习、跨文化对比和观点表述等多个环节。课前的自主学习为学生课堂讨论奠定了基础,有效节省了课上的时间;课堂检查和讲解弥补了学生自学的不足,发挥了教师的引导作用;课堂讨论结合课文内容拓展至国情教育,引导留学生更深入地理解中国国情,并进行国际比较,从而激发学生的表达欲望,提升其口语表达能力。

4 教学实验及效果

教学设计完成后,我们面向高级水平留学生开展了汉语视听说课的教学实验。在实验开始前,与学生进行了充分的沟通,确认他们具备必要的技术条件,并介绍了课程安排、教材体例以及课前自学和课后报告的要求。共有16名学生同意参与实验,并表示愿意积极配合。

4.1 实验步骤

教学实验的准备阶段。在这一阶段当中,完成了以下工作:(1)将新编教材打印制册,以满足教学要求。(2)根据确定的教学内容,制作了相应的教学课件、测试试卷和口头报告规范。(3) 制订了教学计划和进度，明确期中和期末考试要求。

教学实验的实施阶段。在这一阶段当中，完成了以下工作：(1) 利用网络教学资源，实现信息化教学。基于北语慕课，建立班级网络学习平台，引导学生通过手机或电脑注册并参与课程学习。(2) 规范教学程序，提高学生学习主动性。要求学生在课前完成网络平台上的自学内容，教师通过平台反馈的数据进行有针对性的指导，提高学习效率。课堂上，教师以问题为导向，检查学生自学情况，重点进行听力训练、口语表达以及国情元素的理解与应用。(3) 改变测评方式，将知识水平和听说能力考查相结合。听力测试以所学主题为纲组织语料命题，口语部分结合国情元素进行主题报告，学生介绍对某一主题的理解并对比本国国情，报告结束后教师和同学进行提问。

4.2 实验效果

一个学期的教学实验从准备到实施进展顺利，实验设计的相关环节全部完成。教学取得了较为理想的实验效果，具体包括以下几个方面。

(1) 学生出勤情况优秀

在教学实验实施的这个学期中，学生出勤率保持在90%以上，缺勤的学生也会主动请假，对于缺勤表示遗憾，并通过网络平台自行学习，以跟上课程进度。

(2) 教学形式多样，学生接受能力增强

在现代教育技术的支持下，教学实验过程中除了利用课件以外，还引入了各类与国情教育内容相关的视频资源，比如《航拍中国》《故事里的中国》等，帮助学生全方位、多角度地了解当代中国发展现状及理念，使其汉语听说能力得以进一步加强，学习效果得以提升。

(3) 线下（课上）学习积极性增强

教学实验的过程中，学生有了线上自学的基础，课上学习以集体视听训练和小组口语讨论为主，学生结合自己在中国的经历，联系实际介绍所见所闻，并表达个人体会和感受。学生参与课堂学习的积极性大幅提升，课上开口率提高，使得课程改变了以教师为主的传统授课模式。

(4) 线上（课下）学习效率提高

学生利用北语慕课平台，通过自学教师推送的课件，提前了解课上要学习的国情内容，课上课下学习有效衔接，使课程有了延展性，充分发挥了课余时间和自学能力的积极作用。学习平台也可以引导学生查漏补缺，检查学习效果，使线上学习达成更高的学习目标。

(5) 学生评价较好

教学实验结束时对学生做了访谈，了解学生对教学的看法。学生普遍认为线上学习有利于提前了解教学主题，课上听力内容提供了口语表达的素材，观看视频提高了理解率，增强了课堂趣味性，激发了到中国各地实地了解的愿望，具体见表1。

(6) 学生考试成绩良好

在教学实验结束时进行了听力测试和口语测试。听力测试的平均成绩为85.8分，达到优秀水平；口语测试中，学生选择一个城市，介绍社会发展情况和当地经济、人文特色，并重点说明自己的所见所闻和所感所想。学生的报告内容丰富，语言准确，口头表达能力较强。

表 1　学生访谈结果的归纳

编号	意见	占比/人数
1	线上学习有利于提前了解教学内容主题，使得学习更深入，自学效果好	87.5%/14 人
2	课上听力内容为口语表达提供了材料和可供参考的样例，口语讨论充分，有话可说，能够与同学分享自身的感受，增强了课堂教学的趣味性	93.8%/15 人
3	在线上学习的基础上观看视频，能够提高理解率，很有成就感，并且加深了对中国的了解	100%/16 人
4	视频和课件中的图片以及听力材料中介绍的内容，加上同学们分享的见闻和感受激发了学生到中国各地走一走、看一看，实地了解中国的愿望	75.0%/12 人
5	通过对比中外的发展现状和治国理念，认识到国际多元化发展趋势和中国发展道路的特色	81.3%/13 人

5　结语

"培养什么人，怎样培养人，为谁培养人"是教育的根本问题。国际学生是高校学生群体的重要组成部分，针对国际学生的教育教学工作不仅要重视语言技能训练和交际能力提升，还应该强化他们对中国，尤其是新时代中国经济社会发展现状的了解，在此基础上培养国际学生成长为理解中国、知华友华的国际交流人士。在这一目标的驱动下，本研究设计了国情融入式视听说课教学，并依托慕课平台，采用翻转课堂教学模式，将部分学习材料呈现在平台上，要求学生课前自主学习；课上根据自学情况，有针对性地解决问题，进行专项训练，通过生动鲜活的实例说明教材中的国情元素，在此基础上，引导学生结合来华经历和所见所闻进行分组讨论；课后引导学生针对所学的国情元素进行中外对比，完成口头报告。

教学实验证明：基于慕课的国情融入式高级视听说课在提高留学生汉语语言技能和学习兴趣等方面都取得了显著效果，加强了他们对当代中国国情的理解。这种教学设计在面向国际学生的语言课程中具有示范作用和推广价值。未来研究可以进一步探索如何更有效地结合国情教育与语言教学，优化教学设计，提高教学效果。

参考文献

[1] Robert Talbert. Inverting the Linear Algebra Classroom. http://prezi.com/dz0rbkpy6tam/inverting-the-linear-algebra-classroom, 2012.

[2] 陈彬彬, 高中桥, 董冬栋. "一带一路"背景下留学生的思想政治教育现状分析——以海南高校为例. 智库时代, 2020(02).

[3] 柳建安, 闵淑辉, 廖凯. 专业课课程思政教学评价体系构建的研究. 黑龙江教育(高教研究与评估), 2022(01).

[4] 邢瑞雪. 来华留学生"中国文化"课程思政教学设计与研究——以挖掘课程思政元素为例. 北京印刷学院学报, 2021(08).

数字化背景下 SPOC 教学模式在国际中文教学中的路径探究

刘宇辰

东北财经大学 国际教育学院 116025
liuyuchen_168@163.com

摘 要：随着科技的不断发展，当今中国已经进入数字化时代，中共中央、国务院发布的《数字中国建设整体布局规划》进一步强调了数字化发展在推动中国式现代化和国家竞争新优势方面的重要性。在教育领域，数字化时代带来了"互联网+教育"的理念，推动了线上教育的蓬勃发展。本文首先介绍了 SPOC 教学模式的内涵，指出 SPOC 模式以小规模、私有化、线上线下结合为特点，弥补了传统 MOOC 教学模式的不足，更加贴近学生的实际需求，提高了教学效果。其次从 5W 传播模式的角度探究了 SPOC 教学模式的优势，分析该模式在传播者、传播渠道、受众、传播内容以及传播效果五方面的表现。最后，探究该模式在国际中文教学中的应用路径，提出了课前准备、课中教学和课后评估等方面的具体策略，并呼吁教育界在数字化时代不断创新教学模式，以更好地适应时代发展的需要，推动国际中文教育的数字化进程。

关键词：SPOC；数字化；教学模式；国际中文教学

Exploring the Path of SPOC Teaching Model in International Chinese Education under the Digital Context

Liu Yuchen

School of International Education, Dongbei University of Finance and Economics, 116025

Abstract: With the continuous development of technology, China has entered the digital age. The "Overall Layout Plan for Building a Digital China" issued by the Central Committee of the Communist Party of China and the State Council further emphasizes the importance of digital development in promoting China's modernization and new advantages in national competition. In the field of education, the digital age has brought about the concept of "Internet + Education", promoting the vigorous development of online education. This paper firstly introduces the connotation of the SPOC teaching model, pointing out that the SPOC model, characterized by small scale, privatization, and a combination of online and offline modes, compensates for the shortcomings of the traditional MOOC teaching model, is closer to students' actual needs, and improves teaching effectiveness. Secondly, from the perspective of the 5W communication model, it explores the advantages of the SPOC teaching model, analyzing its performance in terms of communicator, communication channels, audience, communication content, and communication effects. Finally, it explores the application path of this model in international Chinese teaching, proposes specific strategies for pre-class preparation, in-class teaching, and post-class evaluation, and calls for continuous innovation of teaching models in the education sector in the digital age to better adapt to the needs of era development and promote the digitalization process of international Chinese education.

Key words: SPOC; digitalization; teaching model; international Chinese education

0 引言

随着科技的不断发展，当今中国已经进入数字化时代，大数据、人工智能、虚拟现实技术等技术手段在社会生活的多个领域发挥重要作用，科技已经成为影响语言教育与传播的关键性因素之一。2023年2月27日，中共中央、国务院印发了《数字中国建设整体布局规划》，指出建设数字中国是数字时代推进中国式现代化的重要引擎，是构筑国家竞争新优势的有力支撑，同时强调要"促进数字公共服务普惠化，大力实施国家教育数字化战略行动"。在互联网飞速发展的今天，利用互联网及各类数字化工具进行教育教学具有不受时间、空间限制的优势。在"互联网+教育"理念的指导下，线上教育蓬勃发展，出现了大批免费、优质、多样的线上课程，也出现了许多线上教育平台，形成了纯线上模式、"线上+线下"混合等多种教学模式，为教育和教学带来了更多便利。

SPOC教学模式作为MOOC的延伸，自出现以来就受到了学界的关注，海内外各年级、各学科都尝试将SPOC教学模式应用于课堂。学界对SPOC教学模式的研究主要集中在教学路径探索（陈隽，2020；金莉娜，2024）和教学反馈评价（张文馨，2023；莫慧、张燕，2023）两方面。通过搜索发现，SPOC教学模式与对外中文教学相结合的研究数量还很少，主要是针对具体的课型进行教学设计，如对初级中文听力课（王亚楠，2020；梁宇，2021）、综合课（王堃瑛，2019；王思梦，2020）、汉字课（刁佳蓉、尹婷，2018；史莹莹，2023）进行教学设计。

SPOC教学模式在教育领域受到了广泛的关注，能应用于不同年级、不同学科并得到了较好的教学反馈，充分说明其具有应用价值。但是我们也发现，SPOC在中文教学中似乎并不普遍，因此本文将详细介绍SPOC教学模式的内涵及优势，并为SPOC教学模式应用于中文教学提出实现路径。

1 SPOC教学模式的内涵

SPOC（Small Private Online Course）教学模式由MOOC（Massive Open Online Courses）发展而来，是一种小规模私有化的在线学习课程。

"S"是指"Small"，代表了课程的规模，与MOOC面向大众提供开放性资源不同，SPOC是向某些特定人群提供的小规模教学。"P"代表"Private"，意为私有的、私人的，也就是说其教学并不是向普通大众开放的，而是设定了一定的门槛，即对学生的学历、知识背景、学习经历等有所要求，学生需要具备一定的学习基础才能选择相应的课程进行学习。这样的设置更加有针对性，能够在教学和学习中提高效率，调动学生学习的积极性，实现更优的教学效果。"O"是指"Online"，作为MOOC教学模式的延伸和发展，SPOC也延续了线上教学这一基本模式,同时也符合当今数字化发展的趋势。SPOC教学模式在实际的教学中会将MOOC的教学资源应用到课堂中,如微课视频、学习资料、练习资料、评分系统等,将这些线上教学资源与线下课堂教学资源进行整合,实现"线上+线下"混合教学模式的实际应用。

与MOOC不同的是,SPOC的一些课程采用的是线上课程学习与线下面授学习相结合的方式,有效地弥补了MOOC纯线上模式存在的学生完课率低、互动效果不佳等缺陷,在提高教学效率的同时还提升了学生的学习体验。

2 从5W角度探究SPOC教学模式的优势

5W传播模式是传播学领域的一个重要概念,由美国传播学者拉斯韦尔提出。拉斯韦尔在其发表的文章中提到传播过程的五个要素,即5W:谁(who)、通过什么渠道(in which channel)、向谁(to whom)、说了什么(say what)、得到什么效果(with what effect)。这一传播模式在很多学科研究中都发挥了重要作用,是许多研究的基础。教师教学与学生学习的过程本质上也是一个信息传递到接收的过程,因此可以利用5W传播模型分析SPOC的优势。

2.1 传播者:教师及学生

传播者是传播行为的发起人,对传播渠道、传播方式、传播内容的选择以及最终的传播结果都会产生影响。在传统的教学模式中,教师发挥的作用更大,教师讲、学生听是最常见的一种教学方式,学生的课堂参与度不够高。而在SPOC教学模式中,学生也需要作为传播者之一加入到教学实践活动中来。这样的方式实际上是践行了以学生为中心的教学理念,根据学生的兴趣、需要、专业、职业、学习背景等进行课程设计,不仅贴近学生的实际需要,还大大激发了学生的学习兴趣和积极性。

2.2 传播渠道:线上+线下

SPOC教学将教学过程进行了分段,采用线上、线下混合式教学,拓宽了知识的传播渠道。

首先,教师在课前收集与教学内容相关的线上资源上传至SPOC平台,学生进行线上自学。在这一阶段学生通过线上视频讲解、文字或图片资料学习来掌握基本的理论知识,完成预习,为线下课堂预热。这一阶段能够充分利用学生的碎片化时间,帮助学生对将要学习的知识进行拆解学习,降低任务难度,减轻心理压力。同时,教师也可以根据后台的统计数据观察学生的学习状态,了解学生任务完成度、学习效果以及学习难点等多种数据。

其次,在正式的线下课堂中,需要教师向学生详细讲解本课重难点和不适宜线上讲解的知识,针对学生课前学习情况进行点评和分析,解答课前测试中错误率较高的题目。学生也能通过线下的学习加深对知识的理解,加强师生间、生生间的沟通与互动,这对语言学习来说是至关重要的。

SPOC教学模式将互联网上海量的教学资源进行筛选整合并应用于课堂，课堂教学又是对线上学习的补充和扩展，传播渠道从单一的线下课堂或纯粹的线上渠道转变为混合型，有效利用了网络媒体资源和人际交际资源，真正实现了多渠道输入。

2.3 受众：学生

在教学场景下，传播的受众即学生，这是我们教学所针对的对象。前文提到SPOC并不是大众传播，而是面向少数特定人群制定的、有针对性的、有一定准入门槛的教学模式，因此对于学生的研究就十分重要。

教育学中有众多教学流派，其中人本派就特别主张以学生为中心，从学生的需求和兴趣出发，重视学生的情感因素。而SPOC教学模式的理念和要求很好地体现了人本派教学法的基本观点。

2.4 传播内容：教学及学习资源

传播内容也就是教师的教学资源，也可以说是学生的学习资源。SPOC教学模式的学习资源主要有三类：第一类是直接使用美国MOOC的某些现有资源作为SPOC的线上教学资料；第二类是一些学校对MOOC的现有资源进行改造加工，使之更加适合自己的课程和学生；第三类是课程开发团队根据课程定位及学生需求，开发全新的课程资源。在多数情况下，SPOC教学模式会将现有资源与学生的实际需求相结合，使用改造后的课程内容或是选择重新开发课程内容，这样也是为了能够贴近学生的背景和需求，增强课程的针对性和有效性。

2.5 传播效果：测试评估与反馈机制

传播效果如何需要分析受众的反馈结果，在课程中我们可以通过设计测试评估环节以及建立反馈机制来实现。SPOC教学在课程结束之后可以通过主观和客观结合的方式来分析学习者对课程的掌握程度。客观评价可能是通过课后作业和结课测试的结果来体现，通过对学生学习时长、做题时长、题目停留时间、错误率、错题分布等情况进行分析，就能得到较为直观的课程评价。主观评价则是通过问卷调查、访谈等形式进行，获取学生对课程的反馈，分析结果并形成报告。这两种方式结合能够更加客观、全面地了解学生的需求，得到学习情况反馈。

3 SPOC教学模式下的中文教学设计

对于语言教育来说，充分利用数字化资源和人工智能资源能够帮助学生更好地使用语言，甚至为学生提供更多语言使用的机会，因此将SPOC教学模式应用于中文课堂是相当有益的尝试。

在课程设计方面可以分为以下几个环节：课前准备、课中教学和课后评估。

3.1 课前准备

课前准备环节主要需要教师（课程设计团队）做好三方面工作：分析学生兴趣与需求，整合开发教学资源，建设交流互动平台。

第一，分析学生兴趣与需求。SPOC 是针对特定学生开设的课堂，因此课程的内容一定要有新意、有针对性，不能是大众的、通用的教学内容。老师在课前可以根据学生的国籍、民族、专业、职业、学习中文的目的等细化学生群体，如果学生文化背景差异太大不便细分，则可从学生的中文水平、学习动机等角度进行分析，尽量设置贴近学生个人背景的内容进行教学。在实际的调查分析中，教师可以通过平台的学生信息数据进行分析，也可以利用在线调查或问卷了解学生的学习需求和背景，以便更好地调整课程内容和难度。

第二，整合开发教学资源。在这方面要注意选取能够引发学生兴趣和共鸣的内容，为学生提供引人入胜的介绍，强调学习中文的实际应用和文化体验。这部分可以多导入一些与中国文化有关的元素，例如中国的传统节日、传统习俗、美食等。通过了解中国文化，学生更容易产生学习中文的内在动力。在表现形式上，需要用一些简单易懂的方式进行呈现，多使用多媒体素材，如视频片段、音频、图片、动画等，还可以在视频讲解中穿插问答环节，用轻松的小测试来加深学生的记忆。除此之外，在设计课程时还可以考虑学生的汉字和拼音基础，针对不同基础的学生，可以提供不同层次的课前学习资料，这样能同时满足初学者和进阶学习者的学习需求。教师也可以根据学生在难度等级上的不同选择以及测试题的回答情况，直观地了解学生的现有水平，以便在课堂上选用适宜的难度等级。

第三，建设交流互动平台。在学生进入课程进行正式的学习之前，课程开发者或教师要考虑到学生的互动环节，应该为学生打造一个能够自由互动交流的讨论区。教师应鼓励学生在课前互相介绍，分享他们的学习期望和动机。这不仅能够加强学生之间的了解和交流，还能够提高学生的归属感，学生还可以在讨论区提问，同学或老师能够进行相应的讨论和解答，这对于学生问题的解决和文化交流是非常有效的。

3.2 课中教学

课中教学环节中，学生正式进入学习，这个阶段具体又分为两大部分：线上自学预习和线下课堂教学。

第一部分是线上自学预习。这个阶段需要学生发挥能动性，自觉学习教师上传至平台的学习内容，学习资料应该包括多媒体材料、文字资料、小测试等。利用情景式教学模式，要求学生观看生动的视频、音频和图像，以便直观地理解语言用法和文化背景。在这一部分也可以利用在线平台的个性化教学工具设计有差异的线上学习内容，学生可以根据自身中文水平进行选择，或是教师直接为学生提供定制化的学习内容。这有助于满足不同学生的需求，使他们更有动力参与课堂活动。线上自学结束之后，也需要学生完成简单的测试题，这些题目的设置是符合学生的需求和水平的，学生可以根据测试情况了解自己的学习情况，方便进行自我学习规划，也可以就错题、难题向老师或同学们提问，便于问题的解决与反馈。教师也可以对学生的学习数据进行汇总分析，以便把握学生的学习进度，也能帮助老师及时对课程内容和难度进行调整。

第二部分是线下课堂教学。由于学生已经有了线上学习的基础知识和了解，线下的课堂教学应该将重点放在重难知识点讲解、文化体验、交流互动这些内容上。首先，对于线上不方便讲解、演示的重难点，教师需要在面对面的课堂上向学生进行细致讲解，比如中文声调发音时口型和舌位的变化、汉字笔顺等。其次，线上的教学资料可能对中国的某种现象、文化、习俗进行了简单的讲解，但是学生并没有机会亲身体验，这种文化体验就应该放在线下的课程中进行展示，如讲到端午节，教师可以向同学们展示如何包粽子，也可以请同学们一起动手进行尝试。这种文化体验能够让学生深入了解我们的文化和习俗，过程也充满了趣味性，很能调动学生的积极情绪。最后，线上教学难以实现有效的交流互动，在线下教学中，教师可以就线上课学到的语法表达形式、固定短语等进行应用，通过角色扮演、同伴交流、小组汇报、社会实践采访等活动，让学生在真实的语言环境中运用所学的知识，加强输入和输出。

3.3 课后评估

一个完整的课程不能只关注课前和课上，应该做到课上、课下相结合，课堂内外相结合。课后评估环节需要关注以下几点。

第一，布置适合学生的作业和拓展学习任务。这为学生提供了多元的作业形式，如个人项目、小组合作、口头报告等，有助于满足不同学生的学科特长和学习风格。除上课讲到的知识之外，还可以提供多样的深化学习任务，包括课外拓展阅读、写作练习、访谈交际等，有助于学生巩固课堂学习到的知识，同时拓宽学生知识面。

第二，设置课后反馈机制。让学生在课程讨论群中分享自己的收获、对课程内容的看法和期待以及面临的挑战。这不仅可以帮助学生主动思考，提炼出更深层次的学习体会，还能帮助教师了解学生对知识的掌握程度，加强对课程的掌控。

第三，开发在线资源库和AI辅助学习功能。建立一个在线学习资源库，其中可以包含课外相关的学习资源、分级阅读资源、相关视频等，供学生进一步学习，满足学生个性化的深度学习需求。开发AI辅助学习的功能或鼓励学生善用人工智能，如在线平台的评估工具、ChatGPT等，学生通过完成测试、输入语音、进行对话等，能够获取到及时、具体、个性化的反馈，了解自己的优势和不足。尤其在学习中文的初期，如果能及时纠音，就能避免很多语音上的问题，减少日后语音石化现象。

4 结语

总之，SPOC线上、线下混合式教学模式在中文教学方面具有很大的优势。SPOC教学模式的线上部分能够很好地利用互联网中海量的教学资源，为学生提供有趣、实用、最新、有针对性的学习资源，同时也能将人工智能技术应用于实际的国际中文教育中，帮助学生更好地掌握中文学习基础知识和中华文化，快速突破中文学习难点，为中文声调学习、汉字学习、书面语学习以及口语交际练习创造有利条件。将这种便利与线下课堂的教师讲解和互动结合起来，必然能为广大中文学习者带来更高的学习效率和更优的学习体验。

参考文献

[1] 陈隽. 高校"思政金课"内涵与实践路径探究——以《中国近现代史纲要》课程为例. 思想政治课研究，2020(04).

[2] 刁佳蓉，尹婷. SPOC 混合课堂模式下对外汉语汉字教学的新探索. 李晓琪，孙建荣，徐娟. 数字化汉语教学. 北京：清华大学出版社，2018.

[3] 金莉娜. 基于 SPOC 的"语言学概论"线上线下混合式"金课"建设研究. 汉字文化，2024(04).

[4] 梁宇. 基于 SPOC 的对外汉语初级听力混合式教学设计. 沈阳大学硕士学位论文，2021.

[5] 莫慧，张燕. 基于 SPOC 的高职大学英语课堂教学形成性评价模式构建. 哈尔滨职业技术学院学报，2023(03).

[6] 史莹莹. SPOC 混合教学模式在对外初级汉字教学中的应用研究. 南宁师范大学硕士学位论文，2023.

[7] 王堃瑛. 基于 SPOC 五步教学法的中高级阶段留学生汉语综合课教学研究与实践. 辽宁大学硕士学位论文，2019.

[8] 王思梦. 基于 SPOC 五步教学理论的中高级对外汉语综合课教学设计. 安阳师范学院硕士学位论文，2020.

[9] 王亚楠. SPOC 模式下初级汉语听力课的混合式教学设计. 中国教育信息化，2020(14).

[10] 张文馨. SPOC 混合教学模式对高中生英语阅读态度和英语阅读能力的影响研究. 吉林大学硕士学位论文，2023.

[11] 中共中央、国务院印发《数字中国建设整体布局规划》[EB/OL]. http://www.gov.cn/xinwen/2023-02/27/content_5743484.htm，2023.

中文教学领域的融媒体及新技术应用与创新研究

面向国际中文教育的三款汉字学习资源考察分析[*]

张俊萍[1] 李志颖[2]

[1]北京语言大学 国际中文学院 100083 [2]北京语言大学 国际中文学院 100083
[1] 13236641081@163.com [2] 2572728105@qq.com

摘 要：信息化时代，汉字资源已成为汉字学习和教学的重要辅助工具。在简要分析国内十个代表性的汉语资源网站/APP 的基础上，本文重点分析了三个针对外国汉语学习者的汉字专项网站（APP）Got Characters、ArchChinese、Chineasy 的特色亮点、页面设计及学习模式的异同，归纳汉字学习资源目前呈现出的特点和存在的问题，希望有助于汉字资源充分发挥出其资源的优势和辅助作用，为汉字学习和教学提供一定的参考。

关键词：汉字教学；汉字资源；汉字专项网站/APP；页面设计；国际中文教育

Investigation and Analysis of Three Chinese Character Learning Resources for International Chinese Education

Zhang Junping[1] Li Zhiying[2]

[1,2] College of International Chinese Language, Beijing Language and Culture University, 100083

Abstract: In the information age, Chinese character resources have become an important auxiliary tool for Chinese learning and teaching. Based on a brief analysis of ten representative Chinese resource websites/APPs in China, this paper will focus on the highlights of three special Chinese website (APP) for foreign Chinese learners, Got Characters, ArchChinese, and Chineasy. The similarities and differences in page design and learning mode, the current characteristics and problems of Chinese character resources will be summarized. It is expected to help users give full play to the advantages and auxiliary role of existing Chinese character resources, and provide some reference for Chinese learning and teaching.

Key words: Chinese character teaching; Chinese character resources; Chinese character-specific websites/APPs; page design; international Chinese education

---

[*] 本成果受教育部中外语言交流合作中心 2023 年国际中文教育研究重点课题"面向教师专业发展的国际中文课堂教学分析系统设计与应用"项目（23YH02B）、北京语言大学院级项目（中央高校基本科研业务费专项资金，20YJ010105）、北京语言大学 2023 年度研究生创新基金项目（23YCX086）的资助。

0 引言

近几年,有关中文资源的研究成果主要集中于对资源建设现状、不同资源平台的考察及其实践应用上。国际中文教育数字资源主要包括数字教材、慕课、微课、教学网站和APP。据学者统计,至2021年,海内外中文网站共404个,APP应用共334款,其中语言要素类APP最多(马箭飞、梁宇、吴应辉、马佳楠,2021)。至2022年,海内外与国际中文教育相关的APP共有364款,与2020年相比增长8.98%。2021年,谷歌和苹果APP应用商店共上架54款中文教学APP,内容主要以HSK专项训练、少儿中文和语言要素学习为主,语言技能学习和综合学习次之,另有少量专项功能类APP(如中文词典等)和"中文+职业技能"类APP(中外语言交流合作中心,2022)。在资源分类上,从呈现形式上看,可分为文本类、音频类、视频类(沈锐、黄薇、晏青青,2013);从内容及功能上看,可分为综合类、汉语专项技能类、工具类(吉晖、曾丹,2009;肖俊敏、黄如花,2011),多数研究都以第二种视角为基础对中文资源进行统计整理。在资源考察上,研究多从服务主体角度出发,即从汉语教学与汉语学习网站两大类中选取考察对象,集中围绕资源内容、功能、界面设计及操作性三个主要角度进行评析说明。随着数字信息化、智能化不断成熟,国际中文教育数字资源的建设成果也日益丰富,呈现出形态丰富、数量可观、科技赋能、应用场景扩展、应用受众广泛的特点(马箭飞、梁宇、吴应辉、马佳楠,2021)。

市面上针对留学生的汉语软件多以综合类为主,内容多侧重于语法、词汇,据统计,截至2021年9月,国际中文教育APP共272款,多以混合类为主,其中汉字专项类APP占18.66%(郭晶等,2021)。通过搜索发现,针对二语学习者、大众且全面的汉字网站/APP并不容易找到;同时,针对国内用户的汉字资源如汉字全息资源应用系统、汉典网、汉字卡等对留学生和境外汉语学习者并不完全适用。在汉字资源这一专项研究中,大多学者都将面向母语者和二语学习者的汉字资源混为一谈,一同分析。针对这一问题,本文将研究对象确定为面向外国学习者的汉字资源网站/APP,以期补充对外汉字资源研究中的不足与空缺。

根据资源涵盖的主体内容,目前汉语数字资源大致可分为综合型和专项型两大类,其中汉字专项型资源又可分为汉字工具类、汉字学习类和汉字综合类三种类型。汉字工具类包括字典、翻译、练习书写、生成字帖等功能的网站/APP;汉字学习类指为学习者提供汉字动画、微课等汉字学习资源的网站/APP;汉字综合类是既提供查字、翻译等功能,又提供汉字学习资源的多功能网站/APP。

通过考察常见的汉语资源,本文筛选出10个汉语资源网站/APP:4个综合型、6个汉字专项型,汉字专项型又包括3个汉字工具类、2个汉字学习类和1个汉字综合类平台。整体来看,综合型资源在汉字内容设置上一般较简单,以配合词汇、课文等学习为主;而汉字专项类资源往往有比较明确的平台定位,在设计上有所侧重,功能具有一定的针对性。本研究考察的10款汉语资源的简要信息见表1。

表1 10款汉语资源简要信息对比表

名称	类型	适用对象	平台/APP语言	内容（与汉字有关部分）
中文联盟	综合型网站/APP	教师/学生	中文、英文、西班牙文、法文、俄文	• 相关汉字教学的慕课、微课 • 击鼓辨字等汉字游戏 • APP书写工具：按等级标准将汉字分为7个模块，用户也可在搜索框中直接搜索汉字。书写汉字具有临摹、拼写、自由书写3种模式。除书写外，下方还附有汉字的拼音、读音、笔顺、部首、笔画
长城汉语	综合型网站	教师/学生	中文、英文	• 在线课程中有汉字学习和练习板块，提供汉字笔顺、读音、部首
hihilulu	综合型网站	教师/学生（儿童）	中文、英文、法文	• 以动画为主，有1000多个识字短视频，包含常用字和部分高级词汇 • 汉字游戏
嗨中文	综合型APP	学生为主	中文、韩文、日文、英文、泰文	• 词汇板块附有汉字书写
Pleco汉语词典	汉字工具类APP	教师/学生	中文、英文（应用界面只有英文）	• 中英翻译 • 字词查询，提供拼音、字词发音、释义、例句展示 • 笔画表
汉字屋	汉字工具类网站	教师/学生	中文	• 展示规范笔顺
字帖生成器	汉字工具类网站	教师为主	中文	• 生成各类字帖
Got Characters	汉字学习网站	教师/学生	英文	见下文1.1
ArchChinese	汉字综合类网站	教师/学生	英文	见下文1.2
Chineasy	汉字学习APP	教师/学生	英文	见下文1.3

注：考察时间为2023年7—8月。

下文将重点阐述专门针对外国学习者的3个汉字学习网站/APP，发掘汉字资源对国际中文汉字教学的辅助作用，为汉字教学提供一定的实践参考，以便更好地辅助"教"与"学"。

1 三款汉字学习资源的亮点与局限分析

1.1 以短动画为主、适用于各年龄段汉语学习者的Got Characters

Got Characters是针对母语为英语的学习者设计的一个汉字学习网站。首页现在分为四大板块，见图1，相较于之前的六个板块，减少了汉字库和游戏这两个板块。

网站共为学习者提供了两种搜索方式，学习者可通过直接输入汉字或选择对应拼音首字母进行汉字搜索。该网站的亮点之一是通过短小有趣的视频来呈现汉字，利用生动形象的呈现方式将汉字的字形、字义等呈现出来，帮助学习者学习和记忆汉字。如图2，将汉字"八"字形比作人的两根手指，帮助学习者记忆字形；图3，将汉字"笔"拆分为"竹""毛"两部分，并通过毛笔上半部分为竹子所做、笔头由毛所做的形象，展现出"笔"的字形构成和含义，具备趣味性的同时也有一定的理据性。

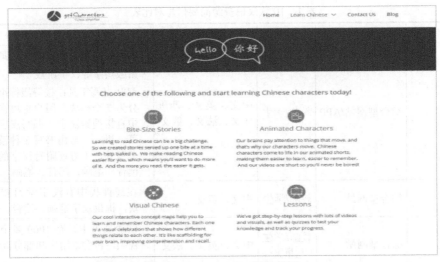

图 1　Got Characters 网站首页

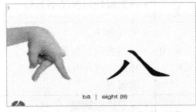

图 2　汉字"八"的呈现形式

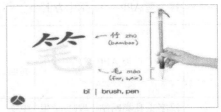

图 3　汉字"笔"的呈现形式

视频动画中有真人发音,并用英语进行简单讲解,视频短小有趣,有实用价值。同时,在学习板块之后,网站也提供了相应的汉字练习和测试。

"Visual Chinese"板块中,网站为学习者提供了交互式概念图(interactive maps,见图 4),将不同汉字根据字义、构词、字形结构等多种因素相互关联起来,帮助学习者对汉字进行系统记忆和掌握。

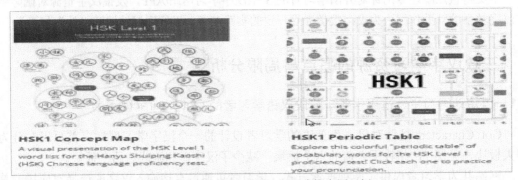

图 4　Got Characters 网站交互式概念图示例

Got Characters 网站页面整齐简洁,整体色彩搭配有一定的区分度,便于用户操作。网站用动态的方式,生动表现了汉字的音、义、形及部件组合的特点,有利于引起学习者的兴趣。但遗憾的是在动画中没有展示出汉字的笔顺。首先,了解笔顺是书写汉字的基础,笔者认为在视频展示汉字形体时可用动态书写笔顺的方式呈现,使学习者在了解汉字的同时，注意并掌握正确的书写顺序；其次，网站只将88个基础常用汉字做成了动画，数量比较有限；最后，在使用过程中该网站运行不够稳定，视频需等待一段时间后才能顺利播放，并且在使用中会出现页面卡顿、打不开而需多次刷新的情况。

1.2 内容庞大、功能强大的ArchChinese

ArchChinese是一款功能十分强大的汉字综合类网站，包含字典、汉字表（worksheet）、字词卡、汉字书写、拼音和声调、部首和笔画、线上游戏、活动、工具九大主要板块，各板块下有各种不同功能。该网站除提供一般网站常见的汉字书写练习、字词查询、笔画部首表等功能外，还具有以下几大亮点。

字典板块支持拼音、笔画、手写多种查询方式，查询结果也十分全面，涵盖汉字词性、反义词、结构、部件、书写笔顺、造字法、同音字、形近字（例如：人—入）等内容，相比其他针对外国学习者的字典类资源平台，内容更全面深入。教师或学习者还可在页面直接下载MP3字音音频（见图5）。

图5 ArchChinese汉字查询页面示例

汉字表板块是该网站的一大亮点和特色，教师或学习者可通过输入练习内容，进行编辑设置，生成一份汉字表，见图6。汉字表中，可供选择的内容较多，可以插入图片、拼音、英文释义、笔顺、偏旁部首及描红等，颜色格式也都可进行设置调节（见图7），能满足多种需求。

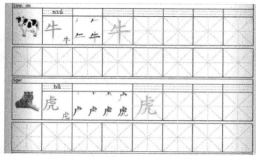 

图6 ArchChinese汉字表示例　　　　图7 ArchChinese汉字表设置示例

另外，该网站还提供了多种游戏活动和练习题，如完成笔画、汉字 bingo、图字配对等，活动和练习题都可根据所需内容进行设置制作（见图8、图9）。

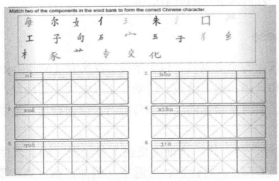

图 8　ArchChinese 练习示例 1　　　　图 9　ArchChinese 练习示例 2

同时网站也为学习者提供可直接进入练习的线上游戏，如打地鼠、射气球等（见图10）。

图 10　ArchChinese 线上游戏示例

ArchChinese 是一个功能非常强大的网站，具有汉字表、各种汉字游戏活动等亮点功能。但由于网站页面比较单调，多样的功能使其页面在视觉上看起来十分繁杂，各板块不够清晰，菜单设置也比较复杂，许多功能页面都会堆砌大量的文字信息（见图11），这在一定程度上降低了网站的吸引力，页面设计有待提高。且不同的适用板块对不同的适用对象不加以区别分类，各种功能融合在一起，在一定程度上增加了学习者的应用负担，不利于实际使用。

各功能在板块分类上也存在一些问题，如工具板块中含有几种"worksheet（汉字表）"。另外，该网站在介绍中提到其适用对象为零基础或基础薄弱的学习者，然而从网站内容和布局设置上看，功能复杂，内容多而杂，页面设计单调，缺乏吸引力。笔者认为目前它还不是一个非常适合基础薄弱的汉语学习者的汉字学习网站，不利于培养初学者对汉字的兴趣。

1.3　设计精妙、生动有趣的 Chineasy

Chineasy 包含上千个常用字词，支持学习简体和繁体中文，平台的亮点和特色是将汉字与插图建立起了关联，通过对数千个汉字进行分析、拆分，将每个汉字都转化为色彩丰

图 11 ArchChinese 页面显示示例

富、直观的插画（见图 12），并且插画间可互相组合，犹如拼图一般。在科技、媒体迅速发展推动下的"读图时代"，利用精美、鲜活的图片优势，通过图画而不是单纯的文字线条的形式，增加视觉冲击力，让学习者直观地看到字形与字义的关联及不同汉字间的关联，这在一定程度上提高了汉字学习效率。在这种学习模式下，学习者也能体会到基础汉字仿佛由一个个基本元素变化而来，然后互相组合生成其他合体字，如图 13，汉字"焚"，将"火"和"林"的插画组合在一起，通过鲜明的颜色对比，既可让学习者清楚地了解到"焚"的部件和构造，又能帮助其习得字义，为其提供了一种非常有趣的学习方式。

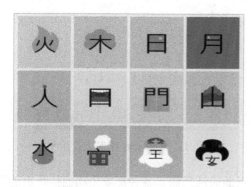
图 12 Chineasy 汉字示例

图 13 Chineasy 合体字示例

在学完基础汉字后，Chineasy 也会进行一定的词语学习，如学习了"大""火"后下一单元会出现词语"大火"。同时，每一单元也设置了不同形式的练习测试，包括选择词义、判断正误、听音选字、看图选字等多种不同形式，如图 14、图 15。此外，对应学习单元的汉字也可进行书写练习，如图 16。

Chineasy 也为学习者设计和策划了学习路线图，如图 17，每一单元之间都会相互关联，由字到词并兼顾字义、词法，循序渐进，融会贯通。同时设有 HSK 汉字板块，满足不同学习者的学习需求，如图 18。

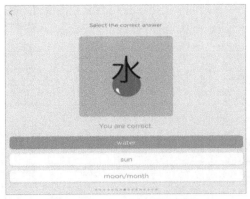

图 14　Chineasy 汉字练习示例 1

图 15　Chineasy 汉字练习示例 2

图 16　Chineasy 汉字书写练习示例

图 17　Chineasy 汉字学习路线图示例

图 18　Chineasy HSK 汉字示例

Chineasy 是一款设计精美的汉字学习 APP，页面简洁易懂，各种形象生动的插画也能很好地引起学习者对汉字和汉语的兴趣。以插画为基础的汉字学习，为学习者营造轻松有趣的氛围，每个汉字的设计中都兼顾到了字义、字形的特点，遵循了一定的汉字结构规律，有利于学习者无意中习得汉字在造字、结构上的特点。另外，设计中也融入了一定的中国元素和中国文化，既能加深学习者对汉字的认知，使其感受汉字背后隐含的博大精深的中国文化，还能在减少学习者对汉字畏难、陌生情感的同时，展示汉字的艺术及汉字文化的精深。

Chineasy 是一款适用于各年龄段汉语学习者的汉字学习 APP。不仅适合成年学习者通过图画联想的形式记忆汉字的形义，色彩鲜艳、生动形象的画面也十分适合低龄汉语学习者。教师也可借鉴插画和部件组合，制作成汉字卡等作为备课材料，提高课堂趣味性。

Chineasy 也存在着一些不足。每一个单元内容都会相互关联，由字到词，但在选字、选词上不够科学，如第一单元中学完了汉字"小""人"，在第二单元中便出现了"小人"这个词语，而在《国际中文教育中文水平等级标准》中，"小人"属于高级词汇，对基础汉语学习者而言，该词并不属于常用词范围内。这种语素简单但不常用、非基础的词语是否适合教给初级学习者，有待商榷。

1.4 三款汉字资源的对比分析

下面从页面设计、特色亮点、学习模式三方面对上述三款汉字资源进行综合比较。

1.4.1 页面设计

Got Characters 与 Chineasy 在界面设计上都十分注重简洁美观，易操作。Got Characters 页面设计十分简洁干净，各板块划分清晰，易于学习者自主操作和使用。Chineasy 在色彩上更加鲜艳，并配有可爱的图标，整体风格与汉字图画相对应，营造了轻松活跃的平台学习氛围。而 ArchChinese 相对于前两者而言，界面设计单调，色彩较少，页面涵盖内容较多且重点不突出，操作起来需要花费一些时间。

1.4.2 特色亮点

Got Characters 中汉字主要通过动画视频形式呈现，动画短小精致，内容生动鲜活，视频中利用形象关联、汉字演变等方式，将汉字立体化起来，使汉字由抽象变具体，化难为易，降低了汉字学习的难度。ArchChinese 涵盖的内容全面丰富，字典、游戏、书写练习、笔画笔顺等都能在网站中获得，相比其他平台，该网站为使用者提供了制作各种汉字表、生词卡等自助功能，学习者或教师可利用网站将自己所需的内容进行设置、制作和打印。Chineasy 的主要特点是将汉字形、义融合起来，制作成一幅幅颜色鲜艳的图画，使学习者通过图片多维度地把握汉字，建立关联，寓教于乐，增强汉字学习的趣味性，减少学习者的畏难心理。

1.4.3 学习模式

Got Characters 和 ArchChinese 为自主搜索学习，学习者可根据需要自主选择板块，自主搜索、选择汉字。Chineasy 为关卡模式，学习内容固定，只有完成当前模块才能进行下一步内容，每一模块同时包含学习、测试两个部分，内容循序渐进，相比其他两个网站，更具有挑战性和竞争性。本节分析总结见表 2。

表 2 三款汉字资源三方面的比较分析

网站/APP	页面设计	特色亮点	学习模式
Got Characters	简洁干净，一目了然，导航清晰	利用短视频动画，立体鲜活地展示汉字	自主搜索，按需选择
ArchChinese	界面单调，堆积信息较多	内容丰富，制作性强	自主搜索，按需选择
Chineasy	界面精美，色彩鲜艳，重点突出，吸引力强	将汉字以色彩丰富、形象直观的插画形式呈现	线性关卡模式，学习内容相对固定

2 对外汉字资源的特点与不足

2.1 对外汉字资源的特点分析

通过上述对不同类型资源中汉字内容的考察,笔者尝试对汉字资源的特点进行总结归纳。

第一,汉字资源便捷化、简练化。汉字工具类资源,在功能上具有比较强的针对性,查询页面往往设计得十分简洁明了,为使用者提供较为便捷的操作。汉字学习类资源在动画、音频等制作上一般都控制在5分钟以内,甚至30秒、1分钟以内的视频也很常见,微课类视频一般也不会超过10分钟,学习者可充分利用自己的时间、空间及自己的需求进行自主和碎片化的汉字学习。

第二,汉字学习资源在内容和选字上往往集中于基础、常用的几百个汉字,对其进行拆分分析、动画制作等,选字数量目前还比较有限。

第三,汉字资源越来越重视汉字的理据性。汉字是有规律可循的,越来越多的平台开始关注汉字的字源、构造、汉字系统性等问题,从汉字形体构造入手,对汉字进行有理拆分,并在拆分中兼顾字义,对部件组合进行解释说明,让学习者体会到汉字蕴含的特点和规律,从而帮助其理解和掌握汉字。

第四,汉字资源多样化。汉字资源呈现出多样化的趋势,类型上,有为学习者提供字词查询等功能的工具类资源,也有专门针对汉字学习的学习类资源。同时,在汉字呈现方式上也逐渐多样化,相比简单地堆砌汉字的信息和内容,越来越多的汉字平台和网站开始注重运用多种多媒体形式,如插画、动画、游戏化等方式,满足不同学习者的要求。

第五,多维度展示汉字,减轻学习者负担。随着资源建设的发展,越来越多的平台注重探索简单高效的学习模式,各网站平台都充分利用图片、声音、视频等多种形式,在使学习者整体感知汉字的音、形、义的同时,也将字源、字形演变、部件规律等信息融合到一起,帮助其有逻辑地进行汉字学习和记忆,使其多维度整体把握汉字。值得一提的是,考察汉字网站发现,许多平台在语音上都采用真人发音,而不是机器模拟发音,听觉效果自然舒服。

2.2 对外汉字资源存在的不足

第一,页面设计与引导还需改善。资源平台在使用时,由于板块不清晰,内容堆砌,操作混乱,且没有颜色对比等进行突出和引导,导致学习者难以找到所需要的内容,不利于实际应用;并且因为视觉和操作效果不佳,也会降低使用者的积极性和动力。

第二,汉字资源在内容设置上虽然越来越丰富,但仍然集中于"音、形、义"三个层面,在"用"的层面上涉及较少。汉字学习网站/APP在汉字图文、动画讲解等不同形式的呈现中,多围绕"音、形、义"展开,从读音和字形入手,进而解释字义并提供该字可构成的词语,但对字的用法涉及较少,对汉字的讲解也缺少一定的语境。

第三,存在汉字呈现顺序、选词不科学等问题。一些平台在汉字排列和呈现上缺少规律,也没有对不同层级、不同难易度的汉字进行划分,这对不清楚自己定位的学习者而言,容易造成一定的汉字学习困扰。另外,一些资源平台在选字、选词、组词上缺乏科学性和合理性。因此,我们认为对外汉字资源在内容设计上也应参考《国际中文教育中文水平等级标准》等标准大纲进行选词、举例。

第四,存在使用对象不明确且范围较窄的问题。许多平台定位模糊不清,内容分级不明确。由于汉字本身就是一个非常丰富的知识系统,汉字背后也常常蕴含着丰富的文化背景与历史渊源,因此学习平台在提供内容时应经过较为慎重的思考和选择,汉字辐射内容过多、过少、过难或过于基础,都不利于使用者学习。许多网站都没有对汉字进行级别标注或分类,不同水平、不同需求的学习者需要通过使用和摸索,才能判断该平台是否适合自己。

第五,对外汉字资源在学习对象上多针对母语为英语的汉语学习者,大量平台无法适用于其他国家的学习者,从而导致适用人群受限。

3 结语

汉字教学是国际中文教育中的一大难点,在信息化时代,挖掘和发挥汉字资源的辅助作用是有必要的,也是必需的。汉字的学习和教学离不开汉字资源的支撑,因此我们要对汉字资源建设加以重视。本文以汉字资源为研究对象,对国内的汉语资源网站/APP 进行探索,筛选出了 10 个较有代表性的平台进行了简要分析,并对其中 3 个汉字专项网站/APP 进行了详细阐述,讨论了其特点与不足,希望能为一线的汉字资源建设、汉字教学与汉字学习提供一定的参考和启发。

参考文献

[1] 郭晶,吴应辉,谷陵,周霈,侬斐,马佳楠,崔佳兴,董晓艳. 国际中文教育数字资源建设现状与展望. 国际汉语教学研究,2021(04).
[2] 吉晖,曾丹. 对外汉语报刊学习网站的建构和应用. 东华大学学报(社会科学版),2009(04).
[3] 马箭飞,梁宇,吴应辉,马佳楠. 国际中文教育教学资源建设 70 年:成就与展望. 天津师范大学学报(社会科学版),2021(06).
[4] 沈锐,黄薇,晏青青. 基于移动学习模式的对外汉语教学资源整合及利用. 中国教育信息化,2013(07).
[5] 肖俊敏,黄如花. 对外汉语教育网站资源建设研究. 国家教育行政学院学报,2011(01).
[6] 中外语言交流合作中心. 国际中文教育教学资源发展报告. 北京:北京语言大学出版社,2022.

豆瓣社群对营造国际中文在线教育学习环境的启示*

苟馨予[1] 吴 剑[2]

[1] 联合利华上海分公司 人力资源部 200050 [2] 浙江大学 国际教育学院 310058
[1] faye9815@163.com [2] wujian0823@zju.edu.cn

摘 要：网络社群在营造国际中文在线教育的语言环境方面潜力巨大，中文教师应善于利用网络社群，充分发挥网络社群在辅助中文教学上的潜在优势，并规避其可能带来的负面影响。豆瓣小组是国内较早建构外语学习小组的网络社群，分析和讨论其在工具交互、内容交互以及学习者之间的情景交互这三个方面的功能设置，对未来营造国际中文在线教育语言环境有很多启示。中文教师在利用网络社群指导学生进行课外自学时，需要注意以下几点：分类选用网络社群，过滤网络碎片信息，后台监控学习进程，建立规则意识，鼓励学生进入兴趣小组，等等。

关键词：国际中文教育；在线学习环境；豆瓣社群

The Enlightenment of Douban Community on Creating an International Chinese Online Education and Learning Environment

Gou Xinyu[1] Wu Jian[2]
[1] HR, Unilever, Shanghai, 200050 [2] International College, Zhejiang University, 310058

Abstract: The potential of online community in creating the language learning environment for international Chinese online education is enormous. Chinese teachers should be adept at utilizing online communities, fully leveraging their potential advantages in assisting Chinese teaching, and avoiding potential negative impacts. Douban community is one of the earliest online communities in China to construct foreign language learning groups. By describing and discussing its functional settings in tool interaction, content interaction, and situational interaction among learners, we find that it has many implications for creating an international Chinese online education language environment in the future. Chinese teachers need to pay attention to the following points when using online communities to guide students in self-study outside of class: classifying and using online communities, filtering out fragmented information, monitoring learning progress in the background, establishing rule awareness, and encouraging students to join interest groups.

Key words: international Chinese education; online learning environment; Douban community

---

* 本文是2022年度教育部人文社会科学研究青年基金项目"积极心理学视域下汉语二语在线写作教学的创新研究"（项目编号：22YJC740084）的阶段性研究成果。吴剑为本文的通讯作者。

0 引言

在 Web2.0 时代，网络社群已成为现代人生活中不可分割的一部分。新冠疫情全球大流行的三年加速了中文课堂与网络社群的结合，国际中文教育领域的师生在经历了在线直播、视频会议、录播、慕课、微课等多种形式的线上中文教学实践以后，已经开始意识到网络社群（如钉钉群、微信群、豆瓣小组、知乎等）对中文学习的重要辅助作用及其鲜明的优势。

Rheingold（1993）最早在其著作中对"网络社群"进行了具体的定义，他认为网络社群是在网络空间形成的一种"社会性集群"，当有足够多的人长时间参与到同一个话题的互动之中，并且相互有情感交流时，便产生了网络社群。广义的网络社群包括：

（1）封闭的网络群组（如微信群、钉钉群等）。

（2）需注册并认证通过的半开放平台群组（如校内 BBS、Blackboard 平台等）。

（3）依托于全开放的网络平台，基本不设浏览权限的社群（如 Facebook、知乎、微博等）。

我们应当特别关注第三类网络社群，即依托于全开放的网络平台的社群，该类社群最符合 Web2.0 时代的网络社群特征，是使用率最高、发展最为迅速的一类网络社群。在全开放的网络平台中，所有用户都可以浏览、发言及回帖。本文重点分析的网络社群个案是"豆瓣小组"。根据豆瓣网按时间顺序给小组的编号，截至 2019 年 11 月 20 日，豆瓣网有大约 67 万个小组，分为 12 个类别：音乐、阅读、艺术、影视、生活方式、爱好和收藏、学术、商务和金融、情感、网络技术、体育、地理。由于豆瓣的包容度和开放度，小组成员可以在上面分享他们的学习经验，讨论教育内容，寻找志同道合的同伴，形成一个完整的在线学习生态系统。

1 文献述评和研究设计

1.1 文献述评

网络社群中学习行为的底层逻辑是同伴互动，即学习者之间的陪伴、交流与交互。

国外对于网络同伴互动对于语言学习作用的研究起步较早，有广阔的学习借鉴空间。其中，最为著名的是 Peeters（2018）在比利时安特卫普大学进行的历时两年的 Facebook 项目分析，两组一年级英语学习者被要求在 Facebook 上讨论自己的论文，分享自己的写作过程或遇到的挑战，并上传到学校的学习平台，研究者在两年中收到了 5834 个帖子，通过转码和文字处理，将讨论内容进行了编码和分类。基于该研究，Peeters 总结出了互动交流和教学意义模型，将互动过程分为：（1）认知，即通过语篇输出表达意义；（2）元认知，即反思、总结和计划；（3）资源组织，即适应新的社群和学术环境；（4）社会情感，建立和保持凝聚力，交流情感、价值观和立场。该试验样本量可观，数据分析扎实，为借助网络互动进行写作训练提供了极为宝贵的结论，影响力较大，也为网络语言学习文本的内容分析提供了理论支持。但是由于实验对象和实验环境具有封闭性（学习者均为大学生，且仅限于校内讨论，未暴露于公开的网络平台），可能影响了学习者的心理状态。

国内学者也开始关注在外语学习中的同伴互动研究,张秀芹和贺玉珍(2018)将网络互动与课堂互动进行对比实验,发现网络文本互动会显著提高学生的参与度,更有利于学生维持学习目标,并且会为学生提供比课堂互动更强的情感支持,其中比例最高的是网络文本的"提高参与度"在同伴支架中的作用(50.6%),远高于课堂互动(29.5%),说明学习者在网络中的积极性高于线下课堂。

学者们已经意识到,网络作为课堂的外延,能提供真实的语言使用平台,学习者不仅受益于语言技能的提高,也解除了地域的限制,能够参与目的语地区的文化和时事讨论,增强了文化上的认同。

1.2 研究设计

本文将主要参考 Peeters(2018)的"互动交流和教学意义模型",将豆瓣网有关外语学习的豆瓣小组中的帖子分为四类:(1)认知型帖子,聚焦于目的语语言本身,讨论语言现象、词汇和语法知识等;(2)元认知,即对语言学习过程的反思、总结和计划;(3)资源组织,即适应新的社群和交流学习资源;(4)社会文化,即交流情感、立场和目的语国家文化知识。

我们选取了豆瓣外语类学习小组中成员最多的 10 个小组,如图 1 所示。我们的目标是爬取豆瓣网上这 10 个小组的讨论帖子和所有的回复。经实验得知,使用谷歌插件 Web Scraper 爬取数据时,若数据量太大,请求频次达到阈值,会触发豆瓣的反爬机制,请求的 IP 地址将被封禁,所以最后我们考虑采用 Python 编写爬虫脚本:在触发反爬时调用 Selenium 方法模拟用户登录绕开,然后采用 jieba 算法将爬取的内容进行分词,最后统计各个词的频次。

图 1　豆瓣网上成员最多的 10 个外语类学习小组

在数据处理中最重要的工作是统计分词词频。本研究采用 jieba 算法对爬取的帖子和回复进行分词。该算法本身维护了一个巨大的词典,初始化后算法会先按非汉字字符进行切割,按词典中的出现概率进行分词,初始数据中的 125 万词经清洗后输出约 126783 个中高频词以及对应的频次。通过图 2 所示的高频词词云图,我们可以看到在豆瓣外语类学习小组中,最高频的关键词是"打卡",打卡类似于签到,通常是小组成员相约进行同一个学习活动,例如背单词、做题或者阅读文章,打卡是成员间最多见的活动,充分反映出豆瓣小组作为结交学习同伴，提供同伴互动平台的媒介作用。同样，高频词中"互助""伙伴"和"打卡"一样，能够让我们看到豆瓣中的外语学习者对于寻找伙伴和互相帮助的热情。另外，"推荐""辅导"反映了豆瓣不仅是一个结交学习同伴的平台，也是一个资源共享的平台。词云图能够让我们对豆瓣小组中的语言学习活动有一个粗略的感知和大概的认识。

图 2　豆瓣外语类学习小组的高频词词云图

2　豆瓣社群应用于外语学习的三类交互

下面本文将从工具交互、内容交互和学习者之间的情景交互三个方面来分析豆瓣小组中的外语学习现象。

2.1　豆瓣社群中的工具交互

在我们读取到的帖子中，截至最后的爬取时间 2022 年 3 月 15 日，有近 34.7% 的资源分享类帖子，关键词"分享""推荐""资料"的词频高达 3011 次、3179 次、2810 次，在约 12.7 万个中高频词中排在前 0.018%，说明资源分享的发布和寻求是豆瓣外语学习小组的发帖主流之一。而与之相对的是，由于豆瓣小组本身功能的限制，小组成员之间只有发帖和回帖功能，只支持文字和图片形式的交互，所以其他形式的学习材料，如视频、音乐或者网站资源多以截屏、外部链接的形式出现。

在分享资源时，往往需要小组成员之间互相添加微信好友或者其他资源平台的好友才能够传输："链接"词频为 819 次（在所有词中排第 163 位，前 0.128%），而"微信""网盘"这样的外部软件名的词频分别为 3650 次（第 19 位，前 0.014%）和 1427 次（第 98 位，前 0.077%）。可见在资源分享的工具交互环节，豆瓣社群出现了严重的供求不平衡，极大规模的语言学习者抱着寻求资源的目的进入了豆瓣小组发帖，却由于工具交互层面的不完整，还需要做一系列跳转外部链接、添加陌生好友、再次询问资源、打开外部存储类软件并转存的动作，后续链条极长。因此，如何扩展外部资源在豆瓣界面的展现方式，如何与外部软件建立更直接的连接应该是工具层面上豆瓣网需要改进的问题，这一点将极大程度上影响外语学习者在寻求和分享资源时的体验。

除了在分享学习资源上存在工具障碍外，学习者在发帖、浏览时也经常会遇到"灌水顶帖"的问题。由于开放式网络社区的信息吞吐量巨大，所以帖子的曝光率极为重要，豆瓣网设置的曝光模式为实时型，即最近一次回复的时间越短，帖子在总列表上的排名就会越靠前；反之，如果帖子发布时间久，且长时间没有人回复，这个帖子就会"沉底"，曝光率变低。因此，题主往往为了更高的曝光率和更前置的帖子顺序，会选择不断回复自己的帖子，使得最近一次的回复时间保持在最新时间，这种"顶帖"的操作内容往往没有价值，造成了极大的信息冗余。在词频统计中，我们看到，"顶""捞"等常见的顶帖词词频达到了 1987 次、1360 次之多，在一些帖子中，用户往往需要翻阅极多的无效顶帖消息才能看到真正有意义的内容。

这反映出了平台曝光率设置上的问题，顶帖用户只是不得已利用了曝光规则，因此这个问题也只有平台在交互设计上进行修改才能真正得到解决。为了减小吞吐量大带来的沉底压力，平台可以在小组内部设置分区，例如在英语学习小组中，划分"资源分享区""答疑区""互动交友区"等子分区，就能够有效地将新帖分流，减缓旧帖的沉底速度，相应地，也就弱化了曝光压力，没有沉底焦虑的题主和用户自然也不会再发布过多的顶帖信息。由于豆瓣并不是专门类的学习网站，在功能的设计上，并不会将设计重点服务于语言学习。个人主页的设计上，除了基础信息和活跃时间的展示以外，豆瓣网的个人主页偏向于在显眼的位置展示用户的书籍和影音上的爱好，并且"小组"也只属于个人主页的一个子板块，并没有展开用户在小组内部的互动行为，对于学习者在外语学习板块的活跃信息和擅长的主题，豆瓣在呈现方式上显得更为简略。

可见豆瓣网虽然已经有极大基数的语言学习用户，但工具层面的交互体验仍存在一些显著问题，过于简单的互动模式无法满足日渐多样化的学习互动要求，这意味着学习型网络社群管理也需要针对学习者的需求不断地调整进步，才能保证社群生态的正常运作。

2.2 豆瓣社群中的内容交互

由于完全开放型学习社群的一大特点就是不区分社群用户的学习水平和层次，因此，在豆瓣外语学习社群中，不同层级、不同水平和不同背景的语言学习者汇聚一堂，没有办法像传统班级一样保持学习速度和目标上的整齐度。对比 Peeters（2018）对两个语言教学班的学生 Facebook 发帖的研究，我们可以明显看到，由于互动对象均为同一水平，学习者们更倾向于讨论认知类内容，从连缀语句到讨论教材内容，这种网络环境中的学习者会更倾向于细致地对语言本体展开讨论。

而在豆瓣网的外语类学习小组中，学习者在不清楚互动对象的水平，甚至学习路径和目标都截然不同时，便不再倾向于讨论语言本体的内容，而是转向资源组织（Organization）和元认知（Metacognition）的内容。我们对约 73000 条帖子的标题进行关键词模糊化处理后，得到了可以被划为认知、元认知和组织/资源三类主题帖子的数量分布情况。

从图 3 中可以看出，豆瓣外语类学习小组以认知类内容为主题的帖子占比为 18%，组织/资源和元认知类为主题的占比分别为 26% 和 39%，均高于认知类内容。在进一步的探索中，我们发现，在这 18% 的认知类帖子的标题中，"求助""求译"的词频共 4019 次（第 14 位，前 0.011%），可见认知类帖子内部也并非以讨论形式为主，而是以低级学习者向高级学习者的提问形式为主,存在比较明显的权力关系。

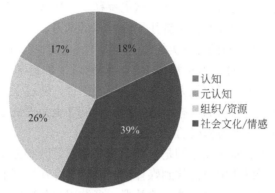

图3 豆瓣外语学习小组发帖主题的数量分布情况

虽然文字能够携带高密度的知识信息,但是由于网络文字交流无法传递面对面交流的表情、语言、手势等非语言信息,网络上的文本交流很难传递情感和语气。然而在豆瓣小组的内部互动中,情感交流是很重要的内容,学习者们在讨论资源、寻求资源共享时需要表达感激,找寻学习伙伴时需要尽量表现得友好,请求他人帮忙时需要展现自己的急切和困惑的情绪,这种情绪化的表达仅仅通过语言文字很难达到线下交流的效果。

在线下交流中,说话者的发声方式以及他们使用的表情和手势无疑会影响他们的话语被解释的方式。想象一下有人请求你帮忙翻译一下他手中的句子,你可以看到他脸上和善的笑容,以及形容自己困惑时的表情,会很容易理解他的疑惑,并愿意帮助他解答。但当他的话语只能通过书面形式表达,这种请求便显得没有那么容易让人接受,甚至会被忽略。

同时,在口语互动中,说话者可以使用手势、肢体语言和面部表情来传达他们说话时的态度或情绪。说话者还可以改变他们的语气,以影响他们传达的整体信息。例如,他们可以用提高声调和加强重音的方法展示自己想要强调的重点,语调能通过传达对比或将注意力集中在话语的特定部分来影响话语意义。

与面对面互动相比,豆瓣等网络平台的内容互动中缺乏视觉、社交和语调线索,通常被认为会降低交流的效率,为了避免产生误解,豆瓣学习小组的成员在沟通过程中会使用大量的非文本交流,包括表情包(图片)、表情符号、特殊的标点符号等。这些非语言的符号代替了语音、手势和表情,成为豆瓣小组成员在内容交互上不可或缺的一部分。由前文数据可知,豆瓣小组中存在大量的"求助"类型帖子,在求助时,题主通常会使用表情符号来展示自己的低姿态,表达自己的急迫,以引起其他学习者的关注。我们在进行书面文本的书写时,会自行决定文本的外观,在普通的文档中,可以选择字体的大小和样式,或者使用下画线和粗体等功能来使页面在呈现上更具冲击力,这种呈现上的差别也会影响读者对于信息的理解,并建立起读者对作者的基本态度和情感。但由于豆瓣的帖子标题不能更改字体和大小样式,帖主便更倾向于通过表情符号和标点符号来影响读者的认知,并引导读者产生同理心,从而使其理解自己话语中的预期含义。

而在元认知类和组织/资源类的帖子中,我们发现"初级""入门""新手""零基础"词频排列靠前,词频均高于500次,排名均在前0.18%,可见学习内容集中在初级语言学习阶段,这和学习者的内部结构有关,反映出在豆瓣小组活跃的语言学习者中,初级阶段的学习者占大多数。这些初级学习者大部分都没有经过系统的课程培训，依赖网络资源和网上课程自学，所以对资源的需求会更高，这也解释了为什么豆瓣语言学习小组中存在大量的资源组织类帖子。这类初级的自学者往往没有考试压力，但是也会存在没有监管、学习动力不足的问题，所以除了资源分享类的帖子，初学者之间也会互相鼓励，相互支持，分享自己学习上的进步或者障碍，这种集体上的认同感对于独自学习的自学者来说非常重要。豆瓣为这类学习者提供了释放压力和寻求共鸣的平台，通过了解到"大家都一样"起步慢、入门难，这只是学习外语的常态，这些初学者能够更为理性地对待语言学习，打破焦虑，从同伴的鼓励中树立更为积极的学习态度。

需要注意的是，由于豆瓣建立之初是一个影音书籍等评分和分享型平台，并不是专门为外语学习而创立的，所以从用户群体到媒体交互设计都存在极强的综合性，外语学习社群虽然已经形成规模，但仍不是豆瓣的主流社群，多数用户都同时活跃于多个社群。豆瓣是一个信息庞杂、功能复合的无主题平台，因此平台对用户不做筛选，也不对帖子做内容上的要求，外语学习社群存在着大量的广告、招聘及与语言学习无关的内容。因此，要求学习者拥有信息筛选的能力。

2.3 豆瓣社群中学习者之间的情景交互

网络社群依托于网络平台，而不同的平台会为学习者提供不同的功能，这些功能影响了社群内部成员的同伴互动模式，因此，要探讨学习者之间的情景交互模式，首先需要厘清网络社区可以为使用者提供哪些功能，常见网络平台可为语言学习提供的功能如表 1 所示。

表 1 常见网络平台可用于外语学习的功能总结

功能类型	社区工具 百度贴吧 人人网 豆瓣 微博社区	交流工具 微信 QQ Whatsapp Messenger	发布工具 Bilibili 网 抖音 Pinterest Snapchat	教学工具 Duolinguo 嗨中文 HiNative
实时通信	√	√	☑	☑
延时交流	√		☑	√
实施授课		√	√	☑
录制课程			√	☑
语言输入	√	√	√	√
语言输出	√	√	☑	
跨文化交流	√	√	√	☑
学习资源整合	√		√	
群组功能	√	√		☑

注：☑意味着该功能会受到一定的限制。

由此可见，豆瓣所属的开放式网络平台除了没有学习专属类平台的课程录制和播出功能外，在沟通交流、资源整合和群组功能上都比专供学习的教学平台做得更加完善，且往往能够提供实时互动和延时互动两种互动模式。

实时互动是一种对话间隔短、有及时回复的互动模式，互动内容通常较短且零碎，对话回合多、语句短，发散性强，常常在一个话题下延伸出其他子话题，多发生于有限制的聊天空间（即"小窗"）中，如 Facebook 私信、微博私信、微信群聊、Messenger 等。对于语言学习，此类实时通信是最贴近线下对话操练的信息模式，谈话双方能明显感知到对方语言中的偏误，且对于对方的错误，指出的比例和意愿更高。由于应答时间短，留给语言学习者的思考时间也十分有限，所以更能暴露语言学习中的问题。而由于互动回合多，所以交流多为短句，少有长信息出现，对于谈话的主题也不够聚焦，主题比较发散，贴近日常的交流对话。

延时互动则与线下的交流对话相差甚远，延时互动的对象通常没有"谈话双方"，这种互动更类似于"留言板"，看见的人都可以留下自己的评论和观点。延时互动对话间隔长，没有具体的谈话对象，所以基本是对自己观点的陈述，互动信息篇幅较长，主题更为聚焦，讨论更为深入，常常发生于开放的社交平台讨论区/评论区。语言学习者在延时互动中有更长的思考和连缀语句的时间，他们常常会通过多次修改和查询来完善自己的"回帖"，因此相较于实时互动，延时互动中的语句更长，语言错误相对较少，用词更为复杂和精确。在延时互动中，由于没有回复的必须性和时效性，语言学习者对于输出的焦虑较低，更注重自己观点的传输是否准确，而不会对自己的语言能力表现出太多担忧。

现有的网络社群平台大多都同时具有实时互动和延时互动两种功能，这为语言学习者提供了多元的操练环境，可以满足不同学习者的操练需求。在对自己语言能力不自信的初学阶段人群中，延时互动的功能让学习者们放下焦虑，打磨自己的语言输出；在有更高的交流需求时，学习者可以通过实时互动得到多轮次的反馈和修正，打破输出的羞涩，建立对语言运用的"掌控感"。

在豆瓣外语类学习小组中，"寻求学习伙伴"的帖子占比极高，学习者们常常通过发帖说明自己的语言水平、诉求和想要找的学习伙伴类型，与同有意向的回帖者利用私信功能对齐目标，进一步加深了解，并与合适的学习者结为语伴或建立群组。这一过程通过延时互动号召和筛选了目标用户，学习者在延时互动过程中积累一定的伙伴资源后，利用实时互动建立起更深的互动连接，充分利用两种互动模式的优势，成功率较高，因此该类帖子在各类语言学习小组中屡见不鲜。这反映了网络语言学习中的"孤独感"，即便是自主学习的语言学习者，在漫长艰苦的学习和练习过程中仍然需要陪伴、反馈和监督者的存在，他们会主动寻求伙伴、群组，或加入某一学习组织。"学习伙伴"的形式包括口语语伴、互相监督每日学习打卡、考级交流群等。"一起""小伙伴"的词频为 4983 次（第 10 位，前 0.09%）和 2613 次（第 35 位，前 0.027%），而"打卡""群"的词频为 804 次（第 165 位，前 0.13%）和 361 次（第 268 位，前 0.21%）。

在寻求伙伴的发帖中，我们还发现了一个显著的现象，学习者们更倾向于找和自己有同样背景、同样地域的伙伴，在帖子的标题中，经常会特意写明题主所在的城市，或想找特定城市/地区的小伙伴。在帖子内容的详情描述中，绝大多数的学习伙伴和学习小组的成员是不会在线下见面的，只有极少数的群组会有线下的见面活动，沟通多通过私信、群聊和语音通话进行，那么为什么还有如此多的学习者倾向于找本地的伙伴呢？既然网络打破了地域的限制，能让学习者接触到更广阔背景的互动同伴，为什么他们却仍然选择有着更相似背景和地域的伙伴？由于网络社群是一个虚拟的社区，社区成员的身份并不存在预设，这意味着成员的线下角色对网络身份的投射度很低，使得学习者可以根据自身学习的需要，选择和塑造自己的角色定位，这种身份上的可塑性为发展出网络共同体身份的认同提供了可能，但同时也增加了初始阶段成员之间的陌生感，助长了在虚拟社区活动的"归属感"焦虑。

由于每个人的身份都是他自己塑造的，而不是线下固定的"同班同学"或者"校友"身份，成员互相之间预设的心理距离大大增加，急需身份上现存的共同点来建立初步的认同感和归属感，这对建构共同的社群意义重大。我们可以将网络学习共同体的"归属感"理解为：内部成员对所属网络社群的认同、喜爱和依恋等心理感觉（王静，2010）。网络共同体的构建本身就是一个由初级向高级不断发展的动态过程，成员们在内部交互中需要时刻进行自我调整，从而适应一个渐趋稳定的团体身份认同和网络内部生态，增强共同体的凝聚力。建立这种"身份认同"的过程是复杂的，认同的过程中充满了信息交流与交换的轨迹，而人们在寻找自己身份的过程中，需要某一媒介来完成（周俊、毛湛文，2012）。在共同体构建的初级阶段，一致的目标和同样的生活环境成为最快拉近心理距离的媒介，这也导致"寻求同城伙伴"类帖子成了热门，也开辟了豆瓣小组内部的地缘聚落模式，即在小组内部，学习者们又划分出了以地域或高校圈为单位的小团体，通过地缘上的亲切感来发展出组织上的归属感，从而降低在网络新环境中的学习焦虑，提高团体凝聚力。

除了地缘上的共同性外，一致的目标也能成为认同感的来源。豆瓣小组中的学习者目标可分为显著的两大类：一类为兴趣爱好驱动的语言学习者，其目标是了解喜欢的明星、看懂原版的影视或漫画作品等；另一类为现实需求驱动的外语学习者，其目标是考级、应试、留学、工作需求等。现实需求驱动的语言学习者自驱力和学习压力往往更强，打卡活动和互相监督的伙伴关系常常发生在这类学习者之间。有学习者这样分享自己的小组故事："我加入过'每天背100单词，一起冲刺考雅思'的小组，大家约定好睡前在小组内打卡签到，分享今天的背单词成果和背单词APP的截图。"在媒体和网络深刻影响每个人生活的今天，不同背景和水平的学习者们抱着不同的目的来到了同一个开放的网络平台，因为学习一门相同的外语形成了一个多元化的学习社区，在这种复杂而丰富的环境之中，学习者们寻求着建立认同感的方式，带着不同程度的对于归属感的焦虑，"我是谁"这个问题是对自我认同的提问，而"我们是谁"则是学习者们建立集体认同时需要回答的问题。这种心理因素的外显表现即为寻找同地域、同高校、同背景的语言伙伴，组成地缘聚落、兴趣聚落或留学考级聚落。

3 对营造国际中文在线教育学习环境的启示

在当今的全球互联时代，数字化技术给予了语言教育者和语言学习者更多的超越时间和空间界限的可能性。汉语二语学习者现在可以在网上通过电子聊天社群（如QQ群、微信群、钉钉群、Skype、Microsoft Teams等平台）发送文字、语音、表情、图片、文件，通过互动答疑社群（如博客、贴吧、知乎、微博、豆瓣、校内BBS、直播间以及各类视频网站等平台）阅读、观看、发帖、跟帖、回帖，通过分享创作社群（如微信朋友圈、QQ空间、Twitter、Instagram等分享平台与百科网站、公众号、腾讯文档、石墨文档等创作平台）分享新资讯和创作新内容。由于新冠疫情的影响，近三年的国际中文教育充分利用了电子聊天社群和专门视频会议软件（如腾讯会议、Zoom）的直播、录播、视频会议功能进行教学，并辅之以课程管理网站和慕课资源。

鉴于网络社群拥有课堂中文教学所没有的互动模式，并且其所搭建的虚拟交往空间使得中文教学在时间和空间上都能得到极大延伸，因此它们在汉语作为二语的学习和教学环节中具有一些传统学习方式无法企及的优势。然而目前，中文学习者加入网络社群进行学习多为没有指导的"自发事件"。教师需要引导学生们合理使用社群网络，从而推动学生自发进行课外学习。中文教师需要意识到，在网络时代，每个学生都身处网络社群之中，关于汉语的知识已经不再是中文教师的独有资产，通过检索和查阅，学生可以获得大部分教师所要传授的知识。因此，简单的知识传递已经不再是教育的核心意义，在此基础上，教师的角色在今天，其实变成了一个课程促进者（facilitator）（王志军、陈丽，2014）。

我们认为，网络社群可以很好地服务于营造国际中文在线教育的学习环境。为帮助中文教师使用网络社群来辅助课堂教学和鼓励学生自主学习，我们提出以下三点建议。

首先，建议分类选用网络社群。在介绍学生进入网络平台进行自学之前，教师需要帮助学生筛选适宜展开学习活动的网络社群，在工具层面的设计上判断该平台是否对初学者友好。筛选的内容包括：选择适宜辅助教学、商业化程度低的网络平台，选择平台内部学习生态较好的社群环境，这两个选择将直接决定学生接触新学习环境时的适应程度。在国际中文教学中，教师可以在课前让学生到指定的开放类的综合平台中随意浏览与课文话题相关的帖子，了解一些有趣的语言类知识，扩大词汇量，并收集相关学习资源在课上与同学们分享；课后，可以让学生在专门类语言学习平台上发帖提问，或者将课上所写的作文发布到平台上，获得其他学习者对作文的意见和评价，教师可以在每节课堂结束之前抛出一个有关中国社会或文化的思考题让学生作答，然后再让他们到学习平台上搜集网友的答案。有意识地让网络社群互动参与到课前课中课后全过程，逐渐培养起学生自觉使用网络社群进行中文学习的习惯。

其次，建议过滤网络碎片信息。网络社群中的信息并非都能受教师控制，对于网络中散乱的碎片信息，教师需要借助自己的教学经验，预测学生可能遇到的困惑和陷阱。在复杂的网络环境中教师不可能规避所有冗余的和错误的信息，所以要有意识地训练学生自己过滤信息。例如，选择具有用户分级制度的网络平台，引导学生关注发帖者的层次等级，让学生重视帖子热度、浏览量、点赞数等工具层面的提示，培养学生借助工具信息判断信息可靠程度的意识。在对信息进行规划的同时，教师应该注意干预的界限，要放弃过度保护学生的心态，需要意识到，只要进入开放的网络平台，学生就势必会暴露在大量冗杂的信息之下，如果教师过度地筛选信息，就限制了学习者在目的语社群中与其他学习者乃至母语者的交流机会，学习者接触到的语料便也不再能代表目的语环境下的真实语用，这种被"量体裁衣"之后的教学材料（pedagogical material）（曾稚妮，2018）背离了使用开放平台辅助语言教学的初心。

最后，利用后台监控学习进程。学习者们在网络社群中仍旧需要在固定的时间、以固定的频率来学习，完全碎片化的时间状态会给寻找学习伙伴和周期化学习复习造成阻碍。为了跨过这一阻碍，需要教师对学生的网上学习时间进行规划和监督。专门为外语学习设计的网站会在用户主页上展示学生参与的帖子、发布的帖子，这有助于教师快速判断学习者的完成情况；学生获得的点赞和徽章可侧面反映学生在网络上学习的深度，对积极参与的学生有鼓励作用。

参考文献

[1] PEETERS W. Applying the networking power of Web 2.0 to the foreign language classroom: A taxonomy of the online peer interaction process. *Computer Assisted Language Learning*, 2018(08).

[2] RHEINGOLD H. *The Virtual Community: Home Standing on the Electronic Frontier*. MA: Addison-Wesley, 1993.

[3] 王静. 网络学习共同体参与主体的学习动机研究. 广西师范大学硕士学位论文，2010.

[4] 王志军，陈丽. 联通主义学习理论及其最新进展. 开放教育研究，2014(05).

[5] 曾稚妮. 中文社交问答网络社区中的情境学习——以"知乎"为例. 美国中文教师学会学报，2018(03).

[6] 张秀芹，贺玉珍. 网络实时文本交际互动中的同伴支架研究——与课堂互动相比较. 解放军外国语学院学报，2018(04).

[7] 周俊，毛湛文. 网络社区中用户的身份认同建构——以豆瓣网为例. 当代传播，2012(01).

领域大语言模型的国际中文教学应用*

李治强

北京语言大学 信息科学学院 100083
lizhiqiang@stu.swun.edu.cn

摘　要：在国际中文教育迎来数字化转型时代的背景下，本论文研究了大语言模型在该领域的应用。通过对领域大语言模型的概述以及国际中文教学应用场景的全面探讨，我们详细分析了其在教、学、管、评、测等场景中的关键作用，并对大语言模型在国际中文教育应用中面临的挑战进行了分析。本研究旨在为构建智慧教育生态提供支持，推动国际中文教育迈向高质量发展。

关键词：国际中文教育；领域大语言模型；教学应用；数字化转型

Application of Domain-Specific Large Language Models in International Chinese Language Teaching

Li Zhiqiang

College of Electrical Engineering, Beijing Language and Culture University, 100083

Abstract: In the context of the digital transformation era in international Chinese education, this paper investigates the application of large language models in this field. Through an overview of domain-specific large language models and a comprehensive exploration of scenarios in international Chinese teaching, we conduct a detailed analysis of their key roles in teaching, learning, management, evaluation, and assessment processes. Furthermore, we analyze the challenges faced by large language models in the context of their application in international Chinese education. This study aims to provide support for the construction of a smart education ecosystem and promote the high-quality development of international Chinese education.

Key words: international Chinese education; domain-specific large language models; teaching applications; digital transformation

0　引言

近年来，随着人工智能技术的飞速发展，大语言模型作为其中的一项重要成果引起了广泛关注。这些强大的模型，如 ChatGPT、Gemini、文心一言等，不仅在自然语言处理领域取得了显著的成就，也逐渐走进了教育的殿堂。2023 年《地平线报告（教与学版）》指出，应用于个性化学习的预测性人工智能和生成式人工智能将对高等教育教学产生重大影

---

* 本文受世界汉语教学学会全球中文教育主题学术活动计划"融合知识图谱与大语言模型的国际中文教育智能问答系统研究"（SH24Y23）；北京语言大学重大专项课题"基于微认证的国际中文教师数字素养提升路径及研修平台研究"（23ZDY02）的资助。

响。在国际中文教学领域，大语言模型展现出巨大的潜力，为教学提供了全新的可能性，正赋能国际中文教学的精准化教育、个性化学习、差异化管理、科学化评价。总之，人工智能技术必将推动国际中文教育数字化转型（徐娟、马瑞祾，2023a），进而推动国际中文教育的高质量发展。

大语言模型已经以其强大的自然语言处理能力和学习能力广泛应用于对话机器人、人机协同等教与学的场景中（方海光、李海芸，2022）。这类模型的核心原理在于深度学习，通过训练大规模的语言数据集，模型能够理解和生成自然语言，实现对文本的理解、生成和交互。国际中文教学领域已经推出了几款国际中文教育大模型，如桃李、庄周和夫子等大模型，为教育者和学习者提供了更加智能化的辅助工具。

然而，尽管领域大语言模型在国际中文教学应用中取得了一定的成果，但其发展仍面临着一系列挑战。这些挑战不仅涉及技术本身的局限性，还包括教育伦理、数据隐私等方面的问题。本文将对领域大语言模型的国际中文教学应用进行深入探讨，以期为进一步推动人工智能技术在智能化国际中文教学与国际中文教学数字化、现代化领域的发展提供新思路。

1 领域大语言模型概述

1.1 大语言模型概述

大语言模型是指包含数千亿以上参数的Transformer语言模型，这些模型在大规模文本数据上进行训练后，涌现出在小型模型中不存在的能力，如上下文学习、指令遵循和逐步推理等（ZHAO et al., 2023）。大多数大语言模型采用了Transformer架构，如图1所示，

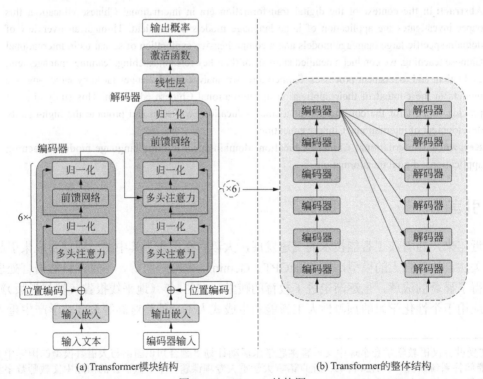

(a) Transformer模块结构　　　　　　　　　(b) Transformer的整体结构

图1　Transformer结构图

这是一种由自注意力机制（Self-Attention Mechanism）构成的深度神经网络结构，由编码器（Encoder）和解码器（Decoder）构成（VASWANI et al., 2017）。在 Transformer 模型中，编码器通过处理序列化形式的文本来理解和提取输入文本中的相关信息。例如单词或字符，并且用自注意力机制（Self-Attention）来理解文本中的上下文关系。

编码器的输出是输入文本的连续表示，通常称为嵌入（Embedding）。这种嵌入包含了编码器从文本中提取的所有有用信息，并以一种可以被模型处理的格式（通常是高维向量）表示。这个嵌入会被传递给解码器。解码器的任务是根据从编码器接收到的嵌入来生成翻译后的文本（目标语言）。解码器也使用自注意力机制，以及编码器—解码器注意力机制，来生成翻译的文本。

基于以上结构，目前大模型主要分为三种类型，分别为：只有编码器（Encoder-only）的结构，只有解码器（Decoder-only）的结构，编码器结合解码器（Encoder-Decoder）的结构（刘明等，2023）。这三种结构对应的大型语言模型分别是 BERT、GPT-3 和 BART。

1.2　领域大语言模型

领域大语言模型是在特定领域的大规模数据上进行训练的语言模型，相对于通用性语言模型，它更具有理解和处理特定领域语境、术语和任务的能力。目前，构建领域大模型的方法可分为两类：第一类使用领域数据对通用模型进行继续训练、微调等一系列改变模型权重的方法；第二类在不改变通用大模型权重的基础上，通过提示（Prompt）注入领域知识或者利用外挂数据库的方式（黄文灏，2023）。解决领域问题的主要方法包括：

（1）混合通用数据和领域数据重新训练：根据现有大模型结构构造新的大模型结构，将通用数据和领域数据混合起来，重新训练一个与通用大模型大小相当的模型，但这需要消耗相当大的资源。

（2）指令微调通用模型：在已有通用模型的基础上进行指令微调（SFT），这种方法可以快速获得令人满意的结果，是最为常用的方法，但该方法提高上限相对困难。

（3）二次预训练通用大语言模型：基于目前已有的通用大语言模型，在其基础上进行二次预训练，但该方法的效果与基于指令微调的模型相当。

（4）领域知识库与通用大模型结合：通过结合领域知识库与通用大模型，在领域知识库中查找相关信息，然后利用通用大模型的总结和 Q&A 能力生成回复。

（5）利用上下文学习领域提示：利用大模型上下文学习的能力，通过构造与领域相关的提示，由通用大模型直接生成回复。

通常需要组合使用以上几种做法，才能构建更好地解决领域问题的大模型（黄文灏，2023）。

1.3　国际中文教育的领域大语言模型案例

表 1 总结了目前国际中文教育领域的大语言模型：

"桃李"（Taoli）1.0：由北京语言大学、清华大学、东北大学、北京交通大学合作完成，采用 LLaMA-7B 作为基座模型。该模型在通用领域和国际中文教育领域进行了指令微调，能够为学习者提供水平相关反馈，模拟真实的语言交际场景。具备文本纠错和作文评分功能，同时支持国际中文教师整合教学资料，以提升教学质量。

庄周大模型：涵盖 AI 数字课堂、数字人教师、AI 助教和智能伴学等场景。在 AI 数字课堂中，通过虚拟"数字人教师"与现场教学老师协作，使课堂更加生动活泼。AI 助教支持教案制作、作业批改和教学计划制订，可以减轻教师工作负担。在智能伴学中，提供口语陪练、知识讲解等服务，并制订个性化学习计划，24 小时陪伴学习者进行中文学习。

夫子大模型：由电信开发的汉语对话大模型，在 2023 年"世界中文大会"上发布。通过大模型技术和数字人技术，模拟真实的汉语交流场景，使学习者能够随时与"夫子"进行自然流畅的对话练习，可以实现面对面汉语学习的沉浸式体验。

目前，国际中文领域的大型语言模型正处于开发和测试阶段，与此同时，相关的上层应用产品也正在不断地进行进一步开发。为了更好地理解这一领域的大模型应用，下文我们将通过提供同类大型模型在国际中文教学中的应用案例进行阐述。

表 1　国际中文领域大语言模型汇总

模型	简介	功能描述
"桃李"（Taoli）1.0[①]	由北京语言大学、清华大学、东北大学、北京交通大学合作完成的大语言模型	提供个性化、智能化的汉语学习指导
庄周	元中文数字科技有限公司研发	提供"数字课堂""数字孪生教师""智能伴学"等功能
夫子	由电信开发，并于 2023 年"世界中文大会"上发布	结合大模型技术和数字人技术的智能汉语对话系统

2　领域大语言模型的国际中文教学应用场景

随着大语言模型技术的快速发展，其在国际中文教育领域的广泛应用呈现出多样化和富有前景的场景。这一技术的引入为国际中文教学注入了新的活力，为教学提供了创新性的支持。本文将从国际中文教育的不同场景出发，对领域大语言模型在教、学、管、评、测等场景中的作用进行详细探讨。

2.1　教学过程方面

在教学过程中，领域大语言模型扮演着信息获取的关键角色，可以为教师提供丰富的资源和信息，从而增强教学内容的吸引力和实用性。"桃李"大模型可以提供教学思路，方便国际中文教师整合教学资料，从而提升教学质量。例如，该模型能够辅助生成教学过程中所需的教案，展示幻灯片中的例句，提供课外素材等。此外，在世界中文大会上，桃李中文也展示了业界首款基于大语言模型的出题助手，为国际中文教育领域带来了更先进的技术支持。同时，大语言模型还能为学习者创设情景，通过模拟真实对话场景（马瑞祾、梁宇，2023）等方式促进语言交流和实际运用，从而增强学习者的语言能力。例如，

[①] 该项目资源可通过以下方式获取：https://github.com/blcuicall/taoli。

"桃李"可根据学习者的情况作出反馈,如在与汉语水平等级为三级的学习者对话时,将语言难度控制在三级以内,助力学习者模拟真实的语言交际场景;夫子大模型利用数字人技术可以与学习者实现面对面的沉浸式中文学习体验;庄周大模型则可以在课堂上通过虚拟的"数字人教师"协同现场教学老师,互动解答学习者问题,引导学习者参与各种课堂互动活动,使课堂教学更加生动活泼。目前,这些大模型技术的应用产品仍在不断进行进一步开发和完善。

2.2 学习支持方面

领域大语言模型为学习者提供了全新的学习方式。通过与模型互动,学习者能够获得个性化的学习建议、语法纠正等反馈,从而更高效地掌握中文语言技能。领域大语言模型能够确保每位学习者都有符合其"最近发展区"的目标。"桃李"大模型具有文本纠错功能,能够进行最小改动纠错和流利提升纠错,同时能深入分析错误原因。此外,模型还具备作文评分功能,能够自动评估学习者的作文水平,为学习者提供及时的专业支持。在作文批改中,EduChat(DAN et al., 2023)大语言模型也能用于作文评估,提供综合评分、级别评分,并对内容、表达、段落等方面进行详细评论。这些大模型能够在中文写作的各个方面为学习者提供及时和专业的支持,从而促进学习者中文写作技能的提升。在个性化学习支持方面,Taoli APP整合了大语言模型的功能,具备智能辅导的能力。通过对用户学习历史和水平的分析,Taoli APP能够制订个性化的学习计划,提供实时、个性化的语言辅导,从而帮助用户更深入地理解中文语法和词汇。这种个性化学习计划的制订,使中文学习过程更加高效和有针对性。在AI口语学伴方面,庄周大模型可以化身智能伴学为学习者提供口语陪练、知识讲解等服务,并可以为学习者安排学习计划。通过与大模型互动,学习者可以随时随地提高中文口语表达的能力。其应用产品在进一步开发中,如图2(a)所示,在e学中文平台中,用户可以亲身体验到类似的AI中文语伴服务。

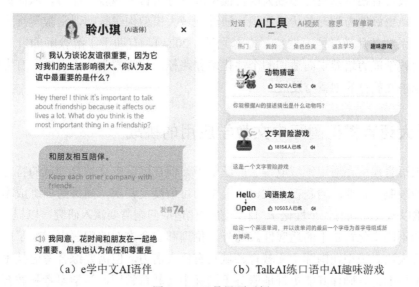

(a)e学中文AI语伴　　　　(b)TalkAI练口语中AI趣味游戏

图2　AI工具界面示例

2.3 评估与测试方面

领域大语言模型的引入将为评估与测试带来全新的范式。传统的语言学习评估通常受限于对特定内容的粗粒度分析，而领域大语言模型的应用能够更全面、细致地评估学习者的语言水平和应用能力。以 TalkAI 练口语为例，图 2(b) 展示了其 AI 趣味游戏功能，通过模拟中文对话、填空游戏等形式，领域大语言模型为评估提供了更加灵活的手段。这种个性化的测试方法不仅能够更准确地衡量学习者的听、说、读、写能力，还能深入评估其在实际语境中的运用情况。考虑到国际中文教育的多样性，这种灵活性尤为重要，因为学习者可能来自不同语境、文化背景，而领域大语言模型的多样性和适应性使其能够更好地适应这种多样性。领域大语言模型可以为教育者提供更多关于学习者学习过程和理解水平的数据。通过分析学习者与模型的互动，教育者可以了解学习者在不同语言领域的强项和薄弱点，进而制订更具针对性的教学计划。这种个性化的评估不仅有助于学习者更好地理解自己的学习需求，也为教育者提供了更有针对性的教学策略。

2.4 教育管理方面

在国际中文教育领域，特别是在面向不同语言背景学习者的情况下，大语言模型的引入可以更好地支持多元文化和多语言学习环境。模型能够根据学习者的语言水平和文化背景，提供定制化的学习建议，进一步优化教育管理的效果。国际中文教育者通过领域大语言模型准确获取学习者的需求信息，从而更有效地制订个性化的教学计划。以更细致地了解学习者的学习状况，包括其中文语言水平、中文理解、学习偏好等方面的信息。同时，教育者可以利用模型分析学习者在学习过程中的表现，了解其掌握的知识点和存在的困难，为每位学习者量身定制教学方案。这种个性化的管理方式有助于提高学习者的学习兴趣和自信心，使他们更加愿意参与到学习中文的过程中。

此外，教育者还可以通过领域大语言模型准确分析自身的教学能力，从而提升教育者的专业水平，更好地为学习者传播知识。通过领域大模型构建教师课堂教学行为与教学能力的映射关系和教师教学能力框架（方海光等，2024），有助于了解教师的发展偏好，确保教育者的教学能力培养走向适切的个性化培养路径。这为教学改进提供了有力的支持，推动了国际中文教育的创新与发展。

3 领域大语言模型国际中文教学应用的挑战

尽管大语言模型在通用领域取得了广泛认可，但在国际中文教育领域的特定应用仍面临多方面的限制。首要的问题在于大语言模型的可信度，其次，高昂的训练成本使其在实际应用中难以普及。同时，个性化学习和社会文化适应问题需要深入研究，以提高模型在不同学习者和不同文化背景下的适应性。此外，伦理和安全方面的问题也引起了广泛关注。因此，尽管大语言模型在国际中文教育领域具有巨大潜力，但需要综合考虑技术、教育和伦理等多个层面，以确保其能更好地服务于国际中文教育领域，为学习者和教育者提供更安全、可靠、个性化的学习体验。

3.1 可信问题

对于以其他语言为母语的学习者而言,理解中文本身就是一项具有挑战性的任务,更不用说在这个过程中判断信息的真实性(徐娟、马瑞棱,2023b)。误导性信息的输入不仅会对学习者的知识构建产生负面影响,还可能对其学习效果和思维方式造成不良影响(吴丰华、韩文龙,2024)。因此,确保大型语言模型生成的内容准确可靠显得至关重要。

在国际中文领域大模型中,应用 GopherCite(MENICK et al., 2022)语言模型或采用结合领域知识图谱等方法,有助于生成针对问题的答案文本。除了提供答案之外,系统还能标示这些答案的依据,并"引用"具体证据及其出处。通过这种方式,不仅可以提高答案的可信度,还能使学习者更好地理解和信任所获取的信息。通过以上方法可以为国际中文教育提供更为可靠和有效的学习资源。

3.2 训练成本高与落地困难

大语言模型训练成本较高,技术上的一些限制使其在实际应用落地中面临较大的困难。例如,GPT-3 参数量达到 1750 亿,其训练一次的成本约 140 万美元(刘高畅、杨然,2023)。在国际中文教育领域,为确保模型对多样化学习者的适应性,需要进行大规模的训练,这导致了昂贵的训练成本。同时,技术方面的限制可能影响模型在特定语境和文化环境中的性能,这进一步增加了在实际教学场景中成功应用的挑战。这些训练成本和技术限制的存在使得大语言模型在国际中文教学中的引入变得更为复杂,需要仔细权衡成本与效益,以确保其在面向国际学习者的实际教育环境中能够取得良好的效果。因此,我们需要在技术创新和成本效益之间找到平衡,以推动大语言模型在国际中文教学应用中的更为广泛的应用。

3.3 个性化学习与社会文化适应问题

在国际中文教学应用中,大语言模型的运用涉及个性化学习、模型偏见、文化差异以及社会文化适应等多方面的问题。由于学习者在语言学习方面的差异性,大语言模型在满足不同学习者个体需求方面可能存在一定的困难。个性化学习的实现需要模型具备更高的适应性,能够准确捕捉学习者的学习风格、水平和兴趣,以提供更具针对性的学习建议和资源。

此外,大语言模型的训练阶段需要收集来自不同文化背景的数据,但在处理数据的过程中可能存在偏见等问题,导致模型在处理不同文化的语言时表现不一致,如在训练模型时引入种族歧视或是训练数据不平衡等情况。因此,解决模型偏见需要细致挖掘和调整模型的训练数据,以确保其对不同文化的语言使用能够更为敏感和准确。同时,文化差异(焦阳,2024)与社会文化适应问题也是大语言模型在国际中文教学中面临的挑战之一。模型的设计需要考虑到不同地区、国家甚至不同群体的文化背景、语言习惯等因素,以便为广泛而多样的学习者提供更具针对性的学习支持。领域大语言模型需要综合考虑以上问题,通过深化研究和技术改进来不断提升模型在多元化教学场景中的适应性和效果。这将为国际中文教育领域带来更为全面和优质的语言学习体验。

3.4 伦理风险与安全问题

在国际中文教学应用中，大语言模型所面临的伦理风险（徐娟、马瑞祾，2023b）与安全问题备受关注。虽然大语言模型在语言生成、问题解答和教学内容创作等方面拥有巨大的潜力，但其普及与应用也带来了一系列伦理风险和安全隐患。个人隐私的保护成为一项重要的议题。这些模型需要处理大量的个人数据，包括学习者的学习记录、个人偏好以及教育者的教学方法等信息。如何确保这些敏感数据的安全性和隐私性，成为迫切需要解决的问题。不当的数据使用、泄露或滥用可能会对学习者和教育者的权益造成损害。解决这些问题需要各方的共同努力，包括技术研发者、机构、政府监管部门以及社会公众。只有通过加强监管、制定规范、加强技术研发和提升用户安全意识等综合措施，才能有效应对大语言模型在国际中文教学中可能带来的伦理风险与安全问题，确保其在国际中文教育领域的健康发展和应用。

4 总结

在当前国际中文教育数字化转型浪潮的推动下，本文以领域大语言模型为研究切入点，通过对大型模型的概述以及其在国际中文教学应用场景中的考察，发现这些模型在国际中文教育领域中拥有巨大的潜力，然而，实际应用中存在一系列挑战，包括但不限于模型的可信性问题、文化背景的差异以及技术尚未成熟等方面。未来的研究和实践需要更深入地关注这些挑战，以更好地充分发挥大型模型在国际中文教学中的价值。在持续深化技术研究的同时，注重教学方法的创新和实践经验的总结，将有助于推动领域大型模型在国际中文教育中的更为全面和可持续的应用。在新时代技术浪潮的推动下，我们既需要利用数字技术的优势，又需要明确育人本位，使技术成为推动国际中文教学数字化转型和高质量发展的驱动力。

参考文献

[1] DAN Y, LEI Z, GU Y, et al. Educhat: A large-scale language model-based chatbot system for intelligent education. *ArXiv Preprint ArXiv*, 2023.

[2] MENICK J, TREBACZ M, MIKULIK V, et al. Teaching language models to support answers with verified quotes. *ArXiv Preprint ArXiv*, 2022.

[3] VASWANI A, SHAZEER N, PARMAR N, et al. Attention is all you need. *Advances in Neural Information Processing Systems*, 2017(30).

[4] ZHAO WX, ZHOU K, LI J, et al. A Survey of Large Language Models. *ArXiv Preprint ArXiv*, 2023.

[5] 方海光，洪心，舒丽丽，王显闯. 基于课堂智能分析大模型的教师教学能力分析框架及其应用研究. 现代教育技术，2024(02).

[6] 方海光，李海芸. 人机协同课堂教学理论与实践研究. 中国现代教育装备，2022(04).

[7] 焦阳. 高校国际中文教育跨文化传播策略探讨. 教育教学论坛，2024(02).

[8] 黄文灏. 对行业大模型的思考. https://zhuanlan.zhihu.com/p/643805698，2023.

[9] 刘明，吴忠明，廖剑，任伊灵，苏逸飞. 大语言模型的教育应用：原理，现状与挑战——从轻量级 BERT 到对话式 ChatGPT. 现代教育技术，2023(08).

[10] 刘高畅，杨然. ChatGPT 需要多少算力. https://www.fxbaogao.com/report?id=3565665，2023.

[11] 马瑞祾，梁宇. 国际中文教育数字化转型的三重逻辑——从 ChatGPT 谈起. 河南大学学报(社会科学版)，2023(05).

[12] 吴丰华，韩文龙. 大型语言模型对高等教育的影响与中国应对. 高等理科教育，2024(01).

[13] 徐娟，马瑞祾. ChatGPT 浪潮下国际中文教育的技术变革. 国际汉语教学研究，2023a(02).

[14] 徐娟，马瑞祾. 数字化转型赋能国际中文教育高质量发展. 电化教育研究，2023b(10).

语音学与计算机辅助结合训练香港特区的少数族裔小学生听辨普通话语音[*]

李彬[1] 卢盈[2] 蔺荪[3] 钱芳[4]

[1,2,3] 香港城市大学　[4] 香港伍伦贡学院

[1] binli2@cityu.edu.hk　[2] ylu257-c@my.cityu.edu.hk　[3] ctslun@cityu.edu.hk　[4] fchin@uow.edu.au

摘　要：香港特区的少数族裔非华语小学生学习普通话发音困难重重。本研究利用语音软件调制辅音和声调的声学参数，设计了范畴感知实验来检验他们如何感知普通话的语音。我们借助网络平台生成简易语音任务方案，学生们在平板电脑上完成了一周的听辨训练。他们训练前后的感知曲线有明显不同，训练后的表现更接近普通话人群，而且学习成果可以运用于新的语音环境中。非华语学童学习普通话语音遇到的感知难题可能是因为本地缺少语音输入或者是受他们母语语音的影响。有针对性的听感训练可以帮助他们克服语音学习过程中遇到的困难。本研究的设计和成果能辅助制定、设计面向学童们的普通语音教学和训练材料，让他们能够在校内校外持续学习普通话，从而更好地融入华语大环境。

关键词：香港少数族裔学童；非华语；普通话语音；语音感知；计算机辅助语音训练

Incorporating Phonetics and Computer-Assisted Tools in Training Ethnic Minority Pupils in Hong Kong to Distinguish Putonghua Speech Sounds

Li Bin[1]　Lu Ying[2]　Lin Sun[3]　Qian Fang[4]

[1,2,3] City University of Hong Kong　[4] UOW College Hong Kong

Abstract: This study examined perception of Putonghua speech sounds by non-Chinese-speaking (NCS) pupils in Hong Kong S.A.R., and assessed effectiveness of an online auditory training by incorporating paradigms of categorical perception. We first identified most challenging contrasts of consonants and tones based on pronunciation test results for NCS students who are from Southeast Asia. Then, we generated continua of speech sounds by modifying parameters of phonetic cues to distinguishing the selected sounds. With supervision of teachers and family support, NCS students completed a week-long phonetic training hosted on an online platform. Their perceptual performance was significantly improved after training, which approached that among native speakers of Putonghua. NCS students' pronunciation of Putonghua is under the influence of their first languages, and also limited by insufficient exposure or practice outside classroom. Therefore, we propose using

---

[*] 本研究获得香港语常委基金项目（EDB（LE）/P&R/EL/203/18）和香港城市大学 TDG 项目（6000807）共同资助。我们感谢香港道教联合会云泉小学、伊斯兰鲍伯涛纪念小学的老师和学生们的积极参与。本文通信作者为李彬、钱芳。

phonetics-informed listening tasks to help them overcome perceptual difficulties, which in turn will lead to improvement in pronunciation and help them assimilate in the Chinese-speaking society.

Key words: southeast Asian pupils in Hong Kong S.A.R.; non-Chinese speaking; Putonghua phonetics; speech perception; computer-assisted auditory training

0 背景

香港特区的少数族裔（也称非华裔或非华语族裔）主要来自南亚及东南亚国家如巴基斯坦、菲律宾、印度尼西亚等；这些族群人口在2010年到2021年上升了37%，同期华人仅增加了3%（政府统计处，2021）。少数族裔在融入社会、升学及就业等方面遇到不少挑战，而语言障碍是核心问题（谢锡金、祁永华、岑绍基，2012；关之英，2014；Li, Li & Hua, 2022）。

香港特区政府现行的语言政策是"两文三语"①，这是特区教学方针的基础，奠定了普通话的语言地位。随着跨境跨地区交往的加强，普通话作为国家通用语在特区人群中的需求日益提高。为了迎接即将到来的"普教中"②，更好地融入以华人为主的社会，学习普通话已成为非华语小学生的重要任务。

1 文献回顾和研究问题

第二语言学习会受到多方面因素的影响，包括母语知识以及二语输入等（Mackey & Gass, 2022）。香港的少数族裔非华语学童母语主要有乌尔都语、印尼语、菲律宾语、泰语等，与汉语分属于不同的语言体系，多数不使用声调。非声调语言背景的学生在学习汉语的时候，声调和某些咝音③是难点（Hallé, Chang & Best, 2004；Mok & Lee, 2018）；但这方面的研究针对少数族裔学生的关注较少，且多侧重粤语语音习得（Yao et al., 2020；Yu et al., 2022）。近年来，随着"一带一路"的实施，对非西方语系的普通话学习者，特别是南亚、东南亚裔人群的关注也渐渐加强（常乐、刘飞、董睿，2015；Chen & Qian, 2023）。香港南亚裔非华语学童在校普通话课时有限，校外接触的机会又少，同时受家庭等因素的影响，其普通话水平一直不尽如人意（Hua, Li & Li, 2023），而且发音错误较多，无法应对简单交流。

二语语音习得中听感发展极为重要，一般认为感知不到的语音也无法正确产出（Flege & Bohn, 2021）。根据前期对非华语学童普通话摸底测试的调研（Lu, He, Li, & Chin, 2023），我们确定了他们学习辅音和声调时的主要挑战：辅音的送气和发音位置、声调的第四声和第三声。普通话有三对发音位置不同的塞擦音又以送气区分，这在世界语音系统中较少见，是二语学习的难点（Li, Shao & Oh, 2012）。普通话的四个声调主要以调型区分，二语学习者常混淆第一、第四声，或第二、第三声（Li, Shao & Bao, 2016）。但是听感困难可以通过有针对性的语音训练来克服（Wayland & Li, 2008）。

---

① 两文指书写形式的中文和英文，三语即口头交际使用的英语、粤语及普通话。
② 用普通话教授中文科。
③ 有些擦音和塞擦音发音时气流受挤压、摩擦发出咝咝声，如英语/s/、/ʃ/和普通话/ts/、/ʂ/、/ɕ/。

根据第二语言习得的理论和少数族裔非华语学童的语音实证,我们提出两个研究问题。

第一,学童听辨普通话语音是否存在所预测的困难?

第二,短期的语音训练是否能够提高他们的听感能力?

针对上述研究问题,我们设计了范畴感知实验和为期一周的线上听感训练。

2 实验设计

2.1 被试

香港在读的 31 名南亚裔非华语小学生(学童组)参加了实验。他们的年龄在 10~12 岁,他们的母语包括乌尔都语、北印度语、印尼语、尼泊尔语等;英语流利,日常交际顺畅;熟悉常用粤语词汇,但不能进行流利的交际;普通话刚刚入门,每周课堂学习 1 小时。对照组为 8 名成人普通话母语者(母语组),年龄在 24~29 岁。

2.2 听觉刺激

语音研究对象包括/k-kʰ/、/tɕ-tɕʰ/,以及声调对/T1-T4/、/T2-T3/。通过修改语音的主要区别特征,我们合成了语音变化连续统,用于听感测试和训练。

辅音对的语音样本是普通话成人女发音人录制的四个自然音节:/ka/嘎 gā、/kʰa/咔 kā 以及/tɕja/家 jiā、/tɕʰja/掐 qiā。塞音和塞擦音的嗓音起始时间是感知清浊、送气的重要声学线索(Ladefoged & Johnson,2011)。普通话/k/、/kʰ/、/tɕ/、/tɕʰ/的平均值分别为 23ms,110ms, 54ms, 142ms(陈嘉猷、鲍怀翘、郑玉玲,2002),我们据此修改了样本的起始时间长短,合成了等步长的语音变体,组成两套辅音连续统,即由/ka/到/kʰa/和/tɕja/到/tɕʰja/的渐变。语音合成在计算机软件 Praat(Boersma & Weenink,2024)上配合脚本(Winn,2020)完成。图 1 为两个辅音连续统中终端信号的频谱图及波形图。

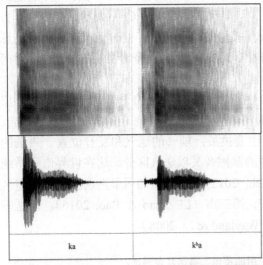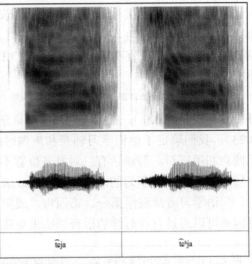

图 1 辅音连续统两端刺激频谱图及波形图
(左侧:/ka-kʰa/;右侧:/tɕja-tɕʰja/)

实验中声调样本来自女发音人的两个自然音节：/pa1/八 bā 以及/tɕy2/局 jú。普通话声调的主要区别特征是调型，听感上时长也有一定影响（林焘、王理嘉，1992）。我们借助脚本修改了调值和时长，生成了两套等步长变体的声调连续统：第一声到第四声，即/T1-T4/，降低终点基频、缩短元音段时长；第二声到第三声，即/T2-T3/，降低拐点和终点基频，增加元音时长。

2.3 任务

听感测试采用范畴感知范式，包括辨认和区分两个任务。辨认测试每次播放一个语音，被试在两个选项里作答，共需完成 56 个辅音题和 42 个声调题。区分测试每次播放两个音，它们是连续统上相差两步的两个音。实验中每对音间隔 500ms。被试判断两个音相同还是不同，共需完成辅音的 41 个区分题和 6 个填充题，声调的 36 个区分题和 4 个填充题。

听感训练采用区分任务。根据母语者的范畴感知结果，选取"范畴内"和"范畴间"语音对，顺序和逆序重复 5 遍。被试判断每对的音相同还是不同，作答后有正误提示；若错误，会重复播放一遍题目，然后自动进入下一题。

训练后的测试采用辨认和泛化应用任务。后测的辨认任务与前测相同，泛化应用任务也采用辨认测试，但使用包含新元音的辅音声调组合（见表1）。泛化应用任务需完成 48 个辨认题。

表 1　泛化应用测试刺激对

/k-kʰ/	/tɕ-tɕʰ/	T1-T4	T2-T3
该—开（T1）	交—敲（T1）	趴—怕	牙—哑
格—壳（T2）	极—齐（T2）	鸡—记	钱—浅
巩—恐（T3）	卷—犬（T3）	催—脆	熟—署
顾—裤（T4）	借—窃（T4）	屈—去	雷—垒

2.4 实验流程

实验为期一周，包括前测、训练、后测，如图 2 所示。

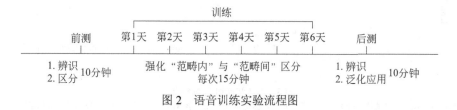

图 2　语音训练实验流程图

前测、后测由平台 Qualtrics（2024）实现。测试前有练习环节，确保被试理解任务要求和操作。训练由平台 PsyToolkit（Stoet，2010，2017）实现。学童组完成整套实验，对照组完成前测。学童组在老师监督下，用平板电脑完成任务。我们随后计算了前后测辨识曲线、区分曲线，连续统终端音的辨认准确度以及泛化应用准确度。

3 结果分析及讨论

3.1 辅音的感知结果

图 3 显示的是/k-kʰ/的前后测结果。首先,前测实验中,学童组和母语组的听感边界位置接近,即两组辨认率达到 50% 所对应的刺激位置接近,位于 4、5 之间。但是,学童组听辨连续统终端音(刺激 1 与刺激 9:/ka/和/kʰa/)的准确度低于母语组:母语者全对,而学童组/ka/为 86.02%,/kʰa/为 92.47%。其次,两组的前测区分顶峰位置不同,即判断为"不同"最多的刺激对所在的位置不同:母语组位于刺激 4~6,而学童组位于 3~5。同时,顶峰区分率也差别明显:母语组达到 83.33%,即大部分人认为听感边界两侧的音听起来不同;学童组仅为 52.42%,即只有约一半人认为边界两侧的音听起来不同。

再来看后测结果。首先,辨认边界位置未变,学童组的边界仍位于刺激 4、5 之间。连续统终端音的辨认准确度相比前测大幅提高,/ka/达到 96.55%,/kʰa/为 100%。其次,泛化应用准确率高,/k/为 88.71%,/kʰ/达到 98.12%。学童组接受训练的元音环境为/a/,后测增加了新元音,他们依然能准确听辨,特别是送气辅音/kʰ/已经接近母语者水平。总的来说,学童组的/k-kʰ/感知呈现范畴化趋势,接近母语者;训练后正确率大幅提高,而且能学以致用。

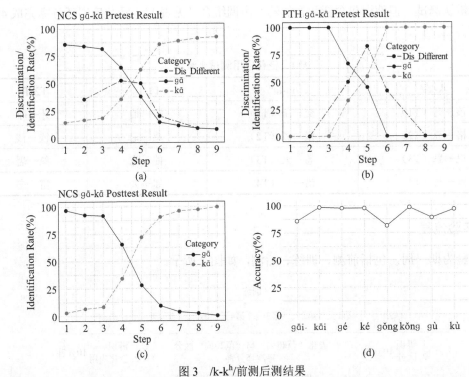

图 3 /k-kʰ/前测后测结果

(a)学童组前测辨识、区分曲线;(b)母语组前测辨识、区分曲线;(c)学童组后测辨识曲线;(d)学童组后测泛化应用准确率

图 4 显示的是辅音对/tɕja-tɕʰja/的感知结果。首先,前测里学童组和母语组的辨认边界位置明显不同:前者位于刺激 6、7 之间,后者位于 4、5 之间。连续统终端音的辨认准确度两组相差较大:母语者全对,学童组的/tɕja/为 82.14%、/tɕʰja/为 76.19%。其次,区分的顶峰位置也不同:母语组位于刺激 4~6,学童组位于 5~7。而且,两组的顶峰位置区

分率也相差极大：母语组为 83.33%，学童组仅为 34.82%。

再来看学童组的后测结果。首先，辨认的边界位置明显改变：由前测的 6、7 之间向左移动至 5、6 之间，更接近母语者。而且，连续统终端音的辨认准确度也大幅提高，/tɕja/ 达到 93.33%，/tɕʰa/ 为 88.99%。其次，泛化应用中，在新环境下感知 /tɕ/ 的准确率为 90.59%，/tɕʰ/ 为 82.53%。

总的来说，学童组在 /tɕj-tɕjʰ/ 的前测中有类似范畴化感知的趋势，但与母语组相差较大。但经过短期训练，他们的感知正确率大幅提高，更接近母语者；他们还能把训练成果应用到新语音环境中，听辨不送气辅音 /tɕj/ 的提高更明显。

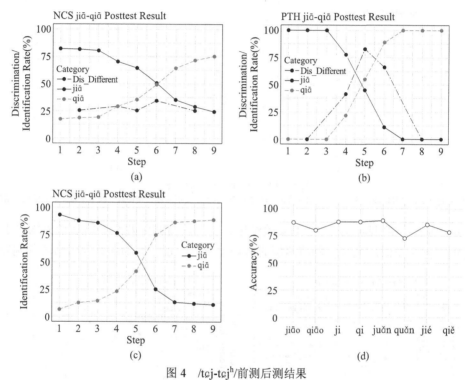

图 4 /tɕj-tɕjʰ/ 前测后测结果

(a) 学童组前测辨识、区分曲线；(b) 母语组前测辨识、区分曲线；(c) 学童组后测辨识曲线；(d) 学童组后测泛化应用准确率

3.2 声调的感知结果

图 5 显示的是声调对 T1—T4 的结果。首先，前测中普通话母语组的辨认边界位于刺激 3、4 之间，而学童组没有明显的范畴感知曲线。而且，连续统终端音的辨认准确度两组相差较大，母语组全对，学童组 /pa1/ 为 64.29%，/pa4/ 仅为 57.14%。其次，两组区分的顶峰位置虽然都位于刺激 2～4 之间，但区分率差别明显：母语组达到 87.5%，而学童组仅为 39.28%，且后者每对音区分度相差不大，说明他们无法准确区分普通话的一声、四声。

再来看后测的结果。首先，学童组的辨认结果呈现较清晰的范畴感知趋势，边界出现在刺激 3、4 之间，接近母语者。他们对连续统终端音的辨认准确度也大幅提高，/pa1/ 提高至 79.76%，/pa4/ 为 76.19%。其次，泛化应用中对第一声的识别准确率为 71.73%，四声为 57.14%。总的来说，学童组经过一周训练后虽然仍与母语者相差较大，但两个声调特别是一声的听辨准确率大幅提高，基本可以区分开一声、四声。

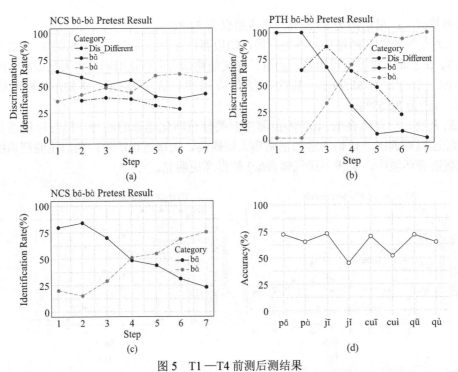

图 5 T1—T4 前测后测结果
(a) 学童组前测辨识、区分曲线；(b) 母语组前测辨识、区分曲线；(c) 学童组后测辨识曲线；(d) 学童组后测泛化应用准确率

图 6 显示的是声调对 T2—T3 的实验结果。首先，前测中两组的辨认边界均位于刺激 4、5 之间，但学童组连续统左侧前四步的辨识率没有区别，感知曲线与母语者差别较大。

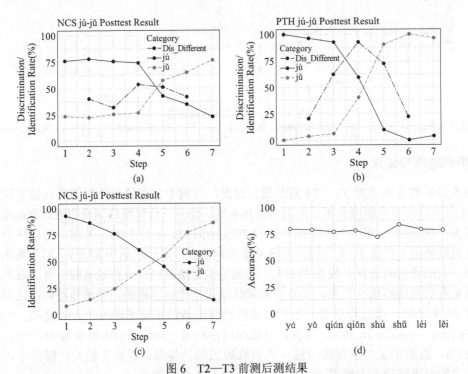

图 6 T2—T3 前测后测结果
(a) 学童组前测辨识、区分曲线；(b) 母语组前测辨识、区分曲线；(c) 学童组后测辨识曲线；(d) 学童组后测泛化应用准确率

此外，学童组辨认连续统终端音的准确度比母语组低：前者/tɕy2/为 76.39%，/tɕy3/为 76.39%；后者/tɕy2/为 100%，/tɕy3/为 96.67%。其次，区分测试中母语组的顶峰位于刺激 3~5 之间，辨识率为 92.5%；学童组的顶峰位置虽然接近但是边界两侧区分率仅为 53.26%。

训练后，学童组的辨认边界位置未变，但辨认曲线呈现更清晰的范畴化趋势，更接近母语者。感知终端音的准确度显著提升，/tɕy2/和/tɕy3/的正确率分别提高至 92.86%和 86.90%。在泛化应用中学童组对二声新字的识别准确率为 76.19%，三声新字提升到 79.17%。训练有效地提高了他们对第二、第三声的感知能力。

3.3 教学启发

普通话课堂中语音部分比重较小，而且课外练习机会少，这都不利于少数族裔非华语学生学习普通话，特别是初学者更难取得进步。这时，针对语音难点来训练听辨、带动习得则较为有效。非华语学生的母语语音和普通话的差异较大，例如声调存无和类别，这些可能导致他们对普通话语音不敏感或者感知错误。因此，可以根据学生的语言背景对比分析语音异同，设计听感教学，让他们了解语言间的差别，并通过训练来巩固语音知识。

本研究使用语音实验和计算机辅助方案，证明了短时间的线上训练能有效补充和丰富传统课堂语音教学，增加学习的灵活性。我们建议尝试开发互动性强和反馈即时的语音学习工具，帮助学生在课堂内外、自学中持续进步。

4 结语

香港特区的少数族裔非华语小学生学习普通话发音有困难，容易混淆塞音送气对立、塞擦音位置和声调类别。本文证明这些难点可以利用语音对比分析来预测、寻找根源。而且，语音声学和计算机辅助设计的短期语音训练能有效地提高他们的语音感知能力。因此，普通话语音教学可以从训练耳朵开始，利用语言学理论和科技手段来设计教材方案，更好地帮助非华语少数族裔人群学好普通话。

参考文献

[1] BOERSMA P & WEENINK D. Praat: doing phonetics by computer [Computer software] (version 6.4.07). http://www.praat.org/, 2024.

[2] CHEN Y & QIAN X X. Directing Attention in Perceptual Training for Urdu Speakers to Learn Chinese Consonants and Tones. *The international Symposium on Linguistics, Language Application Studies in the Big Data Era*, 6-8 June, 2023, Hong Kong.

[3] FLEGE J E & BOHN O S. The revised speech learning model (SLM-r). In R. WAYLAND (Ed.), *Second language speech learning: The oretical and empirical progress*, Cambridge: Cambridge University Press, 2021.

[4] HALLÉ P A, CHANG Y & BEST C T. Identification and discrimination of Mandarin Chinese tones by Mandarin Chinese vs. French listeners. *Journal of Phonetics*, 2004, 32(03), 395-421.

[5] HUA C, Li Y N, & LI B. Multilingual proficiencies and L1 attitudes of ethnic minority students in Hong Kong. *Journal of Multilingual and Multicultural Development*, 2023, 44(07): 589-607.

[6] LADEFOGED P & JOHNSON K. *A Course in Phonetics (6th ed.).* Boston, MA: Wadsworth, 2011.

[7] LI B, LI Y N & HUA C. Early experience and later multilingual attainments by ethnic minority students in Hong Kong. *Asia Pacific Journal of Education*, 2022, 42(02), 196-210.

[8] LI B, SHAO J & BAO M. Effects of phonetic similarity in the identification of Mandarin tones. *Journal of Psycholinguistic Research*, 2016, 46(01):107-124.

[9] LI B, SHAO J & OH S. Reciprocal perception of Chinese and Korean affricates and fricatives. *Proceedings of Meetings on Acoustics*, AIP Publishing, 2012, 15(01).

[10] LU Y, HE M S, LI B & CHIN F. Perception of Putonghua Consonants and Tones by Non-Chinese Speaking Primary School Students in Hong Kong. *The 2023 Annual Research Forum of the Linguistic Society of Hong Kong*, 2 December, 2023, Hong Kong.

[11] MACKEY A M & GASS S M. *Second Language Research Methodology and Design (3rd ed.)*, Routledge: New York, 2022.

[12] MOK P P K & LEE A. The acquisition of lexical tones by Cantonese–English bilingual children. *Journal of Child Language*, 2018, 45(06), 1357-1376.

[13] Qualtrics. Provo, Utah, USA. https://www.qualtrics.com, 2024.

[14] WAYLAND R & LI B. Effects of two training procedures in cross-language perception of tone. *Journal of Phonetics*, 2008, 36(02), 250-267.

[15] WINN M B. Manipulation of voice onset time in speech stimuli: A tutorial and flexible Praat script. *The Journal of the Acoustical Society of America*, 2020, *147*(02), 852-866.

[16] STOET G. PsyToolkit — A software package for programming psychological experiments using Linux. *Behavior Research Methods*, 2010, 42(04), 1096-1104.

[17] STOET G. PsyToolkit: A novel web-based method for running online questionnaires and reaction-time experiments. *Teaching of Psychology*, 2017, 44(01), 24-31.

[18] YAO Y, CHAN A, FUNG R, WU W L, LEUNG N, LEE S, & LUO J. Cantonese tone production in pre-school Urdu–Cantonese bilingual minority children. *International Journal of Bilingualism*, 2020, 24(04), 767-782.

[19] YU A C L, LEE C W T, LAN C & MOK P. A new system of Cantonese tones? Tone perception and production in Hong Kong South Asian Cantonese. Language and Speech, 2022, 65(03), 625-649.

[20] 常乐，刘飞，董睿. 巴基斯坦留学生汉语声调习得实验研究. 语文建设，2015(14).

[21] 陈嘉猷，鲍怀翘，郑玉玲. 普通话中塞音、塞擦音、嗓音起始时间(VOT)初探. 中国声学学会2002年全国声学学术会议论文集.《声学技术》编辑部，2002.

[22] 关之英. 香港中国语文教学(非华语学生)的迷思. 中国语文通讯，2014 (01).

[23] 林焘，王理嘉. 语音学教程. 北京：北京大学出版社，1992.

[24] 谢锡金，祁永华，岑绍基. 非华语学生的中文学与教：课程、教材、教法与评估. 香港：香港大学出版社，2012.

[25] 政府统计处. 2021年人口普查简要报告. 香港：政府统计处，2021.

基于"希沃白板5"的国际中文语法教学交互式微课设计

叶殊未[1]　包文静[2]

[1,2]新疆大学 国际文化交流学院 830046
[1] 1064047720@qq.com　[2] 254195468@qq.com

摘　要："希沃白板5"是一款专门针对教学场景设计的互动课件工具，其内嵌软件"知识胶囊"提供简便、高效的交互式微课录制功能。"希沃白板5"的交互课件、多端兼容、平台共享、学情反馈等功能够有效满足交互式教学、趣味化教学和泛在学习等教学需求。本文基于"希沃白板5"和"知识胶囊"的微课录制功能，以国际中文初级语法点——结构助词"的"为例，尝试进行交互式微课设计，以期为国际中文交互式微课的开发提供参考。

关键词：国际中文教育；"希沃白板5"；交互式微课；结构助词"的"

Interactive Micro-lesson Design and Development for International Chinese Grammar Teaching based on "Seewo Board 5"

Ye Shuwei[1]　Bao Wenjing[2]

[1,2] College of International Cultural Exchange, Xinjiang University, 830046

Abstract: "Seewo Board 5" is an interactive courseware tool specifically designed for teaching scenarios, featuring the embedded software "Knowledge Capsule" that offers simple and efficient recording functions for interactive micro-lessons. The functionalities of "Seewo Board 5", including interactive courseware, multi-platform compatibility, platform sharing, and learning situation feedback, effectively meet the needs of interactive teaching, gamified teaching, and ubiquitous learning. This paper, following the constructivist learning theory, cognitive load theory, and the use and gratification theory in communication, takes the structural auxiliary word "的" as an example to introduce the design and development process of interactive micro-lessons, aiming to provide references for international Chinese teachers in designing interactive micro-lessons.

Key words: international Chinese education; "Seewo Board 5"; interactive micro-lessons; grammar teaching

0 引言

微课已经成为学习者学习知识与教学者传授知识的重要媒介。在国际中文教育领域，各类微课赛事、网络微课程的开发也证明了微课在国际中文教育领域所发挥的重要作用。交互式微课作为一种包含即时测验、巩固练习、评价反馈等环节的教学媒介，能够为智能教育提供泛在的、优质的、交互式的学习资源，因此，交互式微课资源有着广阔的应用前景（崔小洛，2015）。然而，目前，有关交互式教学设计的研究主要集中于中小学面授教学或远程在线教学，国际中文教育领域的交互式教学资源建设与开发的研究还较少（杨世鉴等，2016）。本文以国际中文初级语法点"结构助词'的'"为例，尝试运用"希沃白板 5"进行交互式微课的设计与开发，以期为国际中文教师开发交互式微课提供参考。

1 交互式微课和"希沃白板 5"概述

"交互式微课"是在原有微课的视频资源的基础上，利用技术手段增加交互功能，使学习者通过输入设备对视频资源的内容进行操作，让教学过程成为一种信息双向流通的过程的微课形式（崔烨，2017）。

"希沃白板 5"是一款专门针对教学场景设计的互动课件工具，其内嵌软件"知识胶囊"提供了简便、高效的交互式微课录制功能。"希沃白板 5"主要应用于中小学教育领域，为教师提供了创造性和互动性强的教学工具。利用该软件及"知识胶囊"制作的交互式微课具有高度的交互性，其中包括在微视频中嵌入游戏式练习，如单选、填空、匹配、分类、排序等多种题型以及丰富的游戏画面，能够有效满足交互式教学、趣味化教学等教学需求。此外，"知识胶囊"还提供学情反馈的信息，便于教师把握学习者的观课情况与答题详情。

基于该软件的以上优势，其在国际中文教育领域的应用具有一定的研究价值：首先，语法教学的目的在于让学生掌握语法知识，并提高学生利用汉语进行交际的能力，因此，在教学中对语言知识进行有意义的操练与练习是至关重要的。利用该软件制作的交互式微课提供交互式练习，有助于促进学习者对语法点的掌握，此外，趣味化的练习还能够让学生产生使用满足感，激发学生的学习兴趣。其次，该软件提供的学情反馈有利于教师即时了解学习者的学习情况，优化教学策略。

2 交互式微课的设计与开发

2.1 交互式微课的设计

2.1.1 教学设计

（1）前端分析

前端分析旨在通过对教学需求、内容及对象的深入剖析，明确教学目标，为教学过程的设计提供方向指导。本研究的教学对象为来自中亚的初级水平国际学生。大多数中亚学生学习中文的目的是与中国人做生意，因此比较在意中文学习的实用性和交际性。在中文学习中，这些学生通常表现出活泼外向的性格，喜欢积极参与课堂活动，对新事物接受能力强，学习反应敏捷。研究显示，大部分中亚学生对中文学习保持积极态度，也有部分学生对中文学习缺乏主动性（阿依提拉·阿布都热依木、古力娜·艾则孜，2011）。依据"使用与满足"理论，交互式微课设计需要精准满足中亚学生的实际需求。在设计开发过程中，注意融入实用的交互式练习、呈现积极有趣的教学内容，让学习者在学习中收获自我满足感。

（2）教学过程设计

交互式的练习与思维导图的设计体现了建构主义学习理论在交互式微课中的应用。学习者在完成一个阶段的学习后，对学习成果进行检测，并通过观看思维导图的线性展开复习学习内容，从而完成对所学知识的加工和内化（见表1）。

表1 教学过程设计

教学步骤		设计思路	教学方法与手段	时长
1. 课程导入		教师引导，利用"林娜的生日"这一话题引入新课内容	展示，启发诱导	15秒
2. 呈现新知识	情景举例	展示例句，辅以图片，让学生在例句中体会结构助词"的"的含义及用法	讲授法，启发诱导	50秒
	呈现语法点的相关知识	归纳结构助词"的"的词性、含义及用法	归纳法，展示	30秒
3. 交互式练习		在讲解语法规则后设置两道互动练习；在小结部分设置总结性习题	交互式教学	2分钟
4. 小结		归纳结构助词"的"的词性、含义及用法，用思维导图复习本课的所有重点内容	讲授法，归纳法	40秒

2.1.2 脚本设计

微视频的脚本设计，就是对视频要表现的教学内容的组合和规划，对各模块的版面和多媒体元素的组合与实现进行详细描述，为内容的整合提供全面的技术方案。交互式微课的脚本设计在此基础上增加了对交互内容的安排。

在进行交互式微课脚本设计时，要考虑学习者的认知负荷，降低交互任务中表征或者语义的复杂性，考虑学习者的注意力分离及冗余效应，对微课中呈现的各种元素进行精简，并最终将微课时长控制在3分钟左右。

2.1.3 交互设计

利用"希沃白板5"及"知识胶囊"制作的交互式微课主要通过添加"课堂活动"（见图1）及"习题"（见图2）两种形式实现交互。

"希沃白板5"的"课堂活动"功能提供了丰富多样的互动形式，如趣味分类、选词填空等。教师可根据需要调整活动样式，或自主设计独特的活动以更好地配合教学内容。同时，教师还可以利用课件界面作为答题背景设计客观题和主观题，并在微课剪辑环节添加"习题"以添加题目的交互式"按钮"。

图1 课堂活动

图2 添加习题

2.2 交互式微课的开发

2.2.1 素材收集

本文设计的交互式微课所需素材主要为多媒体素材和语料素材。在收集过程中要注意的是：保持多媒体素材风格的一致，从经典的汉语教材中选择例句，选择符合学习者认知水平的词汇。

2.2.2 内容整合

（1）制作课件

考虑到学习者的认知负荷，在设计课件样式时，以蓝、白、红三色为主要颜色，并将需呈现的图片和文本素材以精简的样式呈现，使课件整体呈现出简洁、明朗的风格。

（2）录制微课

微课的课件制作是在"希沃白板5"软件中完成的，而微课录制则需要使用"知识胶囊"。教师点击运行"知识胶囊"后，根据需要选择录屏范畴，调试完毕麦克风与摄像头即进入录制环节。完成录制后，需对微视频进行剪辑。这个环节的重要任务是确保视频内容流畅无误并添加交互性。针对前者，"知识胶囊"支持通过删除文字智能剪辑视频，无须将录制的视频源文件从头播放到尾标记需要进行剪辑的时间点。针对后者，主要通过从课件导入"课堂活动"以及添加"习题"两种途径实现。

微课视频播放到互动点时，会自动暂停播放，出现游戏练习界面，学习者作答后点击"提交答案"即可看到正确答案，对不了解的知识可以返回重新观看，每播放一遍微课，互动点的练习都可以重新进行。完成练习后，点击"继续"，微课会自动播放后续片段，流程如图3所示。

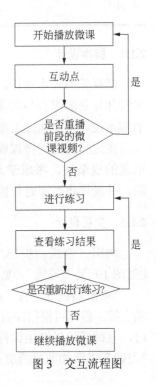
图3 交互流程图

2.3 交互式微课的发布与反馈

2.3.1 发布

内容整合完成后，进入检查发布环节，这一环节分为标注资源来源和课程发布两方面。标注资源来源指的是对所有非原创性素材的来源和出处进行标注，并将所标注的来源信息整理入文本文档，放入交互式微课视频的文件夹中（尹合栋，2015）。正式发布微课前，需对微课的内容进行校对，对视频的流畅性进行检查，这些工作完成后，教师可根据需要设置观看权限，可选择“仅登录可观看”或者“可直接观看”，然后选择发布途径：链接、二维码和知识胶囊卡片（见图 4），发布完成后，还需对链接路径进行试测。

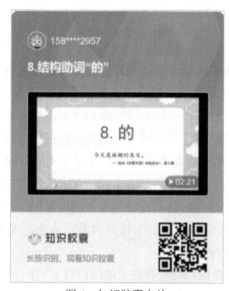

图 4　知识胶囊卡片

2.3.2 反馈

发布微课后，教师即可在“希沃白板 5”平台查看学生的观看情况（见图 5）和互动完成情况（见图 6）。

学生姓名	总观看时长	观看完整度	观看次数	互动参与度	正确率	最后观看时间	操作
158****2957	5分2秒	100%	3	100%	100%	2024/03/25 21:37	互动详情
Wangxiujun	2秒	1%	1	0%	0%	2024/03/23 15:34	互动详情
seewo_-_qU	2分0秒	97%	1	0%	0%	2024/03/23 13:32	互动详情

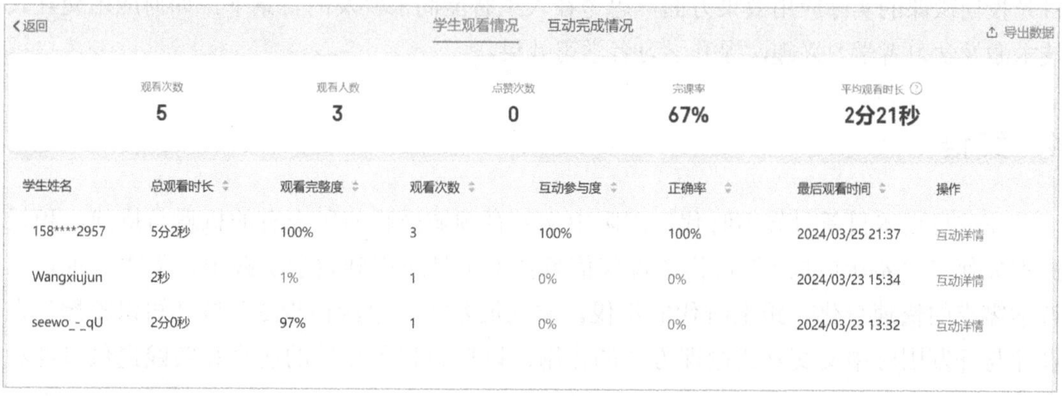

图 5　学生观看情况

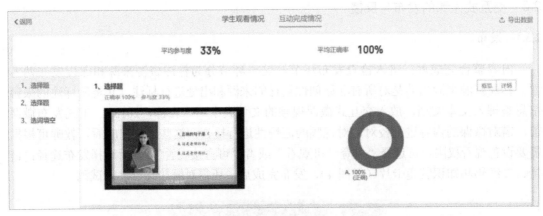

图 6　互动完成情况

学情反馈可以帮助教师了解学习者的学习情况并调整自己的教学策略。"总观看时长"和"观看完整度"的数据反映了学习者是否按要求观看完微课;"观看次数"的数据可以让教师大致了解学习者在观看完微课后的满意度和情感态度,即是否愿意对微课进行重复观看,是否愿意对交互式活动进行多次练习,这在一定程度上体现了该微课是否成功;从"互动参与度"的数据,教师可以看出学习者参与交互式练习的积极性;从"正确率"的数据可以看出学习者对学习内容的掌握情况,并反思练习题的难度是否合适。"互动完成情况"展示了每道练习题的具体正确率及参与度。通过对以上数据的分析,教师能够得到对该微课的教学效果的实际反馈,有助于教师对教学内容、交互式练习、微课时长甚至交互式练习的数量与分布进行反思。

制作好的交互式课件与微课自动保存在"希沃白板 5"平台,以便教师进行再次修改与重新发布。

3　反思

本研究的不足之处在于,未能将交互式微课应用于实际教学。在后续研究中,需要将目光投向微课的实际应用效果方面,思考在人工智能尚未普及的背景下,如何应用交互式技术激发学习者学习兴趣,提升学习者学习效果。

4　结语

在信息技术日新月异的时代,国际中文教育领域面临前所未有的机遇与挑战,积极探索如何将"希沃白板 5"这样的现代信息技术工具应用到教学实践中,能更好地适应教学需求的快速变化,跟上时代的步伐。本文展示了"希沃白板 5"与"知识胶囊"在设计与开发国际中文交互式微课方面的作用,以期为相关领域的研究和实践提供参考和启示。

参考文献

[1] 阿依提拉·阿布都热依木，古力娜·艾则孜. 新疆中亚留学生的汉语学习特点研究. 新疆社会科学，2011(03).
[2] 崔小洛. 多媒体制作软件类交互式微课程设计与开发研究. 山东师范大学硕士学位论文，2015.
[3] 崔烨. 交互式微课的设计与开发研究. 聊城大学硕士学位论文，2017.
[4] 杨世鉴，贺媛婧，刘颖. 基于微课程的交互式教学设计研究. 河北广播电视大学学报，2016，21(02).
[5] 尹合栋. 基于"快课"技术的交互式微课设计. 重庆第二师范学院学报，2015(06).

国际中文教育学科知识图谱问答系统的构建研究[*]

连维琛[1]　徐　娟[2]

[1,2] 北京语言大学 信息科学学院 100083
[1] LWC19990514@gmail.com　[2] xujuan@blcu.edu.cn

摘　要：在数智交融时代，本研究构建了基于国际中文教育学科知识图谱的问答系统，依据《国际中文教学通用课程大纲（大学成人段）》中的教学内容、主题与话题、中文等级确定学科知识图谱的节点、关系，使用 Neo4j 图数据库完成知识图谱的构建，并利用 Flask 框架实现了基于学科知识图谱的智能问答系统，以期丰富国际中文教育知识图谱的内涵与形态，为领域内其他类型的图谱构建提供实践演示。

关键词：国际中文教育；知识图谱；Neo4j；数字化转型；问答系统

Research on the Construction of a Knowledge Graph-Based Question-Answering System for International Chinese Education

Lian Weichen[1]　Xu Juan[2]

[1,2] School of Information Science, Beijing Language and Culture University, 100083

Abstract: In the era of digital intelligence integration, this research designs and constructs a knowledge graph for the discipline of international Chinese language education. Based on the teaching content, themes, topics, and Chinese proficiency levels outlined in the "General Curriculum Outline for International Chinese Language Teaching (University Section)", the nodes and relationships of the disciplinary knowledge graph are determined. The construction of the knowledge graph is completed using the Neo4j graph database, and an intelligent question-answering system based on the disciplinary knowledge graph is implemented using the Flask framework. The aim is to enrich the connotation and form of the international Chinese language education knowledge graph and to provide a practical demonstration for the construction of other types of graphs in the field.

Key words: international Chinese education; knowledge graph; Neo4j; digital transformation; question-answering system

---

[*] 本文受北京语言大学重大专项课题"基于微认证的国际中文教师数字素养提升路径及研修平台研究"（23ZDY02）；世界汉语教学学会 2024 年全球中文教育主题学术活动计划项目"融合知识图谱与大模型的国际中文教育智能问答系统研究"（SH24Y24）；北京语言大学研究生创新基金（中央高校基本科研业务费专项资金）"国际中文教育学科知识图谱问答系统的研究与构建"（24YCX019）的资助。徐娟为本文通讯作者。

0 引言

在当今全球数字化转型的浪潮中,人工智能的发展不断为国际中文教育的数字化转型带来新的机遇,助力数字化转型赋能国际中文教育的高质量发展(徐娟、马瑞棱,2023)。知识图谱(knowledge graph)作为人工智能的重要组成部分之一,通过符号对物理世界中的各种概念以及概念间的关系进行描述(赵军等,2022)。知识图谱凭借其语义化、结构化、可视化等特点(刘峤等,2016),可以为国际中文教育领域中的查询、问答等多种应用场景提供底层支持。然而目前国际中文教育领域所构建的领域模型多为概念图,因此构建更为专业、系统的知识图谱不仅是追求技术进步的路径,也是对未来国际中文教育形态探索的一部分,这样才能进一步促进国际中文教育与人工智能技术之间的深度融合。

《国际中文教学通用课程大纲(大学成人段)》(以下简称《大纲》)①对以中文为第二语言的课程内容与目标进行整理和总结,以国际中文教学实践为出发点,面向一线教师的教学需求,将课程目标、课程内容进行分类分级,依据主流教学模式将学习主题、语言知识、文化知识进行有机整合,为国际中文教师和中文学习者在中文学习过程中规划学习内容以及对中文能力进行评估等提供了标准和参考。依据曹钢、梁宇(2023)对国际中文教育知识图谱的分类,以《大纲》为基础,用图谱化的表征形式对国际中文教育中的学科知识进行描述,构造了国际中文教育学科知识图谱;使中文学习者能够以其为"起始点",发散性地巩固学科知识、拓展学习内容、丰富学习方式,为构建泛在化、个性化的中文学习生态加入生机(马瑞棱、徐娟,2023b)。

知识图谱与问答系统的结合是知识图谱应用落地的一个重要方向,基于知识图谱的问答系统可以根据用户提出的自然语言问题在知识图谱中快速、精准地获取答案(钱涛等,2022)。虽然知识图谱驱动的问答系统在应用潜力和研究意义上拥有巨大的发展空间,但在国际中文教育领域的探索研究还不充分,因此本文构建了一个以《大纲》中的知识为纲要,基于知识图谱的问答系统,旨在帮助中文学习者更好地学习中文。本研究的主要内容为:通过图数据库 Neo4j 构建国际中文教育学科知识图谱;处理学习者的自然语言问题,对问题进行分析并返回问题答案;基于国际中文学科知识图谱的问答系统的设计与构建。

1 基本概念及图谱设计

1.1 知识图谱

知识图谱的概念最早由 Google 提出用于提高搜索引擎的搜索效率,目前被广泛应用在知识管理的各个领域,通常由三个基本元素组成,即实体(Entities)、关系(Relations)、属性(Attributes)(徐增林等,2016),实体代表图谱中的节点(Node),可以是人、地点、物品、概念等任何具体或抽象的事物,在本研究的图谱中表现为主题、词汇、语法点等;关系通常表现为实体之间的边(Edge),用于展现两个实体之间的语义联系;属性是附加

---

① 该大纲在 2023 年 12 月 8 日召开的"世界中文大会"上正式发布。

在实体或关系上的信息，用于提供额外的描述。本图谱中的三元组定义为（head，r，tail），其中 head 和 tail 分别代表头节点和尾节点，两者都可以表示知识实体或属性值，r 表示节点间的关系，例如"实体—关系—实体"或"实体—属性—值"。本文通过多种形式的三元组集合组成了基于《大纲》的中文知识资源库，例如（大纲，主题，学习与工作）、（学习与工作，子主题，学校生活）、（学校生活，中文等级，一级）、（一级，词汇，老师）、（一级，语法，"有"字句）等。

1.2 图数据库 Neo4j

Neo4j（徐安迎等，2023）是一种高性能的图数据库管理系统，具有高性能、轻量、实用等特点，是市场上最流行的图数据库之一。Neo4j 基于图的结构对知识、数据进行操作，由 4 个基本元素组成：节点、关系、属性、标签。节点是知识表示的基本单位，在 Neo4j 中表示为"（ID：Label）"，节点之间可以根据需要设定单向或双向的多个关系；关系储存在边里，边的表示形式通常为"<-[ID:Label]->"，表明了节点间的关联状况；属性包含在节点中，对知识等实体信息进行描述；标签负责描述不同节点在图中的不同作用。Neo4j 支持便捷、易读的 Cypher 查询语言，可以通过结构化编程对节点、边直接进行操作，也可以实现对知识的导入、查询、修改等操作。

1.3 基于《大纲》的图谱设计

本研究基于《大纲》构建国际中文教育学科知识图谱。不同于国际中文教育领域其他图谱的设计思路，依据《大纲》内容主题化的特点，以主题为模块进行分类，这种分类模式更符合中文学习者以"主题"为单位的语言学习思路。图谱根据《大纲》将图谱内容分为五大主题："个人与社区""学习与工作""社会与生活""自然与科技""中国与世界"。每个大主题下又分为多个子主题，以大主题"学习与工作"为例，其下子主题分别为"学校生活""教育与未来""日常工作""职业规划"。主题"学校生活"下又根据中文水平（一级至九级）和不同类型知识（如词汇、语法、话题等）进一步细分，层次结构如图 1 所示。

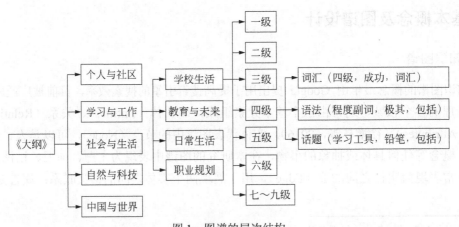

图 1　图谱的层次结构

2 基于《大纲》的学科知识图谱构建

本文将知识图谱构建流程分为四步：本体构建、数据处理、外源数据补全、图谱生成。

2.1 本体构建

Studer 等（1998）在 1998 年的论文中对本体（Ontology）给出了一个广泛引用的定义。他们将本体定义为："本体是对共享概念化的形式化、显式的规范。"并强调本体具有形式化、显示、共享、概念化等四个重要特征。本体构建相对烦琐，且因具体领域、具体项目而有较大差异，但构建本体的过程必须要有领域专家的参与、指导（Shang，2012）。本体是知识图谱的核心组成部分，使得知识图谱不仅仅是一个信息的集合，更是一个具有丰富语义和逻辑推理能力的知识体系。本研究基于《大纲》，参考其他知识图谱的本体构造，并邀请国际中文教育领域专家以及一线教师进行设计指导，实现了基于《大纲》的国际中文教育领域教育知识图谱的本体构建。

2.2 数据处理

2.2.1 数据来源

本图谱的知识数据来自于《大纲》，《大纲》对国际中文教育课程学习中的主题、子主题、中文等级等进行了标注和分类，为最新的课程教学理念、模式、要求设定了标准，是针对国际中文教育领域课程的权威著作。本研究根据《大纲》的要求对其中的知识进行整理并录入 Excel，整理收集的知识包括词汇、语法、话题等。

2.2.2 知识抽取

知识抽取是构建知识图谱的关键环节，它从《大纲》中提取出实体、关系和属性等关键知识元素的技术，包括实体抽取、关系抽取和属性抽取。实体抽取负责从《大纲》中识别出字词、语法点和话题等实体信息；关系抽取的任务是基于已识别的实体信息，揭示实体间的语义联系；属性抽取则是对实体特征的进一步识别和描述，其主要目标是生成基于《大纲》的包含（实体，属性，属性值）格式的三元组信息。

数据来源不同，知识抽取的方式也不一样，可以分为：基于规则的抽取、基于机器的抽取和面向开放域的抽取（孙镇、王惠临，2010）。基于规则的抽取需要领域专家编写抽取规则，适用于对知识素质要求较高的情况；基于机器学习的抽取则是通过自然语言处理（NLP）技术对语法、语义进行分析并抽取，主流为采用半监督或无监督的机器学习方法从文本数据中提取知识（于浏洋等，2020）；面向开放域的抽取需要大量的原始语料。

由于知识图谱范围仅限于《大纲》，且学科领域性强，故采用基于规则的抽取方式，并通过众包模式进行人工数据标注，标注者依据构建好的本体对数据进行标注和处理，生成三元组，并在数据处理的过程中对本体进行反馈和完善，整理得到《大纲》知识.csv 文件，构成基于《大纲》中文学习者"应知"（马瑞祾等，2024）的部分。

2.3 外源数据补全

在中文学习的过程中，例句是将生硬的知识形象化的重要载体，通过例句丰富国际中文教育学科知识图谱，可以进一步满足中文学习者"欲知"（马瑞祾等，2024）的需求。然而，通过网络搜索的例句质量良莠不齐，并不一定符合学习者的学习水平。本文通过现有例句库以及大语言模型基于词语的等级进行例句的构建，生成的例句等级基本符合所属词汇的等级，不会超过学习者的学习水平，如在利用大语言模型进行提问时，问句为"我的HSK等级为6级，请用'健身'进行造句"，知识图谱中示例如图2所示。本图谱以《大纲》为纲，在数据库中为每个词语、语法点增加了例句，丰富了知识图谱的内涵，构建起了更加个性、完整的中文知识体系。

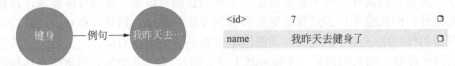

图2　例句节点示例

2.4　图谱生成

本研究使用Python中的Py2neo①库对Neo4j数据库进行操作，使用Py2neo库连接Neo4j服务器，根据本体与数据生成不同属性的节点、关系，对应代码实现图谱的构建。由于篇幅原因，本文仅展示部分图谱并进行介绍，见图3。《大纲》以主题进行分类，图中展示的是"学习与工作"大主题下子主题"学校生活"的图谱，子主题下通过中文等级再次对知识进行分类，为展示不同的分类方法，本图谱根据中文等级分类为一级、二级、三级、四级、五级、六级、七～九级，分类可详细可笼统，能够帮助学习者根据不同需求更高效地对知识进行学习和回顾。

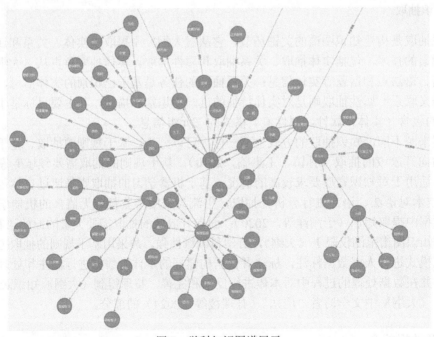

图3　学科知识图谱展示

---

① Py2neo相关内容参考网址：https://py2neo.org/2021.1/。

3 基于学科知识图谱的问答系统构建

本文构建的知识图谱,不仅在理论上促进了中文教学,提高了学习效率,支持了个性化和精准化教学,在实践应用中也具有强大的潜力。为了更好地服务于国际中文教育领域,本系统利用基于《大纲》的学科知识图谱构建问答系统,系统由前端和后端两部分组成,前端主要用于接受学习者的自然语言问题以及问题答案的输出;后端对问题进行分析并调用数据库进行系列操作:分词、命名实体识别、构建查询语句、问题分类、匹配节点、节点信息返回,并将返回的节点信息嵌入回答中实现答案生成,并反馈给学习者。问答系统架构如图4所示。

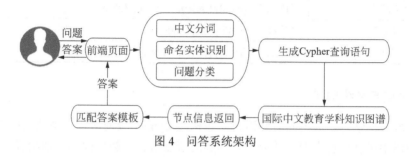

图 4 问答系统架构

3.1 中文分词

中文分词是对学习者输入的自然语言进行处理的第一步。分词软件可以通过一定的规则以及用户自定义的词典将学习者提出的自然语言问题进行切割,并将划分结果储存起来,为后续命名实体识别、问题分类等操作提供基本的支持。本研究使用的分词工具为Jieba[①]分词,它提供了丰富的分词选项以及参数设置,在对自然语言问题进行处理时可以根据我们的需求进行个性化的分词操作。

3.2 命名实体识别

命名实体识别是问答系统的一个重要组成部分,本质是在学习者提出的问句中识别出特定的实体,例如当用户提问"请给我一个'购物'的例句"时,能够在问句中提取出"购物"和"例句"。由于本研究中的实体信息均为常用词汇,较为规律且领域性较强,识别过程以高效、精准为首要要求,故采用基于规则和词典的方法进行命名实体识别(高国忠等,2024),将分词后的信息与学科知识图谱中的节点信息进行匹配,实现命名实体识别任务。实体识别过程可以概括为:学习者输入自然语言问题—中文分词并将分词结果存储在实体列表和关系列表中—生成 Cypher 语句,与学科知识图谱中节点和关系进行匹配—确认实体、关系,完成命名实体识别—返回实体信息及关系。

3.3 问题分类

本问答系统设置了多种问题模板,并根据自然语言问题中提取的节点关系与问题类别

---

① Jieba 相关内容参考网址: https://pypi.org/project/jieba/。

进行匹配，如果找到对应的问题类别，则根据该问题类别生成查询语句并返回答案模板，否则返回默认回答模板，如词语间的关系（同义、反义、类属、搭配等）比较细致，一般用默认回答模板进行答案回复，部分问题类别如表1所示。其中 Entity、Relation、Value 均为学科知识图谱中返回的节点信息。

表1　问题类别示例

问题类别	答案模板
"例句"	"例句":{Entity}的例句是:{Value}。
"词汇"	"词汇":{Entity}的词汇有{Value}。
"语法"	"语法":{Entity}的语法包括有{Value}。
"等级"	"等级":{Entity}是{Value}词汇。
"默认"	"默认":{Entity}的{Relation}是{Value}。

3.4　答案生成与系统构建

问答系统根据学习者提出的自然语言问题构建 Cypher 查询语句，系统根据查询语句在学科知识图谱中进行信息查询，并返回查询到的节点信息。例如问句"请给我一个'购物'的例句"，问答系统构建查询语句"MATCH (a:Entity)-[b:Relation]->(c) where ANY(value IN {关系列表} WHERE b.name CONTAINS value and value< >a.name) and a.name in {节点列表} RETURN a.name,b.name,c.name"，通过查询语句在 Neo4j 数据库中进行查询并返回节点信息。将返回的节点信息匹配在回答模板中，以自然语言的形式对学习者进行回复。

为了展示问答系统并尽可能提升学习者的使用体验，本研究利用 Flask 框架搭建的问答系统及问答展示，如图5所示。

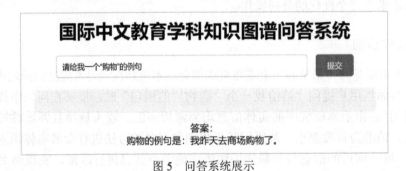

图5　问答系统展示

4　结语

本研究采用 Neo4j 图数据库构建了一个基于《大纲》的知识图谱，成功地将《大纲》中的教学内容、语言点、文化知识等信息以结构化和互联的知识网络形式组织起来，并构建了一个国际中文教育领域内基于《大纲》的知识图谱问答系统，为国际中文教育领域的数字化转型提供了技术支持和实践尝试。诚然，本研究中的知识图谱仅针对《大纲》，相对于整个国际中文教育领域的知识覆盖范围较小，抽取的知识数量有限，外源知识补全相对单一。未来将进一步扩大知识图谱的覆盖范围，通过融合其他资源库、知识库的信息，构建更为全面、智能化的国际中文教育领域知识图谱问答系统，使中文学习者在使用该问答系时获得更优质的学习体验。

随着人工智能技术的发展和应用场景的不断拓展，基于知识图谱的问答系统将进一步深入发挥其价值能效，更好地赋能国际中文教学，推动国际中文教育领域的数字化转型，为国际中文教育的智慧化发展做出更多贡献。

参考文献

[1] SHANG XL. Comparative analysis of foreign ontology construction methods. *Library and Information Service*, 2012(04).

[2] STUDER R, BENJAMINS VR, FENSEL D. Knowledge engineering: Principles and methods. *Data & Knowledge Engineering*, 1998(01).

[3] The Py2neo Handbook-Py2neo 2021.1[EB/OL].[2021-05-04].https://py2neo.org/2021.1/.

[4] 曹钢，梁宇. 国际中文教育知识图谱的构建与应用——实现规模化因材施教的新途径. 云南师范大学学报(对外汉语教学与研究版)，2023(04).

[5] 高国忠，李宇，华远鹏，吴文旷. 基于BERT-BiLSTM-CRF模型的油气领域命名实体识别. 长江大学学报(自然科学版)，2024(01).

[6] 刘峤，李杨，段宏，刘瑶，秦志光. 知识图谱构建技术综述. 计算机研究与发展，2016(03).

[7] 马瑞祾，徐娟. 语言智能赋能国际中文智慧教育：现实境况与未来路向. 国际中文教育(中英文)，2023(02).

[8] 马瑞祾，王新，徐娟. 国际中文"高级写作"智慧课程知识图谱设计. 华文教学与研究，2024(02).

[9] 钱涛，卢方超，韩梓政，戴文华. 基于知识图谱的豆瓣读书问答系统. 湖北科技学院学报，2022(06).

[10] 孙镇，王惠临. 命名实体识别研究进展综述. 现代图书情报技术，2010(06).

[11] 徐安迎，胡孔法，杨涛. 基于Neo4j的肺癌中医诊疗知识图谱构建研究. 世界科学技术：中医药现代化，2023(04).

[12] 徐娟，马瑞祾. 数字化转型赋能国际中文教育高质量发展. 电化教育研究，2023b(10).

[13] 徐增林，盛泳潘，贺丽荣，王雅芳. 知识图谱技术综述. 电子科技大学学报，2016(04).

[14] 赵军，刘康，何世柱，陈玉博，张元哲. 知识图谱：算法与实践. 北京：高等教育出版社，2022.

[15] 于浏洋，郭志刚，陈刚，席耀一. 面向知识图谱构建的知识抽取技术综述. 信息工程大学学报，2020(02).

[16] 张鹤译，王鑫，韩立帆，李钊，陈子睿，陈哲. 大语言模型融合知识图谱的问答系统研究. 计算机科学与探索，2023(10).

基于大语言模型的国际中文语伴开发探索*

郑明鉴[1] 徐娟[2]

[1,2] 北京语言大学 信息科学学院 100083

[1] 202321198433@stu.blcu.edu.cn [2] xujuan@blcu.edu.cn

摘 要：随着 ChatGPT 以其强大的对话能力获得各界广泛关注，人工智能已经成为当今时代最具赋能特征的前沿技术，多个领域涌现出一批将大语言模型作为新的底层技术研发的应用。本文将使用百度智能云千帆大模型平台提供的功能接口，开发出一款基于大语言模型的多功能国际中文语伴，旨在帮助中文学习者学习中文知识，同时尝试探索大语言模型赋能国际中文教育领域的新路径。

关键词：大语言模型；应用开发；国际中文教育

Development of International Chinese Education Native Applications based on Large Language Models

Zheng Mingjian[1] Xu Juan[2]

[1,2] Information Science College, Beijing Language and Culture University, 100083

Abstract: Following the widespread attention garnered by ChatGPT for its powerful conversational abilities, various fields have witnessed the emergence of native applications developed using large language models as underlying technologies. This paper will utilize the functional interfaces provided by Baidu's Intelligent Cloud Qianfan Large Model Platform to develop a multifunctional international Chinese language companion application based on large language models. The aim is to assist Chinese learners in acquiring Chinese knowledge while also exploring new avenues for the empowerment of international Chinese education through large language models.

Key words: large language models; application development; international Chinese education

0 引言

2017 年，国务院发布《新一代人工智能发展规划》，指出人工智能的迅速发展将深刻改变世界、改变人类社会生活（中国政府网，2017）。之后几年，全球人工智能技术快速发展。OpenAI 于 2022 年年底推出现象级应用 ChatGPT，其强大的对话能力与生成功能引起

---

* 本文受北京语言大学重大专项课题"基于微认证的国际中文教师数字素养提升路径及研修平台研究"（23ZDY02）、北京语言大学研究生创新基金（中央高校基本科研业务费专项资金）"基于大语言模型的国际中文语伴开发探索"（24YCX193）的资助。徐娟为本文通讯作者。

了社会各界关注，对包括教育在内的众多行业发展产生了重大影响。以 ChatGPT 这类大语言模型为代表的人工智能已经成为当今时代最具挑战性、最具催化作用、最具赋能特征的新前沿技术（郑庆华，2023），有学者提出，此类技术如果使用得当，将是一种强大的教育工具（Rudolph, et al., 2023）。本文将借助百度智能云这一工具平台，基于多种大语言模型，开发出一款国际中文教育垂直领域的 AI 中文语伴。该语伴将兼具人机对话、学习辅助、资料生成等功能，可以从多方面帮助学习者学中文。同时通过此应用的开发，本文将探索大语言模型赋能国际中文教育创新发展的可行性、科学性。

1 现状综述

1.1 大语言模型应用开发

2023 年 11 月，OpenAI 召开了第一次开发者大会，在这之前的一年中，OpenAI 已凭借 ChatGPT 这一现象级的人工智能推动全球进入了 AIGC 与大模型时代。在这次发布会中，除了介绍性能更强大的新一代模型 ChatGPT-4 之外，OpenAI 还提出了多项支持用户开发 ChatGPT 的改动，包括 ChatGPT 自定义功能，允许用户分享自定义模型的 GPTs 商店，还有允许辅助开发的多种辅助性应用程序编程接口。同时，国内各大平台也竞相推出相似功能，尝试构建自己的大模型生态。在人工智能需要规模化落地应用，人工智能持续赋能各领域的当下（赵朝阳等，2023），贴近生活的自定义大语言模型应用开发功能越发受到人们的关注，但欠缺专业知识的普通用户很难简单地定制出自己需要的大模型；同时，这些功能缺少来自学界相关领域客观科学的研究与评价。

1.2 国际中文教育领域的大语言模型应用

大语言模型并非为教育而生的专用型智能产品，但它却因独特的对话交互方式，被赋予了特殊的教育属性（徐娟、马瑞棱，2023）。自 2018 年以来，BERT、GPT-1 等大语言模型已在对话机器人、在线学习分析、人机协同写作和编程等教与学的场景中广泛应用（刘明等，2023），有别于其他教育领域，国际中文教育领域具有跨国别、跨文化、跨时空等特点，大语言模型的应用对此领域而言还比较新颖，有巨大的发展潜力和应用前景（李宝贵等，2023）。目前 AI 在国际中文教育体系内的运作主要是辅助协调网络与实体平台的关系，AI 产品的领域落地将拓展 AI 介入的深度与广度（刘利等，2023），学界对于国际中文领域内大语言模型的应用做出了对话交流、读写教学、协助教师等多种设想和规划（刘利等，2023），但目前还缺少教学实验、资源开发等实践性研究。

2 实验设计

2.1 开发平台选择

当前市面上有许多企业提供给普通用户使用的通用大语言模型，如百度文心一言、讯飞星火、腾讯混元。其中部分企业基于自主研发的大模型，推出了将模型、能力组件、调用服务、资源管理等模块结合起来的开发平台，如百度千帆大模型平台、火山方舟大模型平台等。这些平台提供多种大语言模型作为基础模型，允许用户通过提示学习（prompt learning）、选择参数、上传领域知识等操作来将基础模型改进成为符合用户自身需求的自定义大模型，再借助调用服务将改进后的模型包装成应用发布，最后经由资源管理界面来观察自己开发的应用被网络上其他用户使用的数据量。

本文比较多个平台后，选择使用千帆大模型平台开发中文语伴应用。这是因为该平台的功能较为完备，提供的能力组件较为丰富。此外，该平台还推出了 AppBuilder 工作台，这一产品简化了应用的开发流程，使得用户能略过代码编写，仅通过与图形界面互动来实现模型的优化。对于没有相关开发经验，又具有自定义大模型需求的用户而言，这种简单的操作更加具有可行性。国际中文教师/学习者即使未曾系统学习过编程知识，也可以在这一工作台上实现模型开发。

2.2 实验流程

本文拟选择不同基础模型开发出一款多功能的 AI 中文语伴，为此，实验遵循的流程为：①应用类型与基础模型确定，明确拟开发的 AI 语伴所属的应用类型（如 AI 助手、知识问答应用、文案生成应用等），并选择适合需求的基础模型（如文心大模型等）。②领域知识增强，为模型提供国际中文教育领域内语言教学的相关标准大纲、教材等知识文档，使模型掌握作为一名中文语伴应当具备的语言、文化知识，能够扮演中文语伴实现与用户自然对话。③提示词学习，为模型提供角色指令与提示词，提高模型的交互效率和生成内容的质量。④功能插件的选择与组合应用，综合考量用户所需功能与平台支持内容，为模型添加功能插件（如文生图插件），实现语伴在对话基础上的部分进阶功能。

2.2.1 应用类型与基础模型确定

百度千帆大模型平台目前从用户需求出发，提供多种不同的应用类型，其中既有功能较为单一的文案生成应用与信息提取应用，也有框架较为复杂的基于检索增强的问答应用。基于本文将实现的 AI 中文语伴这一应用目标，我们生成的应用需要具备人物设定；需要实现知识问答、写作辅助、资料生成等功能。在多种应用之中，AI 语伴可以被归为 AI 助手（AI Agent）。这类助手系统使用大语言模型作为核心计算引擎，并可以通过实验后续的优化，获得复杂推理能力、记忆和执行任务手段。

为了实现以上应用功能，模型除了基本对话外，还需要具备中文支持、信息提取等能力。目前在平台上符合要求的开源模型有文心产业级知识增强大语言模型 4.0 版本（ERNIE-Bot 4.0）、ChatGLM2-6B、Llama-2-70B 等。实验通过简单对比多个模型的对话效果，发现国产大模型在中文支持方面比国外模型表现优良许多，国外的几个开源模型目前会在中文常识如拼音上出现许多低级错误。在国内大模型的比较中，文心一言取得了最佳的效果，体现在能更好地遵循提示词、扮演角色等。实验在此仅设置简单提示词（要求模型在中文语境下使用中文，同时给出英文翻译和拼音标注），并展示几个模型在不调参情况下的对话效果，受篇幅所限，仅展示部分结果，如图 1 所示。

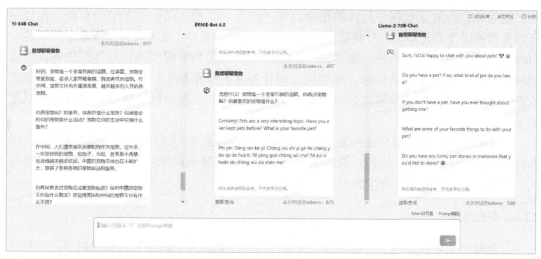

图 1 基础模型效果简单对比（部分）

可以看出，在给定提示词的基础上，零一万物模型（Yi-34B-Chat）并未遵循对话指示，而 Llama-2-70B 根本未理解中文的提示词，加之其中文支持尚不理想，因此，本文选择文心大模型（ERNIE-Bot 4.0）作为基础模型。

2.2.2 领域知识增强

实验通过上传国际中文教育领域的标准教材（如《HSK 标准教程》《博雅汉语》《长城汉语》等）、通用课程大纲（《国际中文教学通用课程大纲》等）、水平等级标准（《国际中文教育中文水平等级标准》等）等共计 30 余本书籍材料作为知识文档，构建了丰富科学的应用领域知识库，使语伴不仅拥有了适用的语言知识，还掌握了中文教学的相应标准。相较于通用大模型，语伴基于知识库的检索结果为用户需求提供的协助将更具科学性，对用户提问进行的回答将更具可信度。

2.2.3 角色指令与提示词设计

角色指令（Instruction）和提示词（Prompt）都是与大语言模型交互时使用的指令方式。角色指令更多地涉及定义或描述一个角色，这个角色设定会出现在背景信息中，作为提示模型如何生成内容的一种方式。而提示词则是一种更具体的指令，用于引导模型执行特定任务。在开发 AI 中文语伴时，可以事先为其配置角色指令，但具体到指令的提示词只能在用户与语伴的交互过程中给出。

通过角色指令功能，开发者能够精确设定 AI 助手应用的作用范围，包括指定应用将扮演的角色、输出结果的格式与风格。根据本文的开发目标，实验设置应用的角色指令为"一位来自中国的中文教师"，这描述了 AI 中文语伴角色需要执行的任务，如提供多种方式帮助用户学习中文。此外，本文要求其在对话主题的基础上，结合知识库与搜索结果，对交流过程中提及的中国文化进行补充说明。为方便学习者理解，对所有的输出内容，本文要求语伴提供对应的英文翻译，并在用户要求时输出附注拼音。

提示词作为对话过程中具体的指令，如"作为一名精通汉语言文学的专家，你会结合你丰富的语言文化知识，对我给出的字词或成语进行阐释。要求浅显易懂地进行表达，内容专业有深度。给出的第一个字词：{terms}"等，会引导模型执行具体的任务或生成相应的内容。基于本文的目标，模型执行的任务并不涉及数学计算、逻辑推理，故提供给模型的提示词应当简单精练，减少思维链条，从而降低模型推理成本，提升语伴回复速度。

提示词目前只能由用户输入来执行。实验将在后续部分通过语伴的其他功能来提供任务提示词，辅助用户进行提问。总的来说，角色指令和提示词可以相互补充，共同提高与人工智能模型的交互效率和生成内容的质量。

2.2.4 参数选择

目前自定义大语言模型有以下几个参数可供人工调整来规范模型的输出内容，参数详情见表1。

表1 大语言模型参数详情

参数名称	取值范围	参数含义及实验设置
多样性（top_p）	0 到 1.0	影响输出文本的多样性，取值越大，生成文本的多样性越强。一般该参数和温度只设置1个。实验选择设置温度
温度（temperature）	0 到 1.0	该参数用于调整 AI 语伴会话的话题发散程度，较高的参数值会使 AI 语伴的输出更加随机，而较低的数值会使其更加集中和确定。一般该参数和多样性只设置1个。实验为这项参数设置了较低的值（0.3），保证集中在学习者提出的话题上
重复惩罚（penalty_score）	1.0 到 2.0	通过对已生成的输出增加惩罚，来减少重复生成的现象。值越大表示惩罚越大。实验为这项参数设置了最小值（1.0），因为生成内容对一般中文学习者而言难度较高，可以通过一定的重复来加深学习者的记忆

2.2.5 其他设置

应用还有一些其他设置，决定了应用在大语言模型核心生成能力之外的一些功能使用情况。主要有以下两项：

链接开放域知识：取值为"是"或"否"，若选择"是"，大模型将结合百度搜索结果回答问题。实验选择"是"，原因是当前知识库尚不完备，且大模型会对百度搜索做出筛选与清洗，经过测试，模型选择展示的搜索结果具有较高的科学性与可信度，可以在补充说明环节为学习者提供许多实用而丰富的语言与文化知识。

启发式提问：可以添加一些用于展示在应用交互窗口上、便捷用户直接输入的对话选项，实验可以借助这项功能，为用户提供本应用支持功能对应的提示词，这将提高用户与模型的交互效率。例如"请作为阅卷老师，批改下面的中文二语作文，您需要明确指出每一句内容中的错别字与语法问题，并针对段落结构、修辞手法等可优化点给出您的优化建议。您需要批改的作文内容为：……"。用户通过在对话过程中点击按钮，可以直接使用提示词模板，使应用进入相应的工作流程。

2.3 实验结果

经过基线模型选择，领域知识增强，设置提示词与参数，实验已基本完成了一个 AI 语伴的初步设计。接下来，实验将通过观察其具体的助学表现，尝试进一步优化语伴的效果。

2.3.1 对话效果

语伴当前支持中英文双语对话，按照提示词要求，语伴将在中文语境下使用中文与用户交流，但会提供英文翻译。对话主题限定为学习中文与中国文化，一段人机交互的开始如图 2 所示，使用中文或英文可以得到相同的对话结果，因篇幅限制仅展示用户使用英文时的对话效果。

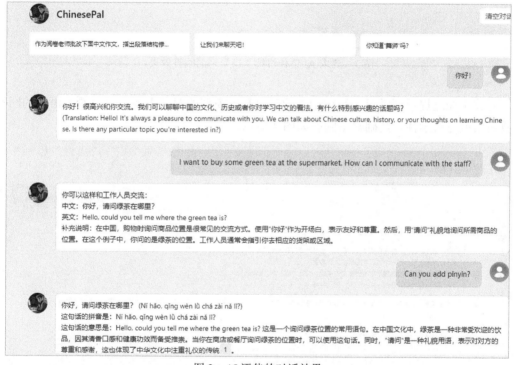

图 2 AI 语伴的对话效果

由图 2 可知，在对话开始并未限定讨论主题时，AI 语伴可以遵循角色设定主动谈论中国文化或中文学习相关话题。但即使为模型设置了较低的随机值，AI 语伴生成的对话内容对于一般中文学习者而言还是较为冗长且复杂的，需要在人物设定中强调"使用简单的中文"，并且要求"对于对话中提及的中国文化浅显易懂地进行补充说明"，这样一来，AI 语伴在更改设定词之后便采用了较为简单的表述。实验还尝试让 AI 语伴讲解中文里的一些知识点，其可以结合在线搜索结果以及知识库检索结果给出较为科学、可信的回答。例如，要求 AI 语伴讲解中文中"口"字的含义时，其给出的回答与外向型中文学习词典（"JUZI 汉语"）的查询结果基本一致（义项数量相同），虽然给出的例句难度相对较高，但也提供了对应的英语翻译，基本符合学习者的需求，见图 3。

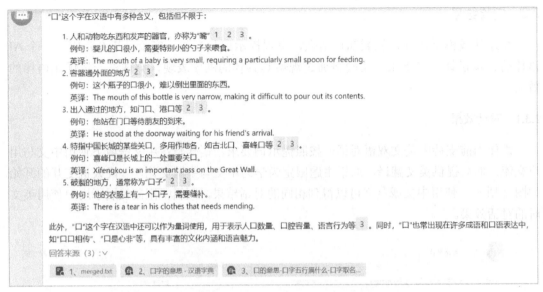

图 3　要求 AI 语伴讲解 "口" 字的回答效果

对比未经过提示词学习与知识增强的千帆基础模型的对话表现，可以看出语伴的回答更具可信度与科学性。基础模型回答如图 4 所示。

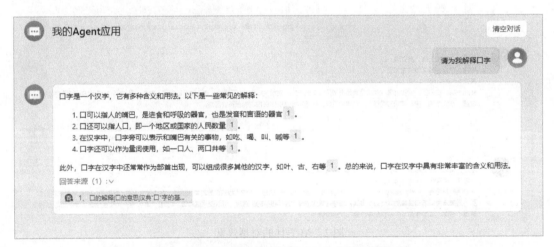

图 4　要求千帆基础模型讲解 "口" 字的回答效果

2.3.2　写作辅助

为获得即时的作文评价，用户可以使用语伴提供的提示词，快捷地使语伴进入作文批改模式。之后仅需提交用户的作文文本，语伴就会按需修改：首先点击 "推荐问" 栏中的作文批改选项，之后提交作文内容 "无论在那一个时代，代沟一直是一个问题。代沟是指父母与子女之间在行为方式、生活态度以及价值观念等方面存在的差异……"（数据源自 HSK 动态作文语料库 2.0 版中的留学生作文原文）。AI 语伴会给出修改意见，结果如图 5 所示。

图 5 语伴对作文的整体评语与修改意见

从图 5 中可以看出,虽然语伴对作文整体,按照提示词需求重点给出了一些结构和修辞上的建议,但未能指出句子中出现的简单用词错误,比如"无论在那一个时代,代沟一直是一个问题"中的"那一个",应改为"哪一个"。还有一些表述问题,如"人人都在用不俗的语言来交谈、骂人或发泄。我就不行,连一个最浅的都不可以讲出来"中的"不俗"和"最浅的"。但通过更新提示词,并让语伴分句指出错误,语伴便可以正确地纠错并提出修改意见,见图 6。

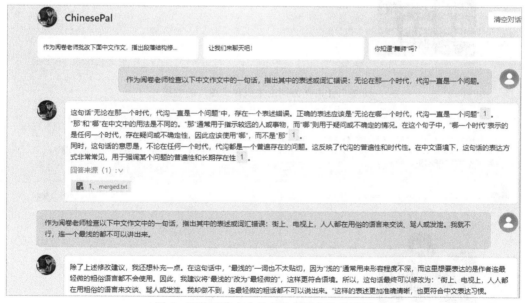

图 6 语伴对作文中单句的纠错与修改意见

实验使用思维链的方式,尝试命令语伴自行将作文分句处理,并使每一句的分析都能达到类似图 6 的效果,但当前的模型无法处理此类提示词,一次性提交得到的返回效果尚不及图 5。所以目前使用写作辅助功能最有效的做法是提示用户先分句提交纠正字句中表述、用词等错误,再整体提交寻求语篇结构的改进。

2.3.3 资料生成

已有通用大模型大多需要付费才可以使用"文生图"功能，而该 AI 语伴通过调用图片生成的功能接口，可以在对话过程中生成图片素材，借助直观、形象的方式帮助用户理解词汇、课文等的意思。例如，当用户仅要求 AI 语伴生成词语"桌子"的配图，不对图片细节做进一步补充时，生成结果见图 7。结合外向型汉语词典"JUZI"对"桌子"的释义（一种家具，上面有平面，下面有支撑，可以在上面放东西或做事情），可见 AI 语伴生成的配图涵盖了该词义项中的大多语义要素（平面、支撑、能放东西），这也有助于学习者理解单词含义。学习者还可以要求 AI 语伴对短文描写的情景生成符合文意的配图，图 8 中还展示了 AI 语伴生成的韩国留学生写信的图片。

图 7　AI 语伴为词汇生成释义图片的效果

图 8　AI 语伴为短文生成配图的效果

综上，相较于目前市场上存在的其他基于大语言模型开发的教育应用，本研究开发的 AI 语伴具有以下特点：（1）领域限定。经由思维链技术、角色指令与提示词设置，语伴会将对话限定在中文学习与中国文化等主题上，并积极挖掘用户对于这些主题的兴趣，及时进行补充说明与对话引导。（2）可信度高。通过上传中文教材等文档，构建领域知识库，可以使语伴基于知识库内的检索结果进行对话。这将令应用的输出更具有科学性与可信度。（3）功能丰富。借助开发平台提供的丰富插件，语伴在基本的文字互动能力之外，还具有多模态生成功能，可以生成图片素材帮助学习者学习中文知识。

3 总结

在大语言模型为国际中文教育数字化转型注入"智慧动能"的当下，国际中文教师要巧用人工智能技术施展高效的语言教学法；中文学习者要善用智能工具，个性化学习语音、词汇、语法等知识，泛在化训练听、说、读、写等技能。

本文使用百度智能云千帆大模型平台提供的工作台，通过拟定需求、对比模型效果、调用功能插件等系列操作，开发出一款基于大语言模型的多功能 AI 中文语伴。本语伴应用以低码态方法进行开发，即使是不具备编程经验的中文教师（文科背景为主），也可以尝试根据自己的教学需求，通过提供合适的资料，开发大语言模型应用以辅助中文教学，促进中文教与学的智慧化。当然，此应用的对话效果还有待提升，各种功能也可以进一步丰富。这需要通过更加完备的国际中文教育领域知识库与更丰富的计算资源来实现。未来，还需进一步探索代码态下应用的开发，通过模型调优、搜索增强等技术改进应用的表现，同时还应深入调研国际中文教师与学习者的需求，让大语言模型持续赋能国际中文智慧教育。

参考文献

[1] Rudolph, Jürgen, Samson Tan, and Shannon Tan. ChatGPT: Bullshit Spewer or the End of Traditional Assessments in Higher Education?. *Journal of Applied Learning and Teaching*, 2023(01).

[2] 国务院. 新一代人工智能发展规划. https://www.gov.cn/xinwen/2017-07/20/content_5212064.htm，2017.

[3] 李宝贵，马瑞祾，徐娟，郝瑜鑫，王雪琳，李维婷，武和平，马廷辉，王佶旻，陆方喆，徐方舟，周佳圆，孙语崎，纵璨，杨建国，李晓东，谷红丽，覃露珊，梁慧敏，王莎."ChatGPT 来了：国际中文教育的新机遇与新挑战"大家谈(下). 语言教学与研究，2023(04).

[4] 刘利，周小兵，高雪松，潘海峰，刘晓海，饶高琦，沈索超，陈肯，辛平，张辉，林筠，刘华，俞玮奇，周斐，陈青，陈默，任思潼，杨绪明，马一鸣，韩晓明."ChatGPT 来了：国际中文教育的新机遇与新挑战"大家谈(上). 语言教学与研究，2023(03).

[5] 刘明，吴忠明，廖剑，任伊灵，苏逸飞. 大语言模型的教育应用：原理、现状与挑战——从轻量级 BERT 到对话式 ChatGPT. 现代教育技术，2023(08).

[6] 徐娟，马瑞祾. ChatGPT 浪潮下国际中文教育的技术变革. 国际汉语教学研究，2023(02).

[7] 赵朝阳，朱贵波，王金桥. ChatGPT 给语言大模型带来的启示和多模态大模型新的发展思路. 数据分析与知识发现，2023(03).

[8] 郑庆华. 人工智能赋能在线教育创新发展的探索与实践. 中国高等教育，2023(Z1).

面向教学资源开发的《等级标准》数字化建设与应用[*]

李迎澳[1]　李吉梅[2]

[1,2] 北京语言大学 信息科学学院 100083
[1] yingaoli@163.com　[2] ljm@blcu.edu.cn

摘　要： 本文以 2021 年发布的《国际中文教育中文水平等级标准》（以下简称《等级标准》）为研究对象，对《等级标准》中的字、词汇、语法三种语言要素进行了结构化整理，详细说明了汉字表 8 个属性字段，词汇表 17 个属性字段，语法表 9 个属性字段的设置原因及应用场景。为便于后续检索，针对词汇和语法进行了关键点抽取，从词汇中抽取出计量词汇，从语法点中抽取出语言点，从数字化教学资源建设与应用的角度为中文语料库建设以及基于《等级标准》的教材编写与修订工作提供科学性参考。整理后的《等级标准》可共享、可进行二次加工，具备综合性、科学性。

关键词：《等级标准》；教学资源；数字化建设

Digital Construction and Application of the "Level Standards" for Teaching Resource Development

Li Ying'ao[1]　Li Jimei[2]

[1,2] School of Information Science, Language and Culture University, 100083

Abstract: This article focuses on the "Level Standards" for International Chinese Language Education, which were released in 2021. It systematically organizes the three language elements—characters, vocabulary, and grammar—within the "Level Standards". Detailed explanations are provided for the reasons behind setting various attribute fields and their application scenarios. To facilitate future retrieval, key points are extracted from both vocabulary and grammar. Quantitative vocabulary is extracted from the lexical aspect, while language points are extracted from the grammatical aspect. From the perspective of constructing digital teaching resources, this work provides a scientifically grounded reference for building corpora for Chinese as a second language and for developing and revising teaching materials based on the "Level Standards". The organized "Level Standards" can be shared and further processed, demonstrating comprehensiveness and scientific rigor.

Key words: "Level Standards"; teaching resources; digital construction

---

[*] 本成果受教育部中外语言交流合作中心 2023 年国际中文教育研究重点课题"面向教师专业发展的国际中文课堂教学分析系统设计与应用"项目（批准号：23YH02B）、中央高校基本科研业务费专项资金资助课题"基于视频的国际中文教育线上课堂情绪分析"项目（批准号：22YJ080004）资助。

0 引言

2021年3月,中华人民共和国教育部发布《国际中文教育中文水平等级标准》(GF 0025—2021,以下简称《等级标准》),《等级标准》共计254页,主要内容分为范围、术语和定义、等级描述、音节表、汉字表、词汇表六部分,《附录A(规范性)语法等级大纲》(以下简称《语法等级大纲》)以附录形式附于《等级标准》之后。

《等级标准》根据中文水平从低到高分为三等,即初等、中等和高等,每一等内部又分为三级,共"三等九级"。李亚男(2021)认为,每一级对中文学习者的言语交际能力、话题任务内容以及语言量化指标的要求不同,对"听、说、读、写、译"五种基本语言技能的能力要求不同,其中高等的语言量化指标未再按级别进行明确区分,"译"从四级开始作为基本语言技能引入《等级标准》中,各级间相互衔接,整体推进。

由于《等级标准》出版物属于非结构化文档,计算机无法直接进行高效的检索、统计、可视化等数据处理工作,导致中文学习者和教师难以应用信息技术对国际中文教材、课堂文本等素材进行基于《等级标准》的深入分析、评价和面向个性化学习的知识图谱构建等应用工作。因此,对《等级标准》进行面向国际中文智慧教学的数字化重构工作尤为重要。对《等级标准》进行细粒度的数字化重构处理,将有利于基于《等级标准》的中文自适应学习、智慧教材编写等工作,为国际中文教师和学习者提供更加准确、有效的指导与服务。

本文分为四个部分:第一部分是文献综述,说明本文的研究缘起、研究现状和不足;第二部分详细描述了面向国际中文个性化教与学的《等级标准》数字化重构方案,分别阐述了汉字表、词汇表和语法表的属性设计和应用说明;第三部分是数字化方案的应用实践,证明了该方案的有效性;最后一部分是总结与展望。

1 文献综述

作为服务于中文学习、教学、考试、评估的规范性文件,《等级标准》自发布以来一直备受关注,关于解读与应用研究的文章层出不穷。

汉字方面,姜颜岐(2022)对《等级标准》中的手写汉字按照错误频率、国别进行偏误考察,提出了适合不同等级、不同文化圈的中文学习者的教学建议。戴安琪(2023)将《长城汉语》(生存交际)六册与《等级标准》中的汉字进行比较,发现教材与《等级标准》中初级汉字重合度较低,为教材内容的补充提出了建议。

词汇方面,史维国等(2022)对《等级标准》的词汇表框架进行了解析和重构,在原有"三等九级"的词汇框架基础上增设了"三类十六种"作为二次分类标记,以助力词汇教学微课数字资源库建设。曹钢等(2023)结合《等级标准》、中文教材及网络开源语料构建了中文词汇知识图谱,基于该知识图谱建成词汇自适应学习平台,以赋能国际中文词汇教学。

语法方面,王鸿滨(2021)详细介绍了《等级标准》中《语法等级大纲》的研制路径,并以此为依据,提出了语法分级资源库的建设构想。张卓等(2022)从学习者学习需求的角度出发对《等级标准》中的《语法等级大纲》进行了重构,形成了便于使用者检索的语法学习资源库。朱君辉等（2022）以构建汉语二语难度自动分级模型为目标，对《语法等级大纲》的语法点进行了重构，重构后的语法点共计 554 条。王若伊（2023）将《汉语教程》（第三版）与《等级标准》中的具体语法项目进行匹配度分析，对教材语法项目编排提出了修订意见。

综上所述，已有研究成果分别从汉字、词汇、语法等角度，进行了结合《等级标准》的分门别类的研究，但缺乏从语言要素整体出发的、面向国际中文智慧教学的数字化研究。

2 《等级标准》数字化

《等级标准》中给出的现有的音节表、汉字表、词汇表、语法表等内容无法直接应用于数字化的教学资源建设，需要进一步进行规范化加工。因此，本文对汉字表、词汇表、语法表进行了面向个性化教与学的数字化重构设计与实践。

2.1 汉字结构化整理

汉字是中文学习的基石，但在国际中文教育中，汉字的教学一直处于滞后状态。多种因素造成了汉字学习的困境。首先是汉字本身的复杂性。汉字的结构具有复杂性，每个汉字都有独有的笔画顺序及结构特征，各部件有时可单独成字，有时需与其他部件组合成字。其次，汉字的学习具有复杂性，汉字数量庞大，字形、字音、字义之间没有固定的规律可循，需要学习者通过实践进行积累。因此，尽管《等级标准》中的汉字部分文本结构清晰、层级分明，但面向智慧教材、个性化学习等数字技术支持的汉字学习，仍然需要进行结构化设计。

2.1.1 汉字结构化设计规范

在《等级标准》中，汉字等级表包含汉字 3000 个，一至六级每级汉字 300 个，七至九级汉字共 1200 个。《等级标准》还给出了手写汉字表，手写汉字表将汉字分为初等、中等、高等，每个等级包含 300 个汉字。

结构化整理后的汉字等级表如表 1 所示。其中，分级序号是对应《等级标准》中的一至九级的汉字所在级别；分级名称是该级别的全称；字标引编号是人为设定的标引编码，以字母 Z 开头，代表汉字标引，后接数字，其中"一"代表一级汉字，后四位数字是《等级标准》中汉字所对应的序号，不足四位的数字在前面补 0；原始汉字与《等级标准》中的汉字文本保持一致；手写等级是通过查找手写汉字表确定的，未在手写汉字表中的汉字标记为空；笔画数由 Office 插件方格子根据原始汉字自动生成；汉字部首是使用开源代码获取的汉字的第一笔画或形旁；汉字笔顺是使用开源代码获取的汉字书写的笔画顺序。

2.1.2 汉字属性标签应用

在进行汉字表的结构化属性字段设计时，以数字化教学资源建设为目标，本文构建了可助力国际中文教师教学、中文学习者学习的，可用、易用的规范性文档。

汉字等级表各属性标签均有效用，分级序号可用于锁定汉字所在汉字表中的级别；分级名称可用于区分不同级别的汉字、词汇和语法；字标引编号蕴含的信息量很大，不仅可用于快速区分不同级别的语言三要素，还可用于快速锁定该汉字在汉字表三等九级中的位置；手写等级可用于使用者判断汉字在《等级标准》中对基本语言技能"写"的能力要求；笔画是汉字最小的结构单位，彭聃龄等（1997）认为笔画数可用于使用者从视觉加工的角度，判断该字的识别难度。

表 1 汉字等级表

属性字段	示例 1	示例 2	示例 3	示例 4	示例 5
分级序号	1 级	1 级	1 级	1 级	1 级
分级名称	一级汉字	一级汉字	一级汉字	一级汉字	一级汉字
字标引编号	Z－0001	Z－0002	Z－0003	Z－0004	Z－0005
原始汉字	爱	八	爸	吧	白
手写等级	初等	初等	初等	初等	初等
笔画数	10	2	8	7	5
汉字部首	爫	八	父	口	白
汉字笔顺	撇、点、点、撇、点、横撇/横钩、横、撇、横撇、捺	撇、捺	撇、点、撇、捺、横折、竖、横、竖弯钩	竖、横折、横、横折、竖、横、竖弯钩	撇、竖、横折、横、横

2.2 词汇结构化整理

在对词汇进行结构化整理时，需要考虑《等级标准》中词汇部分所包含的内容，包括词汇本身、拼音、词性补充以及特殊说明。因此，为了最大限度地保留原始文本的内容，本文作者依据《等级标准》中词汇表的设计进行了扩充，以实现对词汇的最细化的结构化整理。

2.2.1 词汇结构化设计规范

在《等级标准》中，词汇等级表共包含词汇数量11092个，在各级别中数量分布不均。

以一级词汇"帮忙"为例，该词在《等级标准》一级词汇表中序号为14，原始文本为"帮忙"，拼音为"bāng//máng"，根据上述信息，将该词汇分级序号标为1级，分级名称标为一级词汇，词标引编号标为 C－0014，原始词汇标为"帮忙"，拼音标为"bāng//máng"，拼音 P1 标为"bāng"，拼音 P2 标为"máng"，拼音分隔符 1 标为左斜线，计量词汇标为"帮忙"，汉字数量标为2，词条类别标为离合词，其余属性字段用 Null 填充。

表 2 展示了词汇等级表的结构化整理。其中，分级序号是词汇对应《等级标准》中三等九级中的级别；分级名称是该词汇所在级别的全称；词标引编号是人为设定的标引编码（C 是词汇的词拼音首字母，代表是词汇标引，"一"是一级词汇，后四位数字是《等级标准》中词汇所对应的序号，为了统一长度，设置为四位，不够四位则加 0 补全）；原始词汇与《等级标准》中的词汇的原始文本一致；拼音与《等级标准》中的词汇拼音原始文本一致；拼音 P1、拼音 P2、拼音 P3 分别是拼音分隔符 1 前后以及分隔符 2 后的拼音；拼音分隔符 1、拼音分隔符 2 是将拼音分开的特殊符号；计量词汇是经过拆分后可以直接进行匹配操作的文本；汉字数量是该词汇包含的汉字数量；词汇分隔符是将词汇拆分开的特

殊符号；词性 1 是该词汇的第一个词性；词汇 2 是该词汇的第二个词性；词上标是该词汇在《等级标准》词汇表中出现多次所作区分的角标；词条类别是针对该词汇人为添加的特殊说明。

表 2　词汇等级表

属性字段	示例 1	示例 2	示例 3	示例 4	示例 5
分级序号	2 级	2 级	2 级	3 级	3 级
分级名称	二级词汇	二级词汇	二级词汇	三级词汇	三级词汇
词标引编号	C 二 0377	C 二 0390	C 二 0390	C 三 0423	C 三 0423
原始词汇	面（名、量）	那时候|那时	那时候|那时	空（儿）	空（儿）
拼音	miàn	nà shíhou|nà shí	nà shíhou|nà shí	kòngr	kòngr
拼音 P1	miàn	nà	nà	kòngr	kòngr
拼音 P2	Null	shí	shíhou	Null	Null
拼音 P3	Null	Null	Null	Null	Null
拼音分隔符 1	Null	竖线	竖线	Null	Null
拼音分隔符 2	Null	空格	空格	Null	Null
计量词汇	面	那时	那时候	空	空儿
汉字数量	1	1	3	2	2
词汇分隔符	Null	竖线	竖线	括号	括号
词性 1	名	Null	Null	Null	Null
词性 2	量	Null	Null	Null	Null
词上标	1	Null	Null	Null	Null
词条类别	指定词性	分列多条—可替换词	分列多条—可替换词	分列多条—无儿化	分列多条—有儿化

2.2.2　词汇属性标签应用

对词汇属性标签的设计，同样需要以数字化教学资源建设为目标，尽可能实现应用多样化、简便化。

分级序号可用于确定词汇在词汇表中的级别位置；分级名称可用于区分不同级别的汉字、词汇和语法；词标引编号蕴含丰富信息，可用于快速区分语言三要素不同级别，并锁定词汇在词汇等级表中的位置，同时筛选出同一位置、同一含义不同形式的词汇；拼音可帮助用户找出发音相同的不同词汇，从用户检索的角度出发，还可根据输入法辅助词汇搭配与联想；拼音分隔符可用于学习者实现基本语言技能"读"的准确性，例如点表示后音轻读或重读，双斜线表示离合词，竖线表示前后分别为两个词的拼音等；汉字数量用于判断词汇的汉字组成数目，例如单字词、双字词等；词汇分隔符用于辅助理解词汇设计，例如括号表示有无儿化、有无插入字、前缀、后缀、可替换、词性，竖线表示前后分别为两个词，省略号表示可任意填充内容；词性用于确定该等级中应掌握的词语的词性；词上标用于区分同一词语在表中不同含义的使用位置；词条类别则根据词语分隔符的存在，补充说明该词语，可用于后续检索式的构建。

2.3 语法结构化整理

对于语法项目的选取与分级，多年来业内一直没有形成一套科学的、权威的、系统的体系，《等级标准》的出现补全了这一空缺。为便于计算机更准确地识别语法，笔者在《等级标准》原有语法表的基础上，抽取出语法点的关键信息，对其进行了更为细致的划分。

2.3.1 语法结构化设计规范

相较于词汇的整理，语法的结构化整理更为复杂。王鸿滨等（2021）认为《等级标准》中的"语法等级大纲"力求呈现较为翔实完整的语法体系，共收纳了语素、词类、短语、固定格式、句子成分、句子的类型、动作的态、特殊表达法、强调的表示法、提问的方法、口语格式、句群12个类别，每一类又具体划分为不同的细目，使得整个语法大纲层次分明，环环相扣。因此，在进行语法的结构化整理时，既要保证能还原原始层级的划分，又要保证表格中各字段内容的统一。

在《等级标准》中，语法等级表共包含语法点数量572个，在各级别中数量分布不均。然而，同一个语法却可以拆分成不同的语法点。例如：一级语法一01，方位名词：上、下、里、外、前、后、左、右、东、南、西、北；上边、下边、里边、外边、前边、后边、左边、右边、东边、南边、西边、北边。一个语法点包含了24个小的语法知识点。为了方便后续的标引工作，需要将该语法点拆分成24个子语言点。但为了保证与《等级标准》的一致性，还需将语法点编号统一保留。拆分后，语言点数量远大于《等级标准》的语法点数量。

结构化整理的语法等级表如表3所示。分级名称是指该语法对应的《等级标准》中三等九级的级别；语法编号是指该语法对应于《等级标准》中的语法点编号；标引编号是人为设定的标引编码（Y是语法的"语"拼音首字母，代表是语法标引，"一"是一级语

表3 语法等级表

属性字段	示例1	示例2	示例3	示例4	示例5
分级名称	一级语法	一级语法	一级语法	一级语法	一级语法
语法编号	一21	一22	一23	一29	一36
标引编号	Y－02101	Y－02202	Y－02301	Y－02901	Y－03601
一级分类	词类	词类	短语	句子的类型	句子的类型
二级分类	助词	助词	结构类型	单句	特殊句型
三级分类	动态助词	语气助词	数量短语	主谓句1	"是"字句
语言点	了	了	数量短语	动词谓语句	表示等同或类属
上标号	1	2	Null	Null	Null
例句1	他买了一本书。	我累了。	一个	我买一个面包。	他是我的老师。
例句2	我写了两个汉字。	Null	两杯	他不去医院。	这是他的书。

法，后五位数字中首位为0，0后两位对应的是《等级标准》中语法点编号，最后两位是该语法点下语言点的编号，每个语法点下的语言点都需进行重新编码）；一级分类共包含12个语法类别；二级分类是一级分类的子类，例如词类分为名词、代词等；三级分类是二级分类的细分，例如代词分为疑问代词、人称代词等；语言点是将《等级标准》的语法点拆分后的关键点，各语言点皆不相同；上标号是该语言点出现多次，但用法不同，用以区分的角标；例句是根据每一个语言点进行切分后对应语言点的例句。

2.3.2 语法属性标签应用

语法属性标签的设计，需要尽可能地保留原始层级划分，并且需要在此基础上对语法点的关键信息进行抽取，以利于后续计算机识别与语法检索式构建。

分级名称可用于区分不同级别的汉字、词汇和语法；语法编号可用于保留原始的语法表设计体系，从拆分后的语言点中反向定位其对应的语法点位置；一级、二级、三级分类间不仅是包含与被包含的关系，还是语法树层级划分的体现，使用者可根据任意分类检索到其上级或下级的语法分类名称，辅助学习者搭建语法体系；细分语法点可以使学习者更精准地学习语法知识，并方便计算机进行语法点的识别和匹配；上标号用于区分同一语法在表中由于外延不同出现的不同位置；例句则可以用于语法学习语料库的建设，帮助学习者理解每个语言点的含义及应用。

3 在教学资源开发中的应用

3.1 助力中文学习资源库建设

中文学习者在不同的学习阶段对汉字、词汇和语法的学习需求不同。因此，在前文对《等级标准》进行重构与属性字段设计的基础上，可以建立中文学习分级语料库，以帮助中文学习者进行有针对性的学习。

基于重构后的《等级标准》，笔者将初等词汇表中的计量词汇与分词后的歌曲歌词进行匹配，建立了可以直接应用于教师中文教学课堂引入环节的初等中文音乐库，以助力中文初等词汇教学。首先，我们从音乐网站中下载了239首涵盖多种题材的歌曲，将每首音乐的歌词进行数据清洗后保存。其次，使用哈尔滨工业大学的LTP工具，对歌词文本进行分词，将歌词文本使用vlookup函数在重构后的《等级标准》初等词汇表中进行查询，并将词标引编号附于歌词文本之后。最后，将符合人为设定阈值的歌曲置入对应的初等中文音乐库中，即歌词总词数匹配度占比满足大于等于30%的进入初等中文音乐库，在进入初等音乐库的音乐中，三级词汇占比满足大于等于15%的进入三级音乐库，剩余音乐进入二级筛选范围；二级词汇占比满足大于等于15%的音乐进入二级音乐库，剩余音乐进入一级筛选范围；一级词汇占比满足大于等于15%的音乐进入一级音乐库。综上，初等中文音乐库建立完毕。在初等中文音乐库中，一级音乐库包括126首歌曲，二级音乐库包括43首歌曲，三级音乐库包括18首歌曲。初等中文音乐库的建立有助于国际中文教师以更具趣味性的方式进行初等中文教学，有助于中文学习者在碎片化的时间中更加愉悦地进行初等中文学习。

3.2 辅助中文教材教辅修订

2021 年《等级标准》发布,作为指导国际中文教育的规范性文件,《等级标准》的发布具有重要意义。早期教材是否仍然适应该标准?不适应新《等级标准》的教材应从哪些方面进行修订?对新教材的研发有哪些指导意见?这些成为教材教辅编写时需要重点关注的问题。

笔者基于重构后的《等级标准》,将《汉语教程》(初级综合教材)第一册(以下简称《汉语教程》)作为研究对象,对初等词汇和一、二级语法两种语言要素进行计量分析。通过将《汉语教程》教材文本与重构后的《等级标准》中计量词汇与语言点进行匹配。统计数据显示,在《汉语教程》中,词汇方面,一级词汇占比 43.77%,二级词汇占比 22.06%,三级词汇占比 8.01%,其他词汇占比 26.16%,每课时的一级词汇数量最多,且整体呈增长趋势;一级词汇已覆盖占比为 46.77%,未覆盖占比 53.23%,二级词汇已覆盖占比为 15.78%,未覆盖占比为 84.22%,三级词汇已覆盖占比为 4.59%,未覆盖占比为 95.41%。语法方面,一级语言点的占比是 82.95%,覆盖率是 73.14%,二级语言点的占比是 17.05%,覆盖率是 38.53%。综合来看,一、二、三级词汇的分布符合中文学习者学习时遵循的由易到难的认知规律,但初等词汇未覆盖的占比高,需要利用《等级标准》对教材词汇进行补充。二级语言点覆盖率较低,需要丰富语言的表达形式。使用《等级标准》对教材教辅进行修订,有助于提升教材的规范性,提高教师的教学、备课效率。

4 总结与展望

本文基于 2021 年发布的《国际中文教育中文水平等级标准》,以数字化教学资源建设为目标,对《等级标准》中的汉字表、词汇表、语法表进行了重构。对较为复杂的词汇和语法点进行了拆分及关键信息抽取。本文详细介绍了各属性字段的设计规范和设计依据,以及经过结构化整理后的规范文档如何助力中文学习分级资源库建设、辅助中文教材教辅的编写与修订等。相较于以往的研究,本文更加系统全面、更为细粒度地对《等级标准》汉字表、词汇表、语法点进行了数字化重构(包括属性设计、拆分消歧等),以提升计算机对词汇和语法识别的精度,有广泛的应用前景。

在未来的工作中,各规范可根据实际使用情况作进一步扩充或优化。例如在汉字表中增加汉字结构属性(如部件拆分),在语法表中增加语言点的语法检索式等。在应用方面,除了助力中文资源库建设、辅助中文教材教辅的研发外,可探索数字化《等级标准》在中文教学知识图谱构建、中文教师教学评价等应用场景中的应用。

参考文献

[1] 曹钢,董政,徐娟. 基于《国际中文教育中文水平等级标准》的词汇知识图谱与词汇自适应学习平台构建. 国际汉语教学研究,2023(01).
[2] 戴安琪.《长城汉语》(生存交际)第二版与《国际中文教育中文水平等级标准》比较研究. 东北财经大学硕士学位论文,2023.
[3] 姜颜岐.《国际中文教育中文水平等级标准》中的手写汉字分析. 沈阳师范大学硕士学位论文,2022.

[4] 李亚男.《国际中文教育中文水平等级标准》解读. 国际汉语教学研究，2021(01).

[5] 彭聃龄，王春茂. 汉字加工的基本单元：来自笔画数效应和部件数效应的证据. 心理学报，1997(01).

[6] 史维国，布占奎，王玉生.《等级标准》框架下词汇教学微课数字资源库建设. 哈尔滨师范大学社会科学学报，2022(04).

[7] 王鸿滨.《国际中文教育中文水平等级标准》中语法等级大纲的研制路径及语法分级资源库的开发. 国际汉语教学研究，2021(03).

[8] 王鸿滨，王予暄. 国际中文教育语法大纲与标准研究十年回顾与创新——以《国际中文教育中文水平等级标准》中语法等级大纲的研制为例. 对外汉语研究，2021(02).

[9] 王若伊. 基于《国际中文教育中文水平等级标准》的汉语综合课教材语法项目研究. 黑龙江大学硕士学位论文，2023.

[10] 张卓，姜丽萍. 面向语法学习资源库的语法点重构——以《国际中文教育中文水平等级标准》为参照. 汉语国际教育学报，2022(02).

[11] 朱君辉，刘鑫，杨麟儿，等. 汉语语法点特征及其在二语文本难度自动分级研究中的应用. 语言文字应用，2022(03).

"第三空间"理论视域下VR赋能旅游汉语课堂设计探究

任岩靖[1]　张辰麟[2,3]

[1] 大理大学 国际教育学院 671003　[2] 教育部语言文字应用研究所 100010
[3] 北京师范大学 文学院 100091
[1] ren895682443@163.com　[2,3] shichiyateana@126.com

摘　要：推进教育数字化、现代化是国际中文教育发展的必然趋势。旅游汉语作为专门用途汉语的重要分支，需抓住其情景依存性和文化导向性的特点，拓展教学时空边界。本文基于美国社会学家爱德华·W.索亚的"第三空间"理论，分析旅游汉语教学与VR旅游资源特点，发掘当前VR资源服务于旅游汉语教学的可行路径，为VR全面赋能国际中文教育打好基础。构建旅游汉语教学"第三空间"需融合教学与技术，培养"复合身份"人才，善用VR资源优化生态系统，紧扣VR设备特点设计教学，解决数字素养、基础设施和数字服务等问题。该理论为旅游汉语教学设计提供新视野和方法论，对推动旅游汉语数字化转型有重要意义。

关键词：第三空间；VR；旅游汉语；数字化转型

A Study on the Design of VR-empowered Tourism Chinese from the Perspective of "Third Space" Theory

Ren Yanjing[1]　Zhang Chenlin[2,3]

[1] College of International Education, Dali University, 671003
[2] Ministry of Education Institute of Applied Linguistics, 100010
[3] School of Chinese Language and Literature, Beijing Normal University, 100091

Abstract: Promoting the digitization and modernization of education are an inevitable trend in the development of International Chinese language Education. As an important branch of CSP, Tourism Chinese needs to grasp its situational and cultural orientation characteristics, and expand the spatio-temporal boundaries of teaching. This paper is based on the American sociologist Edward W. Soja's theoretical perspective on the "Third Space". By analyzing the current situation of Tourism Chinese teaching and the characteristics of VR tourism resources, this paper explored feasible paths for utilizing current VR resources to serve Tourism Chinese teaching, laying a solid foundation for the comprehensive empowerment of International Chinese language Education through VR. To construct a "Third Space" for Tourism Chinese teaching, multidisciplinary talent cultivation, the utilization of VR equipment, and VR instructional design are all essential prerequisites. At the same time, issues such as digital literacy of students and teachers, infrastructure, and the construction of digital services also need to be addressed. The "Third Space" theory provides a new research perspective and methodology for the instructional design of Tourism Chinese, and has enlightenment significance and application value for promoting the digital transformation of Tourism Chinese.

Key words: Third Space; VR; Tourism Chinese; digital transformation

0 引言

当前，国际中文教育数字化转型正处于关键时期，"进一步推进数字教育，为个性化学习、终身学习、扩大优质教育资源覆盖面和教育现代化提供有效支撑"是当前国际中文教育数字化的宏观目标。马瑞祾、梁宇（2023）预测，扩展现实①、教育元宇宙等视觉沉浸技术将是国际中文教育数字化转型的关键技术之一。钱丽吉、吴应辉（2023）明确指出，借由 VR 设备构建虚拟实景"元宇宙"是国际中文教育未来增强场景感知、交互的重要方向。如今 VR 技术已经逐渐成熟，使用者通过 VR 设备进入虚拟空间获得全景体验的同时，也进入了文化场景，在无意识中感受文化。VR 技术具有多感知性、交互性、自主性等特点。吴勇毅、王婍璇（2023）指出，构建"知识教学—沉浸体验—知识教学"交替循环的 VR 中华文化教学新模式，有利于改善学习者对文化知识的学习效果，催化学习者的知识转化。

旅游汉语是专门用途汉语教学的重要分支，也是体现中国生态文明与可持续发展观、宣传中国文化象征、提升中国文化在国际上认同度的重要窗口。目前，实景 VR 资源数量由于拍摄设备成本的下降与拍摄技术的扁平化而呈现井喷式增长的局面，这为实现 VR 技术应用于旅游汉语课堂提供了丰富的资源，提高了沉浸式课堂创设的可能性，为学习者在真实情境中体验、学习语言文化提供了充分条件。将 VR 设备融于旅游汉语课堂，可以延伸旅游汉语教学时间和空间的边界，对旅游汉语的教学范式将是一种革新。找到现实课堂和 VR 虚拟世界的空间接口，创设旅游情境，增强学习者体验，是二者成功融合的关键，但目前具有针对性的指导性理论与可行性强的整合路径尚不多见。

"第三空间"（Third Space）理论是美国社会学家爱德华·W. 索亚（Edward W. Soja）在继承法国哲学家亨利·列斐伏尔（Henri Lefebvre）的"空间理论"（Space Theory）和米歇尔·福柯（Michel Foucault）的"异托邦理论"（The Theory of Heterotopia）基础上提出的。在该理论框架下，"第三空间"既不是物质意义上的"第一空间"，也不是源于人类精神活动构造的社会空间，即"第二空间"，而是二者多维的、超越二元对立的统一体。"第三空间"同时包含实际的物理空间和抽象的概念空间，是一个动态交互和变化的整体。（厉蓉，2015）VR 技术本身所创设的是一种"第三空间"叙事。VR 技术的交互性既能满足学习者在空间中进行"物理活动"的可能，亦能承载"精神空间"的知识、文化表达。教育学专家古铁雷斯（Kris D. Gutiérrez）将"第三空间"视作一种转换空间，认为学习者可以借助第三空间拓展学习方式并生成新知识。（贾维强，2023）通过超越时空的多模态体验环境，让学习者依存于可互动的"物理空间"情境的同时，沉浸于以知识、文化为导向的"精神空间"，是 VR 技术能够为旅游汉语教学带来范式革新的主要技术优势。

---

① 包括虚拟现实（Virtual Reality, VR）、增强现实（Augmented Reality, AR）与混合现实（Mixed Reality, MR）。

本文尝试以"第三空间"理论为指导，基于旅游汉语情景依存性和文化导向性的特点，深入分析、紧扣旅游汉语教学现状和 VR 资源特点，探寻 VR 旅游汉语教学空间接口、整合可行路径；提出旅游汉语课堂的"第三空间"的初步构建方案，创造一个融合开放、动态交互、个性高效、应用实践的教育生态系统。为旅游汉语数字化转型提供实践指引，助力汉语及中国文化在"一带一路"建设大背景下的传播。

1 VR 赋能旅游汉语第三空间接口

推进国际中文教育数字化转型，打通 VR 技术与旅游汉语"第三空间"创设的接口，需要结合旅游汉语教学现状，全面分析各类 VR 技术的应用，寻找可行的切入点。本文将从当下旅游汉语教学的现状和困局出发，通过评述旅游汉语教学模式及 VR 融入对策，分析现有 VR 技术应用的类型和国际中文教育中已有的相关研究，探讨数字化转型的可行路径与技术落地方式，发现 VR 与旅游汉语的交织之处，从而构建 VR 旅游汉语教学"第三空间"。

1.1 现状与困局

本文选取 22 个已开设"旅游汉语"专门课程的国内高校与海外孔院作为调研对象，通过深度调查与相关教师访谈，对其教学对象、教学时间、教学模式进行汇总分析，情况见表 1。

表 1 "旅游汉语"教学现状

	分类	数量	代表机构	所占比例
教学对象	旅游业从业者	15	泰国普吉孔子学院、哈瓦那大学孔院	68.18%
	来华旅游人员	6	葡萄牙孔子学院、哥斯达黎加大学孔子学院	27.27%
	旅游业从业者/来华旅游人员	1	埃及苏伊士运河大学	4.55%
教学时间	长期培训	5	哈瓦那大学孔院、葡萄牙孔子学院	22.73%
	短期培训	13	哥斯达黎加大学孔子学院、巴塞罗那孔子学院	59.09%
	长期培训+短期培训	3	格里菲斯大学旅游孔子学院、埃及苏伊士运河大学	13.63%
	其他	1	玛琅国立大学孔院	4.55%
教学模式	线上授课	6	安徽商贸职业技术学院、首都师范大学国际文化学院	27.27%
	线下授课	12	巴西利亚大学孔子学院、塞舌尔大学孔子学院	54.55%
	混合模式	4	贵州理工学院、印尼巴厘岛乌达雅纳大学旅游孔子学院	18.18%

如表 1 所示，旅游汉语的教学对象多以旅游业从业者为主。有别于专门的导游技能培训，旅游汉语授课内容通常为旅游活动中的汉语交际用语。（彭湃，2017）通过深度访谈得知，授课教师多使用任务型教学法、内容型教学法和情境教学法来为学生构建旅游交际

场景。在教学过程中，常采用多媒体教具，展示图片、视频或实体教具辅以教师口述创设情境，并以小组角色扮演完成练习。这种情境创设方式需要学生通过想象，在头脑中将自己置身于旅游情境中，难以达成旅游场景"第一空间"的现实构建，相关文化知识的"第二空间"的建构也难以与现实教学内容产生互动关系。教学时间以短期培训为主，集中短期培训本身就容易忽略文化内容的构建，这些因素使得学生在文化认同上遇到一定的困难。而线下授课为主的授课模式也对教师的社会历史文化背景知识与表达能力提出了更高的要求。在基于技术的数字化转型大背景下，学生沉浸感仍有待提高。

1.2 评述与对策

以是观之，借助技术进行教学转型，通过技术构建旅游汉语学习的"第三空间"，从而提高学生物质与精神两层面的动态交互，仍是一个迫在眉睫的问题。目前已有不少学者与相关机构、学校开始进行 VR 汉语教学的尝试，并获得了一定的阶段性成果，但在最急需构建"第三空间"的旅游汉语领域，尚鲜有人涉及。旅游汉语教学亟须创设真实旅游情境、加强场景构建与现实场景的联系，减少二者之间的割裂感。

VR 技术与旅游汉语教学内容适配度高，资源便于调动与运用，可以满足旅游汉语情境教学的需求，将其融入旅游汉语课堂教学，进行情境创设，可以加强课堂场景与现实场景的联系，通过虚拟环境构建将学生置身于"第三空间"，找到理论与实践的平衡点，提高学生学习兴趣，促进自主学习，创设完整教育生态系统，潜移默化地实现文化的传播。

1.3 分析与转型

当前主流 VR 资源主要分为四种：全景图片、全景视频、互动游戏、元宇宙产品，均带有交互性、沉浸式、体验性的特点，可以构建教学的"第三空间"，为学习者提供沉浸感，这四种 VR 资源的构建从技术难度与成本消耗考虑依次递增。目前已有将 VR 应用于国际中文教育领域的实例，如澳大利亚蒙纳士大学中国研究系创建的"中国岛"（Chinese Island）、泰国清迈大学孔子学院的"元宇宙中文"及华东师范大学的"国际中文教育元宇宙"。（马瑞祾、徐娟，2023）三者均从互动游戏或元宇宙产品的思路入手，技术门槛、构建成本、维护难度较高，资源与架构难以普及、推广与迁移。而主要采用全景图片、全景视频的 VR 资源构建则鲜有人涉及，仅有宋飞编著的《VR 视听说教程》，该教材主要采集现实的全景图片、全景视频资源，辅以便携式 VR 设备用以交互，具有较高的可行性与可复现性。虽然 VR 互动游戏与元宇宙产品拥有更高的技术含量，能够更好地提供沉浸式互动体验，但现阶段难以全面、高效铺开，无法真正形成旅游汉语的范式革新。相较之下，随着全景相机硬件的廉价化、小型化，操作的扁平化，全景图片、全景视频类 VR 资源已经逐渐走向低成本化、定制化，资源呈现井喷趋势。现阶段，运用好发展日趋成熟的全景图片、全景视频类资源，已经足够将国际中文教育向数字化方向引导，提供范式革新的宝贵机遇，降低学校、机构与汉语教师数字化转型的成本，方便全面铺开，运用新技术建构基于 VR 的"第三空间"。

旅游汉语具有情景依存性和文化导向性的特点，其核心问题是如何进行课堂真实情境创设，加强课堂情境与现实环境之间的联结、理论应用于实际，故适合作为 VR 技术运用的优先方向。从教师数字素养、资源易得程度与课堂运用便捷度三方面综合考量，VR 全景视频及全景图片更宜作为旅游汉语教学的数字化转型依托，更适合融入旅游汉语课堂教学并进行情境创设。当前，全景图片、视频类 VR 旅游资源主要由三者供应，分别是 VR 设备服务商、第三方网站、自媒体拍摄，具体来源示例见图 1。

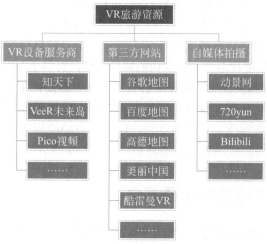

图 1　VR 旅游资源来源示例

如图 1 所示，VR 旅游资源分为三大类：VR 设备服务商、第三方网站、自媒体拍摄，其中知天下和 720yun 所含资源最多，知天下有 20 多万景点资源，720yun 亦有上千资源，且方便接入各品牌各类 VR 设备系统进行调用，为各个学校、机构、教师通过调用 VR 资源赋能旅游汉语提供了易得易用的便捷资源。通过与资源供应商进行交流并实际体验各来源的 VR 旅游资源，结合对一线教师的访谈调研，总结旅游汉语课堂教学需求，我们从七个角度对 VR 旅游资源进行了统计分析，具体情况见表 2。

表 2　VR 旅游资源功能统计

类型	名称	全景图片	全景视频	720°沉浸式体验	有语音或文字介绍	国内景点内容丰富	资源分类	检索功能
VR 设备服务商	知天下	√		√	√	√		
	VeeR 未来岛		√	√				
	Pico 视频		√			√		√
第三方网站	谷歌地图	√			√	√		√
	百度地图	√				√		√
	高德地图	√						
	美丽中国	√			√		√	
	酷雷曼 VR	√	√				√	
自媒体拍摄	动景网	√		√		√	√	
	720yun	√	√	√		√	√	√
	Bilibili		√		√		√	

如表 2 所示，出于成本考虑，VR 旅游资源以全景图片居多，但全景图片资源往往非单张图片，而是数张全景图片的拼合，学习者可以通过 VR 设备手柄实现前进、后退、转向等操作，可以顺利进行沉浸式体验。部分服务商与技术水平较高的自媒体人亦提供和分享了大量全景视频资源，相较于全景图片资源，视频资源兼具动态性且包含听觉信息，可以更完整地模仿"第一空间"。所有资源均支持 360°沉浸式体验及小幅俯仰角，部分服务商、网站与自媒体人能够提供 720°沉浸式体验，总体能够满足旅游汉语的场景创设需要。部分服务商和网站能够提供语言或文字介绍，这便于学习者自行学习体验相关资源，而不需要切出 VR 环境由教师进行语言文化知识的额外注释，有助于 VR 空间里"第一空间"与"第二空间"的统一，提升沉浸感。几乎所有资源提供者都提供了丰富的国内景点资源，便于旅游汉语教学中的文化传播。大部分网站与自媒体人提供了较好的分类与检索功能，便于教师在将资源应用于旅游汉语课堂教学时，结合特点功能思考、选择、设计，找到空间接口，创设良好的 VR 旅游汉语教育生态环境，优化教学设计。

2　VR 赋能旅游汉语教学路径整合

爱德华·W. 索亚（2005）强调在"第三空间"里，"一切都汇聚在一起：主体性与客体性、抽象与具象、真实与想象、可知与不可知、重复与差异……不一而足，将空间性、历史性、社会学相融合，打开一个极为开放的空间"。借助 VR 技术构建"第三空间"，提升汉语学习者的沉浸感，让学习者能够在融合"第一空间"特点的 VR 世界感受与现实世界相同的"物理空间"的同时潜移默化地接受语言文化知识，将"第二空间"的内容融合进 VR 体验当中，从而打开一个更开放的学习空间是 VR 赋能旅游汉语教学的有效路径。我国的教育数字化转型尚处于逐渐腾飞阶段，教师的数字化素养稳步提升，各个学校、机构的智能化设备也在逐渐发展、完善。充分运用走向成熟化、规范化的 VR 图片与视频资源，有助于为 VR 技术逐步运用于汉语教学提供有力支撑。旅游汉语作为对"第三空间"需求较高的专门用途汉语教学方向，应以开放、包容、多元、创新的视野，紧扣旅游汉语教学现状及 VR 旅游资源特点，在未来教学设计中从以下几方面构建"第三空间"生态系统。

2.1　融合教学与技术培养"复合身份"教育人才

为将 VR 旅游资源较好地应用于旅游汉语课堂，尚需要提高教师的数字素养。2022 年 11 月 30 日，教育部发布并执行《教师数字素养》标准，标准中将"教师数字素养"定义为：教师适当利用数字技术获取、加工、使用、管理和评价数字信息和资源，发现、分析和解决教育教学问题，优化、创新和变革教育教学活动而具有的意识、能力和责任。[①] VR 技术赋能旅游汉语，在课前，教师应掌握 VR 设备的基本功能，结合教学内容、教学对象、教学环节，选择相应 VR 教学资源，统筹规划 VR 功能、VR 旅游资源、教学内容等各方面内容，以个性化、实践化、交互化、动态化、开放化、趣味化为导向优化教学设计；在课堂中，教师应使用 VR 设备进行授课，在教学活动中及时监控、辅导学生，学生

---

① 中华人民共和国教育部. 教师数字素养[EB/OL]. http://www.moe.gov.cn/srcsite/A16/s3342/202302/W020230214594527529113.pdf.

可以通过 VR 技术构建的"第三空间"将课堂中所学理论知识与实际生活实践联系起来，加强教学效果；在课后，教师应及时反思，对 VR 旅游资源进行总结、整理及调整，升级教学效果。兼具教学与技术的"复合身份"教育人才，可以很好地构建并把控数字旅游汉语教育生态系统，让学生在虚实交织的环境中学习、应用，更好地适应未来的职业需求，并认同中国文化。

2.2 优化"空间接口"生态系统

为了结合 VR 旅游资源与各个教学环节的特点，优化"第三空间"在实际教学中的作用，我们对各个 VR 旅游资源适用的教学环节（以调查中最常见的综合课为例）进行了分析整理，结果见表 3。

表 3　VR 旅游资源适用教学环节

VR 资源	课前		课中				课后
	预习	拓展学习	导入	讲授	练习与活动	总结	作业
知天下	√				√		
VeeR 未来岛		√	√		√		
Pico 视频		√	√		√		
谷歌地图	√			√			
百度地图				√			
高德地图				√			
美丽中国				√			
酷雷曼 VR				√	√		
动景网		√			√		
720yun		√			√		
Bilibili		√					

旅游汉语教学以学生为中心，以功能为导向，以口语表达为重点，以交际应用为主。因此，课前应让学生有相应的语音、文字作为参考，或使用较为新鲜、活泼的内容保持学生对学习的兴趣，提升学生进入"第三空间"学习的自主性。课中导入应迅速吸引学生注意力，讲授则应使用方便教师操作并分享给学生的 VR 技术为主要手段，练习与活动应尽量提升学生在"第三空间"里的自由度，增大学生对虚拟空间的感知，提升沉浸体验。

如表 3 所示，课前预习的目的是让学生提前熟悉教学内容，强化学生听课目的，旅游汉语教学内容既包括语言知识，又充分涉及中国文化。因此拥有较丰富的语音、文字讲解资源的知天下和拥有多国语言平行翻译的谷歌地图可以作为预习的 VR 资源使用；课前拓展学习与兴趣学习可用 VeeR 未来岛、Pico 视频或自媒体创作的视频、图片资源为主以提升学生的自学兴趣。课中导入部分可以用生动活泼的视频资源进行导入；讲授部分为达成良好的教学效果，则需要创设真实情境，教师可用各种地图软件或全景景点作为 VR 资源，该类资源便于教师进行操作，并能够随时暂停分享教师视角以便讲授相关语言文化内容；课堂练习与课堂活动则应尽量提升学生在"第三空间"的自由度，故可尽量选择服务商提供的标准化资源，如拥有较自由的 720°视角的 VR 资源，以方便学生自主操作，提升教学环节的流畅度，同时也方便学生在自主练习时进行资源的自主选择，从课堂词汇、语言点、文化出发，搭配不同旅游资源，学习生成，有利于学生习得，构建更加个性、开放、多元的空间生态系统。

2.3 紧扣 VR 设备特点构建"第三空间"教学设计

进行教学设计时，VR 设备的特点及功能也十分重要。有效利用 VR 设备的功能，可以让教学达到事半功倍的效果。通过对市场上常见的 VR 设备进行调研获悉，千元级 VR 设备均可运行上述绝大部分资源，进行 720°沉浸式观看，并且具有投屏、安全边界等功能，能够支持教师自由进行教学设计与课堂设备操作，基于 VR 基本性能，设计 VR 旅游汉语"第三空间"教学模式见图 2。

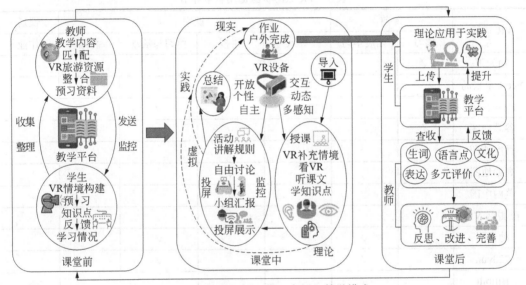

图 2　VR 旅游汉语"第三空间"教学模式

如图 2 所示，VR 旅游汉语"第三空间"教学模式分为课堂前、课堂中、课堂后三大部分。课堂前，VR 旅游资源为学生提供情境补充，学生可自备 VR 设备或到学校公用的 VR 教室观看 VR 旅游资源，在虚拟情境中理解课堂中所要学习的生词、语言点、文化等知识，提前熟悉应用环境。课堂中，根据 VR 设备的特点，授课环节积极构建"第三空间"情境，调动学生多感官，与课前预习相联系，加强知识内容的学习，提高输入效果，在增加虚拟空间物理互动的同时，传播语言文化知识；活动环节学生根据个人兴趣与需求选择 VR 旅游资源，利用 VR 投屏功能监控、汇报及反馈。课堂后，学生完成实践作业，反馈教学评价，并对整堂课的学习者、教学者、教学环境、教学设计、教学资源等多方面进行反思，从而改善未来的教学。VR 旅游汉语"第三空间"教学模式是教与学高度动态互动的过程，虚拟与现实交织，并在 VR 世界里实现"物理世界"与"精神空间"的复合，实现理论到实践的转化，二者协调平衡，沉浸感更强，增加趣味性，强调主体性，三大环节之间联系紧密，形成各环节内部小循环、外部大循环的循环系统，构建完整生态链，以螺旋上升的方式，不断提高教学效果，创设开放、创新、动态的教育空间。

3 结语

在教育现代化、数字化的时代背景下，旅游汉语数字化转型是大势所趋，是提高教育效果的必然要求，是未来发展的新生路径。本文在"第三空间"理论视域下，通过分析旅游汉语教学现状与 VR 旅游资源特点，探寻虚拟与现实、理论与实践的接口，发现情境创设是旅游汉语教学的核心，但目前教学中的情境缺乏沉浸感，VR 旅游资源与旅游汉语教学内容适配度高，并且在观看时有身临其境的感觉，可满足旅游汉语真实情境创设需求。故，构建旅游汉语教学设计"第三空间"之时，需要融合教学与技术培养"复合身份"教育人才、善用 VR 旅游资源优化"空间接口"生态系统、紧扣 VR 设备特点构建"第三空间"教学设计。

2024 年 2 月，随着"以文生视频"的生成式大模型 Sora 的问世，未来 VR 互动游戏与元宇宙的资源建模也将逐步走向廉价化，元宇宙类产品的成本也将趋于平民化，构建与操作也将逐渐扁平化，相信每个教学者都能创造自己的元宇宙并利用元宇宙进行教学的日子不会太遥远了。然而在此之前，提高教师的数字化素养，将目前已经逐渐成熟的 VR 全景图片与全景视频资源应用于国际中文教育当中，打通"第三空间"接口，整合 VR 赋能路径，为教育元宇宙的普遍到来做好准备，让数字化一步一个脚印，阶段性稳步发展，亦有不可忽略的意义。

参考文献

[1] [美]爱德华·W. 索亚. 陆扬，刘佳林，朱志荣，路瑜，译. 第三空间：去往洛杉矶和其他真实和想象地方的旅程. 上海：上海教育出版社，2005.

[2] 贾维强. 职业教育空间数字化的特征、阻滞与进路——基于第三空间理论视角. 新疆职业教育研究，2023(04).

[3] 厉蓉. 第三空间：文学研究的另类视角. 南京大学硕士学位论文，2015.

[4] 马瑞祾，梁宇. 国际中文教育数字化转型的三重逻辑——从 ChatGPT 谈起. 河南大学学报(社会科学版)，2023(05).

[5] 马瑞祾，徐娟. 国际中文教育元宇宙：理论意蕴、双轮驱动与发展进路. 云南师范大学学报(对外汉语教学与研究版)，2023(04).

[6] 彭湃. 旅游汉语中的文化因素及文化教学. 辽宁师范大学学报(社会科学版)，2017(04).

[7] 钱丽吉，吴应辉. 元宇宙技术推动中文国际传播跨越式发展的功能与路径. 云南师范大学学报(哲学社会科学版)，2023(04).

[8] 吴勇毅，王婍璇. 基于语义波理论的 VR 多模态中华文化教学模式探究. 云南师范大学学报(对外汉语教学与研究版)，2023(06).

基于 LDA 模型的语言国情主题热度演进分析[*]

张邝弋[1] 肖 锐[2]

[1,2] 云南大学 汉语国际教育学院 650091

[1] zky.staybirds@foxmail.com　[2] le98813@163.com

摘 要：本文立足于语言国情研究的重要性，探讨其在国家政策制定、民族团结、经济发展及文化传承等方面的关键作用。面对研究方法和技术的革新挑战，本文基于 LDA 模型对相关文献进行主题热点分析。通过对高频词的统计和主题模型构建，识别出语言国情研究的九大核心主题，包括语言治理、语言演变、语言战略、语言教学、语言保护、语言业态、语言沟通、数字语言、语言文化，并分析了各主题随时间的演变特征与热度变化。研究指出，不同主题在不同时期热度的上升反映出国家发展战略、教育政策、全球化进程及科技发展对语言国情研究的影响。最后，本文指出了语言国情研究未来应重点关注的几个方向，如治理、演变、教学改革及数字化应用等。

关键词：语言国情；语言治理；LDA 模型；主题热度

Topic Popularity Evolution Analysis of Language Situation based on LDA Model

Zhang Kuangyi[1]　Xiao Rui[2]

[1,2] School of International Chinese Language Education, Yunnan University, 650091

Abstract: This article is based on the importance of studying language and national conditions and explores its key role in national policy formulation, national unity, economic development, and cultural inheritance. Facing the challenges of innovation in research methods and technologies, this article conducts a topic hotspot analysis of relevant literature based on the LDA model. Through the statistics of high-frequency words and the construction of topic models, nine core themes of language national conditions research were identified, including language governance, language evolution, language strategy, language teaching, language protection, language business formats, language communication, digital language, and language culture, and analyzed the evolution characteristics and popularity changes of each topic over time. The study points out that the rise in popularity of different topics at different times reflects the impact of national development strategies, education policies, globalization processes, and technological development on the study of language and national conditions. Finally, the article looks forward to the governance, evolution, teaching reform, and digital application that should be focused on in the future of language and national conditions research.

Key words: language national conditions; language governance; LDA model; topic heat

---

[*] 本文受到云南省哲学社会科学规划教育学项目"基于大数据的国际汉语教学和评价实证研究"（项目编号：AC21010）经费资助。

0 引言

语言国情研究作为语言文字有效推广战略的关键基石与理论依据，在构架精准且合乎时宜的语言文字推广政策框架，强化民族间凝聚力，塑造良好的国家形象以及促进经济发展等方面发挥着不可或缺的作用。近年来，针对语言国情的前沿热点研究呈显著增长态势，学界对此领域的深度关注不断提升，其对语言学科的内涵拓展与实践创新具有深远影响（李春风，2023；戴庆厦，2020）。然而，随着研究技术和方法论体系的持续革新与发展，语言国情研究领域展现出一种动态演进与多样并存的复杂格局（李宇明，2010），这无疑给我国在新时代背景下制定针对性强、前瞻性强的语言文字推广政策带来了新的难题和挑战。本文旨在运用先进的文本分析技术手段，对语言国情研究热点进行深入的历史脉络梳理与动态追踪，探究各个研究主题在不同时间段内的演变规律与特征变迁，从而清晰地勾勒出语言国情研究主题随时代变迁的动态特性。以此为基础，我们期待为我国新时期语言文字推广事业提供具有针对性的战略思考、建设性的对策建议和有价值的参考依据。

1 文献回顾

1.1 关于语言国情的文献研究综述

语言国情这一领域涵盖了国家内部语言使用状况、语言政策及语言生态等多维度的内容，近年来的研究热点虽繁多，但学者们对于语言国情的划分和理解标准尚未达成共识（沈骑等，2024；戴庆厦等，2022），导致研究格局呈现碎片化特征。不同研究者定义和探讨的语言国情议题各异，缺乏系统性和整合性，这无疑加大了对该领域进行整体把握的难度。早期的语言国情研究主要依托于方言调查实践，如通过大规模的田野工作积累第一手语言材料（张振达等，2023；李春风，2023），这种方式虽然能深入揭示语言的实际运用情境，但一直存在人力物力投入大、转写记录效率低下的弊端。随着时间的推移，研究逐渐转向借助人口问卷调查并建立语言国情数据库，以便更高效地收集和分析语言使用数据（李宇明，2010）。

然而，正是由于研究内容的隔离性与传统研究方法的技术制约，当前的语言国情研究尚存在一定的局限。步入数字化时代，自然语言处理（NLP）技术的快速发展为语言国情研究提供了全新的视角与可能（冯志伟，2008）。利用大数据和 NLP 技术可以实现对海量语言资源的快速抓取、处理和深度挖掘，从而打破以往经验主义研究范式，推动研究向数据驱动的方向转型。因此，亟待对现有的"语言国情"热点问题进行再审视，并构建适应新时代要求的、更为科学严谨的研究框架与路径。

综上所述，语言国情研究需要在继承和总结既有研究成果的基础上，积极应对新的挑战，拥抱数字化技术带来的变革，以期在未来的研究中形成更为一致的标准和体系，同时促进研究方法由传统的经验主义向数据驱动模式的跨越发展。

1.2 基于 LDA 模型进行主题与热点分析的文献研究综述

LDA（Latent Dirichlet Allocation）模型作为一种重要的无监督学习算法，在自然语言处理领域被广泛应用于文本聚类与主题发现，其影响力已跨越多个学科边界，如教育领域用于课程结构解析（李梦杰等，2018），图书情报领域将其应用于文献主题挖掘（林丽丽等，2019），乃至人工智能领域也有广泛应用（陈琦等，2022；张涛等，2021；Yu & Xiang，2023）等。LDA 通过概率统计原理揭示文本潜在的主题分布，有效地解决了大规模文本数据自动化分析的需求。面对传统语言国情研究人力物力消耗大、转写记录效率低下的局限性，本研究旨在探索一种新的研究路径，即利用 LDA 模型的数据驱动特性，尝试通过对语言国情相关文本进行深度挖掘，建立 LDA 模型以实现主题的自动识别与热度演变分析。相较于经验主义的传统研究方法，在数字化时代背景下，这种数据驱动的方法有望克服传统研究手段的不足，提高研究效率与精准度，为语言国情研究开启新的研究视角与分析维度。

2 研究设计

2.1 数据来源

本研究借助中国知网（CNKI），系统地搜集了 2008 年至 2022 年发表在《云南师范大学学报（哲学社会科学版）》"语言国情研究"栏目的全部相关文献，并通过严格筛选获得有效文献共计 264 篇。针对这些文献，我们进行了详尽的数据摘录工作，重点关注并提取了五个关键信息维度，即作者姓名、作者所属单位、文献原始出处、文章摘要、文献发表的具体年份。这项工作旨在通过对上述信息的深度挖掘与整理，为后续的语言国情研究趋势分析与学术影响力评估提供扎实的数据基础。

2.2 研究工具

TF-IDF 算法是一种加权技术，可用来表示特征项在整个语料库中的重要性。TF-IDF 算法的基本思想是特征项的重要程度与在文档中出现的频率成正比、与在语料库中出现的频率成反比（景丽等，2021）。TF-IDF 计算公式如式（1）所示：

$$\text{TF-IDF} = \frac{N_{i,j}}{\sum_{1}^{k} N_{k,j}} \times \log \frac{D}{DF+1} \tag{1}$$

其中，$N_{k,j}$ 表示第 i 个词在第 j 个文档中出现的次数，也就是词频；$\sum_{1}^{k} N_{k,j}$ 表示第 j 个文档中所有词出现的总次数，也就是文档长度。D 表示文档集合中的文档总数，DF 表示包含第 i 个词的文档数，也就是文档频率。$\log(D/(DF+1))$ 表示第 i 个词在文档集合中的特异性，也就是逆文档频率，它是对稀有程度取对数的结果，这样可以缩小数值范围，并且增加低频词的权重。

LDA 主题模型用一个服从 Dirichlet 分布的 K 维隐含随机变量表示文档的主题概率分布，在此基础之上模拟文档的生成过程。LDA 是三级分层贝叶斯模型，其中将集合的每个项目建模为基础主题集上的有限混合，依次将每个主题建模为主题概率的基础集合上的无限混合（夏萌萌等，2022；Blei，2003）。其公式如式（2）：

$$P(w_j | d_i) = \sum_{k=1}^{K} P(w_j | z_k) P(z_k | d_i) \tag{2}$$

其中，$P(w_j|d_i)$ 表示第 j 个词在第 i 个文档中出现的条件概率，也就是给定第 i 个文档，第 j 个词出现的概率；$\sum_{k=1}^{K}$ 表示对所有可能的主题变量求和，即考虑所有可能生成这个词的主题；$P(w_j|z_k)$ 表示第 j 个词在第 k 个主题下出现的条件概率，也就是给定 k 个主题，第 j 个词出现的概率；$P(z_k|d_i)$ 表示第 k 个主题在第 i 个文档、第 k 个主题出现的概率。

困惑度是确定主题模型最优主题数目的重要判断指标，困惑度值越小，模型泛化能力越强，当前主题数目就越优（董伟等，2022）。困惑度的计算如公式（3）所示：

$$perplexiy(D) = \exp-\frac{\sum_{d=1}^{D}\log_2 P(w_d)}{\sum_{d=1}^{D}N_d} \quad (3)$$

其中，$perplexiy(D)$ 表示文档集合 D 的困惑度，也就是语言模型对 D 的预测能力的反映；$\exp$ 表示自然指数函数，也就是以 e 为底的指数函数；$\sum_{d=1}^{D}\log_2 P(w_d)$ 表示文档集合 D 的交叉熵，即语言模型对 D 的平均信息量。$P(w_d)$ 表示语言模型对第 d 个文档中的所有词 w_d 的概率估计，$\sum_{d=1}^{D}$ 表示对所有 D 个文档求和。

主题强度也称为主题热度或主题关注度，它能够展现主题在某一时间段的受关注程度，是判断某研究主题是否为科研热点的量化指标（梁爽等，2022）。主题热度的计算如公式（4）所示：

$$\theta_z^t = \frac{\sum_{d=1}^{D_t}\theta_z^d}{D_t} \quad (4)$$

其中，θ_z^t 表示第 t 个时间段内主题 z 的强度；$\sum_{d=1}^{D_t}\theta_z^d$ 表示 t 个时间段内所有文档中主题 z 的强度之和；D_t 表示第 t 个时间段内的文档总数；$\sum_{d=1}^{D_t}\theta_z^d/D_t$ 表示第 t 个时间段内所有文档主题 z 的强度的平均值。

2.3 文本降噪处理

本研究对收集到的 264 篇语言国情研究论文摘要进行了数据清理。首先对百度、四川大学和哈尔滨工业大学停用词表进行整合，对文本去除了摘要文本中常用停用词以减少杂讯；其次统计高频词汇，剔除了诸如"本文""我国"等虽高频出现但对主题贡献较小的词语，最终在 57386 个字符中共得到 3575 个有效词语。

3 基于关键词的语言国情研究热点与主题演进分析

3.1 基于 TF-IDF 算法的语言国情研究热点分析

通过对表 1 所列关键词的梳理可见，一方面，"语言""汉语""研究"及"国家""方言"等核心词揭示了语言国情研究的核心特征，即站在国家战略高度，深入探究汉语及其多种方言体系间的内在联系，旨在有力驱动我国语言事业的繁荣进步与学术理论建设。另一方面，"能力""国际""发展""规划"以及"中文"等词，则聚焦于对外交往维度，强调语言国情研究在国际交流语境下的实践价值与应用潜力，是连接中国与全球不同国家和民族文化的重要桥梁。同时，"文章""话语""语言文字""传播"及"华语"等元素，则更多地体现了语言国情研究在文化传播领域的考量，尤其是关注汉语及汉字文化的传统，不仅涵盖了国际化的推广策略，还涉及国内各少数民族地区的语言传承与发展。这些关键词聚合在一起，彰显了语言国情研究在学术严谨性与社会实践性的双重维度上的深度融合，进而凸显出该领域研究的宽广的包容性和深刻的多元性。

表1 语言国情研究高频词与词频权重

序号	高频词	词频权重	序号	高频词	词频权重	序号	高频词	词频权重
1	语言	0.3250	6	能力	0.0326	11	文章	0.02786
2	汉语	0.0630	7	国际	0.0326	12	话语	0.02750
3	研究	0.0610	8	发展	0.0304	13	语言文字	0.02747
4	国家	0.0465	9	规划	0.02964	14	传播	0.02603
5	方言	0.0365	10	中文	0.02804	15	华语	0.02566

3.2 基于 LDA 模型的语言国情研究主题分析

当主题数为9时，困惑度指数最小，模型泛化能力最好，因此确定文本最优主题为9个。如图1所示，我们调用 LDA 模型对 2008—2022 年摘要文本进行建模，获得9个主题，并对其进行概括，同时在每个主题中选择主题热度最高的9个词进行分析，以准确揭示该主题的研究内容，其中每个主题后的核心关键词按概率大小来排列。

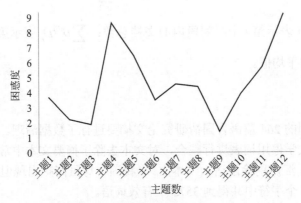

图1 语言国情最优主题数确定

正如表2所示，当前语言国情研究的核心议题涵盖了9个主要维度：首先是"语言治理"，其次为"语言演变"，再者是"语言战略"，接着聚焦"语言教学"，紧随其后的是"语言保护"，此外还包括"语言业态""语言沟通""数字语言"以及"语言文化"。这些热点主题共同构成了当前语言国情研究的多元格局与深度探索的方向。

主题1"语言治理"核心理念在于政府与社会多元主体共同围绕共享价值目标，通过深度互动、广泛参与和高效合作，携手引导和推动语言文字的健康发展与合理变迁，从而构建一种促进社会秩序优化与持续进步的高级策略化管理模式。这一模式超越了传统的语言规划框架，更强调动态适应与综合协调。通过对表2中诸如"和谐""差异""语言文字""国家"等关键词的分析，可以深刻洞察到语言治理的推行离不开强有力的国家顶层设计与政府层面的积极引领。与此同时，语言治理现象鲜明地体现出时代特征，具体表现为在全球公共卫生危机背景下，如何实施有效的全球语言治理策略，以及在"一带一路"倡议带动下所面临的跨境语言治理挑战（张四红等，2021）。

表2 语言国情研究主题及其核心关键词

标号	主题描述	核心关键词
主题1	语言治理	国家、理论、母语、语言文字、和谐、影响、言语、差异、进一步
主题2	语言演变	发展、能力、社区、中国、功能、因素、变化、时期、年
主题3	语言战略	规划、价值、新、文章、战略、提高、探讨、世界、民族
主题4	语言教学	教育、政策、基础、少数民族、中文、内容、类型、体系、程度
主题5	语言保护	汉语、方言、关系、生活、保护、规范、包括、水平、提供
主题6	语言业态	分析、社会、汉字、服务、概念、经济、产业、推广、标准
主题7	语言沟通	国际、普通话、通用、作用、民族语言、文字、地区、背景、进程
主题8	数字语言	资源、工作、领域、方法、整理、开发、政府、学习、数据
主题9	语言文化	语言、研究、提出、文化、建设、之间、系统、传播、一种

主题2"语言演变"集中探讨了不同语言类型随时间和空间所发生的演变进程，涵盖了汉语及其诸多方言分支与地域特色语言的交融变迁，例如通过对"澳门土生葡语"的发生、发展直至衰退的详尽剖析（王亚蓝等，2021），生动展现了特定地理区域内语言融合与演变的典型轨迹。同时，这一主题还延伸至民族国家间的语言更迭现象，揭示出新旧国际语系在历史长河中的更替所展现出的独特而复杂的特性，如拉丁语、英语以及法语之间的相互影响与发展脉络（沈骑，2022）。这些实例无一不深刻体现了语言演变的动态性和互动性。

主题3着重强调了通过精心设计的语言战略规划来构筑我国特有的语言安全保障体系的重要性，这一举措对于强化民众对国家整体安全观念的认知具有深远的影响。语言安全议题作为国家安全不可或缺的组成维度，其价值与研究深度亟待提升。特别是在近年来国际局势风云变幻的大背景下，从国家战略层级构建灵活且高效的语言应急机制显得尤为紧迫。尤其在遭遇重大的全球公共卫生突发事件时，语言安全问题凸显其关键性地位，其必要性与关注度不容任何程度的忽视（黄行，2022a）。

主题4聚焦于"语言教学"的核心领域，深入探讨了国家通用语与少数民族语言间的协同演化与发展关系。在此过程中，语言教学担当着至关重要的纽带角色，联结并促进这两种语言资源的互动与互补。通过"教育政策"的制定与实施，以及对少数民族语言教育体系的构建和完善，语言教学不仅致力于提升全体国民的语言能力和综合素质，还在强化各民族间交往、交流与交融的过程中，有力地凝聚和铸牢中华民族共同体意识（黄行，2022b）。与此同时，语言教学在尊重和保护少数民族语言独特性的基础上，积极推动"中华民族通用语"在各个民族地区的广泛传播与普及应用,这一实践过程体现了一种动态平衡与和谐共生的语言发展模式。这种模式不断优化和完善语言治理策略,因而在语言国情研究中凸显为一个备受关注的热点议题(黄行,2022b)。

主题5聚焦"语言保护"议题,凸显汉语及其他本土语言资源亟待强化保护与规范化管理。在全球化进程中,英语等主流语言对众多弱势语种形成强烈冲击,据统计,全球语言使用分布极不均衡,96%的世界人口仅掌握4%的语言,意味着绝大多数语言濒临消失(刘宝俊,2007)。这一严峻现实促使国际社会日益关注语言资源保护。在中国,面对130余种语言的多元格局,其中68种语言的使用者少于万人,25种语言的使用者更是仅在千人以内,赫哲语、满语等珍稀少数民族语言甚至已跌至百人以下,濒危状况引人忧虑(田立新,2015)。挽救并振兴这些语言,无疑将会有力地推动我国语言文化的传承与发展,并促进多元语言生态的健康维护。

主题6"语言业态"聚焦"社会服务""概念诠释"及"产业构建"等维度,可见其核心在于探讨语言与经济活动的交织关系。语言被认为是一种具有实质性影响力的硬实力资产,承载着独特的产业特性和生产力价值(王春辉等,2022)。这一理论视角揭示了蓬勃发展的语言文字事业在推动共同富裕进程中扮演着关键角色;同时,语言的多样性与繁荣建立在一定的物质基础之上,开辟了研究语言经济效应的新视野。

"语言沟通"这一核心议题聚焦于"国际""普通话""进程"及"民族语言"等关键词,我们深入探讨了汉语在全球语言格局中的定位及其与各民族本土语言间的互动关系。本议题重点在于如何有效提升汉语在多元民族语境中的表达力和影响力,寻求汉语与各民族语言间协同共进、和谐发展的路径。

"数字语言"这一新兴研究主题带来的深刻变革显而易见。特别需要强调的是,在数字语言资源的系统化整合与开发过程中,急需得到政府高屋建瓴的顶层规划设计以及强有力的推动支持。唯有通过这种自上而下的策略部署,才能有效动员多元化的参与力量,从而保障数字语言工程能够全面、有序地建设并持续优化提升。

通过分析主题9,可以明显看出其重点关注的是语言与文化两者间紧密的互动关联。语言本质上是文化的产物,并且构成了文化不可或缺的一部分。同时,语言在文化传承与发展中扮演着至关重要的角色,它是文化内容的主要载体。换句话说,在文化不断丰富变化的过程中,语言起着决定性的作用,而语言自身的形态和使用也会随着文化的变迁而发展演变,从而形成一种互相影响、互相塑造的动态关系。

3.3 基于语言国情主题热度演进分析

在探究文本数据流的分析手段时,时间窗口分割扮演了关键角色,其核心在于依据文本数据中事件发生的先后顺序,系统地将数据流切割成一系列时段容器,确保每个容器内部集聚的文档在主题层面呈现出较高的一致性和关联度(王婷婷等,2018)。在本项研究中,为了深入剖析2008年至2022年这一期间语言国情研究领域的主题演进趋势,我们严格遵循时间序列的内在逻辑,精心地将这一历史阶段的文献资源细分为9个连续且相互衔接的时间窗口。由此,我们得以构筑出一幅精确反映语言国情研究主题强度随时间动态变化的热力图谱,如图2所示。

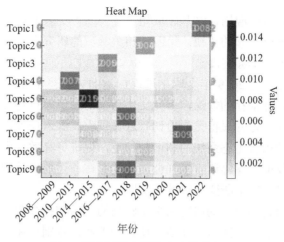

图 2　语言国情主题热度演化热力图

2010—2013 年，主题 4"语言教学"的研究热度显著提升，这一阶段恰好是我国政府大力推行西部开发大战略以及深度推进少数民族地区扶贫工作的重要时期。同时，政府亦加大对多民族地区的文化教育及语言支持力度。在此背景下，众多教育专家、语言学者、文化研究者以及政策决策者纷纷聚焦于少数民族地区的汉语教学问题，致力于改善并优化相关教学质量。这一举措的核心目标在于确保各民族学生能够享受到高质量且公平的语言教育，切实保障他们在语言学习上得到充分而均衡的支持与发展。

2014—2015 年起，主题 5"语言保护"空前凸显，并在 2008 至 2022 年保持高位热度，成为政策与学术焦点。国家层面对此议题高度重视，密集出台政策强化语言遗产保护机制，地方政府积极响应，不断拓展和完善文化遗产法律框架以适应语言保护需求。这一时期，众多影响深远的语言保护实例与事件引发社会广泛关注与讨论，推动了学术界对我国语言资源保护问题的热烈研讨与实践探索。学者们不仅深度剖析当下语言现状，更积极开展实用性研究，引领了语言保护研究的新潮流。

2016—2017 年，主题 3"语言战略"成为研究热点，这源于多重驱动因素：一是响应国家政策导向，如"一带一路"倡议推动了海外市场的拓展和创新能力培育，凸显了语言作为跨文化交流关键载体的价值；二是外交活动频繁促使语言交流需求激增，强化了语言战略研究的迫切性；三是民族文化传承与推广的需要，鉴于汉字及中华文化的深厚底蕴，语言战略致力于汉字文化传播，弘扬中华民族历史与文化精华。

2018 年是十九大的开局之年及深化改革关键期，主题 6"语言业态"和主题 9"语言文化"研究热度攀升。《"十三五"战略性新兴产业发展规划》频繁强调语言服务产业的战略地位，响应经济全球化进程及"一带一路"倡议的需求，政府积极倡导壮大该产业，以增进跨文化贸易交流。加之适逢改革开放四十周年纪念，政府与学术界对构建和完善语言文化体系的研究投入了更多关注与努力。

2019 年主题 8"数字语言"研究热度较高，但综观 2008—2022 年，其研究热度相较于其他研究热点始终处于较低的水平，造成这一现象的原因是多方面的。第一，研究难度和门槛较大，需要跨多个学科领域和技术领域进行综合考虑与探讨；第二，这一领域长期以来未得到足够的投资和支持，对知识产权的保护等问题也没有明确的政策规定；第三，研究者往往更关注新兴技术的应用，这些领域相对容易获得更多的投资和支持，因此，他们对数字汉语资源建设缺乏足够的重视；第四，相关领域的研究者还比较分散，缺乏足够的协同合作，导致研究进展不够突出。

主题2"语言演变"在2019年全球化进程加速的大背景下获得了前所未有的高度关注。随着世界各国间相互依存的加深，多元文化与多语种现象日趋普遍，探究不同语言间的互动关系及其动态演变过程显得尤为迫切且意义重大。深入挖掘语言演变的内在机制和规律，有助于维护全球语言生态系统的和谐与稳定，促进更高效、更深层次的跨文化交流与理解。此类研究不仅能够保障语言多样性的持续存在，还能推动构建一个包容并蓄、互联互通的语言环境，以适应不断变化的世界格局。

2021年主题7"语言沟通"的研究引来了较高的学术和社会关注度。这一年中国"十四五"发展规划正式启动，伴随着全球数字化转型浪潮，特别是在新冠疫情持续影响的背景下，远程教育与在线教育的模式迅速普及并获得了前所未有的重视。在此环境下，强化汉语在全球范围内的影响力与传播效能成为亟待探讨的焦点议题之一。研究不仅聚焦于如何借助现代信息技术手段创新汉语国际推广策略，而且还深入探究了如何有效利用这些技术资源培养更多的海外汉语教学人才，从而全面提升汉语在全球的语言教学与文化传播水平，这一课题自然而然地跃升为当前语言国情研究的核心领域之一。

4 结语

语言国情学作为一种多学科交叉领域，深度融合了语言学、社会学、政治经济及文化学等学科视角，其核心在于立体描绘与深刻剖析一国或一地的语言实况、语言问题及其发展路径。该领域的研究不仅在理论上丰富了对语言本质的理解，还在实践中对推动语言科学的健康发展、强化国家文化主权与国际影响力起到了关键作用。面向未来，语言国情研究应着重三个维度：首先，聚焦语言治理与传播机制，从宏观层面对语言生态规律进行系统研究，从而制定出科学的语言政策与管理策略，确保语言多样性和谐共生，促进语言交流互鉴，借此增强国家语言软实力。其次，紧跟语言演变脉络与国家战略需求，长远布局语言变迁趋势研究，适时调整语言政策和战略，积极应对全球化时代的语言变革挑战，提高语言系统的自我更新能力和国际竞争力。最后，倡导语言教学革新与数字化转型，从微观入手改革教育模式，借助现代信息技术与AI技术，研发智能语言产品和服务，优化语言学习体验，提升语言使用的智能化水平和效能。这三个方面的协同发展构建了语言国情研究的有机整体，能够深度挖掘、有效保护、合理利用和发展我们宝贵的国家语言资源，进一步提升语言研究在社会进步与文明建设中的价值体现。

参考文献

[1] Yu, D., & Xiang, B. *Discovering topics and trends in the field of Artificial Intelligence: Using LDA topic modeling*. Addison Wesley Longman Limited, 2023.

[2] Blei, D. M., Ng, A. Y., & Jordan, M. I. Latent Dirichlet Allocation. *Journal of Machine Learning Research*, 2003.

[3] 陈琦,张君冬,郑婉婷,等.基于 LDA 模型的中医药人工智能领域主题演化分析.世界科学技术:中医药现代化,2022(09).
[4] 戴庆厦.语言国情调查的再认识.语言文字应用,2020(02).
[5] 戴庆厦,袁梦.新时代语言国情研究的四大热点.云南师范大学学报(哲学社会科学版),2022(06).
[6] 董伟,董思遥,王聪,等.基于 TF-IDF 算法和 DTM 模型的网络学习社区主题分析.现代教育技术,2022(02).
[7] 冯志伟.自然语言处理的历史与现状.中国外语,2008(01).
[8] 黄行.论中华民族通用语的民族变体.云南师范大学学报(哲学社会科学版),2022a(01).
[9] 黄行.我国民族地区与时俱进的推普政策.云南师范大学学报(哲学社会科学版),2022b(06).
[10] 景丽,何婷婷.基于改进 TF-IDF 和 ABLCNN 的中文文本分类模型.计算机科学,2021(48S2).
[11] 李春风.新国情背景下语言国情调查的系统观念.云南师范大学学报(哲学社会科学版),2023(05).
[12] 李梦杰,刘建国,郭强,等.基于文本挖掘的互联网教育课程主题发现与聚类研究.上海理工大学学报,2018(03).
[13] 李宇明.论中国语言资源有声数据库的建设.中国语文,2010(04).
[14] 梁爽,刘小平.基于文本挖掘的科技文献主题演化研究进展.图书情报工作,2022(13).
[15] 林丽丽,马秀峰.基于 LDA 模型的国内图书情报学研究主题发现及演化分析.情报科学,2019(12).
[16] 刘宝俊.论语言的濒危和消亡.中南民族大学学报(人文社会科学版),2007(06).
[17] 沈骑.重视国家语言安全研究.云南师范大学学报(哲学社会科学版),2022(06).
[18] 沈骑,孙雨.中国语言国情知识体系建设的进展与前瞻.云南师范大学学报(哲学社会科学版),2024(01).
[19] 田立新.中国语言资源保护工程的缘起及意义.语言文字应用,2015(04).
[20] 王春辉,高莉.论语言与共同富裕.云南师范大学学报(哲学社会科学版),2022(04).
[21] 王婷婷,王宇,秦琳杰.基于动态主题模型的时间窗口划分研究.数据分析与知识发现,2018(10).
[22] 王亚蓝,刘海涛.国际通用语发展演变的特点与模式——以拉丁语、法语和英语为例.云南师范大学学报(哲学社会科学版),2021(03).
[23] 夏萌萌,汝绪伟,张红军.基于 LDA 模型的产业创新生态系统研究主题演化分析.中国高校科技,2022(09).
[24] 张四红,刘一凡.中国与周边"一带一路"沿线国家的跨境语言类型及治理.云南师范大学学报(哲学社会科学版),2021(03).
[25] 张涛,马海群.中国人工智能政策主题热点及演进分析.现代情报,2021(11).
[26] 张振达,李宇明.语言国情调查的基本类型与体系构成.云南师范大学学报(哲学社会科学版),2023(05).

基于《等级标准》的国际中文教材计量分析与可视化*

张婷婷[1]　李迎澳[2]　李吉梅[3]

[1,2,3] 北京语言大学 信息科学学院 100083

[1] amber3040@163.com　[2] yingaoli@163.com　[3] ljm@blcu.edu.cn

摘　要：在教育数字化转型背景下，本文采用数据驱动的研究范式，对国际中文初等教材进行词汇、语法等语言要素的分析与可视化。本文基于《国际中文教育中文水平等级标准》，在提出"计量词汇""计量语言点"概念的基础上，首先分析整理出初等计量词汇2292个、一级、二级计量语言点394个。然后，使用哈尔滨工业大学的LTP自然语言处理工具对《汉语教程》第一册教材的课文文本进行分词、词性标注和句法依存分析，并对其中的初等计量词汇和计量语言点进行人工标注。最后，对教材中初等计量词汇和语法点的占比、覆盖率等进行指标的计量与可视化。本文旨在为初级中文学习者推荐更优质的教材资源、为教材使用者提供更清晰直观的教材内容侧重点分析，并为国际中文教材的编写者与修订者提供指导与借鉴。

关键词：国际中文教育；国际中文教材；等级标准；FineBI

Quantitative Analysis and Visualization of Language Elements in the Primary Comprehensive Textbook based on the "Level Standards"

[1] Zhang Tingting　[2] Li Ying'ao　[3] Li Jimei

[1,2,3] School of Information Science, Language and Culture University, 100083

Abstract: Based on the "International Chinese Language Education Level Standards", this article designs quantitative indicators, performs measurements, and conducts visual analysis of language elements such as vocabulary and grammar points in the "Chinese Course" (Elementary Level Comprehensive). The article collates 2292 elementary-level vocabulary terms and 394 first and second-level language points from the "Level Standards", and performs word segmentation, part-of-speech tagging, syntactic analysis, and language point analysis and tagging on the textbook text. The analysis determines the proportion and coverage of elementary vocabulary and language points in the textbook, facilitating textbook users to intuitively understand the focus of the content and determine the key points and direction of teaching. This article can also provide guidance and reference for the compilation and revision of international Chinese textbooks.

Key words: international Chinese language education; Chinese textbooks; "Level Standards"; FineBI

---

* 本文受教育部中外语言交流合作中心2023年国际中文教育研究重大课题"面向智能学习的汉语知识图谱研究及系统设计"项目（批准号：23YH02A）和北京语言大学2023年度校级重大专项"基于微认证的国际中文教师数字素养提升路径及研修平台研究"项目（批准号：23ZDY02）资助。

0 引言

近年来,随着中文学习热潮的高涨,中文水平考试考生数量持续增长。为了更好地指导教学和学习,推动教学资源的开发,《国际中文教育中文水平等级标准》(以下简称《等级标准》)应运而生。该标准于2021年发布,对中文学习者在音节、汉字、词汇和语法方面的水平等级做了新的规定,为教学、学习、测试与评估提供了明确指导。《等级标准》的发布也引发了一系列思考,如中文文本难度自动分级(丁安琪等,2023)、"四维基准"内部语法和词汇的互动关系(王鸿滨,2023)、词汇教学策略(王军,2022)、知识图谱与自适应学习平台构建(曹钢等,2023)等。然而,较少有学者关注到国际中文教材与《等级标准》的对接情况。

教材作为国际中文教育"三教"中的重要一环,对国际中文教育的高质量发展具有重要意义。为推进教材的规范化建设,中外语言交流合作中心发布了《国际中文教育教学资源建设行动计划(2021—2025)》等文件,指明了国际中文教材规范化、标准化建设的未来发展思路。据此,本文采用数据驱动的研究范式,基于《等级标准》分析国际中文教材中的语言要素,并提出对教材的优化建议与效果提升路径。

1 语料来源及相关问题说明

1.1 语料来源

本研究选取《汉语教程》第一册作为对比语料。原因如下:第一,教材流通度广,《汉语教程》是来华留学本科学历教育中使用范围最广、最有影响力的国际中文教材之一,前两版教材累计销量已超200万册;第二,教材权威性强,《汉语教程》是由杨寄洲主编,北京语言大学出版社出版的。该教材于1999年首次出版,2005年再版,第三版于2016年面市。通过考察《汉语教程》第一册与《等级标准》在词汇、语法编排上的异同,可以发现《汉语教程》第一册在词汇、语法选取上的特点。据此总结《汉语教程》第一册在词汇、语法编写上的优点和不足,可以为《汉语教程》第一册在教学中的实际应用提供可行性建议。

1.2 语料处理流程

本文将基于结构化的《等级标准》(初等词汇一至三级,初等语法一、二级),对《汉语教程》第一册教材中的课文文本进行标注,以便后续统计分析及可视化。语料处理流程如图1所示。

图1 语料处理流程

1.2.1 初等词汇结构化整理

在对初等词汇进行结构化整理时，笔者最大限度地保留了原始文本，并依据《等级标准》中的词汇表进行了加工。词汇表主要依据的是《等级标准》，词语的筛选与定级同时关注了同形词、多义词、词性标注、词语拼音的拼写规范等问题（李亚男，2021）。

《等级标准》包含一级词汇 500 个，二级词汇 772 个，三级词汇 973 个。部分词汇存在特殊情况，需要在原始词汇的基础上进行拆分（李华，2023），本文将拆分后的词汇称为计量词汇。拆分后的词汇表包含一级计量词汇 526 个，二级计量词汇 786 个，三级计量词汇 980 个。

为了准确、全面地保留《等级标准》中的原始词汇信息，在进行初等词汇表设计时将初等词汇属性分为 17 个字段，分别是：分级序号、分级名称、词标引编号、原始词汇、拼音、拼音 P1、拼音 P2、拼音 P3、拼音分隔符 1、拼音分隔符 2、计量词汇、汉字数量、词汇分隔符、词性 1、词性 2、词上标、词条类别（刘英林、李佩泽、李亚男，2022）。结构化整理后的词汇等级表如表 1 所示。

表 1 结构化整理后的词汇等级表

属性字段	示例 1	示例 2	示例 3	示例 4	示例 5
分级序号	3 级	3 级	3 级	2 级	2 级
分级名称	三级词汇	三级词汇	三级词汇	二级词汇	二级词汇
词标引编号	C 三 0412	C 三 0691	C 三 0423	C 二 0377	C 二 0378
原始词汇	看上去	所（名、量）	空（儿）	面（名、量）	面（名）
拼音	kàn shàng·qù	suǒ	kòngr	miàn	miàn
拼音 P1	kàn	suǒ	kòngr	miàn	miàn
拼音 P2	shàng	Null	Null	Null	Null
拼音 P3	qù	Null	Null	Null	Null
拼音分隔符 1	空格	Null	Null	Null	Null
拼音分隔符 2	点	Null	Null	Null	Null
计量词汇	看上去	所	空儿	面	面
汉字数量	3	1	2	1	1
词汇分隔符	Null	Null	括号	Null	Null
词性 1	Null	名	Null	名	名
词性 2	Null	量	Null	量	Null
词上标	Null	Null	Null	1	2
词条类别	Null	指定词性	分列多条-有儿化	指定词性	指定词性

1.2.2 初等语法结构化整理

语法项目的选择和编排是国际中文教育的核心和难点问题，也是一项重要的基础性工作（王鸿滨，2021）。对于语法项目的选取与分级中文教学界内一直没有形成一套科学、权威、系统的标准体系，《等级标准》的出现补全了这一空缺。《等级标准》在原有三个维度的基础上明确增加了一个语法维度，语法维度的明确是立足于中文特点对水平评价体系的优化和完善（李行健，2021）。相较于初等词汇的整理，初等语法的结构化整理更为复杂，《等级标准》中的"语法等级大纲"力求呈现较为翔实完整的语法体系，收纳了语素、词类、短语、固定格式、句子成分、句子的类型、动作的态、特殊表达法、强调的表示法、提问的方法、口语格式、句群共 12 个类别，每一类又具体分为不同的细目，使得整个语法大纲层次分明，环环相扣（王鸿滨、王予暄，2021）。

在《等级标准》中，一级语法点 48 个，二级语法点 81 个，三级语法点 81 个。为了更有效地自动分析与可视化，本文将部分语法点进一步拆分成多个语言点。拆分后的语言点数量远大于语法点数量，分别为：一级计量语言点 176 个，二级计量语言点 218 个，三级计量语言点 247 个。

初等语法分为 9 个字段，分别是：分级、语法编号、标引编号、一级分类、二级分类、三级分类、语言点、上标号、例句。结构化整理后的语法等级表如表 2 所示。表 3 列出了 LTP 分词及句法依存分析结果（1~2 课时）。

表 2 结构化整理后的语法等级表

属性字段	示例 1	示例 2	示例 3	示例 4	示例 5
分级	一级语法	一级语法	一级语法	一级语法	一级语法
语法编号	一 21	一 22	一 23	一 29	一 36
标引编号	Y－02101	Y－02202	Y－02301	Y－02901	Y－03601
一级分类	词类	词类	短语	句子的类型	句子的类型
二级分类	助词	助词	结构类型	单句	特殊句型
三级分类	动态助词	语气助词	数量短语	主谓句1	"是"字句
语言点	了	了	数量短语	动词谓语句	表示等同或类属
上标号	1	2	Null	Null	Null
例句 1	他买了一本书。	我累了。	一个	我买一个面包。	他是我的老师。
例句 2	我写了两个汉字。	Null	两杯	他不去医院。	这是他的书。

表 3 LTP 分词及句法分析结果（1~2 课时）

课时	原始话语	标引编号	分词（词性）	依存句法关系
1	你好！	Y－03401	你好(i) (wp)	[{'head': [0, 1], 'label': ['HED', 'WP']}]
2	你忙吗？	Y－04501 Y－03301	你(r) 忙(v) 吗(u) (wp)	[{'head': [2, 0, 2, 2], 'label': ['SBV', 'HED', 'RAD', 'WP']}]
2	很忙。	Y－03201	很(d) 忙(a) (wp)	[{'head': [2, 0, 2], 'label': ['ADV', 'HED', 'WP']}]
2	汉语难吗？	Y－04501 Y－03301	汉语(nz) 难(a) 吗(u) (wp)	[{'head': [2, 0, 2, 2], 'label': ['SBV', 'HED', 'RAD', 'WP']}]
2	不太难。	Y－03201 Y－03001	不(d) 太(d) 难(a) (wp)	[{'head': [3, 3, 0, 3], 'label': ['ADV', 'ADV', 'HED', 'WP']}]

2 分析和讨论

由拆分后的《等级标准》语言量化指标总表（见表4）可知，其初等的词汇量及语法点统计情况。通过对《汉语教程》第一册教材中的词汇和语法点进行统计，可以了解不同等级的词汇和语法点在整个教材中的分布情况，具体如图2～图7所示。

表4 拆分后的《等级标准》语言量化指标总表

等级	级别	词汇总量	词汇占比（%）	语法点总量	语法点占比（%）
初等	一级	526	22.95	176	27.46
	二级	786	34.29	218	34.01
	三级	980	42.76	247	38.53
总计		2292	100	641	100

 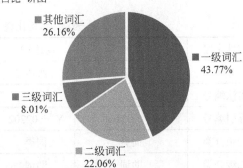

图2 词频与词汇占比图

图2的词云图（左侧部分）将教材文本中每个词的重要性（即出现的频率）用字号大小表示，字号越大，则说明该关键词越重要。学习者能够通过词云图快速感知最重要的文字。例如，该词云图中，"我""是""你""不""吗""去"等词汇的字号较大且居中，表明这些词汇是初等国际中文教材中的核心词汇，学习者应有针对性地学习和记忆。同时，教师也应将其作为教学重点帮助学生学习巩固。

图2的饼图（右侧部分）直观地展示了教材中1～3级词汇及其他词汇的占比，其中一级词汇占比43.77%，二级词汇占比22.06%，三级词汇占比8.01%，其他词汇占比26.16%。根据不同等级的词汇占比，教材使用者可以判断教材适用于哪个级别的教学，教师可以有针对性地设计更多样化的教学活动，如通过不同等级的词汇游戏、练习等形式提高学生的学习兴趣；学生可以选择适合自己的教学内容进行学习。

图3中显示了1～3级的计量词汇频率。通过统计分析，可以确定每个等级中出现频率最高的计量词汇。例如，一级计量词汇中出现频率排名前三的分别是："我"（96次）、"是"（87次）、"你"（83次）。二级计量词汇中出现频率排名前三的分别为："得"（18次）、"怎么样"（8次）、"件"（7次）。三级计量词汇中出现频率排名前三的分别是："京剧""员工""杂志"（各5次），"属"（4次），"旧""比较"（各3次）。表明这些词汇是需要学习者重点掌握的核心词汇，学习者可以将更多的时间和精力放在高频词汇的学习

上,而对于低频词汇则可以适当减少学习时间。对于教师来说,可以更多地使用类似的口语化表达,来潜移默化地帮助学生学习。

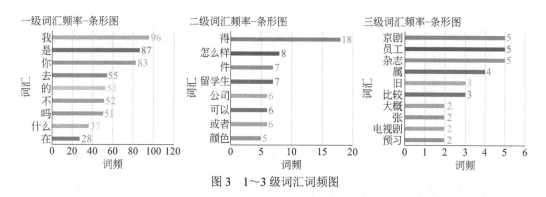

图 3 1~3 级词汇词频图

图 4 直观地展示了《汉语教程》第一册 1~25 课不同等级的计量词汇的数量变化。通过分析每个课时所包含的不同等级的计量词汇数量,能够了解不同等级计量词汇在整个教材中的分布情况,为教材的修订提供依据。如图所示,《汉语教程》第一册以一级计量词汇为主,其次是二级计量词汇,最后是三级计量词汇。其中第 1 课的一级计量词汇数量是 4 个,二级计量词汇数量是 0 个,三级计量词汇数量是 0 个,而到了第 25 课,一级计量词汇数量达到了 112 个,二级计量词汇数量则达到了 43 个,三级计量词汇数量是 9 个,这表明,《汉语教程》第一册教材中的不同等级词汇数量及难度变化是随着学习者中文水平的提高逐步增加的,符合学生学习规律。

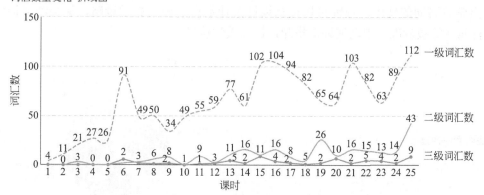

图 4 1~25 课词汇数量变化图

图 5 左侧展现了教材中不同等级的计量词汇覆盖率,包括已覆盖占比和未覆盖占比。其中,一级计量词汇已覆盖占比为 46.77%,未覆盖占比为 53.23%,该教材与《等级标准》中一级计量词汇重合度较高,但未覆盖一级计量词汇仍占据很大比重,这表明该教材适合零起点中文学习者入门时使用,但无法满足《等级标准》对于一级计量词汇教学的要求。二级计量词汇已覆盖占比为 15.78%,未覆盖占比为 84.22%,表明该教材中二级计量词汇占比较低,部分课文中出现了较难的词汇,同时学习者也要了解该词汇,为后续词汇学习进行知识储备。三级计量词汇已覆盖占比为 4.59%,未覆盖占比为 95.41%,表明该教材中三级计量词汇占比最低,学习者对该级别词汇进行初步接触即可。分析不同等级的词汇覆

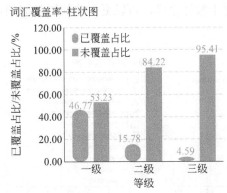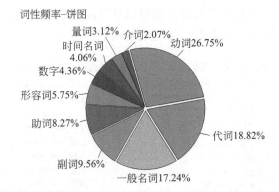

图 5 词汇覆盖率和词性频率图

盖率可以辅助教材修订,有助于教材编者合理地安排词汇的学习顺序和难度递增情况,对教材中未覆盖的词汇,例如"爱、白、白天、百、半、半年、半天"等应予以补充,提供一些额外的词汇扩展资源,如词汇表、词根词缀解析等,以帮助学生进一步扩展词汇量并提高词汇理解能力。对于初级中文学习者来说,《汉语教程》第一册能满足基本的初级词汇学习需求,但也应该有计划地安排学习进度,对教材未覆盖的《等级标准》中的词汇进行补充学习。

图 5 右侧展示了教材中不同词性的词汇占比情况。在《汉语教程》第一册教材中,词性占比最高的首先是动词(26.75%),其次是代词(18.82%),第三是一般名词(17.24%)。通过统计不同词性的占比,师生可以了解教材中各类词汇的比例和分布情况,从而更好地把握教材的学习重点和难点。学习者可以确定其学习的重点和方向,调整自己的学习方法,例如,动词使用较为频繁,学习者可以重点学习动词的搭配;名词使用更为频繁,学习者可以重点学习名词的使用。教师可以根据词性统计数据,调整教学策略,加强动词词汇教学,注重《等级标准》中动词词汇搭配,提高教学质量。

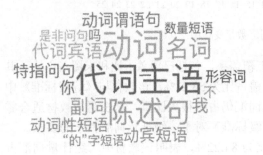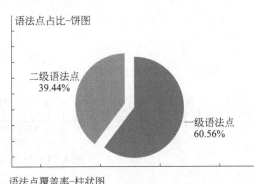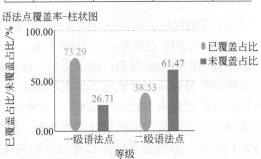

图 6 语法点频率、占比及覆盖率图

图 6 显示了该教材中的语法点频率、语法点占比情况以及语法点覆盖率。词云图显示，该教材中出现频率较高的语法点是"代词""主语""动词""陈述句""名词""动词谓语句""动宾短语""数量短语"等，表明这些语法点是重要语法点，学习者应更多关注这些语法点，同时教师也可以初步了解到该教材中出现频率较高的常用语法点，从而有针对性地帮助学习者建立起基础的语法框架。此外，图 6 右上侧语法点占比图显示了一级和二级语法点的占比情况，即一级语法点占比 60.56%，二级语法点占比 39.44%，该教材中一级语法点占比高于二级语法点占比。通过分析语法点占比可以发现，该教材一级语法点所占比重高，表明《汉语教程》第一册适合中文语法初学者使用，教材也覆盖了一些二级语法点，但比重不高，可以将其作为语法教学时的过渡与衔接，这样有利于学生后续学习。

图 6 右下侧是语法点覆盖率，包括已覆盖占比和未覆盖占比。例如，该教材中，一级语法点已覆盖占比是 73.29%，未覆盖占比是 26.71%，二级语法点已覆盖占比是 38.53%，未覆盖占比是 61.47%，表明该教材中，一级语法点覆盖率高，二级语法点覆盖率相对较低，这可能是由于该教材是初级教材，适用于一级语法教学，但对于缺少的一级语法点应当予以补充。教材的编写与修订者可以提升一级语法点覆盖率，补充该教材中未包含的一级语法点，如方位名词"上"、方位名词"下"、方位名词"里"等。

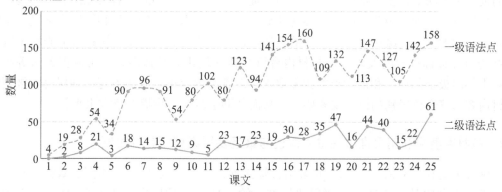

图 7　1~25 课语法点数量变化图

图 7 展示了《汉语教程》第一册 1~25 课不同等级的语法点的数量变化。通过分析每个课时所包含的不同等级的语法点数量，能够了解不同等级语法点的分布情况，师生也可以有针对性地进行教学和学习。例如，该教材中，一级语法点的数量较多且随着课时的增加而增加，其中第 15~25 课，一级语法点数量超出 100 个，尤其是第 25 课，一级语法点数量最多，达到了 158 个，说明了一级语法点的重要性。二级语法点的数量相对较少，但随着课时的增加也有所增加，尤其是第 25 课，二级语法点数量达到了 61 个。通过分析该教材中每课时的语法点数量，教师能够确定语法点教学重点，为学生提供不同的指导和训练。由图中可以看出，教材中的语法点数量呈上升趋势，符合教材内容应从易到难、内容逐渐丰富的要求，也符合中文学习者的学习规律，但在第 6 课一级语法点数量从第 5 课的 34 个猛增至 90 个，教材修订者应对该课内容进行调整，以免学生学习时遇到困难。

3 启示与建议

3.1 结合《等级标准》和中文二语习得规律进行教材内容设计

国际中文教材内容设计应遵循渐进性与持续性。本文通过详细的计量和可视化分析，对《汉语教程》第一册教材中的词汇和语法点进行深入研究发现：一级词汇 246 个，占比高达 43.77%，二、三级词汇数量分别是 124 和 45 个，占比分别为 22.06% 和 8.01%，而其他词汇数量是 147 个，占比为 26.16%。从词汇数量及占比来看，其他词汇数量及占比明显高于二、三级词汇数量及占比。据表 4，《等级标准》中的一、二、三级词汇总量分别是 526、786、980，由此可知，该教材中的初级词汇数量相对较少，占比较低，尤其是二、三级词汇覆盖率不足，无法满足学习者需要大量初级词汇输入的需求。这一数据分布反映了当前教材过于偏重一级词汇和其他词汇，而对于二、三级词汇的覆盖不足。关于语法点，本文只针对一、二级语法点进行了统计分析，发现教材中一级语法点数量及占比是 129、60.56%，二级语法点数量及占比是 84、39.44%。从语法点数量及占比来看，一级语法点显然高于二级语法点。而《等级标准》中的一、二级语法点总量分别是 176、218。由此可知，该教材中已涵盖了大多数一级语法点，有利于学习者形成系统的语法知识体系，而二级语法点数量及占比较低。

根据中文习得规律，学习者在掌握基础词汇和语法点后，需要逐步接触和学习更高级别的词汇和语法点，以丰富语言表达能力并提升语言水平。因此，教材在内容编写过程中应更加注重词汇的分级和平衡。具体建议如下：（1）在保持一级词汇和语法点适当比重的基础上，增加二、三级词汇及语法点的比例，以拓宽学习者的知识范围；（2）教材编写者应结合《等级标准》的要求，对教材内容进行整体优化。具体而言，可以根据《等级标准》中不同级别的词汇和语法点的数量要求，对教材内容进行分级编写，确保每一级别的教材内容都符合该级别的语言要素要求，从而帮助学习者逐步提升语言水平。

3.2 教材难度可利用可理解性输入假说与最近发展区理论弹性控制

国际中文教材应依据"i+1"可理解性输入理论设置"拔高区"。由图 5 数据可知，一级词汇覆盖占比是 46.77%，与《等级标准》的一级计量词汇重合度较高。而二、三级词汇覆盖占比分别为 15.78%、4.59%，表明该教材中二、三级词汇覆盖占比较低，差异较大，难易度分级不均衡，无法满足学习者基础词汇知识体系构建的需求。当前初级综合教材中词汇分布状况在一定程度上未能充分反映学习者语言发展的动态过程，也未能有效运用"i+1"理论与最近发展区的理念来设置教材的难易度。关于语法点，本文只针对一、二级语法点覆盖率占比进行了统计分析，数据显示，该教材中一级语法点覆盖占比为 73.29%，覆盖率较高，而二级语法点覆盖占比为 38.53%，覆盖率相对较低。

根据"i+1"可理解性输入假说，教材应提供略高于学习者现有水平的语言输入，以促进其语言能力的发展。在当前情况下，教材应适当增加二、三级词汇的比重，使教材内容更具挑战性和发展性。这样的调整有助于确保学习者在掌握一级基础词汇的同时，接触到更多二、三级基础词汇，从而逐步提高其语言水平，构建其知识体系。

同时，结合最近发展区的理念，教材编写者需要准确把握学习者的现有水平和潜在能力，确保教材内容既不过于简单也不过于复杂。具体而言，可以通过对学习者进行定期的语言水平测试，了解其词汇掌握情况和语法运用能力，然后根据测试结果调整教材内容的难易度。例如，对于词汇部分，可以适当增加一些与学习者日常生活和学习密切相关的二、三级词汇，同时减少一些过于简单或过于生僻的一级词汇；对于语法部分，可以逐步引入一些复杂的句型和结构，以帮助学习者提高语言表达的准确性和丰富性。

3.3 国际中文教材亟须打造数字化教材编写模式以助力个性化教学

国际中文教材应在个性化基础上提升《等级标准》词汇、语法覆盖率。在《汉语教程》第一册中，尽管一级词汇覆盖占比较高，但一级词汇未覆盖占比（53.23%）大于已覆盖占比（46.77%）。二、三级词汇的占比较低，未覆盖占比均在80%以上（二级：84.22%；三级：95.41%）。这在一定程度上限制了学习者词汇量的拓展和语言能力的提升。为了适应中文习得规律以及《等级标准》的要求，本文建议在补充教材未覆盖《等级标准》中的词汇、语法的前提下打造数字化教材编写模式，以实现个性化教学，并针对词汇分布问题提出以下具体建议：（1）利用大数据和人工智能技术，对学习者的词汇掌握情况进行精准分析。通过收集学习者在学习过程中的词汇使用情况、错误率等数据，教师可以了解学习者对不同级别词汇的掌握程度，从而为个性化教学提供数据支持。（2）基于数据分析结果，为学习者推荐个性化的词汇学习路径。对于一级词汇掌握较好的学习者，可以推荐更多二、三级词汇的学习资源，以加快其词汇量的拓展；而对于一级词汇掌握尚不牢固的学习者，则可以提供更多的复习和巩固资源，帮助其夯实基础。

综上所述，通过打造数字化教材编写模式，可以实现个性化教学，针对学习者的不同需求和学习状况，提供精准的教学资源和支持。这有助于解决当前教材中一级词汇/语法点占比较高，二、三级词汇/语法点占比较低的问题，使教材内容更加符合中文习得规律和《等级标准》的要求，促进学习者的语言发展。

4 结语

本文以《等级标准》为依据，通过Python实现词频统计，并结合FineBI数据分析与可视化技术，深入分析了《汉语教程》第一册的词汇及语法点分布特点。研究发现，该教材一级词汇及语法点占比较高，二、三级词汇及语法点占比较低。基于数据分析结果，本文给出了优化教材内容、调整难易度及打造数字化教材编写模式的建议。本文旨在为初级中文学习者推荐更优质的教材资源，助力教材使用者更清晰直观地了解教材内容的侧重点，并为国际中文教材的修订与完善提供有益参考。

参考文献

[1] 曹钢，董政，徐娟. 基于《国际中文教育中文水平等级标准》的词汇知识图谱与词汇自适应学习平台构建. 国际汉语教学研究，2023(01).

[2] 丁安琪，张杨，兰韵诗. 基于《国际中文教育中文水平等级标准》的中文文本难度自动分级研究——以HSK中高级阅读文本为例. 首都师范大学学报(社会科学版)，2023(06).

[3] 李华.《国际中文教育中文水平等级标准》词表改进的分析——基于与《汉语国际教育用音节汉字词汇等级划分》词表的对比分析. 语言教学与研究，2023(02).

[4] 李行健. 一部全新的立足汉语特点的国家等级标准——谈《国际中文教育中文水平等级标准》的研制与应用. 国际汉语教学研究，2021(01).

[5] 李亚男.《国际中文教育中文水平等级标准》解读. 国际汉语教学研究，2021(01).

[6] 刘英林，李佩泽，李亚男.《国际中文教育中文水平等级标准》的中国特色和解读应用. 国际汉语教学研究，2022(02).

[7] 王鸿滨，王予暄. 国际中文教育语法大纲与标准研究十年回顾与创新——以《国际中文教育中文水平等级标准》中语法等级大纲的研制为例. 对外汉语研究，2021(02).

[8] 王鸿滨.《国际中文教育中文水平等级标准》中语法等级大纲的研制路径及语法分级资源库的开发. 国际汉语教学研究，2021(03).

[9] 王鸿滨.《国际中文教育中文水平等级标准》"四维基准"互动研究. 天津师范大学学报(社会科学版)，2023(03).

[10] 王军. 对接与调适：基于《国际中文教育中文水平等级标准》的词汇教学策略. 国际汉语教学研究，2022(04).

汉语水平测试现代化与多元化教师发展研究

中文口语评分中介语语料库的构建[*]

吴 瑶[1]　沈萱莹[2]　苏珩骅[3]

1,2,3 西交利物浦大学 现代语言中心 215123

[1] Yao.Wu@xjtlu.edu.cn　[2] Xuanying.Shen@xjtlu.edu.cn　[3] Henghua.Su@xjtlu.edu.cn

摘　要：近年来现代语料库的建设及应用领域已经扩展到语言学研究之外，如机器学习、自动评分等跨学科领域的科研与开发。在对英文和中文、口语和中介语领域几个具有代表性的语料库的发展历程与建设状况进行回顾之后，本文详述自主研发的中文口语评分中介语语料库的设计思路、语料收集与处理以及实现路径与应用举例。中文口语评分中介语语料库的特点在于除音频及标注之外，配有人工评分、两个人工智能机器模型的自动评分以及《国际中文教育中文水平等级标准》各级词汇划分，从而服务于多维度的应用及研究场景。

关键词：中介语；口语语料库；国际中文；口语评分

Constructing Spoken Learner Corpora for Scoring Topic Development in Mandarin

Wu Yao[1]　Shen Xuanying[2]　Su Henghua[3]

1,2,3 Modern Languages Centre, Xi'an Jiaotong-Liverpool University, 215123

Abstract: The construction and application of modern corpora are expanding beyond linguistic research, such as machine learning, automatic scoring and other interdisciplinary fields of research and development. After reviewing the development and status of several representative corpora in the fields of English and Chinese, spoken language and intermediary language, this paper will detail the design idea, corpus collection and processing, and the realisation path and application examples of the self-developed spoken learner corpora for scoring topic development in Mandarin. The features of the corpora are that in addition to audio and annotation, it is equipped with human scoring and automated scoring by two artificial intelligence machine models, as well as vocabulary classifications at all levels of the new standard for Chinese proficiency in international Chinese language education, so as to serve multi-dimensional applications and research scenarios.

Key words: interlanguage; learner corpus; international Chinese; speech scoring

0 引言

语料库一般是指可以被计算机处理的、有代表性的语言数据的集合，作为一种研究方法自 1980 年以来被越来越广泛地应用于语言教学和研究当中。语料库根据不同的标准可

---

[*] 本文受苏州科技发展计划项目"多维度智能汉语语音评测移动客户端研发"（SYG202030）；汉考国际科研项目"中文语音语调的自动评测和人工评测的对比研究"（CTI2021B09）的资助。

分为母语者语料库和中介语语料库（又称学习者语料库），笔语语料库（又称书面语语料库）和口语语料库，通用语料库和特殊语料库，等等（McEnery et al., 2006）。语料库的内容一般包括语料形式本身及符合语料库建设目标的标注；语料库建设和维护的流程一般包括语料收集、语料处理或转写、语料标注与分析、语料储存、语料库维护等步骤（Adolphs et al., 2010）。

相较于笔语语料库，口语语料库在各类语料库中发展较为缓慢，首先是由于口语语料的采集比笔语复杂，对录音设备和录音环境有一定要求；其次，口语交流的内容常常涉及说话者的个人信息，需要从隐私保护的角度对语音进行预处理；最后，口语语料的转写和校注往往耗费大量人力，而高质量的语料标注是检索和分析语料库数据的核心，因此，口语语料库的构建常常需要更加长久的筹备（权立宏，2017）。中介语语料库的构建不仅面临着跟口语语料库相同的挑战，同时还有新的难点，如与二语学习者的协调及沟通，带有发音偏误语料的转写等（王韫佳、李吉梅，2001）。然而中介语语料库经过语料积累、词性赋码、错误赋码、语义赋码或句法标注（王立非、孙晓坤，2005），对研究者及学习者发现中介语发展的重要规律和特点、二语习得教学及考核的设计具有重要的意义（尤易、曹贤文，2023），而口语又是二语习得中学习者最先接触的技能，因此英文及中文目前皆有一些面向公众的口语及中介语语料库。

1 现状综述

研究学习现有的成熟语料库的语料分布和规模、转写和标注的方式对筹建新的语料库具有指导意义，表1概括了五个有影响力的口语或口语中介语语料库，并在下文进行了详细介绍。

表 1 部分现有口语/口语中介语语料库介绍

名称	类别	音频	特色
密歇根学术英语口语语料库	英语口语	不公开	话题包含大学各个专业内容
鲁汶国际英语口语中介语语料库	英语口语中介语	不公开	包含丰富的基于语料库数据的科研汇总
会话分析汉语普通话语料库	中文口语	公开	具有丰富的会话分析标注
广外兰卡斯特中文中介语语料库	综合中文中介语	不公开	利用 Sketch Engine 进行检索
全球汉语中介语语料库	综合中文中介语	不公开	拥有庞大的语料积累和精确的检索方式

1.1 英文口语语料库

密歇根学术英语口语语料库（Michigan Corpus of Academic Spoken English，MICASE）主要收集密歇根大学学术演讲活动的录音转注，共包括152份记录稿，总计185万字左右，涵盖大学各个专业，如天文、建筑、文化、商科等，并可以在网页进行快速筛选。

鲁汶国际英语口语中介语语料库（The Louvain International Database of Spoken English Interlanguage，LINDSEI）是一个非正式采访语料库，采访对象是来自11个母语背景（保

加利亚语、汉语、荷兰语、法语、德语、希腊语、意大利语、日语、波兰语、西班牙语和瑞典语）的中高级英语学习者。它包含了 80 万个由学习者产出的单词，554 次访谈，相当于 130 多个小时的录音。每个访谈都由 3 项任务组成：热身活动，即给学习者几分钟时间谈论三个设定主题中的一个；自由非正式讨论，即访谈的主要部分；图片描述。每次访谈共有 23 个变量，包括学习者的信息（母语、年龄、性别、在校学习英语的年数、在英语国家度过的时间等）、访谈者的信息（母语、与学习者的关系等）以及访谈本身的信息（持续时间、录制机构等）（Gilquin et al., 2015）。

1.2 中文口语语料库

会话分析汉语普通话语料库（DIG Mandarin Conversations, DMC），发布于 2023 年 2 月，包含 150 个来自中国大陆的普通话手机通话，通话者涵盖了不同地区、年龄、职业和社会背景，内容为发生在亲友、同学及同事之间的日常沟通，每个语料均包含音频（mp3 格式）与转写（Word 与 PDF 格式），所有语料均采用 Jeffersonian 转写体系进行了严格细致的转写，并经历了自检、互检及终检环节（Yu et al., 2024）。

广外兰卡斯特中文中介语语料库（Guangwai-Lancaster Chinese Learner Corpus，CLC）是广东外语外贸大学和兰卡斯特大学合作建立的一个 120 万字的中文学习者语料库，包括口语部分（621900 个词条，占 48%）和书面语部分（672328 个词条，占 52%），涵盖各种任务类型和主题，并具有完整的错误标记，可以利用 Sketch Engine 对其进行检索。

汉语中介语语料库建设与应用综合平台，包含全球汉语中介语语料库（The Global Chinese Interlanguage Corpus，QKK），该语料库是一个集成性的网络软件系统，具有语料的上传、录入与转写、标注、统计、检索、管理等功能。语料库全面建成后，其规模预计达 5000 万字，包括笔语语料 4500 万字，其中 2000 万字将加工为熟语料；口语语料 450 小时（150 字/分钟，约合 400 万字），其中 170 小时的语料（约合 150 万字）将加工为熟语料；多模态语料 110 小时（以每分钟 150 字计，约合 100 万字），其中 55 小时语料（约合 50 万字）将加工为熟语料，目前已建设语料涵盖笔语语料 300 万字，口语语料 100 小时，视频语料 20 小时（张宝林，2019）。

2 中文口语评分中介语语料库的构建

以上介绍的中英文语料库都具有鲜明的特色与定位，对国际中文教育的一线课堂来说，除了对中介语语料本身的需求，对学习者口语产出的评分也是学习者与教师关注的话题。

2.1 设计思路

中文口语评分中介语语料库（Chinese Oral Narrative Corpus for Educational Purpose and Topic Development，CONCEPT）的设计思路便是在语音与语料标注的基础上，提供人工及自动评分，以及针对口语能力各个维度的评分数据。专业的口语评分的结果不仅能够为学习者提供口语水平评估，并记录语言学习者不同阶段的学习情况，也可以为语言考试的设计提供宝贵的资源（胡晓清、许小星，2020）。话题阐述作为二语习得的学习与考核中最常用的口语练习任务之一，可以较为全面地体现学生对课程中学习的重点话题的理解，以及语言要素的组织与在真实场景中的应用能力（Seedhouse et al.，2011; San Jose et al.，2018），此外，2006 年以来，机器学习、人工智能的语言模型开发等跨学科领域的发展使得关于语料库的研究更加多元。人工智能语音评测技术的飞速发展为实现机器自动评分提供了可能，近年来机器自动评分已经广泛应用于英语及普通话的朗读及口语评测，市面上也不乏面向国际中文学习者的自动评测系统（王妍、彭恒利，2019）。国际中文的学习者和从业者使用这类系统时常常会提出疑问：目前的机器自动评测技术与人工评测的一致性如何？自动评测的结果是否值得信任？如图 1 所示，通过搜索关键词或浏览，数据库页面将会展示相关语音的基本信息、人工评分、两项自动评分及 HSK 的分级词汇统计，从而为相关研究问题提供数据基础。

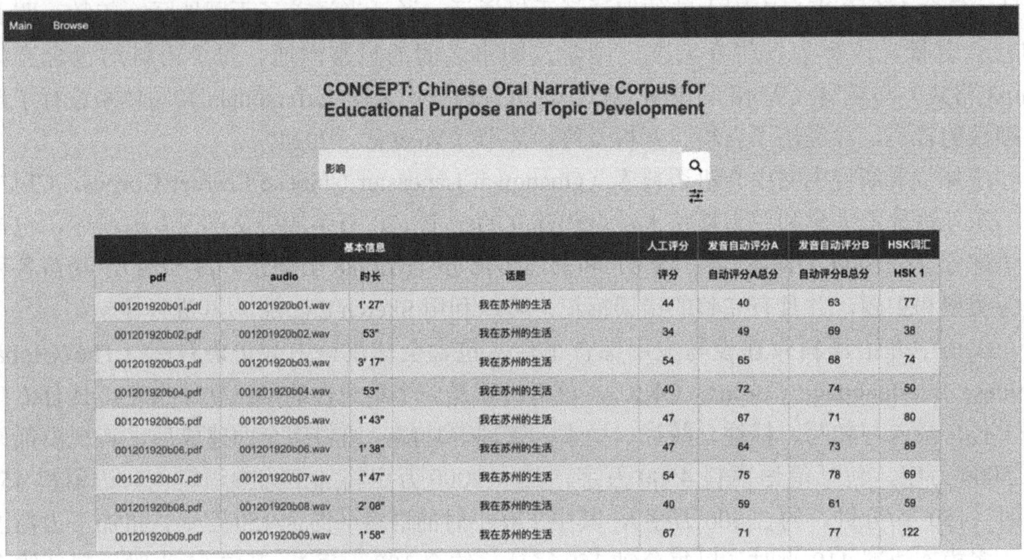

基本信息				人工评分	发音自动评分A	发音自动评分B	HSK词汇
pdf	audio	时长	话题	评分	自动评分A总分	自动评分B总分	HSK 1
001201920b01.pdf	001201920b01.wav	1' 27"	我在苏州的生活	44	40	63	77
001201920b02.pdf	001201920b02.wav	53"	我在苏州的生活	34	49	69	38
001201920b03.pdf	001201920b03.wav	3' 17"	我在苏州的生活	54	65	68	74
001201920b04.pdf	001201920b04.wav	53"	我在苏州的生活	40	72	74	50
001201920b05.pdf	001201920b05.wav	1' 43"	我在苏州的生活	47	67	71	80
001201920b06.pdf	001201920b06.wav	1' 38"	我在苏州的生活	47	64	73	89
001201920b07.pdf	001201920b07.wav	1' 47"	我在苏州的生活	54	75	78	69
001201920b08.pdf	001201920b08.wav	2' 08"	我在苏州的生活	40	59	61	59
001201920b09.pdf	001201920b09.wav	1' 58"	我在苏州的生活	67	71	77	122

图 1 中文口语评分中介语语料库首页

2.2 语料收集、转写与标注

目前语料库共上线语音 1000 余条，每条语音长度为 50 秒至 5 分钟不等，总时长约为 50 小时，来自国内一所高校初级、中级和高级水平的中文学习者的口语话题阐述练习，涵盖学习、运动、旅游、周末、家庭等 22 个话题。

语料库提供 wav 格式的音频，所有音频首先经过机器快转进行语音逐字转写，再进行人工校准，并增加发音偏误和语法偏误的标注。转写严格遵循准确性、真实性和完整性的原则（刘运同，2023），包含副语言信息标注，如话语停顿、语码转换及其他语种等所有可辨认声音，不可辨认的声音则由括号标出。所收集的录音语料均进行文件名整理，并进行个人信息脱敏化处理，目前规模共 30 万字左右，已经符合构建语料库相关的规模标准（陶红印，2001）。

针对常见的语法偏误的标注与 QKK 公开的标注方式保持一致，比如，[Cq]代表缺词："我下午四点下课，然后走[Cq]家。"[Cx]代表错序，[Cd]代表多词："我一天吃[Cx]只两[Cd]个次。"[YPgl]代表关联词语偏误标记："因为我不会说中文，[YPgl]然后我应该用翻译。"

2.3 语料库特点

除了包含音频及学习者产出的语料转写及标注外,本语料库的特色还在于每条音频配有人工评分、两个人工智能的机器模型自动评分以及《国际中文教育中文水平等级标准》各级词汇的个数,如表 2 所示。其中人工评分包含总分和三个细分的评分维度:发音的准确性和流利性;词汇和语法使用的准确度和丰富度;话题发展的深度及连贯性。

表 2 中文口语评分中介语料库中的数据

数据来源	中文学习者	自动及人工评分	语料库团队
数据构成	音频	三个维度的人工综合评分 两种自动评分内核对发音的评分结果	音频转写 带有发音及语法偏误标注 HSK 词汇标注

人工评测方面,共有三位人工评测员(HS1、HS2、HS3)参与制定评分标准,他们都有 10 年以上国际中文教学经验。初次测评人工评测员对 100 条语音打分,两两相关性均值为 0.6,定标之后再次评测 100 条语音相关性达到 0.76,之后由 HS3 进行语料打分,HS1 和 HS2 进行抽检,抽检 5%的结果均保持 0.75 的相关性。

自动评分 A 来自国内研发的一个自动评测模型,自动评分 B 来自一个国际机器评分自动模型,根据双方可公开的技术文书,两家供应商都在英文口语评测、人机互动方面有很大的市场占有率,中文口语评测服务也在积极部署之中。目前自动评分 A 和 B 都不包含针对口语文本的评测,语音评测的过程都需要同时提供语音文本或标注,针对语音的评测参数包含总分、准确度、流利度、语速、停顿时长、完整度等,所以语料库只显示针对发音准确度和流利度的评分数据。一千余条的数据分析结果显示,自动评分 A 和 B 的皮尔逊相关系数达到 0.82,但是与人工评分的相关性只有 0.4 和 0.35,因此该方面的科研项目需要对语料库中语音的发音质量数据做出更加细致的研究。

2.4 实现路径及应用举例

本语料库管理平台采用 B/S 结构开发网络系统,采用三层架构设计,包括界面层、业务逻辑层和数据访问层。音频文件及其对应的文本文件存储在服务器上。后端由 Python Flask 支持,前端则在 HTML5 上运行。数据使用 pandas DataFrame 进行管理和访问。每个音频文件及其相应的参考文本都会作为参数传递给外部应用程序接口,以获得自动评分。自动评分的结果连同人工评分一起存储在 CSV 文件中,以便无缝访问。数据库使用一种映射算法,将文本中的每个字符和单词与其对应的 HSK 级别关联起来。该算法使用彩色编码,并在每个文档中以表格形式显示。为了提高应用程序的搜索效率,所有文本都被分割、索引并存储到 json 字典中。当用户搜索某个关键词时,服务器会扫描 json 字典并显示包含该关键词的所有相关文件,从而提高了搜索能力,实现高效检索。访问音频时,用户会看到整个音频文件,以及包含与输入关键词匹配的句子的裁剪片段。访问文本文件时,服务器会动态生成一个修改版本,突出显示所有关键词。每次后续搜索操作都会覆盖这些临时文件,从而确保实时响应和高效资源管理。

如图 2 所示,使用者可以通过两种方式检索语料。一是通过关键词检索。点击一级菜单可以显示二级信息，比如基本信息里的话题名称、时长，人工评分、自动评分的细分维度，以及各类词汇水平的个数。使用者可以通过分数分值的大小对语料进行排列。所有转写及标注数据通过文件文本形式全文显示，点击音频可以打开完整的录音数据。第二种方式是进入话题浏览进行语料查询，在录入的 22 个话题中，语料最为丰富的话题是旅游、中文学习、生活习惯及线上学习，都有超过百条音频记录。

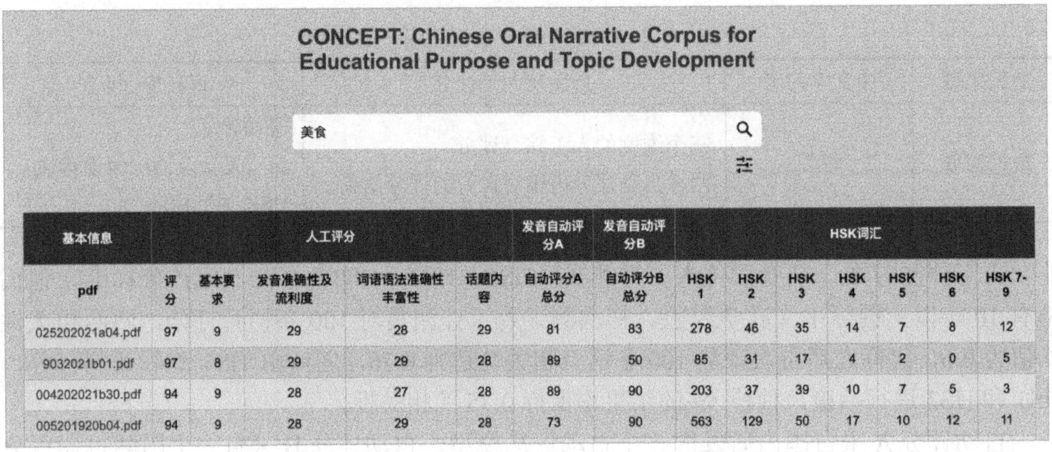

基本信息		人工评分				发音自动评分A	发音自动评分B	HSK词汇					
pdf	评分	基本要求	发音准确性及流利度	词语语法准确性丰富性	话题内容	自动评分A总分	自动评分B总分	HSK 1	HSK 2	HSK 3	HSK 4	HSK 5	HSK 6	HSK 7-9
025202021a04.pdf	97	9	29	28	29	81	83	278	46	35	14	7	8	12
9032021b01.pdf	97	8	29	29	28	89	50	85	31	17	4	2	0	5
004202021b30.pdf	94	8	28	27	28	89	90	203	37	39	10	7	5	3
005201920b04.pdf	94	9	28	29	28	73	90	563	129	50	17	10	12	11

图 2　中文口语评分中介语料库的标注检索

使用口语语料库的研究者既可以做基于文本语料的口语研究，也可以对语音文件开展基于语音语料的相关研究（彭恒利、陈昳可，2023），这也是口语语料库提供音频的重要附加作用之一。丰富的语音语料可以为多项研究项目提供数据，如分析词汇在完整话题阐述中的使用场景，人工评分与智能评分针对中介语的考核的互补可能性，词汇丰富度与口语水平的关系等角度都是二语习得与测试中被广泛关注的话题。

3　发展计划

为了确保本语料库的持续发展并满足不断增长的研究需求，下一阶段的发展计划将重点关注以下两个方面：语料处理需求的优化和技术使用功能的增强。

首先，在语料处理需求方面，下一步的关键任务是实施音频拆分技术，包括自动检测和分割长语音文件中的关键部分。这一改进不仅能显著缩短研究者在进行语料分析时所花费的时间，而且为采用实验语音学方法进行口语研究提供了便利。通过音频拆分，研究者可以更快捷地定位到特定语音段落，从而提高研究的精确度和效率。

其次，考虑到本语料库的一个显著特点是话题阐述任务的设置，下一阶段计划进一步拓展话题阐述技能在语篇分析中的应用。包括增加细节描述、情节递进以及观点之间逻辑性的标注等功能。这样的深化不仅有助于丰富语料库的内容，也可使研究者能够更全面地理解和分析学习者在话题阐述中的表现。

在技术使用方面，网页界面上将增加结果批量下载的功能。这个功能将允许用户轻松地将大量数据导出到 SPSS 等统计分析软件中，从而极大地提高数据处理的便捷性。这不仅能节省用户的时间，也可为进行更为复杂的数据分析提供条件。

4 总结

基于大数据的研究方法已成为现代科学探索的重要工具，它能够为各类研究问题提供丰富而精确的数据支撑。通过大数据分析，研究者能够获得更深入的洞见和发现，从而推动知识的边界向前延伸。此外，便捷的数据检索技术使得科研人员能够快速地访问和处理不同来源的多元化数据集，显著提高了科研的效率和质量。在现代语言学领域，语料库的研究方法尤其重要。它不仅能够帮助研究者分析和理解语言的实际使用情况，还能够揭示语言变化的规律和趋势。语料库的建立和应用，为语言学研究提供了一种全新的视角和方法论，使得语言研究更加科学化、系统化。

特别是中文口语评分中介语语料库的构建，它针对的是口语阐述这一特定的语言任务。这种语料库的开发，不仅能够记录和反映学习者在口语表达中的实际表现，还能够为教师提供宝贵的教学资源。通过对这些语料的分析，教师可以更准确地评估学习者的口语能力，发现其优点和不足，并据此调整教学方法和策略。同时，学习者也可以通过语料库中的实例来提升自己的语言技能，使口语学习过程更加高效和有的放矢。

参考文献

[1] ADOLPHS S, KNIGHT D. Building a spoken corpus // O'KEEFFE A., MCCARTHY M. *The Routledge handbook of corpus linguistics*. London: Routledge, 2010.

[2] GAËTANELLE G, GRANGER S. Learner language // BIBER D., REPPEN R. *The Cambridge Handbook of English Corpus Linguistics*. Cambridge: Cambridge University Press, 2015.

[3] MCENERY T, XIAO R, TONO Y. *Corpus-based language studies: An advanced resource book*. London: Taylor & Francis, 2006.

[4] SAN JOSE A E, VICENCIO J R. Delivery, language use and topic development in speaking of EFL students. *European Journal of Literature, Language and Linguistics Studies*, 2018(02).

[5] SEEDHOUSE P, HARRIS A. *Topic development in the IELTS Speaking Test*. IELTS Research Reports, https://ielts.org/researchers/our-research/research-reports/topic-development-in-the-ielts-speaking-test, 2011.

[6] YU G, WU Y, DREW P, et al. The DIG Mandarin Conversations (DMC) Corpus: Mundane phone calls in Mandarin Chinese as resources for research and teaching. *Chinese Language and Discourse*, 2024(15).

[7] 胡晓清, 许小星. 韩国汉语学习者中介语口语语料库的建设及意义. 华文教学与研究, 2020(01).

[8] 刘运同. 汉语口语中介语料转写若干问题探讨. 胡晓晴, 张宝林. 第六届汉语中介语料库建设与应用国际学术讨论会论文选集. 北京：研究出版社, 2023.

[9] 彭恒利, 陈映可. 少数民族国家通用语言口语语料库的建设. 胡晓晴, 张宝林. 第六届汉语中介语料库建设与应用国际学术讨论会论文选集. 北京：研究出版社, 2023.

[10] 权立宏. 小型汉语口语语料库建设探讨. 广东外语外贸大学学报, 2017(28).

[11] 陶红印. 口语研究的若干理论与实践问题. 语言科学, 2001(03).

[12] 王韫佳, 李吉梅. 建立汉语中介语语音语料库的基本设想. 世界汉语教学, 2001(01).

[13] 王立非, 孙晓坤. 国内外英语学习者语料库的发展：现状与方法. 外语电化教学, 2005(05).

[14] 王妍, 彭恒利. 汉语口语开放性试题计算机自动评分的效度验证. 中国考试, 2019(09).

[15] 尤易, 曹贤文. 20 年来国内外学习者语料库建设及应用研究分析. 胡晓晴, 张宝林. 第六届汉语中介语语料库建设与应用国际学术讨论会论文选集. 北京：研究出版社, 2023.

[16] 张宝林. 从 1.0 到 2.0——汉语中介语语料库的建设与发展. 国际汉语教学研究, 2019(24).

面向教师专业能力发展的国际中文课堂编码标注与对比分析实证研究[*]

徐冠宇[1]　李吉梅[2]

1,2 北京语言大学 信息科学学院 100083
[1] 731678559@qq.com　[2] ljm@blcu.edu.cn

摘　要：在教育数字化转型背景下，本文面向教师专业能力发展，通过计量分析国际中文课堂视频，实证对比了4个经典课堂编码系统的应用特点及其分析方法。本文利用ITIAS、iFIAS、VICS和COLT系统，对600余分钟的初级汉语综合课堂视频进行了标注和可视化分析，并设计实现了一个面向教师的课堂分析仪表板，以利于教师迅速掌握师生互动中多维数据的教学意义，深化对课堂的认识，促进教师反思。本研究的成果对教学课堂的量化与可视化分析具有指导和借鉴意义。

关键词：国际中文教育；教师专业发展；教学评估；可视化分析

Enhancing Teacher Competencies in Global Chinese Classrooms: A Comparative Analysis

Xu Guanyu[1]　Li Jimei[2]

1,2 School of Information Science, Beijing Language and Culture University, 100083

Abstract: This study evaluates four classroom interaction coding systems (ITIAS, iFIAS, VICS, COLT) in primary comprehensive Chinese language education. It aims to assess their applicability and strengths in supporting teacher development by analyzing classroom video data. Each system showcases unique advantages in capturing classroom interactions, yet faces challenges such as precision biases and scope limitations. Future research should explore integrated models combining verbal and video analysis for a more comprehensive classroom assessment.

Key words: international Chinese education; teacher development; teaching evaluation; video analysis

1　现状综述

21世纪信息技术飞速发展，瞿振元（2016）指出，课堂作为师生互动的主阵地，经历

---

[*] 本文受教育部中外语言交流合作中心2023年国际中文教育研究重大课题"面向智能学习的汉语知识图谱研究及系统设计"项目（批准号：23YH02A）；北京语言大学2023年度校级重大专项"基于微认证的国际中文教师数字素养提升路径及研修平台研究"项目（批准号：23ZDY02）；北京语言大学研究生创新基金（中央高校基本科研业务费专项资金）"面向教师专业能力发展的国际中文课堂诊断分析研究"（24YCX104）资助。

了深刻的变革。新兴教育技术改变了传统的教学形态和学习模式，推动了教育理念、教学模式、课程内容以及教学方法的根本性重塑。这对教师专业发展提出了新的挑战和需求，包括适应新技术、拓展教学方法和创新教学效果分析及评价方法。

课堂视频作为教学过程的直观记录，为促进教师专业发展提供了重要的研究素材和教学参考。郑太年（2023）提出，需要注意课堂视频中可挖掘数据的丰富性以及研究视角与分析单位的多重可能性。互动分析，如方海光等（2012）所述，是对课堂教学进行教学类型编码与解读的过程。通过这类行为编码系统，复杂的课堂互动能够被转化为可量化、可计算与分析的结构化数据。FIAS（Flanders Interaction Analysis System）作为最经典的课堂行为分析工具（Flanders，1961），能够对课堂话语进行精准的分类与量化，为理解和分析教学中的师生互动提供了结构化的框架，在教育领域有着广泛应用和影响。

随着教育信息化和教学模式的多样化发展，传统编码系统需要更新以适应现代课堂标准需求。FIAS为之后学界涌现出的多领域新生量表提供了分类基础，国内外学者根据个人研究领域的需求对其进行沿用修改，促使编码系统的发展日益成熟。为深入探索这些编码系统在分析教师专业发展中的具体应用及其贡献，本研究选用其中四种典型编码系统——ITIAS（Information Technology-based Interaction Analysis System）（顾小清、王炜，2004）、iFIAS（improved Flanders Interaction Analysis System）（方海光等，2012）、VICS（Verbal Interaction Category System）（Amidon & Hunter，1968），以及COLT（Communicative Orientation of Language Teaching）（Allen，1983）——进行了实证研究。同时，基于教师教学能力分析框架对标注数据进行可视化分析，设计实现了面向教师的课堂分析仪表板，以辅助教师深入理解课堂教学，促进其专业能力成长。覃千钟等（2023）和杨晓等（2016）也指出，这种数据分析和可视化支持能够推动教师对课堂教学的理性认识，辅助教师优化教学实践。希望本文的分析和比较为教师在技术融入教育的新时代中做出有效的教学调整提供参考。

2 研究设计

2.1 研究目的

随着教育领域对多样化编码系统的广泛应用，编码系统成为教学分析和反馈的重要工具。然而，这些系统的多样性引发了选择上的困难，因为缺乏明确的选择标准可能会导致标注和分析的不准确。在将各种通用编码系统应用到特定学科，探索这些系统在教师专业发展中的应用及其贡献时，需要解决两大研究难点：（1）如何有效地编码和解读课堂观察数据以反映教学现象？（2）如何精准分析课堂视频的编码数据？通过这些系统对国际中文课堂教学互动效果的比较分析，本文不仅为学科领域的编码行为描述提供了合理界定，还能够通过数据支持帮助教师深入理解课堂教学，从而促进教师专业能力的成长。

2.2 研究对象

本研究选择了来自北京语言大学的W老师的初级汉语综合课视频作为标注对象，视频总时长约600分钟。此外，选取了ITIAS、iFIAS、VICS和COLT四种课堂互动编码系统作为研究对象，其中前三者均是基于 FIAS 的强大分类基础，针对不同教育场景和分析需求进行了创新性改进。而 COLT 则专注于语言学习领域，从多个角度考量影响语言教学的因素并进行分活动记录的量表，形成了与前三种不同的编码形式。四种编码系统标注示例见图 1。

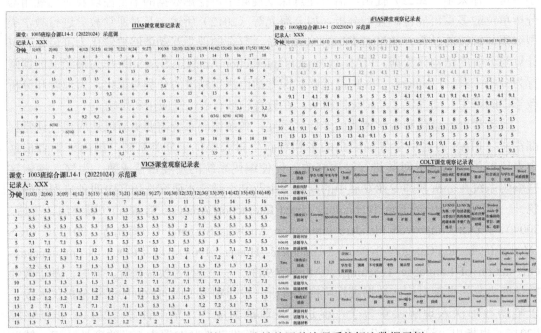

图 1 课程 L14-1 第 1~5 分钟的四种编码系统标注数据示例

据此，利用三种具有代表性且各有侧重的教育领域通用编码系统和适应本研究标注对象的语言教学量表 COLT 进行课堂记录与分析，可以充分展现每种系统在实际教学场景中的理论基础、应用潜力及适用性，覆盖师生互动分析至语言学习的多维度。

2.3 研究方法

2.3.1 编码系统的记录与使用

在本研究中，编码系统的使用和记录根据确定的分析单位来进行。除了 COLT 采用分活动量表记录，ITIAS、iFIAS 和 VICS 均沿用 FIAS 的时间切片法，即以 3s 作为分析和记录的基础单位。在此过程中，记录者需多次观看视频，以确保对课堂互动上下文有全面的理解，并根据各系统的编码标准和定义来记录课堂中外显的、表层的教学行为。具体标注操作时，记录者会根据视频实际内容对初步编码定义进行必要的修正和细化，这一过程需要多轮迭代，以提高编码数据的准确性和一致性，确保编码结果的可靠性和标准化。此外，为降低编码的主观偏差，研究采取了编码者间互相标注和一致性检验的交叉验证方法，实现多轮编码，以确保编码数据的客观性和准确性。

在使用上述编码数据进行课堂教学互动分析时，首先要量化师生互动的频次和类型，其次是识别和对教学行为模式分类。进一步的分析包括从宏观和微观两个角度解读数据，以揭示教学策略的效果和学习过程的细节特征,如课堂结构、课堂氛围、教师表现、学生参与度等。

综上所述,这些编码系统在分析和理解课堂教学互动方面提供了一套系统化的方法论,允许研究者从多维度评估和解读教学行为及其对学习影响的复杂性,为教育实践改善和教师专业发展提供了数据支持。

2.3.2 编码系统的操作性难题与优化策略

在本研究的实践中,将编码系统应用于初级汉语综合课堂视频分析时,所遵循的系统化步骤面临着新学科领域的特有挑战。这是因为特定学科的实际课堂视频中,多样化的教学场景和复杂的教学行为往往超出编码系统简单定义的范围。这要求研究者在编码审查与调整阶段,对行为分类进行必要的扩充和细化。针对国际中文教育领域的特定需求,编码标准须经过调整,以确保能够准确反映语言教育领域的专业用语和教学模式。

研究需要解决的问题包括如何界定视频中的行为以及如何处理编码系统定义的广泛性。为了解决这些问题,研究者首先通过团队商询和文献复核对行为分类进行了扩充。对于定义宽泛的编码系统,根据学科特有术语使用特征与行为上下文对编码进行细分类或对现有类别再定义,确保所有行为对应的编码能有效地反映数据的深层含义。然而,过多或过细的行为分类,可能会加重编码者在开始标注工作前的理解负担,从而可能影响标注的效率和准确性。因此,优化编码系统时需平衡细致度和可操作性,避免过度复杂化。

例如,在 ITIAS 系统中,优化操作主要包括对行为进行简单的细分类,以及处理时间切片内复合行为或复合主体的情况。VICS 系统则涉及更多的调整,包括对行为分类的进一步扩充,特别是在现代教学环境中引入新的分类,如"教师启动"下的子类别,以记录更细致的课堂动态。上述细致化的标注步骤与优化策略,可以提升编码的精确性,确保课堂视频分析中结论的有效性和可靠性。

3 编码系统设计原理与实践应用对比

课堂教学中,言语是师生交往的主要方式(高巍,2009),对其进行的细致的观察与分析对于理解教学过程具有至关重要的意义。若编码系统的行为分类设计过于细致,其在不同学科领域的适用性和可操作性可能会受到影响,从而不利于综合分析。因此,揭示各编码系统在捕捉课堂互动细节方面的优势和局限,关注分析其行为分类和应用侧重点十分重要。

3.1 设计原理对比

表 1 国际中文教育课堂中四类编码系统性能对比

行为分类	iFIAS	ITIAS	VICS	COLT
一级分类/指标数	3	4	2	5+7
细类别数目	14	18	10	—
教师行为种数	8	8	6	—
学生行为种数	3	4	4	—

3.1.1 关注多样化的现代课堂要素

传统课堂编码系统如 FIAS，虽然可以记录课堂中典型的师生行为，但在教学模式日益丰富的教育化时代，它们未能充分记录现代课堂的多元要素。因此，新兴编码系统各有侧重地关注不同课堂类型下多样化的现代课堂要素。

ITIAS 系统通过在传统课堂行为分析的基础上集成技术元素，响应了信息技术在教育领域普及背景下，现代化技术与教学手段的深度融合。它特别强调了技术要素的重要性，旨在全面评估技术在教学中的应用对师生互动及学生学习成效的影响，进而促进教师在教学中融合信息技术和科学思维能力的发展。VICS 系统则着重于保留非言语信息的价值，通过对教师接受或拒绝学生的非言语行为的深入分类和分析，探究了师生互动中非言语维度的重要性。这种方法不仅丰富了对课堂互动的理解，也突出了非言语行为在教学过程中的关键作用。此外，COLT 充分考虑培养交际能力是语言教学的根本目的（刘珣，2000），对课堂言语活动进行了细致观察，这使其成为评估语言教学效果的有效工具。

这些系统的设计和应用不仅反映了对现代课堂要素关注点的多样化，也展现了在不同学科背景下对编码系统功能和适用性的深入思考。特别是在国际中文教育这一复杂的学习环境中，ITIAS 的技术集成、VICS 的非言语行为关注以及 COLT 的语言学习专注，各系统分别在师生互动分析、教学质量评估和学业进步分析方面展现出独特的优势和应用潜力。

3.1.2 课堂元素合理性调整

除了加入现代课堂要素外，在国际中文教育课堂的研究中，不同编码系统需要通过针对课堂元素的合理性调整，来显著提升行为分类的适用性与精确度。这些调整包括但不限于对教师及学生行为的细分类、对多主体情况的处理，以及对某一行为分类的深入分析，这将全面改善国际中文教育课堂视频的标注效果。

在新学科领域，综合性编码系统的调整通常简单高效。例如，ITIAS 系统在编码过程中不需要改动量表本身，仅需对教师及学生作为主体的行为进行简单的细分类，并处理一个时间切片内的多个行为或多主体情况。与此相比，VICS 在使用过程中则涉及更多的行为分类调整，它将沉寂与混乱单独分类，但没有 ITIAS 的分类细致，且并没有将多媒体因素纳入分析，使得其在现代教学环境中使用时存在一定的局限性。在应用到特定领域时，需对行为分类进一步扩充，如应用于本研究的国际中文教育课堂时，我们将"教师启动—1 提供信息或观点"分为"1.1 教师的提示""1.2 教师对多媒体的使用"以及"1.3 教师的讲授"三个小类，以便更细致、全面地记录课堂情况。iFIAS 通过合并相似类别简化了编码过程，同时保留了对课堂互动质量的重点关注，有效减轻了编码负担并提高了标注效率。COLT 系统根据课程类型简化量表，以专注于师生交流形式与小组活动，详细记录师生活动的互动对象和基本组织形式，提供语言交际能力提升方式的细化分析。

3.2 实践应用对比

3.2.1 国际中文教育课堂适用情况

在国际中文教育课堂的应用过程中，不同编码系统根据其设计原理和侧重点展现出独特的适应性和效能。

ITIAS 通过其对现代教学技术元素的集成，扩大了其适应性。该量表可面向所有涉及现代教学技术的课程，特别适用于线下多媒体、线上直播授课以及微课等现代化授课形式。除了传统教室环境下的基础学科领域，也适用于需要技术支持的户外课程。在对诸如国际中文教育这种复杂学习环境下的教师教学质量与学生学业进步进行分析时，有着显著的行为收集和表现评估能力。

VICS 增加了对非言语行为的细致记录，在国际中文教育课堂中，这一特性尤其重要。国际中文教育课程中教师在面向外国学生进行教学时，为促进学生对所学第二语言的理解，会使用多样的语言输出以及有意义的非言语行为辅助教学，这些非言语行为对加深学生认知，帮助其理解所学知识起到了关键作用，使用 VICS 可以对这些行为做到及时全面的记录。

由于 COLT 本身便是针对语言教学理论设计的，其适用性在国际中文教育领域尤为显著。它围绕语言水平的本质、社会环境对双语发展的影响、教学变量对语言的影响以及学习者个体特征的影响等多个维度对课堂进行分析。因此，COLT 的应用能够产生紧贴国际中文教育事实与规律的教学结论，有效反映学生的语言学习进步。

3.2.2 数据价值与分析角度

编码系统应尽量维持使用分析矩阵来判断教学模式的能力。FIAS 系统不仅包含课堂互动行为的编码分析系统和规定标准，还提供了用于直观显示数据、辅助分析的互动迁移矩阵。通过分析矩阵中形成的闭环来判断教学模式。然而，ITIAS 扩充量表后，由于引入了新的行为分类，可能无法形成闭环，从而导致判断教学模式的方法不再有效。iFIAS 在改进 ITIAS 的过程中，重视保留 FIAS 分类数据，依然能够形成师生行为闭环，这使得它能够继续使用 FIAS 所提出的教学分析方法。

与此相比，COLT 细致的指标设定为剖析国际中文教育课堂提供了深入细节的分析视角。与大多数以编码表格为记录工具的量表不同，COLT 以活动（activity）为观察单位，深入探究语言教学的内容细节。COLT 选择将课堂教学过程中的一系列独立活动作为记录单位，并进行同时段的多编码记录，以此维持课堂话语的连贯性和情境恰当性。基于培养语言交际能力的目标，它不仅记录了师生交流中的活动主题（content>topic）和课堂材料的类型及使用方法（materials），还关注了讲授内容中的形式、功能、社会语言学等语言体验特征（content>language），以及学生活动中涉及的听、说、读、写等第二语言技能的发展情况（student modality）。这样的多维度考量使得 COLT 成为针对语言教育学科，深度分析教学活动细节的强大工具。因此，在使用时，研究者可以根据需要选择不同的分析角度来形成适用性更强的个性化小型量表。

4 研究结果分析与可视化展示

通过编码系统得到课堂记录数据后，如何使用和处理数据，以多元、细化地从中分析得到课堂中可以促进教师开展教学反思的教学细节？这个问题至关重要。在使用和分析编码数据时，一般需要计算行为交互比例统计公式并与相应常模进行对比，以反映课堂教学互动特点。另外，本文还涉及将原始数据转换为统一格式，以便于通过可视化手段进行分析。利用可视化技术将编码得到的表层行为数据转化为直观、多角度的课堂观察，对于改进师生互动和提高有效教学具有显著意义。

研究通过对所得标注数据进行处理与分析，设计了可视化模板（见图2）。模板设计使用了方海光等（2024）提出的基于课堂智能分析的教师教学能力结构模型，基于教师能力结构中的胜任能力，使用其对教学能力与对应教学行为的定义，进行计算与设计，旨在综合评估教师的教学能力。可视化模板包括教师知识、教学策略、课堂管理、学生评估、教学资源使用等多个维度，将这些复杂的维度转换成直观的图表，可以清晰地展示教学活动的各个方面。

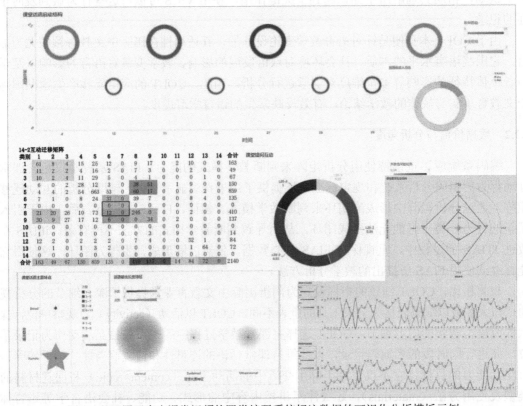

图2 基于国际中文课堂视频的四类编码系统标注数据的可视化分析模板示例

这些可视化工具共同作用，极大地促进了对教学互动细节如学生参与度、教学方法的有效性、课堂互动的模式等的深入理解和分析。通过可视化课堂教学数据，教师更容易识别出教学中的强项和弱项，并据此调整教学策略。帮助教师和教育管理者更好地理解和运用这些信息有助于提升教师专业能力。在图2的教学技能分析可视化展示中，各图表精确地传达了关键的教学互动和参与信息。

（1）课堂教学互动结构雷达图直观地揭示了教师、学生和技术在教学活动中的参与程度及其影响，可以协助教师对自身实际教学进程的合理性进行评价并做出适时调整。

（2）课堂提问互动环形图则清晰地展示了课堂中开放式与封闭式提问的比例，反映了学生的主动性和参与度，是分析教师提问策略和教学风格的有效工具。

（3）整体动态特征曲线通过时序追踪展示了课堂上教师与学生互动的变化，记录了互动频率和教学重点环节，有助于教师洞察学生的学习风格和参与倾向，调整教学策略，优化课堂效率。

（4）行为互动迁移矩阵通过不同颜色区分教学活动特征，展示课堂行为的迁移和互动模式，为教师提供了实时课堂情感和行为动态的直观理解。

（5）话语启动结构图揭示了课堂中学生自主发起话语的频率，显示了学生在课堂对话中的主动性和参与程度，对教师调整教学环境及策略至关重要。

（6）课堂话语主题与话语输出特征图表通过话语输出长度和主题分布，展示了教学活动中不同话题的占比和言语输出强度，为教师提供了关于学生参与度和语言表达能力的直观量化数据。

对于以上教学细节的分析呈现，不同编码系统的行为采集粒度大小的差异也会导致其可视化表达有所不同（见表2），这是由编码系统本身是否对与互动相关的表层行为进行了提取和定义决定的。

表2 国际中文教育课堂中四类编码系统可视化表达能力对比

编码系统	ITIAS	iFIAS	VICS	COLT
能否表现课堂教学互动结构	√	√	√	√
能否表现课堂提问互动	√	√	√	×
能否得到整体动态特征曲线	√	√	√	×
能否得到行为互动迁移矩阵	√	√	√	×
能通过分析矩阵进行教学模式的判断	×	√	×	×
能否体现话语启动	×	×	√	√
能否表现课堂话语主题特点	×	×	×	√
能否反映话语输出长度特征	×	×	×	√

5 总结

综上所述，通过对编码系统行为分类的适用与合理性的调整，ITIAS、VICS、iFIAS和COLT等系统在国际中文教育课堂的应用中都展现出其独特的优势和应用潜力。这些系统不仅增强了对课堂互动细节的捕捉能力，也为教育研究提供了更精确和深入的分析工具。随着不断完善，这些系统日益符合现代教育的需求。然而，编码系统在应用过程中仍存在挑战，如精准性偏差和视域局限。精准性偏差涉及数据采集的设备限制和观察者的主观偏见，而视域局限指编码系统可能无法覆盖所有学科领域的特征，特别是在特定领域如国际中文教育中。未来的研究应探讨如何结合话语与视频图像分析，创建更全面的课堂行为分析模型，以支持教育实践中的精准教学决策。大模型时代下，更好的数据采集和智能分析工具将进一步支持这一目标。

参考文献

[1] Allen, P. & Others. The Communicative Orientation of Language Teaching: An Observation Scheme. ERIC Number: ED275155(1983).

[2] Amidon, E. J. & Hunter, E. Abstracted from VERBAL INTERACTION CATEGORY SYSTEM (VICS). *Classroom Interaction Newsletter* 3.2 (1968).
[3] Flanders, N. A. Analyzing teacher behavior. *Educational Leadership* 19.3 (1961).
[4] 方海光，高辰柱，陈佳. 改进型弗兰德斯互动分析系统及其应用. 中国电化教育，2012(10).
[5] 方海光，洪心，舒丽丽，王显闯. 基于课堂智能分析大模型的教师教学能力分析框架及其应用研究[J]. 现代教育技术，2024，34(02).
[6] 高巍. 课堂教学师生言语行为互动研究. 教育研究与实验，2009(05).
[7] 顾小清，王炜. 支持教师专业发展的课堂分析技术新探索. 中国电化教育，2004(07).
[8] 刘珣. 对外汉语教育学引论. 北京：北京语言大学出版社，2000.
[9] 覃千钟，魏宏聚. 教学经验的概念化：理论基础、实践逻辑和行动路向. 当代教育科学，2023(08).
[10] 瞿振元. 着力向课堂教学要质量. 中国高教研究，2016(12).
[11] 杨晓，卫建国. 课堂教学录像分析与教师专业成长. 山西师大学报(社会科学版)，2016(01).
[12] 郑太年. 学习科学领域课堂视频研究的方法论审视. 现代远程教育研究，2023(01).

人机共教：基于 AIGC 的国际中文教师教育提示库建设的价值、内涵与路径

余江英[1]　秦嘉旭[2]

[1,2] 云南大学 汉语国际教育学院 650091

[1] 402813541@qq.com　[2] qjx2572234517@126.com

摘　要：AIGC 技术热之后，学界已回归"冷思考"，转向探索 AIGC 赋能的国际中文教学设计及应用场景。教育提示语是指用于提醒、指导或激励学生在课堂中采取某种行动或态度的简短语句，通常具有针对性、明确性和启发性，旨在通过简洁明了的表达方式，传递重要的教育信息或价值观。为促进教育目标的实现，国际中文教师应提高提问能力，善用提示语辅助备课与教学。为释放大语言模型在教育中的潜力，利用生成式人工智能革新人机对话样态，本文提出建设基于 AIGC 的国际中文教师教育提示库的具体实践路径为：（1）夯实教育提示语工程，研制教育提示语技术规范；（2）搭建问题思维大模型，培养教育提示语设计专家；（3）规范提示语技术风险，促进人机协同的话语轮转；（4）审辨思维循证性决策，彰显价值，保障问题解决。

关键词：教育提示库；国际中文教师；人机共教

Human-Computer Co-Teaching: the Value, Connotation and Path of the Construction of AIGC-based International Chinese Teacher Education Prompt Library

Yu Jiangying[1]　Qin Jiaxu[2]

[1,2] School of International Chinese Language Education, Yunnan University, 650091

Abstract: After the popularity of AIGC technology, the academic community has returned to "cold thinking" and turned to explore the international Chinese teaching design and application scenarios enabled by AIGC. Educational prompts are short sentences that are used to remind, guide or motivate students to take certain actions or attitudes in the classroom. They are usually targeted, clear and enlightening, aiming to convey important educational information or values through concise and clear expressions. In order to promote the realization of educational goals, international Chinese teachers should improve their questioning ability and make good use of prompts to assist lesson preparation and teaching. In order to release the potential of the language model in education and use the generative artificial intelligence to innovate the human-machine dialogue mode, this paper proposes the specific practice path of building an international Chinese teacher education prompt library based on AIGC: (1) Consolidate the education prompt project and develop the technical specifications of the education prompt; (2) Build a big model of problem thinking and cultivate education prompt design experts; (3) Standardize the technical risks of prompts and promote the discourse rotation of human-machine collaboration; (4) Examining the evidence-based decision-making of critical thinking, highlighting the value to ensure its problem solving.

Key words: education prompt library; international Chinese teacher; human-machine co-teaching

0 引言

近年来，以 ChatGPT 为代表的新一代生成式人工智能（Artificial Intelligence Generated Content，AIGC）在教育和科研领域的作用和影响已引起人们的关注，在国际中文教育界更引起了激烈的讨论。徐娟、马瑞祾（2023a）指出，数字化转型是国际中文教育顺应教育变革趋势、实现高质量发展的必然选择；余江英等（2023）则强调应通过数字化转型力推国际中文"教育数字化""资源融媒化""教学精准化"；李宝贵等（2023）探讨了人工智能对国际中文教育产生的影响，讨论了其在教学内容建设、教学方式改革、教学测评等方面的应用趋势，提出应将新一代人工智能与国际中文教育相结合，以"智慧能动"引领中文教育数字化转型。国际中文教育领域中的数字技术创新持续深化，主动服务数字中国战略和教育数字化战略行动的能力不断提高。李建涛、孔明、钟英华（2023）基于"表达驱动"理论探讨了数智技术在国际中文教学设计中的应用。赵晓伟等（2023）为释放大语言模型在教育中的潜力，利用生成式人工智能革新人机对话样态，提出实现教育提示语工程需要创建面向不同场景的教育提示库。而国际中文教师如何利用生成式人工智能恰当使用教育提示语是完善国际中文教学设计方略、提高国际中文教师备课能力的关键一环，加强国际中文教师教育提示库建设迫在眉睫。

1 基于 AIGC 建设国际中文教师教育提示库的价值

生成式人工智能在完成各类自然语言处理任务中表现优秀，但若没有正确的指令输入，则不会有符合要求的语言输出。尤其是在国际中文新手教师备课与课堂讲授环节，如果没有精心设计的语言或指令，则可能不会有理想状态的产出。因此，师生双方均要利用教育提示语的价值，促进人机高效、高质对话，弥合人机间输入与输出的交流鸿沟。

1.1 激活数字语言中提示语范式，革新人机对话新样态

提示语是用户以自然语言文本向生成式人工智能提供的一组输入集或指令集，以引导其执行任务并产生预期响应（赵晓伟等，2024），主要是以针对性的问题与任务为导向而进行的文字描述，关系到国际中文教师的提问与设计能力。教育提示语是学习者或教育工作者为了帮助生成式人工智能理解人类意图，使用适合机器理解的自然语言重新组织设计的面向教育领域的指令集（赵晓伟等，2023）。国际中文教师所需要掌握的教育提示语即是指其在解析大语言模型运作逻辑的基础上反向设计自然语言文本，借助简单提示框架或结构化提示模板，使输入的指令既契合我们的表达习惯，又符合 ChatGPT 的基本规则，从而提高人机合作与协同效率。

基于AIGC建设国际中文新手教师教育提示库需要利用自然语言处理技术（NLP）、成式对抗网络（GAN）等模型来不断探索和创新提示语的设计与应用，包括但不限于针对不同学习需求设计个性化的提示语，利用自然语言处理技术优化提示语的生成与匹配，以及通过机器学习算法提升提示语对人类意图的识别能力等。国际中文教师教育提示库的建设能够自发激活数字语言中提示语范式，通过以灵活的规则引发高质量的响应，帮助国际中文教师获得备课的数据源。国际中文教师也可以赋予生成式人工智能以特定的角色，加强递进对话与个性化的多样问答，进一步革新人机智慧互联、高效协同的新样态。

1.2 赋能国际中文教师备课，打造教学质量高效标

基于AIGC的飞速发展与赋能教育通用人工智能大模型建设的不断应用，教育提示库的创建已然纳入教育领域重点研究的课题。对国际中文教师而言，其数字能力标准在2007版、2012版和2022版的国际中文教师标准文件中已专门列出，加之教学需求倒逼，对国际中文教师的数字能力要求越来越高，中文教师数字化转型是一个动态无止境的过程（余江英等，2023）。国际中文教师尤其要就数字能力的内涵开发自身潜能，借助数字信息技术对海量的教育提示语进行检索、储存、统计、分析等处理，通过国际中文教师教育提示库分析自身在教学资源整合、教学设计创新以及教学方法选择等方面的需求，聚焦于如何构建一套系统的备课赋能体系。

国际中文教育数字化转型的根本目的就是构建全新的数字生态（宋继华等，2023），要充分挖掘其在教、学、评三大典型场景中的应用价值（徐娟、马瑞棱，2023b），而国际中文教师也应基于教育提示库在备课中融合自身领域知识与数智素养，以打通个人需求与AIGC能力的畅联通道，提升备课、授课、评课三大效能，成为优秀的"提示语设计师"。国际中文教师以提示语设计师为目标导向，运用设计智慧搭建基于问题的思维架构，既能不断提高提问能力和分析解决问题的能力，从而提高教学水平，也能为学生提供高效可靠的人工智能驱动解决方案，为国际中文教师数字化转型注入新活力。

1.3 释放大语言模型的智能潜力，服务教育提示语工程

借助AIGC，国际中文教师可以结合大语言模型发现模式、提取见解、产生高质量输出并获得个性化响应，从触手可及的大量数据中释放无限可能性，而将其有组织地利用智慧设计转化为以指令或输入为主的集合则需要持续推进提示语工程（Prompt Engineering）。作为AIGC的热门子领域，提示语工程被世界经济论坛称为"未来的工作"（WEF，2023），同时也被Open AI首席执行官Sam Altman描述为"惊人的高杠杆技能"（Clark，2023），加之ChatGPT的火爆，国际中文教育领域的提示语工程呼之欲出，建设基于AIGC的国际中文教师教育提示库已成为国际中文教育数字化转型与发展的重要航标，对释放本专业大语言模型的无限潜力具有重要意义。

作为数智时代认识论的新话语，教育提示语可应用于国际中文新手教师专业发展、课程教学、考核评估等领域，通过加强人机对话与合作来拓展其认知视野并逐步挖掘"提示语—响应"轮转创建的语言模型，进而突破认知壁垒，服务国际中文教师（特别是新手教师）向专家型教师转变。同时，国际中文教师的教育提示库作为提示语工程的子课题，应

尽可能地覆盖"教—学—管—评—研"等应用场景,为大语言模型的进化提供拓展方案,为教育提示库的持续更新提供素材积累,提升其稳健性与实用价值。

2 基于AIGC建设国际中文教师教育提示库的内涵

"教育"在《现代汉语词典》(第7版)中意为"按一定要求培养人的工作,主要指学校培养人的工作","提示"则意为把对方没有想到的或想不到的提出来,引起对方注意,"语"就是"语言"。所谓"教育提示语",是指教师为实现课堂效果或者达成教学目的而使用的语言,而AIGC赋能下的教育提示语更侧重于教师作为提问者的话轮构建,教育提示库就是教育提示语的集合。国际中文教师教育提示语建设源于赵晓伟等(2023)提出的面向不同场景的教育提示库,是教育提示语工程在国际中文专业领域的发展与延伸,国际中文教师教育提示库的内涵主要包括以下三个方面。

2.1 多轮对话的指令集,打造人机互动新范式

多轮对话的指令集是国际中文教师教育提示库中实现人机互动的核心机制,并非简单的问答交互,更是教师与AIGC等智能教学系统间深度沟通与合作的桥梁。通过模拟真实的教学场景或者由教师根据实际教学需求进行有针对性的高效提问和探索,AIGC能够与教师进行多轮次的交流,并基于其强大的数据处理和分析能力,为教师提供精准、个性化的教学建议,攻克备课、授课、评课过程中的难题。

以ChatGPT为代表的AIGC通常以人机对话方式解疑答惑,而对话常是灵感的来源,教师通过多轮对话,从AIGC的多轮回答中加强人机互动。以语法点备课为例,教师在对话框中输入:"假如你是一位国际中文教师,要向中级留学生讲解'把'字句的用法,会用什么样的故事讲解呢?"而后可以根据回答继续提问,如"请你再讲讲'把'字句的使用方法",也可以根据回答继续增加追问,如:"怎么讲会更容易让留学生听懂呢?"问答结果见图1。

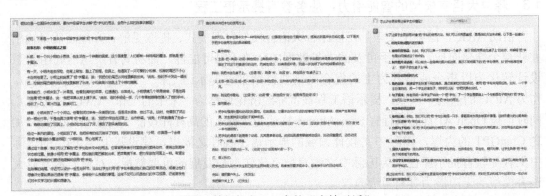

图1 教师与文心一言的"多轮对话"

多轮对话的指令集就是根据专家型教师的提问方式与技巧,收集他们在不同场景中应用的提示语,从而形成多样化、结构化、系统化的提示语模板,为教师提供借鉴与参考,使其在多轮对话的人机交互中增强数字素养与信息能力。

2.2　多维思考的输入域，融合人机共教新样态

多维思考的输入域是指教师作为提问方的输入能力和场域，涵盖国际中文教学的各个方面，包括教学目标的设定、教学重难点的把握、教学内容的选择、教学方法的运用、教学评估的实施等，旨在为教师提供一个全方位的教学支持体系。教师可以通过浏览和学习输入域的内容，进行多维度思考，明确目标意识、问题意识、创造意识、协同意识、辩证意识，了解教学的基本要素和流程，掌握国际中文智慧教学的基本技能和方法。

以 ChatGPT 为代表的 AIGC 作为多用途的语言模型确实能够在一定程度上帮助教师备课，但仍需教师锚定六大意识，提升自身素养。以“把”字句的微课教案设计为例，教师要有目标意识，对教学目标进行多维拆解，可以从听、说、读、写四项基本技能角度出发，也可以从知识、技能与表达三维目标出发；要有问题意识，明确“把”字句教学的重点与难点；要有创造意识和协同意识，能够灵活选择并设计教学内容与方法，同时利用 AIGC 抓取有用的素材；要有辩证意识，审辨并串联 AIGC 提供的素材，适当利用其分析大数据的能力和语言模型来实施教学评估。教案设计见图 2。

多维思考的输入域主要是结合国际中文教学的整个过程，明确提高新手教师所欠缺的六大思维，利用专家教师在国际中文课堂中的教学示范与 AIGC 形成的教学模型，有针对性地抓取适合自己的教学资源，融合人机共教的新样态和新范式。

“把”字句教案

语言点	“把”字句
适用对象	中级水平的汉语二语学习者（HSK4 级）
教学目标	1. 知识目标：掌握“把”字句结构：（A）+把+B+V.+怎么样。 2. 技能目标： （1）听：能够理解“把”字句所表达的含义； （2）说：能够根据目标句型进行对话问答； （3）读：能够自主阅读理解相关的短文； （4）写：可以使用“把”字句进行简短的书面报告。 3. 培养学生的表达能力，有使用“把”字句进行交际的欲望。
教学重难点	1. 教学重点：“把”字句在留学生的语言学习中对学生的学习和教师的讲授都是重难点，因此要如何学习、区分和掌握“把字句”，学习其表示“某一动作造成了事物的结果”的结构和功能，及如何在句子中进行运用是本课的重点； 2. 教学难点：准切把握“把字句”句型是本节课的难点，同时需要了解“把”字句动词的限制条件。
教学方法	视听法、图片法、句型转换法、后方法教学理念
应用环境	□课前预习 ☑课中讲解 □练习活动 □课后巩固 □其他
课程类型	□口语课 □阅读课 □写作课 ☑综合课

微课程设计

教学步骤	设计意图（实施思路）
一、复习环节（2min） 通过生活场景进行复习，教师通过自己的一系列课堂动作带领学生复习上堂课“把”字句的用法。 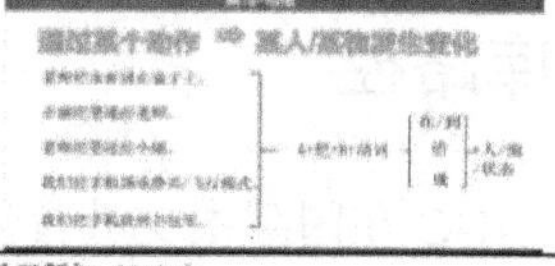	第一环节复习让学生回忆所学过的“把”字句用法，熟悉为接下来的教学环节做铺垫。
二、学习新知（4min） （一）课堂导入，新学期，介绍中国的传统节日春节，通过春节引出春节的习俗——包饺子。 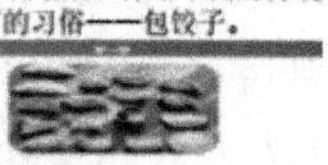 （二）向同学们讲解包饺子的全过程，将“把”字句穿插在过程中，带领学生初步感知“把”字句的使用场景。 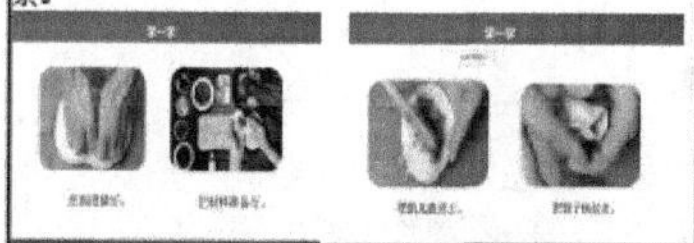	第二环节通过介绍中国的春节带领学生感悟中华传统文化讲文化渗透在语言点的教学中，做到语言和文化的深度融合，同时通过介绍和讲解包饺子的全过程在感悟文化的同时深刻把握“把”字句的用法，让同学们初步感知、学习和联系掌握“把”字句的新用法。
三、课中小结（2min） 复现学过的句子，教师进行总结语言点， 即：A+把+B+怎么样 —{ 好 / 过来、进去…… } ➡ 结果 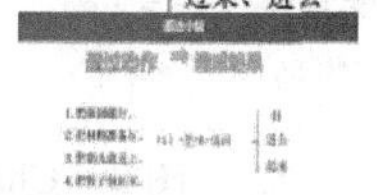	第三环节通过复现句子和关键词加深学生印象，共同探讨包饺子的过程，融入文化因素教学，为后面的环节做铺垫。
四、课堂练习：我做你说（3min） 教师通过与学生进行互动，教师请学生发出动作，请学生根据动作以及实施的结果，运用课堂所学的“把”字句知识进行描述。 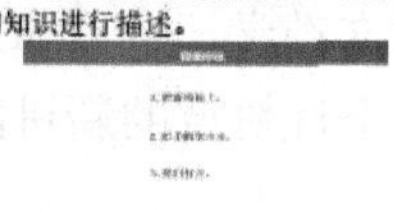	通过前面三个环节的铺垫，让学生领会学习并对“把”字句进行练习，强化学生的记忆。
五、课堂总结（2min） 总结本节课有关“把”字句的所有句子，归纳出“把”字句的句型。 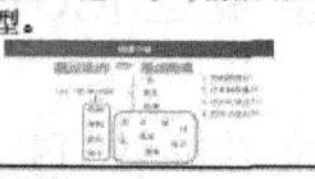	第五环节，通过再一次复现句子归纳“把”字句句型，加深学生记忆，总结课堂重点。
六、布置作业（1min） 请学生制作自己国家的美食，并用“把”字句写出制作过程。 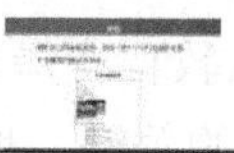	第六环节巩固课堂内容，强化学生的课后练习，并将“把”字句融入自己的日常生活，从而进行更好的交际。

图 2　“把”字句的微课教案设计

2.3 多方问答的提示库，共建人机协同新进路

多方问答的提示库拟为教师提供一个便捷的问题解决途径和合作交流平台，为人机协同教学开创新的模式。一方面，利用多种 AIGC 的教学模型，如 ChatGPT、文心一言等，不同的模型会提供多样的回答，教师可以多方面参考以期解决实际教学中的难题；另一方面，汇聚众多专家型教师的问答，共建知识共享平台。教师既可以根据问答记录快速找到解决自己问题的方法和思路，也可以借鉴其他教师的经验，丰富教学策略和手段。

基于 AIGC 设计多方问答的提示库能促进教师与智能教学系统相结合，实现人机协同的智能化问答。仍以讲授"把"字句为例，分别向 ChatGPT 与文心一言提问："你是一名国际中文教师，在教中级留学生'把'字句时，怎么讲清楚其否定形式中'不'和'没（有）'的区别？"它们会分别给出类似的回答，回答见图 3。国际中文教师教育提示库若可以根据新手教师的问题和需求，自动检索和分析提示库中的问答记录，提供精准、个性化的回答和建议，会极大地提高问答的效率和质量，为教师提供更全面、更深入的教学支持。

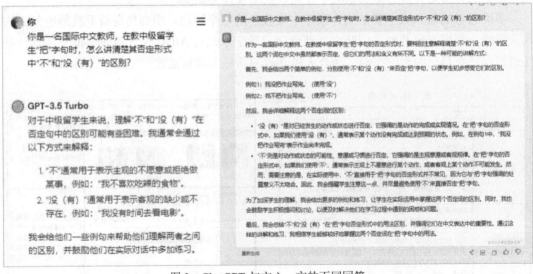

图 3　ChatGPT 与文心一言的不同回答

多方问答的提示库拟结合 AIGC 的大语言数据模型与众多专家型教师的问答，通过人机协同来进行国际中文教学，取百家之长，补教师之短，将人机合作贯穿于教学的整个环节，实现人机精准、个性协调的新进路。

3　基于 AIGC 建设国际中文新手教师教育提示库路径

前文已述国际中文教师教育提示库建设的价值及内涵，但 AIGC 在国际中文教育领域的应用目前仍处于探索阶段。实施教育提示语工程为释放大语言模型潜力提供驱动引擎，为新一代人工智能赋能教育变革注入活力。发展建设国际中文教师教育提示库是数智时代人机协同、智慧互促的关键，明晰其实践路径，有望加快国际中文"人机共教"模式的建设。

3.1 夯实教育提示语工程，研制教育提示语技术规范

夯实教育提示语工程，把握数智时代提示语设计的新话语，需要建设面向不同场景的教育提示库，国际中文教师教育提示库作为其分支，也要遵循"CORE"框架并将提示语从基础到进阶进行分类；同时，加强AIGC相关技术规范的研制，构建可信、安全、好用、高效的国际中文教师通用人工智能大模型。

3.2 搭建问题思维大模型，培养教育提示语设计专家

国际中文教师要灵活运用设计智慧搭建基于问题的思维架构，发挥个体的设计智慧，以个性化与创造性的方式解构问题，设计满意的子问题链。同时，根据大语言模型的输出结果进行基于数据的批判反思与科学决策，实现面向未知的创造性问题解决。

3.3 规范提示语技术风险，促进人机协同的话语轮转

ChatGPT开发了用于测试提示语的有效性及其引发响应的RACCCA框架，同时以测试驱动的方式检测教育提示语的发展，也可以引入开源评估工具包Promptimize，方便新手教师借助复合脑思维指导下的结构模板促进人机协同的话语轮转，对其进行有效指标评估。

3.4 审辨思维循证性决策，彰显价值，保障问题解决

国际中文教师向AIGC提问并获得响应后，需要发挥审辨意识对其输出的语言进行决策与评估，同时个体作为道德主体要确保其输出合乎法律规范与伦理道德，这对输入与输出同样重要，确保真实、客观、共评以提高其透明度，保障问题得到解决。

4 结语

本研究基于AIGC对国际中文教师教育提示语进行分析，聚焦国际中文教师教育提示库建设对数字语言与人机对话、教师备课与教学质量、大语言模型与提示语工程三方面的重要价值。而后明确提出国际中文教师教育提示库的主要内涵，并总结出一套国际中文教师教育提示库建设的实践路径。

基于AIGC的国际中文新手教师教育提示库建设迫在眉睫、切实可行，本文提出的实践路径为国际中文教师"人机共教"模式提供借鉴参考的同时，也可助力教育领域提示库建设；此外，基于AIGC的国际中文教师教育提示库仍需进一步设计与实现。

参考文献

[1] CLARK, P.A.AI's rise generates new job title: Prompt engineer. https://www.axios.com/2023/02/22/chatgpt-promptengineers-ai-job，2023.

[2] WEF. 3 new and emerging jobs you can get hired for this year. https://www.weforum.org/agenda/2023/03/new-emerging-jobs-work-skills/，2023.

[3] 李宝贵,马瑞祾,徐娟等."ChatGPT来了:国际中文教育的新机遇与新挑战"大家谈(下). 语言教学与研究,2023(04).

[4] 李建涛,孔明,钟英华."表达驱动"教学理论在数智技术赋能国际中文教学中的设计探讨——以Second Life和ChatGPT-4为例. 河南大学学报(社会科学版),2023(06).

[5] 宋继华,张曼,何春. 教育数字化转型与国际中文教育数字生态建设. 云南师范大学学报(对外汉语教学与研究版),2023(05).

[6] 徐娟,马瑞祾. 数字化转型赋能国际中文教育高质量发展. 电化教育研究,2023a(10).

[7] 徐娟,马瑞祾. ChatGPT浪潮下国际中文教育的技术变革. 国际汉语教学研究,2023b(02).

[8] 余江英,陈涵静,朱梦洁. 国际中文教育高质量发展的需求导向与服务转向. 华文教学与研究,2023(02).

[9] 赵晓伟,戴岭,沈书生,等. 促进高意识学习的教育提示语设计. 开放教育研究,2024(01).

[10] 赵晓伟,祝智庭,沈书生. 教育提示语工程:构建数智时代的认识论新话语. 中国远程教育,2023(11).

基于 Scratch 的国际中文教师数字素养提升课程研究[*]

曹 钢[1] 张晓冉[2]

[1,2] 赣南师范大学 文学院
[1] impressionblcu@126.com   [2] 2325088648@qq.com

摘 要：提升国际中文教师的数字素养是国际中文教育数字化转型的关键一环，建设国际中文教师数字素养提升课程对提高国际中文教师数字素养至关重要。本文分析了将 Scratch 应用于国际中文教师数字素养课程建设的优势，提出基于 Scratch 的国际中文教师数字素养提升课程建设的总体原则和可行的建设思路，以期在教师人才队伍保障层面助推国际中文教育事业高质量内涵式发展。

关键词：数字素养提升课程；国际中文教育；Scratch

Research on Scratch Based Digital Literacy Enhancement Curriculum for International Chinese Language Teachers

Cao Gang[1] Zhang Xiaoran[2]

[1,2] College of Chinese Literature, Gannan Normal University

Abstract: Improving digital literacy of international Chinese language teachers is key to digital transformation of International Chinese Language Education career. Building a digital literacy enhancement course for international Chinese teachers is crucial for improving their digital literacy. This article analyzes the advantages of applying Scratch to the construction of digital literacy courses for international Chinese language teachers, and proposes the overall principles and feasible ideas for the construction of digital literacy improvement courses for international Chinese language teachers based on Scratch, in order to promote the high-quality and connotative development of International Chinese Language Education in the aspect of teacher talent.

Key words: digital literacy enhancement course; international Chinese language education; Scratch

0 引言

近年来，数字技术的飞速发展，特别是人工智能、大数据、云计算等技术的应用，为

---

[*] 本文受教育部中外语言交流合作中心 2022 年国际中文教育研究课题一般项目"国际中文在线自主学习平台的市场化发展路径研究"（22YH63C）、北京语言大学校级重大专项课题"基于微认证的国际中文教师数字素养提升路径及研修平台研究"（23ZDY02）的资助。

国际中文教育带来了新的机遇和挑战。国际中文教育亟须通过数字化转型（徐娟、马瑞祾，2023），驶入高质量、内涵式发展的快车道。教育部部长怀进鹏在2024年全国两会上指出，要"培养一大批具备数字素养的教师"。在国际中文教育领域，只有切实提高国际中文教师的数字素养，全面提升教师的数字教学胜任力，方可使教师不断适应时代发展需要，进而主动运用新兴技术变革课堂模式、提高教学质量、促进学生发展。要提升国际中文教师的数字素养，必须大力建设一批优质的国际中文教师数字素养课程。

本团队调研并分析了当前主流数字素养课程建设的策略、途径、方法、模式，最终确定基于Scratch平台开展国际中文教师数字素养提升课程建设。本文分析了将Scratch应用于国际中文教师数字素养课程建设、国际中文教师数字素养提升的优势所在，提出课程构建的基本原则和可行的建设思路。通过对课程构建的阐释、分析，力求为学科打造一支素质过硬、数字教学能力强的国际中文教师队伍。

1 国际中文教师数字素养研究现状

"数字素养"最初由美国学者Paul Gilster（1997）提出，Paul Gilster将其界定为获取、理解、批判、整合与使用信息资源的综合能力。之后，"数字素养"概念开始普及。目前，不论是对全民数字素养，还是对学生或教师的数字素养，研究成果都较为丰富。已有关于教师数字素养的研究，对数字素养的应然探讨（Alexandra List et al.，2020），也有对数字素养现状的实然分析（雷丹，2019），同时还有关于数字素养框架构建的研究（王海啸，2022；徐春梅、乔兴媚，2023），以及数字素养提升的策略与方法的研究（桂百安，2021）。

在国际中文教育领域，林海燕、赵寰宇（2020）建立了国际汉语教师信息素养模型，提出了相应的培养途径和方法；刘玉屏等（2021）从知识、技能、态度三个维度考察了国际中文教师数字能力的现状；李晓东等（2022）构建了国际中文教师数字能力模型；金晓艳、赫天姣（2022）提出培养国际中文教师数字胜任力在国际中文教育数字革命中的重要性；惠天罡（2023）探索了国际中文教师数字素养的实践路径；方紫帆、徐娟（2023）构建了一套包含数字基础知识、数字技术能力、数字教学能力、数字学习能力、数字意识态度五个一级指标的国际中文教师数字素养指标体系，随后其又基于区块链分布式技术构架了国际中文教师数字素养微认证系统，助力国际中文教师的数字素养提升和能力认证（方紫帆、徐娟，2024）。

综上，已有研究揭示，对国际中文教师而言，年龄、学科背景、学习新软件的成本等多种因素，均有可能成为其数字素养提升的制约因素，而国际中文教师的数字素养研究亟须越过内涵与指标构建的藩篱，进入资源开发、培训实践的阶段。据此，本文将尝试设计、建设一套基于Scratch的国际中文教师数字素养课程，以推动教师数字素养的提升，服务学科发展。

2 Scratch应用于国际中文教师数字素养提升课程的优势

Scratch是一款由美国麻省理工学院开发的面向青少年的图形化编程工具，以其简单易学、操作方便、趣味形象等特点吸引了全球各地的教育者和学习者使用。通过Scratch，用户可以轻松地创建动画、游戏、故事等交互式、富媒体项目，进而培养学习者的逻辑思维能力和问题解决能力，提升其计算思维。尽管 Scratch 并非专门为提升教师数字素养而设计的，但其具有入门简单、趣味性强等优点，因此也非常适合用于针对成人的数字素养培训学习。概言之，Scratch 应用于国际中文教师数字素养提升课程的优势体现在：国际中文教师能够学习基础的编程概念，充分利用多媒体资源和可编程模块，在游戏化的学习体验中培养实际教学所需要的各项数字素养能力，诸如数字教学设计、数字教学实施、数字问题解决、信息与数据素养提升、数字资源开发、数字协作学习、数字研究创新和实践等（见图1），下面将分别论述。

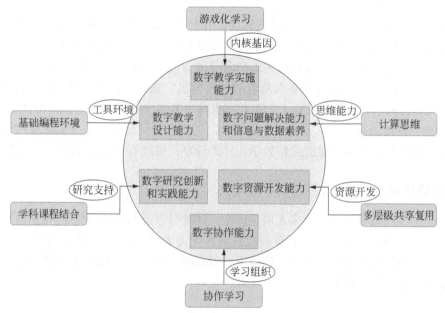

图 1　Scratch 对国际中文教师数字素养的支持

2.1　提供基础的编程环境，提升数字教学设计能力

虽然 Scratch 主要针对青少年儿童设计，但其可视化的编程界面和模块拖拽式的操作方式使编程学习更加直观易懂，因此也适合用于无编程经验的成人学习。国际中文教师可以通过 Scratch 创建简单的动画、游戏，掌握变量、条件、循环、事件等基础编程概念，在较短时间内了解、掌握基本的编程技能，进而有望向 Python 或 Java 等复杂语言进阶。Scratch 不仅可以有力提高国际中文教师的数字自主学习能力，还能有效提升国际中文教师在实际教学中的数字教学设计能力，实现高质量的数字化创造。

2.2　全程融合游戏化学习，提高数字教学实施水平

传统的编程方式学习难度高，内容枯燥。Scratch 支持用户使用鼠标、键盘、游戏摇杆、视频、录音等多样化的方式进行交互操作，具有引人入胜的游戏构建能力，能够增强教师数字素养培训的趣味性。支持游戏化学习是 Scratch 的内核基因，是其与一般数字化软件工具的根本不同。借助 Scratch 的学习培训，国际中文教师可以深化游戏化学习的教学设计理念，从而为其在中文教学中创设趣味化教学活动奠定基础，提升教学实施水平。

2.3 聚焦培养计算思维，提升数字问题解决能力和信息与数据素养

学习编程和学习语言都不是目的，真正的目的是利用所学知识与技能解决实际生活中的问题。数字问题解决能力的提升，离不开计算思维，包括将复杂问题拆解细化、寻找规律、抽象模型、设计算法、反复调试，从而解决问题等一系列的训练。学习 Scratch 可以提升国际中文教师的计算思维，促使其将国际中文教学思维和计算思维进一步结合起来，应用于数字化时代的日常生活，提升其数字问题解决能力和信息与数据素养。

2.4 支持多层级共享利用，增强数字资源开发能力

对创作者而言，Scratch 支持媒体资源级、角色级和完全产品级三级共享复用，可以大大降低创作工作量，提升编码效率，有助于团队协作，实现项目开发工程化。媒体资源级的共享主要包括图片、音频等资源的编辑和导入导出，该共享能力支持资源型素材的协同构建、量化生产。角色级的共享指角色的导入导出，该共享能力支持构建交互式积件，进而催生相应的教学资源共享社区。产品级的共享是指 Scratch 3.0 以上版本的作品都能在 Web 浏览器中直接加载编辑，完成后生成网址，可以在任何具有网页浏览功能的设备上打开和操作。该共享能力能够促进完整教学课件的分享，推动课件蕴含的教学理念的传播。

2.5 支持协作学习，培养数字协作学习能力

Scratch 的程序共享机制支持多人项目协作，同时得益于 Scratch 的社区化运营模式，国际中文教师可以找到大量由其他各学科教育者和学习者分享的 Scratch 教学资源和项目案例，这些内容不仅可以为中文教学提供参考，经选择后还可以直接应用于课堂教学，激发学生的学习兴趣，提高教学效果。

2.6 结合学科课程，提高数字研究创新能力和实践能力

通过 Scratch 平台培训教师掌握数字化教学设计的方法和技巧，使其更加灵活地运用数字技术和教学资源，实现技术与国际中文教学的整合，有助于普通国际中文教师开展教育技术与学科课程的协同研究，从而提升其研究创新能力。同时，基于 Scratch 建设国际中文教师数字素养提升课程，支持教师遵循本土化、职业化的内在要求，创新教学方式、开发教学资源，设计、开展更加丰富多彩的中文教学活动，促进国际中文教育数字化发展。

此外，Scratch 具有开放接口的能力，提供如文本转语音、翻译等接口，还可以进行更多的自定义拓展。截至 2022 年 12 月，全球使用 Scratch 接受编程启蒙教育的人数已超过 1 亿[①]，意味着未来利用 Scratch 开展国际中文教学将会有更好的用户基础。

3 基于 Scratch 的国际中文教师数字素养提升课程的建设原则

第一，学用一体，学以致用。国际中文教育教师数字素养提升课程是一种行动课程，其建设过程的理论与实践融合至关重要。本研究以前文所述国际中文教师数字素养指标体系

---

① https://www.media.mit.edu/posts/scratch-100-million-users/。

作为课程建设的参照目标,借鉴针对职业教育等应用型课程开发的"四真三化"原则(曹勇安、任志新,2020),即在真实环境、真学、真做、掌握真本领,教学任务工作化、工作任务课程化、工作过程系统化。中文教师在培训后不仅可以收获数字素养指标体系中的知识与技能,得到数字自信、数字资源、数字意识、数字帮助,更能够在实际中文教学实践中利用该平台直接开展教学。

第二,内容模块化,运行项目化。基于 Scratch 构建国际中文教师数字素养提升课程需要根据不同的课程内容形成不同的模块,如工具操作模块、知识技能模块、教学案例模块、创意提升模块等。其中,工具操作模块将教会教师基本的软件工具操作;知识技能模块将培养教师的编程知识与技能;教学案例模块将结合教师的教学需求,从教学所需要的真实用例出发,培养教师灵活调用已有的工具操作能力和编程知识技能进行综合运用;创意提升模块将培养教师在今后工作中自由发挥、积极创造的能力。课程项目的运行应以国际中文教师的教学实践为依托,将国际中文教师合理地分成不同小组,为每个小组制订中文教学项目方案,要求其独立完成项目任务。同时,采用 PBL 项目式学习形式,将课程设计为"项目群",打通国际中文教师数字素养培训与日常教学工作的实际需要。

第三,循序渐进,螺旋上升。国际中文教师数字素养培训课程,需要参照相关标准,使知识点和知识模块的安排符合渐进性、连贯性要求,衔接自然,突出整体,凸显细节,新增知识的引入符合最近发展区理论;同时应控制每一次课的重难点知识点的数量,并充分考虑使用频率、习得顺序等因素的影响,确保由易到难的学习顺序,降低学习曲线。在 PBL 项目式课程中,坚持建构主义学习理论的指导,为教师搭建知识与技能发展的脚手架,明确任务目标、分清问题现状,提供程序运行所必需的基础代码和项目成功运行的目标代码,并同时提供每一步朝目标前进的提示。

第四,知识标准化,资源社区化。将国际中文教师数字素养指标体系中指标点涉及的知识点进行穷尽式列举,参考国内外语言教师数字素养课程的优秀经验,并借鉴其他学科教师数字素养提升的成功做法,将国际中文教师数字素养提升课程的知识与技能点细颗粒度拆解、标准化组合、模块式推送。与此同时,各种媒体资源是国际中文教师数字素养提升课程知识与内容的物质载体,包括数字课程成品资源、角色积件资源、基础素材资源;应在此类资源开发中融入社区化机制,实现资源共享共建、持续更新迭代。

第五,个性化与区分性兼顾,协作性与竞争性并举。国际中文教师数字素养提升课程应当助力教师以适需有效的方式和进度开展个性化学习,做到根据不同教师的学习需求和背景,既能提供个性化的培训方案和教学资源、差异化的学习支持和训练指导,又能提供个性化的学习反馈,促进持续学习,改进学习方法,保持学习兴趣,丰富教学实践。总体课程设计坚持游戏化方向,强调教师间的协作与竞争;组织教师反思讨论,分享学习经验心得,促进学习、交流、启发,实现共同进步。

4 基于 Scratch 的国际中文教师数字素养提升课程的建设思路

基于前述建设原则,下文将从国际中文教育语音、词汇、语法、文字等语言要素教学的需求出发(见图 2),阐释基于 Scratch 的国际中文教师数字素养提升课程建设的思路。

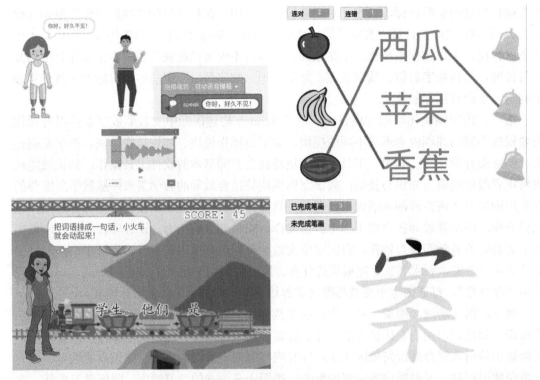

图 2　Scratch 用于国际中文语言要素教学示例

4.1　语音教学

Scratch 支持声音的导入导出和录制编辑，便于创建带有交互语音的教学作品，支持文本朗读与语音播报。据此，教师可以制作贴合语音教学需求的课件，如通过鼠标点击发音部位图听辨对应的元音或辅音，进行对比听辨（如听辨 z 和 zh），通过已经学过的发音引导新的语音等功能（如 i 到 ü 的过渡）；也可以教会学生制作互动性强的语音课件，如让学生完成具有一定人物角色和语境的任务式语音作业（如购物场景中客人和店员的常用语"欢迎光临""请问，我想……"等）。

4.2　词汇教学

词汇教学的基础是掌握词语的音、形、义关系，重点和难点是掌握词语的搭配、进入句子、实现成句表达。Scratch 的"声音"积木组能够帮助学生强化词语的音、形联系；利用 Scratch 的编程能力，可以实现词语关联到词语的讲解、翻译、演示图片或动画、用例、搭配、拓展、语境等内容。比如，使用 Scratch 的"画笔"功能，可以实现 PowerPoint 软件无法实现的交互式连线，既可以强化单个词语音、形、义之间的关联，又可展示同语素词语之间的聚合关系；使用显示/隐藏模块，可以控制成对关联内容的可见性，巩固记忆效果；通过拖拽操作，在手动交互中增强对语素组词的认识；通过背景切换创建漫画式故事，在词语教学中创设丰富的具体语境；使用"变量"概念呈现学习过程的实时得分，使用"消息"功能实现通关奖励，使用"列表"实现积分排行等功能，可以增强课件的及时反馈与竞争性。

4.3 语法教学

Scratch 可以利用代码精确控制场景切换、角色移动、造型变化，控制文字逐字显示，提高对话显示的动态效果，因此可用于创建相关话语情境，提升故事讲述效果。Scratch 因具有强交互性，可以用于制作语法教学游戏，相较于其他游戏制作平台，入门门槛低，更有利于国际中文教师上手实践、操作。语法教学游戏可以分为两类。一类是练习型，即针对语法点开展教学活动而设计的用于及时反馈、巩固强化的游戏，如针对汉语句子的语序问题设计"小火车"游戏，将火车上的词语正确排序即可开动小火车得分。另一类是纠偏型，即针对常见的误用、误代、遗漏、错序、回避等语法偏误而设计的互动练习游戏，如针对误用设计"打地鼠"游戏，学习者可以先选择代表正确句子成分的木锤，在用它敲打带有不正确句子成分的"地鼠"时，"地鼠"会变成正确的句子成分，从而纠正误用。

4.4 汉字教学

汉字教学主要涉及汉字的笔顺、笔画、部件、间架结构等知识，教学的重点是增强汉字的形、音、义联系，提高学生对方块字字形的认知能力，帮助学生把握汉语语素与汉字的对应关系，同时将汉字教学与词语、句子的教学结合起来，充分发挥汉字上下文的作用。据此，可以充分利用 Scratch 像素级交互控制的能力，制作汉字笔顺演示动画及笔顺判断题；通过引导学习者进行拖拽部件合成汉字等练习，开展形近部件、形近字的辨识；利用 Scratch 角色造型切换的功能，可以进行汉字部件的替换，强化学生的汉字部件意识；利用 Scratch 场景切换及角色造型切换等功能，能够向学生展示形体演变过程，加深学生对汉字字形与其意义之间关联的认识。

5 总结

Scratch 是一个"麻雀虽小，五脏俱全"的集成开发环境，使用时无额外开发环境要求，开箱即用，具有统一的编辑界面，能够有效降低初学者的入门门槛，拓展受众群体，具有显著的全民普及特征。尽管如此，目前 Scratch 在国际中文教育日常教学及教师数字素养培训中的应用较少，相关研究也未见。本文基于 Scratch 国际中文教师数字素养提升课程的建设展开研究，旨在指出一个国际中文教师数字素养提升课程建设的新方向，以应对数字化时代的教育挑战，推动中文教育的创新和发展。基于 Scratch 的数字素养提升课程建设为国际中文教师提供了一个全新的发展机遇和平台，有望促进中文教育的创新与发展，提升教师的教学能力和教学质量，推动国际中文教育走向更加广阔的未来。

参考文献

[1] ALEXANDRA LIST, EVA W. BRANTE, HOLLY L. KLEE. A framework of pre-service teachers' conceptions about digital literacy: Comparing the United States and Sweden. *Computers & Education*, 2020(148).

[2] GILSTER P, GLISTER P. *Digital literacy*. New York: Wiley Computer Pub., 1997.

[3] 曹勇安，任志新. 应用型课程建设的原则、方法与评价. 职教论坛，2020(12).

[4] 方紫帆,徐娟. 国际中文教师数字素养指标体系建构研究. 天津师范大学学报(社会科学版),2023(06).
[5] 方紫帆,徐娟. 基于区块链的国际中文教师数字素养微认证系统构建与发展路径探析. 云南师范大学学报(对外汉语教学与研究版),2024(02).
[6] 桂百安. 新时代高职思想政治理论课教师信息素养提升研究. 教育与职业,2021(17).
[7] 惠天罡. 国际中文教师数字素养提升的必要条件、现实基础与实践路径. 云南师范大学学报(对外汉语教学与研究版),2023(02).
[8] 金晓艳,赫天姣. 国际中文教育数字革命的现实与进路. 当代外语研究,2022(06).
[9] 雷丹. 生态学视阈下大学英语教师信息素养的发展途径研究. 外语电化教学,2019(01).
[10] 李晓东,刘玉屏,袁萍. 国际中文教师数字能力模型构建研究. 民族教育研究,2022(04).
[11] 林海燕,赵寰宇. "一带一路"倡议下国际汉语教师信息素养培育研究. 情报科学,2020(04).
[12] 刘玉屏,李晓东,郝佳昕. 国际中文教师数字能力现状与影响因素研究. 民族教育研究,2021(03).
[13] 王海啸. 大学英语教师信息素养框架与核心内涵初探. 外语电化教学,2022(06).
[14] 徐春梅,乔兴媚. 高职教师数字素养的构成要素、实然困境与提升路径. 职业技术教育,2023(20).
[15] 徐娟,马瑞棱. 数字化转型赋能国际中文教育高质量发展. 电化教育研究,2023(10).

"中文+职业技能"教育的教学现代化研究

人工智能赋能专门用途中文教师培训的策略探索[*]

刘 路

北京体育大学 国际教育与交流学院 100084
liulu@bsu.edu.cn

摘 要：本文旨在探讨人工智能（AI）技术在专门用途中文（CSP）教师培训中的应用策略。通过分析现有文献，结合国际中文教师教育的发展趋势，本文尝试提出专门用途中文教师培训的若干策略，旨在指导教师教育者（teacher educator）利用AI技术，提升专门用途中文教师的培训效果。本文首先回顾了专门用途中文教师培训的现状，然后分析了AI技术在教育领域的应用现状及相关实践，最后提出整合与实践跨学科教学知识、设计个性化学习路径、开发与利用智能教学资源、教师教育者与AI协同教学、建立持续评估与反馈机制等策略，以期为专门用途中文教师培训提供有参考价值的路径与策略。

关键词：人工智能；专门用途中文教学；教师教育者；培训策略

Exploration of Strategies for Artificial Intelligence-Empowered Training of International Chinese Language Teachers for Specific Purposes

Liu Lu

School of International Education and Exchange, Beijing Sport University, 100084

Abstract: The objective of this paper is to investigate how Artificial Intelligence (AI) technology can be applied in training Chinese teachers for Specific Purposes (CSP).This paper aims to suggest various approaches for CSP teacher training by examining current scholarly works and amalgamating the evolving patterns in global Chinese teacher education. The aim is to direct educators in the use of AI technology to improve the efficiency of CSP teacher training. Initially, the article examines the present condition of CSP teacher training, followed by an analysis of AI technology's application status and its associated methods in educational settings. Ultimately, the proposal includes tactics like amalgamating and applying cross-disciplinary educational insights, crafting tailored learning trajectories, creating and employing smart teaching tools, joint instruction between teacher trainers and AI, and

---

[*] 本文为教育部中外语言交流合作中心国际中文教育研究课题一般项目"专门用途中文教师教育者的专业发展研究"（项目批准号：23YH09C）阶段性成果。

setting up an ongoing evaluation and feedback system. It is anticipated that these tactics will serve as an essential guide for educating CSP Chinese educators.

Key words: artificial intelligence; Chinese for specific purposes; teacher educator; training strategies

0 引言

随着人工智能（AI）技术的飞速发展，其在教育领域的应用已成为推动教育变革的重要力量。在国际中文教育领域，AI 技术的应用不仅为教学方法和学习模式带来了创新，也为教师培训提供了新的视角和工具。专门用途中文（CSP）教师作为国际中文教育的关键力量，其专业发展和教学质量影响到国际中文教育的全球影响力。现有研究多聚焦于 AI 技术在通用语言教学中的应用，对于 AI 如何赋能专门用途中文教师培训的研究，尚不多见。本研究旨在探索 AI 技术在专门用途中文教师培训中的应用策略，以期为提升专门用途中文教学水平、推动教师培养提供一定的理论支持与实践建议。

本研究旨在回答以下问题：AI 技术如何有效地融入专门用途中文教师的培训体系？教师教育者如何利用 AI 技术优化培训内容和方法？通过理论分析和前沿探索，本研究尝试提出若干 AI 赋能专门用途中文教师教育的策略，以促进专门用途中文教师培训的创新和发展。

现有文献表明，AI 技术在国际中文教育中的应用主要集中在通用中文教学资源的数字化、教学方法的个性化以及教学评价的智能化等方面（高莉，2022；马瑞祾、徐娟，2023）。然而，对于专门用途中文教师培训，尤其是如何利用 AI 技术提升教师的专业能力和教学实践，相关研究尚不充分。此外，文献中也提到了 AI 技术在教师专业发展中的潜在影响，如通过智能教学系统提供个性化学习支持（蔡基刚，2023），以及在教师培训中实现实时反馈和持续评估（谷陵，2023）。本研究将在此基础上，进一步探讨 AI 技术在专门用途中文教师培训中的具体应用策略。

综上所述，本研究将基于现有文献和理论框架，结合 AI 技术的最新发展，对专门用途中文教师培训的 AI 赋能策略进行深入分析，以期为国际中文教育的可持续发展提供新的理论视角和实践路径。

1 人工智能在国际中文教师教育领域的应用分析

1.1 AI 技术在国际中文教师教育、教师专业发展中的应用概述

AI 技术的飞速发展在教育领域引发了广泛关注，在提升国际中文教师教育水平方面展现出了巨大的潜力。AI 技术在教师培训、教学资源开发、教学方法创新和教师专业发展等方面的应用日益广泛。AI 技术通过模拟人类的认知过程，为教师提供了个性化的学习体验，有助于教师提升教学能力。此外，AI 技术在教学资源的智能化开发、教学活动的自动化管理以及教学效果的精准评估等方面也展现出了巨大的潜力（郑艳群，2023）。

1.2 AI 技术对国际中文教师专业发展的潜在影响

AI 技术对国际中文教师的专业发展具有深远影响。首先，AI 可以提供个性化的教师

培训方案，根据教师的知识背景、教学经验和学习需求，为其定制培训内容和进度（刘玉屏等，2022）。其次，在教学资源的开发上，AI技术能够快速生成适应不同教学场景的教材和教辅材料，提高教学资源的多样性和实用性（马瑞棱、徐娟，2023）。此外，AI技术在教学方法上的创新，如智能教学系统、虚拟教学环境等，为教师提供了新的教学工具，有助于提升教学效率和教学质量（谷陵，2023）。

2 专门用途中文教师培训的现状与挑战

2.1 专门用途中文教师的角色与需求

在国际中文教育的多元化发展中，专门用途中文教师的角色日益凸显。他们需要传授中文语言技能，同时将语言教学与专业知识相结合，以满足不同专业背景学生的需求。随着"一带一路"倡议的推进和国际中文教育的深入发展，专门用途中文教师的需求不断增长，尤其在医学、商务、体育、工程等专业领域。这要求教师不仅要具备深厚的中文理论与教学知识专业素养，还需不断更新跨学科知识，实现教学内容的前瞻性、针对性、实用性。

2.2 现有培训模式的局限性

现有的教师培训模式往往侧重于通用中文教学，忽视了专门用途中文教师在专业领域知识构建和传播方面的需求。这种"需求"与"供给"之间的差距，导致了专门用途中文教师在实际教学中面临诸多挑战，如专业知识的缺乏、教学方法的单一化以及对学生专业需求的响应不足。

现有培训模式在资源配置、内容更新和个性化教学方面存在局限，难以满足专门用途中文教师的多样化需求。在此背景下，教师教育者面临着更新专业知识、掌握先进教学技术、平衡理论与实践等多重挑战。他们需要从传统的知识传授者转变为教学设计的指导者、教学实践的促进者，以及教师专业发展的顾问。这一角色转变要求教师教育者不仅要关注教师的知识传授，还要关注教师的教学实践能力和专业发展。

传统的专门用途中文教师培训模式主要依赖于面对面的课堂教学和实践经验的积累。这种模式在资源分配、教学内容更新以及个性化教学方面存在着明显的局限。教学内容的更新滞后于行业发展，无法及时反映最新的专业知识和专门用途中文的运用实践。传统培训模式难以实现个性化教学，忽视了教师个体差异和特定教学环境的需求。这些局限性限制了专门用途中文教师专业能力的提升，影响了教学质量和教学效果。

2.3 教师教育者的作用与挑战

在专门用途中文教师培训的过程中，教师教育者起着关键作用，他们主要负责培训课程的设计、教学方法的传授、教师表现的评估等工作。同时教师教育者自身也面临着诸多挑战，他们需要不断更新专业知识，学习新的语言教育技术方法，以适应数智时代国际中文教育发展的新需求。例如，如何在培训过程中平衡通用语言教学理论与专门用途中文教学实践的关系？这是教师教育者专业发展中亟待解决的问题。

总的来说，对教师教育者而言，培训专门用途中文教师，面临着角色定位、资源配置和教学方法等多方面的挑战。因此，我们有必要在政策制定者、教育研究者、行业专家的共同参与下，利用人工智能等现代技术手段，通过跨学科合作与技术创新，探索新的培训模式，进而提升专门用途中文教师培训的效率和质量。

3 人工智能赋能专门用途中文教师培训的策略初探

3.1 策略一：整合与实践跨学科教学知识

专门用途中文教师培训中，教师需要掌握扎实的中文语言知识，同时需要了解相关学科的专业知识。AI 技术的介入，为跨学科教学知识的整合提供了更多可能性。利用 AI 技术辅助课程设计，使教师能够在沉浸式的虚拟环境中，模拟商务谈判、法律咨询和医学交流等专业场景的中文交际与运用。通过分析教师在模拟场景中的表现，AI 技术可以为其提供个性化的反馈和建议，帮助教师更好地理解专业知识与语言教学的融合之处。除此之外，AI 技术在不同专业案例研究中的应用，可以帮助教师快速掌握大量专业信息，从而增强教学内容的时效性与实用性。

3.2 策略二：设计个性化的学习路径

我们可以运用 AI 技术，通过在线问卷调查与过程性测试等方式，对所培训教师的职业背景、中文水平、教学经验和学习偏好，进行历时与共时相结合的全面动态评估。例如，对于一位具有医学背景的中文教师，可以分析其在医学术语使用、专业文献阅读和跨文化交际方面的能力和需求，然后基于需求分析的结果，设计个性化的学习计划。该计划包含有针对性的中文教学资源和专业知识整合模块，可为其提供包含医学术语、病例讨论和医疗场景对话的中文教学材料，同时结合医学伦理、国际医疗合作等专业知识，帮助教师在教授中文的同时，传递正确的医学知识和文化。

在生成需求分析、能力评估和个性化学习计划后，AI 技术可以实时监控教师的学习进度和效果，根据教师的反馈和学习成果，动态调整学习路径。如果教师在模拟医疗咨询场景中表现出色，但在接受医学术语测试时成绩不佳，AI 系统可以为教师增加医学术语的练习频率，并提供额外的学习材料，如医学术语卡片、在线词汇游戏等，以强化记忆。

通过上述示例我们可以看到，AI 技术不仅能够帮助专门用途中文教师提升语言教学能力，还能够协助他们将中文技能与专业知识结合起来，更好地满足不同专业背景学生的需求。这种个性化的学习路径设计，有助于提高教师的专业素养，同时也可为学生提供更加丰富和实用的中文学习体验。

3.3 策略三：开发与利用智能教学资源

在开发与利用智能教学资源的过程中，我们需要充分认识到 AI 技术在提升教学效率、丰富教学内容以及个性化教学方面的潜力。我们可以尝试从以下几个方面着手，开发与利用智能教学资源。

资源与社区整合。结合智能教学资源库建设和在线协作与社区建设，创建综合性的在线平台，该平台不仅提供丰富的教学资源，还支持教师之间的互动和资源共享。可以尝试开发主题为"专门用途中文教学智库"的在线平台，其中包含医学、法律、商务等多个行业的中文教学资源。教师可以在平台上找到与专业相关的教学对话样本、术语表和文化背景资料。同时，平台设有平行论坛和工作坊，教师可以即时分享自己的教学心得，讨论教学方法，通过远程协作开发新的教学材料。

模拟与实践结合。将模拟教学场景和案例研究与实践相结合，为教师提供模拟教学环境和真实案例分析。例如，开发主题为"专门用途中文模拟教室"的虚拟现实（VR）应用，教师可以在虚拟环境中模拟商务谈判、法律咨询等场景，通过与AI角色的互动来提高教学技巧。此外，该应用还可以提供真实世界的教学案例，如医学领域的中文教学案例，让教师分析、讨论并提出改进策略。

通过上述策略，专门用途中文教师可以更有效地利用AI技术，提升自身的专业能力，同时满足不同专业背景学生的中文学习需求。这种整合不仅提高了教学资源的利用效率，还增强了教师之间的协作和知识共享，最终促进了教学质量的整体提升。

3.4 策略四：教师教育者与AI协同教学

作为专门用途中文教师的教师教育者，不仅要传授中文语言技能，还需将语言教学与专业知识相融合。AI技术的引入，可为我们提供新工具与新方法，以提高教学互动性和教学效果。我们可以在不同场域的专门用途中文教学中做出尝试。

在法律中文教学中，可以创建模拟的法律环境，如模拟法庭审判、合同分析等，让教师在虚拟环境中练习法律术语的使用和法律文本的解读。教师教育者可以利用AI提供的模拟案例，指导教师将法律知识与中文教学相结合，例如通过角色扮演活动，让教师模拟律师、法官等角色，提高教学的实用性和互动性。AI技术还可以分析教师在模拟环境中的表现，为其提供个性化的反馈和建议。

在医学中文教学中，AI技术可以辅助开发医学术语库和模拟医疗场景，如患者咨询、手术过程描述等，帮助教师熟悉医学领域的专业词汇和表达方式。教师教育者可以结合AI提供的医学案例，设计互动式教学活动，如模拟医生与患者的对话，提高教师的实践能力和语言教学的专业性。AI系统可以实时跟踪教师的学习进度，教师教育者根据这些数据调整教学计划，确保教师能够有效地掌握医学中文教学的关键技能，同时将语言教学与医学知识相融合。

在工程中文教学中，AI技术可以辅助开发工程领域的中文教学资源，如技术说明书、项目报告等，提供丰富的教学材料。教师教育者可以为教师提供个性化的工程中文教学策略，如通过分析教师在模拟工程项目中的表现，提出改进建议，帮助教师更好地将语言技能应用于工程实践中。AI还可以帮助教师教育者评估教师在解释工程概念、撰写技术文档等方面的能力，为教师提供持续的专业发展支持。

在体育中文教学中，AI技术可以模拟体育比赛场景，让教师练习体育评论、运动规则介绍等语言技能。教师教育者可以结合AI提供的体育场景，设计互动教学活动，如体育新闻报道、运动员访谈等，提高教师的口语表达能力和教学互动性。AI系统可以分析教师在模拟体育场景中的语言使用，教师教育者可根据这些分析结果，指导教师更有效地使用体育专业词汇和表达。

在上述专门用途中文的教学场域中，AI 技术与教师教育者的协同工作，不仅提高了教学的互动性和效果，而且确保了语言教学与专业知识的有效融合。在这些场域中，中文教学不仅仅是语言技能的传授，更是专业知识和文化理解的深入。通过 AI 技术的支持，教师教育者能够更好地指导教师在教学中实现这一目标，从而培养出既懂中文又具备专业能力的专门用途中文教师。

3.5 策略五：建立持续评估与反馈机制

我们仍以上述场域中的专门用途中文教学为例进行分析。

在法律中文教学中，可以模拟法律场景，如模拟法庭辩论，记录教师在模拟环境中的语言使用、逻辑推理和专业知识运用情况。通过 AI 分析，教师教育者可以获得关于教师在法律专业术语使用、案例分析和法律逻辑表达方面的详细反馈。

在医学中文教学中，AI 技术可以辅助创建医学对话和病例讨论的模拟场景，评估教师在专业术语使用、医学知识传达和与患者沟通的技巧方面的能力。教师教育者可据此了解教师在医学背景下的中文教学效果，以及他们在处理复杂医学信息时的语言表达能力。

在工程中文教学中，AI 技术可以辅助开发工程领域的中文教学资源，如技术报告和项目提案，评估教师在专业文本撰写和工程术语使用方面的能力。教师教育者可据此对教师在工程项目描述、技术交流和团队协作中的语言运用进行评估。

在体育中文教学中，AI 技术可以模拟体育赛事解说和运动员访谈，评估教师在体育专业术语、赛事分析和文化背景介绍方面的能力。教师教育者可以利用 AI 技术收集的数据分析教师在体育场景中的语言教学效果，包括语言表达的准确性、流畅性和互动性。

4 结语

本文探讨了人工智能（AI）技术在专门用途中文教师培训中的应用策略。首先，我们回顾了专门用途中文教师培训的现状，分析了现有培训模式的局限性以及教师教育者在培训中面临的挑战。接着，我们探讨了人工智能在国际中文教师教育领域的应用，以及它对教师专业发展的潜在影响。最后，我们提出了五个人工智能赋能专门用途中文教师培训的策略：整合与实践跨学科教学知识、设计个性化学习路径、开发与利用智能教学资源、教师教育者与 AI 协同教学、建立持续评估与反馈机制。

上述策略为专门用途中文教师培训提供了新的视角和工具。通过整合跨学科教学知识，教师可以更好地将中文技能与专业知识相结合；个性化学习路径的设计有助于满足不同教师的需求；智能教学资源的开发与利用可以提高教学效率；教师教育者与 AI 的协同教学可以实现语言教学与专业知识的有效融合；持续评估与反馈机制有助于教师专业能力的全面发展。

综上所述，人工智能技术在专门用途中文教师培训中的应用，不仅能够提升培训的效率和质量，还能够促进教师专业能力的全面发展。由此也对教师教育者提出了更高的要求：具备相应的技术知识和教学设计能力，以确保技术与教学的有效结合。因此，教师教育者应当不断学习快速发展的人工智能技术，并尝试将其融入教学设计和培训实践中。我们希望通过不断探索和创新实践，推动人工智能技术有效辅助专门用途中文教师培训，进而助力数智时代国际中文教育事业的新发展。

参考文献

[1] 蔡基刚. 危机中的英语专业出路："外语+"复合型还是专门用途英语？上海理工大学学报(社会科学版)，2023(03).

[2] 高莉. 论数字时代专门用途中文本土教师的培养. 云南师范大学学报(对外汉语教学与研究版)，2022(03).

[3] 谷陵. ChatGPT 对国际中文师资培养的影响与应对. 云南师范大学学报(对外汉语教学与研究版)，2023(03).

[4] 马瑞祾，徐娟. 语言智能赋能国际中文智慧教育：现实境况与未来路向. 国际中文教育(中英文)，2023(02).

[5] 刘玉屏，祝鹏，胡雪珺. 国际中文教师研究热点主题、演进特征与未来展望. 民族教育研究，2024(01).

[6] 郑艳群. 智能时代国际中文教育研究的基本框架. 电化教育研究，2023(12).

国际中文视域下的体育文化教学短视频创制与推广研究

庞树林[1]　项　英[2]

[1] 华东政法大学 纪检监察学院 201620　[2] 北京外国语大学 中国语言文学学院 100089
[1] 3615845953@qq.com　[2] xiangying1025@126.com

摘　要：随着互联网和移动智能终端的普及，短视频已成为一种受欢迎的数字媒体形式，在国际中文教育领域中得到了广泛应用，尤其是在文化教学中。短视频具有生动形象、互动性强、灵活性高、便于分享和信息量大等优势，可以有效促进汉语学习和中国文化传播。本研究基于"短视频+国际中文教育""短视频+中国传统体育文化"的传播模式，从体育文化教学短视频的创制和应用推广出发，借助国内各大短视频平台，通过问卷调查、访谈和数据分析等方法开展研究，以期为国际中文教师提供具有可操作性的短视频创制方法和原则，为汉语学习者提供学习资源，构建体育文化的国际教学方式。

关键词：国际中文教育；体育文化；短视频

Research on the Creation and Promotion of Sports Culture Short Video Under the International Chinese Language Education Perspective

Pang Shulin[1]　Xiang Ying[2]

[1] School of Discipline Inspection and Supervision, East China University of Political Science and Law, 201620
[2] School of Chinese Language and Literature, Beijing Foreign Studies University, 100089

Abstract: With the popularization of the internet and mobile intelligent terminals, short video has become a popular form of digital media and has been widely used in the field of International Chinese Language Education, especially in cultural teaching. Short video has the advantages of vivid image, strong interaction, high flexibility, easy of sharing and large amount of information, which can effectively promote Chinese language learning and Chinese culture communication. Based on the communication mode of "short video + International Chinese Language Education" and "short video + Chinese traditional sports culture", this research starts from the creation and application promotion of short videos teaching of sports culture, and carries out research through questionnaire survey, interview and data analysis with the help of various domestic short video platforms. It will provide international Chinese teachers with operable short video creation methods and principle, provide learning resources for Chinese learners, and build an international teaching method of sports culture.

Key words: international Chinese language education; sports culture; short video

1 绪论

1.1 研究依据

1.1.1 选题背景

目前，以大数据、人工智能等为代表的新一代智能技术，正在推动国际中文教育领域数字化转型，未来必将形成线上线下融合、人机共融的国际中文教育新常态。

短视频具有轻快、活泼的特点，利用短视频可以对复杂的汉语知识和中国文化内容进行简单活泼化处理，增强知识的创意娱乐属性，以"寓教于乐"的方式进行汉语教学和中国文化传播。同时，短视频具有线下教学所不具备的时空开放性，学生可以在任何时间、任何地点获取短视频形式的中文学习资源。

Sensor Tower[①]最新数据显示，2022 年 7 月抖音及其海外版 TikTok 以超过 6900 万下载量蝉联全球移动应用（非游戏）下载榜冠军，同比增长 13.2%，同时还拥有社交网络应用程序中参与度最高的用户群之一。

综上所述，从国际中文教学的未来发展趋势、短视频的传播优势以及短视频平台的全球影响力三个层面来看，借助短视频促进国际中文教育数字化是一条值得尝试的新路径。

1.1.2 选题目的

从短视频特点和教师教学需求出发，以"中文+体育文化"为主题制作系列文化教学短视频，并在抖音、快手等短视频平台进行定期发布。调查、访谈用户的体验与建议，整理和分析短视频平台数据，在此基础上，总结短视频创制原则。最终从应用推广层面提出建议，为国际中文教育的发展寻找新的途径和方法。

1.1.3 研究意义

短视频的迅速发展顺应了时代发展潮流，打破了传统媒介的局限性，在如今的新媒体环境下，短视频创作空间巨大，为文化传播提供了更新颖的呈现方式和手段，拓宽了文化传播渠道，对文化传播产生了深远影响，也为国际中文教育的发展带来了新的契机。

1.2 理论基础

1.2.1 文化适应假说

在本研究中，笔者以体育文化为主题和内容，创制体育文化教学短视频，旨在帮助中文学习者习得中国文化，缩短学习者与中国文化的社会距离和心理距离，让学习者在社会和心理两个层面都融入到中国文化中，增强其对中国文化的适应程度，帮助学习者克服中文学习的内部与外部影响，提升其中文水平。

1.2.2 微型学习理论

随着短视频的不断发展，使用短视频进行学习正是微型学习理论在当今时代背景下的

---

① 一家移动应用数据分析公司，它掌握着最新的市场趋势和关键用户使用黏度的评估数据。

一个典型范例。短视频的时长短、表现力强、共享即时、趣味交互性强的特征，契合了生活节奏快的人们的信息获取和知识学习需求。

1.2.3 使用与需求理论

在使用与满足理论的背景下，信息的传播过程形成了"信息—传播者、传播媒介—受众—媒体—传播者"的链环式。受众的互动打破了传统的线性信息传播模式，通过互动分析受众的需求与期待，并反馈给信息传播者，可逐步改善信息传播效率。

1.3 研究对象与研究方法

1.3.1 研究对象

本文的研究对象为体育文化教学短视频。首先，观察抖音、快手等平台现有的体育文化教学短视频。其次，以笔者创制的体育文化教学短视频为重点研究对象。

1.3.2 研究方法

问卷调查法：通过向中文学习者发放调查问卷，调查其使用短视频的情况和习惯以及当前的短视频学习资源所存在的问题。

数据分析法：通过短视频平台提供的创作数据，从作品数据和粉丝数据两个角度进行数据分析。

访谈法：对国际中文教育专业教师及职前教师、中文学习者、新媒体工作者进行专门访谈，让其对创制的体育文化教学短视频的文化传播和语言教学效果做出评价。

1.4 国内外研究综述

从现有的研究类型来看，主要可分为理论研究和实践研究两类，其中理论研究占绝大部分，实践研究较少。从研究成果来看，主要分为三个层面：在短视频背景研究方面，学者更关注视频教学资源的开发、传播、教学辅助和共享，但未涉及具体如何制作视频资源；在国际中文教育与视频教学研究方面，主要集中于分析视频教学的优势和选择教学视频的注意事项；在文化教学与短视频的结合方面，主要是总结国内外短视频平台的发展状况和对现状提出改进意见，而对于短视频在文化教学课堂中的应用研究则较少。

综合研究现状和教学实践，国际中文教育与短视频的融合主要体现在文化教学上，这种趋势是由文化教学的特点决定的。一方面，国际中文教育离不开文化教学，第二语言习得的过程是学习者逐步适应目的语文化的过程，学习者对目的语文化的适应程度决定其对该目的语的掌握程度；另一方面，短视频的"短、平、快"的特点又要求视频内容能快速吸引受众的注意力，吸引受众观看，相较于词汇教学、语法教学，文化教学更能适应短视频的快节奏。

2 体育文化教学短视频的创制过程

2.1 定义与特点

在本研究中，短视频是指由影视片段、文字、图片、动画、配音、音效和音乐等元素有机组成的、时长在 3 分钟以内的视频。

2.2 内容与风格定位

在本研究中，短视频的内容定位是以国外中文学习者为受众，旨在宣传中国传统体育文化，讲解传统体育文化关键词，让学习者在观看短视频的同时学习到中文知识，于潜移默化中提高中文水平。

2.3 文案撰写与视频制作

在选择中国传统体育关键词方面，笔者认为所选择的关键词，首先要具备代表性，能够体现出中国传统体育文化的特点；其次是易于用视觉语言进行表达与传播；再次是在现代生活中仍有广泛的影响力，群众基础较好，参与度较高；最后是相关视频、音频等素材丰富，有确切文字记载或图片流传，便于后期制作。

在视频制作方面，笔者借助影视片段、图片、文字和配音，用视觉语言和听觉语言连贯流畅地讲述每一个故事，配合动画、音效、音乐使短视频更加轻快活泼、生动有趣。

2.4 视频发布与运营维护

在短视频平台，添加话题尤为重要。一个好的话题，首先要能利用大数据的运算规则将作品精准投放至目标受众，带来更多流量和关注。其次，需要选择合适的短视频封面。具有吸引力的视频封面，直接决定了更大的推荐量，能更好地引导用户点击观看。在短视频时代，封面是内容触及受众的第一扇窗口，也是短视频抓住受众注意力的第一步。最后，准确定位视频分类，固定视频标签。标签是短视频平台给每一个视频、每一个账号和每个注册用户打上的标记，目的是方便平台推荐算法的精准投放。

图 1 为短视频作品封面。

图 1 短视频作品封面

3 体育文化教学短视频的应用反馈

3.1 问卷调查

3.1.1 调查目的

本问卷调查的主要目的在于，判断利用体育文化短视频进行体育文化传播与中文教学的可行性。主要调查以下内容：调查对象对短视频是否了解及其使用情况，是否利用短视频了解中国文化、学习中文，是否对中国传统体育文化感兴趣，是否认为短视频对中文学习有帮助，是否支持教师将短视频应用于课堂教学中。

3.1.2 学习者使用情况调查与分析

以北京体育大学的留学生为主要调查对象，问卷采用线上转发的方式进行，共收集问卷88份，其中有效问卷86份，无效问卷2份。

从问卷调查结果来看，大部分的学习者都有使用短视频的习惯，且观看短视频的时间较长。对于中文教学类短视频，他们倾向于学习汉字、词语和文化知识，其中文化教学类视频最受欢迎，这一点也与他们使用短视频进行娱乐放松的心理需求有关。同时，他们也认为观看短视频有助于自己了解中国文化和学习中文，他们对短视频持有积极正向的态度。但当前各大短视频平台的短视频也存在诸多问题，需要更多更加适合中文学习者、容易理解、高质量的短视频资源，这些资源不仅能帮助学习者更好地学习中文，也能丰富国际中文教师的教学方式和手段。

3.2 数据分析

3.2.1 分析目的

在本研究中，笔者将创制完成的教学短视频发布到了各大主流短视频平台。衡量短视频传播效果的优劣，通常是通过分析其作品数据来实现的。分析作品数据不是简单浏览播放量、点赞量、收藏量、转发量等数据，而是对这些数据进行分析，探究数据背后的意义，以便于不断优化作品质量。

3.2.2 视频数据分析

根据学习者的观看反馈，第四期作品《水秋千》最受学习者的欢迎。由此可以看出，不同的评价标准、不同的受众，对短视频的优劣各有评价标准和看法。《水秋千》整体风格比较舒缓，语速较慢，情感色彩较为明显，预留的反应时间较长，更加有助于互动交流。但从内容而言，《捶丸》更加丰富，它展示了捶丸的球杆、球丸、规则以及历代演变，包含的信息量更多。具体数据见表1、表2。

表1 全平台作品数据总览（截至2023年5月1日）

平台	蹴鞠（上）	蹴鞠（下）	捶丸	水秋千	马球
抖音	1157/10/0/4	1456/22/0/7	67/3/0/0	483/3/0/1	175/3/0/0
快手	3014/91/2/6	7330/117/4/32	5577/87/6/9	6621/27/2/3	6542/27/5/10
视频号	593/11/0/17	961/11/0/38	352/3/0/6	314/2/1/5	266/4/0/5
总和	4764/112/2/27	9747/150/4/77	5996/93/6/15	7418/32/3/9	6983/34/5/15
全网数据	34908/421/20/143				

注：每组数据从左到右依次为：播放量、点赞量、评论量、分享量或收藏量。

表 2　快手作品数据明细（截至 2023 年 5 月 1 日）

作品	播放量	完播率	评论量	点赞量	收藏量	涨粉量
蹴鞠（上）	3014	0.8%	2	91	6	4
蹴鞠（下）	7330	0.4%	4	117	32	94
捶丸	5577	2.2%	6	87	9	31
水秋千	6621	0.4%	2	27	3	8
马球	6542	0.5%	5	27	10	6
总和	29084	—	19	349	60	143
平均数	5816.8	0.86%	3.8	69.8	12	28.6

3.3 访谈

3.3.1 访谈目的

本研究从不同主体的角度出发，分别对 4 名留学生、5 名国际中文教育专业教师和 4 名职前教师、2 名新媒体工作人员进行访谈，论证体育文化教学短视频的创制、教学和学习效果。通过采访，明确短视频的优势，挖掘不足之处，并及时加以改进，以期构建体育文化短视频的教学方式。

3.3.2 访谈分析

（1）短视频优势

相比于传统的课堂教学模式，短视频存在独特优势。在中文学习方面，短视频可以随时观看，便于利用碎片化时间；短视频时长较短，学习者在观看时能保持高度的注意力，从而留下较为深刻的印象；在短视频创设的语境下学习中文，更容易记住所学词语和语言表达方式。而在中文教学方面，利用短视频可以生动形象地展示运动项目，激发学生学习兴趣；可以为教师和学生创造互动机会，做到学生与教学资源之间的交互式体验；短视频时长较短，内容聚焦，不会占用过多教学时间，适合运用于语言教学的各个环节；利用短视频可以将视觉和语言教学相结合，便于学生理解教学内容。

（2）体育文化短视频辅助教学的态度分析

被访谈者对体育文化短视频应用于中文教学普遍持支持的态度。基于对四位中文学习者的采访可知，他们认为体育文化教学短视频对自己了解中国文化和学习语言都很有帮助，表示支持国际中文教师在教学中使用短视频。在对国际中文专业教师和职前教师的访谈中，他们均表达了在教学实践中使用短视频的意愿，且均拥有使用短视频教学的经历。在他们看来，短视频虽然在整堂课堂中占比较小，起辅助作用，但是功能是灵活多样的。

4　体育文化教学短视频的应用反思

4.1 短视频的创制评价

4.1.1 优点

选题契合主题，内容融贯古今。短视频以介绍中国传统体育文化为主题，生动形象地展示了中国传统体育项目的起源、演变、项目规则、运动器械、民众参与等内容。

视频画面流畅，呈现方式多样。通过零散的画面组合，配合动画特效、音乐、音效，辅以解说和字幕，流畅自然地讲述了中国传统体育文化的故事。

充分考虑受众的使用与需求。视频最终的呈现效果充分考虑了中文学习者的观看情况和使用习惯，使其在了解中国体育文化的同时，也能提高中文水平。

尊崇文化的多样性，体现跨文化交际意识。视频创作者要根据受众的知识因素、心智活动特征、情感因素和情境特征，提前做出应对之策。

注重与用户互动交流。通过视频搭建一个交流平台，使创作者与受众、受众与受众形成互动，引起情感共鸣和心理认同，满足各方的需求和期待，提高传播效果。

4.1.2 不足与建议

选题较为专业化，使用场景有限。以中国传统体育文化为主题，学习者对中国古代了解较少，对中国古代的体育了解更少，因此选题上显得过于专业、冷门。对此，应以当代的、日常交际中的体育文化为创作内容。

侧重文化教学，语言教学作用不明显。对此，在短视频中，需要加入专门的中文学习板块。创作者可以在视频结尾，对视频中涉及的词语、有代表性的语法进行归纳总结。

未对视频难度进行分级，针对性欠佳。创制者应关注教学对象的语言水平，分级设置视频难度，依次分为初级、中级和高级，根据学习者的语言水平设置不同的语言点和语言形式。

视频互动性不足，共情能力不够。作为教学短视频，要真正实现互动的目的，需要教师合理的介入及引导。

4.2 短视频的创制原则

4.2.1 规范性原则

创制文化教学短视频的第一个原则就是规范性。规范性是短视频内容的基础，是短视频创作质量的体现，也是运用短视频进行文化教学的首要条件。短视频的规范性主要体现在：第一，内容必须真实可信；第二，发音标准；第三，语言表达严格遵循汉语语法，避免口语化和随意性。

4.2.2 针对性原则

创制文化教学短视频要有针对性。首先，创作者应充分考虑学习者的文化背景，重视和关注学生的个体差异。创制短视频时必须要注意文化因素、尊重学生信仰、避免提及敏感话题。其次，考虑学习者年龄特征。最后，针对学习者的语言水平，创制符合其语言水平的短视频。

4.2.3 趣味性原则

文化教学不能只是灌输知识，必须重视方法。对于短视频而言，前 5 秒至关重要，这在很大程度上决定了学习者是否会驻留观看，因此短视频必须体现出趣味性，在极短的时间内引起受众的注意。短视频的趣味性体现在内容和形式上。就内容而言，有趣的话题、精彩的开头、高低起伏的故事情节、留白的结尾都能使视频的趣味性增强。而在形式上，图片、动画、特效、音效、音乐可以为内容锦上添花，丰富内容的表现形式可以弥补文字所无法表达的缺陷。

4.3 短视频在国际中文教学中的应用

对于短视频的应用，教师需要提前做出合理安排，比如怎么用、用在哪儿、何时用。从时间上看，可以分为课前准备、课堂教学、课后复习三个部分。在不同的时间段，教师可以视实际教学情况对短视频进行灵活、合理的处理。

4.3.1 课前准备

短视频在课前准备中的应用主要体现在备课环节。引入短视频教学，不是简单地播放视频，需要教师在短视频与学生之间搭建桥梁、实现互动，使短视频为教学所用。

4.3.2 课堂教学

在课堂教学中，教师倾向于将短视频用于导入环节，以此来激发学生学习兴趣，快速抓住学生注意力。此外，短视频还可用于基础教学后和课堂小结中。教师首先帮助学生扫清语言障碍，在学生具备一定的理解能力的基础上引入短视频，既可以进行文化教学，也可以帮助学生巩固基础知识。在课堂小结中，教师可以利用短视频与学生之间实现互动。

4.3.3 课后复习

笔者从短视频平台提供的数据发现，用户的最活跃时段集中在18～21时（见图2），说明大部分短视频用户在该时段空闲时间较多。教师可以提前让学生关注相关短视频账号，在该时段发布短视频，通过大数据推流或者由教师转发给学生观看，可以起到帮助学生复习所学知识的作用。

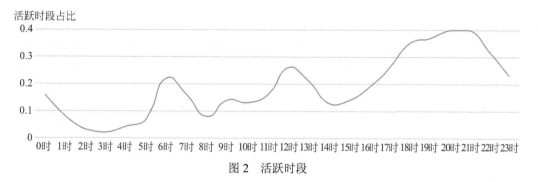

图 2　活跃时段

5　结语

就当前国际中文教育整体来看，能够自己制作短视频并用于教学的教师不多。无论是在专门的中文教学课堂上，还是在留学生的必修课"中国概况"中，短视频因时长较短、内容聚焦，不会占用过多的教学时间，适合运用于语言教学的各个环节和各种课程类别中。因此，整个行业都需要优质的教学视频资源来为国际中文教育提供更多的学习资源和教学实践经验。

参考文献

[1] 陈彦彤，陈珈禾."短视频+中国文化"模式在汉语作为第二语言教学中的应用研究——以短视频 IP 话匣子 CCC 为例. 汉字文化，2022(06).
[2] 方温馨. 移动学习在汉语国际教育中的应用. 东南大学博士学位论文，2020.
[3] 葛军，梁晓波. 外语数字化学习资源视觉呈现设计策略. 现代远距离教育，2018(05).
[4] 何瑞. 新媒体在韩国中学汉语课堂的应用. 兰州大学博士学位论文，2020.
[5] 李春晖. 当代中国体育文化的内涵、特性与体育人文精神建设. 北京体育大学学报，2015(12).
[6] 李南羲. 视频类素材在对外汉语课堂教学中的应用研究. 陕西师范大学博士学位论文，2019.
[7] 李宇明，李秉震，宋晖，等."新冠疫情下的汉语国际教育：挑战与对策"大家谈(上). 语言教学与研究，2020.
[8] 陆俭明，崔希亮，张旺熹，等."新冠疫情下的汉语国际教育：挑战与对策"大家谈(下). 语言教学与研究，2020(05).
[9] 汪文斌. 以短见长——国内短视频发展现状及趋势分析. 电视研究，2017(05).
[10] 武和平，康小明. 后疫情时代社会性网络在二语学习中的应用. 国际中文教育(中英文)，2021(01).

"中文+矿业"数字化资源平台建设[*]

汪叶凤[1] 刘家秀[2]

[1,2] 赣南师范大学 文学院 341000
[1] 3394747284@qq.com [2] liujiaxiu15@163.com

摘 要：在"一带一路"建设的大背景下，大量国内外企业建立跨国合作，目的国企业对兼具职业能力和中文能力的复合型人才的需求剧增。有鉴于此，建设开放共享的"中文+矿业"数字化资源共建共享平台，培养矿业领域内急需的复合型人才至关重要。本研究基于开放教育资源（OER）理念，利用现代信息技术，构建"中文+矿业"教学资源共建共享和互动交流于一体的综合性平台。该平台包括基础设施层、数字资源层、功能应用层，秉承政策先行、技术赋能、效益导向的发展理念，最终建成一个综合一体、共建共享、互动交流的"中文+矿业"专业平台，促进"中文+矿业"教学资源的整合、共享与传播，帮助"一带一路"共建国家升级采矿工程技术，推动矿业合作，促进全球矿业高质量发展。

关键词：中文+矿业；数字化资源；共建共享平台；开放教育资源

Construction of "Chinese + Mining" Digital Resource Platform

Wang Yefeng[1] Liu Jiaxiu[2]

[1,2] College of Chinese Literature, Gannan Normal University, 341000

Abstract: Under the background of the "The Belt and Road" construction, a large number of domestic and foreign companies have established cross-border cooperation, and the demand for comprehensive talents with both professional abilities and Chinese language skills has increased sharply among companies in the destination countries. In view of this, it is crucial to build an open and shared "Chinese + Mining" digital resource platform constructed and shared by all members to cultivate the comprehensive talents urgently needed in the mining field. This study is based on the concept of Open Educational Resources (OER) and uses modern information technology to build a comprehensive platform for the co-construction, sharing and interactive communication of "Chinese + Mining" teaching resources. The platform includes the infrastructure layer, digital resource layer, and functional application layer. It adheres to the development concept of policy first, technology empowerment, and benefit-oriented, and finally builds a comprehensive "Chinese + Mining" professional platform, which is constructed and shared by all parties and enabling interaction and communication among these parties. Promote the integration, sharing and dissemination of "Chinese + Mining" teaching

---

[*] 本文受教育部中外语言交流合作中心 2022 年国际中文教育研究课题一般项目"国际中文在线自主学习平台的市场化发展路径研究"（项目编号：22YH63C）的资助。

resources, help countries along "The Belt and Road" to upgrade mining engineering technology, promote mining cooperation, and promote high-quality development of global mining.

Key words: Chinese + Mining; digital resources; shared platform; open educational resources

0 引言

随着"一带一路"建设的深化发展，我国与多个"一带一路"共建国家在矿业领域展开了大量合作，目的国企业对兼具中文水平、矿业工程知识和技术的复合型人才的需求与日俱增。孔子学院、目的国本土综合性大学、职业院校和社会培训机构作为海外开展"中文+矿业"培训的重要阵地，开发了多种教材、课件、视频等教学资源，但大部分资源较为分散，有待统筹整合，部分资源存在质量参差不齐、不完全开放、缺少互动性等问题，对培养"中文+矿业"复合型人才的支撑有限。因此，顺应教育数字化转型浪潮，将数字技术深度融入"中文+矿业"数字化教学资源建设中，促进"中文+矿业"教学的深层次、系统化创新与变革，可以更好地满足当前的发展需求。

在此背景下建设"中文+矿业"数字化资源平台，解决资源开发、整合、利用等问题，成为当务之急。本文将以开放教育资源（OER）为理论基础，利用现代信息技术并结合我国职业高校的采矿工程、矿业安全工程等优势学科，构建"中文+矿业"教学资源共建共享和互动交流于一体的综合性平台。旨在满足合作企业对于兼具中文水平和矿业工程技术的复合型人才的需求，推动"一带一路"共建国家采矿工程技术的升级，为"一带一路"共建国家的国际中文教育发展注入内在动力。

1 相关研究综述

近年来，随着中国与"一带一路"共建国家合作的深入，"中文+职业教育"发展受到了越来越多的关注。李晓东等（2021）对"中文+"复合型人才需求分析与培养方略进行了研究，孙雨桐（2023）对"中文+职业技能"线上教学理论进行了探析。"中文+"具体职业领域中，刘振平、吕明璋（2023）探讨了"中文+铁路"人才的培养，程健维、祁畅（2019）对中文语境下矿业安全类来华留学生教育做了相关研究。

曲福治、丁安琪（2023）提出数字化是国际中文教育长久发展的重要途径，国际中文教育数字化转型一直以来备受关注，徐娟、马瑞祾（2023）从高质量发展和数字生态建设方面进行了全面深入的研究。数字化资源及平台建设是国际中文教育数字化转型的重要依托，该领域的相关研究硕果累累，张曼等（2023）从深层认知探讨了国际中文教育数字化资源建设的内涵，梁宇等（2023）从不同维度探讨了教学资源建设的方向，袁晓蓉（2023）则从共建共享理论视角探析了数字化资源平台建设的路径，为国际中文教育资源及平台建设提供了充分的理论基础。

中文线上平台，如中文联盟、长城汉语等主要将"中文+职业"教育作为平台课程体系的一个部分，未有专门的"中文+职业教育"线上平台，而"中文+矿业"数字化资源平台建设的研究则处在空白状态。因此，本文从国际中文教育数字化资源及平台建设着手，基于开放教育资源理念，探究"中文+矿业"数字化资源共建共享平台的构建途径，最终构建一个综合一体、共建共享、互动交流的"中文+矿业"专业平台，以期促进"中文+矿业"教学资源的整合、共享与传播，助推"中文+矿业"教育发展。

2 平台的构建理据、设计思路与原则

2.1 构建理据

"中文+矿业"数字化资源平台，将坚持开放教育资源的理念，支持内容依托型教学（Content-based Instruction，CBI）、内容与语言整合学习（Content and Language Integrated Learning，CLIL）等教学模式，运用情境学习理论，帮助学习者有效获得语言和职业技能。

（1）依据开放教育资源理念，促进数字化资源共建共享。数字化资源具有交互性、开放性、生成性等特征，通过云计算和信息技术建立开放的教育资源供给，能够使平台相关资源自由、不受限制地被使用，进一步推动开放共享合作，从而促进"中文+矿业"教学实现长久发展。

（2）基于CBI和CLIL，拓展"中文+矿业"数字化资源教学模式。CBI和CLIL都强调语言教学和学科教学的结合，注重真实性、系统性与多样性（宋继华等，2022）。通过对语言难度与专业难度等级进行细分，将语言知识与专业知识合理配比，构建"中文+矿业"线上课程资源，使语言学习和专业学习相结合，进而培养兼具中文能力和矿业知识的复合型人才。

（3）运用情境学习理论，丰富"中文+矿业"数字化资源形式。学习具有社会和实践属性，知识的获取需要基于实际的工作情境（Brown，1989）。在职业教育领域，情境学习理论运用广泛，可以在学习过程中赋予知识和语言具体而真实的应用情景；通过多模态技术的运用，可以促进"中文+矿业"数字资源多样化呈现，从而优化学习效果，实现学习者职业技能与语言能力的双重提升。

2.2 设计思路

"中文+矿业"数字化资源平台以建设用户可在线访问、使用和分享的数字化资源为目标，包括课程、教材、视频、试题等，实现数字资源间的互联互通和开放共享，进一步满足各方获取、分享和创新知识的需求。

在云计算服务模式下，高职院校、企业、政府机关等遵守使用协议，由服务商提供基础设施、技术支持、软件服务等，从而整合、建设高质量的学习资源，并且按照相关服务方式随时获取、按量付费来享用平台资源和存储服务，大大降低了前期技术成本，使得"中文+矿业"数字化资源共建共享更加快捷。设计思路见图1。

2.3 设计原则

为保证框架运行，平台遵循共建共享运行机制，并且在建设和使用过程中遵循以下原则。

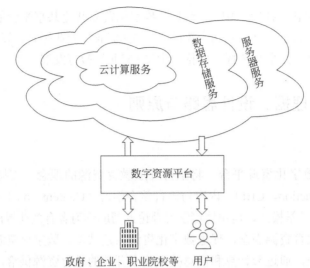

图1 "中文+矿业"设计思路

(1) 共建共享原则

平台合作的目的国、企业、高职院校之间可成立数字教学资源建设委员会,对平台进行规范管理,对资源的建设和使用建章立制。同时,汇聚共建国家高职院校优质师资以及矿产企业优秀矿业技术人才,以教学资源平台为载体,设置交互接口,组建项目团队开展矿业课程资源建设,最终共建共享优质资源。

(2) 标准一致原则

首先,根据矿业相关专业的特点,结合各种类型的数字教学资源的建设现状及未来的需求,对参与"中文+矿业"数字化资源共建共享平台建设的政府、企业、高职院校做统一要求,即统一数据标准、统一专业教学资源建设形式,从而构建规范化、标准化、可扩展的"中文+矿业"资源平台,形成数据的建设和使用规范。其次,学习者水平衡量标准依据"入门+初级、中级、高级、精通"四个等级进行定性描述和定量分析(宋继华等,2022),从而提供与学习者语言和职业能力相对应的课程。

(3) 边建边用原则

充分考虑平台使用者的各种需求以及实现的可能性,根据目的国政府、企业、高职院校之间的合作情况,结合矿业相关专业发展以及市场需求分步建设。由于不同目的国、企业、高职院校的教学资源开发技术各异,因此涉及新旧资源整合及技术统一等问题,"中文+矿业"数字化资源共建共享平台的建设思路可按照"总体规划、整合过渡、安全可靠、边建边用"原则进行。

3 具体设计

3.1 运行构架

平台框架采用三层一体的设计结构,以基础设施层为依托、以数字资源层为主体、以应用层为终端,各层之间互为一体,共同组成平台数字生态系统。平台设计架构如图2所示。

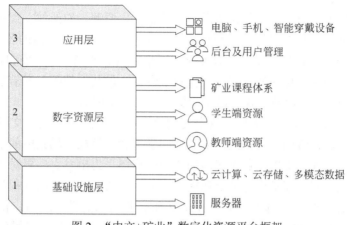

图 2 "中文+矿业"数字化资源平台框架

(1) 基础设施层

基础设施是平台建设的载体,它从硬件设施和技术服务上来保障"中文+矿业"数字资源化共建共享平台的运行,主要由服务器、云计算、云存储等组成。首先,合作的职业院校、企业和政府可通过服务器登录统一接口,将已整合的"中文+矿业"相关资源在云端进行存储,全球的中文教师也可通过云端将个人优秀教学资源存储或分享到平台中,平台将利用多模态数据分析对所有上传数据进行分析处理,从而使不同类别的数据进入相应板块中。平台师生用户可按需获取知识,开展学习研究。然后,采用大数据技术记录学生的网络学习过程和轨迹,学生可定期获得学情报告,对自己的学习状况进行科学分析,同时,平台也可根据大数据展示的可视化需求开发各类课程,以满足用户需求。

(2) 数字资源层

平台的课程体系主要包括采矿工程和安全工程两大优势学科以及水文地质、矿业勘测等矿业相关课程。目的国本土职业院校矿业专业学生和矿业技术人才在学校已接受过矿业知识的学习,他们成为"中文+矿业"技术人才还需要加强中文学习,为此,课程体系中还包含为矿业技术人才设计的中文强化课。除此之外,还应根据平台用户使用的数据情况和"中文+矿业"市场需求的变化开发出新的课程,与时俱进,不断完善创新"中文+矿业"课程体系。数字资源主要分为教师资源和学生资源。如图3所示。

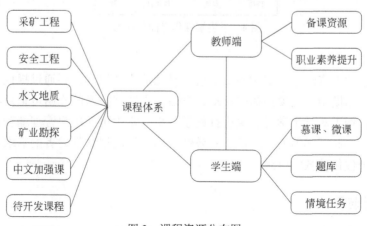

图 3 课程资源分布图

教师资源模块提供中文教师备课所需的各种数字化资源，如课件、视频、教材等，同时还包括教师职业素养提升模块，该模块提供中文教师素质提高所需的各类讲座和课程，便于中文教师自身进修和职业发展。教师在使用平台资源的同时也可将自己的授课视频、课件、教案和所在国特色化的教学资源上传到平台上，供其他教师参考借鉴，通过与其他教师互动交流、分享教学经验、探讨教学问题，提高教学能力。

学生资源模块提供基础中文和专业中文的慕课微课资源。基础中文以专业话题为主线，同时融合 HSK 初级词汇、语法，从而帮助学习者理解操作场景中的中文，更好地支撑专业中文学习。专业中文以职业领域内的典型工作场景为出发点，再对完成典型工作任务需要的语言要求和职业要求进行分析和提取。从而形成有针对性的课程和相关题库，供学习者随时随地在线学习和练习巩固。在中文和矿业知识的学习之后，情境任务模块将结合多模态方式为学生提供一系列工矿岗位典型操作任务，让其在多媒体、视频等呈现的典型工作场景中充分调动感官，通过完成与工矿岗位技能操作直接相关的典型任务有效检验自身的语言能力和职业能力，便于引导其进一步学习。学生端课程界面设计如图 4 所示。

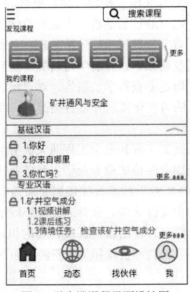

图 4　学生端课程界面设计图

（3）应用层

应用层位于教学资源平台架构的最上层，是功能实现层，该层通过提供手机、电脑等多种终端服务，帮助用户实现便捷的移动化学习。大数据技术的应用可记录学生的网络学习过程和轨迹，便于对学生学习状况进行科学分析，学生可在用户管理端获得个体学情报告，这样不但能提高其学习的针对性和有效性，而且还能根据学习者的需求、偏好等方面的特征，开发个性化的教学资源。

3.2　平台运行演示

平台为学生和教师用户提供一个与学习伙伴和同行连接、交流的机会，用户可在"动态"中随时随地分享自己在学习或教学中的知识点、教学设计、学习资源等,通过评论、留言与其他用户进行交流,如图5所示。

通过与他人的交流和互动,可以更好地帮助学生和教师提升能力和水平。除此之外,教师不仅可以通过教师个人界面的"与我共享"查看同行教师或学生共享的项目并进行协作,如批改学生作业、合作完成教学内容设计等,还可通过创建项目,与同行教师共享,同行教师可留言提出自己的建议或加入协作,实现团队间的合作,如图6所示。

图5　动态页界面设计

图6　教师个人页面设计

3.3　平台迭代优化

平台着眼于用户需求反馈,利用数据进行精准分析,进行阶段性迭代优化。不同角色的用户可直接通过平台反馈在使用过程中发现的问题,以及对平台的发展建议,除此之外,平台后端还可通过用户使用数据观测学生、教师、管理者等不同角色用户在资源使用、内容管理以及功能应用等方面反映出的不同需求。以可视化的数据为依据,可以有效发现问题,解决问题,从而实现平台功能和服务系统的不断优化,建设更加完善的"中文+矿业"数字化资源平台,更好地支持"中文+矿业"教育发展。

4　运行保障机制

"中文+矿业"数字化资源在由分散走向整合、由集碎片而成系统的过程中遵循共建共享的运行机制。希望在政府政策的大力支持下,在现代信息技术赋能下,由中外语言交流合作中心牵头,国际中文教育基金会和矿业基金协会提供资金支持,各职业高校积极响应,全球中文教师、企业、矿业技术人才共同参与。通过政策先行,技术赋能,效益导向,完全开放平台内"中文+矿业"数字化教学资源,让多方角色同时成为平台的建设者和使用者。不同角色用户在使用过程中享用不同权限,合作企业和高校可利用平台技术建设开发"中文+矿业"数字资源,教师和学生可通过平台管理自己的数字内容,管理员负责审核用户信息及上传各种资源,最终建成一个综合一体、共建共享、互动交流的"中文+矿业"专业平台。其运行机制如图7所示。

图 7 "中文+矿业"数字化资源共建共享平台运行保障机制

5 结语

构建"中文+矿业"数字化资源共建共享平台,有助于实现"中文+矿业"教学资源的连接与交流,促进"中文+矿业"数字化教学高质量发展。本文基于开放教育资源理论、情境教学理论以及专门用途语言教学模式对"中文+矿业"数字化资源共建共享平台的构架设计、运行机制、建设开发等方面进行了探讨。借助云计算、多模态数据等现代信息技术,政府、企业、协会等各方参与、协力构建综合一体、共建共享、互动交流的完全开放型"中文+矿业"数字化资源专业平台,有望促进"中文+矿业"向国际化和数字化发展,帮助"一带一路"共建国家升级采矿工程技术,助推全球矿业和国际中文教育事业发展。

参考文献

[1] Brown, J. S., Collins, A., & Duguid, P. Situated cognition and the culture of learning. *Educational Researcher*, 1989(01).

[2] 程健维, 祁畅. 中文语境下矿业安全类来华留学生教育研究. 高教学刊, 2019(15).

[3] 李晓东, 刘玉屏, 尹春梅. 中亚本土"中文+"复合型人才需求分析与培养方略研究. 齐齐哈尔大学学报(哲学社会科学版), 2021(01).

[4] 梁宇, 刘晶晶, 李诺恩, 李晓露. 内涵式发展之"内涵":国际中文教育教学资源建设的维度. 天津师范大学学报(社会科学版), 2023(01).

[5] 刘振平, 吕明璋. "一带一路"背景下东盟"中文+铁路"人才培养的应为、难为与可为. 北部湾大学学报, 2023(05).

[6] 曲福治, 丁安琪. 国际中文教育数字化转型:内涵、特征与路径. 云南师范大学学报(对外汉语教学与研究版), 2023(05).

[7] 宋继华, 马箭飞, 朱志平, 等. 职业中文能力等级标准的构建. 语言文字应用, 2022(02).

[8] 孙雨桐. "中文+职业技能"线上教学理论探析. 职业教育研究, 2023(01).

[9] 徐娟, 马瑞祾. 数字化转型赋能国际中文教育高质量发展. 电化教育研究, 2023(10).

[10] 袁晓蓉. 开放教育资源视角下的国际中文教学资源共建共享平台建设. 中阿科技论坛(中英文), 2023(09).

中文教学现代化的数字化资源、教学设计与优秀案例

高级汉语课程"手"

1-1　　1-2　　1-3

熊　莉

武汉大学　国际教育学院
188178430@qq.com

一、作品简介

本课程为"高级汉语"（别名"汉语UPUP"）系列课程中的一节，是一节词汇课程。"汉语UPUP"是一门针对母语为非汉语学生的高级汉语课程。本小节教学内容是关于"手"的词语的复习总结和扩展。

教学目标：1.通过引导帮助学生复习关于"手"的相关表达，如手、手指和手掌及对应的量词；2.通过总结让学生熟练掌握带"手"字的一些常用名词、动词、形容词、副词和歇后语等表达。

二、教学设计

（一）导入环节

通过最熟悉的"手"引入，让学生回忆"手"的量词——"双"和"只"，然后进行扩展，引导学生说出"手指"和"手掌"二词。

教学提示：

1. 这两个量词看似容易，但是学生并没有那么清楚。"一双手"没问题，"一只"不一定掌握得很好。有必要时可以扩展，凡是两个中的一个就用"只"，比如"一双眼睛、一只眼睛""一双袜子、一只袜子""一双手套、一只手套"。

2. "手指"比较容易，引导学生注意量词，"五根手指"。拓展"五根手指"的不同名字，利用"食指"的趣味性帮助学生们掌握。

3. "手掌"学生可能一时不容易说出来，通过"鼓掌"一词帮助他们输出。同时，建立对汉字本身的含义的思考意识，对于高级阶段词汇教学有帮助，这样学习的不是一个词，而是一系列词语。

（二）总结扩展关于"手"的常用词

1. 名词

（1）做某种事情的人。通过图片，引出"歌手、枪手、杀手"。

（2）擅长或不擅长某方面的人。"高手、能手、老手、好手、熟手、生手、新手"。重点介绍"多面手"一词。"多面手：很多方面都做得很好的人。"

（3）直接指人。"帮手、助手、人手、左右手"。重点讲解"左右手"。

提示：重点讲解指人的一些特殊表达，如"三只手"和"一把手"。通过动作表现人不可能有三只手，让学生理解"三只手"就是小偷；通过简单的例句让学生明白，"一把手"就是某个地方最高的领导者，如校长。

2. 动词

分手：恋爱不合适，分手了。

动手：（1）打人。如"说说就可以了，怎么还动手了？"（2）开始。如"准备好了吗？动手吧。"

着手：开始做。如"这件事不知道从哪里着手。"

到手：得到。如"新款的手机到手了。"

插手：参与某事。如"这是我的事情，你别插手。"

3. 形容词：介绍"拿手"相关的常用词。

提示：用"拿手菜"和"拿手歌"帮助学生理解。

4. 副词：介绍"顺手"和"随手"，它们的意思差不多，都表示顺便做什么。如"我在房间里，你出去的时候，顺手/随手帮我把门关上。"

5. 歇后语：猫教老虎——留一手。

通过趣味的传说故事，让学生理解"猫教老虎——留一手"的意思，并通过"熊老师授课不会'留一手'"让学生能够活学活用。

（三）布置作业

1. 了解了我们的"手"和"手"的常用词，你都学会了吗？快点动手试试吧。

2. 着手画一张"手"的词汇导图，帮助你更清楚了解它们吧。

三、特色亮点

本课程是在实体课堂的基础上不断总结拍摄而成的。学生进入高级阶段后，感觉学习了很多词语，但使用时又有很多词语不会。有一些看似很简单的词语，如"手掌、食指"，他们不会说，也可能没接触过；另外通过调查发现，学生希望"成组""成团"地总结词语以帮助记忆。所以，在课堂中，我们很喜欢和学生玩词语爆炸的头脑风暴游戏，通过一个词，复习一系列词，帮助学生梳理，使其更好地掌握。

这个"手"的小微课就是我们词语爆炸游戏中的一个，学生们学起来觉得有趣，课后也觉得有收获，学到了东西，并学会了如何使用。

我们在教学中尽可能地把课堂中玩过的好的词语爆炸游戏总结并拍摄成微课，学生可以利用碎片时间随看、随学、随用。

微课——语言点"不如"

邓心怡

西华师范大学
1092188830@qq.com

一、作品简介

本微课以语言点"比"字句的否定形式"不如"为主要教学内容。"比"字句否定形式的教学一般出现在基础阶段,但采用学生易于接受的教学方法进行讲授,使学生便于掌握并正确运用,并不是一件简单的事。本课利用多媒体手段,采用游戏教学法和故事教学法,对学生进行教学。

二、作品适用对象

中文水平处于初级阶段的青少年。

三、教学目标

(一)认知领域

1. 通过词语学习能准确地认读生词,掌握生词尤其是重点生词的意义和用法,并回忆起记忆库中的相关词语。
2. 通过语法的学习,能掌握"A 不如 B+Adj."的意义特征、句式特点和用法,完成相关练习。
3. 通过课文的学习,能理解并记忆课文的内容,能够用本课词语和句式结构较为完整地复述课文内容和较为准确地描述某种经历。

(二)技能领域

听:能听懂每分钟 180 个音节以上语速的叙述体课文。
说:能够以叙述体复述课文,话语自然流畅。
读:听完课文后,能以每分钟 200 字左右的语速朗读课文,语音语调基本正确,自然流畅。
写:能以每分钟 12～15 字的速度书写本课生词。

(三)情感领域

1. 学生有了解中国传统文化的意愿。

2. 学生对四川的人文风情有更深刻的了解，有更全面了解和认识中国的兴趣。
3. 学生能够用所学生词、语言点进行日常生活交流。

四、作品特色

本微课采用游戏教学法和故事教学法，将蕴含成都特色文化的视频动画故事贯穿于中文课堂教学中，构思新颖，富有创意，符合国际中文智慧教育理念，教学过程深入浅出，设置丰富多彩的课堂游戏活动，形象生动，精彩有趣，启发性强，有利于学生学习积极性和主动性的提升。与此同时，为打造符合中文教学规律和第二语言习得规律的智慧教育生态提供经验支持。

讲好雷锋故事

李 丛[1] 曹 儒[2]

[1,2] 辽宁师范大学 国际教育学院
[1] Liyiyi2002@hotmail.com

3-1

3-2

一、作品简介

（一）主题意义

1. 了解雷锋的无私奉献、助人为乐等精神美德。
2. 讲述雷锋故事，感受中国"仁爱"的精神文化。
3. 让留学生感受雷锋精神的普世价值和国际传播。

（二）理论依据

1. 共情叙事理论。
2. 《国际中文教育用中国文化和国情教学参考框架》。

（三）教学目标

1. 了解雷锋精神内涵。
2. 理解雷锋精神和志愿者精神的联系。
3. 认同雷锋精神的普世价值。

二、教学设计

（一）教学内容

紧密围绕雷锋精神，展示雷锋精神内涵、时代意义和国际价值。
1. 雷锋精神内涵。
2. 志愿者精神内涵。
3. 雷锋精神和志愿者精神的联系。
4. 举例展示雷锋精神的当代价值和国际影响力。

（二）教学思路

从 3 月 5 日志愿者服务日导入—介绍雷锋精神内涵—介绍志愿者精神内涵—了解雷锋精神和志愿者精神的联系—讲述郭明义的故事，理解雷锋精神时代价值—认同雷锋精神的国际传播意义—讲述"洋雷锋"的故事—欣赏雷锋主题歌曲、剪纸—总结雷锋精神的价值和意义—布置作业—课后实践拓展：欣赏电影《雷锋》、寻找雷锋足迹。

（三）教学手段

1. 用讲练结合法，加强语法训练。
2. 用视听说法讲述雷锋故事。
3. 用情境法展示雷锋形象剪纸作品。
4. 用比较法和联想法扩展学习雷锋精神。

三、特色亮点

1. 内容相互关联，按照逻辑顺序，层层推进，环环相扣。
2. 用情境法、联想法将雷锋精神和志愿者精神联系起来，在国际视野下，将海内外雷锋教学资源有机融合起来。
3. 以介绍雷锋精神内涵、时代价值、国际影响力为主线，讲好雷锋故事，为中国文化和国情教育提供范例。

基于AIGC技术的"把"字句复习活动课设计

刘宣辰[1]　翟朴朴[2]　胡晓清[3]

[1]鲁东大学 人文学院　[2]中国人民大学 国际文化交流学院　[3]山东政法学院 语言文字研究中心
[1] lxc201109@163.com

一、作品简介

本作品基于AIGC技术进行教学设计，以"把"字句的复习为主要教学内容，结合手工活动、AIGC技术等辅助汉语教学。作品适用于以英语为母语、中文水平处于初中级衔接阶段的青少年。

考虑到该年龄阶段学生的学习特点，巧妙地将手工活动、AIGC技术融入到教学中。本作品以"把"字句结构为基本结构，发布活动指令。同时，随堂练习及课后作业均结合AIGC技术，学生可以自主进行人机交互以达到复习的效果。此外，熊猫作为中国"国宝"，深受海外青少年喜爱，以"黏土熊猫"制作为活动内容可以激发其学习兴趣，使其投入到课堂之中。

综上，本作品兼具趣味性、互动性、具身性以及智慧教学属性，希望可以为国际中文教师讲授"把"字句提供新思路。

二、作品适用对象

以英语为母语、中文水平处于初中级衔接阶段的青少年。

三、教学目标

认知目标：能够熟练掌握"把"字句的结构，并用其进行自主造句。
技能目标：能够在日常交际中使用"把"字句这一结构，并能够自主完成课后习题。
情感态度与价值观：以熊猫为线索，让学生对熊猫有更深一步的了解，提升其对中国文化的热爱。

四、教学设计

整体教学流程见图1。
①组织课堂
教师以打招呼的方式进行课堂组织，将学生的注意力拉入课堂中。

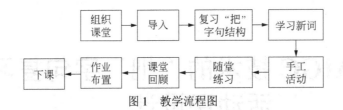

图 1　教学流程图

②导入

教师以问题的形式进行导入，询问学生"中国最受欢迎的动物是什么？"以引出熊猫。

③复习"把"字句结构

通过看图造句的形式对"把"字句的几种结构进行回顾。

④学习新词

本课以复习"把"字句的结构为重点，此处生词为活动中出现的几组高级词汇，仅需简单解释，不过多占用课堂时间。

⑤手工活动

手工活动开始前，教师展示"黏土熊猫"制作视频，使学生有初步印象。而后可以再次播放，辅以一定讲解。

展示由 ChatGPT 4.0 生成的制作流程图，以提问的形式，引导学生发现两者的不同。

手工活动开始时，教师带学生看图，以提问的形式发布指令，同时进行手工操作。

⑥随堂练习

本节课设置三组回顾练习，第一组为小组活动，两两一组，用"把"字句给对方介绍"黏土熊猫"制作步骤。

第二组为"熊猫回家"游戏，完成四组造句练习后，熊猫即可顺利到家。

第三组活动结合 AIGC 技术，借助 ChatGPT 4.0，生成图片，让学生猜测教师输入了何种指令，并将猜出来的指令输入到自己的 ChatGPT 操作系统中，最后向大家展示自己生成的图片。

⑦课堂回顾

回顾"把"字句的几类结构。

⑧作业布置

作业也需结合 AIGC 技术，借助 ChatGPT 4.0。教师将指令告知学生，学生课后自己利用 ChatGPT 4.0 进行练习。

⑨下课

五、作品特色

1. 智慧教育性。教师在进行教学设计时，利用 AIGC 技术，设计教学思路，生成适配课程主题的图片，进行课件制作，提高课堂的互动性以及智慧属性，是技术赋能国际中文教育的有益尝试。

2. 文化情感性。以熊猫这一主题为切入口，提升学生中文学习兴趣，丰富课程的文化内容。

3. 趣味参与性。本作品以手工活动为主要形式，进行"把"字句复习，寓教于乐，提升学生课堂参与感。

读苏州——本土化中文分级阅读平台

李 玮[1] 曾海云[2] 严根英[3]

[1,2,3] 西交利物浦大学

[2] Haiyun.zeng@xjtlu.edu.cn

一、作品简介

近年来，为满足国际中文学习者的需求，分级阅读材料和相关研究成果不断涌现，为广大学生和教师提供了丰富的资源。然而，在选择阅读材料的过程中，我们注意到本土化的阅读文本非常有限，于是"读苏州"应运而生。"读苏州"是一个本土化的中文分级阅读平台，内容主要围绕苏州当地文化，包括苏州的饮食、交通、历史以及娱乐休闲等，语料难度为HSK1~3级。该平台利用西交利物浦大学的教学平台"西浦学习超市"，免费向校内师生开放。

二、功能与操作

作为一个分级阅读平台，"读苏州"包括分级分类阅读、阅读支持、练习及反馈三大功能。

1. 分级分类阅读

（1）按语言水平分级

本平台提供了约400篇适合HSK1~3级水平的阅读材料，分为HSK1、HSK2、HSK3三个部分。读者可以根据自己的语言能力进行选择。每个部分有超过100篇相应水平的阅读材料供读者选择。为了更好地以适合读者水平的语言展现苏州当地的生活和文化，"读苏州"收录的文章均由西交利物浦大学中文教师创作或者改写。

（2）按话题分类

HSK1~3每个级别收录的文章都按话题进行分类。在平台建设之初，我们通过问卷调查、需求分析为每个级别选定了合适的话题。读者可以根据自己的兴趣爱好和学习需求点击选择阅读材料。以HSK3为例，该部分的阅读材料分为娱乐休闲、历史和文化、本地生活、苏州新闻、故事和小说、西浦人物、补充阅读七个板块。

2. 阅读支持

"读苏州"的阅读材料由文章、图片、拼音、音频、生词注释、练习等部分组成。读者可以通过图片直观地理解文章主题；在有需要时点击显示拼音，辅助汉字认读；读者也可以播放音频练习听力和朗读；超纲词汇和专有名词的拼音和解释能够帮助读者更好地理解文章、学习新词汇。

3. 练习及反馈

"读苏州"的每一篇阅读材料都有配套的练习。读者可在阅读之后通过完成练习来检验自己对文章的理解。这些练习大多使用 H5P 制作，包括选择题、判断题、找词题等多种形式。读者能够更便捷地得到反馈，并且可以反复练习。为了提高阅读活动的互动性，部分问题使用了问卷平台，读者可以看到其他读者的回答，增加阅读的趣味性和参与感。

在 HSK1 部分，针对初学者对词汇和短句的阅读需求，我们设计了"找词"和"趣味问答"两个板块。学习者可以使用键盘或者触摸屏进行操作。

三、特色亮点

1. 本土化

"读苏州"是一个专注于本土化内容的阅读平台，收录了关于苏州的历史、文化、衣食住行、风土人情等主题的内容，旨在帮助学习者更深入地了解苏州的方方面面。这些内容不仅涵盖了苏州的特色和传统，还包括了其现代发展与变化，为读者提供了一个全面而立体的视角。无论是身在苏州、需要对当地进行了解的学习者，还是对苏州感兴趣的读者，抑或是希望通过阅读来学习中文、拓展视野的读者，都可以在"读苏州"中找到丰富且引人入胜的阅读资源。

2. 严格分级

"读苏州"对阅读内容进行了严格的分级，根据《国际中文教育中文水平等级标准》的词汇和语法标准进行阅读材料的编写，再经过文本阅读难度的自动分级进行分析和修改，以确保编写的文本符合 HSK1~3 级标准。我们希望通过严格分级的材料帮助学习者系统、高效地学习中文，提高阅读能力，为他们的中文学习提供助力。

3. 借助西浦学习超市平台，实现多种功能

西浦学习超市是西交利物浦大学提供的一个在线学习资源平台，为学习者提供丰富多样的学习资源，包括在线课程、学习指南、教学资料等。"读苏州"充分借助西浦学习超市平台，实现了上述功能，帮助学习者全面提升中文阅读能力，加深对苏州文化的理解。我们计划将来通过西浦学习超市把"读苏州"开放给全球各地的用户，让学习者获得更加丰富的学习体验，并为对本土阅读内容感兴趣的中文教育者提供参考。

新形势下的国际中文教育与中华文化影视传播

沈冬娜[1]   王健洁[2]

[1,2] 大连财经学院
[2] 1007316482@qq.com

一、作品简介

在当前全球化与信息化的时代背景下，国际中文教育与中华文化国际传播显得尤为重要。为了更好地推广中华文化，展现中国形象，我们推出了这一电子作品——《新形势下的国际中文教育与中华文化影视传播》。这部作品立足于新时代的国际中文教育需求，以传播学的视角深入剖析中国影视艺术的民族性。通过这部作品，我们期望学习者能够掌握中国电影国际传播的路径和方法，理解并传播一个可信、可爱、可敬的中国形象。

这部作品不仅是对中华文化的传承与弘扬，也是对国际中文教育方法的创新与实践。我们希望通过这部作品，为全球的中文学习者提供一个更加生动、形象、有趣的学习平台，让他们在欣赏中国影视艺术的同时，深入了解中华文化的内涵与魅力。

二、教学设计

为了确保这部作品能够达到教学目的，我们精心设计了以下教学环节。

1. 理论框架构建：我们为学习者提供了坚实的理论框架，帮助他们了解国际中文教育的重要性、传播学的基本原理以及中国影视艺术的民族性特点。这一环节旨在为其后续的学习打下坚实的基础。

2. 影视艺术分析：本电子作品精选了一系列具有代表性的中国影视作品，通过深入剖析这些作品中的民族元素、文化内涵和艺术手法，让学习者能够直观地感受到中国影视艺术的魅力。

3. 互动学习环节：为了增强学习者的参与感和体验感，我们在作品中融入了多种互动学习环节。学习者可以在白板上自由做题、记笔记，并与教师进行实时沟通。这种互动式的学习方式不仅有助于提高学习者的学习兴趣和积极性，还能够帮助他们更好地理解和掌握知识。

4. 实践操作环节：除了理论学习外，我们还为学习者提供了实践操作的机会。通过模拟电影制作、剧本创作等实践活动，让学习者能够亲身参与到影视艺术的创作与传播过程中，从而加深对中华文化的理解和认同。

5. 反馈与评估机制：为了确保教学质量和效果，我们建立了完善的反馈与评估机制。学习者可以随时向教师反馈学习中的问题和困难,而教师也可以根据学习者的表现和反馈及时调整教学策略和方法。

三、特色亮点

这部电子作品之所以受到广大学习者的喜爱和认可,主要得益于以下特色亮点。

1. 跨学科融合:作品巧妙地将语言学、传播学、影视艺术学等多个学科的知识和方法融合在一起,形成了一种独特的跨学科视角和教学方法。这种融合不仅拓宽了学习者的视野和知识面,还有助于培养他们的综合素质和创新能力。

2. 理论与实践相结合:作品注重理论与实践的结合,通过案例分析、实践操作等方式,让学习者在掌握理论知识的同时,也能够将所学知识应用到实践中。这种教学方式有助于提高学习者的动手能力和解决问题的能力。

3. 互动式学习体验:作品利用交互式白板软件制作而成,为学习者提供了一种全新的互动式学习体验。学习者可以在白板上自由操作、自由表达,与教师进行实时互动和沟通。这种互动式的学习方式不仅增强了学习者的学习兴趣和参与度,还有助于培养他们的自主学习能力和团队协作精神。

4. 同步互动与云存储:师生之间的所有互动都可以随时同步到云服务器,保存相关的互动记录。这一功能不仅方便了教师对日常教学的整理和总结,也为学习者提供了可随时回顾和复习的学习资源。同时,云存储功能还可以确保数据的安全性和可靠性,让学习者无须担心数据丢失或损坏问题。

综上所述,《新形势下的国际中文教育与中华文化影视传播》这部作品不仅是一部具有创新性和实用性的电子作品,更是一部能够激发学习兴趣、提高学习效果、展现中国形象的优秀作品。我们相信,通过这部作品的学习和实践,学习者能够更好地掌握国际中文教育与中华文化影视传播的知识和技能,为推动中华文化的国际传播和交流做出积极的贡献。

基于超语理论的汉语教学实践
——以《家乡的萝卜饼》为例

郭雅婧

四川师范大学

guoyajing9271@gmail.com

  超语理论（Translanguaging）与实践自 2001 年初次被 Collin Baker 提出后，便在应用语言学、二语习得、语言政策等领域引起了广泛注意。在 20 多年的发展中，许多学者和研究者对超语理论也延伸出了不同的定义，其中较为突出的当属美国学者 Ofelia Garcia 在双语政策领域的研究、英国李嵬教授在二语习得领域和身份建构领域的研究。身为一名中文国际教师，笔者在日常教学和研究中主要参考并加深了对李嵬教授阐释的超语理论的理解，即语言学习者在学习和交流过程中，使用整体语库（repertoire）沟通、理解和发展新知识、新语言。但英文"超语"中的"tran"并不仅仅是指跨越语言的边界，还包括了身体动作、教学工具、教学环境与学习者和教师的跨界。此外，英文"超语"中的"-ing"，来自于"languaging"。区别于传统概念中的语言学习，languaging 强调语言学习是为了交流，因此学习者对于目的语创造的时效性与交际性在教学过程中极其重要。

  基于此理论，笔者在斯洛伐克教学期间设计了许多教学活动，并对已有教学材料进行了加工与再创造。在 2022 年任教期间，笔者负责汉学系学生的 HSK 五级考试加强辅导课程。以《HSK 标准教程（五级下）》第 19 课为例，笔者并没有按部就班地按照教材顺序讲解课文、词汇，完成课后练习，而是基于超语理论，考虑了学生的已有知识、经历和已掌握语言，使用多种教学手段和教学活动，帮助学生在一篇课文的学习过程中进行了 HSK 五级听力题型、阅读题型和相关口语话题的练习。在课堂的最后，学生不仅理解了本课中的五级关键词汇和结构，还可以进行与个人、所在国有关的实用表达，实现语言学习的目的——交际。

人工智能赋能国际中文教育：
专业教学活动设计实践与创新

王海霞[1]　苏珩骅[2]

[1,2] 西交利物浦大学 语言学院现代语言中心
[1] haixia.wang@xjtlu.edu.cn

一、作品简介

本教材是为西交利物浦大学人文社科学院汉语国际教育方向的本科生量身定做的，同时也可以为国际中文教育专业课堂提供第一手的活动设计。教材的核心目标是为学生提供其在国际中文教育教学实践中所需的专业技能，同时培养他们在第二语言教学领域的基本知识与中文教学实践能力。

教材共分为八个章节，每章聚焦于特定的教学理念和方法。从情景法、全身反应法到任务型教学法，再到行为情景教学法等，教材涵盖了一系列多样化且具有实验性的教学策略。此外，还探讨了学习风格、备课技巧以及语言测试等重要议题，并以中文听说教学为最终实践目标，整合了理论与应用。

二、教学设计

教材的教学设计注重从理论到实践的无缝对接。每个章节以理论知识为基础，通过人工智能辅助工具，使学生在真实或模拟的教学环境中应用所学知识与技能。实践活动包括但不限于情景法、全身反应法、任务型教学法等，每项活动均有明确的指引和目标，确保学生能在指导下自主进行教学设计和实施。

三、特色亮点

1. 融合最新技术：利用当下先进的生成式人工智能技术辅助教学活动设计，提供互动性强、个性化的学习体验，增强学生的问题解决能力和创新思维。
2. 双语教学模式：结合中英文双语教学，不仅提升学生的英语水平，同时加深其对中文教学方法的理解，帮助其为适应国际中文教育场景做好充分准备。
3. 强调实践应用：教材中的实践活动占据重要地位，鼓励学生将理论知识应用于具体教学情境中，提高操作能力，积累实战经验。
4. 促进合作学习：每个活动都涉及小组讨论和合作，培养学生的团队协作精神和沟通技巧，同时通过集体智慧优化教学方案。

5. 系统化教学活动：教材内容经过精心策划和系统整合，确保教学活动的连贯性和覆盖面，使学生能够全面掌握国际中文教育的各个方面。

6. 重视跨文化交流：通过多样化的教学案例和活动，培养学生的跨文化交际能力，这对于其未来在全球多元文化背景下从事教育工作至关重要。

7. 配套详细指导：教材提供清晰的操作指南和教学建议，确保教师和学生能够高效使用，实现最佳的教学效果。

8. 反馈与迭代：实践活动设计考虑了反馈环节，学生可以通过同伴评价、自我反思等方式不断改进自己的教学设计。

9. 灵活性与适应性：教材内容灵活，可根据不同教学环境和学生需求进行调整，保持教材的时效性和适用性。

四、总结

这套教材以其创新的设计理念和实用的教学内容，在国际中文教育领域显示出明显优势。教材的设计充分考虑了实际的教学需求和学生的学习体验，是培养国际中文教师的重要教育资源。在人工智能技术的赋能下，教材中的课堂活动为国际中文教育专业的师生提供了一个富有启发性、互动性和实践性的学习平台。通过这套教材的学习，学生在掌握教学理论知识的基础上，能够通过观摩和实践发展自己的教学理念，从而更好地适应未来在国际中文教育领域的教学工作。

六 书*

于 涛

华东理工大学 国际教育学院
yutao768@163.com

一、作品简介

该课件讲解汉字的六书，旨在通过本次课的学习，培养学生依据字形解说汉字意义的能力，使其能够从跨文化角度理解汉字的造字理据，能在较高层次上理解和欣赏汉语的魅力，加强人文素养和汉语语感。

二、教学设计

教学设计体现多模态教学方法，利用图片、视频等丰富的资源引起留学生的学习兴趣，教学中采用游戏课件与学生积极互动，同时引入 AR 丰富教学环节。

如介绍象形字时，先以网络流行字入手，引导学生观察生活中有趣的象形字，见图1的"囧"。

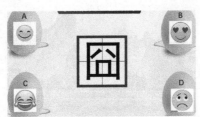

图1 "囧"

这个字在古代就是象形字，像明亮的窗户，本义为光明。现在人们利用这个汉字的外形特征赋予了它新的含义。它像一张郁闷的脸，八字眉，咧开的嘴，当你感觉尴尬、无奈的时候就可以用这个汉字来表达你的感受。我们还能在下面的海报中找到这个汉字（见图2）。

图2 海报

---

* 2024年度上海高校重点课程"专业汉语上、下"；国家社科基金教育学一般项目"新时代国际汉语教材的知识体系与价值导向研究"（课题批准号：BGA210059）；华东理工大学2023年教育教学改革研究项目阶段性成果。

导入象形字之后，教师介绍其造字理据和分类，举例说明每种类型，教学中注意引导学生观察生活中的象形字。

在此基础上，介绍六书中的其他几种造字法。每种分类别举例说明。汉字是表意文字，虽然现在很多汉字已经看不出字形和字义的关系，但是象形字是汉字的基础，其他的几种汉字或多或少是在象形的基础上产生的。这是一种充满中国智慧的造字方法，是中国人文化基因的密码。

讲解时以丰富的视听资源加以展示，如引入京剧中关于汉字四种造字法的唱词。

讲解完四种造字法之后，教师介绍两种用字之法：转注和假借。

三、特色亮点

1. 我们和北极光数字有限公司合作开发，把 AR 产品带入课堂，该产品采用了仓颉数字人形象，结合课堂内容使用 AR 辅助理解，让学生动手操作感知，降低学习汉字的难度（见图3）。

图3　引入 AR 授课实景

2. 教师引导留学生从生活中来，到生活中去，发现身边美丽的汉字，引导他们讲好中国汉字故事，利用"国际中文日"等特殊节点开展"我喜欢的汉字""我与汉字的故事"等相关征文活动，相关成果作品以多模态方式输出，在微信公众号、视频号上发表，使其成为传播汉字文化的重要生力军。

3. 教学还充分利用了国际学生文化实践基地，与社区联动，在做中学，学中用，学生带着"实践作业单"走进社区，体验和汉字相关的造纸、印刷、书法等活动，体会中国造字思维、哲学理念，成为行走的"思政课堂"，相关活动受到学习强国、《新民周刊》等多家媒体关注。

不但……，而且……

杨雨蒙

云南大学 汉语国际教育学院
544165768@qq.com

一、作品简介

"不但……，而且……"是《汉语口语速成基础篇》第三课的语言点，适用于中级汉语水平的来华留学生，主要讲解了"不但……，而且/还……"的递进用法。

二、教学设计

1. 复习导入，复习"不但……，而且……"的并列用法。
2. 学习新知，借助生活情景视频学习语言点，视频与文本相结合，听力能力与阅读能力齐发展。
3. 课堂总结，归纳语言点用法。
4. 课堂练习，复述练习和填空练习相结合，巩固课堂内容。
5. 布置口语作业，用所学的语言点谈一谈对中国的理解。

三、特色亮点

1. 整个教学环节以留学生的生活为主线，以"留学—毕业—回国—找工作"的顺序串联教学环节，练习环节用"回国方式"展开，通过老挝留学生回国方式的变化，在练习语言点的同时引入中老铁路的建设和发展，体现中老互惠的国际友谊关系，整个教学设计体现了教学和思政的结合。
2. 动画和课文均为自行编写制作，体现了数字化与教学的结合。

焦点中国之国漫崛起

11-1

11-2

戴佳妮

云南大学 汉语国际教育学院
872859358@qq.com

一、作品简介

本作品是面向中级水平的汉语二语学习者的口语课，以"焦点中国之国漫崛起"为主题，运用任务法、视听法、图片法、句型转换法讲解语言点"除了……，还……"的用法，并渗透了关于中国动漫的基本情况和显著成就。教学重难点在于理解"除了……，还……"表示加和关系的意思，掌握句型的结构和用法，学会使用关联词，提高实际应用能力。

二、教学设计

1. 导入环节

用找不同的方式，选取来自中国动漫中的图片，让学生对比发现两张图片的不同，从而提出包含"除了……，还……"的句子，同时为下文引出中国动漫做铺垫。

用两个句子导入"除了……，还……"的用法，用图示说明"除了……，还……"表示的加和关系，同时指出主语放在不同位置的两种结构。

2. 学习新知

通过介绍中国动漫的视频，插入三句含有"除了……，还……"结构的句型，在视听结合中强调"除了……，还……"表示的加和关系，同时体现中国动漫传承文化、推陈出新的特点。

3. 课堂练习

延续中国动漫的情景，介绍知名中国动漫《长安三万里》中的李白角色，通过图片展示李白的特点，引导学生说出包含"除了……，还……"结构的句子，再次总结"除了……，还……"表示加和关系的用法。

4. 布置作业

采用小组活动的方式，让学生两人一组，调查同伴观看中国动漫的情况，并向全班同学报告。要求其在采访中尽可能多地使用"除了……，还……"结构。

三、特色亮点

1. 首先，导入环节中引入了动漫图片找不同的游戏，吸引学生的注意力，激发他们对课程内容的兴趣。动漫是学生们熟悉和喜爱的元素，能够快速调动他们的参与热情。其次，实际的图片对比，创造了一个直观的情境，让学生在真实的语境中自然地接触到"除了……，还……"的句型，有助于学生理解和记忆新知识。最后，学生在找不同的过程中，需要仔细观察和思考，这种发现和探究的过程有助于培养其观察力和思维能力。

2. 通过将介绍中国动漫的视频与教学内容相结合，使学生在学习语言的同时，增加对中国动漫的了解和兴趣，扩大学生的知识视野。此外，动漫作为一种艺术形式，是一种新鲜且贴近学生兴趣的内容，容易引起学生的情感共鸣，增强他们对学习内容的认同感和记忆深度。

3. 利用视频资料进行教学，可以提供丰富的视听信息，增强学生的学习体验，提高学生的注意力和记忆力，使学习过程更加生动和有效。同时，在视频中插入含有"除了……，还……"结构的句子，让学生在真实的语境中多次接触该句型的应用，有助于加深学生理解并掌握句型的用法。

4. 练习部分延续前一环节继续使用中国动漫的背景，保持教学情景的连贯性，帮助学生在已有的知识框架下学习新的语言材料。

5. 利用图片展示句子，可以为学生提供直观的视觉信息，搭建脚手架，帮助他们更好地理解和描述角色特征，说出目标句。

6. 多次总结"除了……，还……"表示加和关系的用法，强化学生对这一语言点的认识，确保学生能够正确并熟练地使用该结构。

7. 通过李白这一具有文化代表性的角色，让学生了解中国古代诗人的形象和作品，促进学生对中国传统文化的兴趣和认识。

8. 通过设计小组作业，首先可以鼓励学生之间的合作与交流，这种互助学习的方式能够促进学生之间的社交互动，提高他们的团队协作能力。小组活动还要求学生自主地规划和执行任务，这有助于培养学生的自主学习能力和责任感。其次，让学生在实际的调查活动中使用"除了……，还……"句型，将课堂学到的知识应用到真实情境中，增强学生的语言实践能力，重复练习还能加深记忆和理解。此外，通过讨论中国动漫，学生不仅练习了语言，还能了解和探讨中国文化，促进跨文化理解和兴趣的培养。最后，通过向全班同学作报告，学生有机会进行公开演讲，这有助于提高他们的口语表达能力和自信心。

首先，请确保在开始课程之前安装必要的视频播放软件。其次，开始观看微课视频并按照指示进行学习。确保在一个安静的环境中观看视频，以便能够集中注意力并充分理解课程内容。最后，完成课程作业。视频最后包含了本课需要完成的任务，可以帮助巩固所学知识，更好地掌握课程内容。遵循以上步骤，可以轻松地安装和运行微课视频的作品，从而充分利用本在线学习资源。

把字句情景游戏：帮奶奶做饭

李 璐

湖南师范大学（博士在读），长沙理工大学（在职）

lilu116@sina.com

一、作品简介

这是一个能帮助初中级汉语学习者感知、熟悉并最终掌握《国际中文教育中文水平等级标准》三、四级中表处置的把字句的情景游戏 PPT。

二、教学设计

1. 教学目标

（1）学习并掌握把字句的用法。

（2）学会询问、描述一个人对他人、他物的处置结构。

（3）在真实场景中灵活地运用把字句，例如"合作做饭"的场景。

2. 教学内容

（1）导入情景游戏

教师展示精心制作的情景游戏 PPT，让学生观看游戏内容并针对问题进行互动。感知、学习、互动、输出同步进行，让学生把注意力更多地放在怎么用上，而不是去死记硬背形式结构。

（2）游戏内容介绍

剧情梗概：奶奶运动时不小心把脚扭伤了，小明和小红去照顾她，帮她做饭、收拾厨房。

游戏目的：帮助初中级汉语学习者感知、熟悉并掌握《国际中文教育中文水平等级标准》三、四级中表处置的把字句。

游戏玩法：观看游戏情景动画，听角色对话，根据提示或提问进行相应点击操作使游戏进行下去。

（3）游戏剧本

[场景：客厅]

（敲门声，奶奶坐着轮椅来到门边开门，门打开。）

小明、小红：奶奶，我们来看你啦！

奶奶：欢迎欢迎！快进来坐吧！

【点击右下角箭头】

小红：奶奶，爸爸说你脚受伤了，怎么搞的呀？
奶奶：昨天打太极拳，不小心把脚扭伤了。
小明：奶奶别担心，今天我们来给你做饭。
【点击右下角箭头】

奶奶：好呀，不过家里没米了，得去买米才行。
小明：好的，没问题。我去买米，顺便买点菜回来。
小红：那我先把厨房收拾一下。
【点击右下角箭头】

旁白：小明出门买米和菜，小红在收拾厨房。
【点击右下角箭头】

[场景：厨房]

小红：奶奶，电饭煲在哪（儿）呀？

奶奶：应该在冰箱旁边的柜子里。你把柜门打开看一看。

【点击正确位置】

旁白：小红把柜门打开了，找到了电饭煲。

[场景：客厅]

小明：奶奶，大米买回来了，放到哪儿呀？

奶奶：厨房窗户下边的柜子里有一个米桶，你放到米桶里吧。

【点击答案回答问题：谁把大米买回来了？】

[场景：厨房]

（小明打开柜子把大米倒进米桶。）

旁白：小明把大米倒进了米桶。

【点击答案回答问题：小明把大米放到哪儿了？】

小红：你买了什么菜？

小明：西红柿、鸡蛋，还有葱和青菜。

【点击右下角箭头】

小红：你会做西红柿炒鸡蛋吗？
小明：应该会。
小红：你没做过呀？
小明：看爸爸做过好多次。
小红：那我在做菜APP里搜一下怎么做吧。
【点击右下角箭头】

[左侧场景：APP菜谱页面展示；右侧场景：厨房]
APP：1. 西红柿洗净后切块。
小红：你把西红柿洗干净，我来煮饭。
（小明洗西红柿。）
小明：西红柿洗好了，然后呢？
小红：把西红柿切成块。
【点击答案回答问题：把什么切成块？】

APP：2. 切葱花。
小明：葱也要切吧？
小红：哦，是的。葱也切一下，切成葱花。

［场景：厨房备菜台］

（小明切西红柿和葱。）

旁白：小明把西红柿和葱都切好了。

小明：都切好了，可以开始炒了。

【点击右下角箭头】

［场景：厨房炉灶前］

APP：3. 锅里放油。

旁白：小明先在锅里倒油。

APP：4. 炒鸡蛋。

旁白：他炒好了鸡蛋，把鸡蛋盛出来放在碗里。

【点击答案回答问题：小明把鸡蛋放在哪儿了？】

APP：5. 倒一点儿油，放入葱花，再倒入西红柿翻炒，加入炒好的鸡蛋。

小红：我来炒西红柿。你帮我把西红柿拿来吧。

【点击答案回答问题：小明把什么拿给了小红？】

旁白：小红往锅里倒了点儿油，然后放葱花和西红柿一起炒。
小红：小明，你把炒好的鸡蛋倒进来。

【点击正确位置】
旁白：小明把鸡蛋倒进锅里。
APP：6. 加半勺盐。
（小红加了半勺盐后继续翻炒。）
APP：7. 炒好，装盘。
小红：差不多了，装盘！
（小明装盘。）
小明：你把西红柿炒鸡蛋端到桌上吧！
【点击答案回答问题：小明要小红把西红柿炒鸡蛋端到哪儿？】

小明：我再炒一个青菜就可以吃饭啦。
[场景：餐厅]
（大家刚吃完饭。）
众人：吃得好饱啊！
小红：我去洗碗。小明，你把桌子擦一下吧。
【点击正确位置：小红要小明擦什么？】

奶奶：有洗碗机，不用手洗哦。
小明：哇，真方便！我们先一起把碗放进洗碗机，然后我再来擦桌子。
[场景：厨房]
【点击正确位置：他们要把碗放进哪儿？】
旁白：小红和小明把碗筷放进洗碗机。
[左侧场景：厨房；右侧场景：餐厅]
旁白：小红在收拾厨房，小明在擦桌子。
[场景：厨房]
小红：我收拾好了，你把抹布洗干净吧。
【点击正确位置：小红要小明把抹布怎么样？】

旁白：小明把抹布洗干净了。厨房和餐厅都变得非常干净。好了，接下来想一想，晚饭做什么呢？

（4）表演游戏剧情

全班共同进行角色扮演，在游戏剧情中潜移默化地感知、输出把字句的真实使用方式，更多地去关注如何恰当、准确地使用把字句完成请求、命令等语用情景。

3. 教学方法

（1）教学采用新颖的情景游戏模式，让学生和游戏之间有多重互动，充分调动学生的学习积极性和参与热情。

（2）身体力行地去表演来体验目标文化中语言的真实使用，真正做到"用中学"，不再仅仅进行机械的结构操练，而是尽可能多地从情景、话语全貌去感受语言形式和语用情形的有机结合。

（3）运用直观手段如图片、视频、音频等，使用多媒体辅助教学。

（4）通过情景游戏模拟出有趣的故事情节，鼓励学生合作表演交流学习，充分展示学生主体性。

三、特色亮点

该课件具有情境性、互动性、趣味性。利用 PPT 动画制作出具有情景的游戏，可以让学生在观看游戏内容的同时感知把字句的结构与使用场景，与 PPT 中的问题进行互动，游戏画面和剧情内容具有趣味性。

中国环保

卫松莹

云南大学
759586161@qq.com

　　"焦点中国"系列课程聚焦中国，从国内政策到国际视野等各个方面展现中国的大国形象。中国的发展举世瞩目。本课从中国环保的角度出发，聚焦中国在国内和国际上做出的贡献。国内不光有光盘行动，还有"双碳"计划等，中国的环境在慢慢变好。中国提倡垃圾分类，从自身做起，还在国际海洋保护方面做出了突出贡献，担负起大国责任。

　　中国环保主题课程聚焦中国的环保政策。教学分为复习、导入、讲解、小结、练习、作业六个部分，"中国环保"这一个主题贯穿整节课，首尾呼应，形成闭环，让学生在学习的同时认识中国、了解中国。复习环节以国内著名的环保政策为例，引导学生，吸引学生注意。导入环节引用并复习环境保护的例子，加深记忆，不给学生造成畏难情绪，且能较好地引入本节课内容。讲解部分以中国的"双碳"计划为主线，围绕中国环保展开教学。练习部分从中国国内的环保政策上升至对国际环境的关注，以垃圾分类为主线，通过视听，让学生进行有意义的练习和交际练习。作业环节以巩固课堂所学为目标，且利用练习环节的例子，让同学们课下了解中国环保措施。一方面能够及时巩固课堂内容，另一方面能加深对中国的了解，有利于汉语的学习。